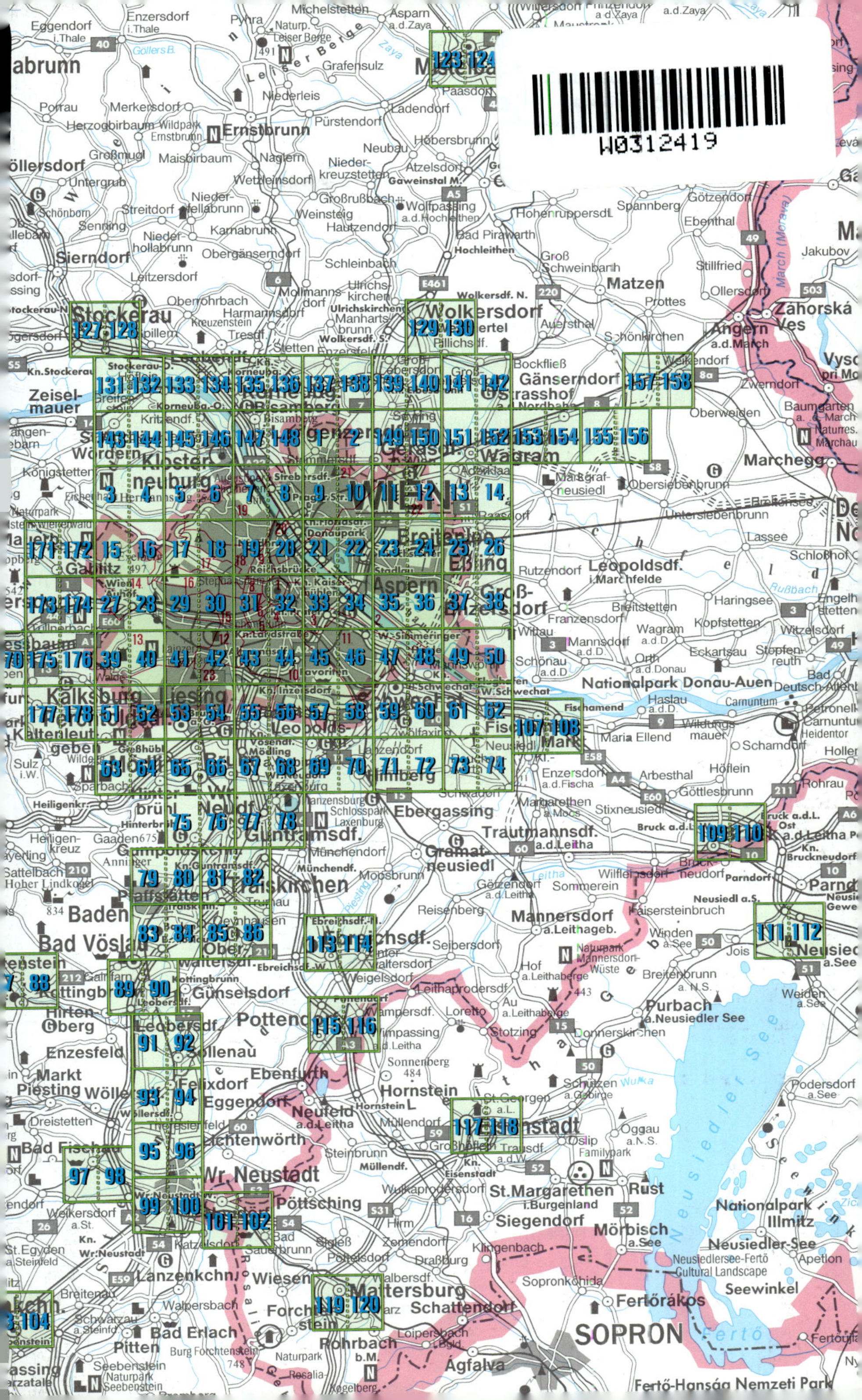

Eggendorf i.Thale
Enzersdorf i.Thale
Pyhra
Michelstetten
Asparn a.d.Zaya
Mistelbach
Leiser Berge
Grafensulz
Niederleis
Merkersdorf
Porrau
Herzogbirbaum
Ernstbrunn
Pürstendorf
Ladendorf
Großmugl
Maisbirbaum
Naglern
Niederkreuzstetten
Neubau
Hobersbrunn
Atzelsdorf
Gaweinstal
Untergrub
Wetzleinsdorf
Großrußbach
Wolfpassing a.d.Hochleithen
Hohenruppersdf.
Spannberg
Götzendorf
Ebenthal
Streitdorf
Niederfellabrunn
Weinsteig
Hautzendorf
Bad Pirawarth
Hochleithen
Schönborn
Senning
Karnabrunn
Sierndorf
Niederhollabrunn
Obergänserndorf
Schleinbach
Groß Schweinbarth
Matzen
Stillfried
Jakubov
Leitzersdorf
Mollmanns-dorf
Ulrichskirchen
Wolkersdorf
Prottes
Ollersdorf
Záhorská Ves
Oberrohrbach
Harmannsdorf
Manhartsbrunn
Auersthal
Angern a.d.March
Stockerau
Tresdorf
Stetten
Schönkirchen
Weikendorf
Zeiselmauer
Gänserndorf
Strasshof
Zwerndorf
Oberweiden
Baumgarten a. d. March
Wördern
Klosterneuburg
Wagram
Marchegg
Königstetten
Markgrafneusiedl
Obersiebenbrunn
WIEN
Untersiebenbrunn
Gablitz
Breitenlee
Essling
Aspern
Groß-Enzersdorf
Rutzendorf
Leopoldsdf. i.Marchfelde
Lassee
Schloßhof
Franzensdorf
Breitstetten
Haringsee
Engelhartstetten
Mannsdorf a.d.D.
Wagram a.d.D.
Kopfstetten
Witzelsdorf
Schönau a.d.D.
Orth a.d.Donau
Eckartsau
Stopfenreuth
Bad Deutsch-Altenburg
Kalksburg
Liesing
Nationalpark Donau-Auen
Fischamend
Haslau a.d.D.
Carnuntum
Petronell-Carnuntum
Heidentor
Kaltenleutgeben
Maria Ellend
Wildungsmauer
Schwechat
Schwadorf
Enzersdorf a.d.Fischa
Arbesthal
Höflein
Rohrau
Sulz i.W.
Sparbach
Mödling
Laxenburg
Margarethen a.Moos
Göttlesbrunn
Stixneusiedl
Heiligenkreuz
Hinterbrühl
Neudorf
Guntramsdf.
Ebergassing
Trautmannsdf. a.d.Leitha
Bruck a.d.L.
Gaaden
Gumpoldskirchen
Münchendorf
Gramatneusiedl
Bruckneudorf
Parndorf
Sattelbach
Hoher Lindkogel
Anninger
Pfaffstätten
Traiskirchen
Moosbrunn
Götzendorf a.d.Leitha
Wilfleinsdorf
Sommerein
Baden
Tribuswinkel
Reisenberg
Mannersdorf a.Leithageb.
Kaisersteinbruch
Neusiedl a.S.
Bad Vöslau
Oeynhausen
Oberwaltersdorf
Ebreichsdorf
Seibersdorf
Winden a.See
Jois
Neusiedl a.See
Kottingbrunn
Günselsdorf
Weigelsdorf
Leithaprodersdf.
Hof a.Leithaberge
Breitenbrunn
Weiden a.See
Hirtenberg
Leobersdorf
Pottendorf
Wampersdf.
Loretto
Au a.Leithaberge
Purbach a.Neusiedler See
Enzesfeld
Sollenau
Landegg
Stotzing
Donnerskirchen
Markt Piesting
Wöllersdorf
Felixdorf
Ebenfurth
Sonnenberg
Hornstein
Schützen a.Gebirge
Podersdorf a.See
Dreistetten
Eggendorf
Neufeld a.d.Leitha
Müllendorf
St.Georgen
Eisenstadt
Oggau a.N.S.
Bad Fischau
Theresienfeld
Lichtenwörth
Steinbrunn
Großhöflein
Trausdorf a.d.W.
Oslip
Familypark
Wr. Neustadt
Pöttsching
Wulkaprodersdorf
St.Margarethen i.Burgenland
Rust
Weikersdorf a.St.
Hirm
Siegendorf
Mörbisch a.See
Nationalpark Neusiedler-See
Illmitz
St.Egyden a.Steinfeld
Katzelsdorf
Sauerbrunn
Sigleß
Zemendorf
Klingenbach
Neusiedlersee-Fertő Cultural Landscape
Apetlon
Lanzenkirchen
Wiesen
Pöttelsdorf
Draßburg
Sopronkőhida
Seewinkel
Breitenau
Walpersbach
Forchtenstein
Mattersburg
Schattendorf
Fertőrákos
Schwarzau a.Steinfd.
Bad Erlach
SOPRON
Neusiedler See
Fertő
Pitten
Burg Forchtenstein
Naturpark Rosalia-Kogelberg
Loipersbach i.Bgld.
Rohrbach b.M.
Ágfalva
Seebenstein
Naturpark Seebenstein
Fertő-Hanság Nemzeti Park

Dieser Plan wurde in Zusammenarbeit mit der Magistratsabteilung 41 (Stadtvermessung) der Stadt Wien erstellt.
Der Verlag bedankt sich für die Mitarbeit aus den Bereichen der verschiedenen Gemeindeverwaltungen sowie vielen engagierten Personen.
Der Plan wurde mit größtmöglicher Sorgfalt erstellt. Trotzdem kann es in Detailbereichen zu Fehlern kommen. Es wird daher keine absolute Gewähr für die Richtigkeit übernommen. Richtigstellungen nehmen wir gerne entgegen und bedanken uns jetzt schon dafür.

In cooperation with Department 41 (city surveyor's office) of the city of Vienna.
The publishers would like to thank all those who have helped to produce this map, including staff at the various municipal offices and dedicated individuals.
Even though the greatest care has been taken in producing this map, the possibility of errors cannot be completely excluded and no guarantee is made as to accuracy. We are always grateful for corrections or suggestions for improvement.

2019B - 14726 ➪ 2022

Email: office@freytagberndt.at

www.freytagberndt.com

ISBN 978-3-7079-1778-9

STÄDTEATLAS GROSSRAUM

WIEN

1:20 000

MIT UMGEBUNGSKARTE UND DURCHFAHRTSPLAN WIEN · STRAßENVERZEICHNIS · FLUGHAFENPLAN WIEN · EINBAHNEN · KRANKENHÄUSERN · WICHTIGEN ADRESSEN · USW., USW., USW.

freytag & berndt
www.freytagberndt.com

KARTOGRAPHISCHE ANSTALT FREYTAG-BERNDT u. ARTARIA, 1230 WIEN

GEPRÜFTE QUALITÄT · AUSTRIA GÜTEZEICHEN 13.348 · CERTIFIED QUALITY

Printed in Austria

INHALT
CONTENT

1 WIEN und Umgebung
VIENNA and surrounding area
1:300 000

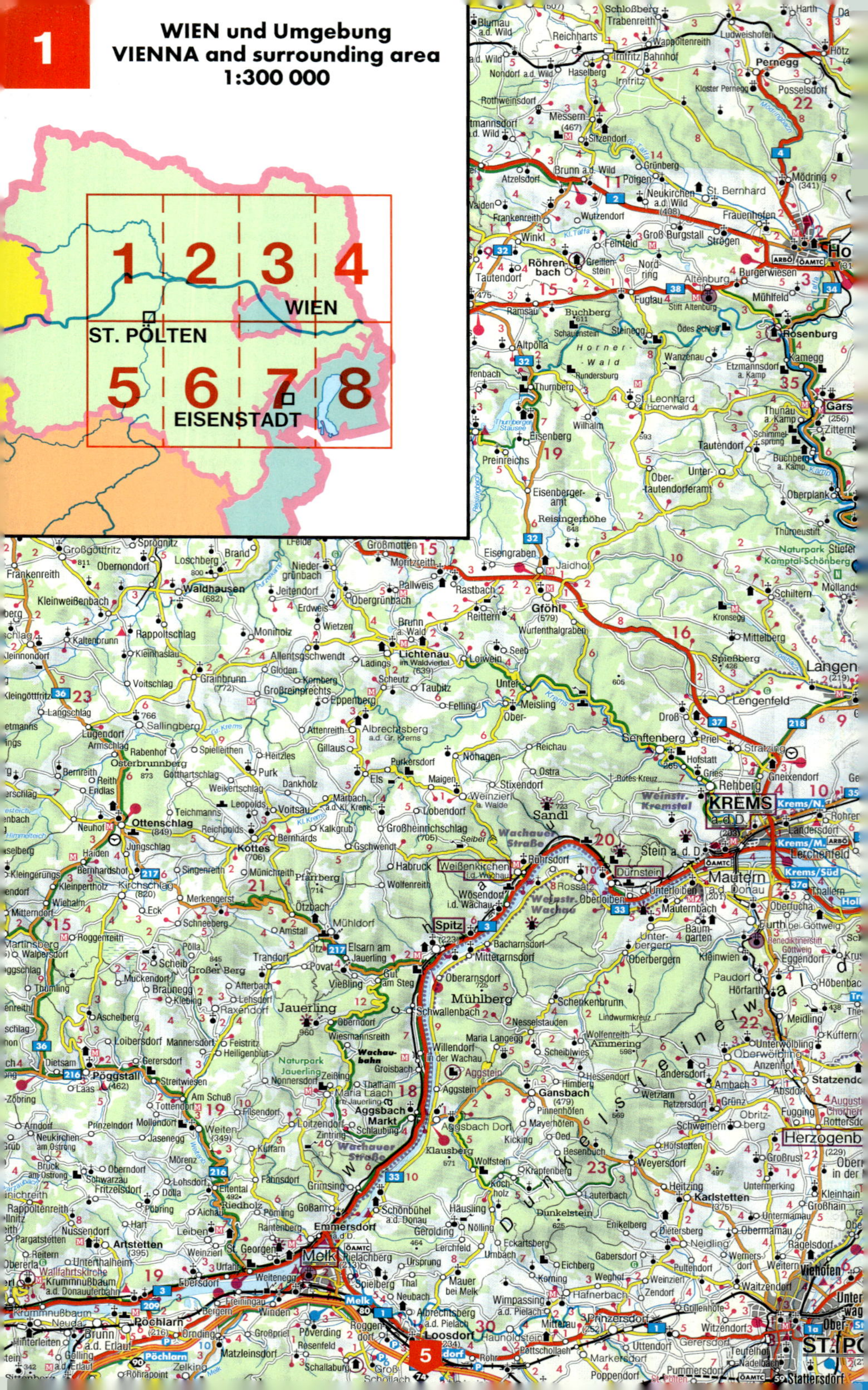

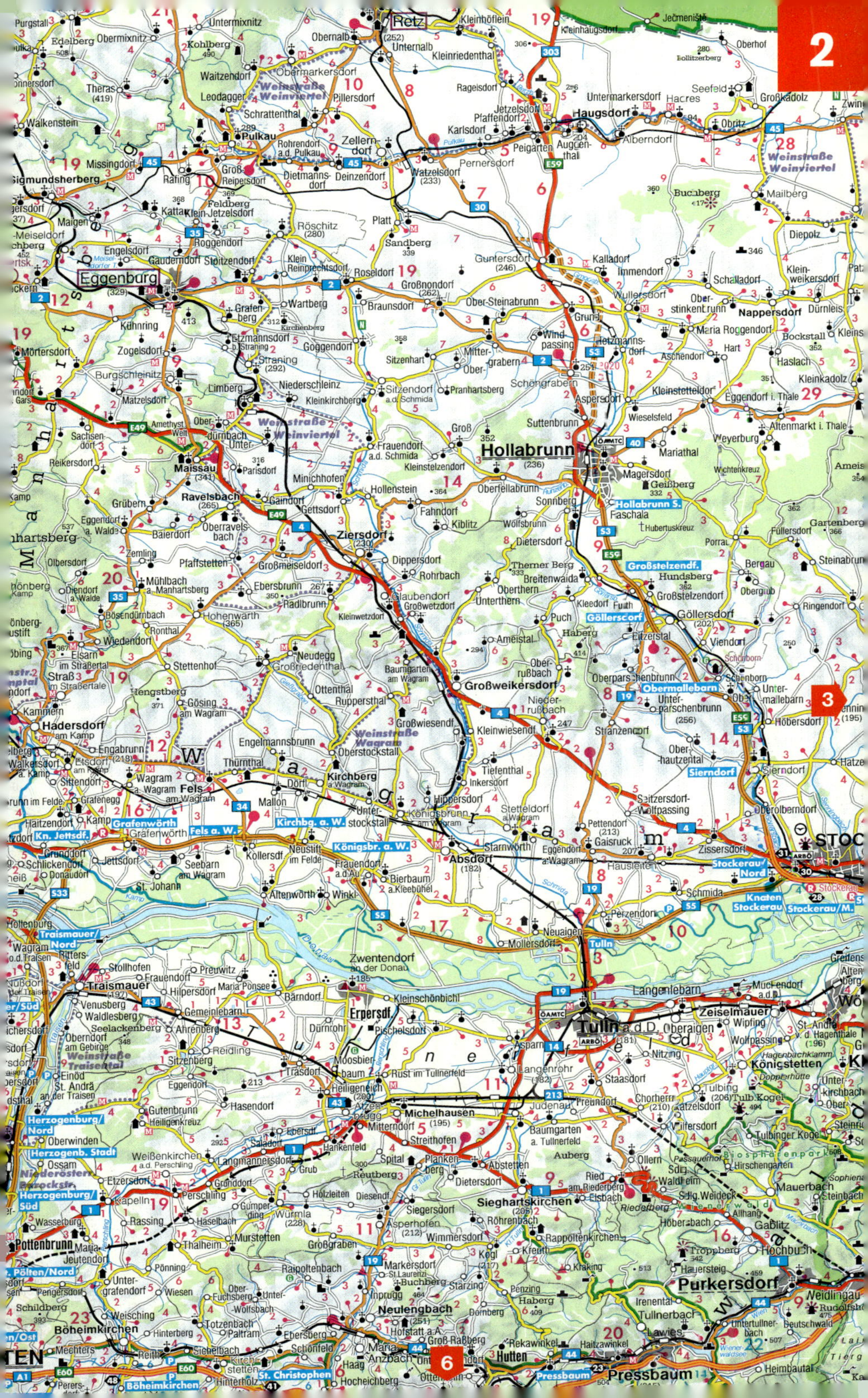
2
3
6
Retz
Pulkau
Haugsdorf
Sigmundsherberg
Eggenburg
Hollabrunn
Maissau
Ravelsbach
Ziersdorf
Großweikersdorf
Hadersdorf am Kamp
Kirchberg a. Wagram
Absdorf
Fels
Wagram
Traismauer
Tulln a.d.D.
Erpersdf.
Michelhausen
Sieghartskirchen
Neulengbach
Purkersdorf
Pressbaum
Böheimkirchen
Herzogenburg
Pottenbrunn
Zwentendorf an der Donau
Nappersdorf
Göllersdorf
Sierndorf
Stockerau
Königstetten
Zeiselmauer
Mailberg
Weinstraße Weinviertel
Weinstraße Wagram
Weinstraße Traisental
Hollabrunn S.
Großstelzendf.
Göllersdorf
Obermallebarn
Sierndorf
Stockerau Nord
Knoten Stockerau
Stockerau/M.
Grafenwörth
Kn. Jettsdf.
Fels a. W.
Kirchbg. a. W.
Königsbr. a. W.
Tulln
Traismauer Nord
Herzogenburg/Nord
Herzogenb. Stadt
Niederösterr. Brrock.
Herzogenburg/Süd
St. Pölten/Nord
St. Christophen
Böheimkirchen
Pressbaum
E49
E59
E60
S3
S5
S33
A1

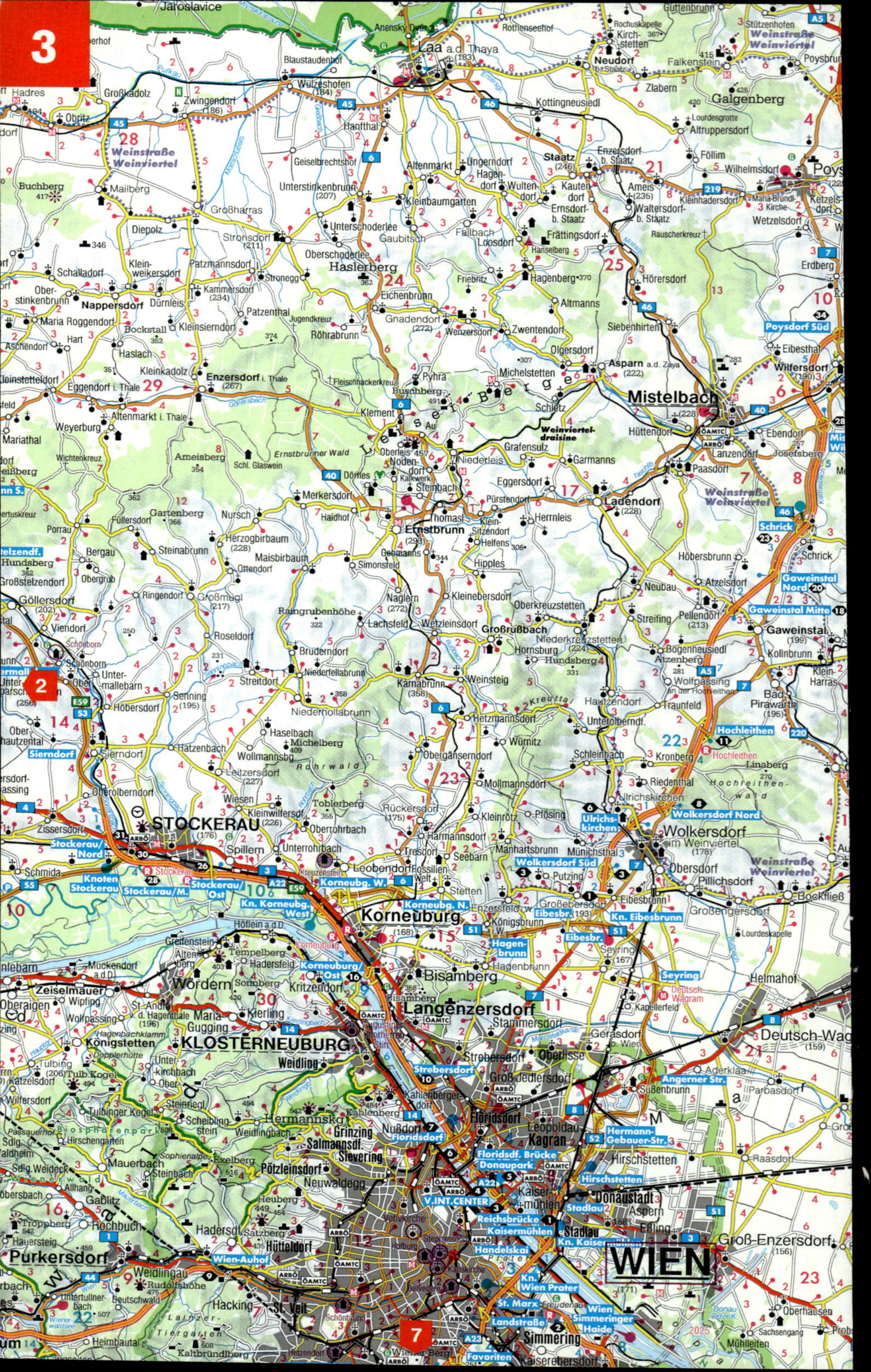
3
Laa a.d. Thaya
Weinstraße Weinviertel
Galgenberg
Mailberg
Staatz
Poysdorf
Poysdorf Süd
Haslerberg
Nappersdorf
Enzersdorf i. Thale
Mistelbach
Leiser Berge
Ernstbrunner Wald
Ernstbrunn
Ladendorf
Weinviertel-draisine
Großrußbach
Gaweinstal
Hochleithen
Stockerau
Wolkersdorf
Wolkersdorf Nord
Wolkersdorf Süd
Korneuburg
Bisamberg
Langenzersdorf
Klosterneuburg
Deutsch-Wagram
Floridsdorf
Kagran
Donaustadt
Groß-Enzersdorf
Purkersdorf
Wien

Valtice
Schrattenberg
Lanžhot
Gbely
Brodské
Kúty
Šaštín-Stráže
Borský Mikuláš
Borský Svätý Jur
Hohenau an der March
Moravský Svätý Ján
Sekule
Závod
Veľké Leváre
Zistersdorf
Neusiedl a.d. Zaya
Rabensburg
Dobermannsdorf
Gajary
Rohožník
MALACKY
Dürnkrut
Jakubov
Suchohrad (Dimburg)
Matzen
Plavecký Štvrtok
Záhorská Ves
Angern a.d.March
Lozorno
Gänserndorf
Strasshof a.d.Nordbahn
Zohor
Vysoká pri Morave
Stupava
Marchegg
Marchegg-Bhf.
Záhorská Bystrica
Devínska N. Ves
Leopoldsdorf im Marchfelde
Dúbravka
Lamač
BRATISLAVA (PRESSBURG)
Karlova Ves
Devín
Engelhartstetten
Hainburg a.d.D.
Weinstraße Weinviertel
CHKO Záhorie
Vojenský obvod Záhorie
Malé Karpaty
SK

8

Melk
Emmersdorf
Artstetten
Pöchlarn
Loosdorf
St. Pölten
Stattersdorf
Spratzern
Harland
Ober-Grafendorf
Hiesberg
St. Leonhard am Forst
Wieselburg
Mank
Kilb
Rabenstein a.d. Pielach
Kirchberg a.d. Pielach
Wilhelmsburg
Göblasbruck
Traisen
Lilienfeld
Hohenstein
Muckenkogel
Scheibbs
Statzberg
Frankenfels
Türnitz
Türnitzer Höger
Hohenberg
St. Aegyd am Neuwalde
Annaberg
Tirolerkogel
Ötscher
Gemeindealpe
Mitterbach am Erlaufsee
Bürgeralpe
Mariazell
Gr. Zeller Hut
Göller
Gippel
Hohe Student
Tonion
Gußwerk
Mürzsteg
Zeller Staritzen
Schneealpe
Windberg
Mitterberg
Gr. Sonnleitstein
Lahnsattel
Wegscheid
Aschbach
Eisenstraße
Mariazellerbahn
Ulreichsberg
Kernhof
Terz
Neuwald
Frein a.d. Mürz
Lachalpe
Rasing
Fallenstein
Greith
Weichselboden

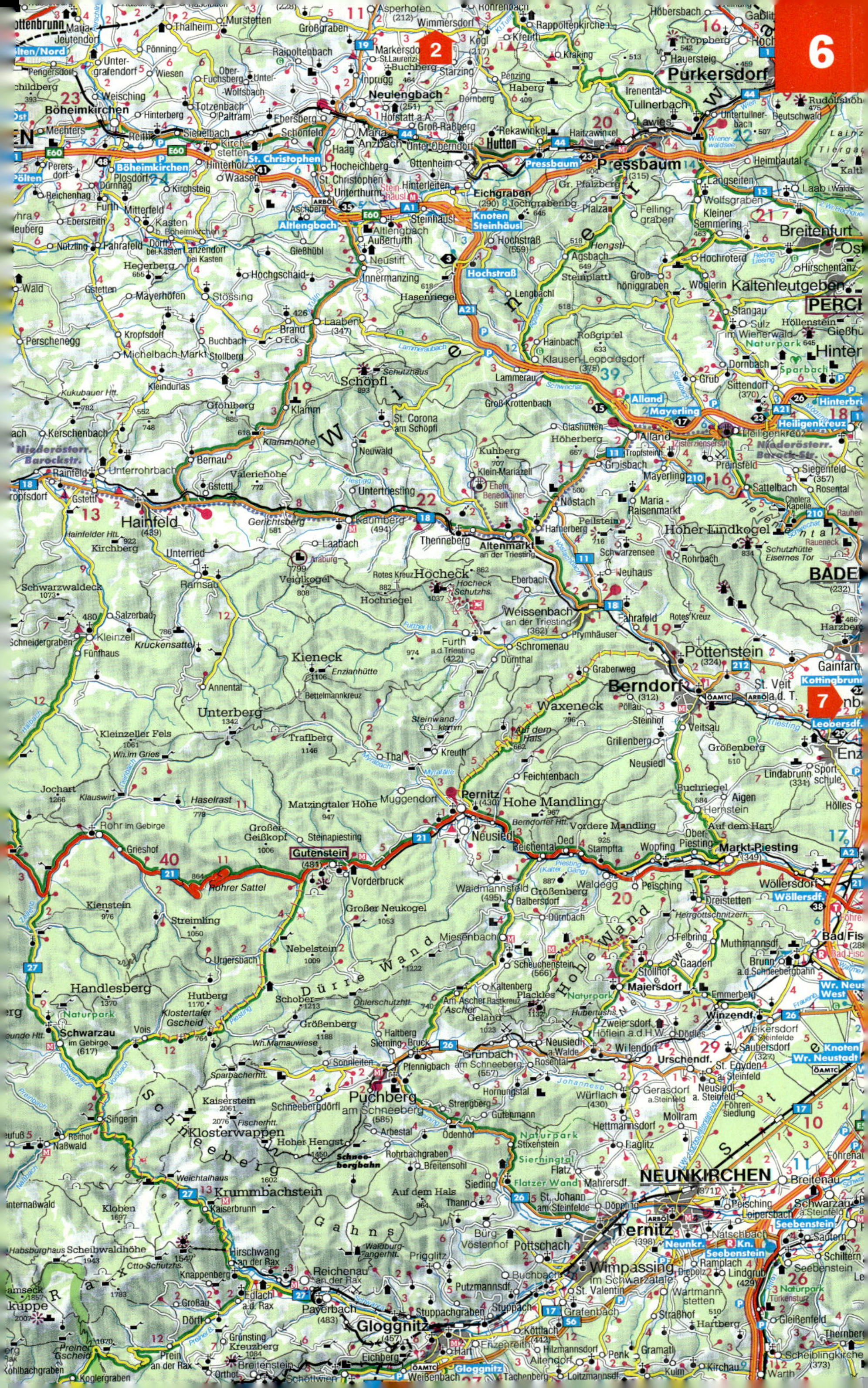

6
2
7
Purkersdorf
Neulengbach
Böheimkirchen
St. Christophen
Pressbaum
Eichgraben
Altlengbach
Knoten Steinhäusl
Hochstraß
Breitenfurt
Kaltenleutgeben
Hinterbrühl
Heiligenkreuz
Alland
Mayerling
Schöpfl
Klamm
Hainfeld
Altenmarkt an der Triesting
Hocheck
Weissenbach an der Triesting
Pottenstein
Berndorf
Kieneck
Unterberg
Waxeneck
Pernitz
Hohe Mandling
Gutenstein
Rohrer Sattel
Markt Piesting
Wöllersdorf
Dürre Wand
Hohe Wand
Schwarzau im Gebirge
Puchberg am Schneeberg
Schneeberg
Klosterwappen
Krummbachstein
Neunkirchen
Ternitz
Wimpassing
Gloggnitz
Reichenau an der Rax
Payerbach
Rax
Gahns
Hirschwang
Weichtalhaus
Handlesberg
Wiener Wald
Naturpark
Baden
Leobersdorf
Bad Fischau
Knoten Wr. Neustadt

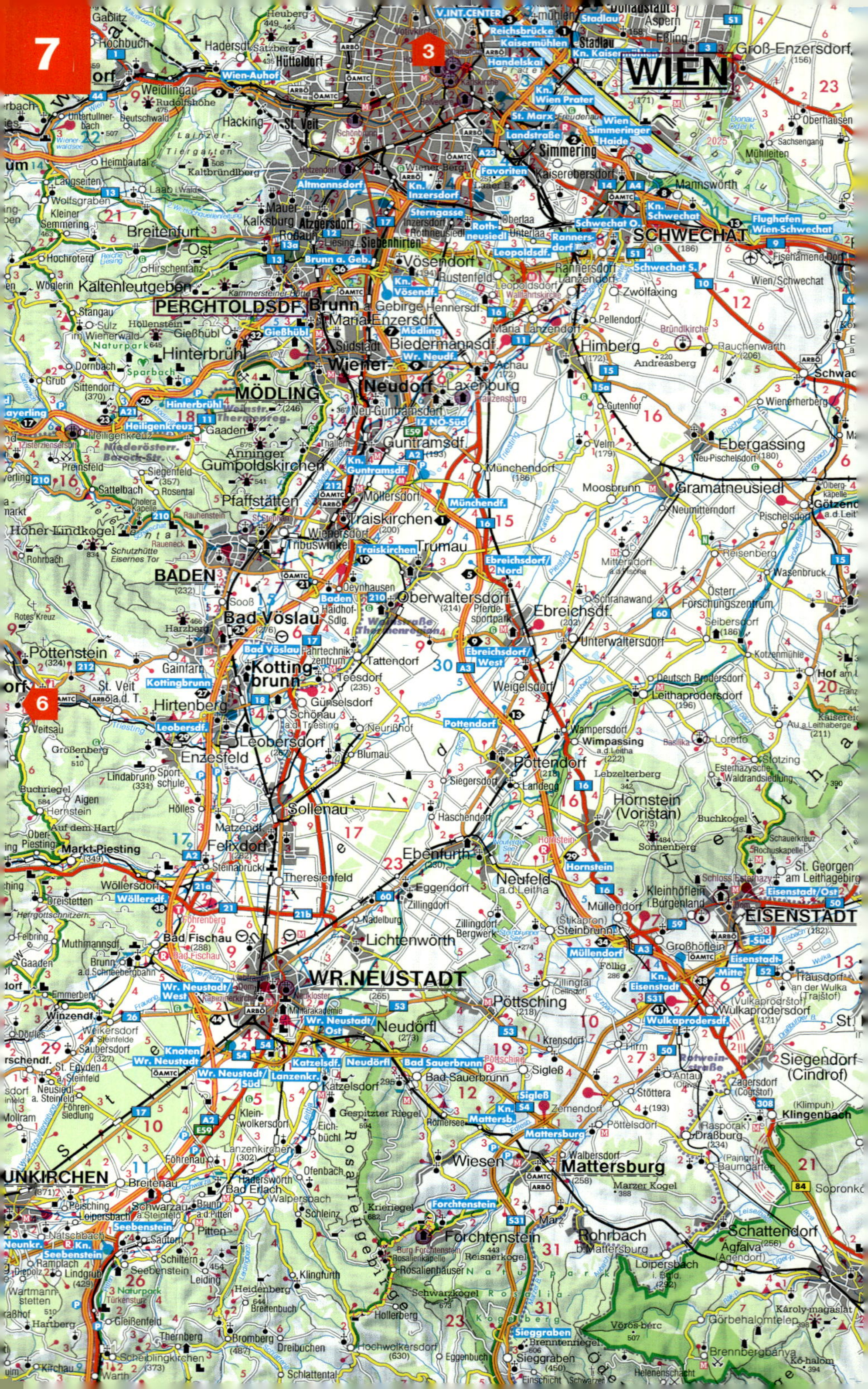
WIEN
SCHWECHAT
PERCHTOLDSDF
MÖDLING
BADEN
Bad Vöslau
Kottingbrunn
WR.NEUSTADT
EISENSTADT
Mattersburg
UNKIRCHEN
Groß-Enzersdorf
Simmering
Hütteldorf
Hacking
St. Veit
Breitenfurt
Kaltenleutgeben
Hinterbrühl
Brunn a. Gebirge
Maria Enzersdf.
Biedermannsdf.
Wiener Neudorf
Laxenburg
Vösendorf
Siebenhirten
Atzgersdorf
Himberg
Zwölfaxing
Ebergassing
Gramatneusiedl
Guntramsdf.
Gumpoldskirchen
Pfaffstätten
Traiskirchen
Trumau
Oberwaltersdorf
Ebreichsdf.
Unterwaltersdorf
Leobersdorf
Enzesfeld
Hirtenberg
Pottenstein
Sollenau
Felixdorf
Theresienfeld
Pottendorf
Ebenfurth
Neufeld a.d.Leitha
Hornstein (Vorištan)
Lichtenwörth
Pötsching
Neudörfl
Bad Sauerbrunn
Siegendorf (Cindrof)
Wulkaprodersdorf
Klingenbach
Wiesen
Forchtenstein
Rohrbach b.Mattersburg
Schattendorf
Bad Fischau
Markt Piesting
Wöllersdorf
Bad Erlach
Seebenstein
Sieggraben
Rosaliengebirge
Leithaprodersdorf
Moosbrunn
Münchendorf
Wimpassing a.d.Leitha
Müllendorf
Großhöflein
Steinbrunn
Zillingdorf
Katzelsdorf
Sopronkő
Ágfalva

BRATISLAVA (PRESSBURG)
Dúbravka
Lamač
Karlova Ves
Devín (Theben)
Petržalka
Jarovce
Rusovce
Kittsee
Wolfsthal
Berg
Hainburg a.d.D.
Hundsheimer Berg
Bad-Deutsch-Altenburg
Petronell-Carnuntum
Engelhartstetten
Schloss Niederweiden
Schlosshof
Markthof
Leopoldsdorf im Marchfelde
Breitstetten
Haringsee
Straudorf
Loimersdorf
Andlersdorf
Kopfstetten
Witzelsdorf
Wagram a.d.Donau
Pframa
Mannsdorf an der Donau
Orth an der Donau
Eckartsau
Stopfenreuth
Donau
Wildungsmauer
Regelsbrunn
Haslau an der Donau
Maria-Ellend
Scharndorf
Wartberg
Schüttenberg
Höflein
Rohrau
Gerhaus
Arbesthal
Göttlesbrunn
Stixneusiedl
Bruck an der Leitha
Bruck a.d. Leitha/West
Bruck a.d. Leitha/Ost
Bruckneudorf
Wilfleinsdorf
Sarasdorf
Spittelberg
Pachfurth
Schönabrunn
Hollern
Prellenkirchen
Deutsch-Haslau
Potzneusiedl
Neuhof
Wangheim
Gattendorf
Pama
Csardahof
Zeiselhof
Deutsch-Jahrndorf
Albrechtsmühle
Karlhof
Neudorf bei Parndorf (Novo Selo)
Parndorf (Pandrof)
Designer Outlet
Parndorfer Platte
Zurndorf
Nickelsdorf
Nickelsdf.-Nord
Nickelsdf.-Süd
Hegyeshalom
Straß-Sommerein
Kaisersteinbruch
Sommerein
Zeilerberg
Winden am See
Jois
Neusiedl am See
Neusiedl a. S. Gewerbepark
Weiden/Gols
Weiden am See
Breitenbrunn a. N. S.
Neusiedler See Weinstraße
Purbach am Neusiedler See
Donnerskirchen
Paulahof
Mönchhof
Gols
Edmundshof
Kleylehof
Wittmannshof
St.Johann
Schloss Halbturn
Halbturn
Albertkázmérpuszta
Irénmajor
Várbalog
Podersdorf am See
Frauenkirchen
Wallfahrtskirche
Seewinkel-Weinstraße
Albrechtsfeld
Jánossomorja
Mosonszentjános
Pusztasomorja
Schützen am Gebirge
Oggau am Neusiedler See
Rust
Neusiedler See Weinstraße
Neusiedler See
Seewinkel
Nationalpark
Illmitz
Biologische Station
Apetlon
Seewinkelhof
Zicksee-Reihersiedlung
St. Andrä am Zicksee
Rochuskapelle
Tadten
Tadtner Meierhof
Andau
Hansaghof
Westhof
Erdeihof
Paulhof
Althof
Feriendorf Pannonia
Wallern im Burgenland
Apetloner Hof
Lunzer Kreuz
Pamhagen
Einserkanal
Hanság
Waasen
Mörbisch am See
Fertőrákos
Tómalom
SOPRON (ÖDENBURG)
Fertő-Hanság Nemzeti Park
Balf
Kópháza
Fertőboz
Tőzeggyármjr.
Lászlómajor
Nyárliget
Feketebokormajor
Kistölgyfamajor
Öntésmjr.
Osli
Sarród
Fertőd
Sirhegy

WIEN | Durchfahrtsplan
VIENNA | Through traffic routes
KURZPARKZONEN
SHORT-TERM PARKING ZONES
AB 06.2019
FROM 06.2019
P+R PARK & RIDE ANLAGEN
PARK-&-RIDE FACILITIES
Klosterneuburg
Stift Klosterneuburg
Langenzersdorf
Weidling
Wienerwald
Leopoldsberg
Kahlenberg
Hermannskogel
Kahlenbergerdf.
Jedlese
Döbling
19.
Grinzing
Nußdorf
Heiligenstadt
Neustift am Walde
Sievering
Pötzleinsdorf
18.
Währing
Gersthof
Neuwaldegg
Dornbach
Hadersdorf
17.
Hernals
Ottakring
16.
Penzing
14.
Mariabrunn
Hütteldorf
Ober-St.-Veit
Hietzing
Lainz
13.
Schönbrunn
15
Westbhf.
Franz-Josefs-Bhf.
St. Stephan
Meidling
12
Favoriten
10.
Lainzer Tiergarten
Mauer
23.
Atzgersdorf
Liesing
Alterlaa
Kalksburg
Rodaun
Inzersdorf
Neuerlaa
Siebenhirten
Perchtoldsdorf
Vösendorf
Rothneusi
DONAU
STREBERSDORF EXIT 10
FLORIDSDORF EXIT 7
WIEN - AUHOF EXIT 9
ALTMANNSDORF
KNOTEN INZERSDORF
TRIESTER STR.
LAXENBURGER STR.
VORARLBGR. ALLEE
BRUNN A. GEB. EXIT 36
KNOTEN VÖSENDORF
GÜTERZENTRUM WIEN SÜD
A1
A21
A22
A23
S1

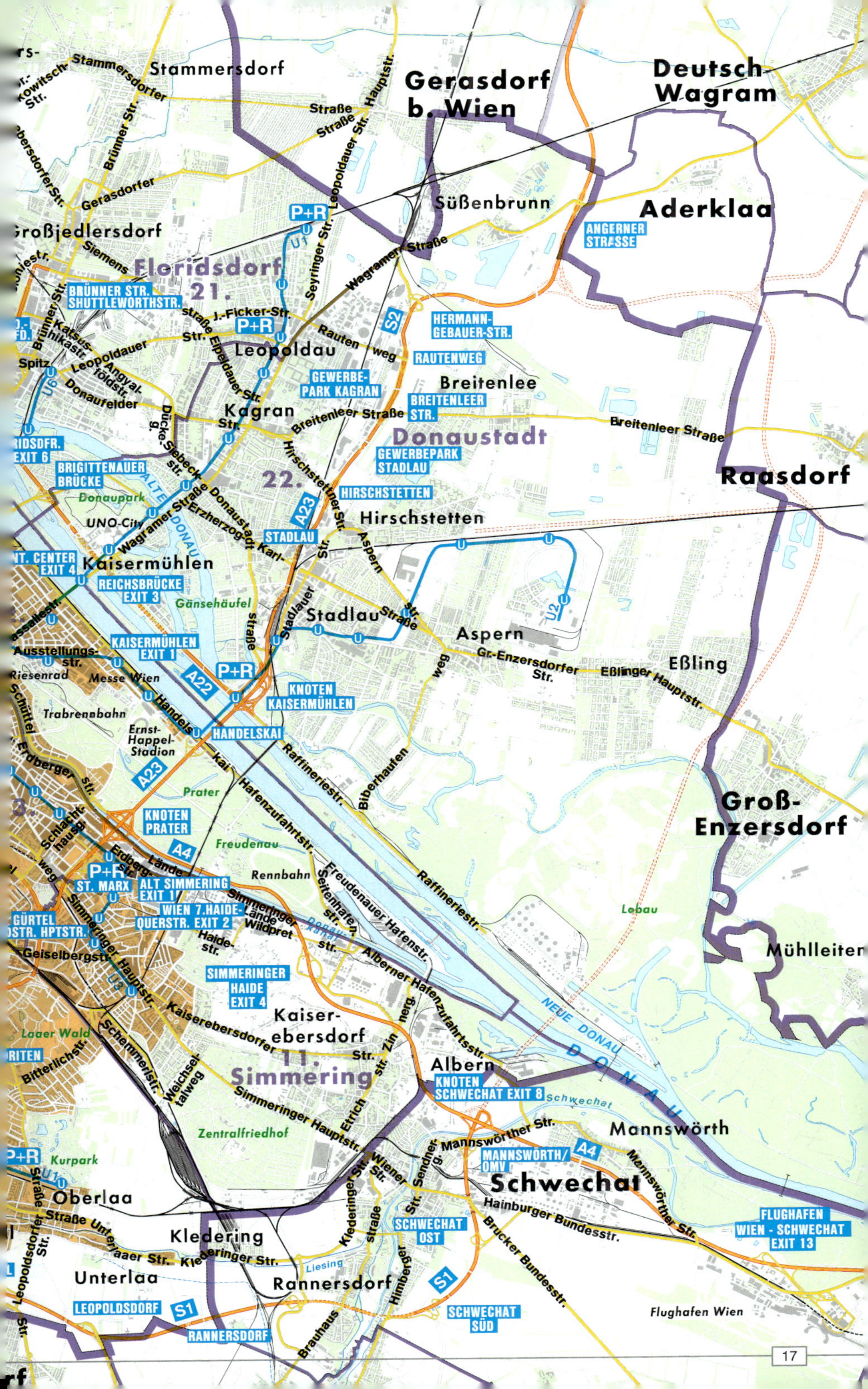
Stammersdorf
Gerasdorf b. Wien
Deutsch Wagram
Süßenbrunn
Aderklaa
ANGERNER STRASSE
Großjedlersdorf
Floridsdorf 21.
BRÜNNER STR. SHUTTLEWORTHSTR.
P+R
Leopoldau
HERMANN-GEBAUER-STR.
RAUTENWEG
GEWERBE-PARK KAGRAN
Breitenlee
BREITENLEER STR.
Kagran
Donaustadt
Breitenleer Straße
GEWERBEPARK STADLAU
Raasdorf
BRIGITTENAUER BRÜCKE
22.
HIRSCHSTETTEN
Hirschstetten
Donaupark
UNO-City
STADLAU
Kaisermühlen
REICHSBRÜCKE EXIT 3
Gänsehäufel
Stadlau
Aspern
KAISERMÜHLEN EXIT 1
Eßling
Riesenrad
Messe Wien
KNOTEN KAISERMÜHLEN
Trabrennbahn
Ernst-Happel-Stadion
HANDELSKAI
Prater
Groß-Enzersdorf
KNOTEN PRATER
Freudenau
Rennbahn
ST. MARX
ALT SIMMERING EXIT 1
WIEN 7.HAIDE-QUERSTR. EXIT 2
Lobau
Mühlleiten
SIMMERINGER HAIDE EXIT 4
NEUE DONAU
Kaiser-ebersdorf
Laaer Wald
11. Simmering
Albern
KNOTEN SCHWECHAT EXIT 8
DONAU
Zentralfriedhof
Mannswörth
MANNSWÖRTH/OMV
Kurpark
Schwechat
Oberlaa
Kledering
SCHWECHAT OST
FLUGHAFEN WIEN - SCHWECHAT EXIT 13
Unterlaa
Rannersdorf
LEOPOLDSDORF
SCHWECHAT SÜD
Flughafen Wien
RANNERSDORF

WIEN | Kurzparkzonen
VIENNA | Short-term parking zones

1.– 9. und 20. Bezirk
Montag – Freitag (außer feiertags):
9 – 22 Uhr (Parkdauer 2 Stunden)

Districts 1 to 9 and 20
Monday – Friday (except holidays):
9 a.m. – 10 p.m. (parking period 2 hours)

10. – 12., 14. - 18. Bezirk
Montag – Freitag (außer feiertags):
9 – 19 Uhr (Parkdauer 3 Stunden)

Districts 10 to 12 and 14 to 18
Monday – Friday (except holidays):
9 a.m. – 7 p.m. (parking period 3 hours)

15. Bezirk Stadthallennähe
Montag – Freitag (werktags):
9 – 22 Uhr
Samstag, Sonntag und Feiertag:
18 – 22 Uhr
(Parkdauer 2 Stunden)

District 15 - near Stadthalle
Mon–Fri (on working days):
9 a.m. – 10 p.m.
Saturday, Sunday and holidays:
6 p.m. – 10 p.m.
(parking period 2 hours)

19. Bezirk
Einführung ab 06. 2019

District 19
Implementation
approximately
as on 06.2019

WIEN | Öffentliche Schnellverbindungen
VIENNA | Interurban express trains

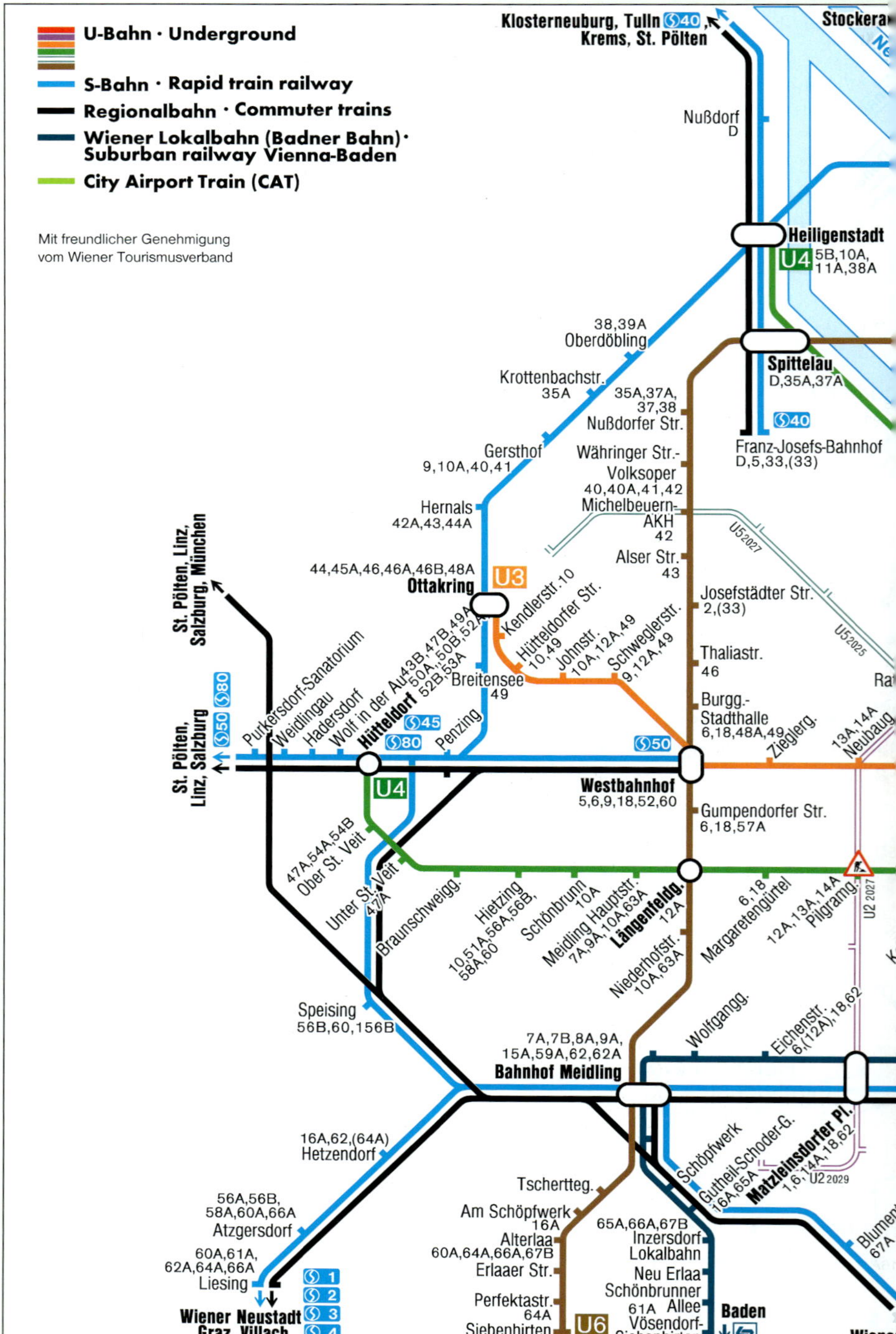

Hollabrunn S3
Krems S4
Strebersdorf 32A,34A
Jedlersdorf 36A
(30),31 Brünner Str.
Floridsdorf
U6
(20A),25,26,(28A),29A,
(30),31,33A,34A
Siemensstr. 30A,31A,(32A)
29A,32A
Leopoldau
U1
Mistelbach S2 S7
Gerasdorf
(25A)
Süßenbrunn
S1
Gänserndorf
Pressburg/Bratislava Brünn/Brno
Großfeldsiedlung
(28A),29A
Aderklaaer Str.
25A,27A
Rennbahnweg
22A,24A,26,31A
Kagraner Pl.
22A,25,26A,27A,
93A,94A Kagran
20A Alte Donau
20A,92A,92B
Kaisermühlen-
Vienna Int. Centre
Donauinsel
Vorgartenstr.
11A,11B
Neue Donau
20A
Alte Donau
Neue Donau
Donau
Donau
Donau
5B,31,33 Jägerstr.
Dresdner Str. 2,5A,37A
Handelskai
S45 5A,11A,11B
2,5A,37A
Traiseng.
Roßauer Lände
Donaukanal
D,1,1A,37,38,
40,41,42,43,44,71
Schottentor-
Universität
1,3A,31 Schotten-ring
2,5B Taborstr.
Praterstern
O,5,5B,80A,82A
82A Messe-Prater
11A,82A Krieau
11A,77A Stadion
Donaustadt-brücke
92A,92B,93A
Nestroypl.
5A
Schwedenpl.
1,2,2A
Volkstheater
48A,49
1A,2A Herreng.
Stephanspl.
1A,2A,3A,74A
Museumsquartier
57A
Stubentor
2,3A
U2
Stadtpark
Karlsplatz
1,4A,59A,62
Oper
D,1,2,3A,
59A,62
Donaumarina
77A,79A,79B
CAT
O,74A
Landstraße/Wien Mitte
4A,74A
Rochusg.
Kardinal-Nagl-Pl.
77A
Schlachthausg.
18,77A,80A
Erdberg
Gasometer (72A)
Zippererstr. 71
6,15A,71,76A,76B
Enkplatz
U3
Simmering
6,69A,71,72A,73A
Haidestr.
72A,76A,76B
Donaukanal
77A,79A,79B
Praterkai
S80
95B,(98A) Hirschstetten
25,26A,86A,
87A,94A,95A,96A
Erzherzog-
Karl-Str.
86A,
87A,94A
Stadlau
Donau-spital
25,95A
89A,95A,99A,99B
25,92A,
95A,96A
Hardegg.
Aspern Nord
26,
85A,(95B),97A
Hausfeldstr.
U2
84A,
88B
88A,
Seestadt
Aspernstr.
22A,84A,93A,
97A,98A
O,71,77A
Rennweg
Vienna Bio Center
St. Marx 18,71,74A
6,69A
Geiselbergstr.
Taubstummeng.
O,13A,18,69A
Südtiroler Platz-
Hauptbahnhof
D,O,18
Quartier Belvedere
CAT
14A
Keplerpl.
Reumannpl.
6,7A,14A,65A
66A,67,68A,68B
Troststr.
7A,65A,66A
Altes Landgut
15A
Alaudag.
16A,17A,19A,67A,67B
Neulaa
Oberlaa
17A,68B,70A
U1
15A
Grillg.
Zentralfriedhof
Kaiserebersdorf
Schwechat
Flughafen Wien,
Carnuntum,
Wolfsthal S7
CAT
CAT
Kledering
70A
S60
Neusiedl am See, Eisenstadt,
Pressburg/Bratislava
S60
Neustadt

LEGENDE
LEGEND

Öffentliche Gebäude (Auswahl)
Public building (selection)

Sehenswürdigkeiten (Auswahl)
Objects of interest (selection)

Kirche
Church

Kleingartenanlage
Allotment gardens

Industriegelände
Industrial area

Friedhof
Cemetery

Weingarten
Vineyard

Wald, Baumbestand
Forest, tree population

Trumau ÖBB
Eisenbahn-Bahnhof
Railway station

Brünner Str.
S-Bahn mit Haltestelle
City train with station

Rochusg. U3
U-Bahn mit Haltestelle
Underground with station

Neuerlaa
Wiener Lokalbahn (Badner Bahn)
Suburban railway Vienna-Baden

ÖBB U6 Floridsdorf
Eisenbahn, Schnellbahn und U-Bahn Station
Railway, rapid train railway, underground station

49
Straßenbahn
Tramway

49
Endstelle Straßenbahn
Tramway terminal

48A
*** Autobus**
Bus

48A
Endstelle Autobus
Bus terminal

Personenfähre
Passenger ferry

Schiffsstation
Landing place

Touristeninformation
Tourist information

Öffentliches Schwimmbad
Public swimming pool

Sportplatz
Sports field

*Die innerstädtischen Autobuslinien sind nur im Innenstadtplan dargestellt.
Inner-city bus routes are only shown on the city centre map.

A1 WIEN-AUHOF EXIT9 — **Autobahn mit Anschluss**
Motorway with interchange

1 — **Bundesstraße mit Vorrang**
Federal road with priority

Fußgängerzone
Pedestrian precinct

Einbahn
One-way street

35 — **Hausnummer (Auswahl)**
Street number (selection)

Landesgrenze
Provincial boundary

Grenze der politischen Bezirke
Boundary of the districts

Bezirks- und Gemeindegrenze
Urban district boundary

Stadtpolizeikommando
Police headquarter of urban district

Polizeiinspektion
Police

Jugendherberge
Youth hostel

Campingplatz
Camping site

Krankenhaus
Hospital

Schilift
Ski lift

Aussichtswarte
Look-out

Bildstock
Shrine

Denkmal
Monument

Kapelle
Chapel

Sender
Transmitter

Steinbruch
Quarry

Wegkreuz
Cross

1 : 20 000

0 200 400 600 800 1000m

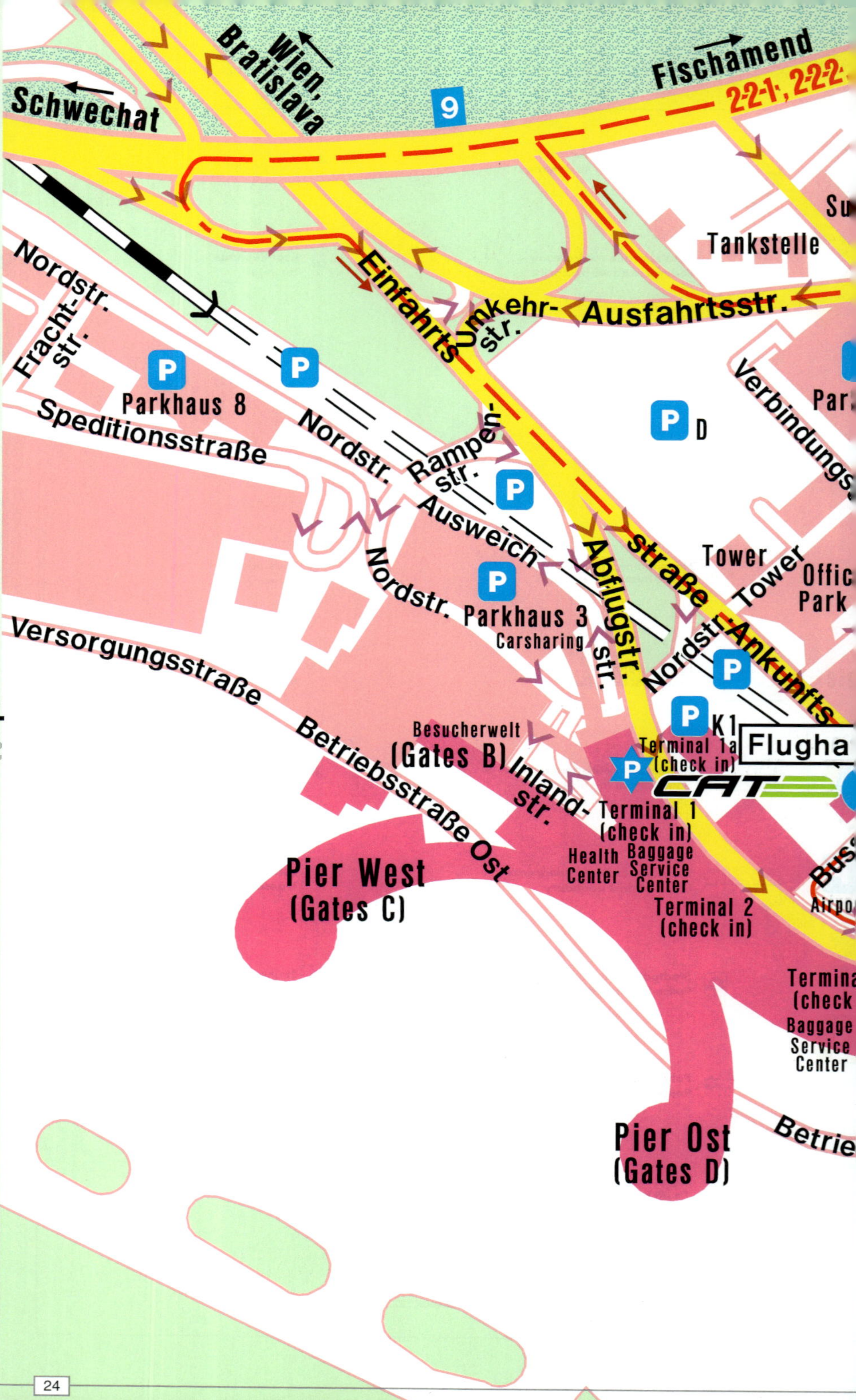
Wien, Bratislava
Schwechat
Fischamend
9
2-2-1, 2-2-2
Tankstelle
Nordstr.
Fracht-str.
Einfahrts
Umkehr-str.
Ausfahrtsstr.
Parkhaus 8
Speditionsstraße
Nordstr.
Rampen-str.
P D
Verbindungs
Ausweich
Abflugstr.
straße
Tower
Tower
Office Park
Nordstr.
Parkhaus 3
Carsharing
str.
Nordstr.
Ankunfts
Versorgungsstraße
K1
Besucherwelt
(Gates B)
Terminal 1a (check in)
Flugha
CAT
Betriebsstraße Ost
Inland-str.
Terminal 1 (check in)
Health Center
Baggage Service Center
Pier West (Gates C)
Terminal 2 (check in)
Airpo
Terminal (check
Baggage Service Center
Pier Ost (Gates D)
Betrie

+43 1 8130100
TAXIWIEN.COM
rmarkt
P C
Anlieferungsstr.
aus 7
straße
Office Park 2
Hotel
Mittelstr.
Ausfahrtsstr.
Office Park 1
Office Park Allee
Verbindungsstr.
P
Car Rental Return
otel
en Wien
P
Parkhaus 4 Car Rental
Parkstr.
Anlieferungsstr.
Versorgungsstraße
straße
P K3
axi
P K4
Busstr.
Abflugstr.
221, 222, 273
Pierstraße
Pier Nord (Gates F,G)
Pierstraße
sstraße Ost
Flughafen

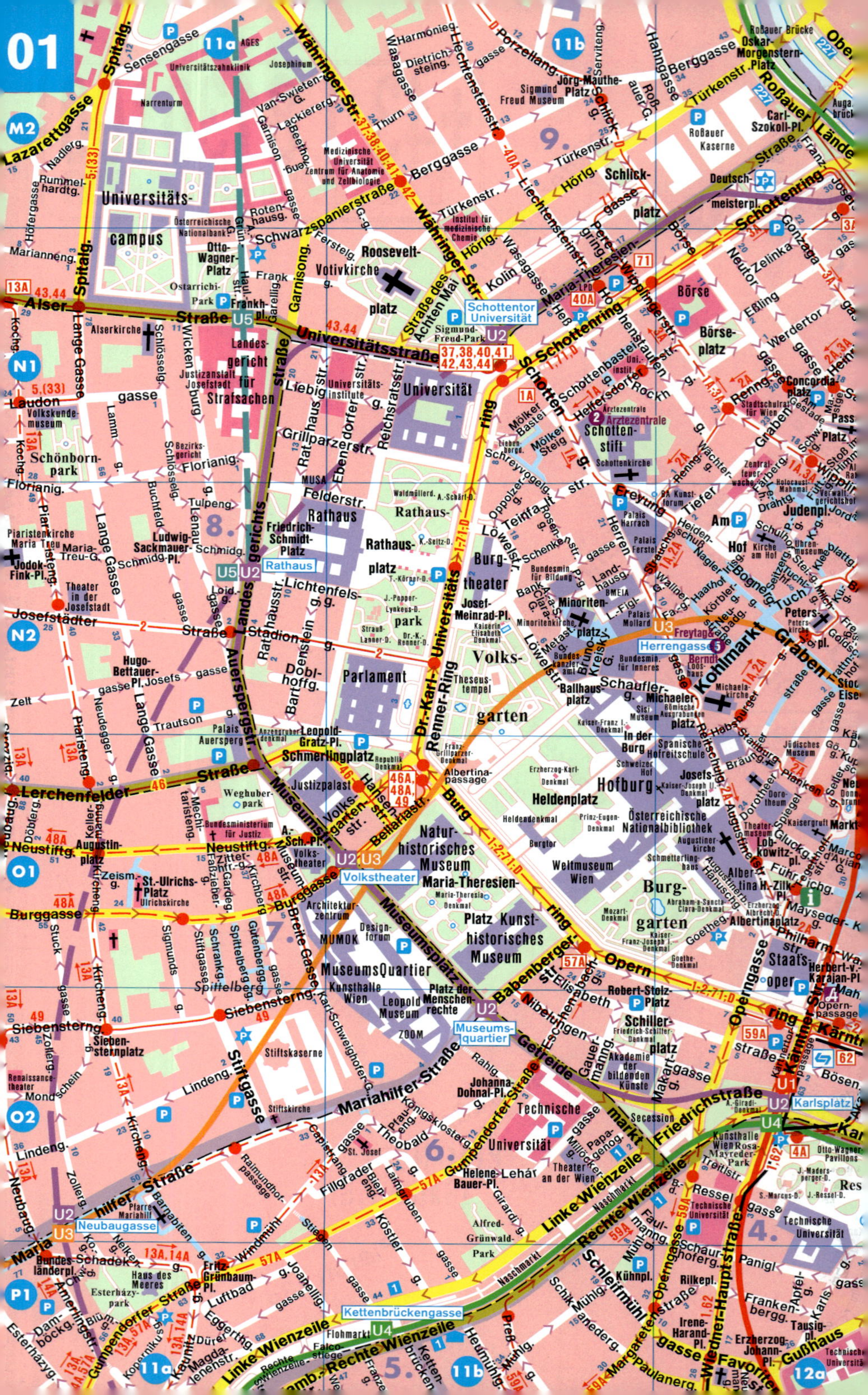
01
M2
N1
N2
O1
O2
P1
11a
11b
12a
Spitalg.
Lazarettgasse
Sensengasse
AGES
Universitätszahnklinik
Josephinum
Narrenturm
Universitäts-
campus
Nadlerg.
Rummelhardtg.
Höfergasse
Mariannеng.
Van-Swieten-G.
Lackiererg.
Garnisong.
Beethoveng.
Rotenhausg.
Schwarzspanierstraße
Österreichische Nationalbank
Otto-Wagner-Platz
Ostarrichi-Park
Frankh-pl.
Alser
Straße
Alserkirche
Schlösselg.
Wickenburg
Landesgericht für Strafsachen
Landesgerichtsstraße
Justizanstalt Josefstadt
Lange Gasse
Laudon
Volkskundemuseum
Schönborn-park
Florianig.
Lammg.
Buchfeldg.
Lenaug.
Tulpeng.
Piaristenkirche Maria Treu
Piaristeng.
Maria-Treu-G.
Jodok-Fink-Pl.
Ludwig-Sackmauer-Pl.
Schmidg.
Theater in der Josefstadt
Josefstädter
Straße
Hugo-Bettauer-Pl.
Josefsg.
Zeltg.
Trautsong.
Palais Auersperg
Auerspergstr.
Lerchenfelder
Straße
Döblerg.
Kellermanng.
Neustiftg.
Augustinplatz
Zeismanng.
St.-Ulrichs-Platz
Ulrichskirche
Burggasse
Stuckg.
Kircheng.
Sigmundsg.
Stiftg.
Siebensterng.
Siebensternplatz
Spittelberg
Schrankg.
Gutenbergg.
Zollerg.
Mondscheing.
Lindeng.
Stiftskaserne
Stiftskirche
Mariahilfer Straße
Neubaugasse
Pfarre Mariahilf
Barnabiteng.
Bundesländerpl.
Schadekg.
Esterházypark
Haus des Meeres
Fritz-Grünbaum-Pl.
Windmühlg.
Amerlingstr.
Gumpendorfer Straße
Luftbadg.
Eggerthg.
Kopernikusg.
Dürerg.
Magdalenenstr.
Linke Wienzeile
Rechte Wienzeile
Kettenbrückengasse
Flohmarkt
Köstlerg.
Fillgraderg.
Capistrang.
Raimundhofpassage
St. Josef
Theobaldg.
Königsklosterg.
Laimgrubeng.
Helene-Lehár-Bauer-Pl.
Alfred-Grünwald-Park
Girardig.
Naschmarkt
Heumühlg.
Preßg.
Mühlg.
Schikanederg.
Schleifmühlg.
Kühnpl.
Faulmanng.
Operngasse
Rilkepl.
Irene-Harand-Pl.
Erzherzog-Johann-Pl.
Favoritenstr.
Margaretenstr.
Wiedner Hauptstraße
Paulanerg.
Gußhausstr.
Panigl
Frankenbergg.
Tausigpl.
Technische Universität
Resselpark
Karlsplatz
Otto-Wagner-Pavillons
Secession
Friedrichstraße
Getreidemarkt
Technische Universität
Theater an der Wien
Papageno-g.
Millöckerg.
Gauermanng.
Akademie der bildenden Künste
Schillerplatz
Makartg.
Eschenbachg.
Nibelungeng.
Elisabethstr.
Babenbergerstr.
Museumsquartier
MuseumsQuartier
Kunsthalle Wien
Leopold Museum
ZOOM
Platz der Menschenrechte
Museumsplatz
Museumstr.
Volkstheater
Breite Gasse
Architekturzentrum
MUMOK
Designforum
Naturhistorisches Museum
Maria-Theresien-Platz
Kunsthistorisches Museum
Burgring
Opernring
Robert-Stolz-Platz
Burggarten
Mozart-Denkmal
Goethe-Denkmal
Albertinaplatz
Albertina
Staatsoper
Herbert-v.-Karajan-Pl.
Opernpassage
Kärntner Str.
Philharmonikerstr.
Mahlerstr.
Schwarzenbergstr.
Heldenplatz
Heldendenkmal
Erzherzog-Karl-Denkmal
Prinz-Eugen-Denkmal
Burgtor
Weltmuseum Wien
Österreichische Nationalbibliothek
Hofburg
In der Burg
Josefsplatz
Augustinerkirche
Augustinerstr.
Lobkowitzpl.
Theatermuseum
Albertina
Helmut-Zilk-Pl.
Spiegelg.
Dorotheerg.
Dorotheum
Plankeng.
Kaisergruft
Neuer Markt
Bräunerstr.
Habsburgerg.
Stallburgg.
Spanische Hofreitschule
Michaelerplatz
Michaelerkirche
Kohlmarkt
Graben
Petersplatz
Peterskirche
Tuchlauben
Bognerg.
Am Hof
Kirche am Hof
Judenpl.
Holocaust-Mahnmal
Wipplingerstr.
Schulhof
Uhrenmuseum
Freyung
Palais Harrach
Palais Ferstel
Herrengasse
Freytag & Berndt
Bankg.
Minoritenplatz
Minoritenkirche
Landhausg.
Bundesministerium für Inneres
Schauflerg.
Ballhausplatz
Bruno-Kreisky-G.
Volksgarten
Theseustempel
Löwelstr.
Burgtheater
Josef-Meinrad-Pl.
Kaiserin-Elisabeth-Denkmal
Dr.-Karl-Renner-Ring
Parlament
Schmerlingplatz
Justizpalast
Leopold-Gratz-Pl.
Reichsratsstr.
Stadiong.
Rathauspark
Rathausplatz
Rathaus
Friedrich-Schmidt-Platz
Lichtenfelsg.
Bartensteing.
Doblhoffg.
Felderstr.
Grillparzerstr.
Ebendorferstr.
Universitätsstraße
Universität
Universitätsring
Liebiggasse
Universitätsinstitute
Rathausstr.
Roosevelt-platz
Votivkirche
Ferstelg.
Straße des Achten Mai
Schottentor Universität
Sigmund-Freud-Park
Schottenring
Schottengasse
Mölker Bastei
Mölker Steig
Schreyvogelg.
Oppolzerg.
Teinfaltstr.
Schottenstift
Schottenkirche
Ärztezentrale
Helferstorferstr.
Schottenbastei
Börse
Börseplatz
Wipplingerstr.
Hohenstaufeng.
Renngasse
Concordiaplatz
Werdertorg.
Eßling
Gonzagagasse
Zelinkag.
Neutorg.
Deutschmeisterpl.
Roßauer Kaserne
Roßauer Lände
Carl-Szokoll-Pl.
Türkenstr.
Berggasse
Roßauer Brücke
Oskar-Morgenstern-Platz
Hahngasse
Servitengasse
Jörg-Mauthe-Platz
Sigmund Freud Museum
Porzellangasse
Harmoniegasse
Dietrichsteing.
Wasagasse
Liechtensteinstr.
Währinger Str.
Medizinische Universität Zentrum für Anatomie und Zellbiologie
Thurng.
Hörlg.
Kolingasse
Schlickplatz
Maria-Theresien-Str.
Institut für medizinische Chemie
Garnisong.
Hauslabg.
6.
7.
8.
9.
4.
5.

01
12a
12b
13a
13b
Obere Augarten-str.
Novaragasse
Große Stadtgutg.
Heinestr.
Rabbiner-Friedmann-Pl.
Alexander-Poch-Pl.
Große Pfarrgasse
Taborstraße
Praterstern
Schottenring
Donaukanal
Franz-Josefs-Kai
Friedrich-Wilhelm-Raiffeisen-Pl.
Dianabad
Karmeliterpl.
Tandelmarktg.
Große Sperlgasse
Krankenhaus der Barmherzigen Brüder
Nestroyplatz
Praterstraße
Czerninpl.
Lichtenauer g.
Untere Donaustraße
Obere Donaustraße
Marienbrücke
Salztorbrücke
Schwedenplatz
Twin City Liner
Aspernbrückeng.
Dampfschiffstr.
Rechnungshof
Herrmannpark
Urania
Radetzkystr.
Radetzkyplatz
Franzensbrückenstr.
Schüttelstr.
Hauptallee
Schwedenpl.
Franz-Josefs-Kai
Ring Tram
Julius-Raab-Platz
Stubenring
Regierungsgebäude
Postsparkasse
Georg-Coch-Pl.
Bundesamtsgebäude
Bundesrechenzentrum
Hintere Zollamtsstraße
Kolonitzplatz
Hoher Markt
Lugeck
Rotenturmstr.
Stephansplatz
Stephansdom
Wollzeile
Dr.-Ignaz-Seipel-Pl.
Dominikanerbastei
Rosenbursenstr.
Oskar-Kokoschka-Platz
Universität für angewandte Kunst
Dr.-Karl-Lueger-Pl.
Stubentor
MAK Museum
Vordere Zollamtsstraße
Marxergasse
Franziskanerplatz
Weihburggasse
Seilerstätte
Parkring
Stadtpark
Landstraße Wien Mitte
Landstraßer Hauptstr.
Invalidenstr.
Franziskus Spital Landstraße
Ungargasse
Rasumofskyg.
Rochusgasse
Rochusmarkt
Schubertring
Johannesgasse
Am Heumarkt
Beethovenplatz
Münze Österreich
Anton-von-Webern-Pl.
Universität für Musik und Darstellende Kunst
Rudolf-Sallinger-Pl.
Salesianergasse
Konzerthaus
Akademietheater
Wiener Eislaufverein
Lothringerstr.
Schwarzenbergplatz
Karlsplatz
Karlskirche
Wien Museum Karlsplatz
Am Modenapark
Neulinggasse
Arenbergpark
Rennweg
Palais Schwarzenberg
Unteres Belvedere
Belvedere garten
Prinz-Eugen-Str.
Schwarzenberggarten
Strohgasse
Barichgasse
Juchgasse
Krankenanstalt Rudolfstiftung
Sebastianplatz
Evangelische Pauluskirche
Ziehrerplatz
Sechskrügelg.
Kegelgasse
Löwengasse
Weißgerber
Erdbergstr.
Dannebergplatz
Daponte
2.
3.

1
Hagen
Hauptstraße
Bahnstraße
Königsbrunner
Im Plankenfeld
Kirchenw.
Salzstraße
Friedhof
223
Im Kirchenfeld
In Mühlraidern
In den Haussätzen
Schulg.
216
St. Anna
Aichleitenweg
In der Hofmauer
In der Hofmauer
Veitsberg
In Mühlraidern
In Aichleiten
Im Fasching
In Boecken
In Aichleiten
Keller
Hubertuskapelle
Stammersdorfer Str.
Siedlung Wolfsbergen
212
Wolfsbergen
In oberen Brüchen
In mittleren Brüchen
Bisamberg
Hasenmaiß
Broschäcker
Bleier Wald
312
252
Stammersdorfer Kellerg.
Mitterhaidenweg
236
Wolfersgrünweg
Falkenberg
320
Kalluswег
In den Gschefern
Kallusweg
224
148
Senderstr.
Magdalenenhof
Oskar-Czeija-G.
221
In Herrnholz Äckern
Senderstr.
In den Gabrissen
Steinernes Kreuz
308
Zwerchbreiteln
Mitterhaidenweg
In den kurzen Wiesthalen
Rotheng.
231
Obere Jungenbergg.
Untere Jungenbergg.
Krottenhofg.
Stammersdorfer
Breiten
Neusatzg.
200
Klausgraben
In den oberen
Bründelg.
217
In den unteren
In den leeren Beuteln
Breitenweg
jüngeren Bergen
Bründelg.
194
186
Obere Jungenbergg.
Kellerg.
Hagenbrunner Str.
190
Zwerchbreitelng.
Friedhof Stammersdorf Ort
Cressg.
Weinsteig
Neusatzg.
Luckenholzgasse
Steinbügelweg
Gernen
Ruppweg
Paul-Hopfner-G.
172
Untere Jungenbergg.
Stammersdorfer Straße
125,220,228
Am Bisamberg
Kellerg.
Steinbugelweg
Dr.-Skala-Str.
Josef-Flandorfer-Str.
168
Am Bisamberg
Am Bisamberg
Friedhof Strebersdorf
Sportzentrum Strebersdorf
Stammersdorf
Strebersdorf
21.
Anton-Böck-Straße
165
13
9
14
Johann-

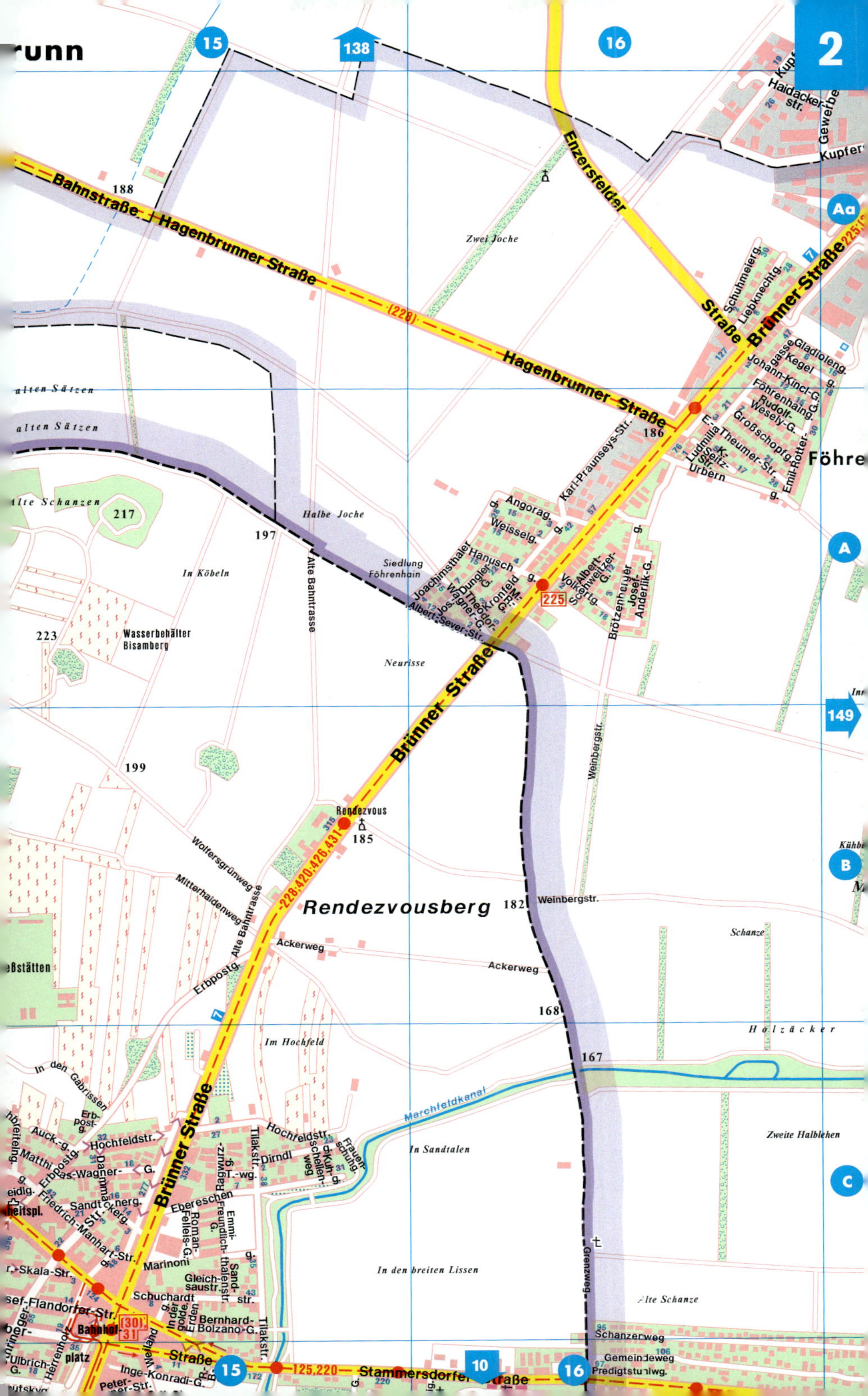
2
runn
15
138
16
Kupfer
Haidacker-str.
Gewerbe
Kupfer
Bahnstraße
188
Hagenbrunner Straße
Enzersfelder Straße
Zwei Joche
Aa
225
7
Schuhmeierg.
Liebknechtg.
Brünner Straße
228
Hagenbrunner Straße
Gladiolen.
Kegelgasse
Johann-Kinzl-G.
Föhrenhaing.
Rudolf-Wesely-G.
Großschopfg.
Theumer-Str.
Emil-Rotter-G.
Ludmilla-Seitz-Str.
Urbern
Karl-Praunseys-Str.
186
Föhre
alten Sätzen
alten Sätzen
Alte Schanzen
217
197
Halbe Joche
Angorag.
Weisselg.
Hanusch
Joachimsthaler
Siedlung Föhrenhain
Albert-Schweitzer-G.
Volkertg.
Josef-Anderlik-G.
Brötzenberger
225
Albert-Sever-Str.
In Köbeln
Alte Bahntrasse
A
223
Wasserbehälter Bisamberg
Neurisse
Brünner Straße
149
Weinbergstr.
199
Rendezvous
185
228;420;426;431
Wolfersgrünweg
Mitterhaidenweg
Alte Bahntrasse
Rendezvousberg
182
Weinbergstr.
B
Schanze
Ackerweg
Ackerweg
Erbpostg.
ßstätten
7
168
Holzäcker
167
Im Hochfeld
In den Gabrissen
Marchfeldkanal
Brünner Straße
Hochfeldstr.
Hochfeldstr.
Tilakstr.
Dirndl
Frauenschuhg.
In Sandtalen
Zweite Halblehen
C
Auck-g.
Matthias-Wagner-G.
Erbpostg.
Sandtnerg.
Friedrich-Manhart-Str.
Ebereschen
Romanfelleis-G.
Emmi-Freundlich-G.
Marinoni
Gleichsaustr.
Sandstr.
Schuchardt
Skala-Str.
Josef-Flandorfer-Str.
Bernhard-Bolzano-G.
Tilakstr.
In den breiten Lissen
Grenzweg
Alte Schanze
Schanzerweg
Gemeindeweg
Predigtstuhlweg
Bahnhofplatz
30
31
Straße
15
125,220
Stammersdorfer Straße
10
16
Weiland
Inge-Konradi-G.
Peter-

1
143
2
D
E
F
G
Karlholz
Unter-
kirchbach
Oberkirchbach
Hintersdorf
Arzgrub
Kogelberg
414
Skilift
Heuberg
Hirschberg
Steinriegl
Scheiblingstein
508
Pitzelsdorfer Wald
Kellergraben
Wolfsleiten
Tullner Straße
Weidlingbachstr.
Oberkirchbacher Straße
Sonnenweg
Hochfeldweg
Sommerweg
Schloßbergweg
Kirchbacher
Hauptstraße
Amtshaus u. Feuerwehr
Gartenweg
Weidenweg
Kogelweg
Talg.
Brückenweg
Sterngasse
Weidlingbachstr.
Schulerweg
Hochstraße
Am Steinriegl
Almweg
Moorbuchenweg
Hirschbergweg
Schönmais
Gallanze
Ginsterg.
Schlehen
362
417
306
431
426
445
405
401
405.445
401.445
Goldbrunngr.
J.H.
15
e

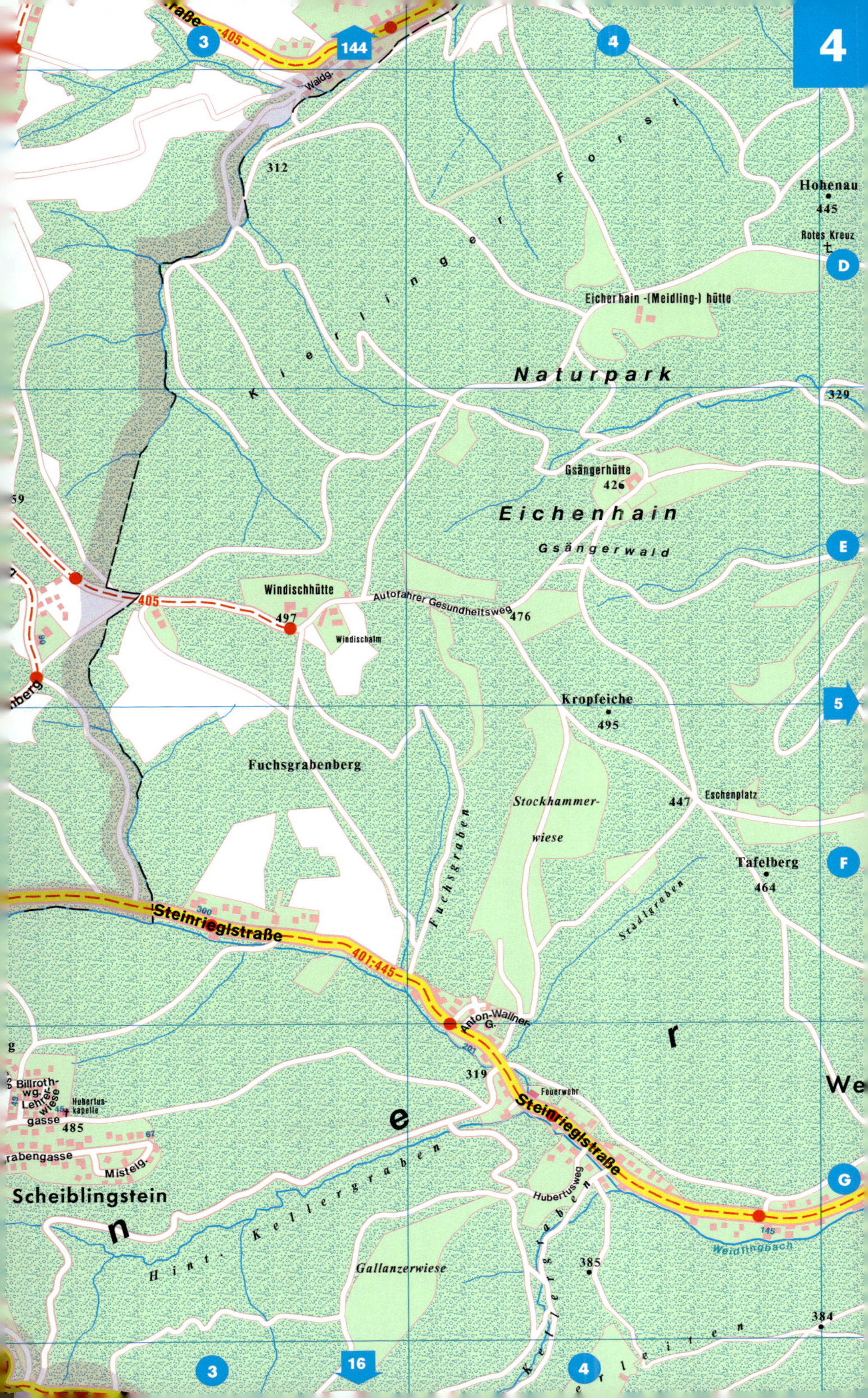

4
Naturpark
Kierlinger Forst
Eicherhain -(Meidling-) hütte
Hohenau
445
Rotes Kreuz
312
329
Gsängerhütte
426
Eichenhain
Gsängerwald
Windischhütte
497
Windischalm
Autofahrer Gesundheitsweg
476
Kropfeiche
495
Fuchsgrabenberg
Stockhammer-wiese
447
Eschenplatz
Tafelberg
464
Stadlgraben
Fuchsgraben
Steinrieglstraße
401-445
Anton-Wallner-G.
319
Feuerwehr
Steinrieglstraße
Billroth-wg.
Lehrer-wiese
gasse
Hubertus-kapelle
485
Mistelg.
Scheiblingstein
Hint. Kellergraben
Gallanzerwiese
Hubertusweg
Kellergraben
385
Weidlingbach
384
Kellerleiten
Wiener Wald
405
144
16
3
4
D
E
5
F
G

5
145
Stiftswald
426
Deponie
Obstl
Adolf-Robl-Weg
Roblkreuz
388
Hohenau
445
Rotes Kreuz
Hohenauwiese
Schulwald
Am Ra
Stölln
Reichergasse
248
207
176
401
329
Rotgraben
Kammersbg.
375
Reinschreiberwiese
Managettasteig
Kronn
322
Kalkbachwald
Obereck
454
439
395
Ramberg
Ramwiese
W
a
Pemmernissel
245
erg
Taferlgraben
362
Hinterweidling
Hauptstraße
Weidlingbach
Talg.
401;445
Steinrieglstraße
263
260
Gustav-Fischer-Steig
Sauber
432
Sieveringer Straße
Försterwiese
Im Reitergassel
Lausgraben
Simonsberg
423
384
Dombach
17
406
D
E
F
G
4
6

6
Weidling
Kloste
Hauptstr.
Brandmayer
Reichergasse
Lenaugasse
Südtiroler Weg
Stiftswald
Stilles Tal
Hopfengarten
Hermannskogel
542
Habsburgwarte
Jägerkreuz
451
Langer Berg
Vogelsangberg
516
Latisberg
(Cobenzl)
492
Höhenstraße
Hochsteineck
389
Pfaffenberg
415
Jägerhaus
Fischerhaus
Rohrerwiese
Himmelstraße
Reisenber
Höher
19.
401
43A
445

Klosterneuburg
Klosterneuburg-Weidling
Lange Gasse
Albert-Böhm-G.
Agnesstr.
Berchtesgadner
Skall
Prägarten
Leimstätten
Schwarzes Kreuz
217
281
Gobling
252
Kluger Kreuz
Rotes Kreuz
Franz-Kober-Weg
Promenade
Allee
Weidlinger
straße
401
Klosterneuburger G.
Mittelstr.
Metzger
Felderg.
Pius-Parsch-
Weinmayer
Sachsen
Theodor-Körner-G.
Untere Öden
Peter-Rosegger-
Josef-Schöffel-
Höhenstraße
Grabmanng.
Kollersteig
Steinwand
Babog.
Eichweg
Wolfsgraben
Josefsteig
Anzengruberg.
Seitweg
Zwerglochg.
Himmel
362
Gschwendt
319
306
Gschwendt
Finkenweg
Kahlenberger Weg
Tulpeng.
Odberg
Danubia
Oleanderg.
Magdeburg
Garnisonstr.
ÖAMTC
Kläranlage
Recyclinghof
Inkustr.
Normannen
Industriegebiet Schüttau
Aufeldg.
Donaustraße
Johann-Strauß-G.
Lothringer
Steininger
Lannersteig
Zeilner
Flohbügel
223
Galgenkreuz
Wiener Straße
Heiligenstädter
Kammerjoch
Wiener Schüttau
Kuchelauer Hafenstraße
Donauwartesteig
Einlaufbau
142-400-401-402-413
147
Im Gschwendtgraben
Stiftswald
438
Bildungshaus "Schönstätt"
Gnadenkapelle
Höhenstraße
38A
Elisabethwiese
Josefinenhütte/ Die Hütte am Weg
Waldseilpark
Leopolds
425
Heimkehrer Denkmal
Kahlenberg
Fernsehsender
484
Stefaniewarte
430
Waldl
Waldgraben
Villenweg
Am Kahlenberg
St. Josef
Modul University
Josefsdorf
Eiserne Hand
Friedhof Kahlenberg
Kahlenberger Str.
Eisernenhandg.
19.
Friedhof Kahlenbergerdorf
Schwabenwiese
Wildgrube
406
Kreit
Pisenkopf
Wildgrubgasse
Unterer Weisleitenw.
Nußberg
Eichelhofweg
352
Haindersbrunn
Krapfenwaldgasse
332
285
Krapfenwaldl
Krapfenwaldlbad
Unterer Schreiberweg
Mukenthalerweg
Cobenzlgasse
377
Dr.-K.-Lueger Dkm.
382
Reisenberg
Am Cobenzl
43A
Ob. Reisenbergweg
Paula-Wessely-Weg
Himmelstraße
317
Bellevue Höhe
Schreiberbach
Wildgrubgasse
Kahlenberger
Pointen
Heiligenstädter Friedhof
Cobenzl)
492
Latisberg
Kreuz
D
E
F
G
6
9
10
19

8
Erholungsgebiet Seeschlacht
Landteich
148
Funcourt
Kirchliche Pädagogische Hochschule Wien
Prager Straße
Obstplantage
DONAUUFERAUTOBAHN
A22
Marchfeldkanal
Sportanlage Dirnelwiese
Werkstoff-sammelzentrum
Industriezentrum
Langenzersdorf Süd
Strebersdorf
Kommunikationspl.
Einzingerg.
Segel-zentrum Nord
STREBERSDORF EXIT 10
Schönungsteich
21.
DONAU
NEUE DONAU
Donauinsel
Kuchelauer Hafenstraße
Jachthafen
Siedlung Jungherrnsteig
Burgstall
295
Schwarzlackenau
Siedlung
Jedleseer Friedhof
Weißenwolffg.
Jedleseer Brücke
Überfuhr
O'Brien Dkm.
Jedleseer Aupark
Franz-Josefs-Bahn
Donaustation
Zeisenbügel
308
235
Nußdorf
Nußdorfer Friedhof
DDSG Nußdorf
Brigittaspitz
Nußdorf
Am Sporn
20
11
12
D
E
F
G
9

9
Strebersdorf
Stammersdorf
21.
Strebersdorfer Straße
Dr.-Nekowitsch-
Anton-Böck-Straße
Dr.-Albert-Geßmann-G.
Beer-Hofmann-G.
Edmund-Hawranek-Pl.
Rußbergstr.
Mühlweg
Berlag.
Marchfeldkanal
Im Weingartenweg
Winkeläckerweg
Cordobaplatz
Gschweidl g.
Hanreiter g.
Friedhof Groß-Jedlersdorf
Kreuzfeld
Jedlersdorfer Str.
Gerasdorfer Str.
Brünner Straße
Großjedlersdorf
ÖBB-Hauptwerkstätte Jedlersdorf
Einzingerg.
Prager Straße
Jochbergen
Siemensstr.
Südmährenplatz
Hutterpl.
Ödenburger Straße
Jedlersdorf
Jedleseer Friedhof
Schwarze Lacke
Denglerpark
Lundenburger G.
Shuttleworthstraße
A22
Brünner Str. Shuttleworth-Str.
Leopold-Stroh-Sportanlage
Loretopl.
Anton-Bosch-G.
Jedlesee
Koloniestr.
Donaufeld
Neujedlersdorf
Krankenhaus Nord in Bau
Brünner Str.
Katsushika str.
Katsushikastr.
Jedleseer Str.
Anton-Störck-G.
Karl-Seitz-Pl.
Floridsdorfer Markt
Prager Str.
Postzentrum Wien-Nord
Nordbahn
Ruthnerg.
Louis-Häfliger-
Hochbahn

Stammersdorfer Straße
Stammersdorfer Zentralfriedhof
Van-Swieten-Kaserne
(Heeresspital)
Marchfeldkanal
Alte Schanze
Schanzenweg
Gemeindeweg
Predigtstuhlweg
In Winkeln
Persidisweg
Grenzweg
Sowinetz g.
Großschopfpl.
Gerasdorfer Str.
Ruthnerg.
Allißeng.
Allissen
Golfplatz
Holetschek gasse
Schipperg.
Karl-Benz-Weg
Kravoglg.
Großbauerstr.
Katharina-Scheiter-G.
Lavantgasse
Nordrandsiedlung
Carabellig.
Marco-Polo-Pl.
Penkg.
Promenade
Justg.
Pfendlerg.
Rosenblatt
Gaswerk Leopoldau
Wohlfahrtsweg
Tauschek
Kishon weg
Petritsch gasse
Thayag.
Siemens-pl.
Siemensstr.
Hochbahn
Schererstr.
Felmayerg.
Oswald-Redlich-Str.
Moritz-Dreger-G.
Pastorstr.
Großfeldsiedlung
Hallenbad
Kürschnerg.
Faustenhammer
Klima-Wind-Kanal Wien
Paukerwerkstr.
Richard-Neutra-G.
Dopschstr.
Großfeld
St.-Michael-G.
Julius-Ficker-Str.
Leopoldau
Stadlweg
Leopoldauer Platz
Leopoldauer Str.
Heinrich-von-Buol-G.
Franz-Sebek-Str.
Siemensstr.
Eipeldauer
Oskar-Grissemann-Str.
Aderklaaer Straße
Gaunersdorfer-G.
Topaspl.
Friedhof
Wassermann
Lhotskyweg
Gitlbauerg.
Mölkpl.
Leopoldau
Egon-Friedell-G.
Schönthalerg.

17
149
18
Hausäcker
Teillisse
Gerasdorf b. Wien
Gerasdorf-Oberlisse
Nordrandsiedlung
Volksschule
Kindergarten
Schanzenweg
Gemeindeweg
Franz-Wallner-Gasse
Stammersdorfer Str.
Gerasdorfer Str.
Hauptstr.
Bahnstr.
Westliche Scheunenstr.
Östliche Scheunen
Peter-Paul-Str.
Kirchen
Gemeindeamt
Friedhofsg.
Schrödingerg.
Friedhof
Rotes Kreuz
Süßenbrunner Straße
Halblehen
Kurze Kirchenlucken
Minarskywasser
Leopold-Pichler-Weg
Hugo-Schuran-Weg
Katzengruber
Süßenbrunn
Nordbahn
Süßenbrunn Entseuchungsbahnhof
Schmatelkateich
Seeweg
Uferweg
Industriestr.
Nordostbahnstr.
Ressel
Viktor-Kaplan-Str.
Marcus-str.
Maderspergerstr.
Schmalbachstr.
Hofstättenweg
Campingplatzweg
Zwerchäckerweg
Badeteich Campingplatz Süßenbrunn
Leopoldauer Str.
Seyringer Str.
Gerlospl.
Thayag.
Winterweg
Herbstweg
Sommerweg
Spitzweg
Iligasse
Mülldeponie
Langes Feld
21.
10
D
E
F
G
Leopoldau
U1
P+R
Ernst-Kein-G.
Scherer str.
Oswald-Redlich-Str.
Hallenbad
Gitlbauerg.
Wassermann g.
Lhotskyg.
Julius-Ficker-Str.
Wagramer Str.
Rautenweg
Percostr.
Niedermoser str.
Lichtblau
Dassanowsky
Maculang.
Voitgasse
Lieblgasse
Aderklaaer Straße
Martin-Gaunersdorfer-G.
Hermann-Gebauer-Straße
Rudolf-Hausner-G.
Trözmüllerg.
HERMANN-GEBAUER-STRASSE
Zwerchäckerweg
Mülldeponie Rautenweg
23
Brahmsweg
Straußweg
Beethovenweg
Lindenweg
Mozartweg
Goetheweg
Haydnweg
Lehárweg
Heldenweg
Hoffmannweg
Blumenweg
Raimundweg
Anzengruberweg
Wienerweg
Jägerweg
Schönherrweg
Schillerweg
Lenauweg
Schubertweg
Sängerknabenweg
Fallmerayerweg
Kainachgasse
Aistgasse
Triestingg.
Gusenq.
Acheng.
Lavantgasse
Feistritzg.
Pulkaug.
Glang.
Lafnitzg.
Iselg.
Isper
Almg.
Pinka
Puschmanng.
Rieglgasse
Adolf-Loos-G.
Doderег.
Kaftan-g.
Herchenhahng.
Herzmanovsky-Orlando-G.
Don-Bosco-Weg
Meisterg.
Baldass
Holzmann-weg
Sandauerg.
Hallenbad

12
19
150
20
Lange Joch
Ostbahng.
Sparkasseng.
Gerasdorf
Kleinfeld
Saulacke
Im langen Feld
weg
Schießstätten
Wielandweg
Kugelkreuz
157
Alte Neurisse
Golfplatz
Weingartenallee
Golf-
platz
Lampikreuz
Siedlung
Neu-Süßenbrunn
Scheichg.
Sizzog.
Prunng.
Larischg.
Stallarg.
Grünbaumg.
Bettelheimstr.
(25A)
124
ANGERNER STRASSE
An der Wiener
Weißes Kreuz
159
13
Süßenbrunn
Schloss
Wagramer Str.
Süßenbr. Hauptstr.
Süßenbr. Pl.
25A,124
Alte Straße
Stastnyweg
Spindler
Peham
Badeteich
Gatterkreuz
Süßenbrunner Friedhof
Friedhofweg
Gerichtsfeld
S1
Inneres
Mühlfeld
Äußeres
D
E
F
G
Transport-
betongrube
Meiergrube
Feld gegen
Breitenlee
Schöpfleuthner Kapelle
Spitzried
In Breiteln
S1 projektiert
160
22.
S2
Kurzried
Am Bergl
Im Breitenfeld
Mittl.-Feld
Silberwurzweg
Azaleeng.
24
159
495

13
20
21
151
22
D
E
F
G
Langen Feld
160
Lehen
Im langen Feld
8
Aderklaa
Feuerwehr
Florianig.
Florianig.
Engersdorfer Weg
Wagramer Str.
Gemeindeamt
157
Dorfanger
Dorf anger
Marchfeldstraße
Flurgasse
Flurgasse
Telefonweg
Wiener Straße
Gewerbestr.
Kapellenweg
Hubertusweg
ER STRASSE
An der Wiener Straße
Weißes Kreuz
159
494,495
12
Inneres
Mühlfeld
Äußeres
158
158
Äußere Lehen
Spitzried
In Breiteln
S1 projektiert
In drei
155
In zwei Jochen
157
Pfirsichg.
156
Im Breitenfeld
Kurze Neurisse
Hartriegelgasse
Pfeifenstr.-weg
Telefonweg
89A
Invalidensiedlung
Maigl.-weg
158
20
21
25
22
Aderklaaer Ried

Deutsch-Wagram
Am Wagram
Friedhof
Marktpl.
Leipziger Pl.
Ottokar-Weyrich-Pl.
Erzh.-Carl-Str.
Hauptstraße
Angerner Bundesstr.
Parbasdorfer Str.
Promenadenweg
Am Rand
Am Rand
Kläranlage
Museum
Rotes Kreuz
Freiw. Feuerwehr
Volkshaus
Theodor-Körner-G.
Am Wagram
Am Kalendaberg
Feldg.
Friedhof-g.
Kinog.
Schulg.
Rußbach
Marchfeldstraße
S8 projektiert
S8 projektiert
S1 projektiert
Napoleondenkmal
Krautäcker
Hausfeld
158
158
158
157
157
161
494
494-495
152
23
24
26
23
24
D
E
F
G

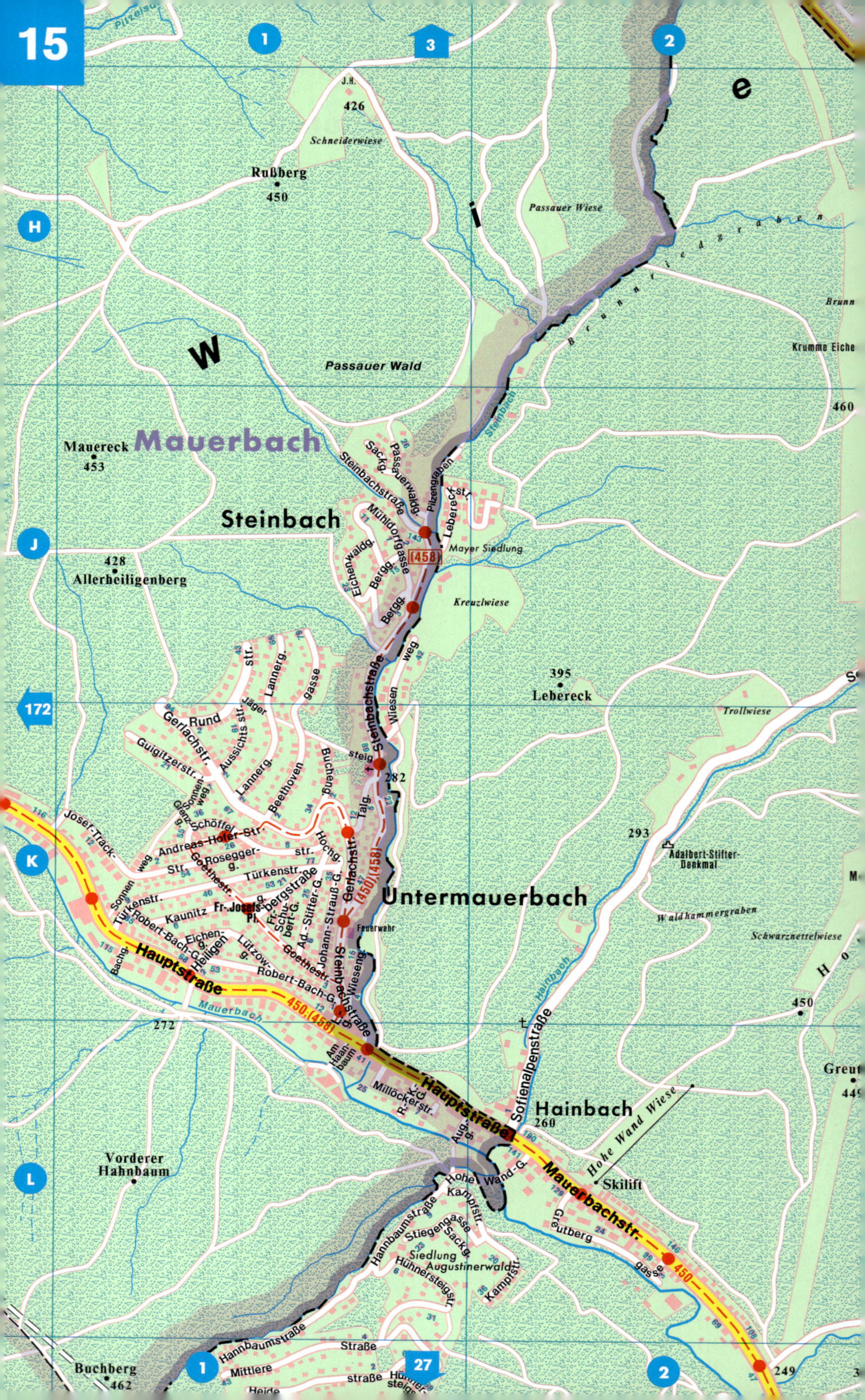

15
Schneiderwiese
Rußberg
450
426
Passauer Wiese
Brunn
Krumme Eiche
Passauer Wald
Maueneck
453
Mauerbach
Steinbach
Steinbachstraße
Passauerwaldg.
Mühldorfgasse
Pilzengraben
Lebereckstr.
Mayer Siedlung
Kreuzlwiese
428
Allerheiligenberg
395
Lebereck
Trollwiese
460
Gerlachstr.
Guigitzerstr.
Rund
Lanner.
Beethoven
Buchengasse
Josef-Track-
Andreas-Hofer-Str.
Rosegger-
Türkenstr.
Kaunitz
Goethestr.
Robert-Bach-G.
Lützow-
Johann-Strauß-G.
Ad.-Stifter-G.
Wieseng.
282
293
Adalbert-Stifter-Denkmal
Untermauerbach
Feuerwehr
Waldhammergraben
Schwarznettelwiese
Hauptstraße
450 (458)
Mauerbach
272
450
Millöckerstr.
Sofienalpenstraße
Hainbach
260
Hohe Wand Wiese
Skilift
Hohe Wand-G.
Mauerbachstr.
Greutberg
Kampfstr.
Hannbaumstraße
Stiegengasse
Siedlung
Augustinerwald
Hühnersteigstr.
Vorderer
Hahnbaum
Buchberg
462
Mittlere
Straße
249
Greut
Brunnriedgraben
Steinbach
Hainbach
172
27

3
4
4
Tullner Straße
Toiflhütte
393
Vorder Kellen
Asperleiten
Dornbachgraben
Schutzengelberg
508
Spanglweg
Scheiterplatzl
H
Dornbach
Roßkopfwiese
445
Moosbrunner Boden
466
Artilleriestraße
Roßkopf
507
Rotes Kreuz
497
Richtfunkstation Exelberg
Exelberg
516
J
Siedlung Hainbach
Hainbachg.
Roßkopfg.
Millisteig
Hainbach
Hinterhainbach
352
28
Sofienalpenstraße
Sophienalpe
477
Hahnengraben
Dahaberg
507
Schieß
17
Mostalpenstraße
14.
Franz-Karl-Fernsicht
488
Rieglerhütte
342
Mamsellwiese
Karl-Bekehrty-Str.
401
K
Wand
Hochbruckenberg
497
448
Steinerne
Dianabründl
Halterbach
398
Safranwiese
388
Baumgartner Wald
274
L
Spitalwiese
Ausjagdboden
Jägerwald
Siedlung
3
28
426
Kolbeterberg
4
52

17
Försterwiese
5
5
6
Simonsberg
423
Dornbach
406
Norwegerwiese
367
Zwei Gehängte
447
H
Forst
435
Schanze
464
Wienerwald Heldendenkmal
Hameau (Holländerdörfl)
Grünberg
462
Siedlung Hügelwiese
Roßkopfwiese
Artilleriestraße
373
Exelberg
516
J
Grünbergwiese
Mittereckwiese
Tiefauwiese
317
Hameauweg
Mittereck
Rohrerhütte
Exelberg Siedlung
Tullner Str.
416
Schießstand
Jägerwiese
Schwarzenbergpark (Dornbacher Park)
445
Exelbergstr.
Exelbergstraße
16
Siedlung Loislalm
385
Große Stockwiese
Kreuzbühelwiese
Schwarzenbergallee
Kaiserzipf
Beindrechslerwiese
Eckbach
Kreuzbühel
382
401
Neuwaldegger Straße
Marswiese
271
K
Alser Bach
Hanslteich
Neuwa
Waldschafferin
Kücherl
Amundsenstr.
448
Kleine Moschinger Wiese
Eiserne Hand
Vogelschutzgebiet des
Wr. Tierschutzvereins
438
404
14.
Schottenhof (Siegmundshof)
362
Hermberg
464
398
Siedlung Heub
L
Schottenwald
Pelzer Rennweg
5
29
6
Kreuzeichenwiese
438

18
Höhenstraße
Hochsteineck
389
Hirschenstube
Pfaffenberg
415
Lebensbaumkreis
Sieveringer Straße
Spießweg
Zierleiten
Salmannsdorfer Höhe
Häuserl am Roan
Neuberg
418
Häuserl am Stoan
Sisikapelle
393
Bellevue
Gspöttgraben
Zierleitengasse
Salmannsdorf
19.
Wendelstattweg
Uferweg
Arbesbach
Haseleck
Haseleckersteig
Salmannsdorfer Höhe
Obersievering
Dreimarksteing.
Waldrandweg
Salmannsdorfer Straße
Hofstädteng.
Mitterwurzer
Reißerkreuz
285
Maulbertsch-g.
Sulzweg
A.d. Zwerchwiese
Celtesg.
Neustift am Walde
Fuhrgassel
Agnesgasse
Baaderwiese
Ahrengrube
Hubert-Ediger
Kleeblatt
Keylwerthg.
Hameaustraße
Michaeler-waldweg
Neustift
Rathstraße
Mitterwurzer-g.
Hackenberg
306
Sommerhaidenweg
P.-Altenberg-Weg
Karl-Mader-Weg
C.-Löwinger-Weg
Reumannstraße
Krottenbachstraße
Hackenbergweg
Zuckerkandlgasse
Sillerstraße
Dr.-Schreber-Weg
Sommerhaiden
Dorotheer Wald
Neustifter Friedhof
Sommerhaidenweg
Hohe-Pl.
Am Walde
Pötzleinsdorfer Höhe
350
Schießerruhe
Ober-wangen
Mittel-wangen
Strehlgasse
Starkfriedg.
Büdingerg.
Raffelspergergasse
Michaelerberg
387
Dr.-Heinrich-Maier-Straße
Khevenhüllerstr.
Michaeler Wald
Geroldsbank
Seefelden
Mosenthalweg
St. Aegidius
Geymüller Schlössl
Pötzleinsdorfer Friedhof
Glanzing
Pötzleinsdorf
Pötzleinsdorfer Straße
Geroldg.
331
Michaelerwiese
18.
Geymüllergasse
Pötzleinsdorfer Schlosspark
Max-Schmidt-Pl.
Ladenburghöhe
Schafberg
390
Franz-Barwig-Weg
Leopoldsplateau
Utopiaweg
Scharbergweg
Schafbergbad
Leschetitzkyg.
Buchleiteng.
Neuwaldegger Str.
Kreuzwiesengasse
340
Kreuzwiese
Brunnenstuben
Bastieng.
Eckperg.
Klampfelberg
Schloss Hans-Leinkauf-Pl.
Anton-Haidl-G.
Werfel
Czartoryskig.
Schönbrunner
Sonnenpfadweg
Dürwaring
Wallriß
L.-Stöckert-Pl.
Neuwaldegger Bad
St. Anna
R.-K.-Pl.
Dornbacher Str.
Kl. Schafberg
305
Seemüller
Stefan-Zweig-Pl.
Marie-Jahoda-G.
Herbeckstr.
Promenadeg.
Dornbach
Zwerng.
Mitterberg
Alszeile
Himmelmutter
Rosa-Heinz-Weg
Heuberg
295
Rupertusplatz
Pfarrkirche Dornbach
Vollbadg.
Braumüllerg.
Handlirschgasse
Montig.
Krankenhaus Göttl. Heiland
Dornbacher Friedhof
Heubergg.
Dornbacher Str.
Andergasse
Hernalser Hauptstr.
Hernalse
Alszeile
Dr.-J.-Resch-Pl.
Pointeng.
Rud.-Bärenhart-G.
Schrammelg.
Röntgeng.
Kretschekg.
Andergasse
Franz-Glaser-G.
Oberwiedenstr.
Rosenackerstr.
Gschwandnerg.
7
6
8
30
19

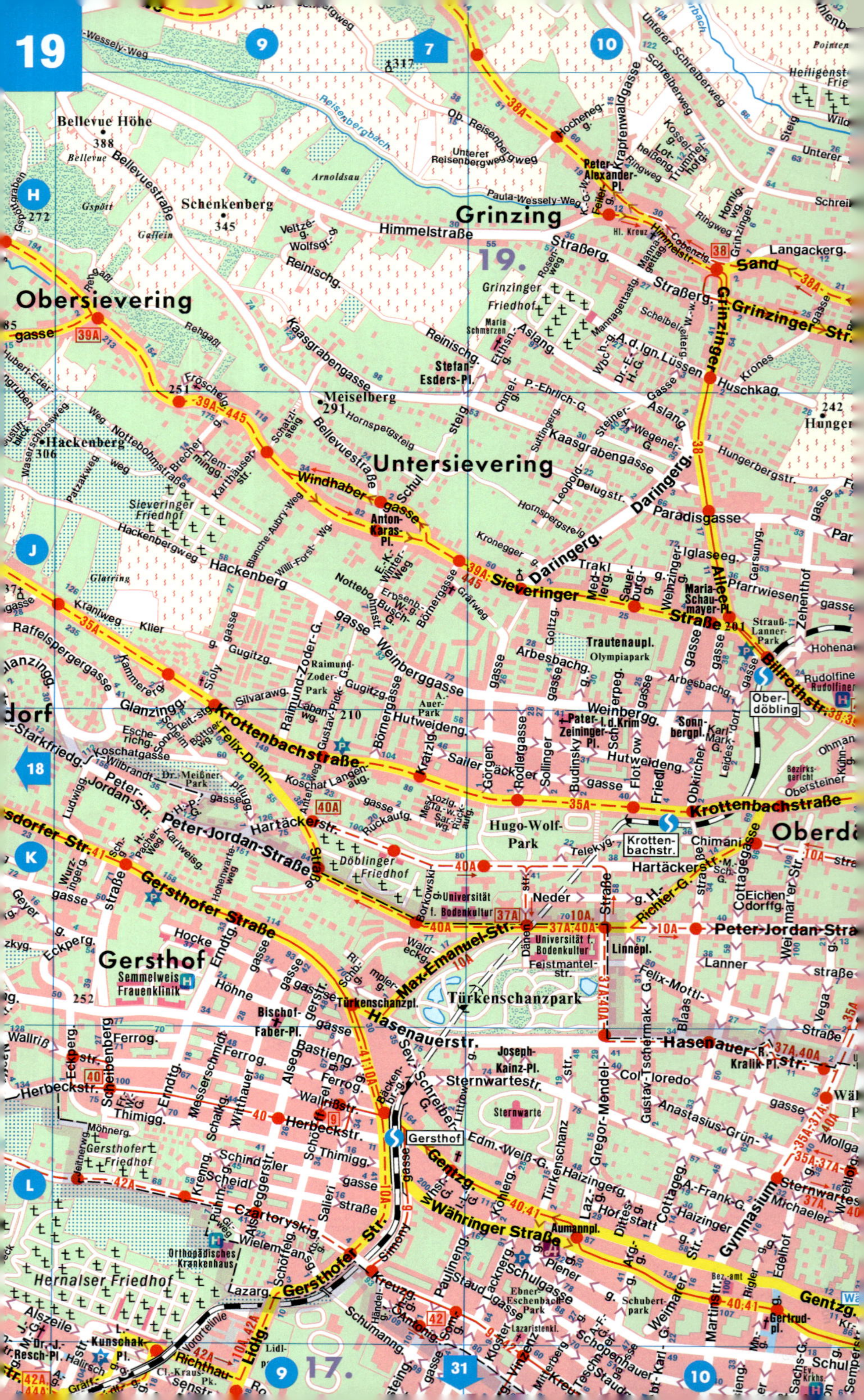
Grinzing
19.
Obersievering
Untersievering
Gersthof
Oberdö
Bellevue Höhe
388
Schenkenberg
345
Meiselberg
291
Hackenberg
306
Himmelstraße
Bellevuestraße
Reisenbergbach
Paula-Wessely-Weg
Peter-Alexander-Pl.
Grinzinger Friedhof
Grinzinger Str.
Grinzinger Allee
Straßerg.
Sand
Langackerg.
Kaasgrabengasse
Stefan-Esders-Pl.
Huschkag.
Hungerbergstr.
Paradisgasse
Daringerg.
Windhaber gasse
Anton-Karas-Pl.
Sieveringer Straße
Sieveringer Friedhof
Hackenberg
Hackenbergweg
Krottenbachstraße
Weinberggasse
Trautenaupl.
Olympiapark
Ober-döbling
Billrothstr.
Hohe Warte
Rudolfinerhaus
Felix-Dahn-Str.
Peter-Jordan-Straße
Hartäckerstr.
Döblinger Friedhof
Hugo-Wolf-Park
Krotten-bachstr.
Universität f. Bodenkultur
Max-Emanuel-Str.
Türkenschanzpark
Türkenschanzpl.
Linnépl.
Gersthofer Straße
Semmelweis Frauenklinik
Hasenauerstr.
Sternwarte
Sternwartestr.
Gentzg.
Währinger Straße
Aumannpl.
Gersthof
Hernalser Friedhof
Gersthofer Friedhof
Orthopädisches Krankenhaus
Kunschak-Pl.
Dr.-J.-Resch-Pl.
Schubertpark
Gertrud-Pl.
Hungerberg
242
Kreuzg.
Antonigasse
Lidlg.
17.
9
10
7
18
31
H
J
K
L

20
Nußdorf
DDSG Nußdorf
Brigittaspitz
Nußdorf
Am Sporn
Nußdorfer Friedhof
Zum Weißen Kreuz
Dennweg
Frimmelg.
Beethovengang
Zahnradbahnstr.
Kahlenberger Str.
Nußdorfer Pl.
Sickenberg.
Eisenbahnstr.
Schleuse
Nußdorfer Schleusenbr.
Grundwasserwerk Nußdorf
Nordbrücke
FLORIDSDORF EXIT 7
A22
Steinitzsteg
NORDBRÜCKE
Heiligenstadt
Krottenbachstr.
Pfarrpl.
St. Jakob
Grinzinger Str.
Krellpl.
Probus
Armbruster
Hohe Warte
Heiligenstädter Park
Hallen- und Sommerbad Döbling
Heiligenstädter Str.
Halterau
Mühlgasse
Heiligenstadt
12.-Februar-Pl.
Unterdöbling
Hannplatz
Gallmeyer
Barawitzkagasse
Gunold
Wertheimsteinpark
Kardinal-Innitzer-Pl.
Döblinger Hauptstr.
Pokornygasse
Osterleiteng.
Privatklinik Döbling
Nußdorfer Lände
Brigittenauer Lände
Handelskai
Kapaunpl.
Forsthaus
Friedr.-Engels-Pl.
Engerthstr.
Lorenz-Müller-G.
Dresdner Str.
Marchfeldstr.
Höchstädtpl.
Stifter
Dietmayrg.
Donaukanal
Klosterneuburger Str.
Adalbert-Stifter-Str.
Jägerstr.
Technol. Gewerbemuseum
Stromstr.
Wexstraße
Hallenbad Brigittenau
Leipziger Pl.
Leipziger Str.
Jägerstr.
Dresdner Str.
Pl. d. Kinderrechte
Hellwagstr.
Universum
20.
Hardtg.
Gürtelbrücke
Spittelau
P+R
Müllverbrennungsanlage
Bundesamtsgeb.
Josef-Holaubek-Pl.
Liechtenwdr.-Pl.
Universitätszentrum
Spittelauer Lände
Brigittenauer Lände
Pappenheimg.
Brigitta-pl.
Bezirksamt
Nordwestbahnstr.
Sachsenpl.
Rauscherstraße
Wallensteinpl.
Wallensteinstraße
Franz-Josefs-Bhf.
Friedensbrücke
Spittelauer Pl.
J.-Tandler-Pl.
Roßauer Lände
Obere Augartenstr.
Augarten
2.
R.-Schneerson-Pl.
Augarten Contemporary
Porzellanmanufaktur
Frachtenbahnhof Nordwestbahnhof
Alserbach
Sechssch.
Fuchsthallerg.
Währinger Str.
Nußdorfer Str.
Sobieskipl.
Canisius
Liechtensteinstr.
Althanstr.
Gartenp

21
Floridsdorf
Floridsdorfer Aupark
Kl. Bruckhaufen
Wasserpark
Angelibad
OBERE AL
Mühlschüttel
Freiligrathpl.
Floridsdorfer Brücke
Donauinselpl.
Neue Donau
Nordbahnbrücke
Georg-Danzer-Steg
Handelskai
Maria-Restituta-Pl.
Hellwagstr.
20.
Allerheiligenpl.
Brigittenauer Brücke
Traisengasse
Mortarapl.
Zwischenbrücken
2.
Frachtenbahnhof Nordwestbahnhof
Frachtenbahnhof Donauuferbahnhof
Rudolf-Bednar-Park
Mexikoplatz
Vorgartenstr.
DDSG - REICHSBRÜCKE
Schifffahrtszentrum Wien
Reichsbrücke
Wasserspielplatz
Donauinsel
Donau City
Copa Beach
REICHSBRÜCKE EXIT 3
V. INT. CENTER EXIT 4
Austria Center
Bruno-Kreisky-Pl.
Leonard-Bernstein-Str.
Donaupark
Donauturm
Bruckhaufen
Islamic Centre
Arbeiterstrandbadstr.
Eisenbahnerbad
Romapl.
Ferdinand-Kaufmann-Pl.
BRIGITTENAUER BRÜCKE
FLORIDSDFR. BR. EXIT 6
FLORIDSDORF EXIT 7
Floridsdorfer Hauptstr.
Prager Straße
Brünner Straße
Angerer Str.
Leopoldauer Str.
Donaufelder Str.
Katsushikastr.
Am Spitz
Franz-Jonas-Pl.
Floridsdorf
Floridsdorfer Hallenbad
Krankenhaus Floridsdorf
Floridsdorfer Markt
Nordbahn Anlage
Postzentrum Wien-Nord
PRAGER STR.
Alten Donau
Dresdner Str.
Nordwestbahnstr.
Taborstraße
Engerthstr.
Innstr.
Wehlistr.
A22
U6
U1

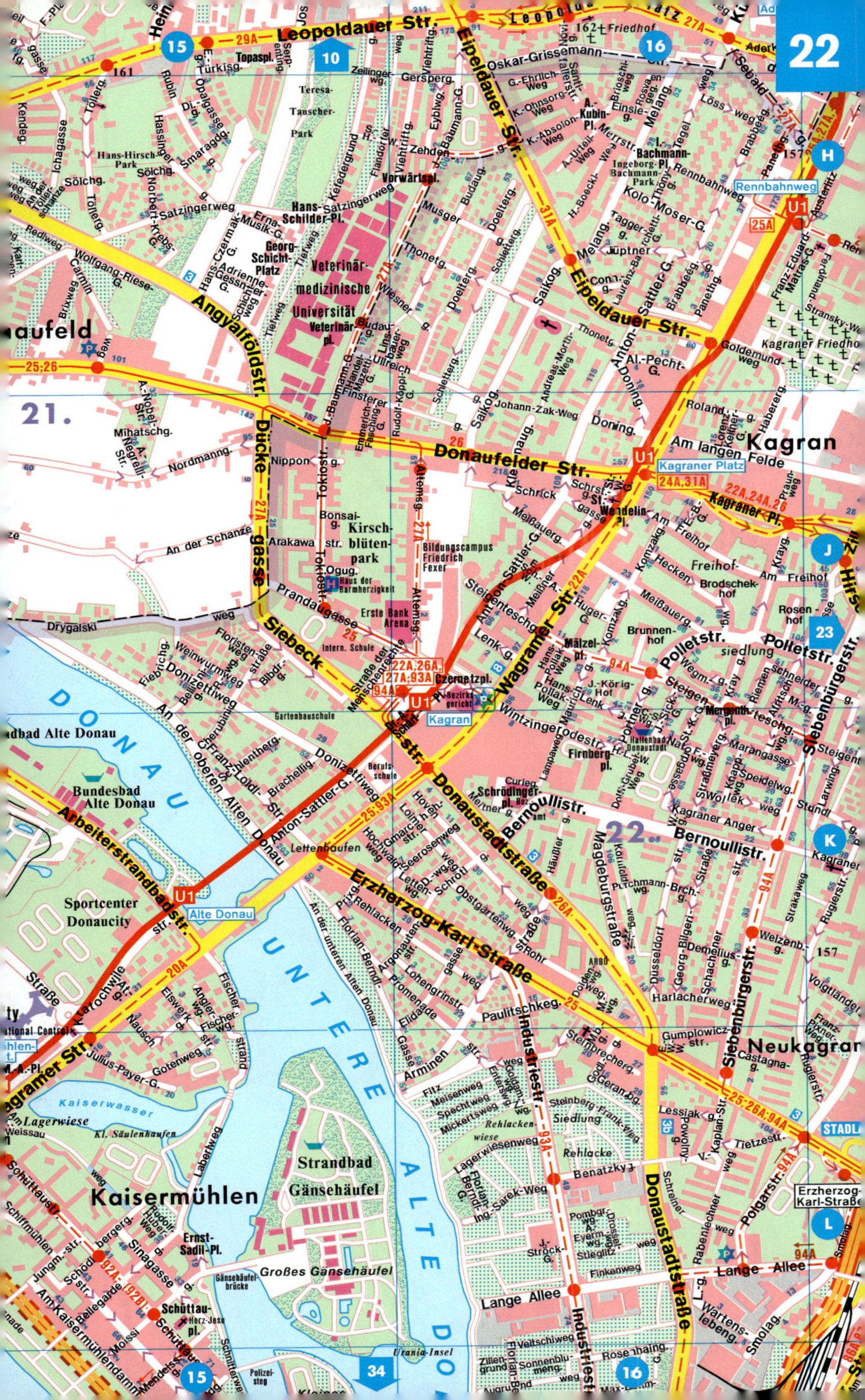
Leopoldauer Str.
Eipeldauer Str.
Oskar-Grissemann-Str.
Angyalföldstr.
Veterinär-
medizinische
Universität
Donaufelder Str.
Kagran
Kagraner Platz
Kagraner Pl.
Wagramer Str.
Siebeckstr.
Dückegasse
Kirsch-
blüten-
park
Bildungscampus
Friedrich
Fexer
Erste Bank
Arena
Kagran
Donaustadtstraße
Erzherzog-Karl-Straße
Arbeiterstrandbadstr.
Bundesbad
Alte Donau
Sportcenter
Donaucity
Alte Donau
DONAU
UNTERE
ALTE DO
Kaiserwasser
Lagerwiese
Strandbad
Gänsehäufel
Großes Gänsehäufel
Kaisermühlen
Schüttaustr.
Industriestr.
Siebenbürgerstr.
Bernoullistr.
Polletstr.
Neukagran
Lange Allee
Kagraner Friedhof
Rennbahnweg
Hirschstetten
Pirquet-Siedlung
Trabrenn-
Siedlung
Goldemundweg
Am langen Felde
Steinberg-Frank-Weg
Rehlacken-
wiese
Erzherzog-
Karl-Straße
21.
22.
15
16
10
23
34
H
J
K
L

23
Kagran
Hirschstetten
Neukagran
Stadlau
Rautenweg
RAUTENWEG
Mülldepon
Breitenleer Str.
BREITENLEER STRASSE
GEWERBEPARK KAGRAN
Gewerbepark Kagran
Oberfeld
TierQuarTier Wien
GEWERBEPARK STADLAU
Gewerbepark Stadlau
Badeteich Hirschstetten
Sportplatz-WFV Hirschstetten
Mittleres Feld
Städtischer Reservegarten
HIRSCHSTETTEN
Hirschstettner Str.
Süßenbrunner Str.
Kagraner Friedhof
Siebenbürgerstr.
Polletstr.
Quadenstr.
Krieger-heimstätten
Aupark
Stadlauer Str.
Erzherzog-Karl-Straße
STADLAU
Aspernstr.
Stadt-rand-siedlung
Oberes Hau
An den alten Sch
Rennbahnweg
Maculang.
Lieblgasse
Fahrsicherheits-zentrum
ARBÖ
Schilling Str.
Hermann-Ge
Zwerchäckerweg
Ostbahnweg
Pogrelzstr.
Kagraner Anger
Voigtländerg.
Skrabalg.
Rother g.
Am Krautgarten
Hirsch-stettner Pl.
Fritz-Feigl-W.
G.-Lamner-G.
Hausgrund
Génoch-pl.
Adelheid-Popp-Gasse
Miriam-Makeba-G.
Dr.-Otto-Neurath-G.
Kiki-Kogelnik-Weg
Langobarden
Oberfeldg.
Spargelfeldstr.
Ziegelhofstr.

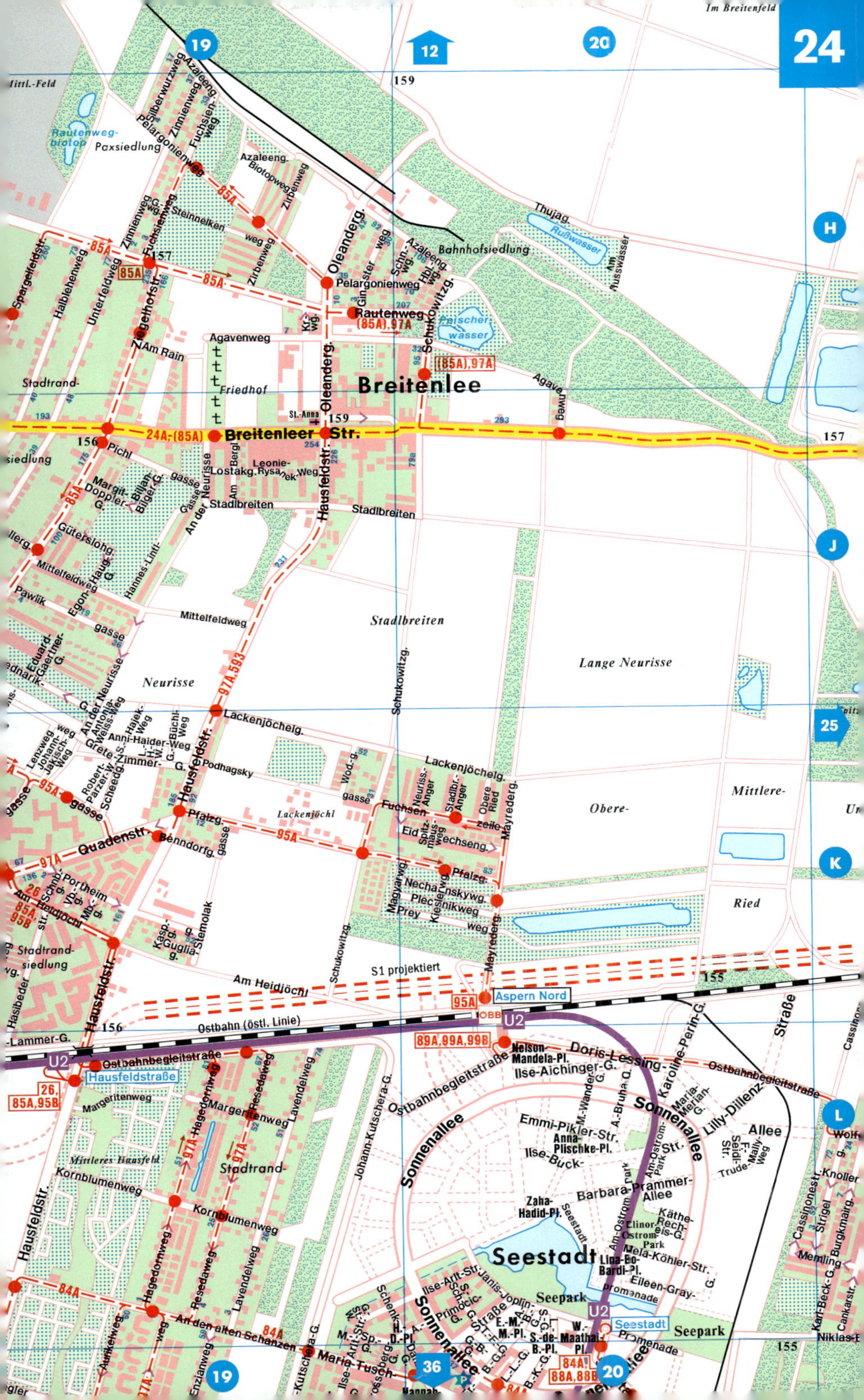
Im Breitenfeld
19
12
20
Mittl.-Feld
Rautenweg-biotop
Paxsiedlung
Azaleeng.
Silberwurzweg
Zinnienweg
Fuchsienweg
Pelargonienweg
Biotopweg
Zirbenweg
Steinnelkenweg
85A
Oleanderg.
Gin-ster-weg
Schn.-wg.
Azaleeng.
Hbl.-wg.
Bahnhofsiedlung
Thujag.
Rußwasser
Am Rußwasser
H
Spargelfeldstr.
Halblehenweg
Unterfeldweg
Ziegelhofstr.
157
Pelargonienweg
Rautenweg
(85A),97A
Schukowitzg.
Teischerwasser
Agavenweg
Am Rain
Friedhof
(85A),97A
Breitenlee
Agavenweg
Stadtrand-siedlung
St. Anna
159
24A,(85A)
Breitenleer Str.
293
157
156
Pichlgasse
Lostakg.
Leonie-Rysanek-Weg
Am Bergl
An der Neurisse
Margit-Doppler-G.
Bilian-Bilger-G.
Stadlbreiten
Hausfeldstr.
Gütersloherg.
Mittelfeldweg
Egon-Haug-G.
Hannes-Lintl-G.
J
Pawlikgasse
Mittelfeldweg
Eduard-Gaertner-G.
Stadlbreiten
Schukowitzg.
Lange Neurisse
Neurisse
97A,593
Lackenjöchelg.
An der Neurisse
Antonia-Weisseweg
Hajek-Weg
Büchl-Weg
Anni-Haider-Weg
Grete-Zimmer-G.
Podhagsky
Lenzweg
Johann-Jakisch-Weg
Robert-Parzer-Weg
Scheedg.
25
Lackenjöchelg.
Wod-g.
Lackenjöchl
Fuchsengasse
Neuriss-Anger
Stadlbr.-Anger
Obere Ried
Mayrederg.
Mittlere-
Obere-
95A
Pfalzg.
Quadenstr.
Benndorfg.
Eidechseng.
zeile
Spitzmausweg
Pfalzg.
97A
Portheim
Heidjöchl
K
Nechanskyweg
Plecnikweg
Kieslerweg
Preyweg
Ried
Magyarweg
85A, 95B
Stadtrand-siedlung
Kasp.-g.
Guglia-g.
Stemolak
Mayrederg.
Schukowitzg.
S1 projektiert
155
Am Heidjöchl
95A
Aspern Nord
ÖBB
U2
Straße
Ostbahn (östl. Linie)
156
Lammer-G.
Hasibeder
89A,99A,99B
Nelson-Mandela-Pl.
Doris-Lessing-
Ostbahnbegleitstraße
U2
Ostbahnbegleitstraße
Hausfeldstraße
26, 85A,95B
Ilse-Aichinger-G.
M.-Wander-G.
A.-Bruha-G.
Karoline-Perin-G.
Maria-Merian-G.
Lilly-Dillenz-
Ostbahnbegleitstraße
Margeritenweg
Hagedornweg
Resedaweg
Lavendelweg
Margeritenweg
Sonnenallee
Emmi-Pikler-Str.
Anna-Plischke-Pl.
Ilse-Buck-
Sonnenallee
Allee
L
Mittleres Hausfeld
Stadtrand-
97A
Johann-Kutschera-G.
Sonnenallee
Am-Ostrom-Park
Str.
F.-Seidl-Str.
Trude-Mally-Weg
Kornblumenweg
Kornblumenweg
Barbara-Prammer-Allee
Zaha-Hadid-Pl.
Seestadt
Elinor-Ostrom-Park
Käthe-Recheis-G.
Knoller
Hausfeldstr.
Seestadt
Lina-Bo-Bardi-Pl.
Mela-Köhler-Str.
Cassinonestr.
Strigel
Memling
Burgkmairg.
84A
Hagedornweg
Resedaweg
Lavendelweg
Janis-Joplin-
Ilse-Arlt-Str.
Eileen-Gray-G.
Seepark
Seepark
U2
Seestadt
Karl-Beck-G.
Cankarstr.
Aurikelweg
An den alten Schanzen
84A
Maria-Tusch-
Sonnenallee
Straße
E.-M.-Pl.
S.-de-B.-Pl.
Maathai-Pl.
Promenade
84A, 88A,88B
Niklas-E
155
19
Enzianweg
36
20

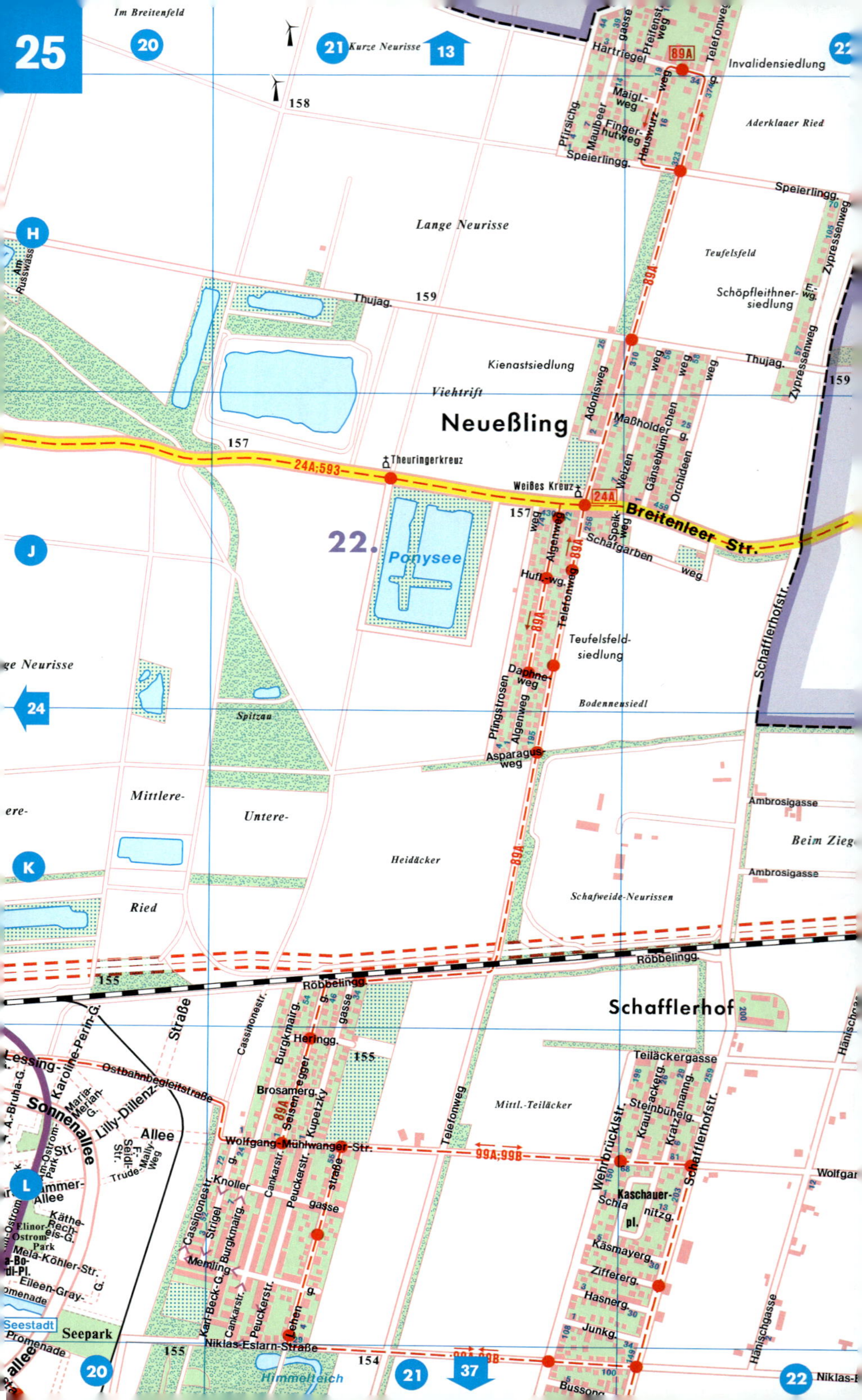
Im Breitenfeld
20
21
Kurze Neurisse
13
22
158
Hartriegel
gasse
Pfeifenst. weg
Telefonweg
89A
Invalidensiedlung
Maigl.-weg
Pfirsichg.
Maulbeer
Finger-hutweg
Hauswurz
Aderklaaer Ried
Speierlingg.
Speierlingg.
H
Lange Neurisse
Am Russwass
Teufelsfeld
Thujag.
159
Schöpfleithner-siedlung
Zypressenweg
Kienastsiedlung
Thujag.
Viehtrift
159
Adonisweg
Maßholderweg
Neueßling
Gänseblümchen
Orchideen
157
24A;593
Theuringerkreuz
Weißes Kreuz
24A
157
Breitenleer Str.
22.
Ponysee
Algenweg
Speikweg
Schafgarbenweg
J
Hufl.-wg.
Telefonweg
Teufelsfeld-siedlung
ge Neurisse
Daphneweg
24
Spitzau
Bodenneusiedl
Pfingstrosen
Algenweg
Asparagusweg
Schafflerhofstr.
Mittlere-
ere-
Untere-
Ambrosigasse
Beim Zieg
Heidäcker
K
Ambrosigasse
Ried
Schafweide-Neurissen
Röbbelingg.
155
Röbbelingg.
Schafflerhof
Burgkmairg.
Heringg.
155
Cassinonestr.
Straße
Karoline-Perin-G.
Lessing-
Ostbahnbegleitstraße
Brosamerg.
Seisenegger
Kupetzky
Teiläckergasse
Mittl.-Teiläcker
Telefonweg
Steinbühelg.
Krautackerg.
Kratzmanng.
Schafflerhofstr.
Wolfgang-Mühlwanger-Str.
99A;99B
Wehrbrückistr.
Wolfgan
Sonnenallee
Maria-Merian-G.
Lilly-Dillenz-G.
Allee
A.-Bruha-G.
Seidl-Str.
Trude-Mally-Weg
Knoller
Cankarstr.
Peuckerstr.
gasse
Kaschauer-pl.
Schlanitzg.
L
Käthe-Recheis-G.
Elinor-Ostrom-Park
Cassinonestr.
Strigel
Burgknairg.
Kasmayerg.
Mela-Köhler-Str.
Memling
Ziffererg.
Eileen-Gray-G.
Karl-Beck-G.
Cankarstr.
Peuckerstr.
Lehen
g.
Hasnerg.
Seestadt
Seepark
Junkg.
Promenade
155
Niklas-Eslarn-Straße
154
20
Himmelteich
21
37
22
Niklas-
Hanischgasse
Bussong.

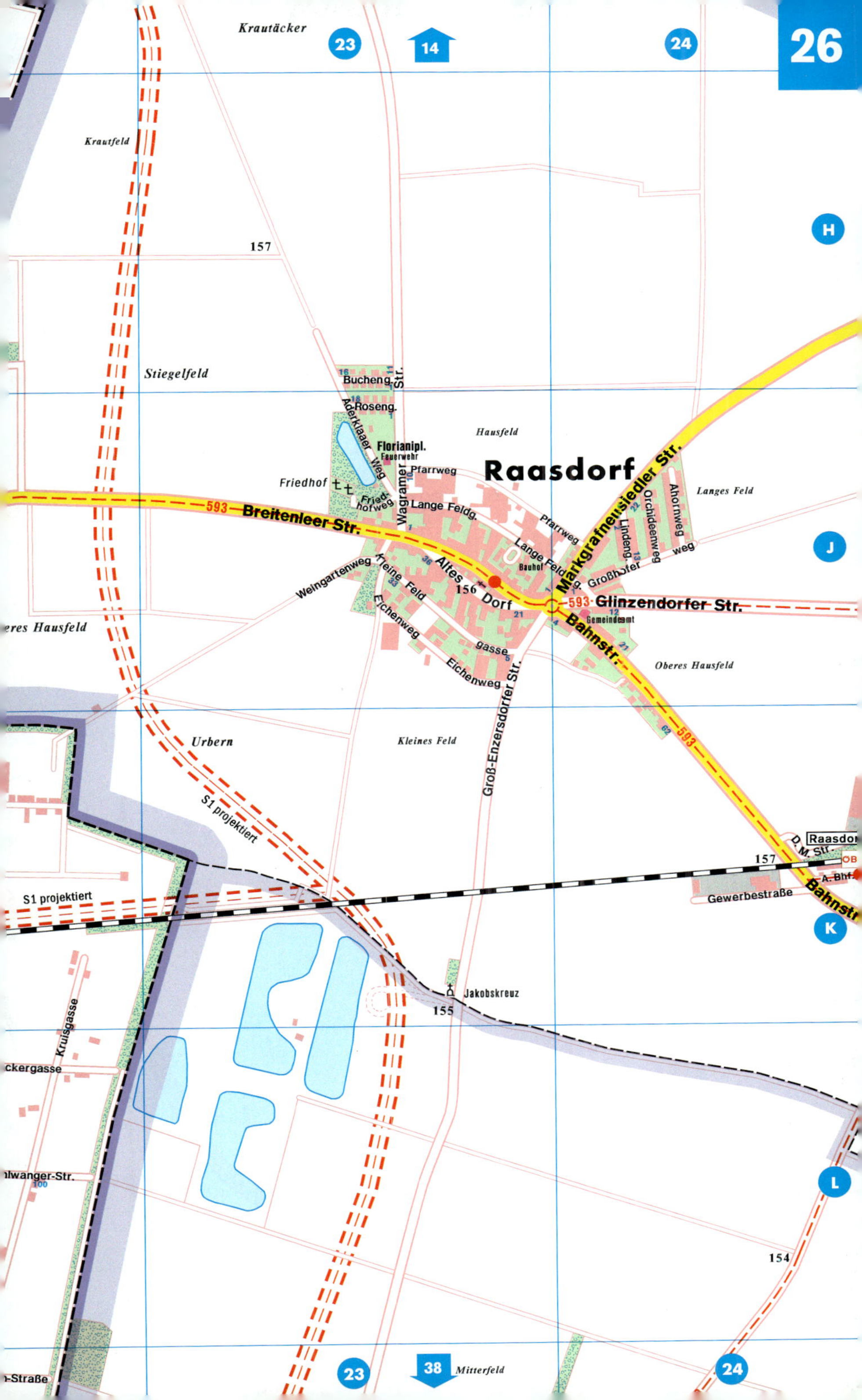

Krautäcker
23
14
24
Krautfeld
157
H
Stiegelfeld
Bucheng.
Str.
Roseng.
Aderklaaer Weg
Florianipl.
Feuerwehr
Hausfeld
Raasdorf
Markgrafneusiedler Str.
Friedhof
Pfarrweg
Wagramer
Lange Feldg.
Friedhofweg
593
Breitenleer Str.
Langes Feld
Orchideenweg
Ahornweg
Lindeng.
weg
J
Pfarrweg
Lange Feldg.
Bauhof
Großhofer
Weingartenweg
Kleine Feld
Altes Dorf
156
Glinzendorfer Str.
Gemeindeamt
Bahnstr.
eres Hausfeld
Eichenweg
gasse
Eichenweg
Oberes Hausfeld
Groß-Enzersdorfer Str.
Urbern
Kleines Feld
S1 projektiert
Raasdo
D. M. Str.
157
A. Bhf.
Gewerbestraße
Bahnstr
K
S1 projektiert
Jakobskreuz
155
Kruisgasse
ckergasse
lwanger-Str.
100
L
154
-Straße
23
38
Mitterfeld
24

Buchberg
462
Hannbaumstraße
Mittlere Straße
Heide straße
Touristen weg
Hühnersteigstr.
Augustiner Wald
Rehgrabenberg
465
249
450
Hochleistungsbahn Wienerwaldtunnel
Hühnersteig
415
Purkersdorf Eichberg
420
Bürgerspitalwald
372
Wurzbach
Waldandacht
Laudonscher Wald
320
Antonhöhe
Weidlingauer Eichberg
395
Wurzbachtalg.
Schuhmeier
251
Loudonstr.
Prof.-Josef-Humplik-G.
Hießberger
Karlg.
Pfarrwald
Weidlingau
Evangelische Pfarre
Wintergasse
Schung.
Wurzbachg.
Herz-manskystr.
Auf der Schanz
F.-Guschl-G.
Unter Purkersdorf
Ludwig
J.-Palme-
Bahnhof
Kindergarten
Weidling
Wintergasse
A. d. Schanze
Purkersdorf Sanatorium
Christkindl Wald
Hauptstraße
Mühlbergstr.
Wiener Str.
451-(453)
174
Freiw. Feuerwehr u. Samariterbund
Pummer-brücke
Wienzeile
Wien
Kenzel-brücke
237
Wiener Straße
Mühlberg
311
Purkersdorf
Anton-Prager-G.
Sanatorium
Mooswiesen
Wenzel-H.-Buchmüller-G.
Wald g.
433
Georgenberg
Mooswiese
Hueberhaus
Leisching g.
Mühlbergstr.
Gelber Berg
Bischofsstadl
Klangmais
Klangschütt
Rudolfshöhe
475
Bürgerspitals Wald
249
Beim roten Wasser
Weiderwiese
Kaiserzipf
Kaiserzipfwiese
BAHN A1
15
39
99
1
2
M
N
O
P

Kolbeterberg
426
Türkenstein
Dodererstein
Alexander-Laudon-Grab
Salzwiese
14.
Schloss Laudon
Hadersdorf
Mariabrunn
Auhof
Wientalstr.
Hauptstraße
Mauerbachstr.
Linzer Straße
Cottagegasse
Anzengruberstr.
Jägerwald
Siedlung
Neue Wiese
Knödelhüttenstr.
Hütteldorfer Str.
Hüttelbergstr.
Siedlung Eden
Eden
Genossenschaftsstr.
Wolfersberg
322
Friedhof
Hütteldorf
Wolf in der Au
Mistplatz Auhof
A1
WIEN - AUHOF EXIT 9
Pulverstampftor
Pulverstampfstraße
Hofjagdstr.
Hadikgasse
Umspannwerk West
221
Heustadl
233
Auhofer Gut
Kleine Bischofswiese
13.
Rotwassergraben
Hackinger Wiese
Nikolaiberg
268
Hochleistungsbahn Lainzer Tunnel
Deutschordens W
Pölzerwiese
Johannser Wald
Teichwiese
Schütt
Johannser Kogel
315
377
Hagenberg
406
246
Stegtorstraße
Westbahn
Utendorfg.
Lindheimgasse
263
270
258
255
3
4
16
29
40
M
N
O
P

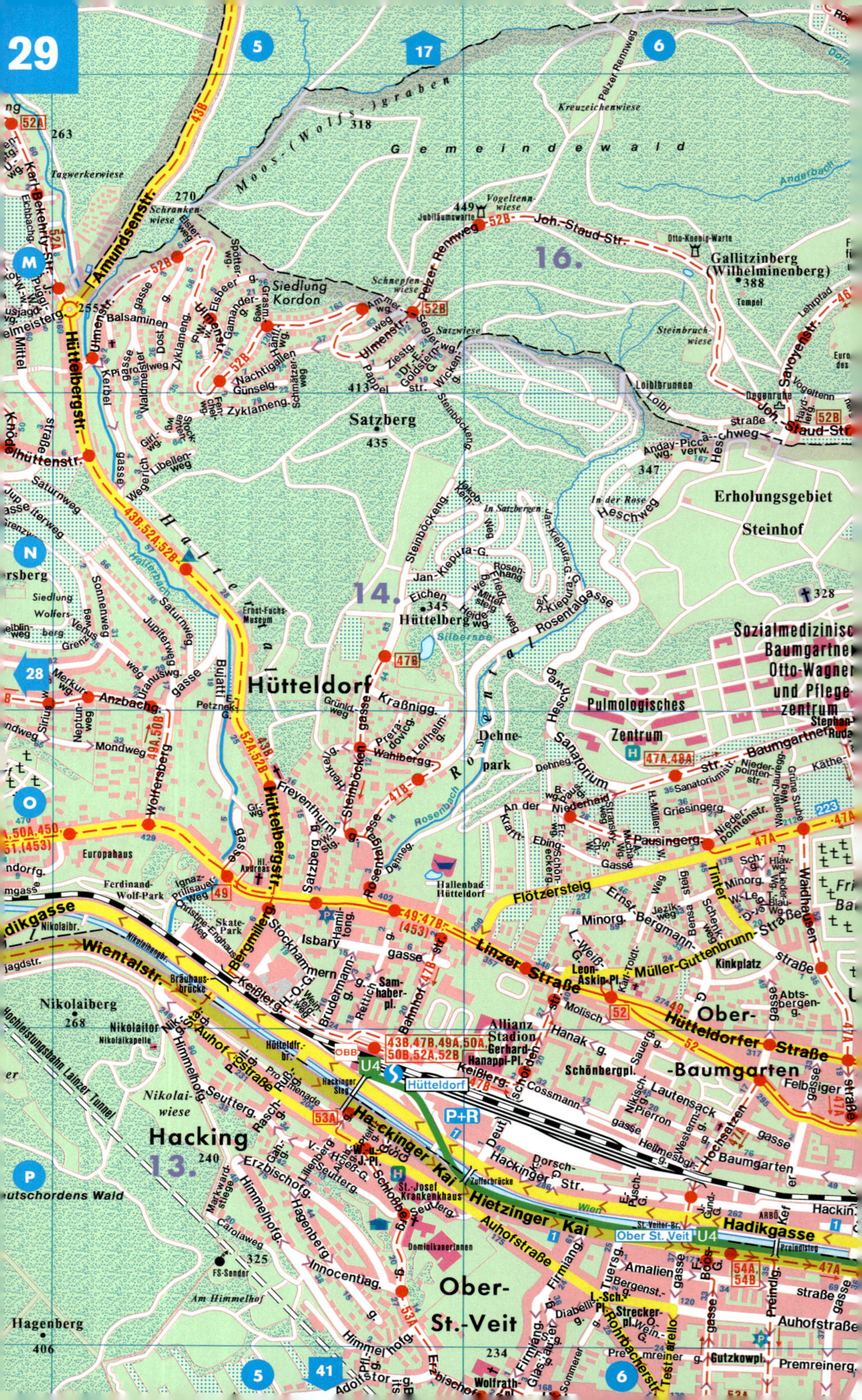

5
17
6
Gemeindewald
Moos-(Wolfs-)graben
Kreuzeichenwiese
Tagwerkerwiese
Schrankenwiese
Amundsenstr.
Karl-Bekehrty-Str.
Vogeltennwiese
Jubiläumswarte
Joh.-Staud-Str.
Otto-Koenig-Warte
16.
Gallitzinberg (Wilhelminenberg)
388
Tempel
Siedlung Kordon
Schnepfenwiese
Satzwiese
Steinbruchwiese
Loiblbrunnen
Savoyenstr.
Hütteldorfer Straße
Hüttelbergstr.
Balsaminen
Ulmenstr.
Nachtigallen
Günselg.
Zyklameng.
Satzberg
435
413
Pelzer Rennweg
Anderbach
Erholungsgebiet Steinhof
Heschweg
In der Rose
347
328
Saturnweg
Halterbach
Halterta
14.
Hüttelberg
345
Silbersee
Jan-Kiepura-G.
Rosentalgasse
Sozialmedizinisches Zentrum Baumgartner Höhe Otto-Wagner-Spital und Pflegezentrum
Pulmologisches Zentrum
Sanatoriumstr.
Baumgartner Str.
Ernst-Fuchs-Museum
Hütteldorf
Krassnigg.
Dehnepark
Rosenbach
Anzbachg.
Wolfersberg
Mondweg
Freyenthurm
Europahaus
Ferdinand-Wolf-Park
Skate-Park
Hallenbad Hütteldorf
Flötzersteig
Linzer Straße
Leon-Askin-Pl.
Müller-Guttenbrunn-Straße
Kinkplatz
Ober-Baumgarten
Allianz Stadion Gerhard-Hanappi-Pl.
Schönbergpl.
Hadikgasse
Wientalstr.
Nikolaiberg
268
Nikolaikapelle
Bräuhausbrücke
Hütteldorf
U4
P+R
Hackinger Steg
Auhofstraße
Hackinger Kai
Hietzinger Kai
Nikolaiwiese
Hacking
13.
240
St.-Josef Krankenhaus
Dominikanerinnen
Ober-St.-Veit
234
Ober St. Veit
Amalienstr.
Auhofstraße
Premreinerg.
Gutzkowpl.
Rohrbacherstr.
Hagenberg
406
325
FS-Sender
Am Himmelhof
Himmelhofg.
Erzbischofg.
Verbindungsbahn Lainzer Tunnel
28
41
6

Pointeng.
Röntgeng.
Schrammelg.
Kretschekg.
Andergasse
Franz-Glaser-
Oberwiedenstr.
Braung.
Goldscheider
Rosenackerstr.
Heiderichstr.
Steinmüllerg.
Zennerg.
Matteottipl.
Liebknecht
Savoyenstr.
Predigtstuhl
Schlossherberge
Mausoleum
Schloss Wilhelminenberg
Wilhelminenstr.
Baumeistergasse
Sprengersteig
Paulinensteig
Sonnenthalg.
Roterdstr.
Kongreß-park
Kongreß-bad
Lobmeyrgasse
Nietzschepl.
Sandleiteng.
Gschwandnerg.
Hernalser Hauptstr.
Hernals
Heigerleinstr.
Seeböckg.
Wögg.
Julius-Meinl-G.
Liebhartstal
Starchant
Gallitzinstr.
Pschorng.
Starkenburgg.
Sanatorium
Erdbrustgasse
Katharinenruhe
Lug-mayerpl.
Gallitzinstr.
Thaliastraße
Ottakringer Str.
Ottakringer Friedhof
Johann-Staud-Str.
Kuffner Sternwarte
Ottakringer Bad
Wilhelminenspital
16.
Stillfriedpl.
Ottakring
Thaliastraße
Hasnerstr.
Koppstraße
Degeng.
Arnethg.
Ameisbachzeile
Michalekg.
Sanatoriumstr.
Spiegelgrund-str.
Flötzersteig
Joachimsthalerpl.
Wernhardtstr.
Gablenzgasse
Kendlerstr.
Horvathg.
Maroltinger
Steinbruchstr.
Breitenseer Str.
Vega-Payer-Weyprecht Kaserne
Breitensee
Gottfried-Alber-Gasse
Achtundvierzigerpl.
Hanusch-Krankenhaus
Heinrich-Collin-Straße
Hütteldorfer Straße
Hütteldorfer Str.
Breitensee
Märzstraße
Cervantesg.
Penzinger Friedhof
Goldschlagstraße
Linzer Straße
Penzing
Frachtenbahnhof
Cumberlandstraße
Penzinger Str.
Hietzinger Kai
Unter St. Veit
Braunschweigg.
Hadikgasse
Schloßallee
15.
Auer-Welsbach-Park
Sporckpl.
Laurentiuspl.
Schützpl.
Reinlg.
Wickhoffg.
Zennerstr.
Spallart
Matznerpark
Dreyhausenstr.

17.
16
15.
8.
7.
6
Hernalser Hauptstr.
Wattgasse
Ottakringer Str.
Thaliastraße
Gablenzgasse
Hütteldorfer Straße
Felberstr.
Mariahilfer Straße
Linzer Straße
Johnstr.
Possingerg.
Lerchenfelder Gürtel
Hernalser Gürtel
Währinger Gürtel
Neubaugürtel
Mariahilfer Gürtel
Sechshauser Str.
Gumpendorfer Str.
Burggasse
Neustiftg.
Westbahn
Lerchenfelder Straße
Josefstädter Str.
Alser Str.
Lazarettg.
Auf der Schmelz
Universitäts-Sportzentrum
Stadthalle Roland-Rainer-Pl.
Burgg. Stadthalle
Westbahnhof
Technisches Museum
Auer-Welsbach-Park
Allgemeines Krankenhaus
Michelbeuern AKH
Radetzky-kaserne
Richard-Wagner-Pl.
Schuhmeierplatz
Vogelweidpark
Europapl.
Zieglerg.
Thaliastr.
Schweglerstr.
Johnstr.
Gumpendorfer Str.
Alser Str.
Josefstädter Str.
Hernalser Friedhof
Kreuzg.
Gentzg.
Linke Wienzeile

Augarten
Spittelauer Pl.
Alserbach-str.
Liechtenstein-park
Roßauer Lände
Obere Donaustr.
Obere Augartenstr.
Nußdorfer Str.
Porzellang.
Währinger Str.
Universitäts-campus
Alser Str.
Schottenring
Börse
Franz-Josefs-Kai
Taborstraße
Praterstr.
Untere Donaustr.
Schwedenpl.
Rathauspl.
Volksgarten
Parlament
Schottenstift
Freyung
Tuchlauben
Rotenturmstr.
Stephanspl.
Graben
Kohlmarkt
Michaelerpl.
Hofburg
Heldenpl.
Josefspl.
Burggarten
Albertinapl.
Museums Quartier
Maria-Theresien-Pl.
Burgring
Opernring
Kärntner Str.
Kärntner R.
Schubertring
Stadtpark
Johannesg.
Lerchenfelder Straße
Burggasse
Neustiftg.
Mariahilfer Straße
Getreidemarkt
Friedrichstr.
Karlsplatz
Techn. Universität
Schwarzenbergpl.
Lothringer Str.
Rennweg
Heumarkt
Linke Wienzeile
Rechte Wienzeile
Gumpendorfer Straße
Naschmarkt
Kettenbrückeng.
Hamburgerstr.
Pilgramg.
Schönbrunner Str.
Wiedner Hauptstr.
Favoritenstr.
Taubstummeng.
Theresianum
Prinz-Eugen-Str.
Belvedere-garten
Oberes Belvedere
Unteres Belvedere
Mayerhofg.
Margaretenstr.
Reinprechtsdorfer Str.
Karolinen g.
Goldegg g.
Weyringerg.
Heiligenstädter Str.
Schwarzenbergpl.
Stubenring
Weihburgg.
Himmelpfortg.
Schellingg.
Seilerstätte
Operng.
U1
U2
U3
U4
U5
11
12
20
33
44

13
21
14
Rudolf-Bednar-Park
Mexiko-platz
Wasserspielplatz
DDSG - REICHSBRÜCKE
Schifffahrtszentrum Wien
Vorgartenstr.
Hl.-Franz-von-Assisi
Handelskai
Engerthstr.
Lassallestr.
Franziska-Löw-Park
Lembergstraße
Am Tabor
Rothschildpl.
Volkertpl.
Darwing.
Heinestr.
Müller-Cohen-Pl.
Venediger Au
Max-Winter-Pl.
Obermüllnerstr.
Messe-Prater
Praterstern
Ausstellungsstr.
Präuscherpl.
Taborstr.
J.-Fürst-Pl.
Riesenradpl.
Riesenrad
Planetarium
Calafattipl.
Messe
Congress Center
Elderschpl.
Messe Wien
Prater
Hauptallee
Nestroypl.
Czerninpl.
Praterstr.
Rondeau
Wirtschaftsuniversität
Weltandelspl.
Freudpl.
Franzensbrückenstr.
Variumstr.
Untere Donaustr.
Dampfschiffstr.
Weißgerberstr.
Radetzkypl.
Schüttelstr.
Donaukanal
Weißgerberlände
Kunst Haus Wien
Hundertwasser-Promenade
Kolonitzpl.
Rustenschacherallee
Konstantinhügel
Spenadlwiese
Bowlinghalle
Rotundenplatz
Kaiserallee
Am grünen Prater
Krieau
Trabrennstr.
Bundesrechenzentrum
Zollamtsstr.
Vordere Zollamtsstr.
Marxergasse
Rotundenbrücke
Rotundenallee
Wittelsb.-str.
Arenawiese
Prater
Jesuitenwiese
Hauptallee
Landstraße Wien Mitte
32
Heumarkt
Landstraßer Hauptstraße
Erdbergstr.
Rochusg.
Erdberger Lände
Böcklinstr.
Sepp-Jahn-Prom.
Universität für Musik u. Darstellende Kunst
Ungargasse
Neulingg.
Hintzerstr.
Ziehrerpl.
Arenbergpark
Verkehrsamt
Leonie-Rysanek-Park
Stadion
Stadionbr.
Kard.-Nagl-Pl.
St.-Nikolaus-Pl.
Rabenhof-theater
Flakerpl.
Erdberg
Kölblerpl.
Schlachthausg.
T.-Klestil-Pl.
Rennweg
Botanischer Garten der Universität
Fasangasse
Victor-Braun-Pl.
Klopstockpl.
A.-Dallinger-Pl.
Paulus-pl.
Joseph-Schmidt-Pl.
Platz der Opfer der Deportation
Waisenhauspark
Aspangstr.
Fred-Zinnemann-Pl.
Schlachthausgasse
Sportzentrum Erdberg
Landstraßer
Hauptstr.
Vienna Bio Center
Bert-Brecht-Pl.
45
P+R
ÖAMTC
14

NEUE DONAU
DONAU
Handelskai
Engerthstr.
Vorgartenstr.
Meiereistr.
Stadion
Olympiaplatz
Ferry-Dusika-Stadion
Ernst-Happel-Stadion
Pierre-de-Coubertin-Pl.
Spielmann-pl.
Marathonweg
Josef-Fritsch-Weg
Wehlistr.
Chrastekg.
Simon-Wiesenthal-G.
Johann-Böhm-Pl.
W.-Molik-Pl.
Donaumarina
HANDELSKAI
Stadionbad
Campagnereiter-Gesellschaft
Grünland
SÜDOSTTANGENTE WIEN
A23
KNOTEN PRATER
Unterer Prater
Lusthausstr.
Hauptallee
2. Rondeau
Fasangarten
Belvederealle
Spatzenweg
Kanalwächterhausweg
Gaswerksteg
U-Bahn-betriebsbhf.
Ostbahn
Lusthaus
Rennbahnstraße
Gärtnerstr.
Golfplatz
Schwarzenstockallee
Gr.-Enzersdf. Allee
Lusthauswasser
Krebsenwasser
Grünhaufen
Dammhaufen
Aspernallee
Stammeralle
Ameisbügel
Heustadelwasser
Hafenzufahrt
Praterkai
Bahnhof Donaukai
Stadlauer Lände
Schögerhaus Lände
Krieau Lände
Pfeiferlände
Stadlauer Ostbahnbrücke
Praterbrücke
Donaustadtbrücke
Wasserskilift
Wehr 1
KNOTEN KAISERMÜHLEN
Autobahn-meisterei
Kleehäufel
22.
2.
Am Kaisermühlendamm
Raffiner
Kaisermühlenstr.
Mühlwasser
Franz-Schuster-G.
Donaustadtstraße
Industriestr.
Lange Allee
Neuhaufen
Sonnheimweg
Segengrund
Eisstoßg.
Albatrosg.
Klobweg
Deinleing.
Gotramg.
Stadlau
Frachtenbahnhof
Wartenslebeng.
Smolag.
Rosenhaing.
Kleines Gänsehäufel
Polizeibad
Straßenbahnerbad
Dampfschiffhaufen
WBC Donaubund
Urania-Insel
Kaisermühlenbrücke
KAISERMÜHLEN EXIT 1
Schüttaupl.
Schüttaustr.
Schiffmühlenstr.
Bellegarde
Moissig.
Mendelssohng.
Berchtoldg.
Hartlebeng.
Schüttauweg
Polizeisteg
Ettenbergplatz
P+R
Donauwasser
Oberes Mühlwasser
Roman-Kohler-Steg
Dr.-Natterer-G.
Futterknechtweg
Otto-Futterknecht-Weg
Gilmag.
Schüttelstr.
ARBÖ
Heustadelwasser
Kanalwächterhausweg
15
16
22
35
46
77A
79A
79B
92B
93A
94A
11A
U2
M
N
O
P

35
17
23
18
34
47
Stadlau
Stadlauer Str.
Langobardenstr.
Erzherzog-Karl-Straße
Aspernstr.
Aspern-straße
Wonka-platz
Hardeggasse
Stadlauer Friedhof
Mühlgrund
Schergengrund
Donauspital
Sozialmedizinisches Zentrum Ost
Siedlung Neu Strassäcker
Neurisse
Friedhof Aspern
Kaiserm\u00fchlenstr.
Frachtenbahnhof
Hans-Mayr-Pl.
Hardegg.
Wulzendorfstr.
Kapellenweg
Mühlgrundweg
Unteres Mühlwasser
Strandbad Stadlau
Siedlung Wulzendorf
Georginenpl.
Am Mühlhäufel
Am Mühlwasser
Mühlwasser
Schilfweg
Binsenweg
Biberhaufenweg
Kanalstr.
Zillbauerpl.
Otto-Weber-G.
Schierlinggrund
Untere Kontroll Siedlung
Schütthäufel
Gr. Biberhaufen
Gr. Schilloch
Naufahrtweg
Raffineriestr.
Dampfkraftwerk Donaustadt
Naufahrtbrücke
Alte Naufahrt
Pumpwerk
Steinspornbrücke
Wildwasseranlage
Ruderzentrum
Nationalparkhaus
Dechantweg
Primavesig.
Frachtenbahnhof Lobau-Hafen
Dechantlacke
Dechanthäufel
Schröderallee
Tischwasser
Fuchshäufel-g.
Pagode
Mauthnerwasser
Freudenau
Donau
2.

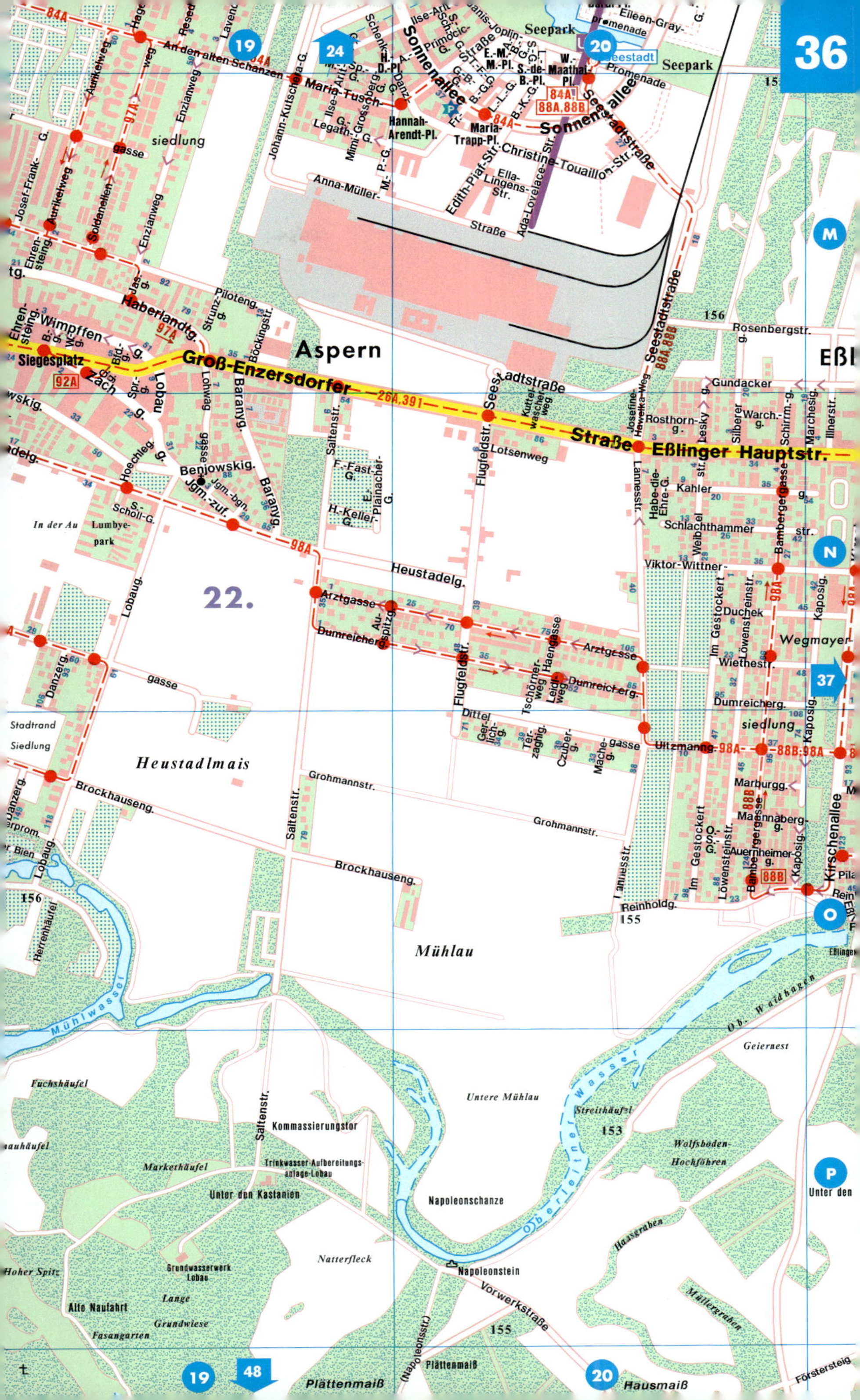
Aspern
22.
Groß-Enzersdorfer Straße
Eßlinger Hauptstr.
Seestadtstraße
Seestadt
Seepark
Sonnenallee
Seestadtstraße
Maria-Trapp-Pl.
Hannah-Arendt-Pl.
Maria-Tusch-Str.
Christine-Touaillon-Str.
Ella-Lingens-Str.
Edith-Piaf-Str.
Ada-Lovelace-Str.
Anna-Müller-Straße
Johann-Kutschera-G.
Ilse-Arlt-Str.
Janis-Joplin-Promenade
Eileen-Gray-G.
Promenade
An den alten Schanzen
Siegesplatz
Wimpffeng.
Haberlandtg.
Benjowskig.
Lumbyepark
In der Au
Heustadelg.
Arztgasse
Dumreicherg.
Flugfeldstr.
Lotsenweg
Saltenstr.
Lobaug.
Danzerg.
Heustadlmais
Stadtrand Siedlung
Brockhauseng.
Grohmannstr.
Mühlau
Reinholdg.
Lannesstr.
Rosenbergstr.
Gundacker
Rosthorn-g.
Kahler g.
Schlachthammer str.
Viktor-Wittner-
Duchek
Wegmayer
Wiethestr.
Dumreicherg.
siedlung
Ultzmanng.
Marburgg.
Mannaberg-g.
Auernheimer-g.
Kirschenallee
Bambergergasse
Im Gestockert
Löwensteinstr.
Kaposig.
Mühlwasser
Oberleitner Wasser
Ob. Waidhagen
Geiernest
Untere Mühlau
Streithäufel
Wolfsboden-Hochföhren
Fuchshäufel
Markethäufel
Kommassierungstor
Trinkwasser-Aufbereitungs-anlage-Lobau
Unter den Kastanien
Napoleonschanze
Natterfleck
Napoleonstein
Vorwerkstraße
Grundwasserwerk Lobau
Alte Naufahrt
Lange Grundwiese
Fasangarten
Hoher Spitz
Hausgraben
Müllergraben
Plättenmaiß
Hausmaiß
Förstersteig
Unter den
26A, 391
98A
88B
84A
97A
92A
19
20
24
37
48
M
N
O
P

Eßling
22.
Eßlinger Hauptstr.
Himmelteich
Niklas-Eslarn-Straße
Seestadtstraße
Rosenbergstr.
Gundacker
Telefonweg
Simons
Gartenheimstr.
Corti
Colerusg.
Kirschenallee
Raphael-Donner-Allee
Seefelderg.
Schafflerhofstr.
Wehrbrückistr.
Schlachthammerstr.
Viktor-Wittner-Gasse
Wegmayer-siedlung
Wiethestr.
Dumreicherg.
Ultzmanng.
Marburgg.
Mannnaberg.
Auernheimer-g.
Pilat
Reinhold
Reinholdg.
Eßlinger Furt
Lannesstr.
Im Gestockert
Löwensteinstr.
Bambergergasse
Kaposig.
Hasnerg.
Junkg.
Bussong.
Salusg.
Dörmanng.
Ennemoserg.
Wichnerg.
Gernotg.
Alfred-Pischof-G.
Franz-Siller-G.
J.-Kainzm.-G.
Eßlinger Friedhof
Rittnerg.
Schippanisiedlung
Schönthan-pl.
Tauschinskyg.
Hadrawag.
Waldheimstr.
Greinzg.
Deindorf
Remise
Schierg.
Forestg.
Haffnerg.
Podlahag.
Bukovics
Ibachstr.
Romichg.
Englisch-Feld-g.
Steinach
Kiwisch
Bojanus
Weidlinger Damm
Autokinostraße
Badgasse
Kastanienallee
Akazienweg
Stadlerfurt
Scheiben
Groß-Enzersdorfer Arm
Mühlhäufel
Durchschlaghäufel
Ob. Waidhagen
Geiernest
Pfarrermaiß
S1 projektiert
Mühlgründel
Bilderbaumwiese
Festwiese
Waidhagen
Erlmaiß
Wolfsboden-Hochfohren
Unter den Eichen
Angelmaiß
Hüttenboden
Wolfsboden
Försterstieg
Kasernboden
Birkenhain
Hausgraben
Müllergraben
Hausmaiß
Vorwerkstraße
Napoleons Pulvermagazin
Egerer Brückl
Bei den Brückeln
Häufel
Kasernbrücke
M
N
O
P
20
21
22
25
36
49
26A,88A,88B,98A
99A,99B
98A
88B
155
156
154
153
149

23
26
24
Mitterfeld
Oberfeld
593
M
Mitterfeldweg
Guntherstr.
154
M a r c h f e l d
Winklerkreuz
155
S1 projektiert
N
Unteres Feld
Oberfeld
Kasern str.
Marchfeld Center
BG/BRG
BH
Freiherr-v.-Smola-Str.
Straße
Dr.-K.-Renner-Ring
Lindenweg
gasse
Dr.-J.-Zahn-G.
Brennereiweg
Straßen-meisterei
Unterfeldgasse
Fasanweg
Scheunenweg
391,593
Rutzendorfer Str.
Raasdorfer Str.
Hans-Kudlich-Ring
Gärtner
Trappenweg
Maisg.
Korn
Groß-Enzersdorf
Kirchenpl.
Maria Schutz
B.-Berthold-Pl.
Hauptpl.
Dr.-A.-Krabichler-Pl.
156
J.-Reither-Ring
Eßling
Weinlinger
Rathausstr.
Rathaus
Neue NÖ Mittelschule
Feuerwehr
Volksschule
Kaiser-Franz-Josef-Straße
26A,291
Schloßhofer Straße
Versuchswirtschaft der Universität für Bodenkultur
Schießst.-rg.
Mühlleitner Str.
J.-Strauß-G.
Nestroy-G.
Holzplatz
Heinrich-Eder-G.
Fritz-Muliar-G.
Dr.-Raimund-G.
Grillparzer g.
Franz-Lehár-G.
Lobaustr.
Weingartengasse
Friedhof
Rosen
Lilien
Marg.-wg.
Sonnenblumenweg
H.-Winkler-G.
Ing.-Werner-Seidl-G.
Otto-Wagner-G.
Franz-Lehár-G.
Gasse
Rosengasse
Am Augraben
Veilchenweg
Primelweg
Nelkenweg
Dahliengasse
Asternweg
Malvenweg
Löwenzahnweg
Nelken
Tulpeng.
Flieder
Musikschule
Marchfelder Str.
291
Am Augraben
L.-C.-P.-G.
Reit Center Lobau
Seeadlerg.
Marienseee
Mariensee
153
Kanal
Donau-Oder-Kanal-IV-Südwest
Donau-Oder-Kanal-IV-Südost
Donau-Oder-Kanal-III-Nordwest
Donau-Oder-Kanal-III-Nordost
Donau-Oder-Kanal-III-Mittelwest
Donau-Oder-Kanal-III-Mittelost
391
Neuoberhausen
Ziehrerg.
Lannerg.
Schrammelg.
Schubertg.
Dr.-Paul-Fuchsig-G.
Arnold-Schönberg-G.
Wagner-G.
A.-Bruckner-G.
Mozart
Haydn g.
Auenbrugger-g.
Robert-Stolz-G.
Zellerg.
Industriestr.
3
154
152
Gloriettestr.
Oberha
O
P
In Schmiedwiesen
Kohlfeld
Kindergarten
23
50
24

WESTAUTOBAHN A1
27
176
51
Baunzen
Glasgrabenwiese
Kaiserzipf-
wiese
Wildpretsaum-
wiese
Scheiben-
wiese
Tiergartenmauer
Sulz
Glasgraben
Brandberg
419
Sulzwiese
Pulverstamp
455
518
351
326
Brand-
wiese
Hirschgstemm-
wiese
407
W.H. Hirschgstemm
Hornaus
500
Dreihufeisenberg
Neue
Wiese
Seitergraben
Hirschgstemmstraße
Schatten-
wiese
Aumüller-
wiese
Dianawiese
390
Altes Dianator
Jagdboden
Weindorferwiese
Bärenbergstraße
Laaber Tor
Diebsgraben
Wildpretwiese
Bärenberg
434
368
Bärenberg-
wiese
Deutschordens-
wald
Faßlwiese
375
Laaber Kaiserzipf
332
Tiergartenstr.
Mauerwaldg.
Hauptstr.
Babenberger-
g.
Laab
im Walde
Sulz
Vord.
Lainzer
Wien

40
3
28
4
41
52
Q
R
S
T
315
Johannser Kogel
377
Stegtorstraße
Teich-
wiese
Gr.
Stockwiese
Königsklosterwald
352
St. Veiter
Johannser
Wiese
Rotenziegelstraße
307
288
Laurenzer
Wald
Hohe
Laurenzer
Wiese
454
Baderwiese
Wienerblick
434
Rohrhausstraße
Schottenwald
Rohrhaus-
wiese
Kl.
Schotten-
wiese
404
W.H.Rohrhaus
T i e r g a r t e n
3.
Gr.
Schottenwiese
Saulacken Schütt
301
Vogelschutz-
park
Wien Museum
Hermesvilla
Jäger-
wiese
Hochmais-
wiese
wiese
Hubertuswarte
508
Kaltbründlberg
Vösendorfer Gr.
Penzinger
J.H. Teichhaus
275
Eingefallene
Wiese
Kalt-
ündlwiese
Kl.-
Dorotheerwiese
Gr.-
Hohen
Kleefrischewiese
372
Mittl. Eichberg
335
Gr.
Stockwiese
Schlossergassl
Inzersdorfer Wald
369
Kl. Eichberg
336
Mauerer Wald
357
Gütenbachtor
290
Faßlberg
356
Wilder Bg.
363
Schießstätte

Ober-St.-Veit
Am Himmelhof
Himmelhofg.
Adolfstorg.
Adolfstor
352
St. Veiter Lissen
Veitlisseng.
Winzerstr.
Trazerberg
277
Trazerbergg.
Hietzinger Hauptstr.
Gutzkowpl.
Premreiner
Auhofstraße
Schrutka
Goldmark-pl.
Girzenberg
285
Angermayerg.
Clarplatz
Roter Berg
262
Hochleistungsbahn Lainzer Tunnel
Stock im Weg
Veitingergasse
Gemeindeberg
321
Friedhof Ober-St.-Veit
Skilift
Wienerblick
St.-Veiter Tor
Hansch
Karmelitinnenkloster
Jennerpl.
Wlassakstraße
Jagdschloßg.
Rotenbergg.
Versorgungsheimpl.
Wolkersbergenstr.
Joseph-Lister-G.
Saulacken Schütt
Saulacken Mais
302
306
Hörndlwald
Friedensstadt
Lehrpfad
Penzinger Wiese
Krankenhaus Hietzing
Lainzer Tor
263
Hermesstraße
Teichwiese
Teichhaus
275
Lainzer-Bach-Str.
Lainzerbachwiese
Friedenszeile
Hohenauer Wiese
Dr.-Schober-Str.
Anna-Freud-Park
Hermeswiese
Weinberger-pl.
Speisinger Str.
Napoleonwald
Wittgensteinstr.
Rosenhügelstraße
327
Rotdürren
23.
Franz-Asenbauer-G.
Ursulinenkl.
Kadoltsberg
Lindgraben
Gebirgsg.
Kroißberg
Friedhof Mauer
Mauer
Franz-Graßler-G.
Kanitzg.
Endresstr.
Q
R
S
T
5
6
29
40
53

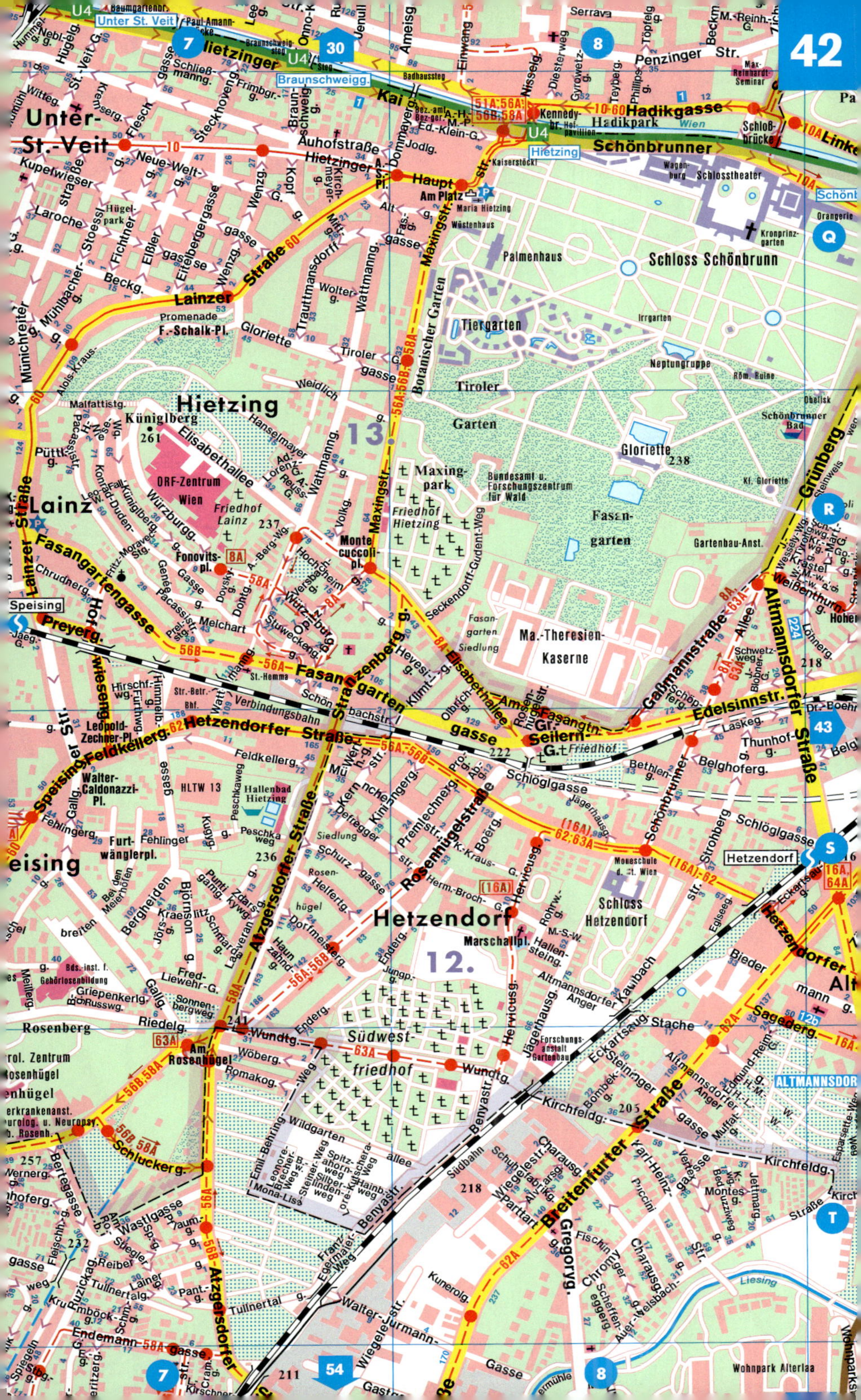

Unter St. Veit
Hietzinger
Braunschweigg.
Kai
Hadikgasse
Hadikpark
Wien
Schönbrunner
Linke
Hietzing
Penzinger Str.
Max-Reinhardt-Seminar
Kennedy-br.
Schloßbrücke
Unter-St.-Veit
Auhofstraße
Hietzinger
Am Platz
Maria Hietzing
Schlosstheater
Orangerie
Kronprinzgarten
Palmenhaus
Schloss Schönbrunn
Lainzer
Straße
Promenade
F.-Schalk-Pl.
Gloriette
Tiergarten
Irrgarten
Neptungruppe
Röm. Ruine
Botanischer Garten
Tiroler Garten
Maxingstr.
Maxingpark
Friedhof Hietzing
Hietzing
Küniglberg
ORF-Zentrum Wien
Friedhof Lainz
Elisabethallee
13
Bundesamt u. Forschungszentrum für Wald
Gloriette
Obelisk
Schönbrunner Bad
Kl. Gloriette
Fasangarten
Gartenbau-Anst.
Grünberg
Lainz
Fasangartengasse
Fonovits-pl.
Monte cuccoli-pl.
Seckendorff-Gudent-Weg
Fasangarten Siedlung
Ma.-Theresien-Kaserne
Speising
Preyerg.
Hofwiesengasse
Fasangartengasse
St.-Hemma
Verbindungsbahn
Schönbrunner
Edelsinnstr.
Gaßmannstraße
Altmannsdorfer Straße
Leopold-Zechner-Pl.
Hetzendorfer Straße
Feldkellerg.
Speisinger
Walter-Caldonazzi-Pl.
HLTW 13
Hallenbad Hietzing
Gr. Seilern-G.
Friedhof
Schlöglgasse
Bethleng.
Belghoferg.
Siedlung
Rosenhügelstraße
Hetzendorf
Modeschule d. St. Wien
Schloss Hetzendorf
Speising
Atzgersdorfer Straße
Hetzendorf
Marschallpl.
12.
Hetzendorfer Straße
Bds.-inst. f. Gehörlosenbildung
Riedelg.
Am Rosenhügel
Wundtg.
Südwest-friedhof
Forschungsanstalt Gartenbau
Sagedergr.
ALTMANNSDORF
Orthop. Zentrum Rosenhügel
Rosenhügel
Schluckerg.
Breitenfurter Straße
Kirchfeldg.
Südbahn
Altmannsdorfer Anger
Walter-Jurmann-
Atzgersdorfer
Endemann-gasse
Liesing
Wohnpark Alterlaa

43
Technisches Museum
Mariahilfer Straße
Auer-Welsbach-Park
Winckelmannstr.
Schwendergasse
Hollerg.
Oelweingasse
Herklotzg.
Sechshauser Str.
15.
Linke Wienzeile
Rechte Wienzeile
Schönbrunn
Schönbrunner Brücke
Orangerie
Kronprinzgarten
Schloßstraße
Schönbrunner Straße
Rauchfangkehrerg.
Sparkassaplatz
Storchengasse
Längenfeldg.
Meidling Hauptstr.
Lobkowbr.
Margaretengürtel
Gumpendorfer Str.
Margaretengtl.
Gaudenzdorfer Gürtel
Schönbrunner Str.
Arndtstr.
Steinbauerg.
Längenfeldg.
Bruno-Pittermann-Pl.
Niederhofstr.
Meidl. Platzl
Theresienbad
Böckhgasse
Tivoligasse
Ruckerg.
Rosasgasse
Bischoffg.
Aichholzg.
Fuchs-g.
Marx-Meidlinger-Str.
Haydnpark
Flurschützstr.
Am Fuchsenfeld
Murlingeng.
Eichenstr.
Wilhelmsdorfer Park
Grünberg
Schönbrunner Bad
Gloriette
Tivoli
Pohlg.
Ratschkyg.
12.
Hohenbergstraße
Rollingerg.
Koppreiterg.
Meidlinger Hauptstraße
Vivenotg.
Wilhelmstr.
Eichenstraße
Meidling
Bahnhof Meidling
Kerschensteinerg.
Friedhof Meidling
Untermeidlinger Str.
Unfallkrankenhaus Meidling
Kundratstr.
Edelsinnstr.
Heckenast-Burian-Kaserne
Hohenfelspl.
Altmannsdorfer Straße
Breitenfurter Straße
Wienerbergstr.
Wienerbergbrücke
Joh.-Hoffmann-Pl.
Pottendorfer Str.
Wagenseilg.
Ambulatorium Süd
ÖAMTC
Liebenstr.
Grießeg.
Schneiderhang.
Sonnergasse
Hoffingergasse
Siedlung Hoffingergasse
Otto-Bondy-Pl.
Tscherttegasse
Schöpfwerk
Gutheil-Schoder-G.
Golfplatz
Triester Straße
Hallmann Dome
Friedrich-Adler-Weg
Oberes Wienerfeld
Altmannsdorf
Khleslpl.
Am Schöpfwerk
Sagederg.
Computerstr.
Wohnhausanlage Am Schöpfwerk
Lichtensterng.
Zanaschkag.
Lokalbahn Wien - Baden
Otto-Probst-Str.
Kirchfeldg.
Wilhelm-Erben-G.
Neusteinhof
Schlosssee
Steinsee
Grüner See
23
Anton-Baumgartner-Str.
Hermannsweg
Anton-Balzer-G.
Park Alterlaa
Wohnparkstr.
A23
U4
U6
U2
Q
R
S
T
42
9
10
31
55
212
216
218

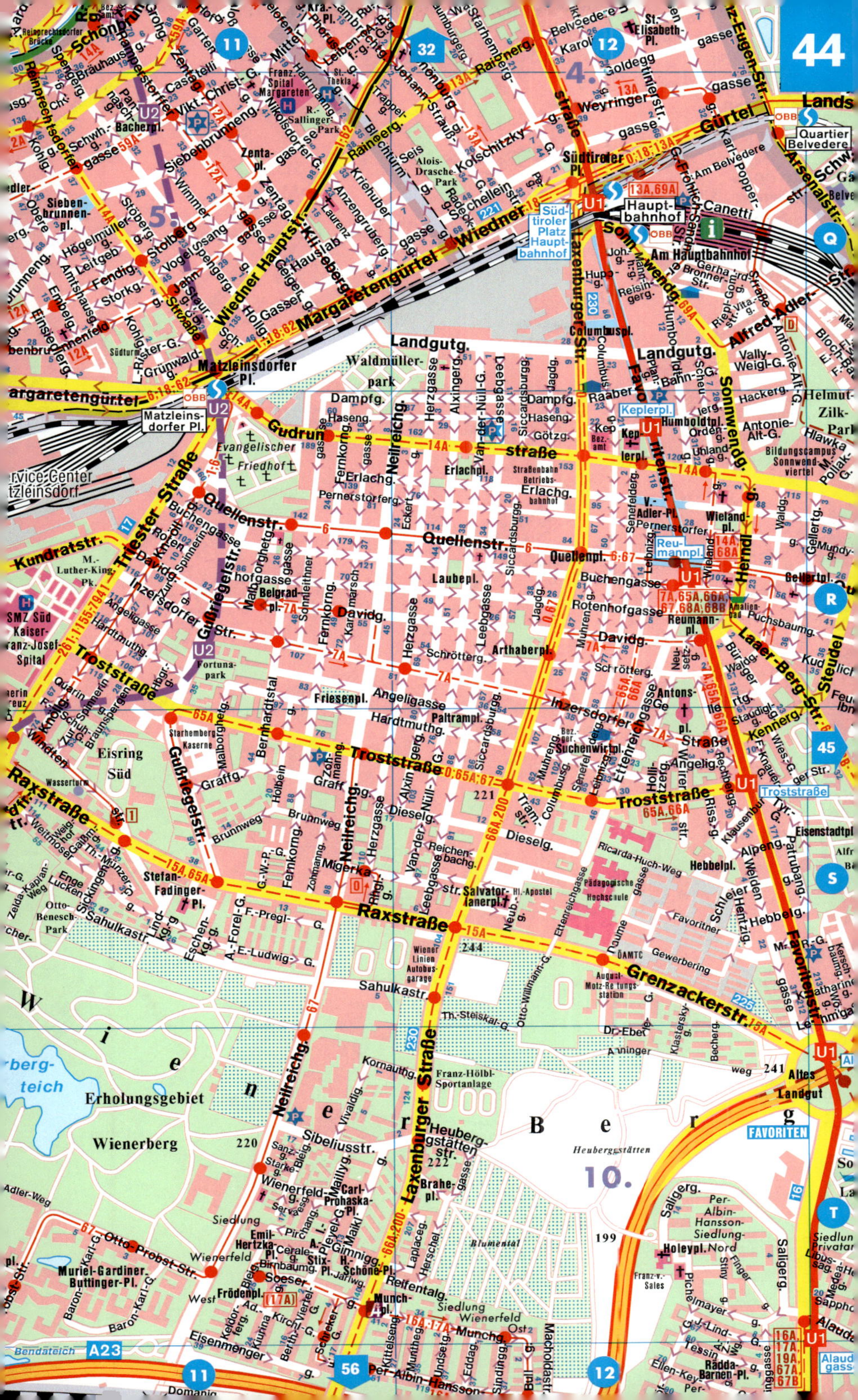
Schönbrunner Str.
Reinprechtsdorfer Brücke
Reinprechtsdorfer Str.
Siebenbrunnengasse
Siebenbrunnenpl.
Margaretengürtel
Wiedner Hauptstr.
Margaretengürtel
Wiedner Gürtel
Südtiroler Pl.
Südtiroler Platz Hauptbahnhof
Hauptbahnhof
Am Hauptbahnhof
Canetti
Quartier Belvedere
Am Belvedere
Arsenalstr.
Prinz-Eugen-Str.
Belvedere
St. Elisabeth-Pl.
Weyringer G.
Goldegg
Argentinierstr.
Rainerg.
Alois-Drasche-Park
Kolschitzky
Schelleing.
Matzleinsdorfer Pl.
Evangelischer Friedhof
Service Center Matzleinsdorf
Landgutg.
Waldmüllerpark
Dampfg.
Haseng.
Gudrunstraße
Keplerpl.
Humboldtpl.
Sonnwendg.
Alfred-Adler-Str.
Columbuspl.
Laxenburger Str.
Favoritenstr.
Quellenstr.
Quellenpl.
Reumannpl.
Laaer-Berg-Str.
Kundratstr.
Triester Straße
Gußriegelstr.
Buchengasse
Rotenhofgasse
Davidg.
Schröttergasse
Arthaberpl.
Inzersdorfer Straße
Troststraße
Antonspl.
Angeligasse
Hardtmuthg.
Paltrampl.
Suchenwirtpl.
Eisring Süd
Raxstraße
Stefan-Fadinger-Pl.
Neilreichg.
Grenzackerstr.
Sahulkastr.
Wiener Linien Autobusgarage
Ricarda-Huch-Weg
Pädagogische Hochschule
Favoritner Gewerbering
Wienerberg
Erholungsgebiet Wienerberg
Wienerbergteich
Franz-Hölbl-Sportanlage
Heuberggstätten
Heubergstättenstr.
Sibeliusstr.
Wienerfeld
Otto-Probst-Str.
Muriel-Gardiner-Buttinger-Pl.
Siedlung Wienerfeld Ost
Reifentalg.
Altes Landgut
FAVORITEN
Holeypl.
Saligerg.
Per-Albin-Hansson-Siedlung Nord
Eisenmenger
Bendateich
A23
Per-Albin-Hansson-Str.
10.
5.
4.
11
12
32
45
56
Q
R
S
T

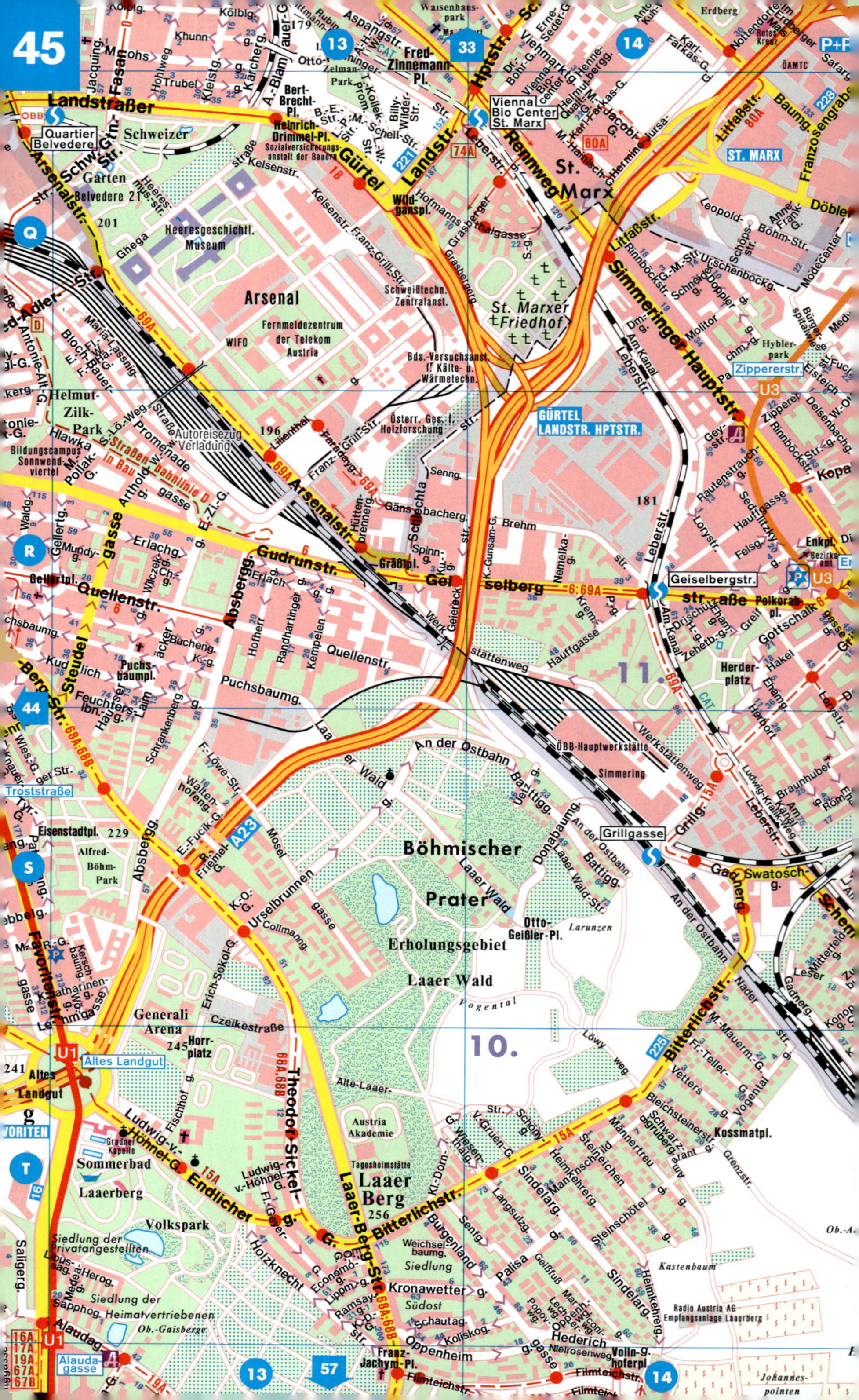
45
Landstraßer
Gürtel
Landstr. Hptstr.
Rennweg
St. Marx
Vienna Bio Center St. Marx
Quartier Belvedere
Schweizer Garten
Belvedere 21
Heeresgeschichtl. Museum
Arsenal
Fernmeldezentrum der Telekom Austria
WIFO
Schweißtechn. Zentralanst.
Bds.-Versuchsanst. f. Kälte- u. Wärmetechn.
Österr. Ges. f. Holzforschung
St. Marxer Friedhof
GÜRTEL LANDSTR. HPTSTR.
Simmeringer Hauptstr.
Zippererstr.
ST. MARX
Helmut-Zilk-Park
Bildungscampus Sonnwendviertel
Autoreisezug Verladung
Arsenalstr.
Gudrunstr.
Geiselberg
Geiselbergstr.
Quellenstr.
Puchsbaumpl.
Puchsbaum.
Absberg.
ÖBB-Hauptwerkstätte Simmering
Grillgasse
Böhmischer Prater
Erholungsgebiet Laaer Wald
Otto-Geißler-Pl.
Troststraße
Eisenstadtpl.
Alfred-Böhm-Park
Generali Arena
Horrplatz
Altes Landgut
Theodor-Sickel-G.
Laaer-Berg-Str.
Austria Akademie
Tagesheimstätte Laaer Berg
Bitterlichstr.
Sommerbad Laaerberg
Volkspark
Siedlung der Privatangestellten
Siedlung der Heimatvertriebenen
Alaudagasse
Franz-Jachym-Pl.
Kronawetter g.
Südost
Weichselbaum. Siedlung
Kossmatpl.
Radio Austria AG Emfangsanlage Laaerberg
Kastenbaum
Johannes-pointen
Favoritenstr.
Endlicher g.
Ludwig-v.-Höhnel-G.
11.
10.
13
14
33
44
57

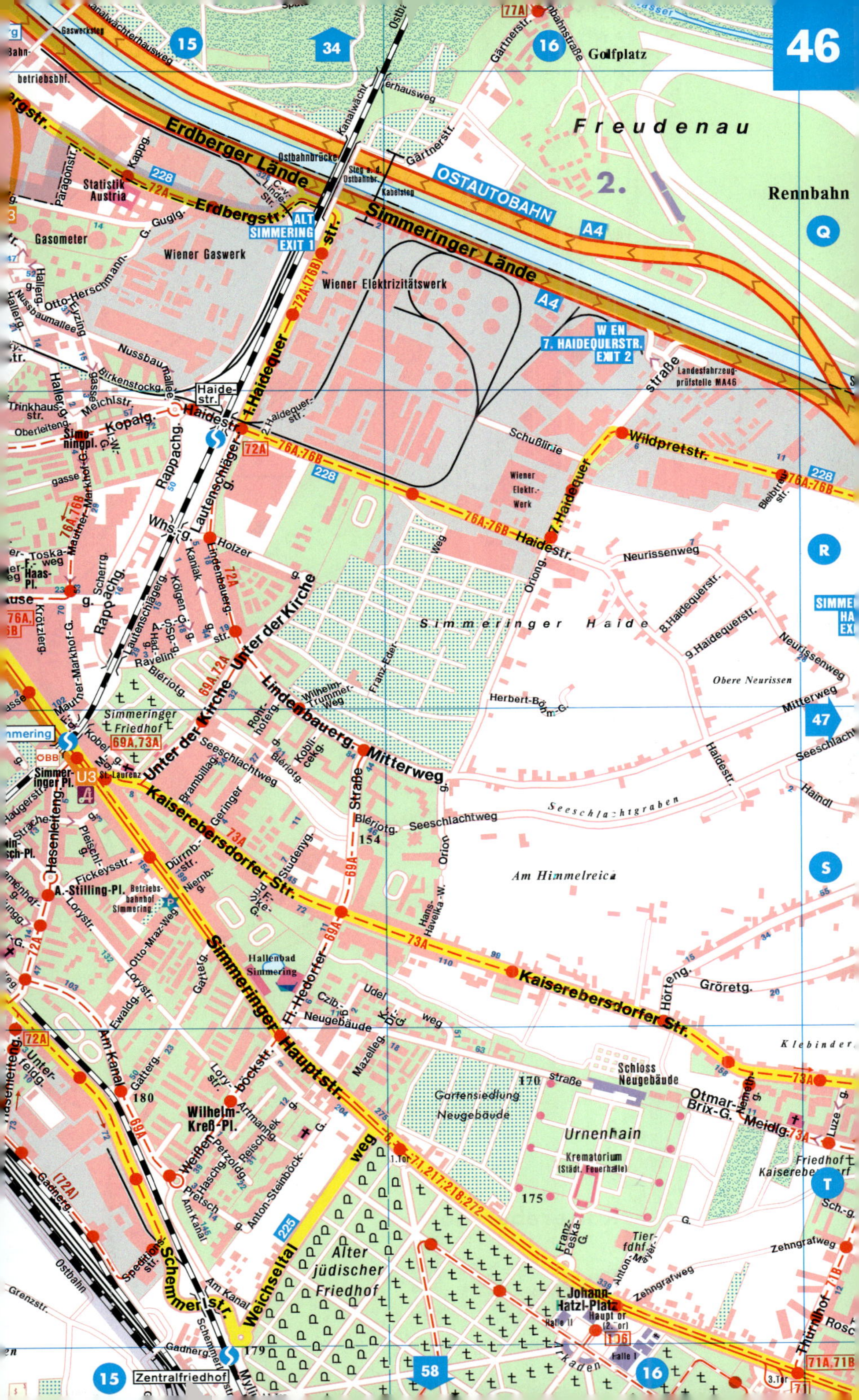
Gaswerksteg
Kanalwächterhausweg
15
34
16
Golfplatz
Gärtnerstr.
Ostbahnstraße
betriebsbhf.
Erdberger Lände
Freudenau
Ostbahnbrücke
Steg ü. d. Ostbahnbr.
Gärtnerstr.
Kabelsteg
OSTAUTOBAHN
2.
Rennbahn
Statistik Austria
Kappg.
Paragonstr.
228
72A
Erdbergstr.
C.-v.-Linde-Str.
ALT SIMMERING EXIT 1
Simmeringer Lände
A4
Q
Gasometer
G. Gugig.
Wiener Gaswerk
72A:(76B)
Wiener Elektrizitätswerk
Hallerg.
Otto-Herschmann-G.
Nussbaumallee
Eyzing.
Nussbaumallee
Birkenstockg.
W EN 7. HAIDEQUERSTR. EXIT 2
Landesfahrzeugprüfstelle MA46
straße
Haidestr.
1. Haidequer
2. Haidequer-str.
Trinkhausstr.
Meichlstr.
Oberleitengasse
Kopalg.
Haidestr.
Simoningpl.
Rappachg.
Schußlinie
Wildpretstr.
72A
76A:76B
228
Mautner-Markhof-G.
76A:76B
Lautenschläger-g.
Wiener Elektr.-Werk
7. Haidequer
228
76A:76B
Bleibtreustr.
Toskaweg
F.-Haas-Pl.
Scherrg.
Rappachg.
Kanlak
Kölgen
Holzer
Lindenbauerg.
76A:76B
Haidestr.
Orion
Weg
Neurissenweg
R
Krötzlerg.
Lautenschlägerg.
A.-S.-Sp.-g.
Unter der Kirche
Simmeringer Haide
8. Haidequerstr.
9. Haidequerstr.
Neurissenweg
SIMMERING HA EX
Ravelin
Blériotg.
69A,72A
Franz-Eder
Obere Neurissen
Simmeringer Friedhof
Lindenbauerg.
Wilhelm-Trummer-Weg
Herbert-Böhm-G.
Mitterweg
47
Simmering
69A,73A
Unter der Kirche
Rohrhoferg.
Seeschlachtweg
Kobelg.
Mitterweg
Haidestr.
Seeschlachtweg
ÖBB
Simmeringer Pl.
U3
St. Laurenz
Kaiserebersdorfer Str.
Brambillag.
Geringer
Seeschlachtweg
Blériotg.
Haindl
Hasenleiteng.
Haugerstr.
Pleischlg.
Straße
Blériotg.
154
Seeschlachtweg
Seeschlachtgraben
73A
Fickeysstr.
Dürrnb.-Str.
Studenyg.
Orion
Am Himmelreich
S
A.-Stilling-Pl.
Betriebsbahnhof Simmering
Lorystr.
Niernb.
69A
Hans-Havelka-W.
72A
Otto-Mraz-Weg
73A
Simmeringer Hauptstr.
Hallenbad Simmering
Kaiserebersdorfer Str.
Hörteng.
Gröretg.
Ewaldg.
Gatterg.
Fl.-Hedorfer-G.
Czib.
Neugebäude
Uder
weg
Am Kanal
72A
Unter-feldg.
Lory-str.
böckstr.
Simmeringer Hauptstr.
Mazelleg.
Klebinder.
Schloss Neugebäude
straße
170
Gartensiedlung Neugebäude
Otmar-Brix-G.
Meidlg.
Nemeth
73A
180
69A
Wilhelm-Kreß-Pl.
Artmanng.
Reischek
Urnenhain
Krematorium (Städt. Feuerhalle)
Friedhof Kaiserebersdorf
T
Gadnerg.
Weißen
Petzolding.
Hascha
Pretsch
Anton-Steinböck-G.
weg
1. Tor
71,217,218,272
175
Franz-Peska-G.
Tierfdhf.
Anton-Mayer-G.
Zehngrafweg
(72A)
Am Kanal
225
Sch.-g.
Speditionsstr.
Schemmerlstr.
Alter jüdischer Friedhof
Johann-Hatzl-Platz
Haupttor (2. Tor)
Halle II
Zehngrafweg
Thürnlhof
71B
Ostbahn
Grenzstr.
Am Kanal
Weichseltal
179
Gadnerg.
Schemmerlstr.
15
Zentralfriedhof
Myli
58
Arkaden
Halle I
16
3. Tor
71A,71B
Rosc

Rennbahn
2.
Seitenhafenstraße
Freudenauer Hafenstr.
Praterspitzstr.
Hellingstr.
Zollfreizone
Winter-(Freudenauer-)Hafen
Donau
Naturschutzgebiet Toter Grund
Meierspitz
Dechanthäufel
Frachtenbahnhof Lobau-Hafen
Schrägseilbrücke
Donaukanal
Bleibtreustr.
Wildpretstr.
Johann-Petrak-G.
Müllverbrennung Pfaffenau
Kapleig.
Werk Simmeringer Haide (Wien Energie)
Margetinstr.
Alberner Hafenzufahrtsstr.
Simmeringer Lände
Freudenauer Hafenbr.
SIMMERINGER HAIDE EXIT 4
KFZ Verwahr-stelle
Neurissenweg
Neurissen
Mitterweg
Pfaffenau
Pfaffenaug.
Jedletzbergerstr.
11. Haidequerstraße
Ebswien Hauptkläranlage
Seeschlachtweg
Hörten
Haindlgasse
Margetin
Paul-Wagner-G.
Landwehrstr.
Zinnerg.
Hörteng.
Göretg.
Kanzelgarten
Artillerieplatz
Fuchsboden
Neu Albern
Alberner straße
A4
Gröret
11.
Klebinderg.
Klebindergraben
Kimmerlgasse
Schmidgunstg.
Krautg.
Mühlsangergasse
Sellinggasse
Kaiserebersdorfer Str.
Hans-Paulas-Park
Brühlg.
Münnichplatz
Schloss Thürnlhof
Mannswörther
Warneckestr.
Fabia
Meidlg.
Luzeg.
Friedhof Kaiserebersdorf
Pantucekg.
Rzehakg.
Kaiserebersdorf
Etrichstr.
Zinnerg.
Paulasg.
Valierg.
Umspannwerk
Leberberg
Zehngrafweg
Widholzstraße
Lichnovskyg.
Svetelskystraße
Hoefftg.
Sängergasse
Trepulkag.
Rosa-Jochmann-weg
Thürnlhof
Wallag.
Bleiche
Poihs-Str.
Ne
Alb

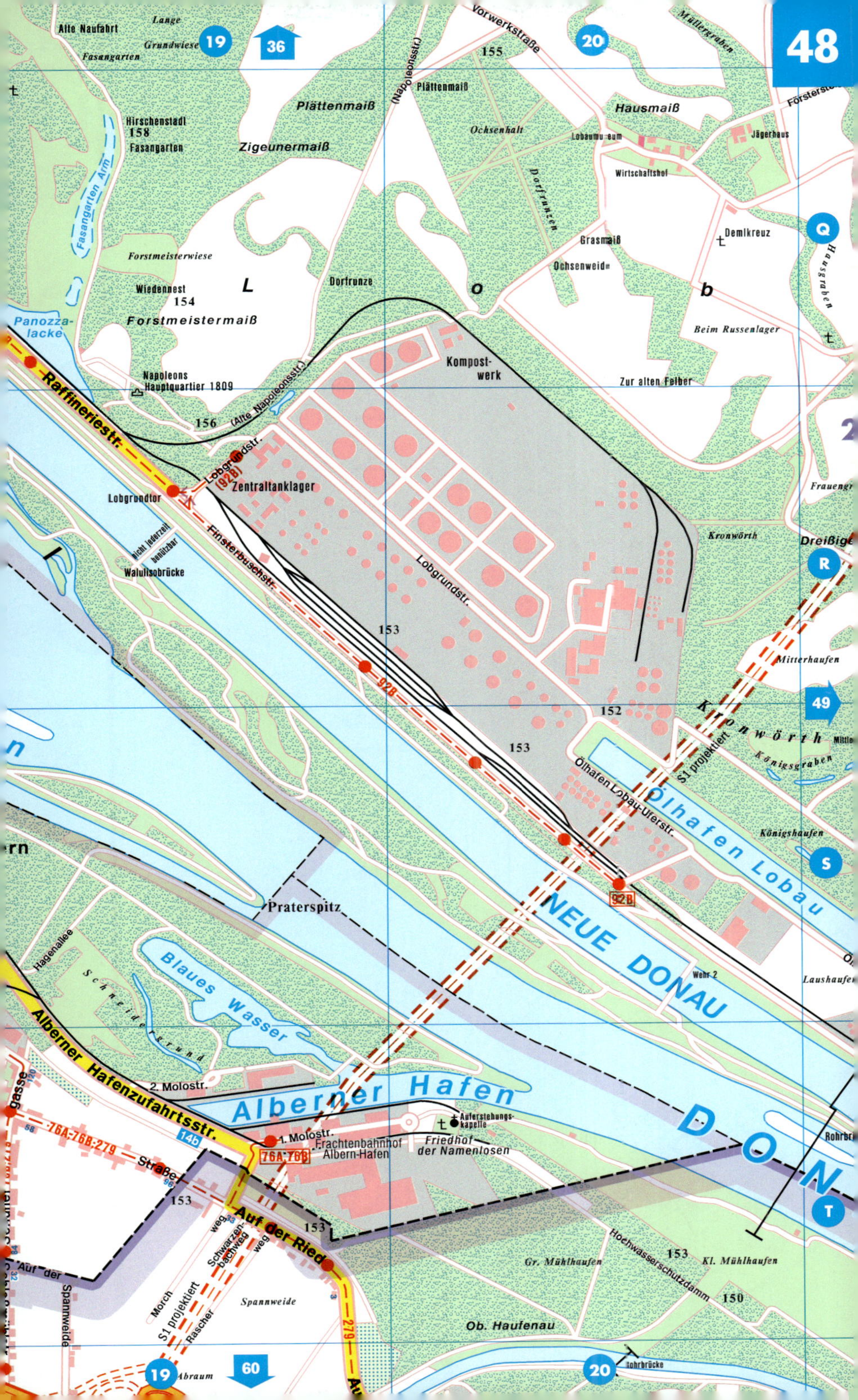
Alte Naufahrt
Lange
Grundwiese
Fasangarten
19
36
20
Vorwerkstraße
155
Müllergraben
Hirschenstadl
158
Fasangarten
Plättenmaiß
(Napoleonsstr.)
Plättenmaiß
Hausmaiß
Försterstr.
Zigeunermaiß
Ochsenhalt
Jägerhaus
Wirtschaftshof
Fasangarten Arm
Dorfrunzen
Grasmaiß
Demlkreuz
Q
Hausgraben
Forstmeisterwiese
Ochsenweide
Wiedennest
154
L
Dorfrunze
o
b
Forstmeistermaiß
Beim Russenlager
Panozzalacke
Kompost-werk
Napoleons Hauptquartier 1809
Zur alten Felber
Raffineriestr.
156
(Alte Napoleonsstr.)
Lobgrundstr.
92B
Zentraltanklager
Frauengr
Lobgrundtor
Kronwörth
Dreißige
R
nicht jederzeit benützbar
Walulisobrücke
Finsterbuschstr.
Lobgrundstr.
153
Mitterhaufen
92B
49
152
Kronwörth
153
Königsgraben
S1 projektiert
Ölhafen Lobau-Uferstr.
Ölhafen Lobau
Königshaufen
S
Praterspitz
92B
NEUE DONAU
Hagenallee
Blaues Wasser
Schneidergrund
Wehr 2
Laushaufen
Alberner Hafenzufahrtsstr.
2. Molostr.
Alberner Hafen
Auferstehungskapelle
D O N
1. Molostr.
Frachtenbahnhof Albern-Hafen
Friedhof der Namenlosen
Rohrbr
76A-76B-279
Straße
14b
76A-76B
153
Auf der Ried
153
T
Schwarzenbachweg
Hochwasserschutzdamm
153
Gr. Mühlhaufen
Kl. Mühlhaufen
Auf der
Spannweide
Spannweide
150
Morch
S1 projektiert
Rascher
279
Ob. Haufenau
19
Abraum
60
20
Rohrbrücke

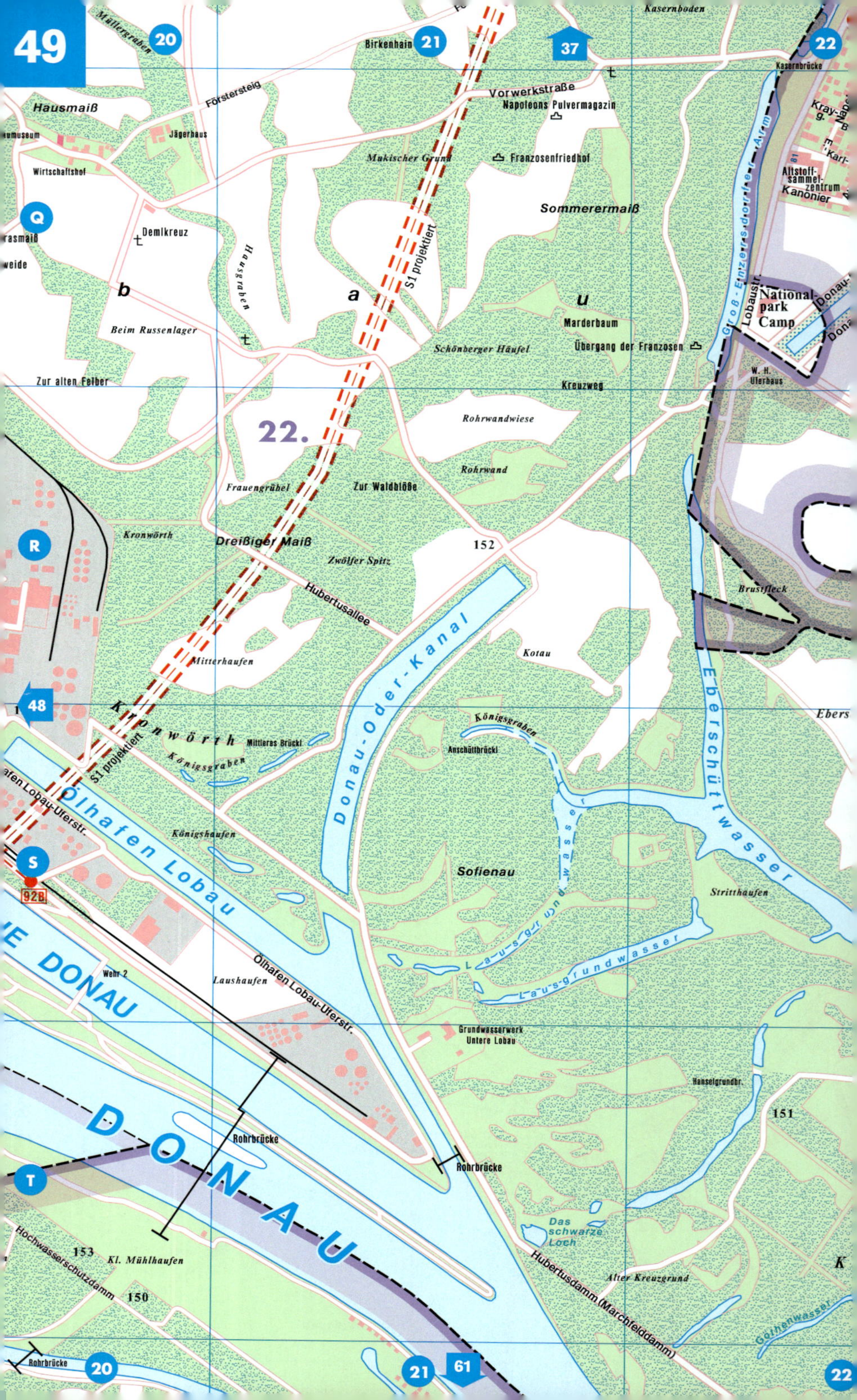

49
Müllergraben
20
Birkenhain
21
37
Kasernboden
22
Kasernbrücke
Hausmaiß
Försterstieg
Vorwerkstraße
Napoleons Pulvermagazin
Jägerhaus
Wirtschaftshof
Mukischer Grund
Franzosenfriedhof
Kray-g.
Kanonier
Altstoff-sammel-zentrum
Q
Demlkreuz
Sommerermaiß
Hausgraben
S1 projektiert
Groß-Enzersdorfer Arm
Lobaustr.
Nationalpark Camp
Donau-
b
a
u
Beim Russenlager
Marderbaum
Schönberger Häufel
Übergang der Franzosen
W. H. Uferhaus
Kreuzweg
Zur alten Felber
Rohrwandwiese
22.
Rohrwand
Frauengrübel
Zur Waldblöße
R
Kronwörth
Dreißiger Maiß
152
Zwölfer Spitz
Hubertusallee
Brustfleck
Donau-Oder-Kanal
Kotau
Mitterhaufen
48
Ebers
Kronwörth
Königsgraben
Mittleres Brückl
Anschüttbrückl
Königsgraben
Eberschüttwasser
Ölhafen Lobau
Ölhafen Lobau-Uferstr.
Königshaufen
S
92B
Sofienau
Laus-grund-wasser
Stritthaufen
Laus-grundwasser
DONAU
Wehr 2
Laushaufen
Ölhafen Lobau-Uferstr.
Grundwasserwerk Untere Lobau
Hanselgrundbr.
151
DONAU
Rohrbrücke
Rohrbrücke
T
Das schwarze Loch
Hochwasserschutzdamm
153
Kl. Mühlhaufen
150
Hubertusdamm (Marchfelddamm)
Alter Kreuzgrund
K
Gothenwasser
Rohrbrücke
20
21
61
22

23
38
24
Seeadlerg.
Donau-Oder-Kanal-III-Mittelwest
Donau-Oder-Kanal-III-Mittelost
Donau-Oder-
Südwest
Südost
Kinder-garten
Industriestr.
Kohlfeld
In Schmiedwiesen
Oberhausener Straße
Heinrich-Lohr-Weg
151
152
Ob.-Heide
Q
Neue Neurissen
153
Ziegelofen Neuriß
Herrnau
Zentralkläranlage
391
Mühlleitner Straße
Fdhf. Mühlleiten
Ob.-Hausfeld
R
Schusterau
Scheiberwiese
Schusterwiese
Steinbühelgraben
Mühlleiten
Feuerrayonsweg
Am Ortsried
Parkstr.
Dammstr.
Hubertusstr.
Feuerwehr u. Amtshaus
Steinbühelau
Landrückboden
St.-Maria
Am Anger
Mitter Brunnenwg.
Mühlsteing.
Mühlbruckwg.
Weg
Unteres Hausfeld
Jägersteig
Dammstr.
Edelspitz
Parkstr.
150
S
Grabstein
Raasdorfer Au
Fasanschütt
Edelspitz
Schönauerwg.
Mühlleitner Au
Leinerau
Kreuzgrund-traverse
Mittelwasser
Mühlleitner Furt
Kühwörther W
Zaineth Au
T
Untere
grund
Unt.-Rohrwörth
Lobau
62

Laab
im Walde
Hoffeldstr.
Mauerwaldg.
Babenberger-g.
Kloster
253;(254)
294
Tirolerhütte
Laaber Bach
Laaber-Straße
Salz
407
Vord.-
422
Kaufberg
Hint.-
Perchto
Bürger
Frankental
W
Hundskehle
Eigenheimsiedlung
Quellen
377
Königsbühelstr.
Auf der Hundskehle
Wiesengrund
Laaber Str.
311
Königsbühel
Hochmayr
Schubert-g.
Sperling
272
(253);254
253;254
Promenadeweg
Promenade-weg
Liesingtalstr.
Haus St. Bernadette
Margariten
Erlenweg
Nachtigallweg
Primel-weg
Kornblumen
Flieder
Anton-Nirschl-
Georg-Sigl-
Straße
Hauptstraße
Rotes Kreuz
Waldstr.
Edlinger-G.
Schrammel-g.
Fiaker-g.
Franz-
178
-254
Reiche Liesing
283
Liesingtalstr.
Enzmann str.
Hirschentanzstr.
Breitenfurt
bei Wien
Frauenwald
Gemeindeamt
Volksschule
Bonifaziusg.
Dr.-Kas.-Graff-G.
Schneegl.-wg.
Sternen-wg.
Kuckucksteig
Birkeng.
Buchen-g.
Amsel-g.
Drossel-weg
Schulg.
Irisg.
Paul-Peters-G.
Lattermais
Wien
Bürgers
Tanneng.
Fasang.
Lattergraben
Fritz-Konir-Str.
Meisenweg
Paul-Peters-G.
335
Hirschentanzstr.
Lattermais-bergstr.
Zum Roten Kreuz
Holzhauerg.
Josef-Schöffel-G.
Jäger-steig
379
Kaltenleutgeb
Gernberg
421
433
Rotes Kreuz
452
Lattermaißberg
Friedhof
Doktorbergstr.
Höheng.
Stefanieg.
Bahngasse
Dreifaltig-keitspl.
430
Doktorberg
Hauptstraße
255
Promenadeg.
Flossel
Bergg.
Karlsg.
Marienwg.
Gemeinde-amt
Kinder-garten
Kaltbrunn
39
63
1
2
U
V
W
X

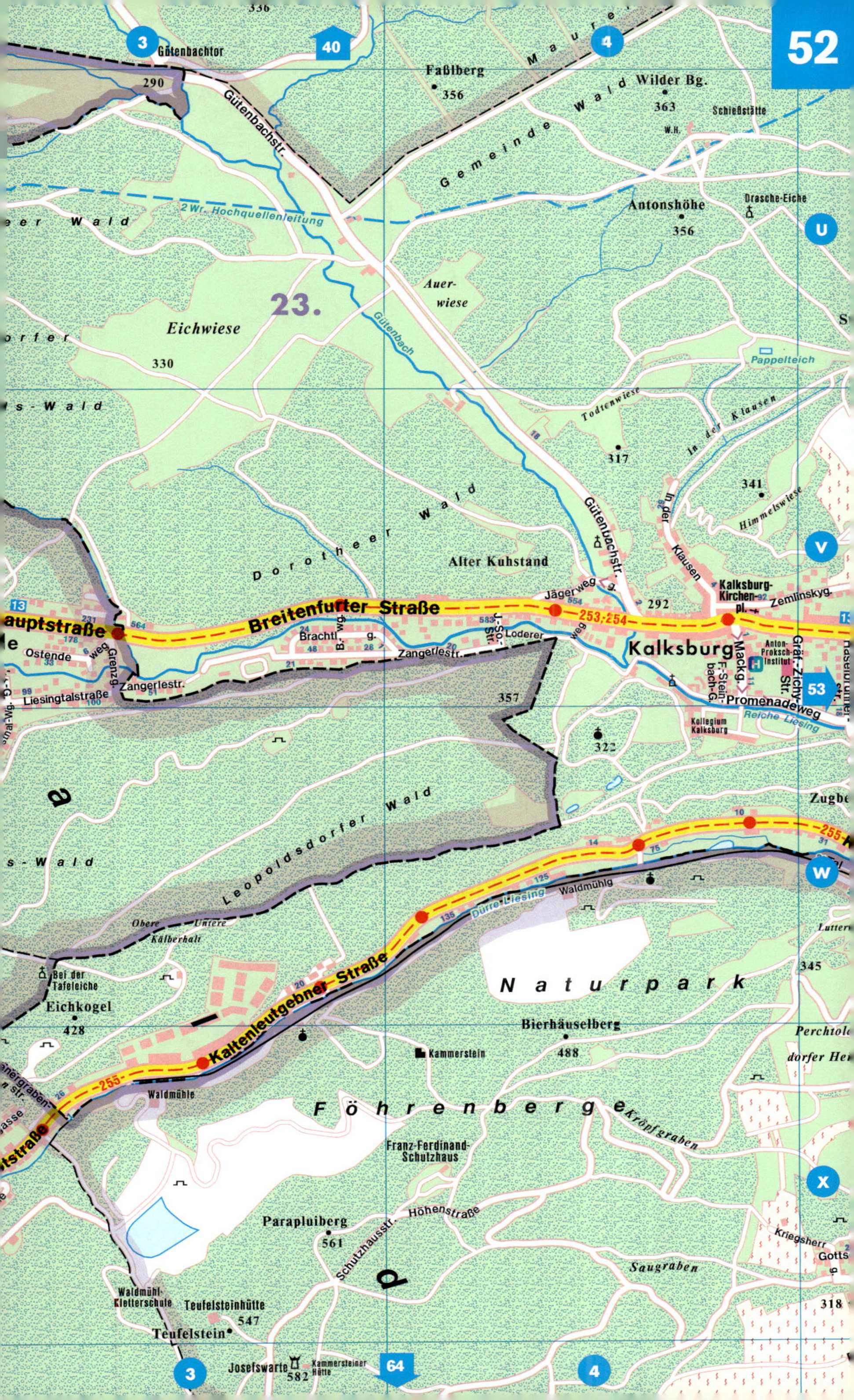

Gütenbachtor
336
290
40
Faßlberg
356
Maurer
Wilder Bg.
363
Schießstätte
W.H.
Gemeinde Wald
Gütenbachstr.
2 Wr. Hochquellenleitung
Antonshöhe
356
Drasche-Eiche
Auer-
wiese
23.
Eichwiese
330
Gütenbach
Pappelteich
Todtenwiese
In der Klausen
317
341
Himmelswiese
In der Klausen
Dorotheer Wald
Alter Kuhstand
Gütenbachstr.
Jäger weg
292
Kalksburg-
Kirchen-
pl.
Zemlinskyg.
Breitenfurter Straße
253,254
auptstraße
Ostende
Grenzg.
Bracht
Zangerlestr.
Loderer
Kalksburg
Mackg.
Anton-
Proksch-
Institut
F.-Stein-
bach-G.
Gräf.-Zichy-
Str.
Zangerlestr.
Liesingtalstraße
357
Promenadeweg
Reiche Liesing
Kollegium
Kalksburg
322
53
Zugbe
Leopoldsdorfer Wald
255
Dürre Liesing
Waldmühlg.
Obere
Untere
Kälberhalt
Bei der
Tafeleiche
Eichkogel
428
Naturpark
345
Kaltenleutgebner Straße
Bierhäuselberg
488
Kammerstein
Perchtol
dorfer He
255
Waldmühle
Föhrenberge
Kröpfgraben
Franz-Ferdinand-
Schutzhaus
Höhenstraße
Parapluiberg
561
Schutzhausstr.
Kriegsherr
Gotts
Saugraben
318
Waldmühl-
Kletterschule
Teufelsteinhütte
547
Teufelstein
Josefswarte
582
Kammersteiner
Hütte
64

Mauer
23.
Rodaun
Kroißberg
327
St. Georgen Berg
321
Maurer Berg
280
Neuberg
Zugberg
266
Ob. Sossen
267
Perchtoldsdorfer Heide
345
318
308
Begrisch Park
Freizeit-zentrum
Maurer Lange G.
Endresstraße
Endresstr.
Gebirgsg.
Lindgraben
Rodauner Str.
Valentingasse
Geßgasse
Speisinger Str.
Haymogasse
Anton-Krieger-G.
Rudolf-Waisenhorn-G.
Dreiständeg. G.
Johann-Teufel-Gasse
Breitenfurter Straße
Ketzergasse
Kaltenleutgebner Straße
Willergasse
Hochstraße
Donauwörther Str.
Wiener Gasse
Mühlgasse
Sonnbergstr.
Elisabethstr.
Ottilinger-pl.
Maurer Hauptpl.
Franz-Mähring-Pl.
P.-Katzberger-Pl.
Drasche-Eiche
Pappelteich
Reiche Liesing
Liesing
Friedhof
Friedhof Kalksburg
254
255
253, 254, 259
60A
56A, 56B
60
257
206, 258
U
V
W
X
5
6
41
52
65

Atzgersdorf
Alterlaa
Erlaa
Liesing
Industriegelände
Liesing
23.
Brunn
am Geb.
Wolfsholz
Wolfholz-siedlung
Judenwiese
Theresienau
Petersbach
Breitenfurter Straße
Brunner Str.
Ketzergasse
Endresstraße
Erlaaer Str.
Anton-Baumgartner-Str.
Carlbergergasse
Perfektastraße
An den Steinfeldern
Seybelg.
Siebenhirtenstraße
Mühlgasse
Feldstr.
Talpagasse
Karl-Tornay-G.
Gregoryg.
Forchheimergasse
Liesinger Flur-Gasse
Lemböckg.
Kugelmanngasse
Höpflerbad
Hödlgasse
Ziedlergasse
Kirchenpl.
St. Katharina
Atzgersdorfer Pl.
Riegermühle
Schloss Alterlaa
Wohnpark Alterlaa
Alterlaa
Erlaaer Pl.
Friedhof Atzgersdorf
Friedhof Liesing
Frachtenbahnhof
Freytag-Berndt
Versicherungsbüro
Siebenhirten
Perfektastr.
Reisemobil-Stellplatz
Siedlung Wienerflur
Siedlung Brauhausflur
Erholungsgebiet Kellerberg
Schellensee
Alte Schanzen
Kfz-Verwahrstelle
Tierschutzhaus
Wienerberger Teich
Heidesiedlung
WIENER AUSSENRING AUTOBAHN
A21
BRUNN A. GEB. EXIT 36
Fachmarktstr.
Perchtoldsdorf
Codico
Zwingenstr.
Kindergarten
Aspetten
Liesing
ÖBB
P+R
Hans-Lackner-Halle

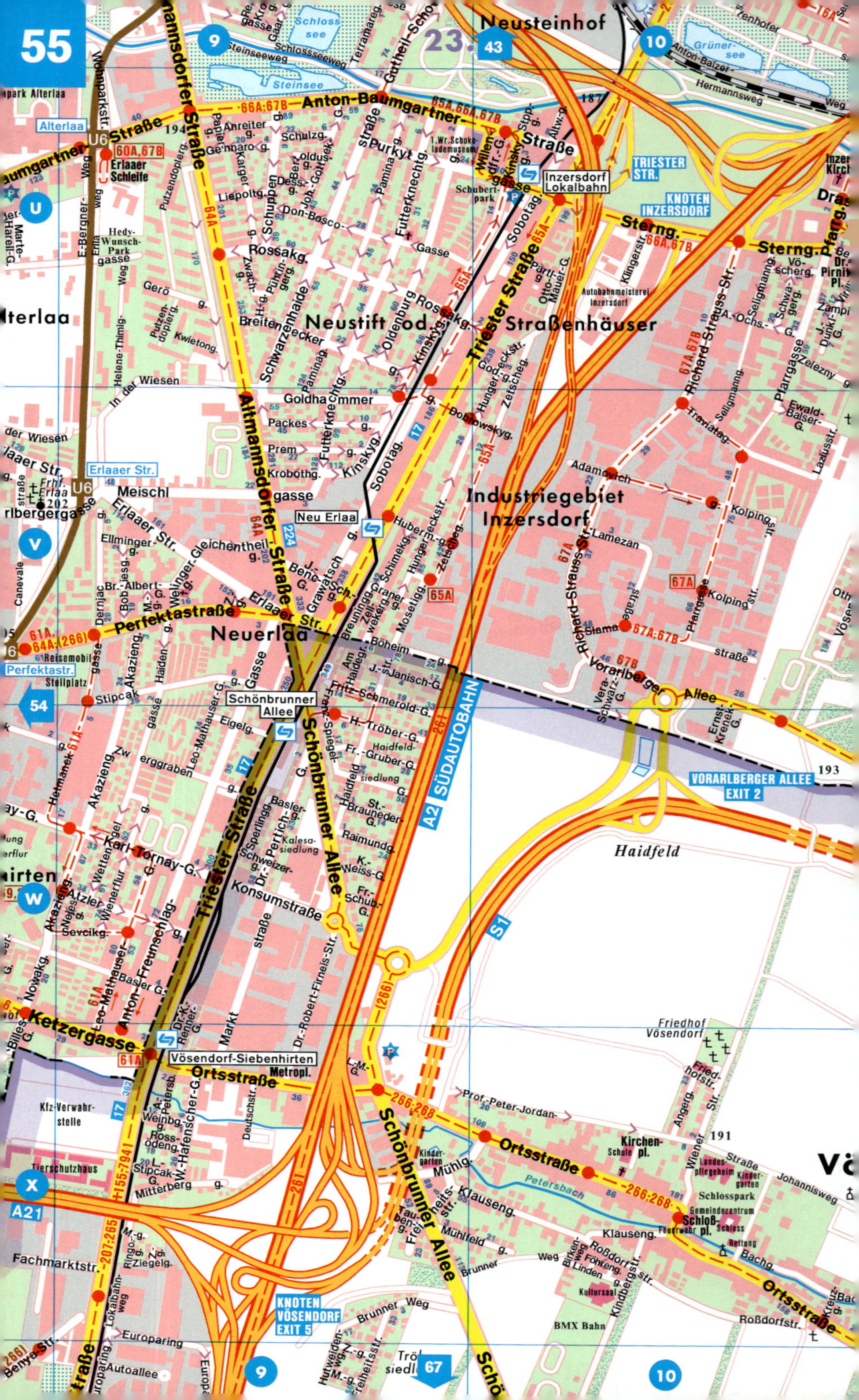

55
9
10
43
23.
Neusteinhof
Schlosssee
Steinsee
Grüner see
Steinseeweg
Schlossseeweg
Anton-Baumgartner-Straße
Hermannsweg
Alterlaa
Erlaaer Schleife
Wohnparkstr.
Altmannsdorfer Straße
Anreiter g.
Gennaro g.
Schulzg.
Purkyt g.
Liepoltg.
Rossakg.
Don-Bosco-Gasse
Futterknechtg.
Inzersdorf Lokalbahn
Schubert-park
Sterng.
TRIESTER STR.
KNOTEN INZERSDORF
Autobahnmeisterei Inzersdorf
Neustift od. Straßenhäuser
Triester Straße
Richard-Strauss-Str.
Pfarrgasse
Goldhammer
Packes
Prem
Krobothg.
Kinskyg.
Sobotag.
Dobrowskyg.
Traviatag.
Adamovich
Industriegebiet Inzersdorf
Kolpingstr.
Lamezan
Erlaaer Str.
Meischl gasse
Neu Erlaa
Ellminger-g.
Gleichentheil g.
Perfektastraße
Neuerlaa
Böheim
Vorarlberger Allee
Perfektastr.
Reisemobil Stellplatz
Stipcak
Schönbrunner Allee
Eigelg.
SÜDAUTOBAHN
A2
VORARLBERGER ALLEE EXIT 2
193
Haidfeld
Karl-Tornay-G.
Konsumstraße
S1
Ketzergasse
Vösendorf-Siebenhirten
Ortsstraße
Metropl.
Friedhof Vösendorf
Prof.-Peter-Jordan-
Kirchenpl.
191
Petersbach
Schlosspark
Schloßpl.
Klauseng.
Kfz-Verwahr-stelle
Tierschutzhaus
A21
Fachmarktstr.
KNOTEN VÖSENDORF EXIT 5
Europaring
Autoallee
Brunner Weg
Roßdorfstr.
BMX Bahn
67
54

Inzersdorf
Rothneusiedl
Hennersdorf
Laafeld
Sandgrubenfeld
Breite
Islamischer Friedhof
Laxenburger Straße
Oberlaaer Str.
Himberger Straße
Favoritenstr.
Draschestr.
Kolbegasse
Neilreichg.
Blumental
Briefzentrum
Paketzentrum
Terminal Wien Inzersdorf
Obst-und Gemüse-großmarkt Inzersdorf
LAXENBURGER STRASSE EXIT 3
GÜTERZENTRUM WIEN SÜD EXIT 4
Pottendorfer Linie
Mohr-Morawa
Liesing
A23
S1
Josef-Enslein-Pl.
Vondrakpl.
Stockholmer Pl.
Per-Albin-Hansson-Straße West

11
12
44
57
68

Siedlung der Heimatvertriebenen
Ob.-Gaisberge
13
45
14
Kronawetter g.
Südost
Schautag.
Koliskog.
Hederich
Oppenheim
Franz-Jachym-Pl.
Filmteichstr.
Vollnhoferpl.
Nielrosenweg
Radio Austria AG
Empfangsanlage Laaerberg
Johannespointen
Goldberg
68A
19A
Alaudagasse
U
Favoritenstr.
Brantinggasse
Stockholmer Pl.
Göteborg.
Olaus-Petri-G.
Ada-Christen-G.
Wendstattg.
Bergtaidingweg
Franz-Koci-Str.
Felix-Grafe-G.
Per-Albin-Hansson-
Siedlung-Ost
Zwpf.-g.
Alaudag.
Wendstattg.
Jura-Soyfer-G.
Kolowratg.
Gartenschaug.
Johann-Pölzer-G.
Bergtaiding weg
Schmerbern Kreuz
Erholungspark
Laaer Berg
Kurpark
Therme Wien
Kurbadstr.
U1
Neulaa
Oberlaa
Alma-Rosé-G.
Franz-Koci-Str.
An der Kuhtrift
P+R
17A,68B,70A
Laaer-Berg-Str.
191
Himberger Straße
Bahnlände
Hasenöhrl
Neugraben
Pickg.
Laaer Str.
Berlepschg.
Remy
Teichg.
Neulaa
Höllg.
Weidel str.
Saßmg.
Zülowg.
Ampferer
Kurt-Tichy-Gasse
10.
Hubert-Blamauer-Park
Franz-Mika-Weg
Grundäcker
Hämmerle gasse
Bahnlände
M.-Hei.-W.
B.-Neum.-Pl.
Susi-Nicoletti-Weg
A.-P.-Katan-Weg
Franzosen weg
Wilhelm-Pinka-Pl.
181
V
Vondrakpl.
Liesingbachstr.
Biererlg.
Kronberger-G.
Blaschkagasse
Untere Bahnlände
Friedhof
Fontanastr.
Donauländebahn
Oberlaa
Friedhof 266
17A,70A,266
Oberlaaer Str.
St.-Aegyd
Oberlaaer Pl.
Segner str.
177
Unterlaaer Str.
70A,266
Bischof-pl.
Untere Kaistr.
Liesingbach
Rosiwalg.
Ranzonig.
Eckhelg.
Roubiczekg.
H. Liesingb.-Str.
Stella-Kadmon-Weg
Rothneusiedler G.
Rudolf-Skodak-G.
Kästenbaum
Kircheng.
J.-Friedl-G.
Untere Kaistr.
176
Scheunenstr.
Kledering er Straße
Liesing
Georg-Prentl-G.
56
16
Radnitzky
Passini
226,227,261
Obere Scheibe
Scheunenstr.
Unterlaa
W
Leopoldsdorfer
Untere Scheibe
ROTHNEUSIEDL EXIT 5
Oberes Feld
Mittlere Scheibe
Obere Grenzg.
Weizeng.
Stierofen Siedlung
Rustenfeldg.
Siedler
S1
Oberes Feld
LEOPOLDSDORF EXIT 8
Schutzengelkreuz
X
Haydnstr.
Kanada
Lindenweg
Achauer Straße
192
Rosen
Strauch
Rosenw.
Wirtschaftsweg
Felberg.
Goethestr.
Bucheng.
Haydnstr.
Langeg.
Tannenweg
Rustenfeld
Gausterer-Park
Wieseng.
69
14
Himberger

Friedhof
46
15
16
Johann-Hatzl-Platz
Haupttor (2.Tor)
Halle II
Halle I
106
Arkaden
3.Tor
71
71A, 71B
Gadnerg.
179
Zentralfriedhof
11.Tor
Mylius-Bluntschi-Straße
Grenzstr.
CAT
Am Verschiebebahnhof
Ehrengräber
Friedhofskirche zum hl. Karl B.
Zentralfriedhof
Islamische Abteilung
Neuer j
Evangelischer Friedhof
U
Fried
Äußere Felder
Zentral-verschiebe-bahnhof Wien
11.
Krieger-grabstätte
Halle III
169
Krieger-grabstätte
9.Tor
71B
Allecg.
Sofie-Lazarsfeld-Straße
B.-H.-G.
V
Allecg.
CAT
182
ians Kreuz 188
Kledering
Am Verschiebebahnhof
Ostbahnstr.
59
Fabriksg.
Ceflag.
Acker g.
Kledering
Feuerw. g.
Steinmetzg.
Feuerwehr
Bahnhof-platz
Gärtner gasse
Dr.-J.-Mayr-G.
Josef-Frühwirt-G.
Hintnerg.
Rappach
70A
Johanneskirche
70A,266
Kledeinger Straße
Kledeinger Straße
Blu-men-wg.
Pfarrkirche Kledering
172
steweg
W
Liesing
Unteres Feld
3. Wiener Wasserleitung
Oberes Feld
Umspannwerk Südost
Johannesberg
200
178
S1
186
Raststation Schwechat
Golf Driving Range S1
Unteres Feld
Aspangbahn
X
S1
15
70
16

59
Svetelsky
Muhrhofe
Sänger gasse
Simmeringer Hauptstr.
Etrichstr.
Paul-Heyse-
Csokorg.
Neuer jüdischer Friedhof
Islamische Abteilung
Hauptwerkstätte der Wiener Linien
Kaiserebersdorf
Wiener Straße
Kledieringer Straße
Mautner-Markhof-G.
Alanova-platz
Dreherstr.
Preßburger Bahnpl.
Mannswörther Str.
Ludwig-Polhs-Str.
Bleiche
Tyrolia
Schloß
Bruck-Hain
Sendner
Rathaus-pl.
Himberger Str.
Hauptpl.
Brauhausstr.
Ailecg.
Reitbahn gasse
Gladbeck
Siedlung Frauenfeld
Enfieldstr.
Schwarzmühlstr.
Europaplatz
Rothmühlstr.
Liesingtal
Rudolf-Tonn-Stadion
Rannersdorf
Frauenbach
Kalter Gang
Pegasuspl.
Leierpl.
Orionpl.
SCHWECHAT SÜD EXIT 13
RANNERSDORF EXIT 11
S1
Möwenweg
Dohlen
Trappen
Krähen-weg
Preissmühlg.
Rothbachg.
Oberfeld-weg
Kalter Gang-weg
Frauenbachg.
Schwechat-Werkbach
Holzweg
Schwechater Str.
Feldstraße
Feldsiedlung
Dammweg
Reinhartsdorfg.
Meisenweg
17
18
47
58
71
U
V
W
X

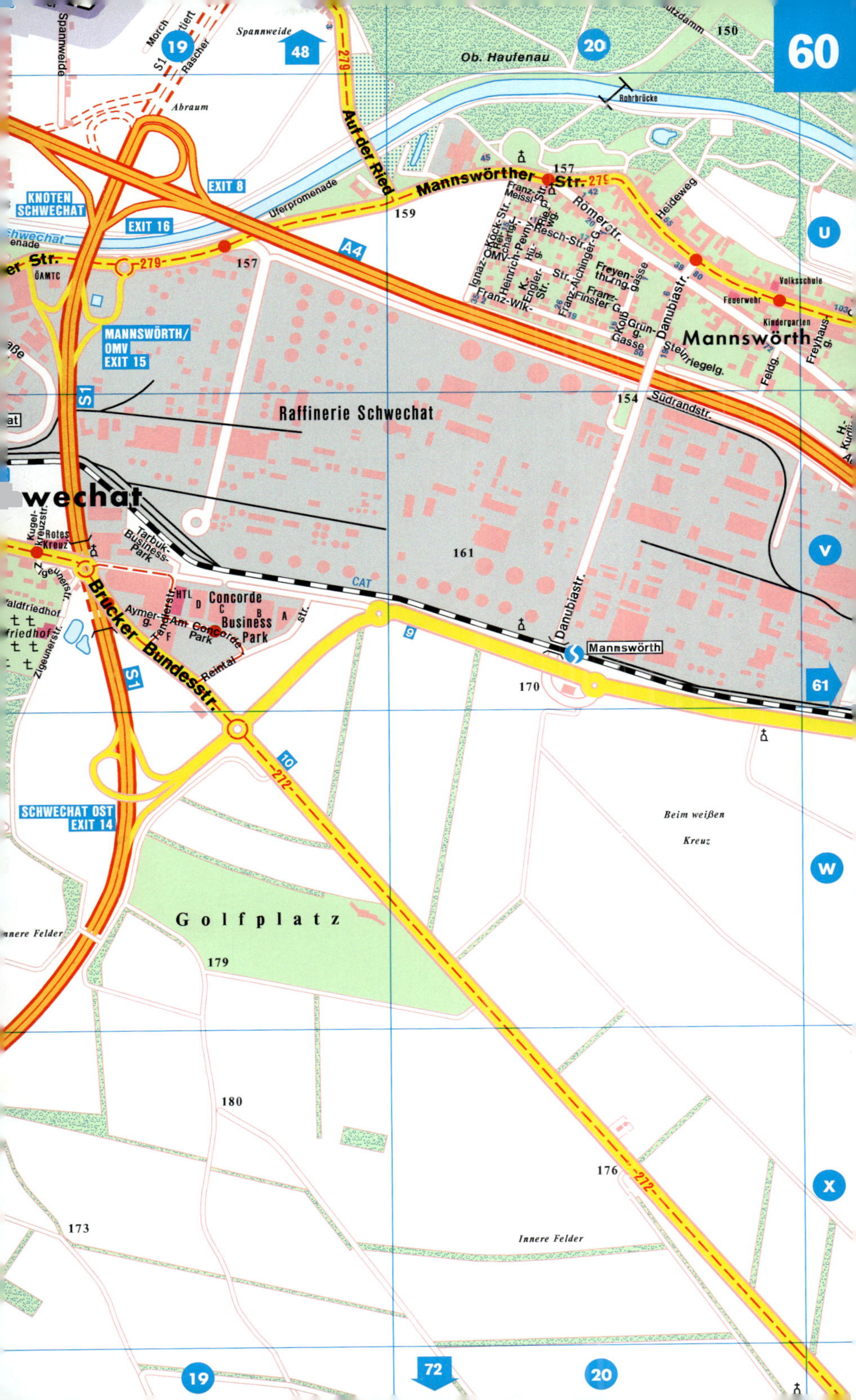

19
48
20
U
V
61
W
X
19
72
20

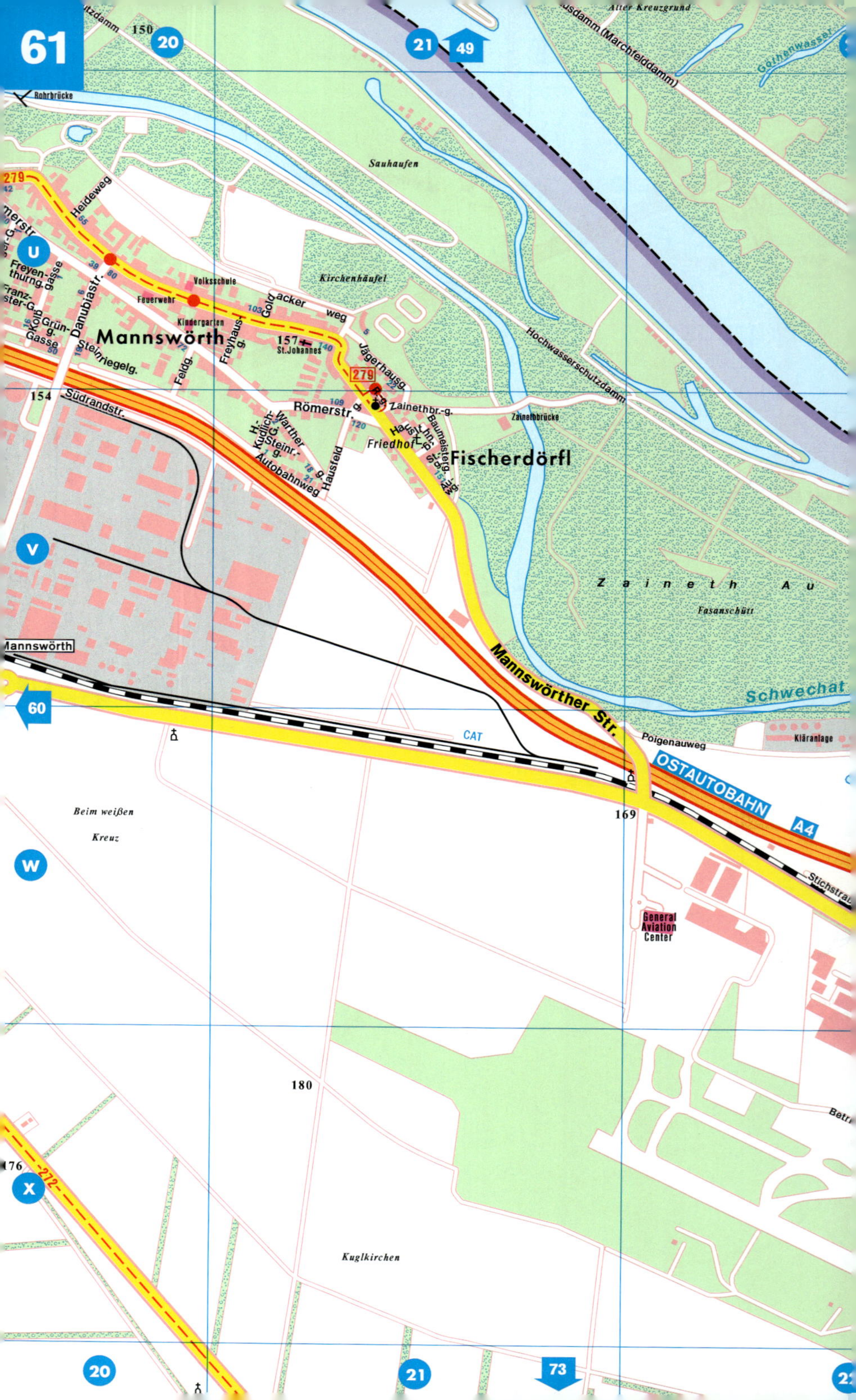

61
20
21
49
150
Alter Kreuzgrund
Marchfelddamm
Göthenwasser
Rohrbrücke
Sauhaufen
279
Heideweg
Römerstr.
Freyen-thurng.
Franz-Käster-G.
Danubiastr.
Volksschule
Feuerwehr
Kindergarten
Kirchenhäufel
Goldacker
weg
Mannswörth
Grün-g.
Kolb-Gasse
Steinriegelg.
Feldg.
Freyhaus-g.
157
St.Johannes
Jägerhausg.
Hochwasserschutzdamm
154
Südrandstr.
Römerstr.
Zainethbr.-g.
Zainetbrücke
Hi. Kudlich-G.
Warther g.
Steinr.-g.
Autobahnweg
Hausfeld
Friedhof
Baumeisterg.
Fischerdörfl
Zaineth Au
Fasanschütt
Mannswörth
Mannswörther Str.
Schwechat
60
CAT
Poigenauweg
Kläranlage
OSTAUTOBAHN
A4
169
Beim weißen
Kreuz
Stichstraße
General Aviation Center
180
Betr.
176
272
Kuglkirchen
20
21
73

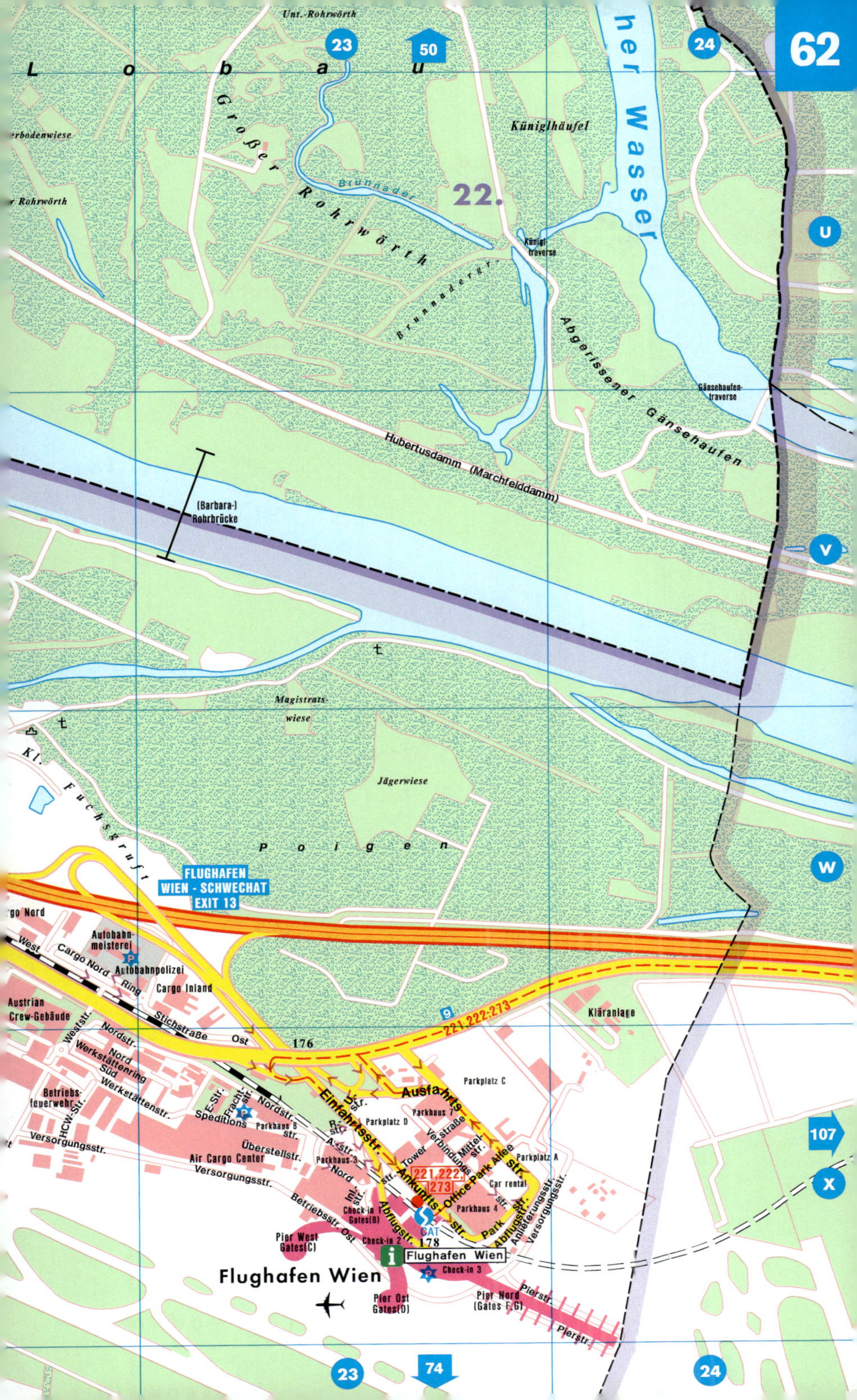

Unt.-Rohrwörth
23
50
24
L o b a u
Großer Rohrwörth
Brunnader
22.
Künigl häufel
Wasser
Künigl-traverse
Brunnadergr.
Abgerissener Gänsehaufen
Gänsehaufen-traverse
U
Hubertusdamm (Marchfelddamm)
(Barbara-) Rohrbrücke
V
Magistrats-wiese
Jägerwiese
Kl. Fuchsgruft
P o i g e n
W
FLUGHAFEN WIEN - SCHWECHAT EXIT 13
Cargo Nord
Autobahn-meisterei
Autobahnpolizei
West
Cargo Nord Ring
Cargo Inland
Austrian Crew-Gebäude
Stichstraße Ost
Weststr.
Nordstr.
Nord Werkstättenring Süd
Werkstättenstr.
Betriebs-feuerwehr
HCW-Str.
Versorgungsstr.
E-Str.
Fracht-str.
Speditions
Nordstr.
Parkhaus B
Überstellstr.
Air Cargo Center
Versorgungsstr.
176
9
221,222,273
Kläranlage
Parkplatz C
Ausfahrtsstr.
Einfahrtsstr.
U-str.
R-str.
A-str.
Parkplatz D
Parkhaus 7
Verbindungsstraße
Mittelstr.
Tower
Parkhaus 3
Nord
Inl.-str.
Ankunftsstr.
221,222,273
Office Park Allee
Parkplatz A
Car rental
Parkhaus 4
Parkstr.
Abflugstr.
Anlieferungsstr.
Versorgungsstr.
107
X
Betriebsstr. Ost
Check-in 1 Gates(B)
Check-in 2
Abflugstr.
CAT
178
Pier West Gates(C)
Flughafen Wien
Check-in 3
Flughafen Wien
Pier Ost Gates(D)
Pier Nord (Gates F,G)
Pierstr.
Pierstr.
23
74
24

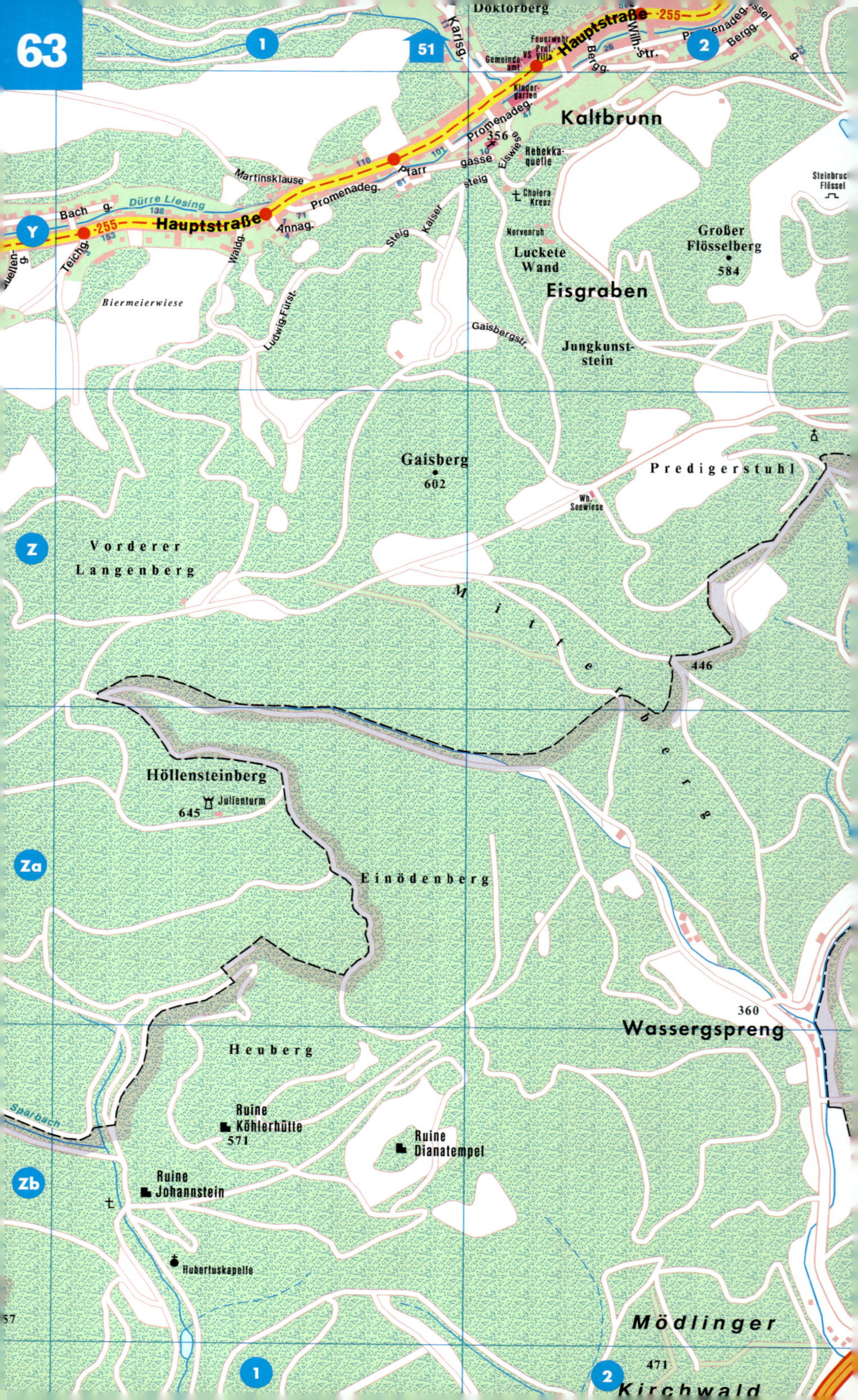

63
1
51
Doktorberg
Karlsg.
Feuerwehr
Prof. Villa
Gemeinde-amt
VS
Hauptstraße
255
Wilh.-Str.
Bergg.
2
Kinder-garten
Kaltbrunn
Promenadeg.
356
Rebekka-quelle
Eiswiese
Pfarr gasse
steig
Martinsklause
Dürre Liesing
Bach g.
Y
Teichg.
Annag.
Waldg.
Kaiser steig
Cholera Kreuz
Nervenruh
Luckete Wand
Eisgraben
Steinbruch Flössel
Großer Flösselberg
584
Biermeierwiese
Ludwig-Fürst.
Gaisbergstr.
Jungkunst-stein
Gaisberg
602
Predigerstuhl
Wh. Seewiese
Z
Vorderer Langenberg
Mitterberg
446
Höllensteinberg
Julienturm
645
Za
Einödenberg
360
Wassergspreng
Heuberg
Sparbach
Ruine Köhlerhütte
571
Ruine Dianatempel
Zb
Ruine Johannstein
Hubertuskapelle
Mödlinger Kirchwald
471

Waldmühl-Kletterschule
Teufelsteinhütte
547
Teufelstein
52
Josefswarte
582
Kammersteiner Hütte
Naturpark
Waldandacht
Schutzhausstr.
W. H. Kugelwiese
Föhrenberge
Schirgen
Schirgenwald
Großer Sattel
Luisenquelle
Tirolerhofsiedlung
256,258
Kleiner Sattel
Finsterer Gang
Kuhheide
256,262
Gießhübl
Herzogbergstr.
Perchtoldsdorfer Straße
GIESSHÜBL EXIT 32
Hochleiten B.
A21
Friedhof
Perlhofg.
258;262
Johannes
Hochle
Hauptstraße
Schillerstr.
Eichberg
Roseggerg.
Arnoldg.
Windradg.
Am Eichberg
Brunnen
Wasserbehälter
Waldandacht
Gemeindeamt
Pfarrpl.
416
Schulgasse
Hagenauertalstr.
Altstoffsammelzentrum
Freiw. Feuerwehr
Hundskogel
Sittnerwarte
Eichberg
Weißes Kreuz
Hinterbrühl
Friedhof
Rudolf-Schmidt-Wg.
Hauptstr.
Römerwand
Anningerstr.
Parkstraße
Mödling
Kröpfelsteigstr.
SOS Kinderdorf Wienerwald
Eichbergstr.
A21 WR. AUSSENRING AUTOBAHN
Am Eichberg
Schuhmacher
Weissenbach bei Mödling
Feuerwehr
364
Weissenbacher Straße
(365)
Rudolf-Schwarz-
Promenade
Laadner Str.
Forellen-
Y
Z
Za
Zb
65
3
4

Perchtoldsdorf
Begrisch Park
Hochberg
Hugo-Wolf-Museum
Friedhof
Herzogbergstr.
Herzogberg
Brunner Berg
Brunnerbergstr.
Hochbergstr.
Kunigundberg
Hagenauer Str.
Elisabethstr.
Schöffelstr.
Fehner weg
Salitergasse
Leopold-Gattringer-Str.
Brunner Str.
Herzogbergstr.
Anton-Schachinger-G.
Vierbatzstr.
Alois-Raminger-G.
Anton-Seidl-G.
Sieghartsberg
Barmhartstal
Barmhartstalstr.
Franz-Keim-Gasse
Karl-Peyfuß-Platz
Rosendornberg
Christ Königskirche
P.-J.-Pfeifer-Pl.
Hochleiten B.
A21
Hochleiten
Hauptstraße
Gießhübler Straße
Schulzentrum
Kloster
Rauchkogel
Ruine
Franz-Josef-Str.
Liechtensteinstr.
Johannes-Pacherg.
Stojanstr.
Johannesstraße
Ulrichskreuzstraße
Hagenauertalstr.
Schwarzlackenweg
NÖ Landesjugendheim
Heilpädagog.Station
Burg-Liechtenstein
Schloss-
Senioren-zentrum
Amphitheater
Burgpromenade
Am Hausberg
Schlossweg
Fürstenweg
Am Grillenbühel
KZ-Gedenkstätte
Mannlicherg.
Römerwand
Gemeindeamt
Gaadner Str.
Hauptstr.
Bahn-pl.
Anningerweg
Parkstraße
Graf-Mailath-Promenade
Seegrotte
Vorderbrühl
Brühler Str.
Kalenderberg
Kirchberg-wiese
Turnerwiese
Pfefferbüchsel
Pfefferbüchselweg
Jubiläumspark
Schwarzer Turm (Kobenzl)
Josef-Penkler-Weg
Gamseckersteig
Frauenstein
Neuweg
Liechtensteinstr.
Husarentempel
Kobenzlweg
St.Othmar
Brühler Str.
Y
Z
Za
Zb
5
6
53
64
75

Brunn a. Gebirge
Maria Enzersdorf
Mödling
Südstadt
Golfplatz Country Club
Erholungszentrum
Wienerberger Teich
Heidesiedlung
Campus 21
Europaring
Wiener Str.
Industriestraße
Rennweg
Bahnstr.
In den Schnablern
Bundessportzentrum Südstadt
IMSB Institut für med. u. sportwissensch. Betreuung
Stadion
Blaue Lagune
Missionshaus St. Gabriel
Missions-Ethnograph. Museum
Arnold-Schönberg-Park
Museumspark
Freizeitgelände
Freizeitzentrum
Johann-Steinböck-Str.
Triester Straße
Hauptstraße
Enzersdorfer Str.
Friedrich-Schiller-Str.
Neudorfer Str.
Grenzg.
Koenig&Bauer-Str.
Feldstr.
Liebermann
Anton-Bruckner-G.
Brunn-Ma. Enzersdorf
Maria Enzersdorf Südstadt
Wr. Neudorf
Rathaus-pl.
Thermenregion Mödling
Bahnhofpl.
Brunn a. Geb. Exit 36
Südbahn
ÖAMTC
EVN-Platz
Liese-Prokop-Pl.
Messingerpl.
Gemeindeamt
Kindergarten
Friedhof
Hohe Wand Straße
Steinfeld Str.
Badstraße
Bachgasse
Hyrtlpl.

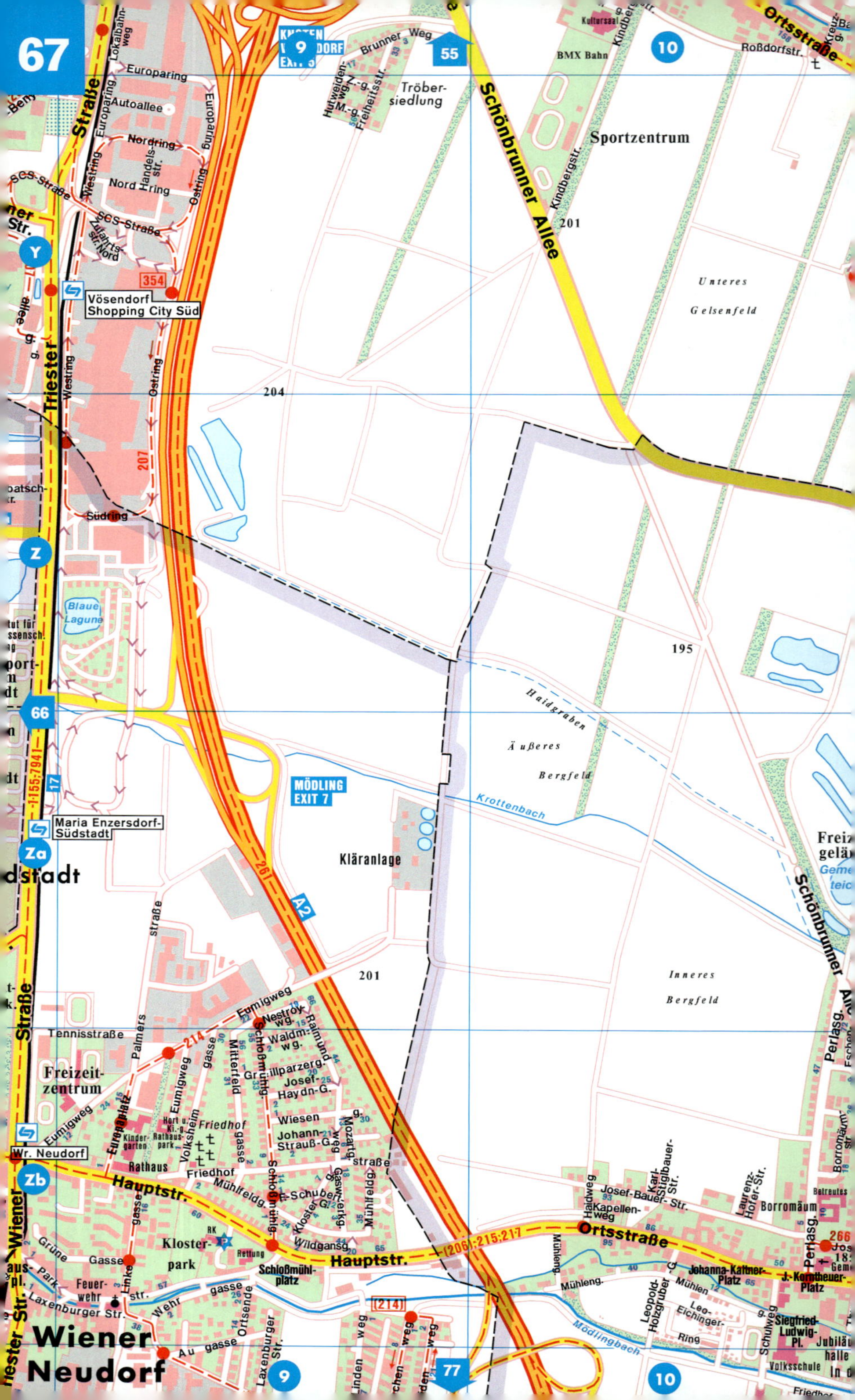

KNOTEN VÖSENDORF EXIT 6
9
Brunner Weg
55
10
Kultursaal
Kindberg-str.
BMX Bahn
Ortsstraße
Roßdorfstr.
Lokalbahn-weg
Europaring
Autoallee
Nordring
Handels-str.
Nord Ring
Westring
Ostring
SCS-Straße
Zufahrts-str. Nord
Straße
Triester
Hutweiden-weg
Freiheitsstr.
Tröber-siedlung
Schönbrunner Allee
Sportzentrum
Kindbergstr.
201
Y
354
Vösendorf Shopping City Süd
Unteres Gelsenfeld
204
207
Südring
Z
Blaue Lagune
195
Haidgraben
Äußeres Bergfeld
66
Krottenbach
MÖDLING EXIT 7
17
Maria Enzersdorf-Südstadt
Za
Kläranlage
261
A2
Schönbrunner
201
Inneres Bergfeld
Perlasg.
Eumigweg
Nestroy-wg.
Raimund
Waldm-wg.
Tennisstraße
Palmers
214
Grillparzerg.
Josef-Haydn-G.
Freizeit-zentrum
Mitterfeld
Schloßmühlg.
Wiesen
Johann-Strauß-G.
Mozartg.
Friedhof
Rathaus
Europaplatz
Volksheim
Wr. Neudorf
Zb
Hauptstr.
Friedhof
Mühlfeldg.
Schuberg.
Klosterg.
Mühlfeldg.
straße
Wildgansg.
Kloster-park
Rettung
Schloßmühl-platz
Hauptstr.
(206):215:217
Ortsstraße
Josef-Bauer-Str.
Karl-Stiglbauer-Str.
Kapellen-weg
Laurenz-Hofer-Str.
Borromäum
266
Johanna-Kallner-Platz
J.-Korntheuer-Platz
Mühleng.
Leopold-Holzgruber-G.
Leo-Eichinger-Ring
Siegfried-Ludwig-Pl.
Jubiläumshalle
Volksschule
Mödlingbach
Grüne Gasse
Feuer-wehr
Laxenburger Str.
Linke
Wehr
gasse
Ortsende
Au gasse
Laxenburger Str.
Wiener Neudorf
(214)
77
10
9

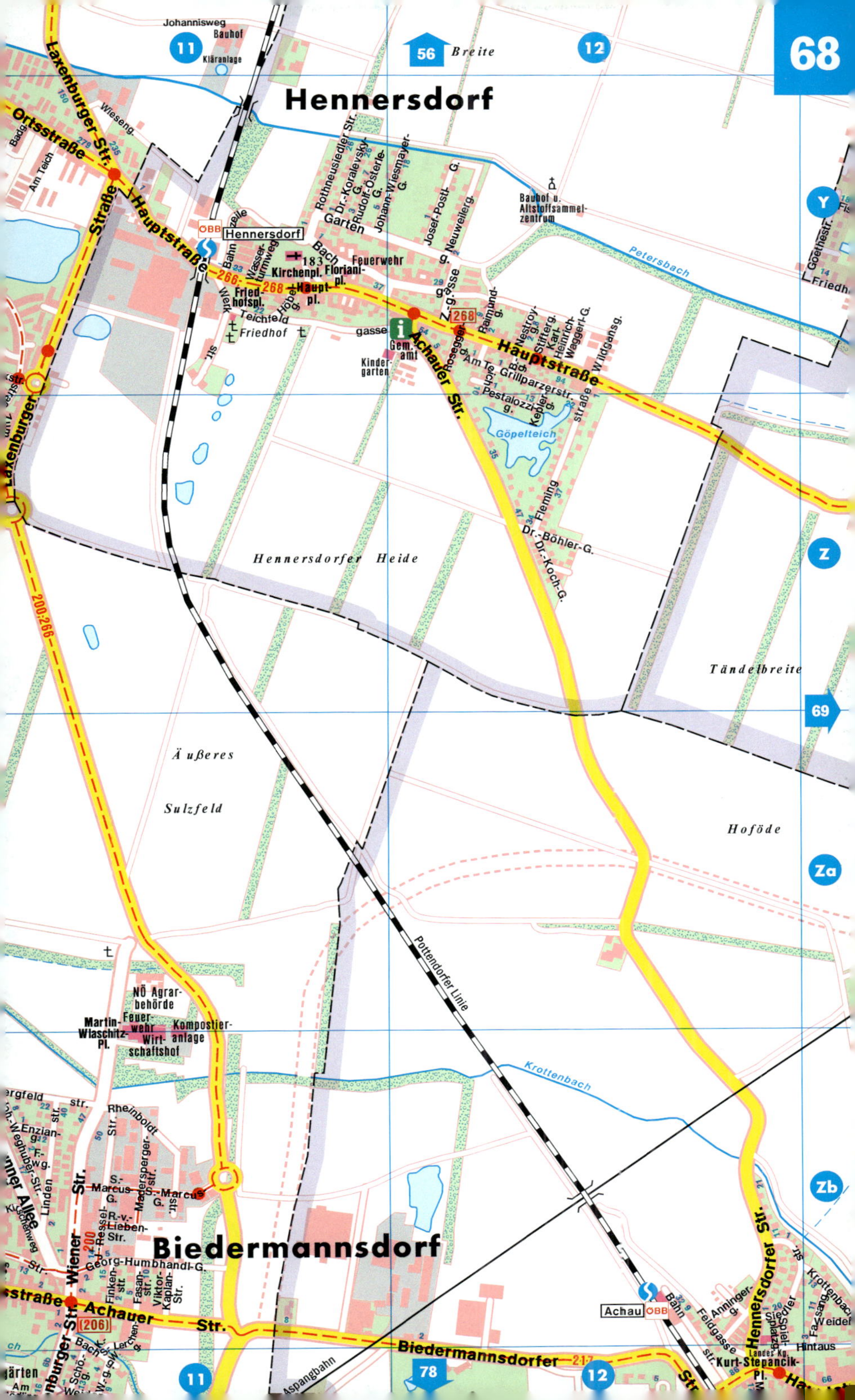
68
Hennersdorf
Biedermannsdorf
Johannisweg
Bauhof
Kläranlage
Breite
56
11
12
Laxenburger Str.
Ortsstraße
Wieseng.
Am Teich
Straße
Hauptstraße
ÖBB
Hennersdorf
Bahnzeile
Wasserturmweg
Kirchenpl.
Floriani-pl.
Feuerwehr
Friedhofspl.
Haupt-pl.
Werk
Teichfeld
Friedhof
Hobel-g.
Bach
Garten
Rothneusiedler Str.
Dr.-Koralevsky-G.
Rudolf-Österle-G.
Johann-Wiesmayer-G.
Josef-Postl-G.
Neuweilerg.
Bauhof u. Altstoffsammelzentrum
Petersbach
Goethestr.
Friedh.
Y
Z
Za
Zb
69
Feuerwehr
gasse
Gem. amt
Kindergarten
Achauer Str.
Hauptstraße
268
266
Rosegger
Raimund-g.
Nestroy-g.
Stifterg.
Karl-Heinrich-Waggerl-G.
Wildgansg.
Grillparzerstr.
Pestalozzi-g.
Keplerg.
Göpelteich
Fleming
Dr.-Böhler-G.
Dr.-Koch-G.
Hennersdorfer Heide
Tändelbreite
Hofföde
Äußeres
Sulzfeld
200;266
Laxenburger
Pottendorfer Linie
Krottenbach
NÖ Agrarbehörde
Martin-Wlaschitz-Pl.
Feuerwehr
Wirtschaftshof
Kompostieranlage
Enzian-g.
Rheinboldt-str.
Madersperger-str.
Marcus-G.
S.-Marcus-G.
R.-v.-Lieben-Str.
Georg-Humbhandl-G.
Finken-str.
Fasan-str.
Viktor-Kaplan-Str.
Wiener Str.
Achauer Str.
206
Biedermannsdorfer
217
Achau
Bahn
Feldgasse
Anninger-g.
Hennersdorfer Str.
Siedler
Kurt-Stepancik-Pl.
Hintaus
Krottenbach
Aspangbahn
78
11
12

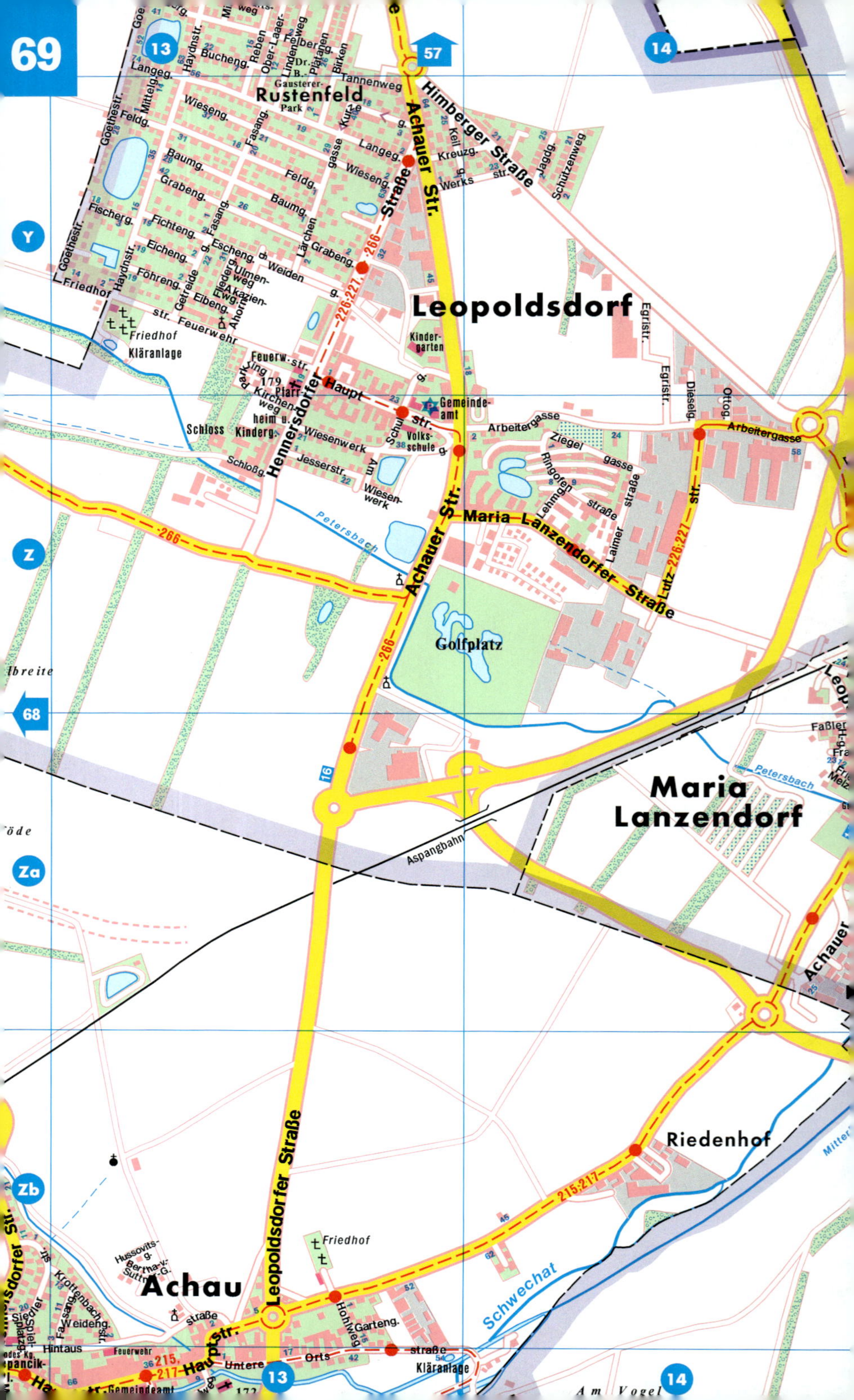
Rustenfeld
Leopoldsdorf
Maria
Lanzendorf
Achau
Riedenhof
Golfplatz
Achauer Str.
Achauer Straße
Himberger Straße
Maria Lanzendorfer Straße
Hennersdorfer Hauptstr.
Leopoldsdorfer Straße
Arbeitergasse
Petersbach
Schwechat
Aspangbahn
Friedhof
Kläranlage
Schloss
Gemeindeamt
Kindergarten
Volksschule
Hauptstr.
Untere Ortsstraße
Hohlweg
Garteng.
Krottenbach-str.
Weideng.
Hintaus
Feuerwehr
Laimer straße
Lehmgrubenstraße
Ringofenstraße
Ziegelgasse
Dieselg.
Ottog.
Egristr.
Fichteng.
Eicheng.
Föhreng.
Fischerg.
Grabeng.
Baumg.
Feldg.
Wieseng.
Langeg.
Bucheng.
Haydnstr.
Goethestr.
Mittelg.
Fasang.
Escheng.
Ulmenweg
Akazienweg
Ahornweg
Fliederweg
Eibeng.
Getreidestr.
Feuerwehrstr.
Weideng.
Lärcheng.
Tannenweg
Kreuzg.
Keilg.
Werksstr.
Jagdg.
Schützenweg
Wiesenwerk
Am Wiesenwerk
Jesserstr.
Schloßg.
Kirchenweg
Pfarrheim u. Kinderg.
Feuerw.-str.
Gausterer-Park
266
226;227
215;217
16
57
13
14
68
Y
Z
Za
Zb
Am Vogel

15
58
16
Lanzendorf
Lanzendorf - Rannersdorf
Hauptstraße
Ing.-Karl-Strycek-Str.
Kalkofeng.
Bucheng.
Straße
Volkshaus
Lindeng.
Franz-Zieger-
Hasenberg
straße
G.-Issowitsch-G.
Prof.-J.-Fabricius-Str.
Kellerg.
Untere
Mühlgasse
KG
FF
Raiffeisen
Reintal
Karl-Forster-G.
A.-Radlinger-Str.
Südtiroler Str.
Obere Hauptstr.
Gemeindeamt
Feldg.
Caritas-Heim
Pellendorfer Str.
Anninger straße
Industriestraße
193
Y
Sportzentrum
Eichenstr.
Z
11
217
Schwechat
Obere Hauptstr.
Südtiroler Zeile
Bahnzeile
Europa
Rosalien
Pinggera g.
Roseng.
Regerg.
Musikheim
Hasenöhrl-Pl.
straße
171
Haupt
Himberger
Garteng.
Arthur-Schmid-G.
Nußbaum
Raiffeisenstr.
Badg.
Kindergarten
Ilnhofer-Str.
Fasang.
Bachg.
Am Ufer
Neubach
Friedhofstr.
VS
HS
ÖBB
15
Frauenbach
Jägerweg
3. Wiener Wasserleitung
Ostbahn
Lanzendorfer Str.
Bachgasse
Graben g.
Teichgasse
Franz
71
Leonhardg.
Lanzen
Gärtnerw.
Neubach
Kalter Gang
Pellendorf
Kibitzmühle
169
Za
Lanzendorfer Au
Straße
217,226,227
15
Kläranlage
Bachört
218
Wiener Str.
Pellendorfer Str.
Himberg
Franz-Lehn-G.
Lehr-G.
Institutgasse
Forschungsinstitut für Versuchstierzucht
Brauhaus
L.-Tröger-gasse
Am Neubach
Achauer Str.
Philippg.
Neurissg.
Arbeiter gasse
Anninger gasse
Fr.-Schubert-G.
A.-Stidl-G.
Flur
Dammgasse
Leop.-Rupp-G.
Jubiläumsstr.
Westerm.-str.
Josef-Kainz-G.
Evang. Kirche
Rudolf-Rirsch-G.
Wiener Str.
Falkenh.-g.
Haupt-str.
Hauptplatz
Gemeindeamt
Rotes Kreuz
Ortsstraße
Kindergarten
Zb
Haidäckerstraße
Rauchenwarther
Bahnstraße
Himberg
Bahnh.-pl.
H.-Stubner-G.
Neubach gasse
Rudolf-Wieser-G.
Anton-Dreher-G.
Kirch.-pl.
Schulallee
NMS
Polyt. Schule
Sporthalle
172
Hauptstr.
Haydngasse
ring
Retensions-
Waldbad
169
15
16
Industriestraße

Zwölfaxing
Burstyn-Kaserne
Hauptstraße
Brauh.
Zwölfaxinger Str.
Reinhartsdorfg.
Johann-Hembach-G.
Papierfabrikg.
Gärtnerweg
Dammweg
Schwechater Str.
Himberger Straße
Stöcklstr.
Schneiderw.
Raiffeisenstr.
Feldstraße
Meisenweg
Holzweg
Feldsiedlung
Awarenfeldsiedlung
Sportzentrum
Auweg
Gärtnerw.
An der Heide
Otto-Lenzenhofer-Str.
Mühlg.
Kardinal-König-Str.
Kindergarten
Bachg.
Gatt.-g.
Friedhof
Kafkasee
Lindenring
Franz-Andre-Straße
Lanzendorfer Str.
Teichgasse
Grabeng.
Am Kellerberg
Binderweg
Panzerstraße
Sportplatz
Schwechater Straße
Unter
Obere
Unteres
Oberes Gewend
Motorcross-Bahn
Industriestraße
Hundeabrichteplatz
Umfahrung in Planung
enwarther Straße
adorf
erg
178
169
164
179
187
17
18
59
70
Y
Z
Za
Zb

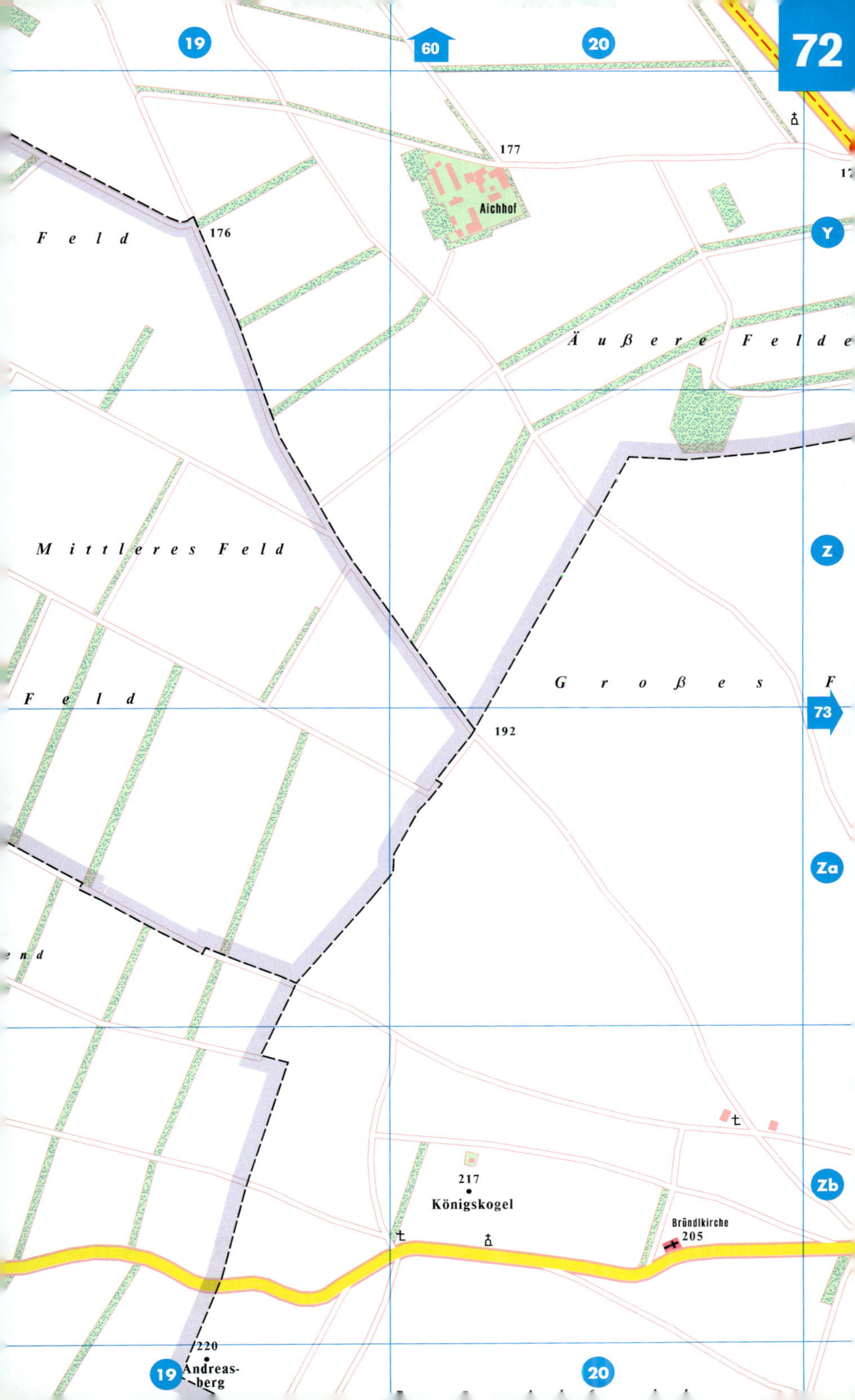
19
60
20
177
Aichhof
176
Feld
Y
Äußere Felde
Mittleres Feld
Z
Feld
Großes F
73
192
Za
end
Zb
217
Königskogel
Bründlkirche
205
220
Andreas-
berg
19
20

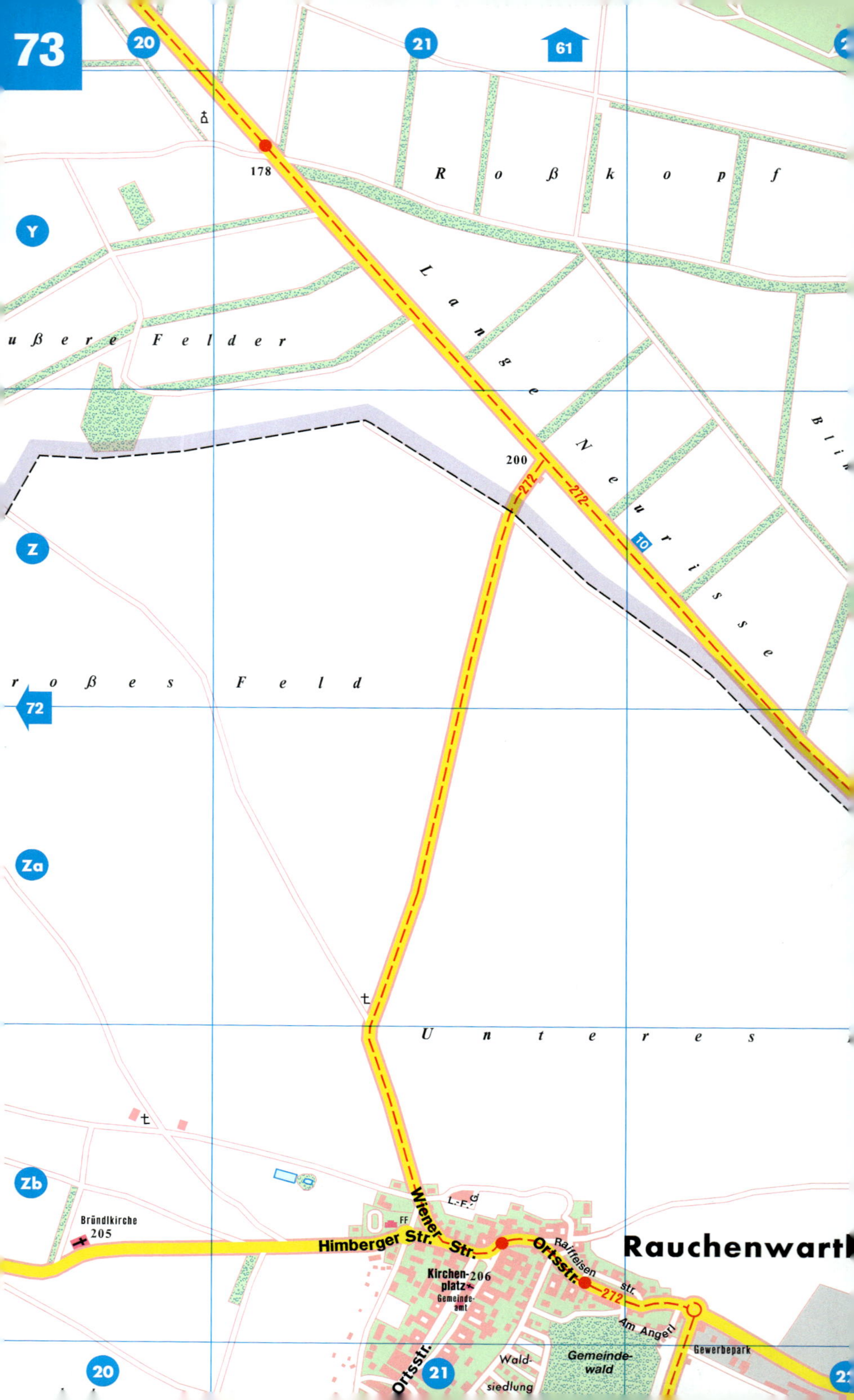
20
21
61
Y
Z
Za
Zb
72
178
200
206
205
272
10
Roßkopf
Lange Neurisse
ußere Felder
roßes Feld
Unteres
Blin
Bründlkirche
Himberger Str.
Wiener-Str.
Ortsstr.
Raiffeisen str.
Am Angerl
Kirchen-platz
Gemeinde-amt
L.-F.-G.
FF
Gewerbepark
Rauchenwarth
Wald-siedlung
Gemeinde-wald

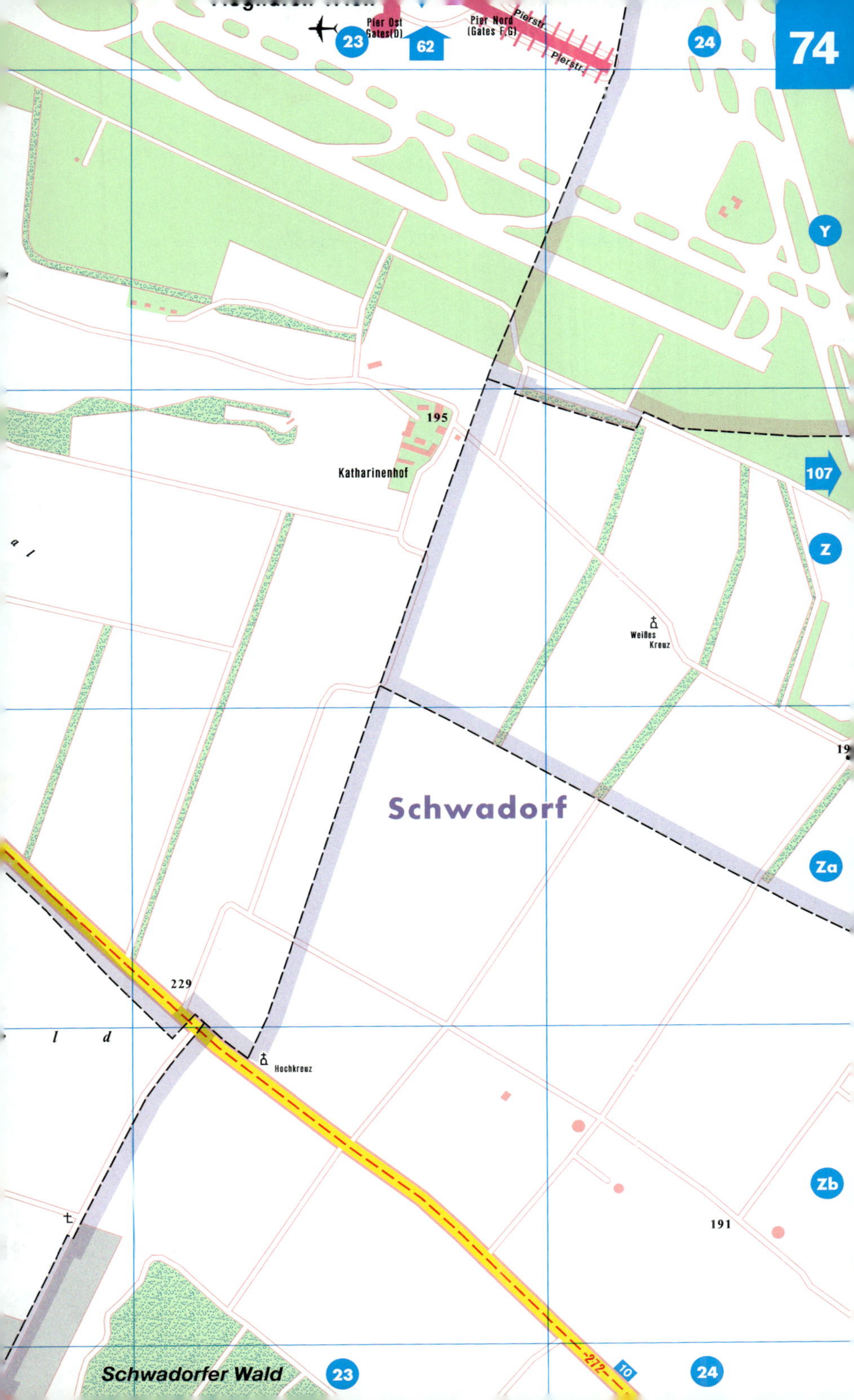
Pier Ost
Gates(D)
Pier Nord
(Gates F,G)
Pierstr.
Pierstr.
23
62
24
Y
195
Katharinenhof
107
Z
Weißes
Kreuz
Schwadorf
Za
229
Hochkreuz
Zb
191
Schwadorfer Wald
23
24
212
10

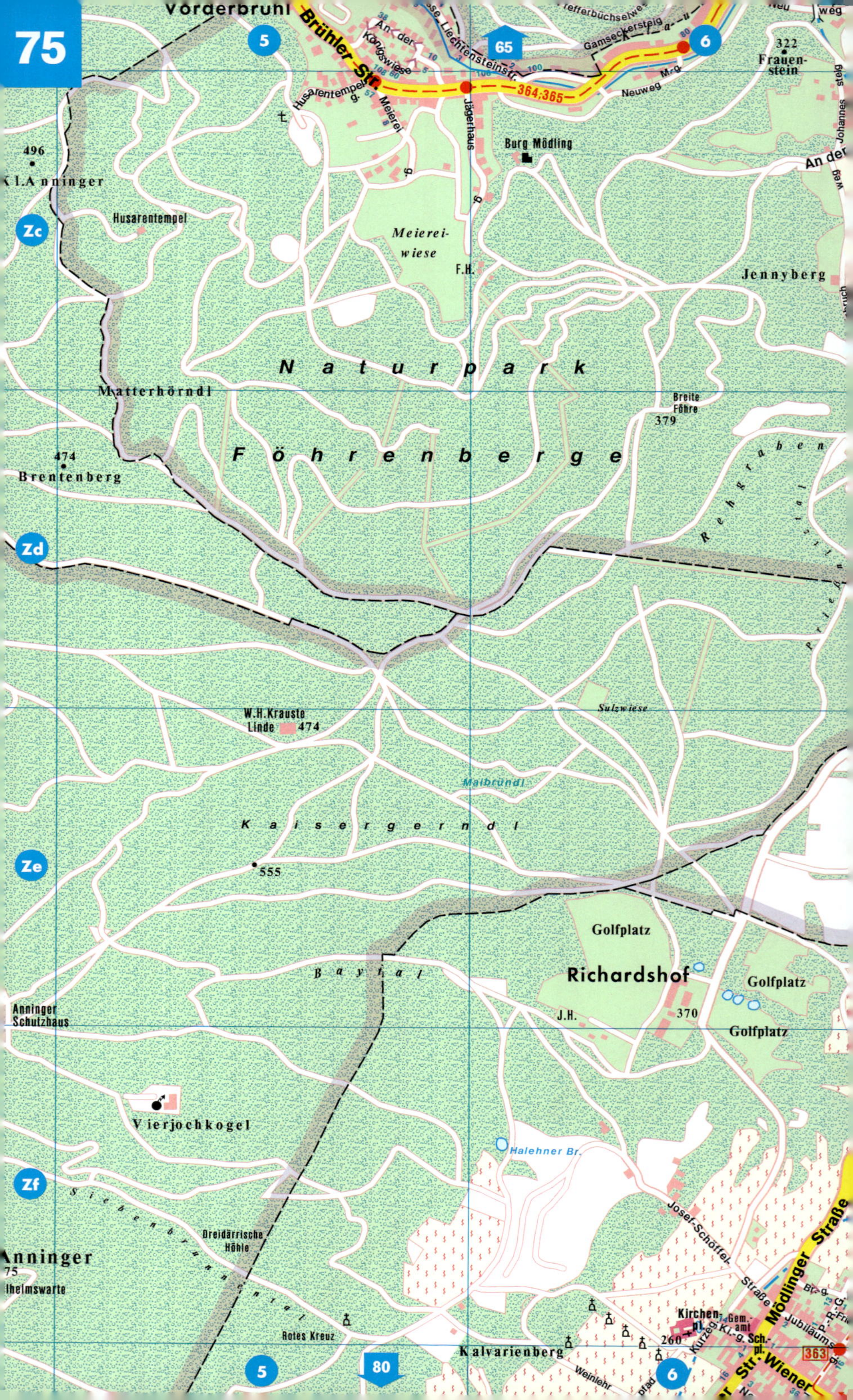
Vorderbrühl
Brühler Str.
An der
Königswiese
Liechtensteinstr.
Gamseckersteig
Pfefferbüchselweg
Neuweg
364;365
322
Frauenstein
Husarentempelg.
Meiereig.
Jägerhausg.
Burg Mödling
An der
Johannessteig
496
Kl.Anninger
Husarentempel
Meierei-
wiese
F.H.
Jennyberg
N a t u r p a r k
F ö h r e n b e r g e
Matterhörndl
Breite
Föhre
379
474
Brentenberg
Rehgraben
Prießnitztal
W.H.Krauste
Linde
474
Sulzwiese
Maibründl
K a i s e r g e r n d l
555
Golfplatz
Richardshof
Golfplatz
370
Golfplatz
J.H.
B a y t a l
Anninger
Schutzhaus
Vierjochkogel
Halehner Br.
Josef-Schöffel-Straße
Mödlinger Straße
Siebenbrunnental
Dreidärrische
Höhle
Anninger
Wilhelmswarte
Rotes Kreuz
Kalvarienberg
Kirchenpl.
Gem.-amt
Kurzeg.
Sch.pl.
260
Weinleherpfad
Wiener Str.
Jubiläumsg.
Zc
Zd
Ze
Zf
5
6
65
80
363

Friedrich-Schiller-Str.
Stadtbad
Goetheg.
Beethoveng.
Josef-Lowatschek-G.
Südtiroler
Guntramsdorfer
Techniker str.
Höhere Technische Lehranstalt
Friedhof
evang. Kirche
St. Michael
Andreas-Hofer-
Felberbrunn
Brown-Boveri-Str.
Griesfeld
An der Triester
Gemeinde T.
Triester Str.
Brown-Boveri-T.
Lokalbahn Wien-Baden
WIFI
Straße
Viadukt
TVS-Str.
Rinke Teich
Ozean T.
1. Wr. Hochquellenleitung
Gumpoldskirchner Str.
Am Eichkogel
Messeren
367
Eichkogel
Naturschutzgebiet
Eichkogel
Weingartenkapelle
Neu-Guntramsdorf
Dr.-Theodor-Körner-Platz
Neu - G
Windradl-Teich
Eichkogelstraße
Guntramsdorf
Thallern
Guntramsdorf-Thallern
213
Südbahn
Anninger
Aignerteich
Mödlinger Straße
Hauptstraße
Guntramsdorf LKB
Friedhf.
Sportplatz
Gumpoldskirchner Str.
Straße
Ferdinand-Mosel-
Friedrich-Ludwig-Weg
Kelteng.
Klingerstraße
Lichtenecker-Straße
7
8
66
11b
77
81
Zc
Zd
Ze
Zf

Neudorf
Ricoweg
Augasse
Laxenburger Str.
Industriezentrum NÖ Süd 2
Wr. Neudorf Exit 9
Mödlingbach
Friedhof
Siegfried-Ludwig-Pl.
Volksschule
Triester Straße
Straße 1
Straße 2
Straße 3
Straße 4
Straße 6
Straße 7
Straße 9
Straße 10
Straße 13
Straße 14
Straße 15
Straße 16
Isovoltastr.
Gemeinde T.
Erika T.
Industriezentrum NÖ Süd
184
Industriestr.
Ozean T.
Neue Heimat
Dr.-Adolf-Schärf-Straße
Dr.-Theodor-Körner-Platz
Dr.-Karl-Renner-Str.
191
Fichteng.
Tanneng.
Föhreng.
Lärcheng.
Großschopfstraße
Kläranlage
Tour u. Andersson-Str.
Frank-Stahl-Str.
Wr. Neustädter Kanal
Am Kanal
Industriezentrum NÖ Süd Exit 11
Haidbach
Neu-Guntramsdorf
Neudorfer Straße
Traminerg.
Eichkogelstraße
Mühlbach
Rohrfeld T.
Rohrfeldg.
185
Johann-Nestroy-G.
Adalbert-Stifter-G.
Franz-Grillparzer-Straße
Friedhofstr.
Wildgans-Weg
Sportplatz
Sporthalle
Lehrbauhof Ost
Bahnstraße
Aspangbahn
Laxenburger Straße
Hauptstraße
Kirchen-g.
Am Tabor
Münchendorfer Straße
Guntramsdorf-Kaiserau
76
82
67
9
10
(360)
(215)
261
(263,566)

11
12
68
Achauer Str.
Biedermannsdorfer
217
Achau
Bahn
Anninger-g.
Feldgasse
Hennersd
Landes
Kurt-Stepancik-Pl.
Hauptst
Mühl gasse
Schlos
Golfplatz
Aspangbahn
Mödling
Laxenburg-Biedermannsdorf
Laxenburger Str.
Laxenburger Straße
176
206
200
Pottendorfer Linie
Zc
Zd
Ze
Zf
Am Kanal
Probst Hawala Pk.
Herbert-Rauch-G.
H.-Rauch-G.
Leopold-Figl-Str.
Wiener Str.
206·215 217
Friedhof
Feuerwehr u. Feuerwehrmuseum
Friedhof-G.
Schütt-G.
Komm.-w.
Achauer Straße
215·217
Kapelleng.
Josef-Rendl-G.
Josef-Vas-G.
Horackerg.
Neudorfer
Friedrich-Stöckler-Pl.
Wiener Str.
Hofstr.
Post
Eduard-Hartmann-Pl.
Hahnenwiesenweg
Laxenburger Kanal
Pavillon
Gemeindeamt
Int. Institut f. Angewandte Systemanalyse
Kläranlage
Rittergruft
Rittersäule
Schlossteich
Franzensburg
Schloß-pl.
Schloss Laxenburg
Schlosstheater
Parkhaupteingang
Haidbrunnenweg
burg
Franz-Joseph-Pl.
Kloster-Str.
Kloster
Johannes-pl.
Österr. Filmarchiv
2. Parkeingang
PKW Abstellplatz
Guntramsdorfer Str.
Münchendorfer Str.
Turnierplatz
Laxenburger
Grünes Lusthaus
Schlosspark
Seedörfl
216
Parapluiwiese
Erholungszentrum
Concordiatempel
181
Schwechat
Laxenburger Kanal
Rutschenbrücke
200·215
179
16

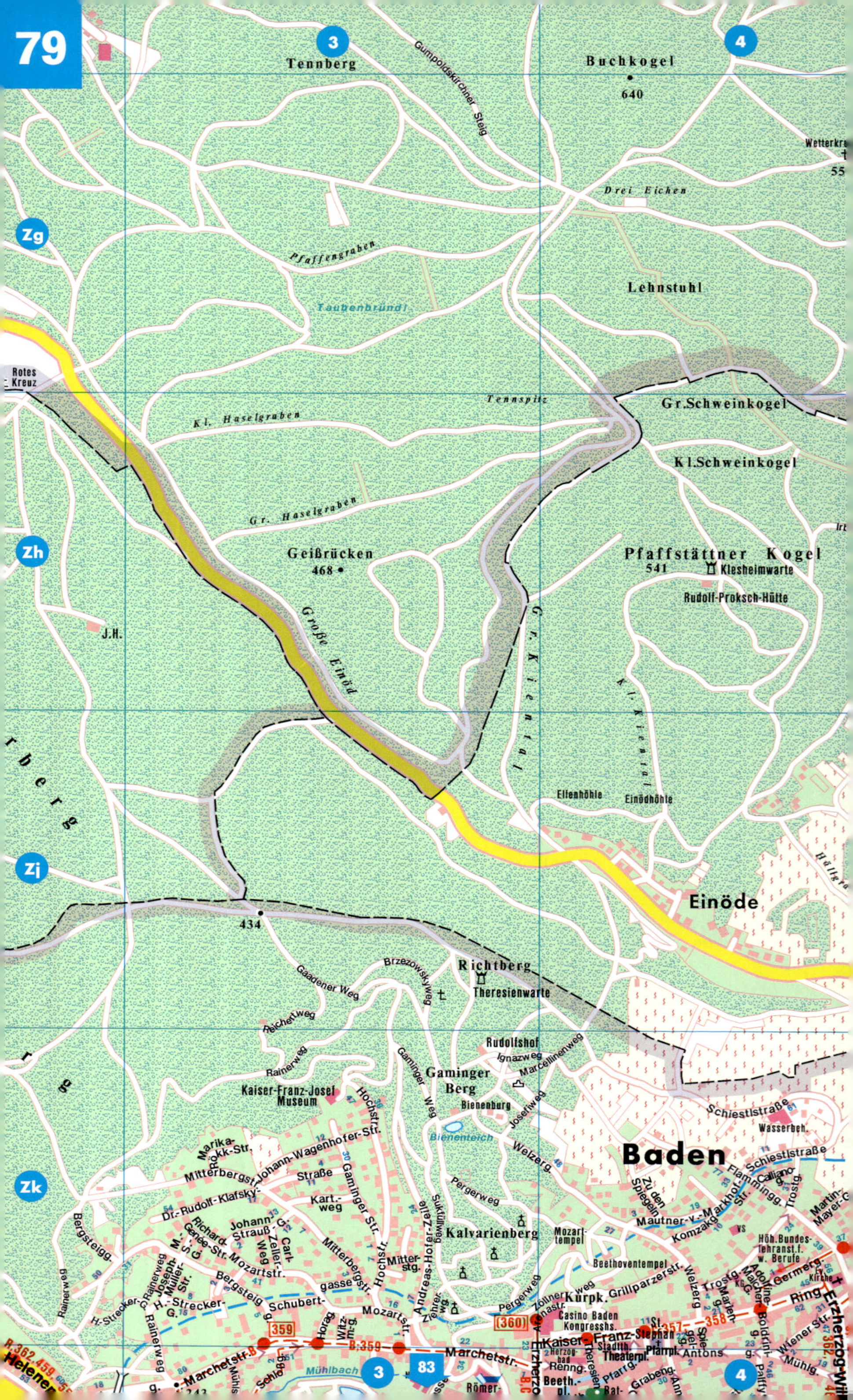

Tennberg
Gumpoldskirchner Steig
Buchkogel
640
Wetterkr
55
Drei Eichen
Pfaffengraben
Taubenbründl
Lehnstuhl
Rotes Kreuz
Tennspitz
Gr.Schweinkogel
Kl. Haselgraben
Kl.Schweinkogel
Gr. Haselgraben
Geißrücken
468
Pfaffstättner Kogel
541
Klesheimwarte
Rudolf-Proksch-Hütte
J.H.
Große Einöd
Gr. Kiental
Kl. Kiental
Ellenhöhle
Einödhöhle
Einöde
434
Gaadener Weg
Brzezowskyweg
Richtberg
Theresienwarte
Reichertweg
Rainerweg
Rudolfshof
Ignazweg
Marcellinenweg
Gaminger Weg
Gaminger Berg
Kaiser-Franz-Josef Museum
Bienenburg
Josefweg
Hochstr.
Bienenteich
Schiestlstraße
Wasserbeh.
Marika-Rökk-Str.
Johann-Wagenhofer-Str.
Baden
Mitterbergstr.
Straße
Gaminger Str.
Welzerg.
Schiestlstraße
Dr.-Rudolf-Klafsky-
Kart.-weg
Pergerweg
Zu den Spiegeln
Flamminggasse
Calliano
Trostg.
Martin-Mayer-G.
Johann-Strauß-G.
Carl-Zeller-Weg
Sukfüllweg
Andreas-Hofer-Zeile
Kalvarienberg
Mautner-v.-Markhof-Str.
Komzakg.
Bergsteigg.
Richard-Genée-Str.
M.-Schönh.-G.
Joseph-Müller-Str.
Mozartstr.
Mitterbergstr.
Hochstr.
Mozart-tempel
Höh.Bundes-lehranst.f. w. Berufe
Rainerweg
Mitter-stg.
Beethoventempel
Grillparzerstr.
Welzerg
Trostg.
Adolfine-Malcher-G.
Germerg.
Kirche
H.-Strecker-G.
Bergsteig
gasse
Pergerweg
Zöllnergasse
Kurpk.
Ring
Erzherzog-Wilh.
Schubert-
Horag
Witz-m.-g.
Mozartstr.
Ziehrerweg
Casino Baden Kongresssh.
St. Antons
Wiener Str.
359
360
357
358
Helenen
Marchetstr.
B 359
Marchetstr.
Kaiser-Franz-Stephan
Herzog-bad
Stadtth.
Pfarrpl.
Theaterpl.
Theresien
Mühlg.
Pálffy
Mühlbach
Renng.
Pfarrg.
Grabeng.
Beeth.-pl.
Römer-
Schloß
Mühlis

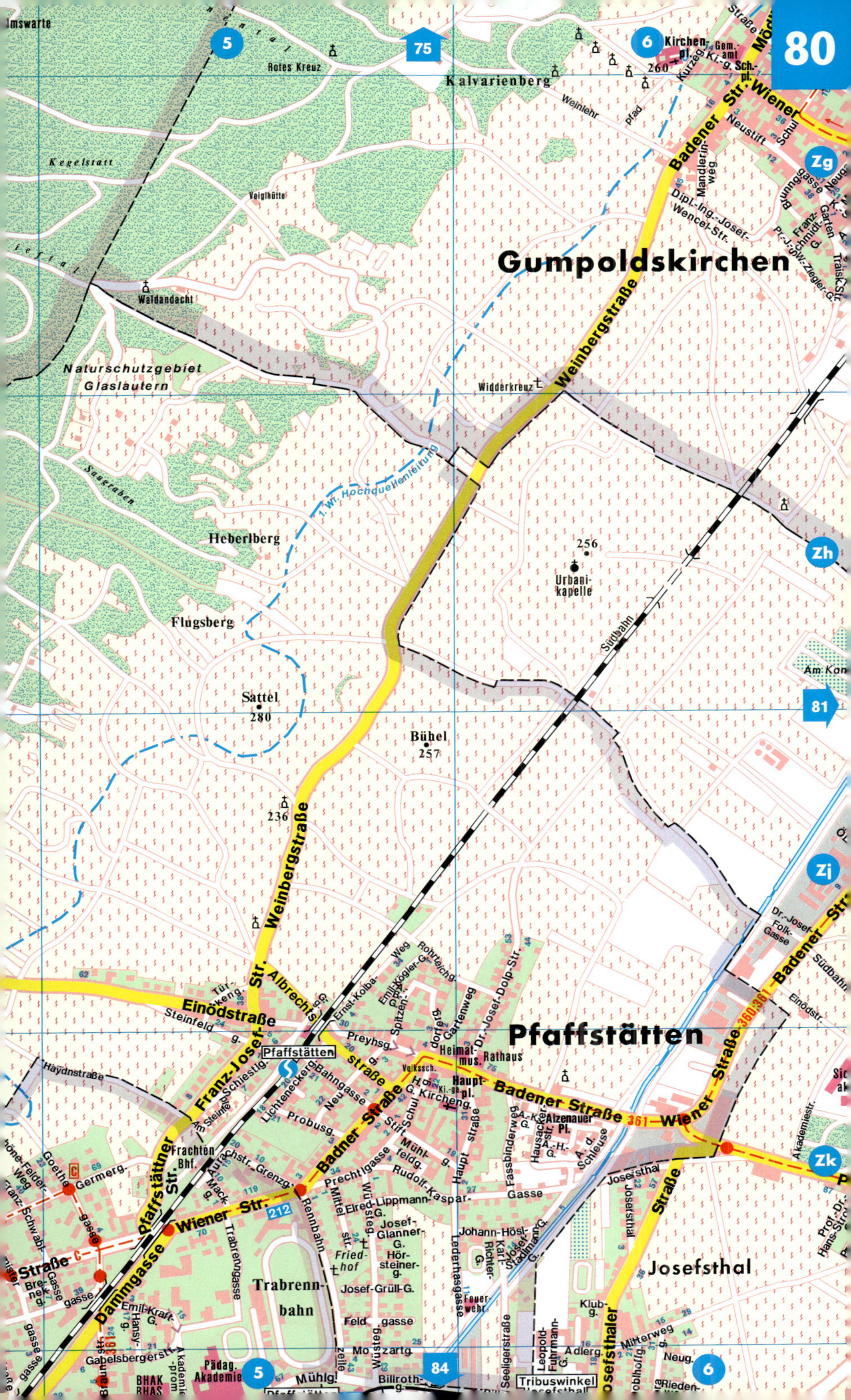
Gumpoldskirchen
Pfaffstätten
Josefsthal
Kalvarienberg
Rotes Kreuz
Kegelstatt
Veiglhütte
Waldandacht
Naturschutzgebiet Glaslautern
Saugraben
Heberlberg
Flugsberg
Sattel 280
Bühel 257
Urbani-kapelle
256
236
Widderkreuz
Weinbergstraße
Badener Str.
Wiener Str.
Weinlehr
Neustift
Mandlerin-weg
Dipl.-Ing.-Josef-Wencel-Str.
Kirchen-pl.
Gem.-amt
Sch.-pl.
Schul
Südbahn
1. Wr. Hochquellenleitung
Am Kan
Dr.-Josef-Folk-Gasse
Badener Str.
Einödstr.
Einödstraße
Albrechts-g.
Steinfeld
Tür-keng.
Pfaffstätten
Haydnstraße
Franz-Josef-Str.
Pfaffstättner Str.
Bahngasse
Probusg.
Preyhsg.
Badner Straße
Badener Straße
Wiener Straße
Rathaus
Heimat-mus.
Haupt-pl.
Kircheng.
Gartenweg
Dr.-Josef-Dolp-Str.
Hauptstraße
Rudolf-Kaspar-Gasse
Prechtlgasse
Mühlfeld-g.
Alzenauer Pl.
A. d. Schleuse
Josefsthal
Josefsthaler Straße
Goethe
Germerg.
Frachten Bhf.
Wiener Str.
Dammgasse
Trabrennbahn
Trabrenngasse
Rennbahn
Elfred-Lippmann-G.
Josef-Glanner-G.
Hörsteiner-g.
Josef-Grüll-G.
Feldgasse
Mozartg.
Friedhof
Lederhasgasse
Johann-Hösl-G.
Feuerwehr
Seeligerstraße
Leopold-Fuhrmann-G.
Tribuswinkel
Klub-g.
Adlerg.
Mitterweg
Neug.
Emil-Kraft-G.
Gabelsbergerstr.
Pädag. Akademie
Akademie-prom.
BHAK BHAS
Mühlg.
Billroth-g.
Akademiestr.
5
6
75
81
84
361
212
Zg
Zh
Zj
Zk

Traiskirchen
Möllersdorf
Gumpoldskirchen
Eigenheimsiedlung
Eigenheim Siedlung
Traiskirchen LKB
Traiskirchen Aspangbahn
Guntramsdorfer Straße
Wiener Straße
Triester Straße
Badener Straße
Gumpoldsk. Str.
Rudolf-Heintschel-Str.
Münchendorfer Straße
Karl-Adlitzer-Str.
Pfaffstättner Straße
Tribuswinkler Str.
Trumauer Straße
Wiener Neustädter Straße
Gregor-Mendel-Straße
Industriestr.
Römerstr.
Wr. Neustädter Kanal
Am Kanal
Kläranlage
Stadtmuseum Kammgarnsaal
Sicherheitsakademie
Flüchtlingslager
Friedhof
Landw. Schule
Hauptplatz
Rathaus
Stadtpk.
Sport- u. Freizeitzentrum
Pensionistenheim
Schwechat
Mühlbach
Libellenpl.
Franz-Broschek-Pl.
Dr.-Karl-Renner-Pl.
Anton-Probst-Pl.
Europapl.
Olof-Palme-Pl.
Rettung
Feuerwehr
Südbahnweg
Akademiestr.
Otto-Glöckel-Str.
Hochmühlgasse
Mühlgasse
Pielerteich
Kelteng.
Klingerstraße
76
80
85
7
8
Zg
Zh
Zi
Zk

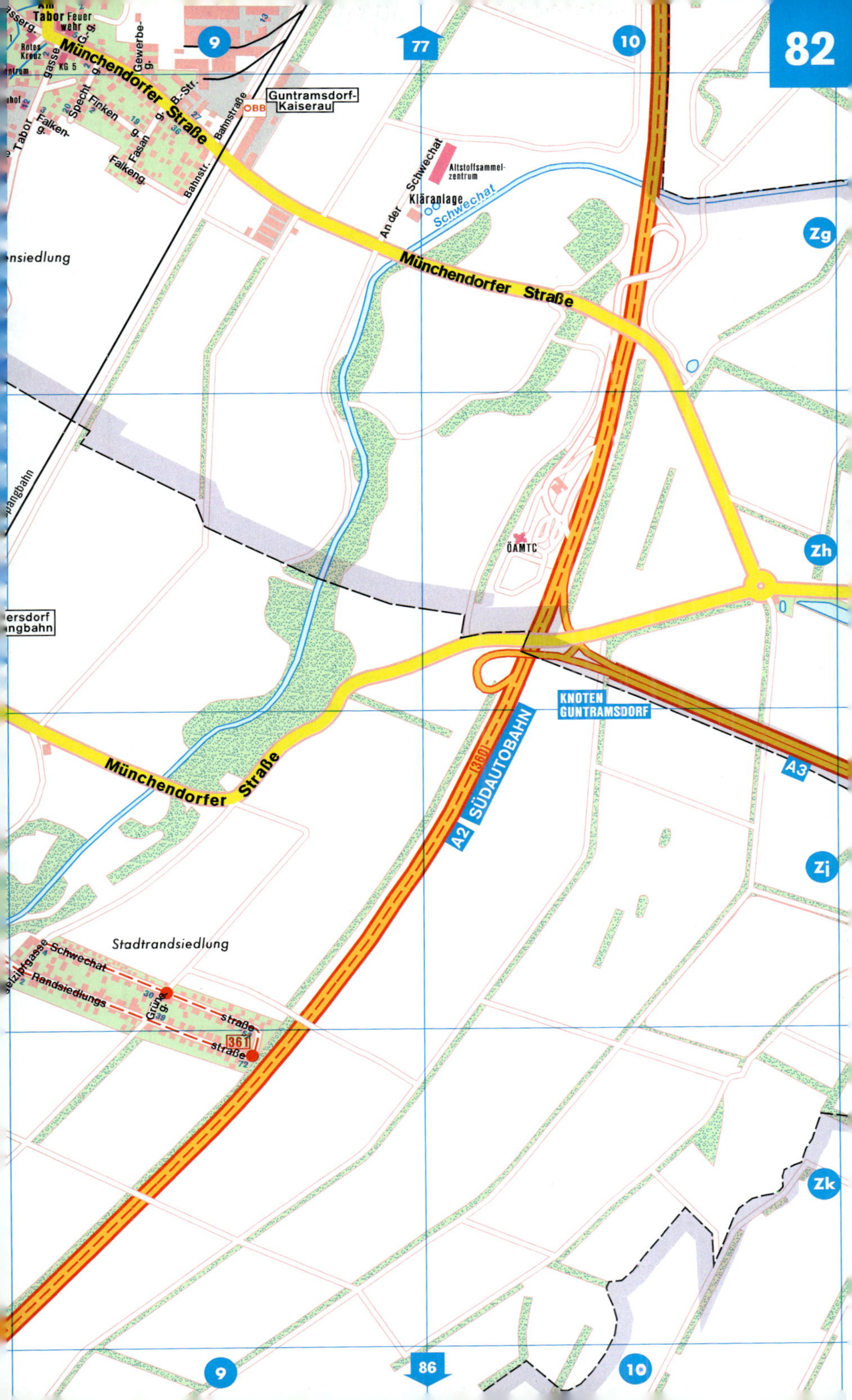

Tabor
Feuerwehr
Rotes Kreuz
Gewerbe-g.
Münchendorfer Straße
Specht g.
Finken g.
Fasan g.
Falkeng.
Falken-g.
B.-Str.
Bahnstraße
Bahnstr.
ÖBB
Guntramsdorf-Kaiserau
An der Schwechat
Altstoffsammelzentrum
Kläranlage
Schwechat
Münchendorfer Straße
ÖAMTC
KNOTEN GUNTRAMSDORF
(360)
SÜDAUTOBAHN
A2
A3
Münchendorfer Straße
Stadtrandsiedlung
Schwechat
Randsiedlungs straße
Grüne g.
361
77
86
9
10
Zg
Zh
Zj
Zk

Kalvarienberg
79
Helenenstr.
Marchetstr.
Mühlbach
Schloss Weikersdorf
Doblhoffpk.
Thermal Strandbad
Schwechat
Weilburgstr.
Römertherme
Brusatti-pl.
Casino Baden Kongresshs.
Kurpk.
Grillparzerstr.
Beethoventempel
Kaiser-Franz-Joseph-Ring
Josefspl.
Braitnerstr.
Sauerhof
NÖGKK
Rollett-museum
Weikersdorf
Elisabethstr.
Radetzkystr.
Habsburgerstr.
Vöslauer Straße
Südbahn
Dammgasse
Russ. Friedhf.
Friedhof
Aufbahrungs-halle
Halsriegelstr.
Israelit. Friedhf.
Ziegelofen-teiche
Zur Hutweide
Steinbücheln
Martinek Kaserne
Harterb
Sooß
Friedrich-Wilhelm-Raiffeisen-Pl.
Thomas-Wendt-Str.
Hauptstr.
Badner Straße
Oskar-Lenz-Str.
Leopold-Fischer-Str.
Alois-Mentasti-Str.
Kläranlage
Betriebsstr.
Gemeinde Hutweide
Die Haussätzen
Bezirksstraße
Teichwiesen
NÖ Landesaltenheim
Weinstockg.
Rebeng.
Industriestr.
Bahnzeile
Badner Str.
Bremeng.
Ungerfeldg.
Friedhof
Gewerbeg.
riegelg.
Zk
Zl
Zm
Zn
Zo
2
3
4
89
90

Josefsthal
Trabrennbahn
Pädag. Akademie
Pfaffstätten Rennplatz
Tribuswinkel Josefsthal
Badener
4011
Bahnzeile
Traiskirchner Str.
Schloss
Mühlbach
Schloss Leesdorf
Gewerbl. Berufsschule
Melker Gründe
Leesdorf
Baden
Tribuswinkel
Leesdorfer Straße
Oberwaltersdorfer Straße
Oeynhausner Straße
Waltersdorfer Str.
Landesklinikum Thermenregion Baden
Baden Landes-Klinikum
Leesdorf
466,556
P+R
Sport u. Veranstaltungshalle
Schwechat
Hartfeldau
Haidhofstr.
Zubringerstraße
Kläranlage
ÖAMTC
Schaffler-hof Siedlung
Tattendorfer Siedlung
BADEN EXIT 21
Haidhof
Lorenzteich
Heiglteich
Kiebitzmühle
Haidhof Siedlung
Haidhofsedlung
Haidhofteich
A2 SÜDAUTOBAHN
Schildbachweg
Flugfeldweg
Roßkopfwiesen
Gewerbepark
Wr. Neustädter Kanal
Dammgasse
Mühlg.
Kanalgasse
Sängerhofgasse
Hauptstraße
Haidhofstr.
Halsriegelstr.
Am Lorenzteich
Am Hörmbach
Am Heiglteich
Steinfeldg.
80
85
90
5
6
Zk
Zl
Zm
Zn
Zo
357
358
361
362
210
255
224

7
81
8
Tribuswinkler
Kaiser-Franz-Josef-Str.
Gregor-Mendel-Straße
Wiener Neustädter Straße
Trumauer Straße
202
Feuerwehr
Bachg.
53
Wienersdorfer Hauptstraße
Mühlenwg.
Alois-Lutter-
Hindu-Tempel
Mühlbach
Schöffer-str.
Bauernstraße
Winzer-str.
Kapellen
Schwechat-zeile
Skrianzpl.
Andreas-Hofer-g.
Kindergarten
Vinsdorf Str.
gasse
Leesdorfer Straße
Schneebergstr.
Flur g.
Augasse
Josef-Bruna-Str.
Edelfeld
Schwechatzeile
Augasse
Josef-Musser-Str.
Zl
Wienersdorf
(360):361:1:155:7941
466
TRAISKIRCHEN EXIT 19
Leimerwiese
Schwechat
Zm
Schafflerhof Siedlung
Hörmbach
A2 SÜDAUTOBAHN
Hirschäckergasse
Franz-Broschek-Str.
361:1:155:7941
17
84
210
Siedler
Konsum
Rosegger
Bründel
Schloßsee
Franz-Broschek-Str.
Schloßsee 1
Schlosssee 1
walterdorfer Str.
Ackergasse
Triester Straße
Richard-Felsinger-gasse
212
Ebreichsdorfer
Kubernat-str.
Kulturzentr.
Leopold-Klimesch-G.
361
Feuerwehr
Adolf-Weber-G.
Schulenburgstr.
Ahorn
Kindergarten
Zn
BADEN EXIT 21
Betriebszentrum Traiskirchen-Süd
Manfred-Hirschhofer-G.
Volvostr.
Sochor
Südruckg.
Werksg.
Lamm g.
Strauch-g.
Birkenweg
Akazienweg
463;570
Straße
straße
1:155:7941
Gewerbe
III. Betriebsstr.
gasse
Haberlersfeld-g.
Friedhofstr.
Weingartenstr.
Neuburgerg.
Dallingerstr.
Sachersstr.
Tattendorfer Str.
str.
Südruckg.
Handels
Wiesenfeldstr.
Krugg.
St.-Laurent-G.
Rebeng.
Traubeng.
Wiesenfeldstr.
Jochmann-g.
Friedhf.
Jochäcker
straße
Triester Straße
Heiglteich
Am Heiglteich
gasse
Zo
Steinfeldg.
Oeynhausen
Golfplatz
Triester Straße
Gewerbepark
224
Gewerbestr.
7
Im Weingarten
218
Hauerstr.
Johanneshof
8

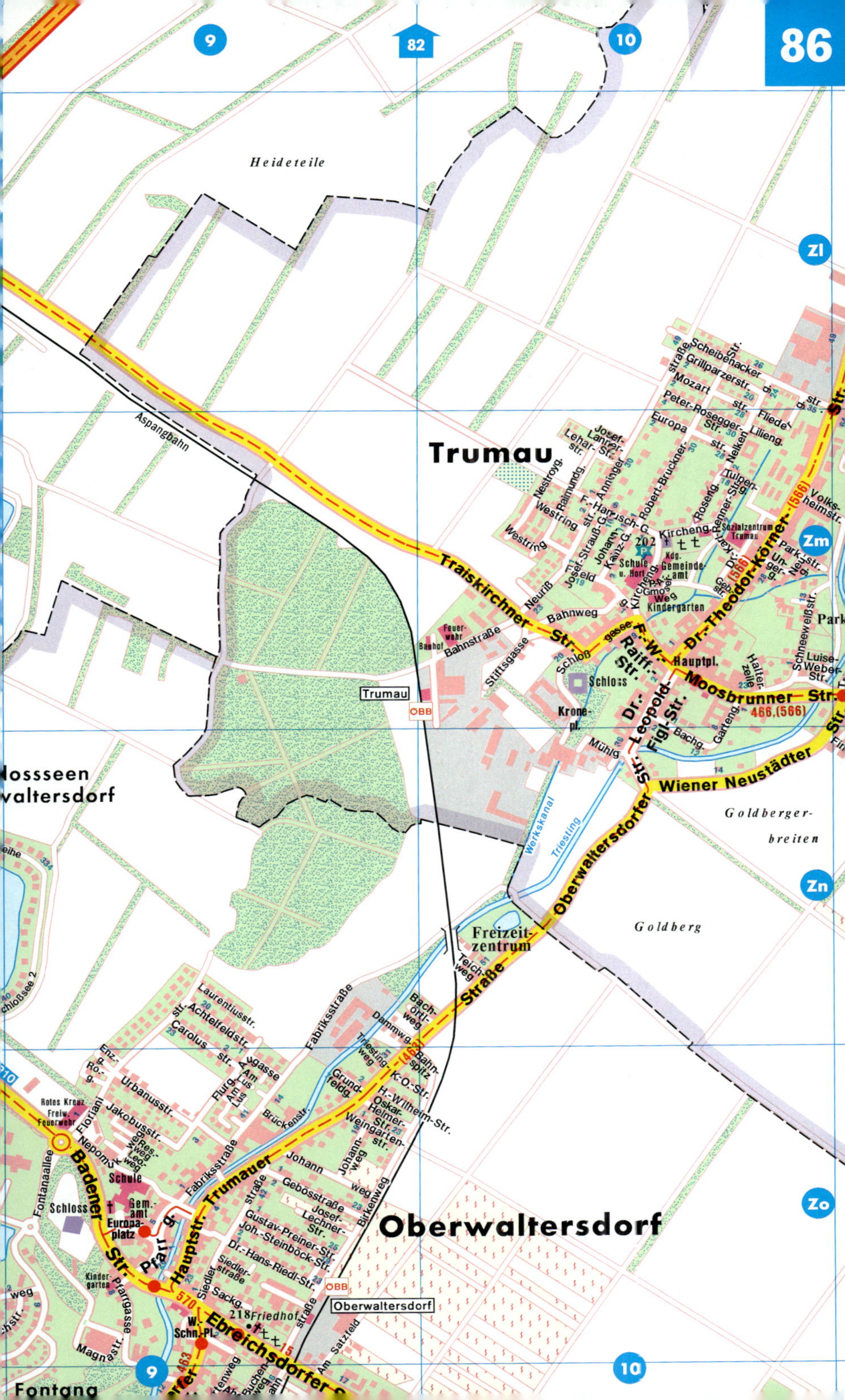
82
9
10
Heideteile
Aspangbahn
Trumau
Traiskirchner Str.
Bahnweg
Bahnstraße
Feuerwehr
Bahnhof
Stiftsgasse
Schloßgasse
Schloss
Kronepl.
Mühlg.
F.-W.-Raiff.-Str.
Dr.-Leopold-Figl-Str.
Hauptpl.
Moosbrunner Str.
466,(566)
Dr.-Theodor-Körner-Str.
(566)
Wiener Neustädter Str.
Scheibenacker Str.
Grillparzerstr.
Mozart str.
Peter-Rosegger-Str.
Europa str.
Lehar-Str.
Robert-Bruckner-Str.
Westring
Neuriß
Schule u. Hort
Gemeindeamt
Kindergarten
Sozialzentrum Trumau
Kircheng.
202
Park
Volksheimstr.
Schneeweißstr.
Luise-Weber-Str.
Bachg.
Garteng.
Werkskanal
Triesting
Goldbergerbreiten
Goldberg
Freizeitzentrum
Teichweg
Oberwaltersdorfer Straße
Fabriksstraße
Dammweg
Bachörtlweg
Laurentiusstr.
Achtelfeldstr.
Carolus str.
Augasse
Urbanusstr.
Jakobusstr.
Florian
Nepomuk
Brückenstr.
Rotes Kreuz Freiw. Feuerwehr
Badener Str.
Schule
Schloss
Gem.-amt
Europaplatz
Pfarrg.
Hauptstr.
Trumauer
Fontanaallee
Pfarrgasse
Kindergarten
Magnastr.
Siedlerstraße
Sackg.
218 Friedhof
Ebreichsdorfer Str.
570
463
(463)
W.-Schn.-Pl.
Am Satzfeld
Birkenweg
Johannweg
Gebösstraße
Josef-Lechner-Str.
Gustav-Preiner-Str.
Joh.-Steinböck-Str.
Dr.-Hans-Riedl-Str.
Weingartenstr.
H.-Wilhelm-Str.
Oskar-Helmer-Str.
K.-O.-Str.
Bahnspitz
Grundfeldg.
Oberwaltersdorf
ÖBB
Mossseen
Oberwaltersdorf
Schloßsee 2
Fontana
Zl
Zm
Zn
Zo

94
95
Schlatten
Pottenstein
Herrgottskreuz
435
Zp
Bundesstraße
Hainfelder
Fabriksgasse
Hausbergw.
Josefstraße
Wolfgeiststraße
Florianigasse
Obere Marktfeld-str.
Schlattengasse
Raimundg.
Schulberg
SC Pottenstein
Pottenstein
ÖBB
Gutensteiner
Zq
Straße
Heldenpl.
324
Rathaus
Haupt-pl.
Kahlkopf
Hauptstr.
Kahlkopfw.
Neues Gassl
Feldgasse
Am Kreuth
Auweg
ASKÖ Sportan.
UNION Sportan.
Unteres Marktfeld
Friedens-siedlung
556
Kremesberg
Tierärztliche Versuchsanstalt
Kremesbergg.
Kremesberg
Hauptstr.
Pottensteiner
Triesting
Uferweg
Bundesstraße
EVN
Zr
Feldweg
ÖAMTC
Hainfelder
ASKÖ Leichtathl.-Anl.
Erlebnisbad Centrelax
Bundesgymnasium
Am Kremesberg
Kleingartenstr.
(556)
Str.
Spitalgasse
Hochstraße
Leop.-Figl-Str.
Hans-Czettel-Str.
Kuhlmannstraße
Berta
Mödlagl.
Wasserturmweg
Zs
387
Wasserturm
ORF-Sende-anlage
Griesfeldstr.
Weinbergweg
Prennerstr.
Veitsau
Karl-straße
Ohasama-pl.
Hermanns-platz
Margareten-pl.
Krupp-Pl.
Beron-pl.
Vierhaus
Kislinger-pl.
Vöslauer Str.
Berndorf
J.-F.-Kennedy-Platz
Bern-dorf
Leobersdorfer Str.
Niederfeld-kap.
Allee
Mühl-pl.
Hernsteiner Straße
Harllesstr.
Idaga
472
Jubiläumswarte
Guglzipf
Steinhofstraße
Steinhofstraße
321
Veitsauer Bach
Kleinfelder Straße
Grillenberger Feldw.
Zt
Bergwerksg.
Herrenhausweg
Hernsteiner Straße
Kleinfelder Straße

Totenkopf
Haidlhof
97
98
Zp
Zq
Zr
Zs
Zt
Niederschlatten
356
Vöslauer Str.
Buchbach
Medauhof
394
212
Vöslauer Str.
Ob. Ödlitzer Str.
Waldweg
Rosen str.
356
Feuerw.
Feldgasse
Horw.
Ödlitz
335
(556)
Ob. Ödlitzer Str.
Leobersdorfer Str.
Morgenrot
Buchbach g.
Berggasse
Strietzelberg
Rosalienkap.
Berggasse
Unt. Ödlitzer Str.
Berndorf-Fabrik
ÖBB
304
Augra.
Neufeldw.
Leobersdorfer Str.
Rotes Kreuz
Föhrenw.
556
Weingartenstr.
Rosalienberg
Johannes g.
Jos.-Kolar-G.
Hauptstr.
ARBÖ Prüfzentrale
Josef-Lechner-Str.
Schöner g.
Feuerw.
Wankeng.
Helga-Raith-Str.
Holz
Unt. Ödlitzer Str.
markt
Dr.-H.-Wohlschlager-G.
Brunneng.
Ign.-Nefi-G.
Flor.-g.
St. Veit a. d. Triesting
302
Großauer Str.
Hauptstr.
Bahng.
Rohrbg.
Leobersdorfer Str.
Triesting
Satorygasse
Neufeldw.
Urha.-w.
Wald siedlung
Köhlerw.
Bahng.
386
Aichkreuz
ÖBB
298
St. Veit a. d. Triesting
97
98

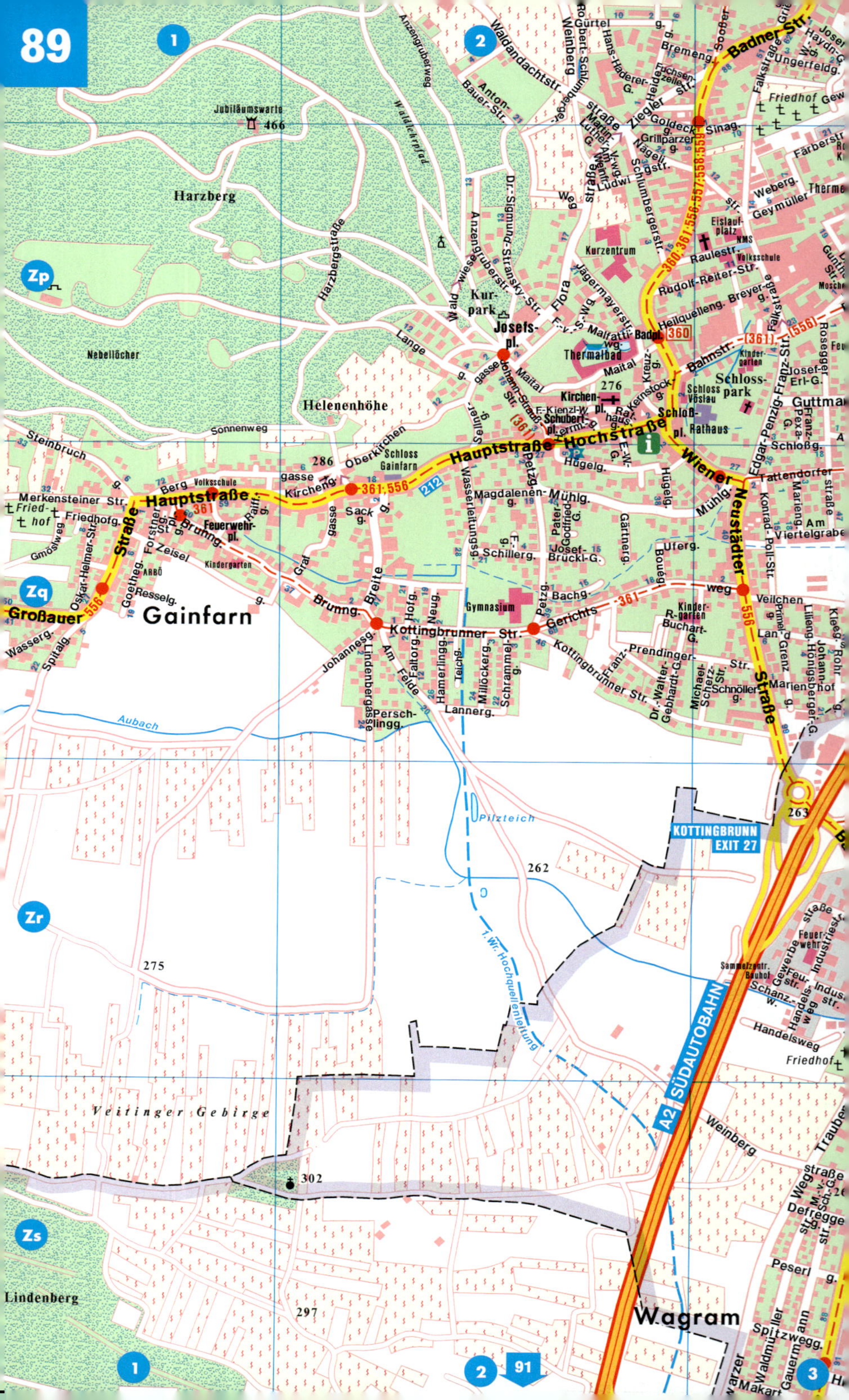
Jubiläumswarte 466
Harzberg
Harzbergstraße
Waldlehrpfad
Anzengruberweg
Waldandachtstr.
Anton-Bauer-Str.
Robert-Schumann-Weinberg
Gürtel
Hans-Haderer-G.
Bremeng.
Sooßer
Badner Str.
Josef-Haydn-G.
Ungerfeldg.
Falkstraße
Friedhof
Färberstr.
Weberg.
Geymüller
Therme
Heide-
Fuchsenzeile
Ziegler
Goldeck
Sinag.
Grillparzer
Nagelig.
Schlumbergerstr.
Martin-Luther-Str.
Ludwig
Dr.-Sigmund-Stransky-Str.
Anzengruberstr.
Waldwiese
Kurpark
Kurzentrum
Eislaufplatz
NMS
Raulestr.
Volksschule
Rudolf-Reiter-Str.
Heilquelleng.
Breyer-g.
Jägermayerstr.
Flora
Malfatti-wg.
Badpl.
360
Thermalbad
Josefs-pl.
Johann-Strauß-Str.
Lange
Maital
Kernstock-
Bahnstr.
Kindergarten
Schloss Vöslau
Schloss-park
Edgar-Penzig-Franz-Str.
Rosegger
Josef-Erl-G.
Guttmann
Schloßg.
Kirchen-pl.
Rathaus
Schloß-pl.
Schubert-pl.
Hochstraße
Hauptstraße
Wiener
Neustädter Straße
Tattendorfer straße
Marieng.
Am Viertelgraben
Konrad-Poll-Str.
Hügelg.
Mühlg.
Gärtnerg.
Uferg.
Bachg.
Petzg.
Pater-Godfried-G.
Josef-Bruckl-G.
Schillerg.
Magdalenen-
Wasserleitungsg.
Gymnasium
Gerichtsweg
361
556
Kindergarten
R.-Buchart-G.
Veilchen
Lilieng.
Johann-Höniggsberger-G.
Franz-Prendinger-Str.
Dr.-Walter-Gebhardt-G.
Michael-Scherz-Str.
Schöllerg.
Kottingbrunner Str.
Marienhof
Nebellöcher
Helenenhöhe
Sonnenweg
Steinbruch
Oberkirchen
Schloss Gainfarn
286
Kircheng.
Sackg.
212
Volksschule
Berg
Merkensteiner Str.
Friedhof
Friedhofg.
Hauptstraße
Straße
Feuerwehr-pl.
Brunng.
Raiff.-g.
Forstner
Zeisel
Kindergarten
Goetheg.
Oskar-Helmer-Str.
Gmösweg
ARBÖ
Resselg.
Großauer
Gainfarn
Graf
Breite
Kottingbrunner Str.
Hofg.
Neug.
Johannesg.
Lindenbergasse
Am Felde
Faltorg.
Hamerlingg.
Teichg.
Millöckerg.
Schrammelg.
Lannerg.
Perschlingg.
Wasserg.
Spitalg.
Aubach
Pilzteich
262
263
KOTTINGBRUNN EXIT 27
1. Wr. Hochquellenleitung
Feuerwehr
Industriestr.
Sammelzentr. Bauhof
Gewerbestr.
Schanz.-w.
Handelsweg
Friedhof
SÜDAUTOBAHN
A2
Weinberg
275
Veitinger Gebirge
302
297
Lindenberg
Wagram
Defregger
Peserl
Spitzwegg.
Waldmüller
Gauermann
Makart
1
2
3
91
Zp
Zq
Zr
Zs

83
4
5
Roßkopfw
231
BAD VÖSLAU
EXIT 24
Kanalgasse
Fasang.
Bad Vöslau
Remise
Kläranlage
Altstoff-
sammelzentrum
Flugplatz
Vöslau
Zp
Flugfeldstraße
556
361
Nikolaus-Lenau-G.
August-Schneider-G.
Friedrich-Kheck-Str.
Nestroyg.
Föhren
Lärchen
Linden-
Buchen-
Ahorn-
Akazien-
wg.
Eicheng.
239
Raimundg.
Kiefern
Erlen
Kastanienweg
Birken
Weiden
Ulmen
Goetheg.
Franz-Gruber-G.
Robert-
Stolz-G.
Johann-
Sebastian-Bach-G.
Nico-Do-
stal-Weg
Rot-Kreuz-
Siedlung
Rote-Kreuz-Str.
Roseng.
Dammgasse
Alleeg.
Brücklg.
Hammererg.
Carl-Zeller-G.
Schanzbach
Wr. Neustädter Kanal
Etrichstr.
Wirtschaftspark
CCK
Nobelstr.
Zq
Flugfeldstraße
Ruhskohl-
bildstock
Golfplatz
Tenniscenter
Kottingbrunn
251
Hauptstraße
Kard.-König-Pl.
Am Krautgarten
Schloßg.
Schloss Kottingbrunn
Schlosspark
Kaiserallee
Maria-Theresien-Str.
Maria-Theresien-Straße
Zr
Rennbahnteiche
Kipferlteich
Vöslauer Str.
Neustädter Str.
Kotting-
brunn
Polytechn.
Schule
Renng.
Schulg.
Schönauer Str.
Austraße
Josef-Haydn-G.
Reitanlage
Kottingbrunn
247
Günselsdorf
Goschweg
Ausiedlung
Beethoveng.
Schubertg.
Bahnstraße
Südbahn
Mittlerer Weg
Stadion-Str.
Nelkenstr.
Tulpeng.
Nelkenstraße
Grillparzer
Josef-Pürrer-Str.
Auweg
Gewerbestr.
18
Leobersdorfer Str.
464
Zs
Günselsdorfer Str.
Triesting
Schloss
P+R
4
92
5

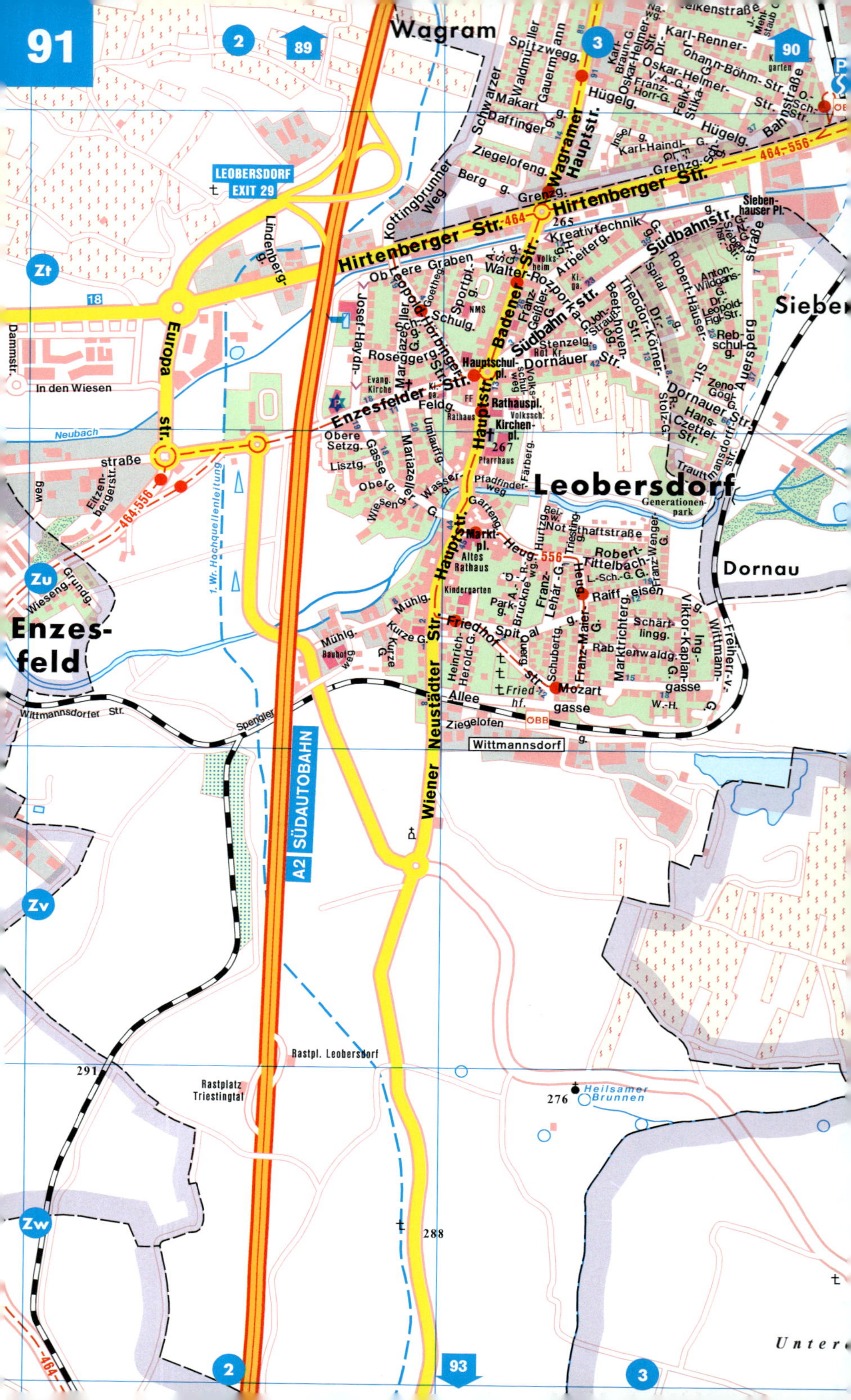

89
90
93
Wagram
Spitzwegg.
Waldmüller
Gauermann
Schwarzer
Makart
Daffinger g.
Ziegelofeng.
Kottingbrunner Weg
Berg g.
Grenzg.
Wagramer Hauptstr.
Hügelg.
Karl-Renner-
Johann-Böhm-Str.
Oskar-Helmer-Str.
Karl-Haindl-G.
Insel g.
Grenzg.
Bahnstraße
Hirtenberger Str.
464
464, 556
265
LEOBERSDORF
EXIT 29
Lindenberg-g.
Europastr.
Dammstr.
In den Wiesen
Neubach
straße
Eitzenbergerstr.
Enzes-feld
Wieseng.
Grundg.
Wittmannsdorfer Str.
Spengler
1. Wr. Hochquellenleitung
A2 SÜDAUTOBAHN
Obere Graben
Josef-Haydn-
Leopold-Hörbinger-Str.
Goetheg.
Schulg.
Sportpl.
NMS
Roseggerg.
Evang. Kirche
Enzesfelder Str.
Obere Setzg.
Lisztg.
Gasse
Oberg.
Wieseng.
Mariazeller G.
Umlaufg.
Wasser-
Feldg.
Rathaus
Hauptschul-pl.
Badener Str.
Walter-Rozporka-G.
Kreativtechnik
Arbeiterg.
Volksheim
Südbahnstr.
Franz-Geißler-G.
Joh.-Strauß-G.
Beethoven-g.
Theodor-Körner-Str.
Dr.-Spital
Robert-Häuser-Str.
Anton-Wildgans-G.
Dr. Leopold-Figl-Str.
Rebschul-g.
Auersperg
Siebenhauser Pl.
Sieben
Stenzelg.
Rot Kr.
Dornauer Str.
Volksschul-weg
Hauptstr.
Rathauspl.
Volkssch.
Kirchen-pl.
267
Pfarrhaus
Färberg.
Pfadfinder-weg
Leobersdorf
Generationen-park
Dornauer Str.
Hans-Czettel-Str.
Zeno-Gögl-G.
Stolz-G.
Trauttmansdorff-str.
Dornau
Gartenq.
Markt-pl.
Altes Rathaus
Kindergarten
Notthaftstraße
Hurtzg.
Triesting-g.
Heug.
556
Robert-Tittelbach-G.
Franz-Wenger-G.
Raiffeisen
Franz-Lehár-G.
Park-g.
Spital
Mühlg.
Bauhofweg
Kurze G.
Wiener Neustädter Str.
Friedhof-str.
Heinrich-Herold-G.
Schubertg.
Franz-Maier-G.
Marktrichterg.
Schärtlingg.
Rabenwaldg.
Viktor-Kaplan-gasse
Ing.-Wittmann-G.
Freiherr-v.-
Mozartgasse
Allee
Friedhf.
ÖBB
Ziegelofen
Wittmannsdorf
Rastpl. Leobersdorf
Rastplatz Triestingtal
291
Heilsamer Brunnen
276
288
Unter

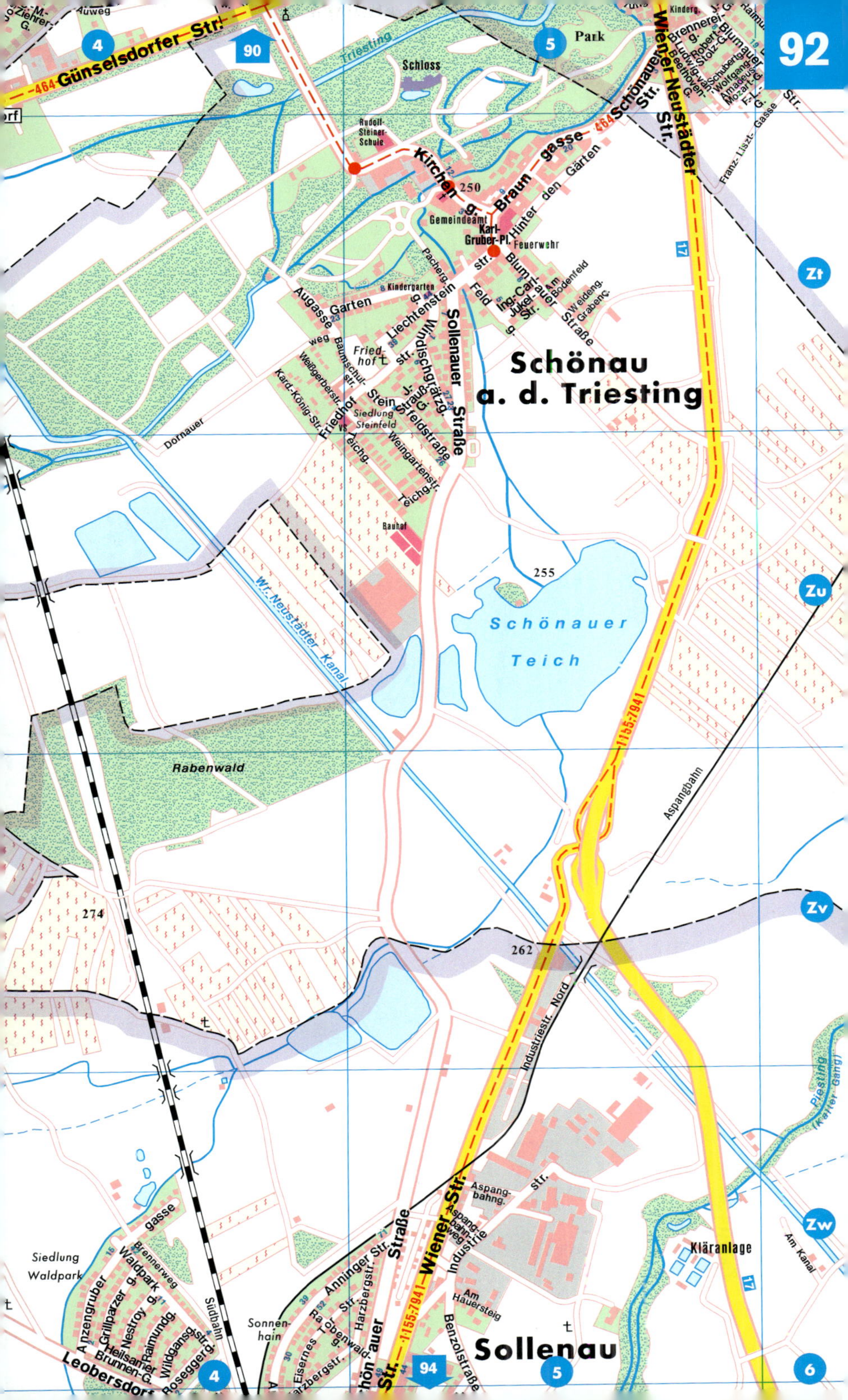
Günselsdorfer Str.
464
Auweg
Ziehrer-G.
4
90
Triesting
Schloss
5
Park
Kinderg.
Brennerei-g.
Robert-Blum-G.
Stolz-G.
Ludwig-van-Beethoven-G.
Schubertgasse
Wolfgang-Amadeus-Mozart-G.
Franz-Liszt-Gasse
Wiener Neustädter Str.
Schönauer Str.
Rudolf-Steiner-Schule
Kirchen g.
250
Braun gasse
Hinter den Gärten
Gemeindeamt
Karl-Gruber-Pl.
Feuerwehr
Blum str.
Ing.-Carl-Jukel-Str.
Am Bodenfeld
Weideng.
Grabeng.
Straße
Feld g.
Pacherg.
Kindergarten
Liechtenstein g.
Augasse
Garten weg
Sollenauer Straße
Windischgrätzg.
Fried-hof
Baumschul-str.
Weißgerberstr.
Kard.-König-Str.
Friedhof
Stein feldstraße
J.-Strauß-G.
Siedlung Steinfeld
VS
Teichg.
Weingartenstr.
Dornauer
Schönau a. d. Triesting
Zt
Bauhof
255
Zu
Schönauer Teich
Wr. Neustädter Kanal
1155;7941
17
Rabenwald
Aspangbahn
274
Zv
262
Industriestr. Nord
Piesting (Kalter Gang)
Aspang-bahng.
Industrie str.
Aspang-bahn-weg
Zw
Kläranlage
Am Kanal
Wiener Str.
Straße
Anninger Str.
Harzbergstr.
Rabenwald-g.
Eisernes Tor str.
Schönauer Str.
Am Hauersteig
Benzolstraße
Sollenau
Sonnen-hain
Siedlung Waldpark
Brennerweg
gasse
Waldpark
Anzengruber
Grillparzer g.
Nestroy g.
Raimundg.
Heilsamer Brunnen-G.
Wildgansstr.
Roseggerg.
Leobersdorf
Südbahn
94
6

Matzendorf
Hölles
Matzendorf-Hölles
Wöllersdorf-Steinabrückl
Steinabrückl
A2 SÜDAUTOBAHN
Badener Straße
Hauptstr.
Höllesstraße
Sollenauer Weg
Dr.-Max-Jung-Straße
Gutensteiner Str.
Leopold-Lehner-Straße
Piesting
1. Wr. Hochquellenleitung
Golfrange
Friedhof
Pflegeheim
Freizeitzentrum
Feuerwehr
Gemeindeamt
Wöllersdorf Steinabrückl
Unter
Schauerfe
Oberes
91
95

Sollenau
Eben-
furth
Eggendor
Siedlung-
Maria-
Theresia
Petrifeld
dorf
Leobersdorfer Str.
Wiener Str.
Wiener Neustädter Str.
Blumauer Straße
Großmittel straße
Hauptstraße
Gutensteinerstr.
Schedlerstraße
Maria-Theresien-Str.
Schulstraße
Wiener Straße
Bahnstraße
Mühlstraße
Sollenau
Felixdorf
ÖBB
Stadion
Friedhof
Wertstoffsammel-
zentrum
Benzolsiedlung
Hausäcker
Kleingarten
siedlung
Nachtwasserkanal
Südbahn
Goldene
Heide
92
96
4
5
Zx
Zy
Zz
Ya
463
270
276
281

Wöllersdorf Steinabrückl
Wöllersdorf-Steinabrückl
Heideansiedlung
Tirolerbach
Gewerbepark
Bahnstr.
Blätterstr.
Raketeng.
Mitterfeld-g.
Tirolerbachg.
Triftweg
Römerstraße
Industriestr.
Steinfeldweg
Westernstr.
Abfallbehandlungs-anlage
1. Wr. Hochquellenleitung
Siedlung Feuerwerksanstalt
Westernstadt
Flugfeldstraße
Nordspange Wr. Neustadt
Rotäcker
Straße der Gendarmerie
Flugfeld
Wiener Neustadt - West
Kobra-Einsatz-kommando
Wiener
Militär-flugplatz
303
298
293
292
290
283
93
99
98
2
3
Yb
Yc
Yd
Ye

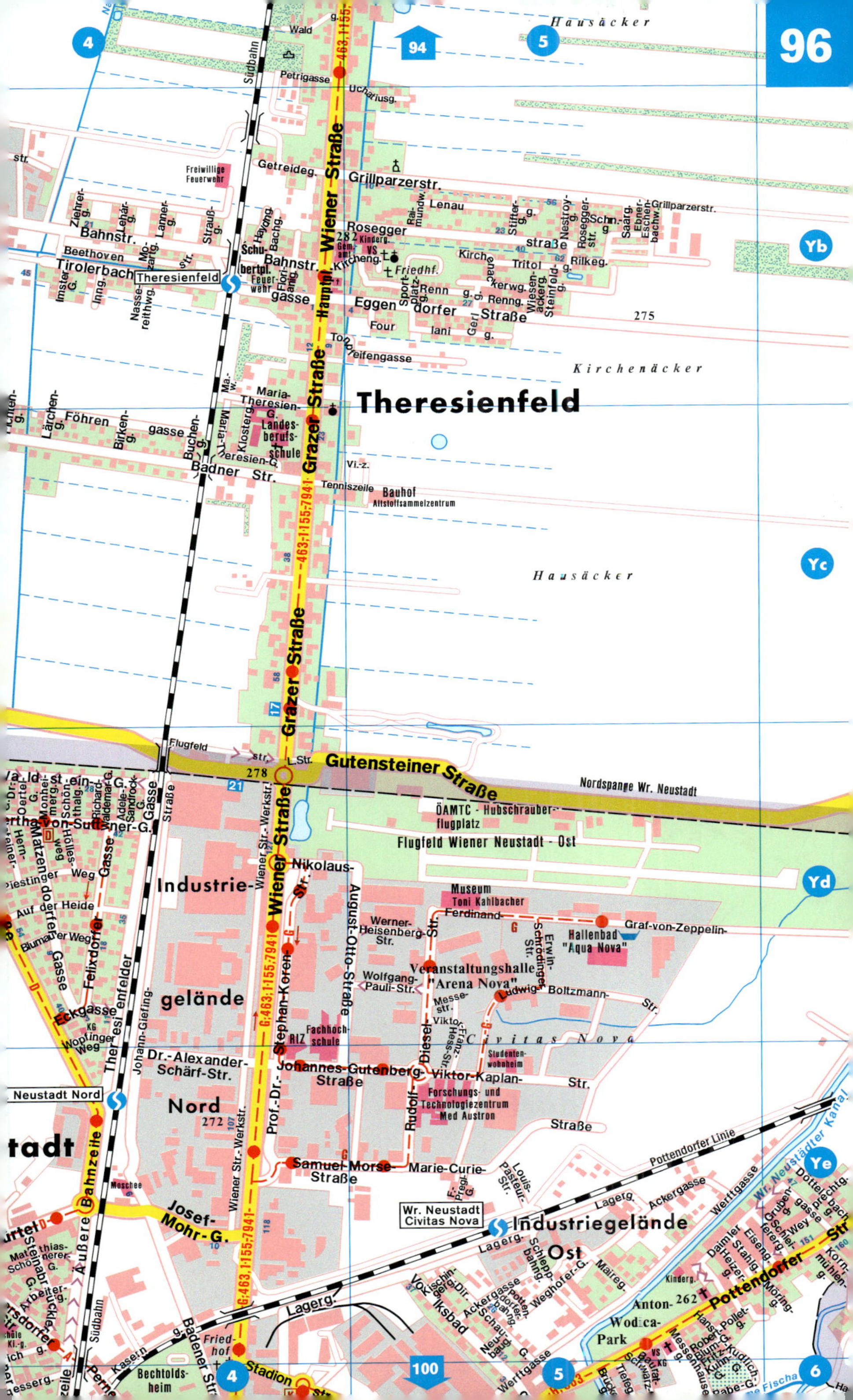

94
4
5
Hausäcker
Wald
Südbahn
Petrigasse
463;1155
Uchatiusg.
Freiwillige Feuerwehr
Getreideg.
Grillparzerstr.
Wiener Straße
Lenau
Raimundw.
Stifter-g.
Nestroy-g.
Rosegger-str.
Schn.-g.
Saarg.
Ebner-Eschenbach-w.
Grillparzerstr.
Yb
Ziehrer-g.
Lehár-g.
Lanner-g.
Strauß-g.
Haydng.
Bachg.
Bahnstr.
Beethoven
Mozartg.
Str.
Schubertpl.
Tirolerbach
Theresienfeld
Imster G.
Inng.
Nassereithwg.
Feuerwehr
Florianig.
Bahnstr.
Rosegger
282
Kinderg.
Gem.amt
VS
Kircheng.
Friedhf.
Kirchenackerwg.
Tritol
Rilkeg.
Straße
Hauptpl.
gasse
Eggendorfer Straße
Sportplatz-g.
Renn g.
Renng.
Wiesenackerg.
Steinfeld-g.
275
Four
lani
Gerl g.
Tonpfeifengasse
Kirchenäcker
Theresienfeld
Maria-Theresien-G.
Föhren
Lärchen-g.
Birken-g.
gasse
Buchen-g.
Klosterg.
Landesberufsschule
Maria-Theresien-G.
Badner Str.
Grazer Straße
Vi.-z.
Tenniszeile
Bauhof
Altstoffsammelzentrum
Hausäcker
Yc
463;1155;7941
Grazer Straße
58
17
Flugfeld
Str.
L.Str.
278
Gutensteiner Straße
21
Nordspange Wr. Neustadt
ÖAMTC - Hubschrauberflugplatz
Flugfeld Wiener Neustadt - Ost
Wiener Straße
Wiener Str.-Werkstr.
Nikolaus-Str.
August-Otto-Straße
Yd
Industriegelände
Museum Toni Kahlbacher
Ferdinand-
Graf-von-Zeppelin-
Werner-Heisenberg-Str.
Hallenbad "Aqua Nova"
Erwin-Schrödinger-Str.
Veranstaltungshalle "Arena Nova"
Wolfgang-Pauli-Str.
Ludwig-Boltzmann-Str.
Messestr.
Viktor-Franz-Hess-Str.
Civitas Nova
Fachhochschule
RIZ
Stephan-Koren-
Studentenwohnheim
Dr.-Alexander-Schärf-Str.
Johannes-Gutenberg-Straße
Viktor-Kaplan-Str.
Diesel-
Forschungs- und Technologiezentrum Med Austron
Straße
Nord
272
Prof.-Dr.-
Rudolf-
Samuel-Morse-Straße
Marie-Curie-
Louis-Pasteur-Str.
Pottendorfer Linie
Wr. Neustädter Kanal
Ye
Neustadt Nord
Bahnzeile
Theresienfelder Straße
Johann-Giefing-Gasse
Felixdorfer Gasse
Eckgasse
Wopfinger Weg
Piestinger Weg
Auf der Heide
Blumauer Weg
Matzendorfer Weg
Bertha-von-Suttner-G.
Richard-Waldemar-G.
Adele-Sandrock-G.
Gasse
Straße
tadt
Moschee
Josef-Mohr-G.
Wiener Str.-Werkstr.
118
Wr. Neustadt Civitas Nova
Industriegelände Ost
Lagerg.
Ackergasse
Werftgasse
Schleppbahng.
Weghofer-G.
Maireg.
Daimler
Stanig.
Heizer
Kinderg.
262
Pottendorfer Str.
Anton-Wodica-Park
Dottelbachg.
Kornmühleng.
Außere
Südbahn
Badener Str.
Friedhof
Stadion
Kasern
Bechtoldsheim
Lagerg.
100
Werftgasse
5
6
Fischa
Steinabrückler G.
Arbeiter-G.
Matthias-Schönerer-G.
Perne

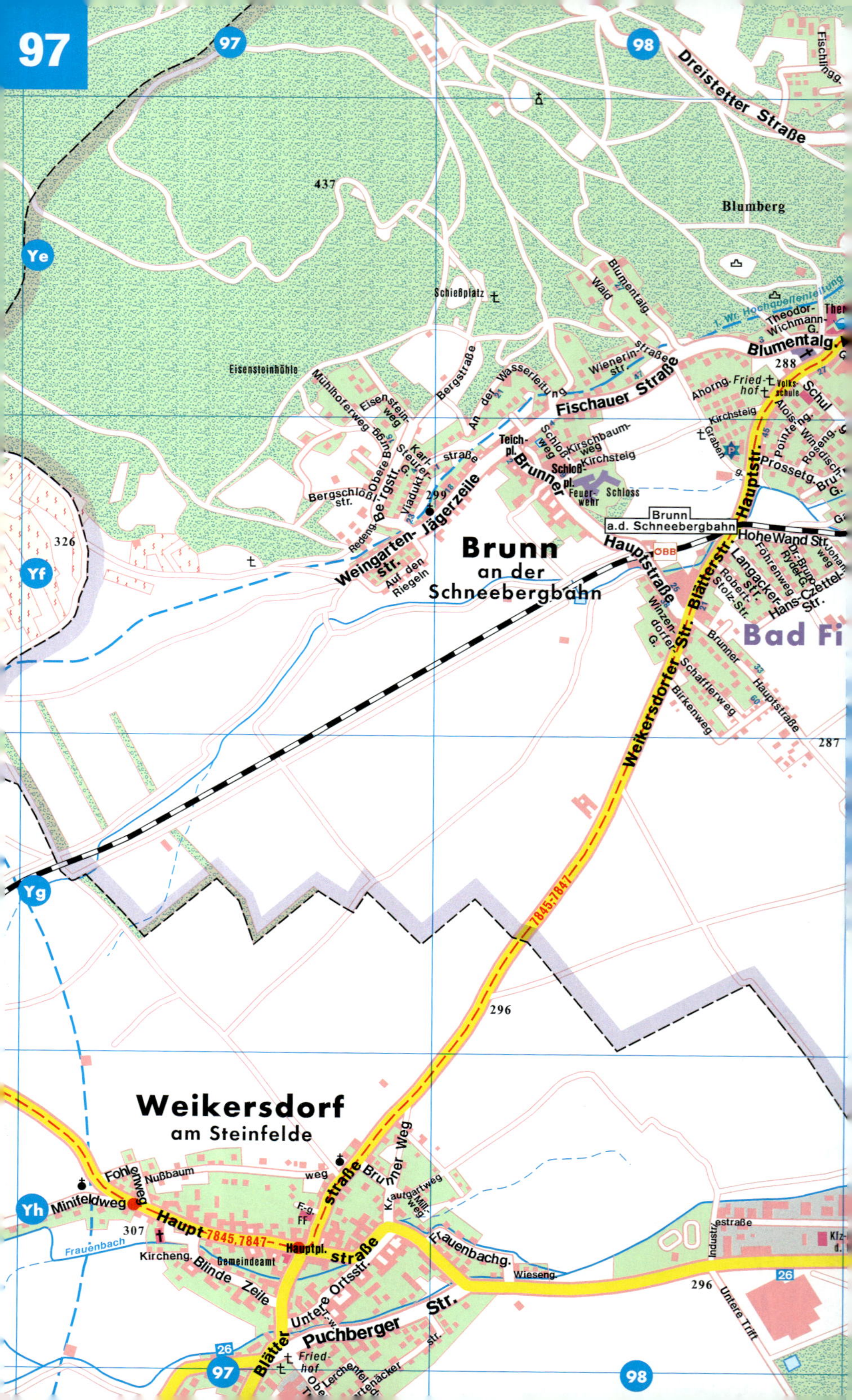
97
98
Dreistetter Straße
Blumberg
437
Ye
Yf
Yg
Yh
326
Schießplatz
Eisensteinhöhle
Blumentalg.
Wald
Theodor-Wichmann-G.
1. Wr. Hochquellenleitung
Blumentalg.
288
Wienerin-straße
Fischauer Straße
Friedhof
Volksschule
Schul
Ahorng.
Kirchsteig
Alois-g.
Pointeng.
Winzeng.
Rosendisch-
Prosseg.
Mühlhoferweg
Eisensteinweg
Bergstraße
An der Wasserleitung
Teich-pl.
Schloß-weg
Kirschbaum-weg
Kirchsteig
Obere Bergg.
Bergstr.
Karl-Steurer-G.
Viadukt-straße
Bergschloß-str.
Redeng.
299
Weingarten-Jägerzeile
Brunner
Schloß-pl.
Feuerwehr
Schloss
Graben
Hauptstr.
Brunn a.d. Schneebergbahn
Brunn
an der
Schneebergbahn
Weingarten-str.
Auf den Riegeln
Hauptstraße
ÖBB
Hohe Wand Str.
Föhrenweg
Dr.-Bruno-Ryder-G.
Johannweg
Langacker-str.
Robert-Stolz-Str.
Hans-Czettel-Str.
Blätterstr.
Winzendorfer-G.
Weikersdorfer Str.
Bad Fi
Brunner Hauptstraße
Schafflerweg
Birkenweg
287
7845-7847
296
Weikersdorf
am Steinfelde
Fohlenweg
Nußbaum weg
Minifeldweg
Brunner Weg
straße
F-g.
FF
Krautgartweg
Mühlweg
Haupt 7845,7847 straße
Hauptpl.
307
Frauenbach
Kircheng.
Blinde Zeile
Gemeindeamt
Untere Ortsstr.
Frauenbachg.
Wieseng.
Industriestraße
Kfz-d.
26
296
Untere Trift
Puchberger Str.
Blätter
Friedhof
97
98

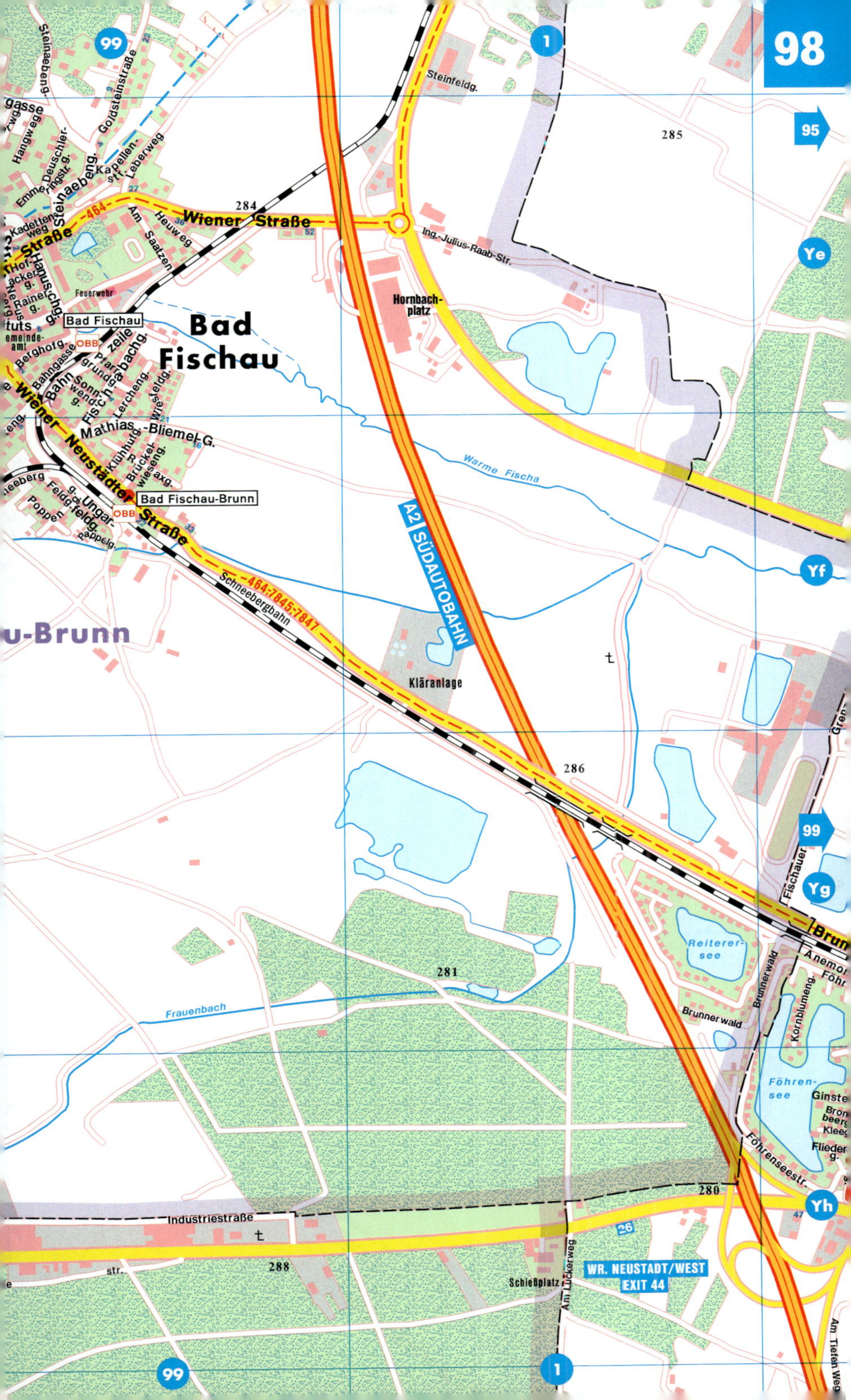
98
95
99
Ye
Yf
Yg
Yh
1
Bad Fischau
Bad Fischau-Brunn
u-Brunn
Wiener Straße
Wiener Neustädter Straße
464
464·7845·7847
A2 SÜDAUTOBAHN
Schneebergbahn
Steinfeldg.
Ing.-Julius-Raab-Str.
Hornbach-platz
Warme Fischa
Kläranlage
Frauenbach
Reiterer-see
Brunnerwald
Föhren-see
Föhrenseestr.
Industriestraße
Am Lückerweg
Schießplatz
WR. NEUSTADT/WEST EXIT 44
Feuerwehr
Steinaebeng.
Goldsteinstraße
Hangweg
Kapellen-str.
Leberweg
Heuweg
Am Saatzen
Kadettenweg
Hauschg.
Bahngasse
Berghofg.
Pfarr-grundg.
Fischabachg.
Lercheng.
Wiesenfeldg.
Mathias-Bliemel-G.
Kühhutg.
Brucker wieseng.
Ungar-feldg.
Poppen
Pappelg.
Kornblumeng.
Anemon
Fischauer
284
285
286
281
280
288
26

95
98
Yf
Yg
Yh
Yj
Wiener Neustadt
Fischauer Gasse
Flugfeldgürtel
Zehnergürtel
Zehnergasse
Brunner Straße
Puchberger Str.
Neunkirchner Straße
Straße der Gendarmerie
Dreipappelstraße
Luchsperger gasse
Achtersee
Fischteich
Föhrensee
Anemonensee
Warme Fischa
Hammerbach
Fischapark
Wr. Neustadt Anemonensee
ÖBB
Schneebergg.
Kaisersteing.
Dachenstein g.
Weikersdorfer Str.
Bgm.-Jakob-Hayden-
Haidbrunngasse
Am Tiefen Weg
Am Haidbrunnen
Südbahn
Schneebergbahn
Muthmannsdorfer G.
Willendorfer
Gerasdorfer G.
Höfleiner
WR. NEUSTADT/WEST EXIT 44
Maximilian Kaserne
Obst gasse
Fischabachg.
In der Schmuckerau
Am Reitweg
Grenzweg
Brunnerwald
Föhrenseestr.
Anemonenseestr.
Margariten-g.
Hollunderweg
Narzisseng.
Schule Kinderg.
Heinrich-von-Neustadt-G.
Waldschul gasse
Molkerei
Josef-Feichtinger-Gasse
Bauhausg.
Saubersdorfer
Zulingerg.
Hardlgasse
Peischinger G.
Lachten
C:L:463:464-7847
464-7845,7847
-7837-7860,7866-
268
273
281
264

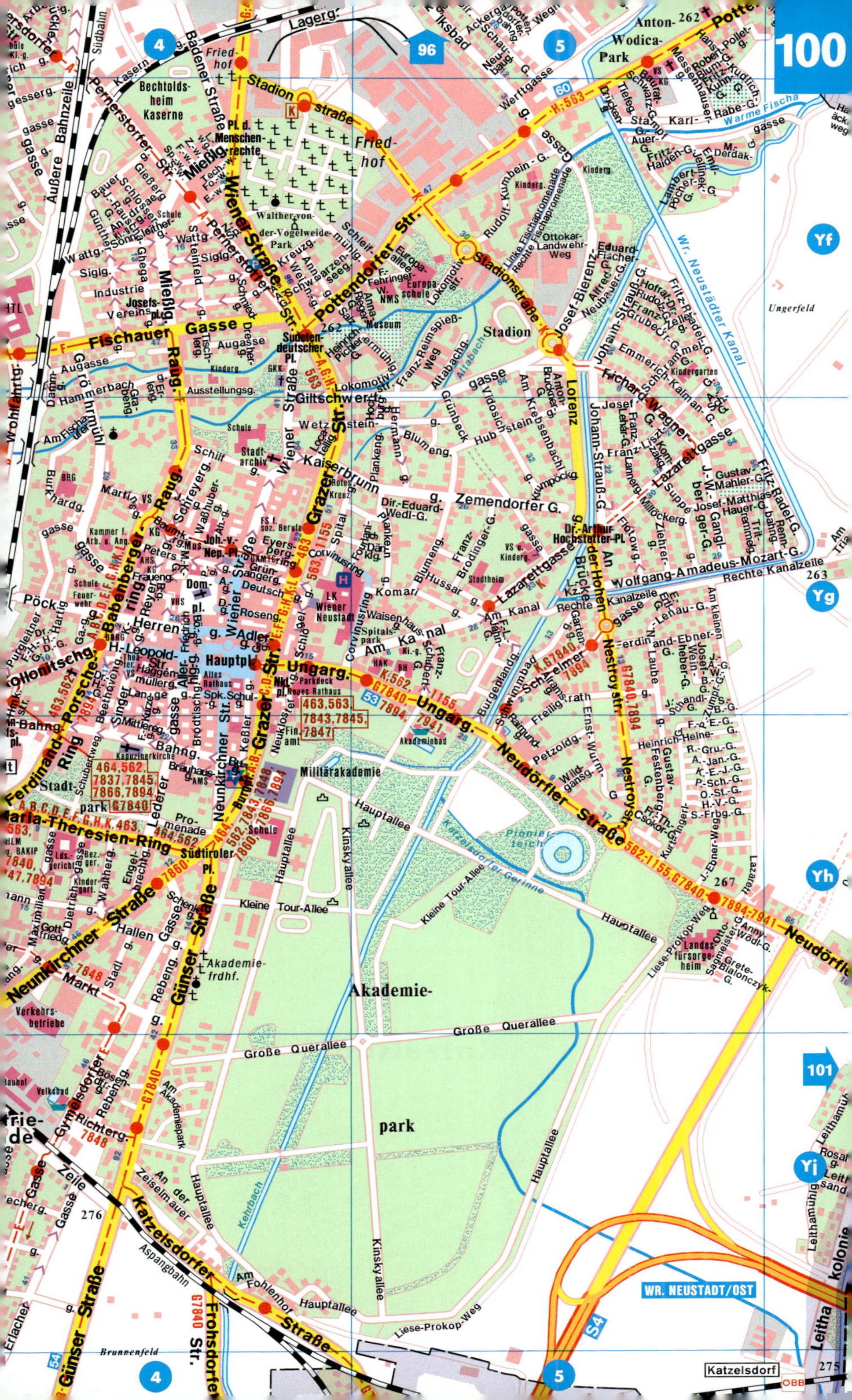

Akademie-
park
Stadt-
park
Fischauer Gasse
Pottendorfer Str.
Stadionstraße
Stadion
Wiener Straße
Grazer Str.
Ungarg.
Neudörfler Straße
Nestroystr.
Lorenz
Josef-Bierenz-
Babenberger-
ring
Ferdinand-Porsche-Ring
Maria-Theresien-Ring
Neunkirchner Straße
Günser Straße
Katzelsdorfer Straße
Frohsdorfer Str.
Wiener Neustädter Kanal
Ungerfeld
Lazarettgasse
Zemendorfer G.
Wolfgang-Amadeus-Mozart-G.
Rechte Kanalzeile
Hauptplatz
Militärakademie
LK Wiener Neustadt
Bechtolds-
heim
Kaserne
Friedhof
Akademie-
frdhf.
Anton-Wodica-Park
Pionier-
teich
Große Querallee
Hauptallee
Kinsky allee
Kleine Tour-Allee
Liese-Prokop-Weg
Südtiroler
Pl.
Sudeten-
deutscher
Pl.
Domp-
pl.
Kaiserbrunn
Giltschwerdtg.
Wetzstein-
Lokomotivstr.
Kehrbach
Warme Fischa
Aspangbahn
Südbahn
Verkehrs-
betriebe
Landes-
fürsorge-
heim
Brunnenfeld
Katzelsdorf
WR. NEUSTADT/OST
S4
Leitha
kolonie
96
101
4
5
Yf
Yg
Yh
Yi

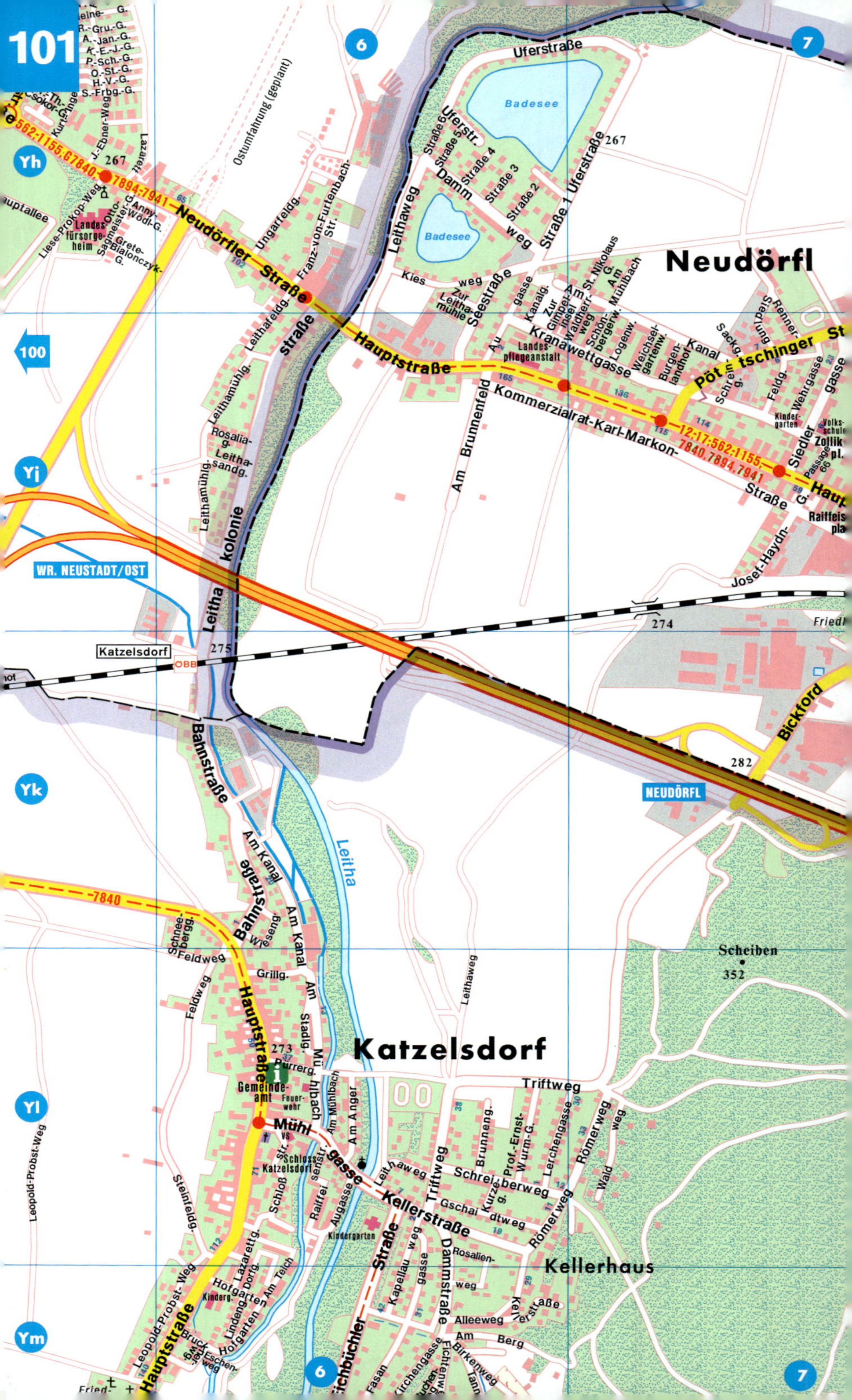

Neudörfl
Katzelsdorf
Badesee
Badesee
Uferstraße
Uferstr.
Straße 6
Straße 5
Straße 4
Straße 3
Straße 2
Straße 1 Uferstraße
Damm weg
Kies weg
Leithaweg
Seestraße
Zur Leitha-mühle
Landes-pflegeanstalt
Kranawettgasse
Hauptstraße
Neudörfler Straße
Franz-von-Furtenbach-Str.
Ungarfeldg.
Leithafeldg.
Leithamühlg.
Leithamühlg.
Rosalia-g.
Leitha-sandg.
Leithakolonie-straße
Leitha
Kommerzialrat-Karl-Markon-Straße
Am Brunnenfeld
Pöttschinger St
Kanal
Burgen-landhof
Weichsel-gartenw.
Logenw.
Schön-bergerw.
Am Mühlbach
Am St. Nikolaus G.
Waldherweg
Zur Gimpel-insel
Kanalg.
Au gasse
Sackg.
Siedlung
Renner
Feldg.
Wehrgasse
Kinder-garten
Volks-schule
Zollik pl.
Siedler Passage
Raiffeis pla
Josef-Haydn-G.
Bickford
Fried
Ostumfahrung (geplant)
Landes-fürsorge-heim
Liese-Prokop-Weg
J.-Ebner-Weg
Lazarett
Otto-Sagmeister-G.
Anny-Wödl-G.
Grete-Bialonczyk-G.
Kurt-Th.-Csokor-G.
Kurt-Inge
Hauptallee
R.-Gru.-G.
A.-Jan.-G.
K.-E.-J.-G.
P.-Sch.-G.
O.-St.-G.
H.-V.-G.
S.-Frbg.-G.
100
WR. NEUSTADT/OST
NEUDÖRFL
Katzelsdorf
ÖBB
Bahnstraße
Bahnstraße
Am Kanal
Am Kanal
Wieseng.
Schnee-bergg.
Feldweg
Feldweg
Grillg.
Am Stadlg
Mühlbach
Am Mühlbach
Am Anger
Purrerg.
Gemeinde-amt
Feuer-wehr
Mühlgasse
VS
Schloss Katzelsdorf
Schloß-str.
Raiffeisenstr.
Augasse
Kindergarten
Kellerstraße
Triftweg
Triftweg
Brunneng.
Prof.-Ernst-Wurm-G.
Lerchengasse
Römerweg
Römerweg
Waldweg
Schreiberweg
Gschaidtweg
Kurze g.
Rosalienweg
Kellerhaus
Kellerstraße
Alleeweg
Am Berg
Dammstraße
Birkenweg
Fichtenweg
Kirchengasse
Fasan
Kapellauweg
gasse
Eichbüchler Straße
Hauptstraße
Hauptstraße
Lazarettg.
Horgarten
Dorfg.
Am Teich
Lindeng.
Horgarten
Kinderg.
Eschenweg
Bruckweg
Leopold-Probst-Weg
Leopold-Probst-Weg
Steinfeldg.
Fried
Leitha
Leithaweg
Scheiben
352
267
267
273
274
275
282
7840
562;1155,G7840
7894;7941
12;17;562;1155,7840,7894,7941
6
7
Yh
Yi
Yk
Yl
Ym

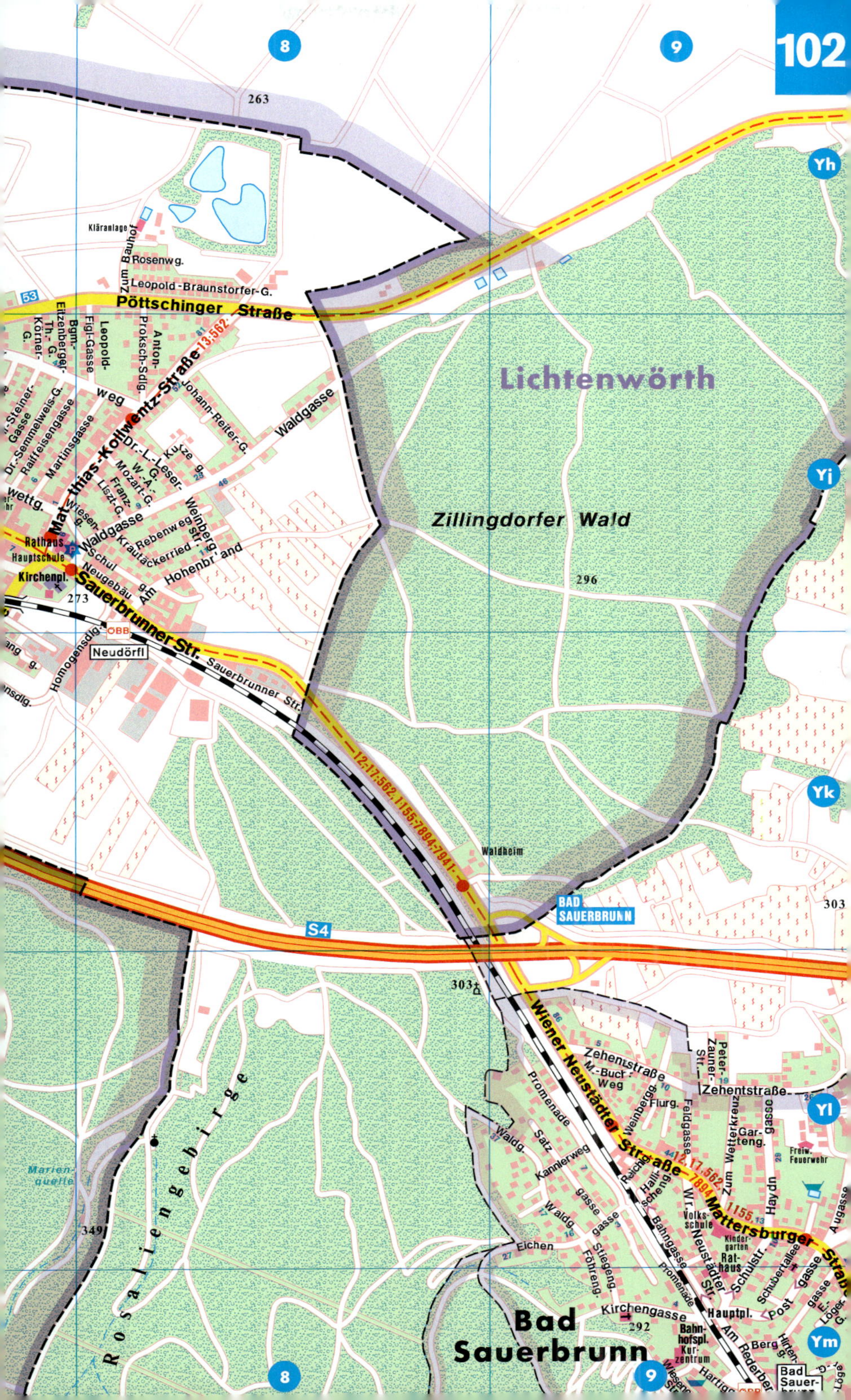
Lichtenwörth
Zillingdorfer Wald
Pöttschinger Straße
Matthias-Kollwentz-Straße
Sauerbrunner Str.
Waldgasse
Neudörfl
Rathaus
Hauptschule
Kirchenpl.
Kläranlage
Rosenwg.
Leopold-Braunstorfer-G.
Johann-Reiter-G.
Waldheim
BAD SAUERBRUNN
S4
Wiener Neustädter Straße
Mattersburger Straße
Zehentstraße
Rosaliengebirge
Marienquelle
Bad Sauerbrunn
Kirchengasse
Hauptpl.
Promenade
Bahngasse
Volksschule
Kindergarten
Rathaus
Freiw. Feuerwehr
263
296
273
303
349
292
8
9
Yh
Yi
Yk
Yl
Ym
53

92
93
94
Yq
Yr
Ys
Yt
106
Steinbruch
375
Raglitzer Str.
1. Wiener Hochquellenleitung
Steinfeld
Urbanhof
Neunkirchen
ÖBB
1706
Blätterstr.
Blätterstraßen-
siedlung
Gutenberg
Lerchen-
feld
Gymnasium
HAK
u. HAS
Rechte
Bahnzeile
Linke
Bahnzeile
Schillerg.
Uhlandstr.
Grillparzer-
pl.
Wagner-
pl.
Rohrbacher Str.
Neunkirchner Str.
Dr.-B.-Schünemann-Str.
Schwarza
Semmeringstr.
Wiener Str.
Bahnstr.
Hammerstr.
Peischinger
Str.
LK Thermenregion
Neunkirchen
Spital-
park
Sowj.
Friedh.
366
Sportplatz
Tal
Sandgasse
Talg.
Am Erholungs-
zentrum
Ludwig-Jahn-W.
Badhaus
Stadtpark
Steinplatte
Triester Str.
Schwarzottstr.
Am Spitz
ARBÖ
WIFI u.
Landes-
berufsschule
Daneggerstr.
Wartmannstetter
Str.
Haupt-
pl.
Rat-
haus
371
Gebiets-
krankenk.
AMS
Hauptschule
Heimat-
mus.
Bauhof
Mühlfeldstr.
Mühlfeld
Rosegger-
pl.
Brunnen-
pl.
Seebensteiner Str.
Forststr.
390
Natschbach
Umspannwerk
417
Wartmannstetten
Diepolzsberg
NEUNKIRCHEN
Ramplach

95
96
17
347
Wiener Str.
355
Südl. Basisendpunkt
Triftweg
Breitenau
Yq
Umfahrung-str. Ost
361
143
Wiener Str.
Neunkirchen
Neunkirchner Str.
Peischinger Str.
Fasang.
Haseng.
Reh-w.
Hammerstr.
Loipersbacher Str.
Dorfstr.
Wieseng.
Volkssch.
Am Mühlbach
Peischinger Str.
Kraftwerk Peisching
Straßenmeisterei
Yr
Feuerw.
Heiss
354
Peisching
Dorfstr.
Teichg.
Sportplatzg.
Schwarzauferw.
Dorfstr.
Am Kehrb.
Stochenweg
Kehrbach
Auzeile
358
Werderg.
Lothar-pl.
Rohowetz-g.
Augasse
Furtweg
Furtweg
Schwarza
Industriestr.
Uferstr.
Stein
Bach
Uferstr.
Heu g.
Korn g.
Wiesen g.
Weider g.
Kapelleng.
Stegg.
Schneeberg
Hohe Wand g.
Augasse
Drechslerg.
Ho.-g.
Feuerwehr
Aigner
Guntramser Str.
Ameisbachg.
gemeindenhof
Augasse
Kreuzgasse
Flur g.
Orts-str.
Zwis-g.
Feuerwehr
351
Feld
Johann-Rasner-G.
Fasang.
Holzgasse
Rud.-Wallner-G.
Str.
Waldg.
Föhreng.
Loipersbach
Ys
Natschbach-Loipersbach
Paarland
Aufeld
Druden
Kastanien-g.
Paarlandgasse
Siegfried-Ludwig-Siedlung
Natschbacher
Storchen-w.
Loipersbacher Str.
366
Dorf-pl.
Natschbach
Brandstatt
Moos
Gem.-amt
Steinbühel-g.
Lindgruberstr.
KNOTEN SEEBENSTEIN
S6
Yt
A2
Raststation Natschbach
394
Drudenteich
Lindgruber
95
96
Loipersbacher

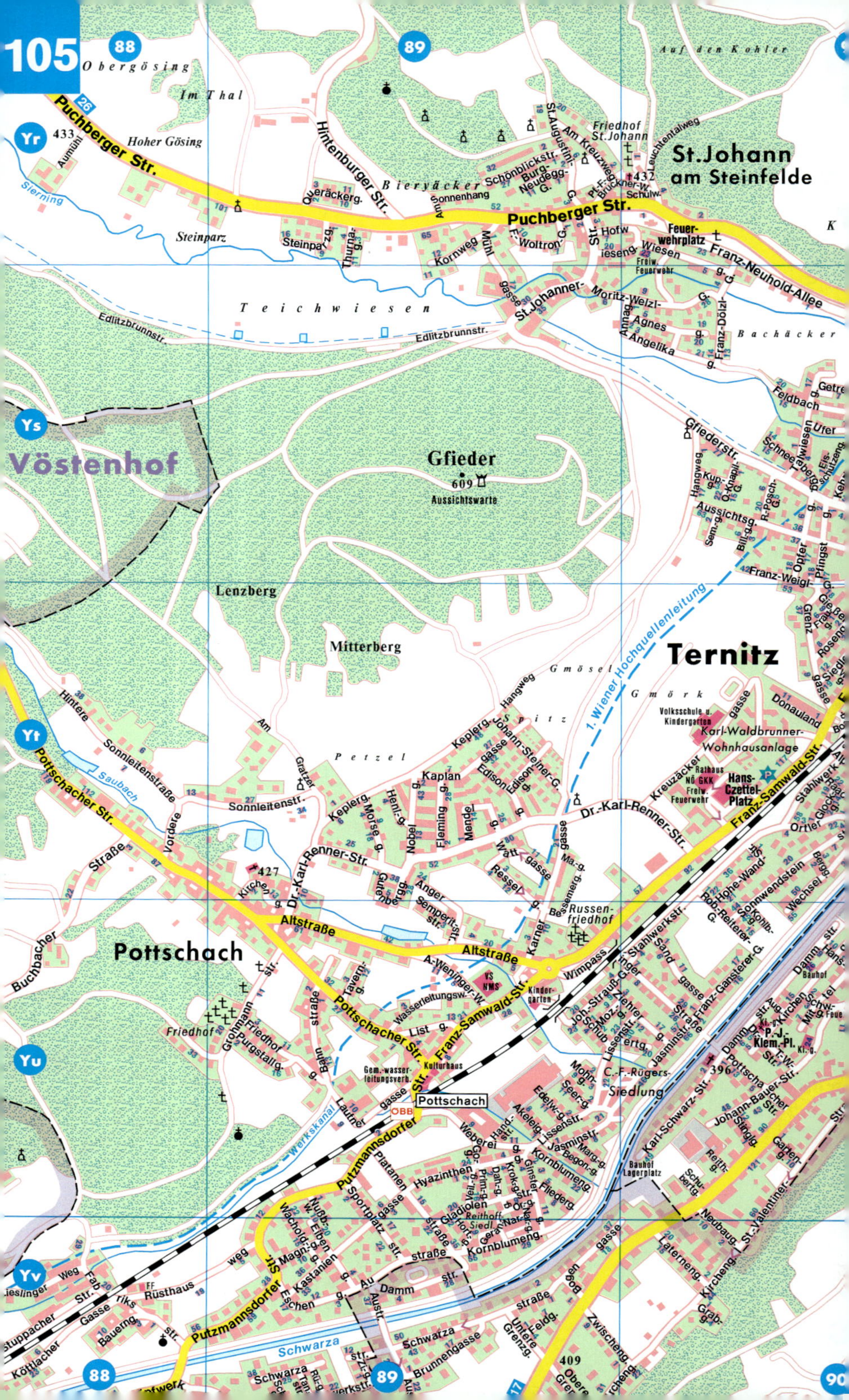
105
Obergösing
Im Thal
Hoher Gösing
Puchberger Str.
Sierning
Steinparz
Hintenburger Str.
Bieryäcker
Friedhof St.Johann
St.Johann am Steinfelde
Feuerwehrplatz
Franz-Neuhold-Allee
Teichwiesen
Edlitzbrunnstr.
Bachäcker
Vöstenhof
Gfieder
609
Aussichtswarte
Gfiederstr.
Lenzberg
Mitterberg
1. Wiener Hochquellenleitung
Ternitz
Gmösel
Gmörk
Volksschule u. Kindergarten
Karl-Waldbrunner-Wohnhausanlage
Hans-Czettel-Platz
Franz-Samwald-Str.
Dr.-Karl-Renner-Str.
Petzel
Sonnleitenstraße
Saubach
Pottschacher Str.
Sonnleitenstr.
427
Altstraße
Pottschach
Friedhof
Russenfriedhof
Kulturhaus
Pottschach
Werkskanal
Putzmannsdorfer Str.
C.-F.-Rügers-Siedlung
396
Bauhof Lagerplatz
Schwarza
Brunnengasse
409
St.-Valentiner-Str.
Zwischeng.
88
89
90

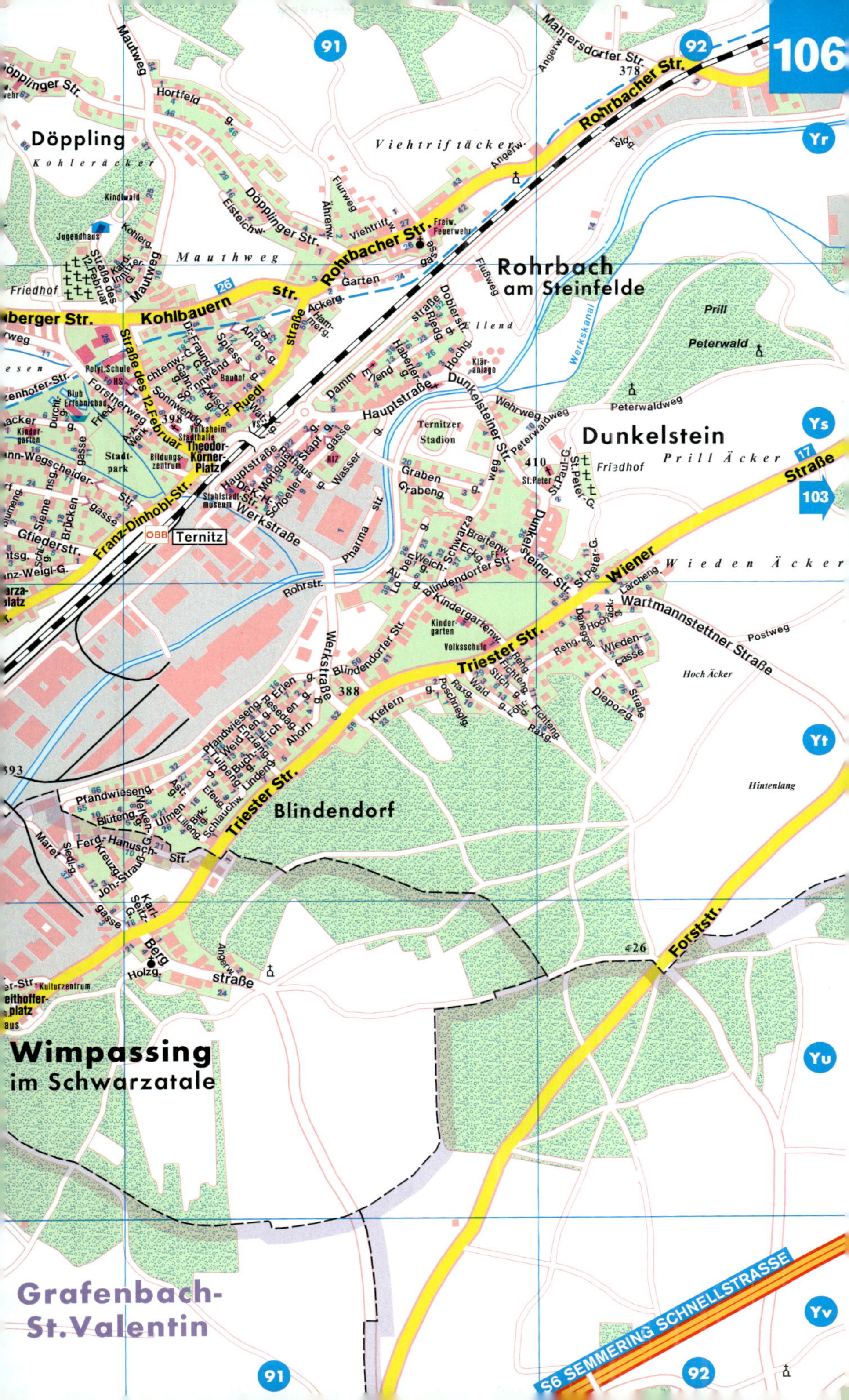
Döppling
Kohleräcker
Rohrbach
am Steinfelde
Viehtriftäcker
Mauthweg
Rohrbacher Str.
Kohlbauern str.
Dunkelstein
Prill
Peterwald
Peterwaldweg
Prill Äcker
Friedhof
Ternitzer Stadion
Werkskanal
Ternitz
Stadtpark
Theodor-Körner-Platz
Franz-Dinhobl-Str.
Straße des 12.Februar
Hauptstraße
Werkstraße
Dunkelsteiner Str.
Blindendorfer Str.
Wiener Straße
Wieden Äcker
Wartmannstettner Straße
Triester Str.
Hoch Äcker
Hintenlang
Blindendorf
Forststr.
Wimpassing
im Schwarzatale
Grafenbach-
St.Valentin
S6 SEMMERING SCHNELLSTRASSE
91
92
103
Yr
Ys
Yt
Yu
Yv

24
25
26
X
Y
Z
Za
62
74
Hauslüsse
Wiener Straße
TÜV Süd
Airportstraße
Zeppelinstraße
AMZ
Reichsstraße
221;222;273
Fischamend-Dorf
OSTAUTOBAH
Donauarm
Gürtlg.
Dr. Winter Weg
Neugasse
Haydngasse
Gürtlgasse
Donauarmstraße
Am Grund
Schneiderweg
Am Damm
Rösslgasse
Cunog.
Kirchen-g.
Feld-g.
Bahnstr.
F.F.-Museum
Sch.-weg
Fehrgasse
Kleinneusiedler Straße
Kleine
155
Außerfeld
174
192
Fischamender Straße
(272)
Klein-Neusiedl
Hutweide
Sportplatz
Kellerzeile
Bankgasse
Bankweg
Kirchenpl.
Gemeindeamt
Heide
Arbeiterg.
Kl. ga.
VS
Schulgasse
Fischapromenade

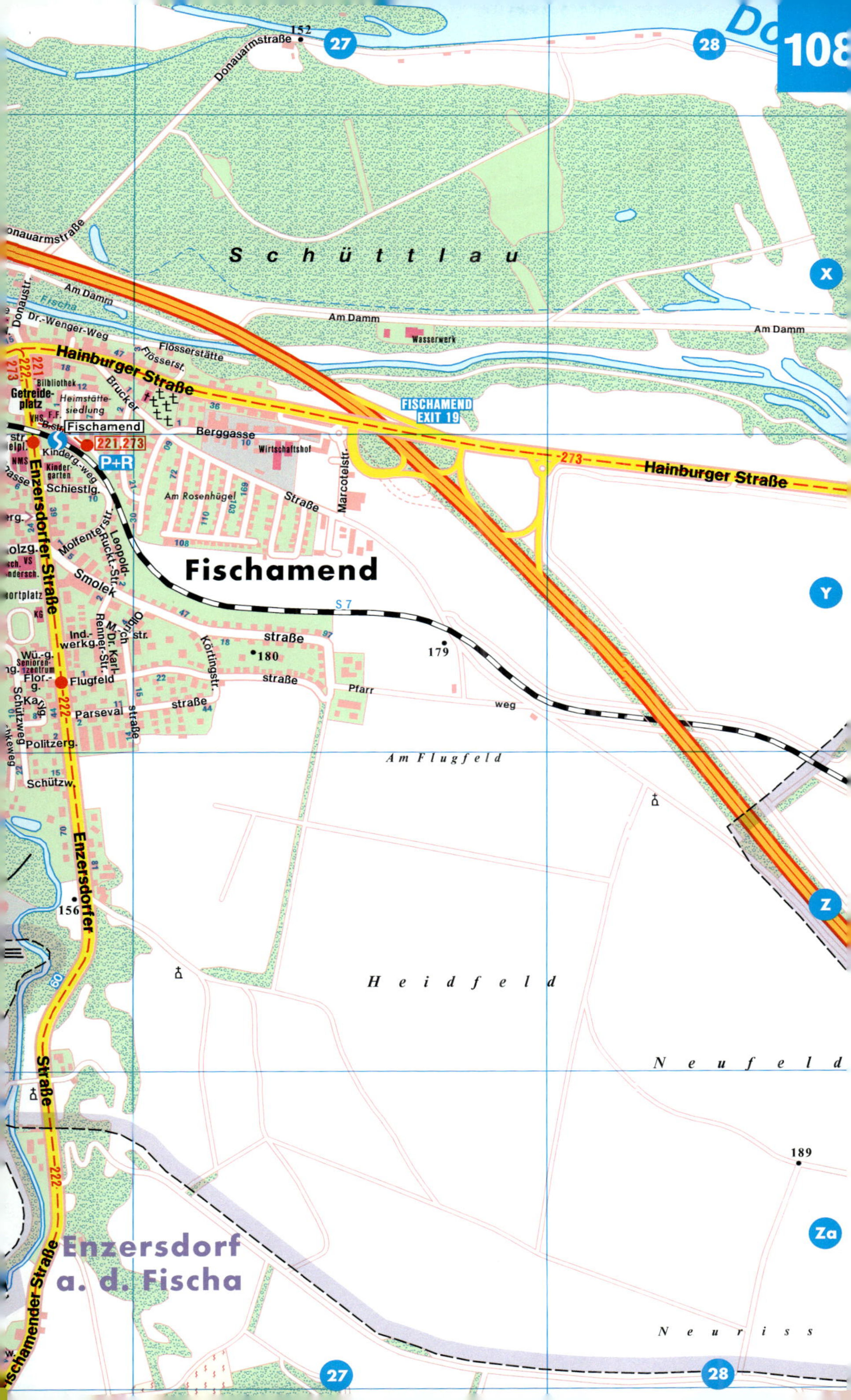

Schüttlau
Fischamend
Donauarmstraße
Am Damm
Fischa
Dr.-Wenger-Weg
Flösserstätte
Flösserst.
Hainburger Straße
Bibliothek
Getreideplatz
Heimstättesiedlung
Brucker
Fischamend
221.273
P+R
Berggasse
Wirtschaftshof
Marcotelstr.
FISCHAMEND EXIT 19
Wasserwerk
Kinderg.-weg
Kindergarten
Schiestlg.
Am Rosenhügel
Straße
Enzersdorfer Straße
Molfenterstr.
Loopold-Ruckt-Str.
Smolek
S 7
Ind.-werkg.
Dr. Karl-Renner-Str.
straße
Körtingstr.
180
179
Wü.-g.
Seniorenzentrum
Flor.-g.
Flugfeld
Pfarr
weg
Kary.
Schützweg
Parseval
straße
Politzerg.
Schützw.
Am Flugfeld
156
Enzersdorfer
Straße
Heidfeld
Neufeld
189
Enzersdorf a. d. Fischa
Fischamender Straße
Neuriss
152
27
28
X
Y
Z
Za

34
35
A4
Göttlesbrunner Bach
Zf
159
OSTAUTOBAHN
BRUCK A. D. LEITHA / WEST EXIT 32
Zg
Fischamender Str.
Kirchtal
168
273:572
Göttlesbrunner Bach
Bruck an der Leith
159
EVN
Teichg.
Leberbühel
Zh
Schw.-Oswina-G.
Sporth.
VS
276, 277
Ziegelofenteich
Biberw.
Carl-Klose-G.
Johann-Leutner-Gasse
Leopold-Figl-Str.
Arbeiterg.
Goethe
Harzhauser
Ziegelofen
Peter-Rosegger-G.
Semmelweis
Feldg.
Bauernmus.
Hans-Czettel-G.
Zeller kreuz-g.
Sonneng.
Trost
Anna-Kundl-Str.
Leo-Feiler-G.
Hochfeld
10
Industriegelände West
272:572
Industriegelände West
Industriegelände West
Robert-Ederer-Maria-Eckel-Pl.
Zj
EKZ
ÖAMTC
Strassenmeisterei
Altstadt
Alte Wiener
277:415:572
211
Dürndorfer G.
Eisteich
Mühl
157
Wilfleinsdorfer Str.
Ostbahn
277,415:469
Wilfleinsdorfer Str.
Rotes Kreuz
Bruckn
Aubachgraben
Auwiese
Gärtnerg.
Zk
Auwiese
Leitha
Neue Leitha
Dammstr.
276
Windener Str.
Trupp
34
35
Dammstr.
276

37
38
Zf
Zg
Zh
Zj
Zk
172
Höfleiner Str.
274,574
A4
Linging
str.
Heidenberg
Heimstr.
Dalhammerg.
Drurkeng.
Querw.
Siedlerg.
Invaliden
Alexander-Sögher-
Europag.
Werkg.
Heimstr.
Europag.
Graben-
Bachg.
Neugasse
Franz-Lengenfe.-w.
Dr.-W.-Kramer-Str.
L.-Petz.-G.
Isonz.-G.
Gauerm.-W.
J.-König-Str.
Ziegelteich
Spital-w.
Alter Hainburger
H.-Binner-G.
274,574
Weg
ehemalige Römerstr.
Industriering Ost
Lokalbahn
Industriegelände Ost
Industriestr.
Wirtschaftspark ECO PLUS
5. Straße
Eco Plus Park
4. Straße
Fachmarktzentrum Shopping Bruck
2. Str.
Eco Plus Park 7.Str.
Eco Plus Park 1. Straße
Eco Plus Park
3. Straße
Färberstr.
Industriering Ost
BRUCK A. D. LEITHA / OST EXIT 36
Pachfurther Str.
Szallasweg
211
ÖAMTC
153
Fernheizwerk
Freiw. Feuerwehr
Bauhof
Zimmererstr.
Färberstr.
Industriestr.
Florianistr.
Florianistr.
Deutsche Sätzen
Rotes Kreuz
VHS Ki.-ga.
BH
Am G.-gu.
Stadt
Parkbadstr.
Parkbad Sport- u. Erholungszentrum
Pachfurther Str.
275
Burg-August-Kloster
Gesundheitszentrum
AK
Bürgersp.
Schloss Prugg
Harrachpark
Hauptpl.
Rath.
157
469
Hainburger Str.
Leitha
Schloßmühlg.
Stadt-mus.
Stadt-halle
Bruck-mühl-park
152
Leitha
Käshof
H.-Sachs-G.
Sportplatz
Parndorfer Str.
572,575
Leitha-gürtel
Lagerstr.
Dr.-Th.-Körner-Pl.
AMS
Gem.-amt
574,575
Bahnhofpl.
Jos.-Schöfer-G.
Király
Heizhaus g.
Ärzte-zentr.
276,572,575
Römerstraße
Lindenbreite
Aufbahrungshalle
Viaduktg.
Neubaugasse
Marc-Aurel-Str.
Carolusg.
Harrachg.
Lindenbreite
Akazien-w.
Marc-Aurel-Str.
Frdhf.
58
273;276
10
32
10
Badeteich
Feriensiedlung
173
Parndorfer Str.
276, 572, 575
146
ÖBB
park
Bruck a. d. Leitha
Park & Ride
Bauhof
Heeresbau-direktion
Ki.-ga.
Viaduktg.
Theißstr.
276
Theißstr.
Lagerstr.
Lagerhaupt
Sappe
Krieger-denkm.
TÜPL-Kommando
allee
Forstamt
Benedek-Kaserne
Sappe
208
Übungsplatz Bruckneudorf
37
38

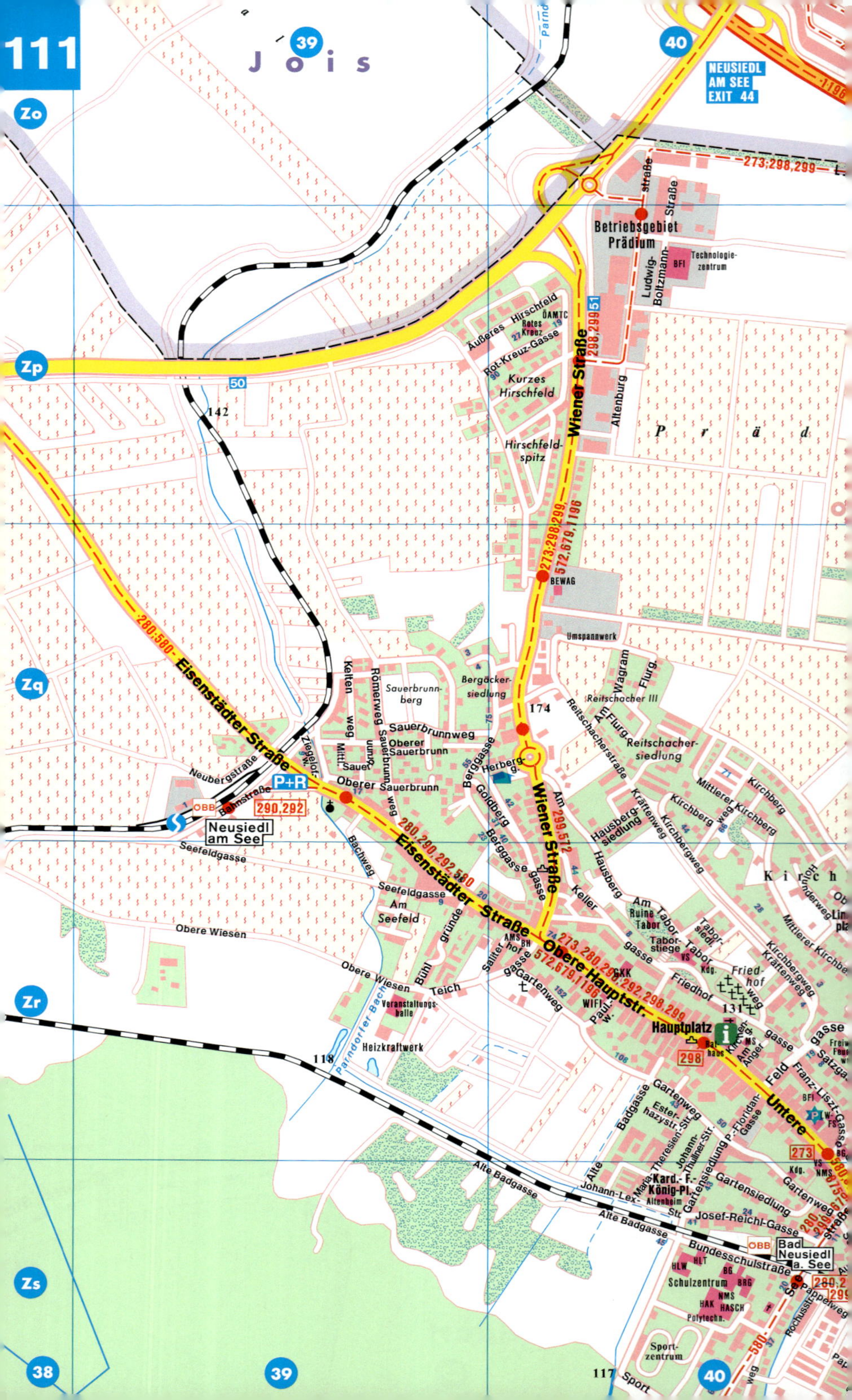
Jois
39
40
Zo
Zp
Zq
Zr
Zs
38
NEUSIEDL AM SEE EXIT 44
273;298,299
Betriebsgebiet Prädium
Ludwig-Boltzmann-Straße
Technologie-zentrum
BFI
ÖAMTC
Rotes Kreuz
Äußeres Hirschfeld
Rot-Kreuz-Gasse
Kurzes Hirschfeld
Hirschfeld-spitz
Wiener Straße
298,299
51
Altenburg
Prädium
273;298,299
572,679,1196
BEWAG
Umspannwerk
50
142
280;580
Eisenstädter Straße
Keltenweg
Römerweg
Sauerbrunnberg
Bergäcker-siedlung
174
Sauerbrunnweg
Oberer Sauerbrunn
Mittl. Sauerbrunn
Sauerbrunnweg
Reitschacher III
Am Wagram
Flurg.
Reitschacherstraße
Am Flurg.
Reitschacher-siedlung
Berggasse
Herberg-g.
Goldberg
Neubergstraße
Bahnstraße
ÖBB
P+R
290,292
Neusiedl am See
Ziegelof.-w.
Am 299,572
Hausberg-siedlung
Kräftenweg
Kirchbergweg
Mittlerer Kirchberg
Kirchberg weg
Kirchberg
Seefeldgasse
Bachweg
280,290,292,580
Eisenstädter Straße
Hausberg
Keller
Am Ruine Tabor
Tabor-siedl.
Tabor-stiege
Tabor
Hohlunderweg
Kirch
Mittlerer Kirchberg
Seefeldgasse
Am Seefeld
Obere Wiesen
Bühl
gründe
Saliterhof gasse
AMS
BH
273,280,290,292,298,299
572,679,1196
Obere Hauptstr.
GKK
Friedhof
Friedhofweg
Kirchbergweg
Kräftenweg
Obere Wiesen
Teich
Gartenweg
WIFI
Paul-W.
Veranstaltungs-halle
Parndorfer Bach
Heizkraftwerk
118
131
Hauptplatz
Rathaus
298
Kirchen-g.
Am Anger
MS
Feld
gasse
Satzga.
Franz-Liszt-Gasse
Untere
BFI
Badgasse
Gartenweg
Ester-házystr.
Maria-Theresien-Str.
Johann-Thullner-Str.
Gartensiedlung
P.-Floridan-Gasse
273
Kdg.
VS
NMS
Alte Badgasse
Alte Johann-Lex-Str.
Kard.-F.-König-Pl.
Altenheim
Gartensiedlung
Gartenweg
Josef-Reichl-Gasse
Alte Badgasse
ÖBB
Bad Neusiedl a. See
Bundesschulstraße
HLW
HLT
BG
BRG
Schulzentrum
HAK
NMS
HASCH
Polytechn.
Seestraße
Pappelweg
Sport-zentrum
117
Sport
40
580

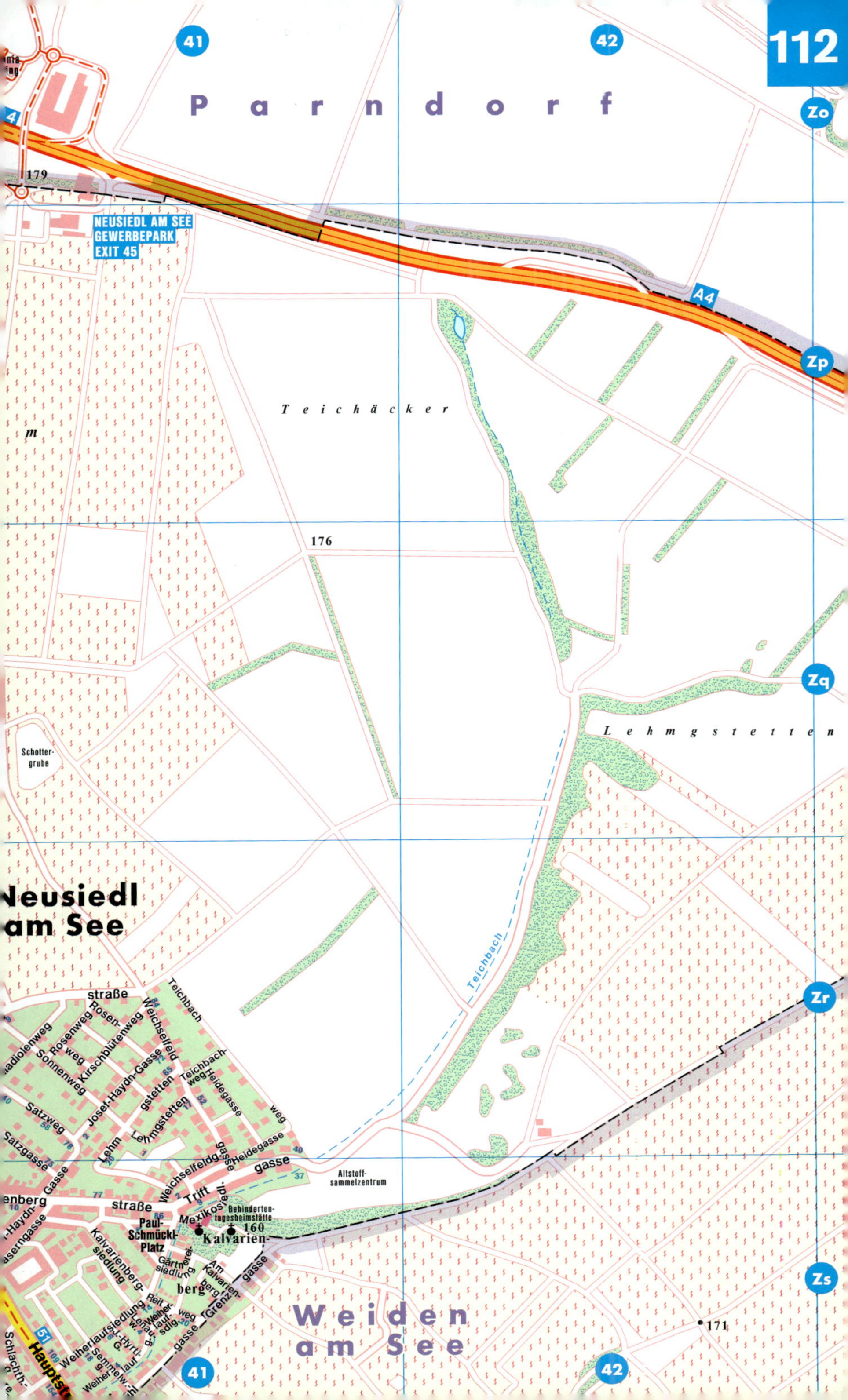

41
42
Parndorf
Zo
179
NEUSIEDL AM SEE
GEWERBEPARK
EXIT 45
A4
Zp
Teichäcker
176
Zq
Lehmgstetten
Schotter-
grube
Neusiedl
am See
Teichbach
Zr
Rosenweg
Sonnenweg
Kirschblütenweg
Weichselfeld
Josef-Haydn-Gasse
Satzweg
Satzgasse
Teichbachweg
Heidegasse
Lehmgstetten
Weichselfeldg.
Trift
Altstoff-
sammelzentrum
Behinderten-
tagesheimstätte
160
Paul-
Schmückl-
Platz
Kalvarien-
Kalvarienberg-
siedlung
Gärtnerei-
siedlung
Grenzgasse
Weiherlaufsiedlung
Zs
Weiden
am See
171
41
42

EBREICHSDORF NORD EXIT 5
A3
466,566
16
Pferdesportpark Ebreichsdorf
Festwiese
Racino-Platz
Tribünengebäude
Rennbahnen
Pferdewiese
Magna Racino
Magna-Racino-Allee
Pferdepromenade
Betriebshof
Stallungen
Trainingsanlage Polo
Kalter Gang
Golfplatz
Clubhaus
Schloßallee
Polofeld
Wiener Straße
Betriebsgebiet
Welschen
Halten
Betriebsring
198
199
Europa Str.
Am Kalten Gang
Hutfabrik w.
Arbeiterg.
Dr.-Karl-Renner-Str.
Herm.-Müller-G.
Reithalle
Schafflerhofstr.
Reitplatz Schafflerhof
Pottendorfer Linie
Bienen g.
Zeilingerteichg.
Johann-Steyskal-G.
Freiw. Feuerwehr
Kulturheim
Kinderg. III
L.-Kornhofer-G.
Augasse
Feldg.
Feldstr.
Weidengasse
Anna-Gestlg-Straße
Piestingau straße
Sechs-Erlut
Czettel-G.
Schaffler hofstr.
Heinrichskapelle
Welsche Haltgasse
Wasserg.
Piestingw.
Bachlechnerw.
Siloggasse
Jägerzeile
Unterfeld
Grabeng.
Fasang.
Kindergarten I
Altes Rathaus
Bahnstraße
Hauptplatz
Rath.-pl.
Gemeindezentrum
Bezirksgericht
ASB
Schloss Ebreichsdorf
Schloßplatz
Pestsäule
Volksschule
NMS
Polyt. Schule
Sonderschule
Schulg.
Rechte Bahnzeile
Linke Bahnzeile
ÖBB
222,22
235,2
Gnadenb. w.
Feuerbachg.
Vorstadtg.
Friedhof
202
Sportplatz
Sportpl.
Ackerw.
Parkallee
Gutshofzeile
Schlossparkstr.
Badener Straße
210
Wiener Neustädter Straße
200
Gaernackerstr.
Heinr.-Wesely-Straße
Gartengasse
Tulpenw.
Birkenw.
Leopold-
Karl-Lill-Str.
Theodor-Paul-
Im Schulgarten
Hasen g.
Neubaug.
Rosenstr.
Schönstr.
Körner-
Neurissbreite
Breitenäcker
Piesting
Weigelsdorf
Wiener St.
Nüssl
Zn
Zo
Zp
Zq
Zr
12
13
14
203

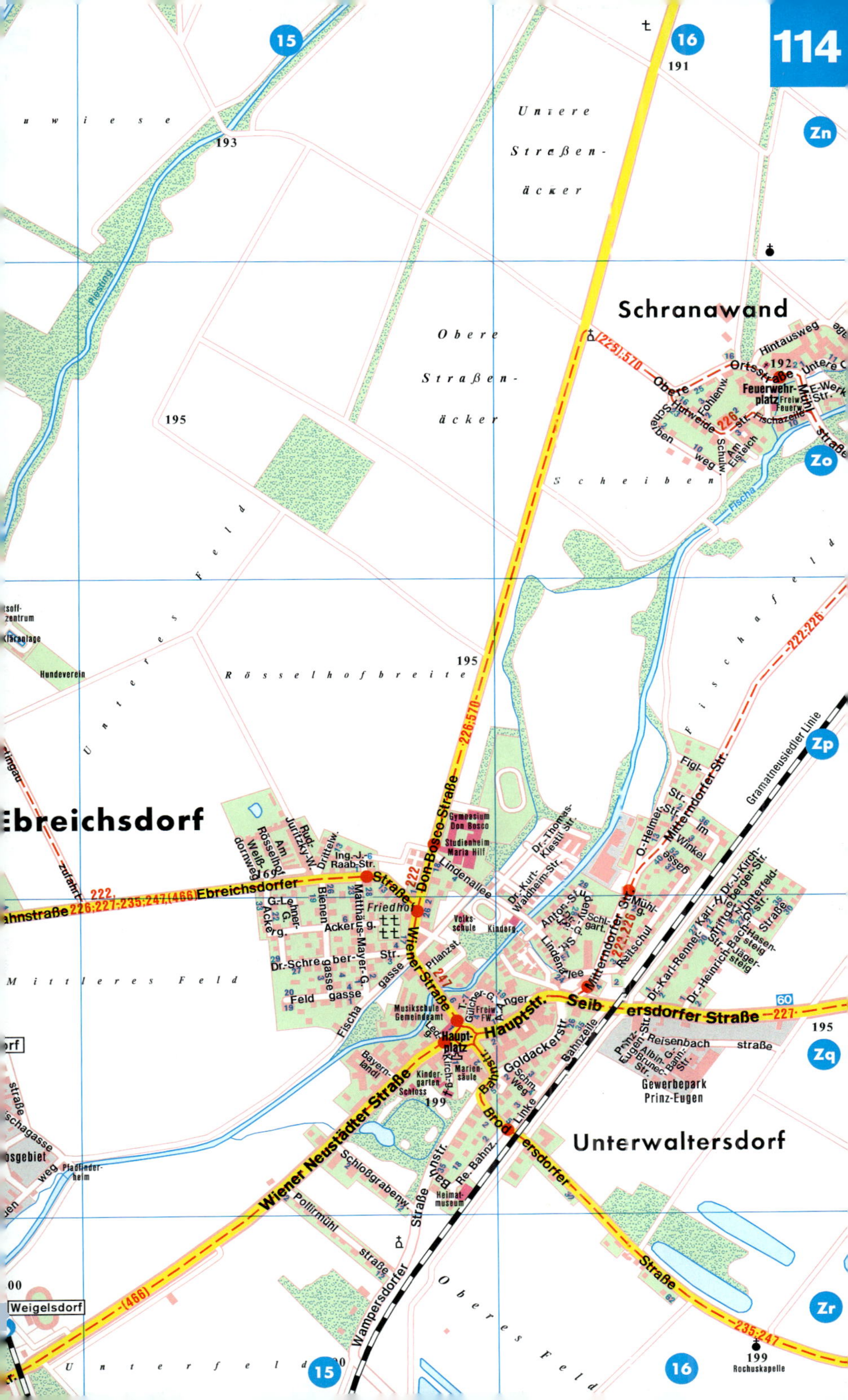

Schranawand
Ebreichsdorf
Unterwaltersdorf
Untere Straßenäcker
Obere Straßenäcker
Scheiben
Rösselhofbreite
Unteres Feld
Mittleres Feld
Fischafeld
Oberes Feld
Unterfeld
Piesting
Fischa
Gramatneusiedler Linie
Ebreichsdorfer Straße
Don-Bosco-Straße
Wiener Straße
Hauptstr.
Hauptplatz
Wiener Neustädter Straße
Seibersdorfer Straße
Brodersdorfer Straße
Wampersdorfer Straße
Mitterndorfer Str.
Lindenallee
Friedhof
Gymnasium Don Bosco
Studienheim Maria Hilf
Volksschule
Musikschule Gemeindeamt
Kindergarten
Schloss
Mariensäule
Heimatmuseum
Gewerbepark Prinz-Eugen
Reisenbach straße
Schloßgrabenw.
Pollirmühl straße
Goldackerstr.
Bahnzeile
Feuerwehrplatz
Ortsstraße
Hintausweg
Obere Hutweide
Fischazeile
Hundeverein
Kläranlage
Weigelsdorf
Rochuskapelle
Zn
Zo
Zp
Zq
Zr
15
16
191
192
193
195
199

POTTENDORF EXIT 13
A3 SÜDOSTAUTOBAHN
Oberes Rohrfeld
Neue Fischa
Alte Fischa
Reisenbach
Badener Str.
Schloßstraße
Wiener Straße
Schlosspark
Schloss Ruine
Friedhof
Florianikapelle
Heimatmuseum Rother Hof
Aufbahrungshalle
Wampersdorfer Straße
Gewebezone Ost
Skate-Park
Hundeabrichteplatz
Industriestraße
Kläranlage
Altstoffsammelzentrum
Pottendorfer Linie
Gemeindeamt
Kirchenplatz
Marktplatz
Hauptstraße
Siegersdorfer Straße
Hinter den Gärten
Schneeblick
Henneberg-platz
NÖ Landespensionistenheim u. pflegeheim
Gewerbezone Süd
Spinnereipark
Spinnereistr.
Bahnstraße
Pottendorf
Pottendorf-Landegg
Kindergarten
Verein Jugendhilfe
Kindergarten II
Sport- u. Veranstaltungshalle
Schulzentrum
Bahnstr.
Wiener Neustädter Straße
Badener Str.
Eisenstädter Straße
Schmiedgasse
Seepark
Pflanzsteige
Freiwillige Feuerwehr
Rettung
Brückenwaage
Hutweide
Landegg
Italienerdenkmal
San Lorenzo
Leitha
Werkskanal
Wasserversorgungsanlage
Ebenfurth
Zu
Zv
Zw
Zx
12
13
14

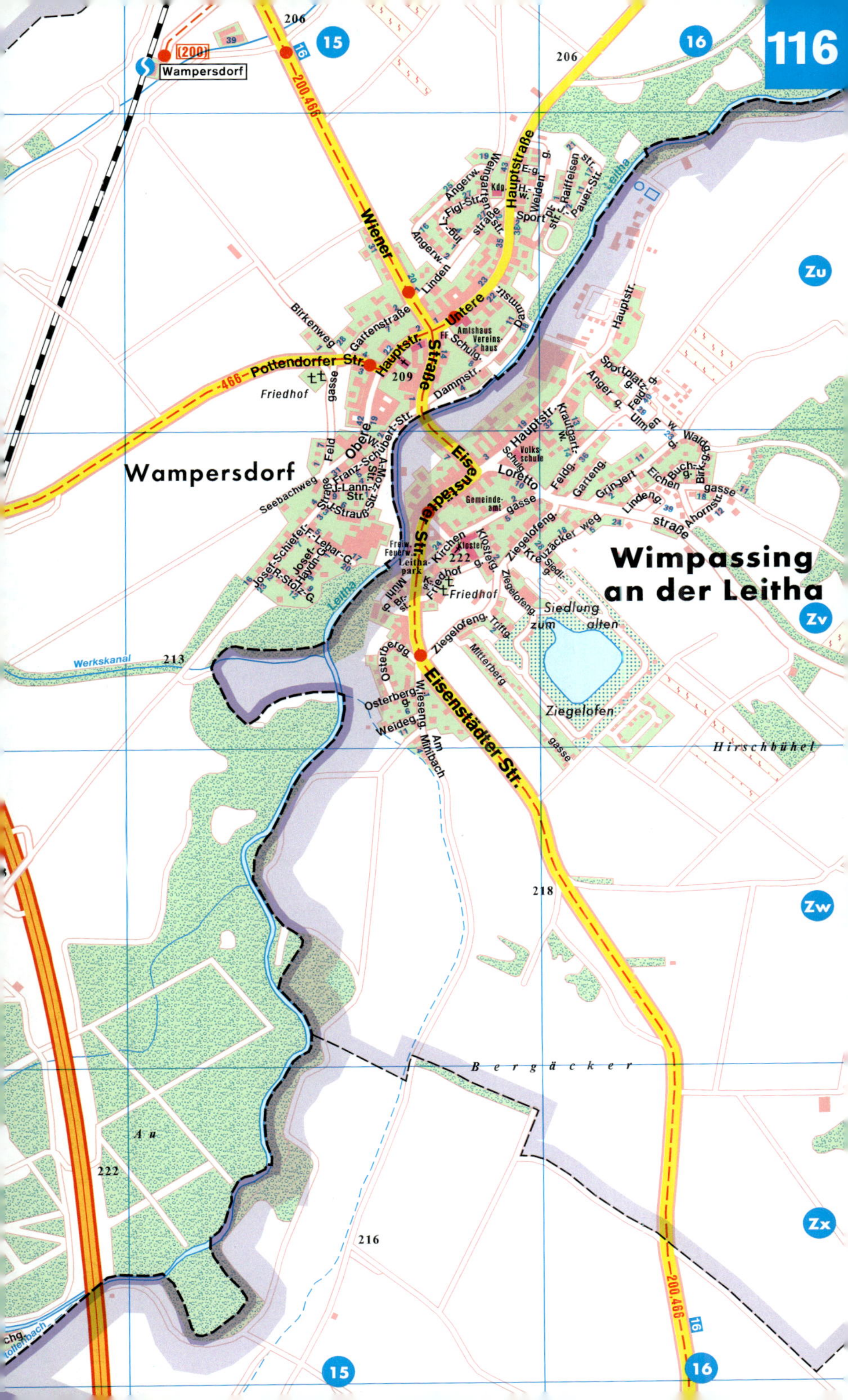
Wampersdorf
Wimpassing
an der Leitha
Wiener Straße
Pottendorfer Str.
Hauptstr.
Eisenstädter Str.
Untere
Hauptstraße
Leitha
Werkskanal
Friedhof
Siedlung
zum alten
Ziegelofen
Hirschbühel
Bergäcker
Au
Loretto
Volksschule
Gemeindeamt
Amtshaus
Vereinshaus
Kloster
Leithapark
Freiw. Feuerw.
Am Mühlbach
Osterberg
Weideg.
Mitterberg
Ziegelofengasse
Kreuzäcker weg
Lindeng.
Ahornstr.
Seebachweg
Birkenweg
Gartenstraße
Dammstr.
Lindenstr.
Angerw.
Raiffeisen str.
Pauer-Str.
Sport
15
16
Zu
Zv
Zw
Zx
200,466
466
206
209
213
216
218
222

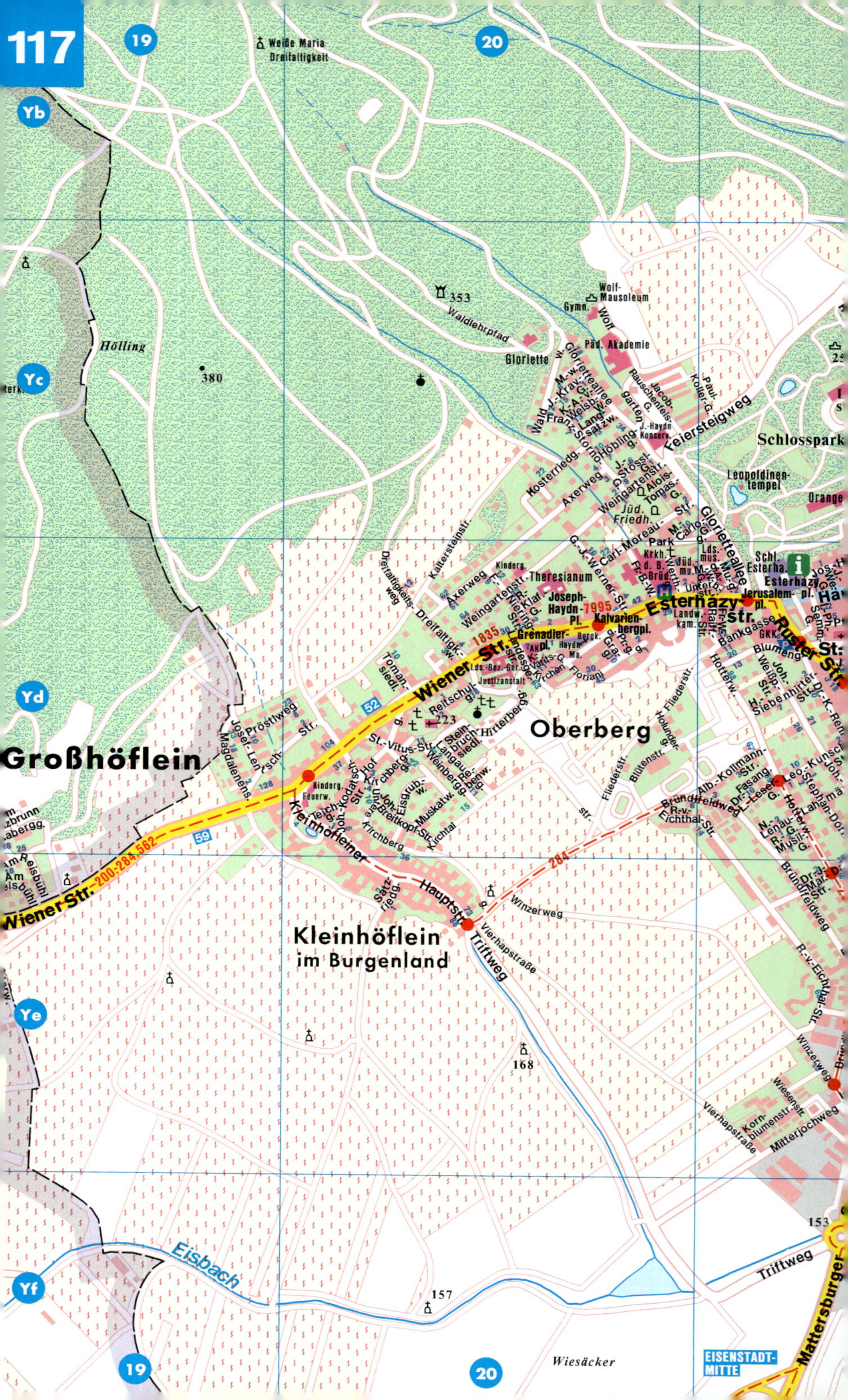
Weiße Maria Dreifaltigkeit
Hölling
380
353
Waldlehrpfad
Gloriette
Wolf-Mausoleum
Päd. Akademie
Feiersteigweg
Schlosspark
Leopoldinentempel
Theresianum
Joseph-Haydn-Pl.
Kalvarienbergpl.
Esterházy-str.
Jerusalem-pl.
Ruster Str.
Wiener Str.
Oberberg
Großhöflein
Kleinhöflein im Burgenland
Hauptstr.
Triftweg
Vierhapstraße
Winzerweg
168
157
153
Eisbach
Wiesäcker
Mattersburger
EISENSTADT-MITTE
Wiener Str. 200-284-562
284
1835
7995
223

Eisenstadt
St. Georgen am Leithagebirge
Burgstallberg
305
ORF
Feuerwehrmuseum
Landesfeuerwehrschule
Leithabergstr.
Ing.-Hans-Sylvester-Str.
Martinkaserne
Landhaus
Europa-pl.
Bundesgymnasium
Bad Kissingen Pl.
Neusiedler Str.
Georgistraße
St.-Georgener-Hauptstraße
Kirchen-pl.
Kellerberg
Rochuskapelle
Ma. Lourdes
Feuerw. St. Georgen
Sonderschule
Sportzentrum
Kunsteisbahn
Bundesschulzentrum
HTL, HAK, HAS
Sozialth. Zentrum
Feuerwehr
Bundesamt
Landespolizeidirektion
Eisenstadt Schule
EISENSTADT-OST
BKF
Langäcker
Generationenzentrum
Pflegeheim
WIFI
Bahnhofpl.
Eisenstadt
Ödenburger Str.
Ruster Str.
Städt. Bauhof
EZE
Krautgartenweg
Industriestr.
Hutweideg.
Straßenbauamt
Zollamt
Abwasserverband
Technologiezentrum
Campus
Fachhochschule-Studienzentrum
Studentenheim
Lobäcker
Kompostieranlage
Altstoffsammelzentrum
Eisbach
Autobahnmeisterei
Haidäcker
EISENSTADT-SÜD
S31
22
23
Yb
Yc
Yd
Ye
Yf

Mattersburg
Wiener Straße
Rotes Kreuz
Feuerwehr
Bauhof
Langendorferweg
Bewegungs-park
Gerichtsbergg.
Höhenweg
Angergasse
Fußball-akademie
Dr.-Fred-Sinowatz-Str.
Am Viehmarkt
Ärztezentrum
Markt-gasse
Bezirks-haupt-mannschaft
Triftgasse
Hirtengasse
Michael-
Martins-pl.
Theodor-Körner-
Quellen
Dr.-R.-Berczeller-G.
Tillbrunn
Lange
Wieseng.
Rosengasse
Blumeng.
Haydng.
Leitgebg.
Dr.-Adolf-Schärf-
Leopold-Figl-Straße
Mühlgraben
Mühl
Fasan
Bründlw.
Frischherz-kreuz
Hintergasse
Halterkr.
Kr.kap.
Pfarr-kindergarten
Gartengasse
Hauptstraße
Hochstraße
Wasser
Anton-
Neugasse
Pielgasse
Weidenbachg.
Wulkag.
Hirschkreitg.
Wieselbergg.
Forchtenauer Str.
Linden-pl.
Bergstraße
Römerweg
Mühlbach
Stücklkreuz
Wulka
Geißgrabenbach
Hirschgreut
Schießplatz
Breitenweg
FORCHTENSTEIN
Autobahn-polizei
Hubertuskapelle
S31
S3
Am Haidbach
Starenbühl
287
301
271
268
303
317
322
12
13
Yp
Yq
Yr
Ys
Yt

Arenapl.
242
gasse
Friedhof
Wulka
669,1669,
1824,1941
Hauptstraße
Walbersdorf
Leonhard
Kurzgasse
Triftgasse
Gartengasse
Mariensäule
A. Schreiner-G.
Kirch-g.
Brunnen-g.
gasse
Wulkablick
Tageshelmstätte
Hinter
Evang. Bethaus
Hauptstraße
Feld-
222
Berggasse
Evang. Glockenturm
Kindergarten
Dreifaltigkeitssäule
-7993
Eisenstädter Straße
Straße
Hauptstraße
Hotterweg
H.-Suchard-G.
Dr.-H.-P.-G.
Hirtengasse
Arb.-g.-Str.
Meidl-W.
Dr.-Ludwig-Leser-Str.
Hotterweg
Dr.-L.-Leser-Str.
Pappelstadion
Wulkalände
1155
12
Wulkalände
Sporthalle
Kulturzentrum
NMS
Wirtschaftsk. Berufsschule
Kitaibel
gasse
Bauweltstr.
Wulkalände
Bahnstr.
P+R
Mattersburg
Druckweg
Bahnstraße
Bauweltstr.
ARBÖ
Ziegelofeng.
Marzer
Friedhof
Mozartgasse
Seminarg.
Felixstr.
ÖBB
ÖAMTC
Industriestr.
Rotkreuz-pl.
Rettung
Burgenlandstraße
Dr.-Karl-Renner-Pl.
Süd-Ost-G.
J.-Morawitz-G.
Semmelw.
Sylvesterg.
Aufbahrungshalle
Raiffeisen
gasse
Felixstr.
Friedhof
Breitenweg
Fachmarktzentrum
240
252
Rinselkap.
Johann-N.-Berger-Str.
1824-1833-1839-7902-7941-7990-7995
Rinselbach
Marzer Bach
264
Donatuskreuz
Schlosserstr.
straße
Industrie
Getreideg.
Lindengasse
Flur
gasse
Mühlenweg
Blumengasse
Gartengasse
Walbersdorfer Str.
Feldgasse
straße
Sportplatzg.
Zach.-Gundian-Str.
Mittere G.
Dr.-G.-Fuchs-G.
Querg.
Kettenbach
Auf den Breiten
Marz
Kirchäcker
Schubert-g.
Leharg.
Mozartg.
Kaiserbr.-g.
Mühlenweg
Kogel
Bahn
straße
E.-Suess-Str.
A.-Salzer-Pl.
Pfarrkirche
Pfarrheim
Joh. kap.
Aufb.-halle
Hl.-brunneng.
Friedhofgasse
Antoniussäule
1833
Marz-Rohrbach
ÖBB
Bahnhofpl.
Steinbühel
Florianikap.
Bach
Bäcker-g.
Kindergarten
Rathaus
Alte Sebastiansäule
Badeteich
50
Kurze G.
Kreitg.
Forchtenstein
Kirchenacker
weg
Hauptstraße
FW
VS
Florian-Kiefe-Str.
A.-Sinowatz-Str.
Pulverstampfg.
Hotterweg
Roseng.
Mühlweg
Mariensäule
Kriegerd.
Hauptstraße
Bahnstraße
Rohrbach bei Mattersburg
Erleng.
Rosengasse
Schulstraße
Waldstraße
Berggasse
Lebergasse
Leberweide
Marzer Gasse
Bach
Hotterweg
gasse
Hauptstraße
Arzt
Nikelberg.
Haydngasse
Kreuzgasse
Rosengasse
Bründlweg
Ruymantegasse
Wolfsi.-g.
Arbeiterg.
Bahnstraße
Kirchengasse
Bachzeile
Antonic
Floriani-kap.
Friedhof
Markusg.
Zahnarzt
Garten
Lebergasse
Blumen-g.
Sportplatzg.
Arbeitergasse
Kudli
Hotterweg
Pfarrkirche zum hl. Sebastian
Siedl.
14
15
16
Yp
Yq
Yr
Ys
Yt

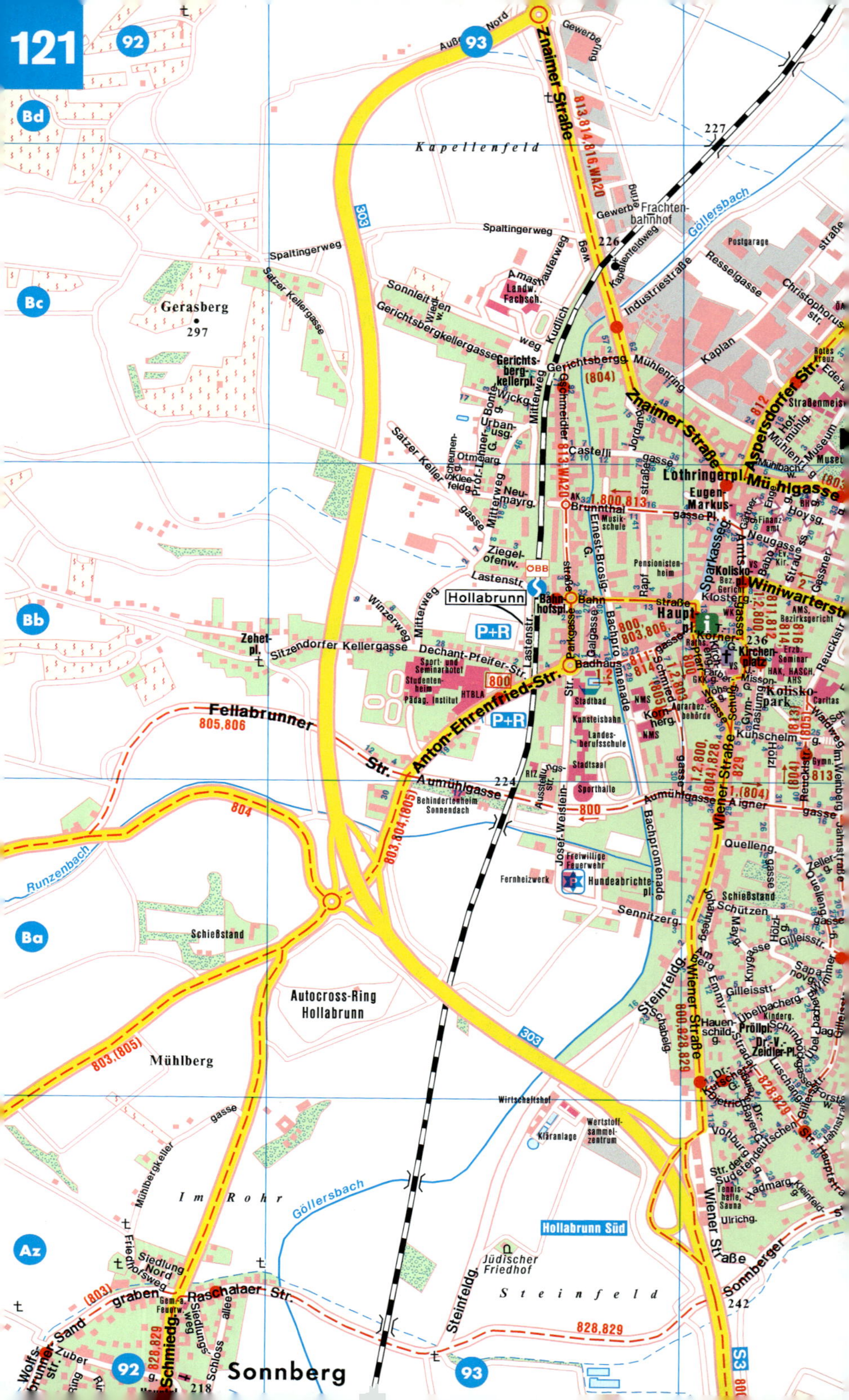
92
93
Bd
Bc
Bb
Ba
Az
Außenring Nord
Znaimer Straße
813,814,816,WA20
Gewerbering
Kapellenfeld
303
Frachtenbahnhof
Göllersbach
Spaltingerweg
Kapellenfeldweg
Industriestraße
Resselgasse
Postgarage
Christophorusstr.
Gerasberg
297
Satzer Kellergasse
Sonnleitenweg
Gerichtsbergkellergasse
Amashauferweg
Landw. Fachsch.
Kudlichweg
Kaplan
Gerichtsberggasse
Mühlenring
(804)
Gerichtsbergkellerpl.
Wickg.
Urbanusg.
Mitterweg
Schmeidler
Jordang.
Aspersdorfer Str.
Straßenmeisterei
Museum
Satzer Kellergasse
Otmarg.
Castelli
Lothringerpl.
Mühlgasse
Neumayrg.
Brunnthal
1,800,813
Musikschule
Ernest-Brosig-G.
Eugen-Markus-gasse Pl.
Finanzamt
Hoysg.
Neugasse
Ziegelofenw.
ÖBB
Lastenstr.
Pensionistenheim
Sparkasse
Amtsgasse
Kolisko-pl.
Winiwarterstr.
Winzerweg
Hollabrunn
Bahnhofspl.
Bahnstraße
Hauptpl.
Klosterg.
P+R
Zehetpl.
Sitzendorfer Kellergasse
Dechant-Pfeifer-Str.
800,803,806
AMS, Bezirksgericht
Körnerg.
236
Kirchenplatz
Erzb. Seminar
Sport- und Seminarhotel
Studentenheim
Pädag. Institut
HTBLA
800
Badhaus
Parkgasse
Galgasse
Bachpromenade
HAK, HASCH, AHS
Kolisko-park
Caritas
Anton-Ehrenfried-Str.
Stadtbad
Kunsteisbahn
Landesberufsschule
Stadtsaal
Sporthalle
NMS
Kornherg.
Fellabrunner Str.
805,806
Wiener Straße
Kuhschelm
Reucklstr.
Gymn.
813
Aumühlgasse
224
Behindertenheim Sonnendach
Ausstellungsstr.
Aigner
Aumühlgasse
804
Runzenbach
803,804,(805)
Josef-Weislein-Str.
Freiwillige Feuerwehr
Fernheizwerk
Hundeabrichtepl.
Quelleng.
Schießstand
Schützengasse
Sennitzerg.
Johannesg.
Steinfeldg.
Schießstand
Autocross-Ring Hollabrunn
Mayrg.
Knygasse
Gilleisstr.
Am Berg
Emmy-Stradal-g.
Hauenschild-g.
Pröllpl.
Übelbacherg.
Kinderg.
Dr.-v.-Zeidler-Pl.
800,828,829
803,(805)
Mühlberg
Wirtschaftshof
Wertstoffsammelzentrum
Kläranlage
Vohburg.
828,829
Str. der Sudetendeutschen
Hadmarg.
Tennishalle, Sauna
Ulrichg.
Mühlbergkeller gasse
Im Rohr
Göllersbach
Hollabrunn Süd
Jüdischer Friedhof
Siedlung Nord
Friedhofsweg
(803)
Sandgraben
Raschalaer Str.
Siedlungsweg
Schlossallee
Steinfeld
Steinfeldg.
Sonnberger Str.
242
828,829
S3
Wolfsbrunner Str.
Zuberstr.
Schmiedg.
218
Sonnberg

95
96
Aspersdorfer Str.
Reisbergau
Hildebrandweg
Wieselsfeld
Kaisergraben
Mühlbacher Str.
Reisberg
810.811
248
Unterort
811
Außer Ort-Wieselsfeld
Unterort
Mariathal
Oberort
Bc
40
brunn
246
Mühlgasse
Marichtalerweg
810
Hallstattw.
Heiligstr.
KG
2
Mutter-Kind-Haus
LK Weinviertel Hollabrunn GUKPS
Mitterfeld
Bb
Spitalgasse
Straße
Im Brünnlfeld
Kinderg.
Straße
Alleestr.
Hauptstraße
Kirchengasse
261
Alleestraße
Polland-g.
Feuerwehr
Porrauer Str.
Mittegasse
Höhengasse
Magersdorf
Franzosenweg
Kapuziner
Aufbahrungshalle
270
Friedhofstr.
Vogelschutzallee
Schweizerstr.
Ziegelöd
Kellerg.
Laurenzibründl
Wachtelau
Ba
Geißberg
332
Koliskowarte
Kirchenwald
Lucken
Hauptstraße
Gassl
Jägerberg
Raschala
Josef-Frank-Weg
258
Az
Bärenleiten
Wiesendorfer

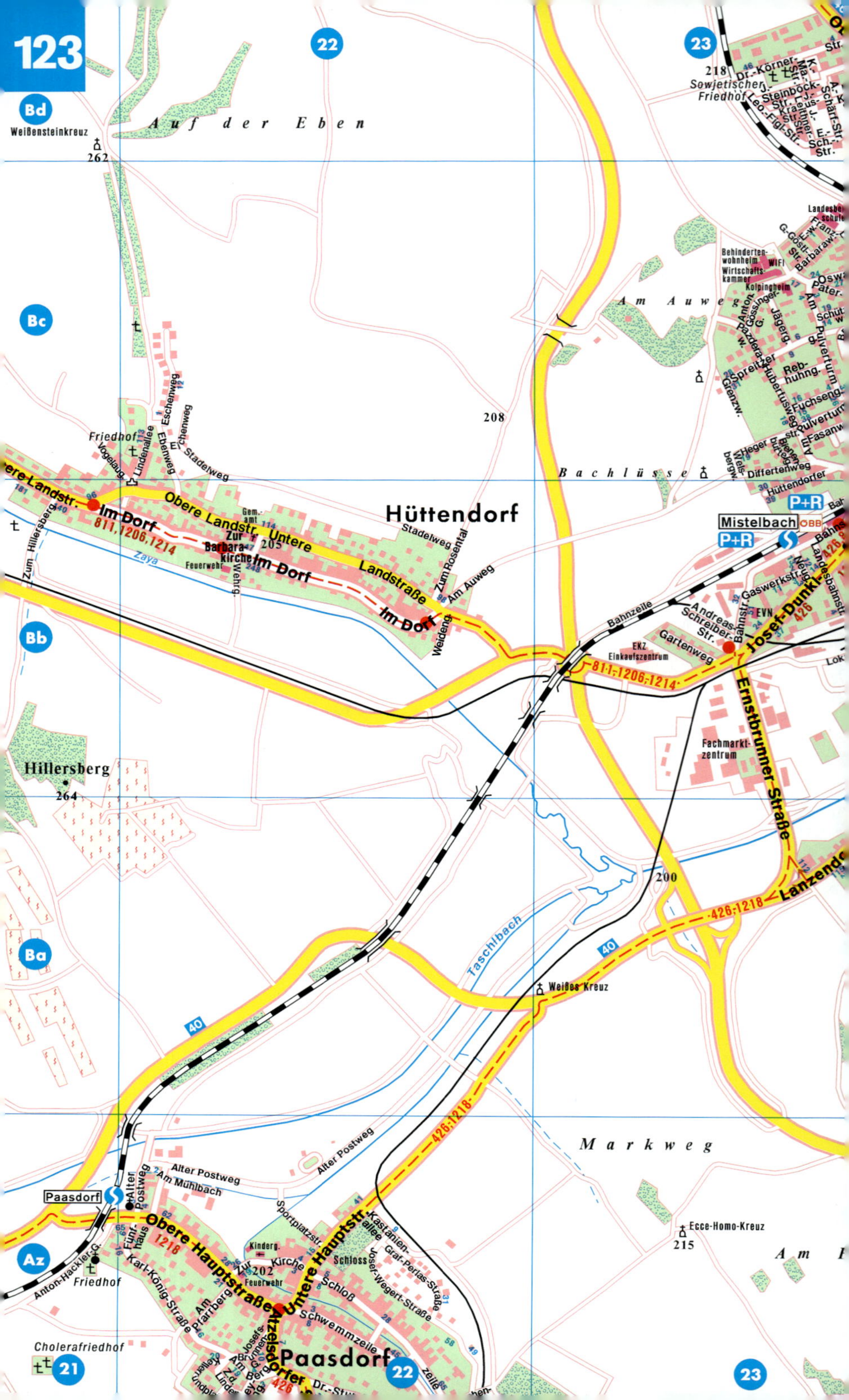

Hüttendorf
Paasdorf
Auf der Eben
Weißensteinkreuz
262
Hillersberg
264
Friedhof
Lindenallee
Eschenweg
Ebenweg
Stadelweg
Vogelaug.
Obere Landstr.
Untere Landstraße
Im Dorf
811,1206,1214
Zur Barbarakirche
205
Zaya
Feuerwehr
Wehrg.
Gem.-amt
Zum Hillersberg
Zum Rosental
Am Auweg
Weideng.
208
Bachlüsse
Am Auweg
Mistelbach
P+R
Bahnzeile
Gartenweg
EKZ Einkaufszentrum
Andreas-Schreiber-Str.
Josef-Dunkl-
Ernstbrunner Straße
Gaswerkstr.
Bahnstr.
Landesbahnstr.
EVN
Fachmarktzentrum
Lanzendorfer
426;1218
200
Taschlbach
40
Weißes Kreuz
Markweg
Alter Postweg
Am Mühlbach
Ecce-Homo-Kreuz
215
Obere Hauptstraße
Untere Hauptstr.
Kastanienallee
Graf-Perlas-Straße
Josef-Wegert-Straße
Schloss
Schloß
Schwemmzeile
Kinderg.
Kirche
Feuerwehr
202
Sportplatzstr.
Karl-König-Straße
Am Pfarrberg
Anton-Hackler-G.
Friedhof
Cholerafriedhof
Atzelsdorfer
426
1218
Fünfhaus
Alter Postweg
Sowjetischer Friedhof
218
Dr.-Körner-Str.
Leo-Figl-Str.
Behindertenwohnheim
Wirtschaftskammer
WIFI
Kolpingheim
Jägerg.
Spreitzer
Rebhuhng.
Fuchseng.
Pulverturm
Fasanweg
Hubertusweg
Grenzw.
Heger
Differtenweg
Hüttendorfer
Bd
Bc
Bb
Ba
Az
21
22
23

Mistelbach
Galgengrund
Ebendorf
Lanzendorf
Altenbergen
Sonnenbergen
Unteres Bründlfeld
Oberes Bründlfeld
Holzberg
Mühlbach
Bründlbach
Industriepark
Sportzentrum
Weinlandbad
Kunsteisbahn
Friedhof
Pfarrkirche
Landesklinikum Weinviertel Mistelbach
Landwirtschaftliche Fachschule
Bauernamt
HTL
Zayawasserverband Marchfeld-Weinviertel
Bolfraskaserne
Konrad-Lorenz-Platz
Südtiroler Pl.
Florianipl.
Marienpl.
Oberhoferstr.
Hafnerstr.
Wiedenstr.
Liechtensteinstraße
Mitschastr.
Ebendorfer Straße
Ebendorfer straße
Hauptstraße
Schulgasse
Grubenmühl
Lanzendorfer Hauptstr.
Schricker Str.
Waisenhausstraße
Winzerschulgasse
Waldstr.
Grüne Straße
Am Schloßberg
Schloßbergstr.
Haydngasse
Zayagasse
Edisongasse
Industrieparkstr.
Bahnstraße
Dechanthofstr.
Herzog-Albrecht-Straße
Michael-Hofer-Zeile
Roseggerstr.
Kellergasse
Weinbergstr.
Altenberg
Schloss
Marienkapelle
Kunstschule
Kunst- und Fremdsprachenschule
421-1008-1020-1022
421-426-431-1008
421-431-1018
1218
1022
24
25
Bd
Bc
Bb
Ba
Az
250
240
228
195
217
231
215

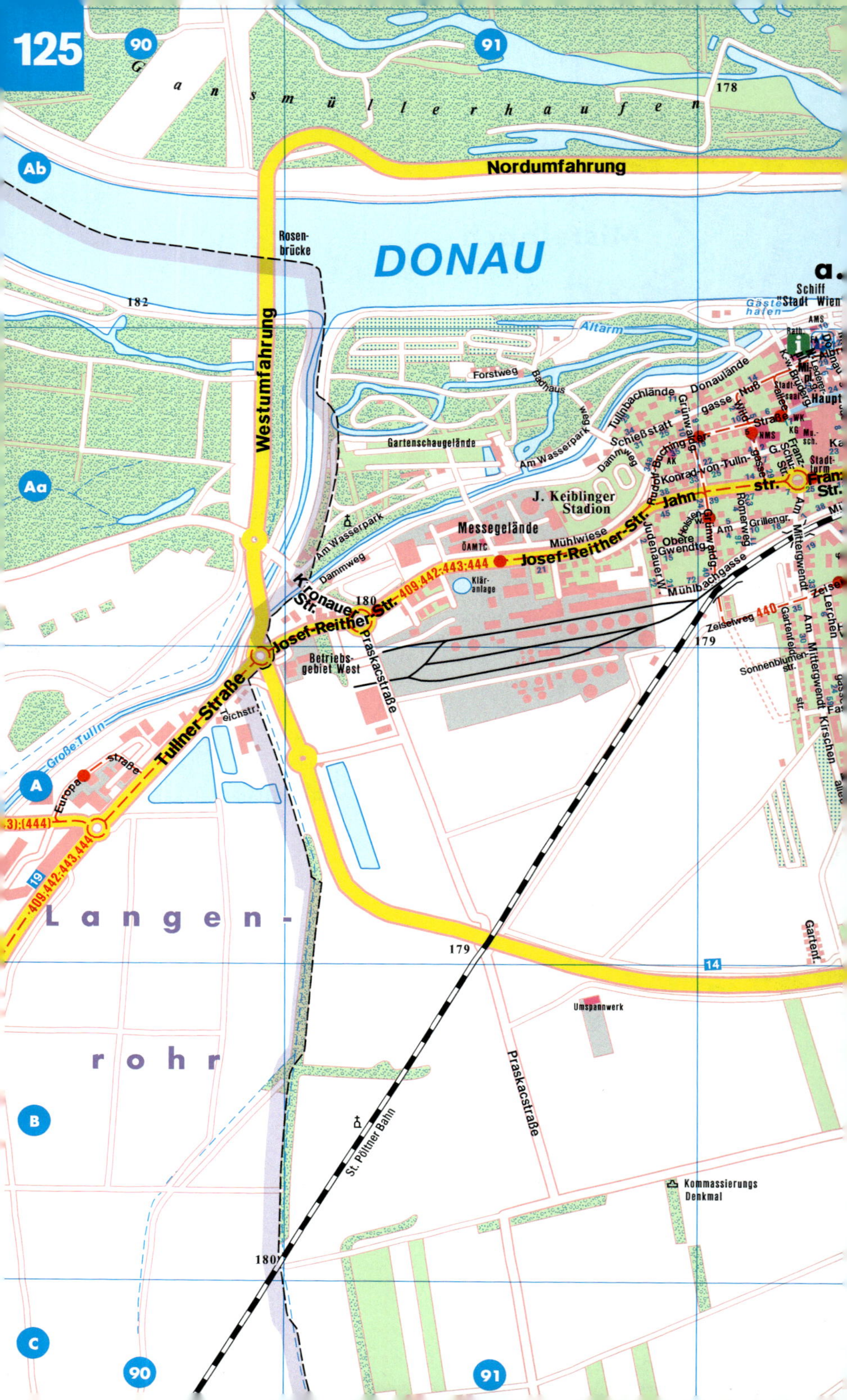

90
91
Gansmüllerhaufen
178
Nordumfahrung
DONAU
Rosenbrücke
Westumfahrung
182
Schiff "Stadt Wien"
Gästehafen
Altarm
Forstweg
Gartenschaugelände
Am Wasserpark
Tullnbachlände
Donaulände
Schießstatt
Nußgasse
Konrad-von-Tulln-Gasse
J. Keiblinger Stadion
Messegelände
ÖAMTC
Mühlwiese
Jahnstr.
Josef-Reither-Str.
Dammweg
Kläranlage
Kronauer Str.
180
409:442:443:444
Praskacstraße
Betriebsgebiet West
Mühlbachgasse
Zeiselweg
440
179
Sonnenblumenstr.
Gartenfeldstr.
Am Mittergwendt
Tullner Straße
Teichstr.
Große Tulln
Europastraße
Langenrohr
14
19
Umspannwerk
St. Pöltner Bahn
Kommassierungs Denkmal
Ab
Aa
A
B
C

Wasserwerk II
Fähr-str.
In der Au
93
94
Ab
Aa
A
B
C
175
176
177
178
179
180
181
lln
onau
Yachthafen
Kläranlage
Feuerwehr-hafen
Aubad
Donaulände
Rafels-wörth
Hallenbad
Bundes-schulzentrum
Langenlebarner Straße
406;(409)
Brücken-str.
Wilhelmstr.
Friedhof
Siegmundgasse
Grottenthal
Hubertusg.
Gunthergasse
Vogelweid
Neidhardtg.
Kriemhild
Babenberger
Bahnweg
Tulln
ÖBB
Heinrich-Öschl-G.
Königstetter Straße
Staasdorfer Straße
Frauenhofner Straße
Jakob-Schefzik-Gasse
Alter Ziegelweg
Anton-Bruckner-Str.
Landesklinikum Donauregion Tulln
Konrad-Lorenz-Straße
Fach-hochschule
Universitäts- und Forschungszentrum Tulln
Interuniversitäres Forschungsinstitut für Agrarbiotechnologie (IFA)
Technologie-zentrum Tulln
Gregor-Mendel-Str.
Dr.-Karl-Landsteiner-Str.
Technopark
Bezirksstelle Rotes Kreuz
Landes-pflege-heim
Resselstr.
Betriebsgebiet Tulln Ost
NÖ Landes-Feuerwehrkommando
NÖ Landes-feuerwehr-schule
NÖ Zivilschutzverband
Maderspergerstr.
Mitterhoferstr.
Kleine Tullnbach
Franz-Josef-Bahn
Holzhackerg.
Hochäckerstraße
Ziegelfeldstr.
Gutenbergstr.
Fernheizwerk
Straßen-meisterei
Postverteiler-zentrum
Bachwiesen-str.
Beim Ziegelofen
441;449
Südumfahrung
Kleinfeldstr.
Kleine Tulln
Wasserwerk I
Marcusstr.
Landstraße
Frauenhofen
Gärtnerstr.
Lindenstraße
Dir.-Otto-Cerny-Gasse
Rosenfeldstraße
Chorherrnstraße
410;441
410;441;447
213
EVN
Land-wirtschaftliche Fachschule

99
1
Fuchsbühel
Senninger Str.
Ak
303
Sierndorf
Göllersbach
827
208
Unter den Linden
Aj
179
Windparkstr.
829;840
Prager Straße
Mülldeponie
Marienhöhe
Windparkstr.
200
Ah
STOCKERAU/
NORD EXIT 31
Horner Straße
828,841,1026
Zum
Wiesfeld
Prof.-Carl-Frotzler-Prom.
Esslingen Straße
Franz-Schuhmeier-Str.
Belvedereg.
840
Zur Schleuse
Ing.-J.-Heckl-Str.
Rudolf-Diesel-Str.
ARBÖ
Kloster-Kinderg.
Ing.-H.-J.-W.
Eisenbahnersdlg.
825;841;828;
1026
Kloster
St. Koloman
Haushaltungs-
schule
Friedhof
Kolomaniwörth
Tullner Straße
N.-A.-Otto-Str.
Kirchensteig
A.-Grundschober-G.
Josef-Wolfik-
Froschzeile
Kastanienweg
Ahornweg
Erlenweg
Eichen
Zum
Schießstätte
Sport-
zentrum
Stadion
Alte Au
Arabach
Leberfeld
Ag
Unterzögersdorf
825
Tumulusweg
Ortsstr.
174
Am Anger
Fr. Feuer-
wehr
KNOTEN STOCKERAU
EXIT 30
A22
S5
Bürgerhaufl
Naturschutzgebiet Sto
Stockerauer Arm
Af
99
1
131

Leitzersdorf
3
4
Ak
Aj
Ah
Ag
Af
190
Senningbach
209
Teufelsmühle
J.-Stadek-Str.
Leitzersbr.-Str.
Leitzersbrunnerfeld
826
Israelitischer Friedhof
Stockerau
Heid-Werkstraße
Heid-Gewerbe-park
Am Damm
Weg zum Hallenbad
Hallenbad
Erholungs-zentrum
Altstoff-sammel-stelle
Ernstbrunner Straße
Nikolaus-Heid-Straße
Pestalozzigasse
Radingergasse
Schubertgasse
Mozartg.
Beethoveng.
Joseph-Haydn-G.
K.-Vogelsang-G.
Th.-Stefsky-G.
Dr.-Fuchs-G.
Helmer-G.
Dr.-Viktor-Adler-Str.
Schafarik-Str.
Kindergarten
Feldgasse
J.-F.-Kennedy-Pl.
Manhartstr.
Gerhart-Hauptmann-Str.
ev. Kirche
Schießstattg.
Stögergasse
Johann-Schidla-G.
Freiw. Feuerwehr
Kasern
Niembsch-hof
Schulweg
Kleshein
Brodschild
Landesberufsschule
Stadtarchiv
Kirchenpl.
Hauptstr.
Eduard-Rösch-Straße
Wiener Str.
Wiesener Str.
831
1026
Josef-Jessernigg-Straße
Ing.-Arthur-Lausmann-Str.
Richard-Kuhn-Str.
Bertha-v.-Suttner-Str.
Lorenz-Str.
Industriestr.
Straßenmeisterei
Autobahnpolizei
Josef-Sandhofer-Str.
Rudolf-Hirsch-Str.
Straße
Stadtpk.
Landespflegeheim Arche Stockerau
Neubau
Neubaugasse
Bauhof
Kläranlage
Gerberstr.
Binderstr.
Grafendorfer Str.
Arch.-Max-Kropf-Str.
Gaswerkstr.
Bahnhofpl.
Wirtsch.-kammer
Musikschule
Stockerau
ÖBB
P+R
Donaulände-Uferweg
Donaulandeweg
Johann-Gutenberg-Gasse
Zur Schönauerwiese
Hans-Rundstuck-Str.
Am Neuriß
E.-Körner-Pl.
Franz-Czak-G.
Weineckg.
Fliederweg
Rosenweg
Nelkenweg
Tulpenweg
Lilienweg
Donaulände
173
STOCKERAU/ MITTE EXIT 28
STOCKERAU/ OST EXIT 26
DONAUUFERAUTOBAHN
Hagelstr.
...erauer Au
171
Wasserwerk I
Hagenstr.
In der Au
Stockerauer Arm
132

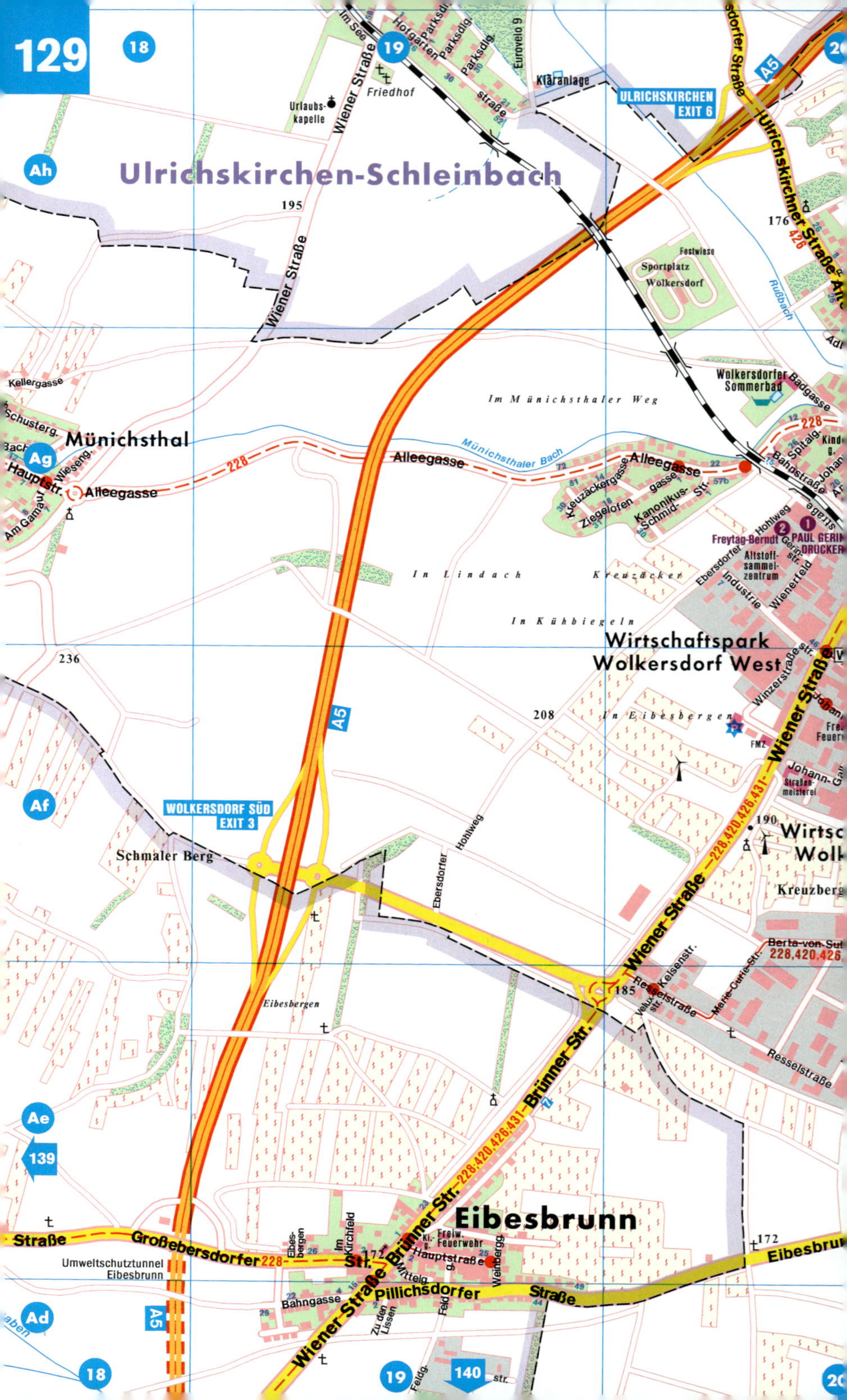
18
19
20
Ah
Ag
Af
Ae
Ad
139
140
Ulrichskirchen-Schleinbach
Münichsthal
Wirtschaftspark
Wolkersdorf West
Eibesbrunn
ULRICHSKIRCHEN
EXIT 6
WOLKERSDORF SÜD
EXIT 3
A5
Wiener Straße
Urlaubs-
kapelle
Friedhof
Kläranlage
Eurovelo 9
Im See
Hofgarten
Parksdlg.
Ulrichskirchner Straße
Sportplatz
Wolkersdorf
Festwiese
Rußbach
Wolkersdorfer
Sommerbad
Badgasse
Im Münichsthaler Weg
Münichsthaler Bach
Alleegasse
Kellergasse
Schusterg.
Hauptstr.
Wieseng.
Am Gamauf
Kreuzäckergasse
Ziegelofen
gasse
Kanonikus-
Schmid-
Str.
Bahnstraße
Spitalg.
Freytag-Berndt
PAUL GERIN
DRUCKEREI
Hohlweg
Altstoff-
sammel-
zentrum
Industrie
Wienerfeld
Ebersdorfer
In Lindach
Kreuzäcker
In Kühbiegeln
In Eibesbergen
Winzerstraße
FMZ
Straßen-
meisterei
Schmaler Berg
Ebersdorfer
Hohlweg
Eibesbergen
Kreuzberg
Berta-von-Suttner
228,420,426
Kelsenstr.
Resselstraße
Marie-Curie-Str.
Velux-
str.
Brünner Str.
228,420,426,431
Großebersdorfer
Straße
Umweltschutztunnel
Eibesbrunn
Im Kirchfeld
Hauptstraße
Freiw.
Feuerwehr
Mittelg.
Weinbergg.
Bahngasse
Pillichsdorfer
Straße
Zu den Lissen
Feldg.
Eibesbrunn
228
195
176
236
208
190
185
172

Wolkersdorf
im Weinviertel
Obersdorf
Pillichsdorf
Anzengruberhöhe
Hochleithenwald
Detzenberg
Breitenkreuz
In langen Äckern
Boindlfeld
Brünner Straße
Hauptstraße
Wiener Straße
Wolkersdorfer Str.
Seyringer Str.
Sebastian-Neid-Platz
Kirchenpl.
Hauptpl.
Kirchenplatz
Schloss
Friedhof
Wallnerkapelle
Rußbach
Mühlbach
Treiplkreuz
Kalvarien
Obersdorf
Pillichsdorf
P+R
195
201
173
168
157
21
22
Ah
Ag
Af
Ae
Ad
142
141

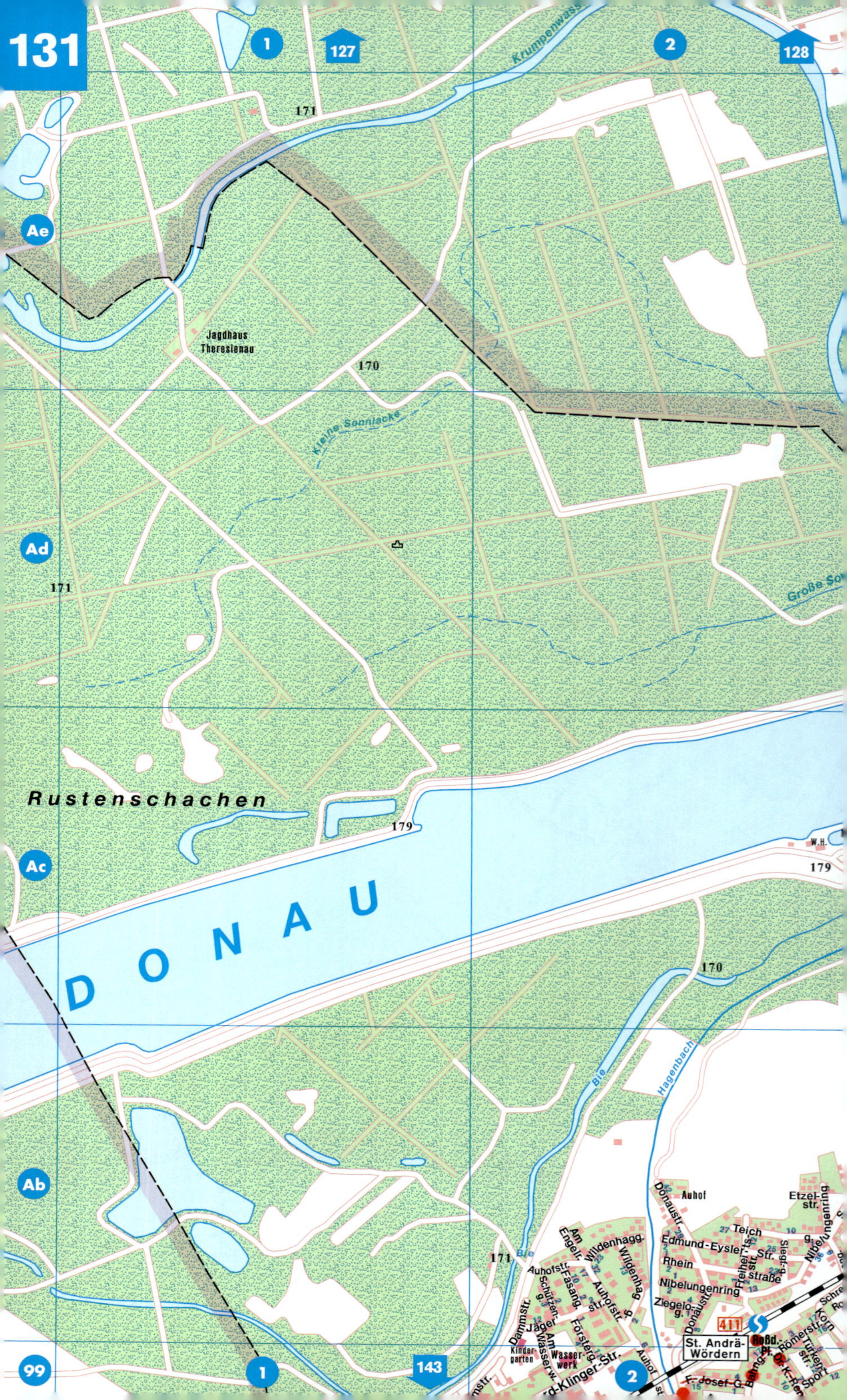
127
128
1
2
Krumpenwasser
171
Ae
Jagdhaus
Theresienau
170
Kleine Sonnlacke
Ad
171
Große Sonnlacke
Rustenschachen
179
W.H.
179
Ac
DONAU
170
Hagenbach
Biberhaufenweg
Ab
Auhof
Etzel-str.
Donaustr.
Teich
Edmund-Eysler-Str.
Rhein
Nibelungenring
Ziegelo-g.
Wildenhagg.
Am Engelf.
Auhofstr.
Fasang
Dammstr.
Jäger
Förster
Wasserw.
Kindergarten
Wasserwerk
Klinger-Str.
411
St. Andrä-Wördern
Römerstr.
F.-Josef-G.
Sport
99
143
1
2

128
133
144
Wasserwerk II
G r e i n g u t
Krumpenwasser
168
Kraftwerk
Greifenstein
Donau Altarm
Am Schneider-platz
Am Damm
Badesiedlung
Altenberg
Greifenstein
Greifenstein-
Altenberg
Hauptstr.
Donaulände
Burg
Totenkopf
Altenberg
Tempelbergwarte
403
Wördern
K ö b e r i n g
Schloss
Altenberg
173
183

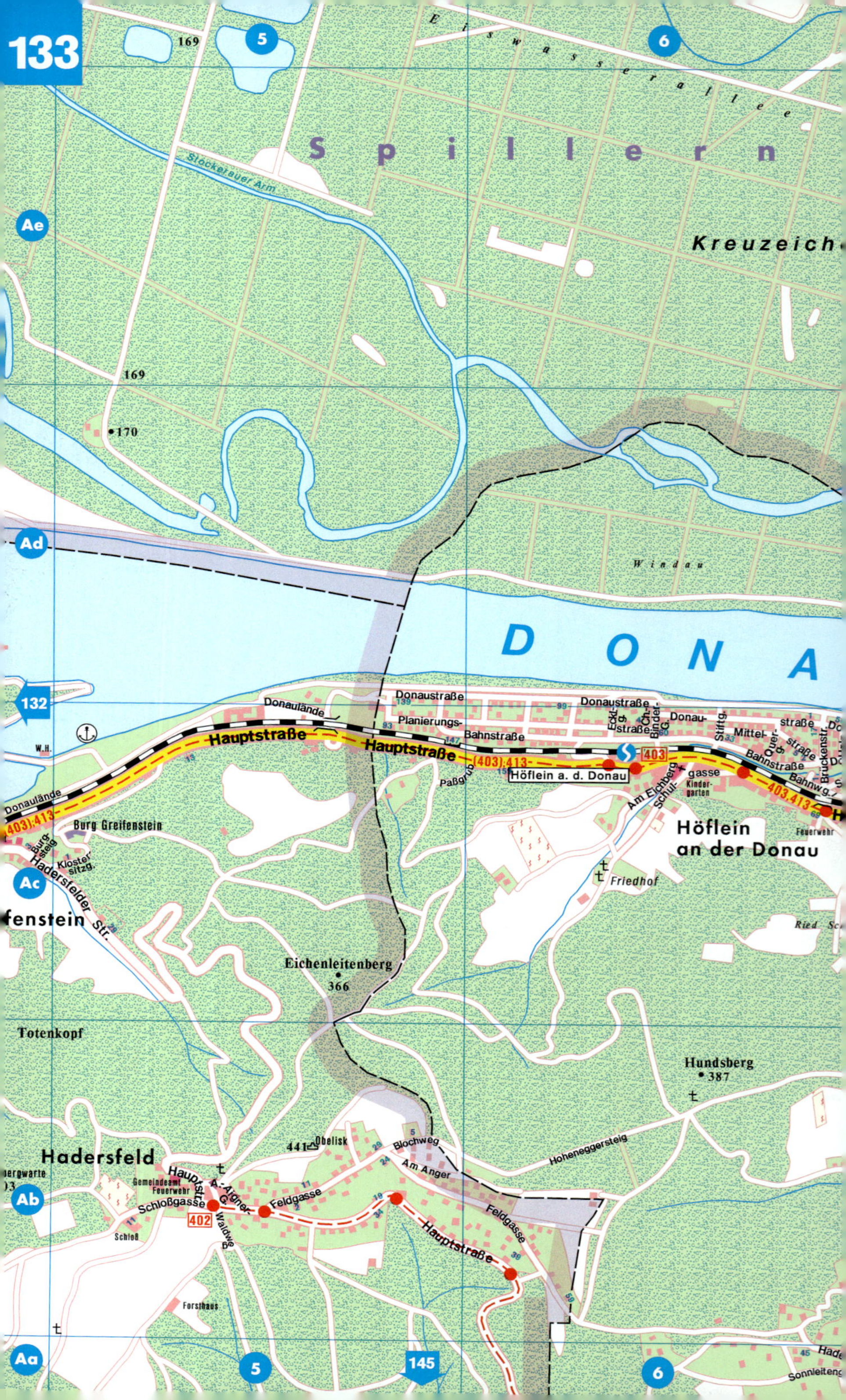
Eiswasserallee
Spillern
Stockerauer Arm
Kreuzeich
Windau
DONA
Donaulände
Donaustraße
Planierungs-
Bahnstraße
Hauptstraße
Hauptstraße
Paßgrub
Höflein a. d. Donau
Am Eichberg
Schulgasse
Kindergarten
Mittelstraße
Querg.
Bahnstraße
Bahnwg.
Brückenstr.
Feuerwehr
Höflein an der Donau
Friedhof
Ried Sc
Burg Greifenstein
Burgsteig
Klostersitzg.
Hadersfelder Str.
fenstein
W.H.
Eichenleitenberg
366
Totenkopf
Hundsberg
387
Hadersfeld
441 Obelisk
Blochweg
Am Anger
Hoheneggersteig
Gemeindeamt
Feuerwehr
Schloßgasse
Hauptstr.
A.-Aigner-G.
Waldweg
Feldgasse
Hauptstraße
Feldgasse
Schloß
Forsthaus
Sonnleiteng.
169
170
Ae
Ad
Ac
Ab
Aa
5
6
132
145
402
403
(403);413

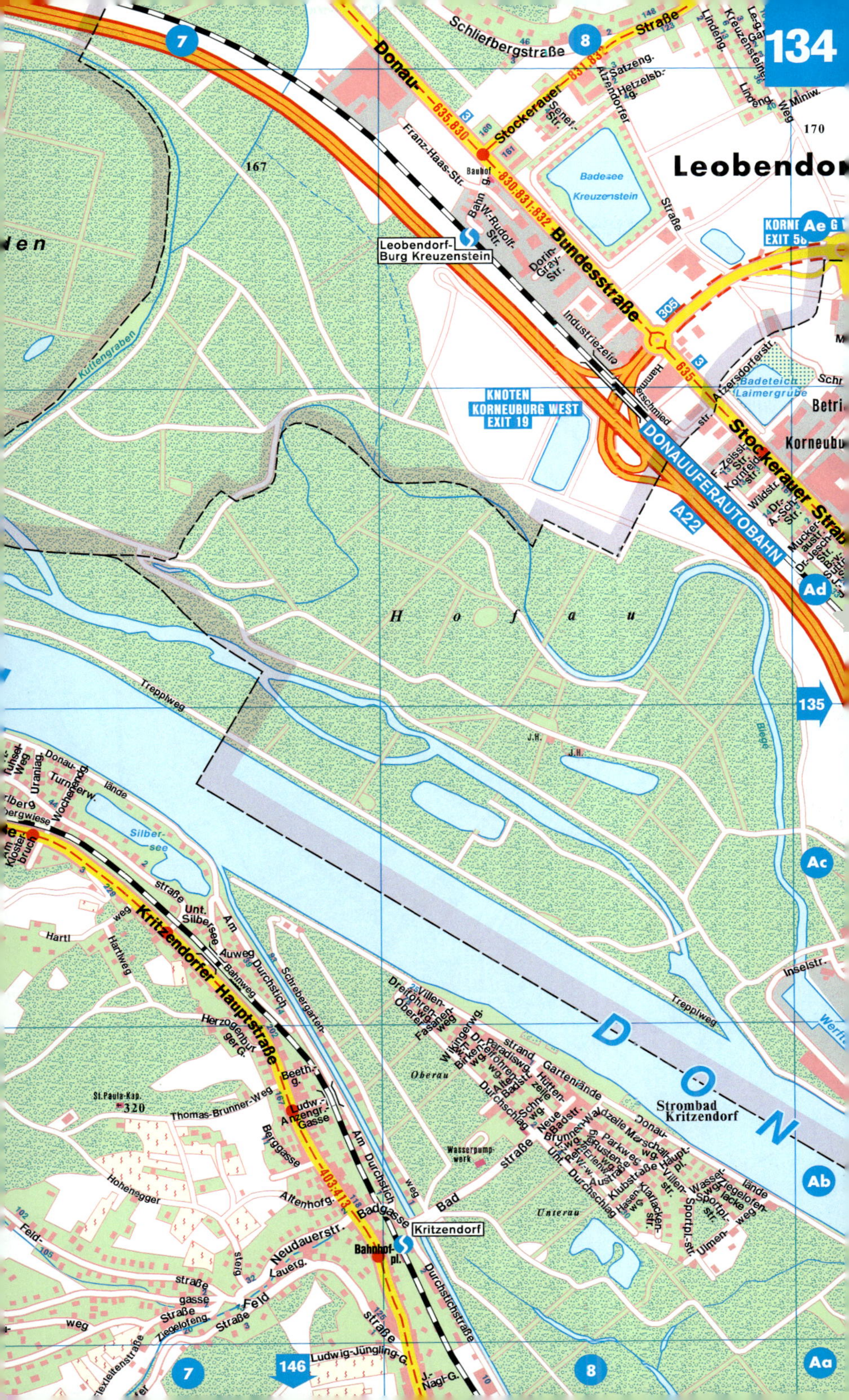
Leobendorf
Leobendorf-Burg Kreuzenstein
Badesee Kreuzenstein
Schliefbergstraße
Donau-
Stockerauer Straße
Bundesstraße
Franz-Haas-Str.
Bauhof
Industriezeile
KNOTEN KORNEUBURG WEST EXIT 19
DONAUUFERAUTOBAHN
A22
Badeteich Laimergrube
Stockerauer Straße
Korneuburg
Hofau
Kuttengraben
Treppelweg
Silbersee
Kritzendorfer Hauptstraße
Schrebergarten-
Durchstich
Am Durchstich
Oberau
Unterau
Strombad Kritzendorf
Kritzendorf
Bahnhofpl.
Badgasse
Bad straße
Durchstichstraße
Neudauerstr.
Feldstraße
Ludwig-Jüngling-G.
Hohenegger
Thomas-Brunner-Weg
Herzogenburger G.
Hartlweg
Hartl
St.Paula-Kap.
320
167
170
Wasserpump-werk
DONAU
Inselstr.
Biege
135
146
7
8
Aa
Ab
Ac
Ad
Ae

bendorf
170
Am Wasweg
Korneuburger Straße
KORNEUBURG WEST-LEOBENDORF
EXIT 58
Umweltschutztunnel
Kreuzenstein
S1
Mc-Donald's-Str.
Girakstraße
Erwin-Schrödinger-Straße
Badeteich
Betriebsgebiet
Korneuburg Nord
Hafnerteich
Leobendorfer Straße
Platz der Eisenbahnpioniere
Dabschkaserne
Stockerauer Straße
Industriezeile
Kreuzensteiner Straße
Josef-Hafner-Str.
Landesbahn
Bezirksbauernkammer
Korneuburg
(168)
Wirtschaftshof
Feuerwehr
Liese-Prokop-Str.
Landesjugendheim
Rattenfängerstadion
Betriebszentrum
Laaer Straße
Stockerauer Postweg
Stettner Weg
An der Windmühle
Schanzfeldgasse
Windmühlgasse
Hofau
Trenkenschuh
Landesgericht
Brückenstr.
Schwarzer Weg
Kleingartenweg
Korneuburg
ÖBB
Bahnhofpl.
Dr.-Max-Burckhard-Ring
Hauptplatz
Rathaus
Bisamberger Ring
Kirchenpl.
Dr.-K.-Liebl-Rg.
Laaer Straße
Hans-Kudlich-Str.
Stockerauer Straße
Leobendorfer Str.
Wiener Ring
LKH
Spital
M.-Luther-Pl.
Straßenverwaltung
853
Klein Engersdorfer Straße
Schwedenplatz
Wiener Straße
Bundesstraße
Korneuburger
Inselstr.
Blue Danube Park
Europapl.
Werftarm
Donaustr.
Islam. Kulturzentrum
Am Hafen
Obere Austraße
Donaupark
Jachthafen
Donaulände
Schiffstation Korneuburg
Kindergarten
Klosterneuburger Str.
Nordwestbahnstraße
Johann-Pamer-Str.
Florian-Berndl-Bad
N A U
Treppelweg
134
147
9
10
Ae
Ad
Ac
Ab

Stetten
Am Teiritz
Fossilienwelt Weinviertel
Gewerbegebiet
Gewerbering
KORNEUBURG NORD/TRESDORF EXIT 55
Kwizdaallee
Stetten
ÖBB
Bahnweg
Hauptstraße
Feldg.
Schulg.
Weiskirchner Kreuz
Marien Kapelle
Unterflurtrasse Stetten
Wiener Str.
Seebarn
Umspannwerk Bisamberg
Werksstr.
Donaugraben
Gänserfeld
Zwerch Feld
Im Sandgrubenfelde
In den Wieser Äckern
Energieweg
Hauptstraße
St. Laurentius
Flurg.
Landesstraße
Krottendorf-Kapelle
Industriegebiet Bisamberg-Klein-Engersdorf
Flandorfer Str.
Klein-Engersdorfer-Straße
Klein Engersdorf
Mühlkreuz
Hauptstraße
Kindergarten Bisamberg II
Schießbergweg
Gemeindeamt
Freiw. Feuerwehr
Pfarrhof
Rohrwiese
Josef-Dabsch-Straße
Bisamberg
Am Donaugraben
Donaugraben
Brunnstubeng.
Hagenbrunner
Schloßgärtnerei
Bürgerspital
Kleinengersdorfer Kreuz
Zwerch Feld
137
148
11
12
Ae
Ad
Ac
Ab

13
14
Maria Lourdes Kapelle
Seebarn
KG
Gem.-amt
VS, Hort
Wiener Str.
Am Kirchenweg
Kellerg.
197
Wein
Kaing.
Leop.-g.
Ulr.-g.
In Lang. Kirchb.
Himmelsteig
Feldg.
Pfarramt
Dreifalt.-säule
Joh.-kap.
Ae
Neubergstraße
Sportplatzweg
Schloßgasse
Frauentalw.
857
Am Steinbruch
276
Stetter Berg
Junge Weingärten
Ixenholz
Drittel Äcker
In Queräckern
Pestsäule
Rochussäule
Korneuburger Str.
Neubergweg
Bauhof
Franz-Zeißl-Weg
Dr. Josef-Levit-Str.
R.-Eisler-Str.
Neubergstraße
218
Stettener Straße
Leebergl
Ad
S1
Töbelberg
Roßhaidfeld
Wiesen
136
Haidäcker Feld
Enzersfelder Str.
Lehbergg.
Steigg.
Wiesenf
Freiw. Feuerwehr
In der Mitter Kräften
Flandorf
Im Steinbruchfelde
Im Hanftal
Haid Neurißen
Roßhaid
Rosenbergweg
Grundackerg.
Grundackerg.
Quellenstraße
Ortsstraße
Hagenbrunner Str.
Hl. Nepomuk
In den Hausweingärten
Kreuzweg
Flurg.
straße im Hochfeld
In den Kobel Äckern
287
Tradenberg
Grundäcker Feld
Rosenbergfeld
227
Hollerau
Waldweg
Am Kirchberg
Gartenw.
In den Nußern
Weinb.-g.
Flansdorfer Ortsgraben
Ac
Im Hoch Feld
Kleinengersdorfer Kreuz
Neurißenfeld
Tunnel Tradenberg
Sportplatzweg
In den Göblingen
Berg g.
Tradenbergstraße
266
In Hasenschweif
In Nußern
228.853
Am Kronawett
In Hauben
Brennleiten
In Neurissen
Veiglberg
Föhrenw.
Birkw.
Brennleiten
Siedlung Brennleiten
Birkenweg
Sonnenw.straße
In Spannen
In Schmalzen
In Aiteln
In Wiesen
Waldstr.
Bergstr.
Waldstr.
Bergstr.
Am Kronawett
Anzengruberstr.
Siedlung Veiglberg
Raimundstr.
Waldmüllerstr.
Bergstr.
Amerlingstr.
Hölnern
Bergstr.
In den Siebnern
Hagenbrunner Straße
Bauhof
In den Brennleiten
190
Ab
Klein-Engersdorfer-Hauptstraße
Flandorfer Weg
Hausweingärten
Blankenw.
Veiglbergw.
Waldstr.
Kellerg.
Im Mühlfeld
Flurw.
Kreuzgasse
Brunng.
Kirchenfeldg.
Bergstr.
Mozartstraße
In den Haussätzen
In der Wiener Hölle
In den Sätzen
In Langen Weingärten
In den Saufeldäckern
Königsbrunner Straße
Veiglberg-str.
Kirchenw.
Kirchenw.
Im Plankenfeld
853
Am Kronawett
Weinberggasse
KG
VS
FF
Gem.-amt, KG II
Salzgasse
Brunnerg.
Hauptstraße
853
Bahnstraße
Hage
Waldstr.
Kirchenw.
223
Friedhof
13
1
In Mühlraid
Mühlbergg.
Schulg.
Schloß
216
St. Anna
14
In den
Salzstraße

Enzersfeld
im Weinviertel
Enzersfeld
Hirterberg
Friedhof
Satzfeld
Mitterfleck
Grundäcker
Lange
Gießleiten
Langes
Enzersbrunnfeld
Kurzes
Enzersbrunnfeld
Kurze
Gießleiten
Im langen Feld
Brerau
Kobel
Fürstenbergen
Mitteraltenbergen
Neustiftkeller
Schüllern
Fuchsenbügeln
Im Neustift
Lichtensteinen
Satzkeller
Satzweingärten
Steinweingärten
Veithölzeln
Temerreiten
Im Legeln
Großebersdorfer
228
Straße
Enzersfelder Str.
Manhartsbrunner Str.
Maria-Lourd-Weg
Schwemmäck-g.
Kirchen-
Mühlengasse
Korneuburger Str.
Haupt
straße
Bahnstraße
Kasino-platz
Satzgasse
Im Leebühel
Pfarr
Garteng.
Abt-Benno-
Str.
Volks-schule
Königsbrunner
Straße
Grießleitenweg
Dietersdorfer G.
Wiesenfeldstr.
853
sbrunn
nviertel
HAGENBRUNN
EXIT 48
S1
Am Heuweg
Kupferschmiedg.
Haidäcker-str.
Ind
Ha
unn
Putz
Wartberg
Kirchen-platz
Hoadweg
Am See
Am Graben
203
186
178
184
186
184
173
210
242
15
16
Ae
Ad
Ac
Ab
139
2
15
16

Vereinshaus
Kirchensteig
Hauptstraße
Landstr.
242
Wartberg
17
18
Kellerg.
Str.
Hubertuskapelle
Kellerg.
Gänsbe.-w.
Feldg.
Neubaug.
Reinberg
Friedhof
193
Rochusg.
Gem.-amt
Rochuskap.
Freiw. Feuerwehr
Volksschule
Hort
Kirchenblick
Ae
sfelder Str.
Am Waldberg
Fasang.
Weing.-w.
Bgm.-Strobl-Str.
Schulg.
Kirchenplatz
Hauptplatz
Am See
Putzing am See
Am Graben
173
Enzersfelder Str.
Eibesbrunner Straße
Johannesg.
Wiener Straße
Seyringer Weg
Bachg.
Dr.-Peschl-Str.
Graben
Unterm Dorf Str.
Umweltschutztunnel Eibesbrunn
Sandgraben
Kläranlage
Bauhof
Großebersdorf
Salzstraße
Rohrwiese
Am Bahnhof
Ad
Dr.-Leopold-Figl-Str.
Dr.-R.-Kamitz-Str.
Dr.-Karl-Renner-Str.
Julius-Raab-Str.
Großeber
EIBESBRUNN EXIT 1
84
Salzstraße
138
Nasser Grund
Großebersdorfer Straße
Wiener Straße
184
S1
172
Bonaventurapl.
EIBESBRUNN EXIT 45
KNOTEN EIBESBR
Ac
Wiener Straße
Am Weichselgarten
Seyringer Straße
G3 Shopping Resort Gerasdorf
Wilhelm-Hornbach-Str.
184
Aignerstr.
Wirtschaftsstr.
Feld
Großebersdorfer Str.
Expopl.
Dietersdorfer str.
Brünner Straße
420;431
KFZ-Prüfstelle
Heidegasse
Lange Theileg.
Holz-Steiner-Str.
183
Industriegebiet Seyring
Kupferschmiedg.
Gewerbestraße
Hubertusgasse
Industriestraße
Alfred-Fröhlich-Str.
Fuhrgasse
Haidfeld
Neue
Ab
Industriegebiet Hagenbrunn
Sandg.
Handelsstraße
(228);420;431
Zinsäcker
Obere
Neues Wirtshaus
Kupferschmiedg.
Handelsstraße
Haidäcker str.
149
Hofwiesl
Enzersfelder Weg

Eibesbrunn
Eibesbergen
Wiener Str.
Brünner Str.
Wiener Straße
Brünner Str.
228,420,426,431
Resselstraße
Kelsenstr.
Velux-str.
Marie-Curie-Str.
Bertha-v.-Suttner-Str.
228,420,426,431
Johann-Galler-Str.
Resselstraße
Obersdorf
P+R
ÖBB
Eibesbrunner
172
185
Freiw. Feuerwehr
Ki.-g.
Hauptstraße
Weinbergg.
Im Kirchfeld
Eibes-bergen
Str.
Mittelg.
Feldg.
Pillichsdorfer Straße
Bahngasse
Zu den Lissen
Feldg.
Gewerbe str.
Betriebsgebiet Eibesbrunn
d o r f
Sandfeld
Abzugsgraben
169
167
S1
167
Obersdorfer Str.
Lange Lüsse
Wiesenjoch
Hofjoch
Untere Lehen
164
Wiesenjoch
165
Seyring
Feldg.
Dorfstr.
Halbg.
Dr.-Peschl-Str.
Mittel
Veilchen-g.
Malven-g.
Leheng.
Escheng.
Schieß-stätt-bahn
sdorfer Str.
Kultur-
19
20
129
141
150
19
20
Ae
Ad
Ac
Ab

Obersdorf
Pillichsdorf
Antoniusg.
Johann-Galler-Str.
Kultursaal
Polyt.Schule
Kinderg.
Friedhof
Friedhofg.
Hauptstraße
322
Kellergasse
Roseng.
Seyringer Str.
Kapelleng.
Wallnerkapelle
Hofwiese
Wolkersdorfer Str.
Am Damm
Wasserlauf
Flur
Korngraben
Oberen Feld
Wiener Straße
Hauptpl.
Gemeindeamt
Hauptstr.
Mittelstraße
Bahnstr.
Kirchenplatz
Rußbach
Sechshauser
Sätzen
Kellergasse
Freiw. Feuerw.
Obersdorf
P+R
ÖBB
Pillichsdorf
Friedhof
brunner
Seyringer Straße
168
173
Kalvarienberg
Treiplkreuz
167
165
Rotes Kreuz
Lange Lüsse
164
Reuhof
Betriebsgebiet Reuhof
Ae
Ad
Ac
Ab
20
21
22
130
140
151

Herrenbergen
Am Stallberg
Holzbergen
185
Hauptstr.
Mittelstraße
Am Anger
Garten-g.
Scheiben g.
Neidlg.
Mühlbach
322
Kläranlage
Kellerg.
Stallb.-g.
Berggasse
Satzgraben
Spitalgasse
Am Rußbach
Andreasg.
Anger
Kindergarten
Raiffeisen gasse
Neu stift gasse
Museum
Jugendheim
164
Turnhalle
Volksschule
Kindergarten
Bahng.
Kurze Zeile
Gemeinde-amt
Stadlg.
Rochusg.
Im Winkel
Am Mühlbach
Blockfließerstr.
Am Platz
Feuerwehr-str.
Ring
Mühlstraße
Neue Gasse
Feld g.
ÖBB
Großengersdorf
Lagerhaus
Kirchf.-g.
Fas.-g.
Gart.-g.
Flor.-g.
Treibh.-g.
Brunnen-g.
Brunnen-str.
Kornw.
Großengersdorf
164
Lourdes-kapelle
162
161
23
24
Ae
Ad
Ac
Ab
152

131
1
2
Hauptgraben
Pumpwerk
Römer g.
Rückhaltebecken
Feld
Zeiselmauer
Wirtschaftspark
Eduard-Klinger-Str.
St. Andrä
v.d. Hagenthale
St. Andrä-Wördern
Nibelungenring
Auhofstr.
Kindergarten
Wasserwerk
Gemeindeamt
Kindergarten
Bauhof
Hauptstraße
Dr.-Ignaz-Stich-Platz
Nelkengasse
Kirchenweg
Flachsplatz
Tulpen
Rosen
Wiener Straße
Tullner Straße
406;413
173
Friedhof
Akazienplatz
Reithalle
Kulturhaus
Kirchenplatz
Freiw. Feuerwehr
Greifensteiner Str.
Königstettner Str.
Wasserwerk
Wallenböck
404;411
Wolfpassinger Ortsgraben
Schillern
Wolfpassing
Unterfeld
In Kranningen
180
In Satzen
In Bergen
In den Waldgreuten
330
Schillerin
Zeiselmauer-Wolfpassing
383
Hagenbachklamm
Hagenbach
404
Wolfpassinger Berg
Greifvogelzuchtstation
Erlenw.
Waldpark
Kirchbacher
Marting.
Aa
A
B
C
99
3

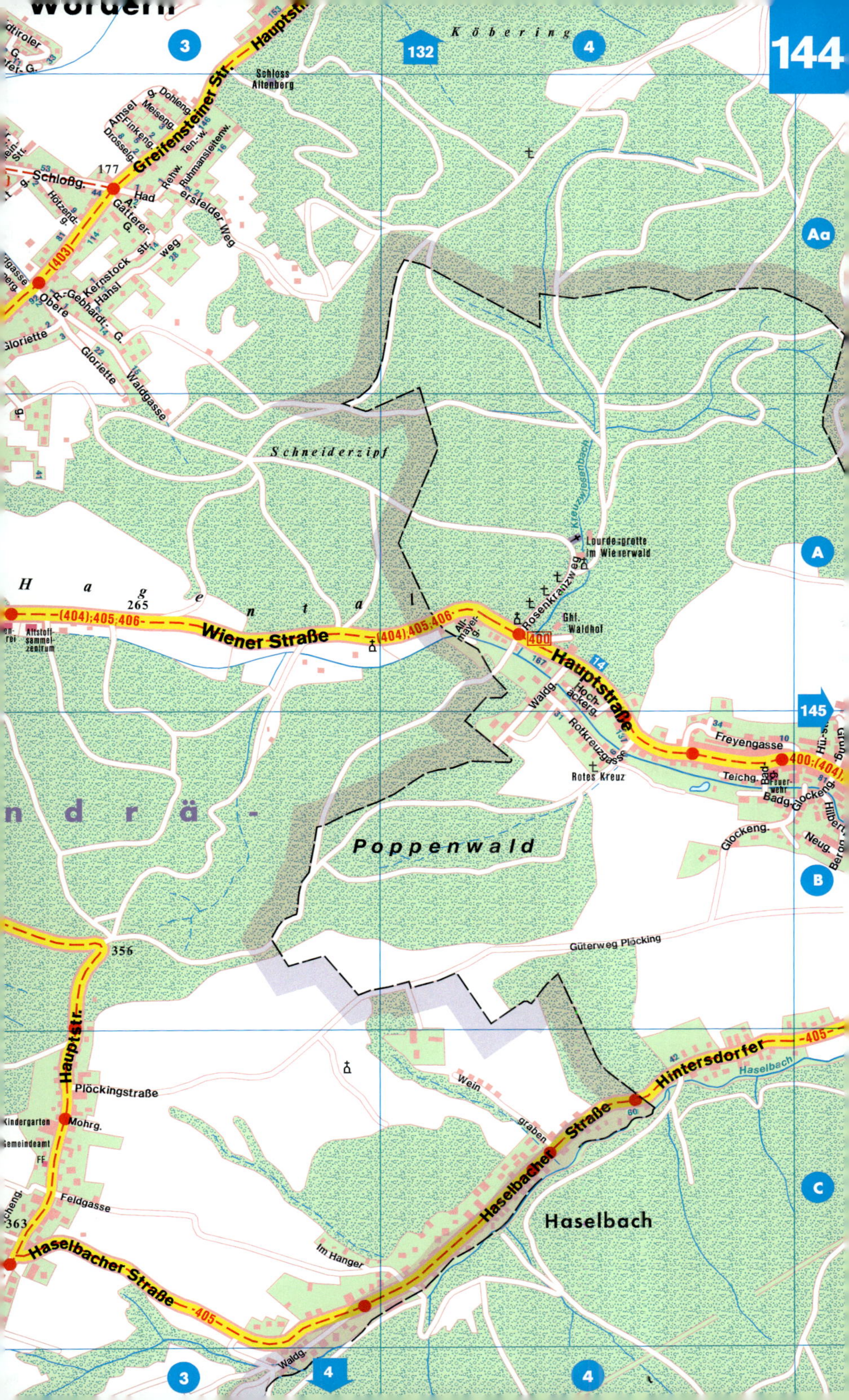
144
132
145
Köbering
Schloss Altenberg
Greifensteiner Str.
Hauptstr.
Schloßg.
Gatterer-G.
Kernstock str.
Hansl weg
R.-Gebhardt-G.
Obere
Gloriette
Waldgasse
Ruhmansleitenw.
Rehw.
177
Aa
A
B
C
Schneiderzipf
Kreuzwiesenbach
Lourdesgrotte im Wienerwald
Rosenkranzweg
Ghf. Waldhof
H a g e n t a l
265
(404):405:406
Wiener Straße
Altstoff-sammel-zentrum
Allmayer-g.
400
Hauptstraße
14
Waldg.
Hochackerg.
Rotkreuzgasse
Rotes Kreuz
Freyengasse
Teichg.
Badg.
Glockeng.
Neug.
Feuerwehr
Poppenwald
Güterweg Plöcking
356
Hauptstr.
Plöckingstraße
Kindergarten
Mohrg.
Gemeindeamt
FF
Feldgasse
363
Haselbacher Straße
405
Im Hanger
Weingraben
Haselbacher Straße
Hintersdorfer
Haselbach
Haselbach
Waldg.
3
4

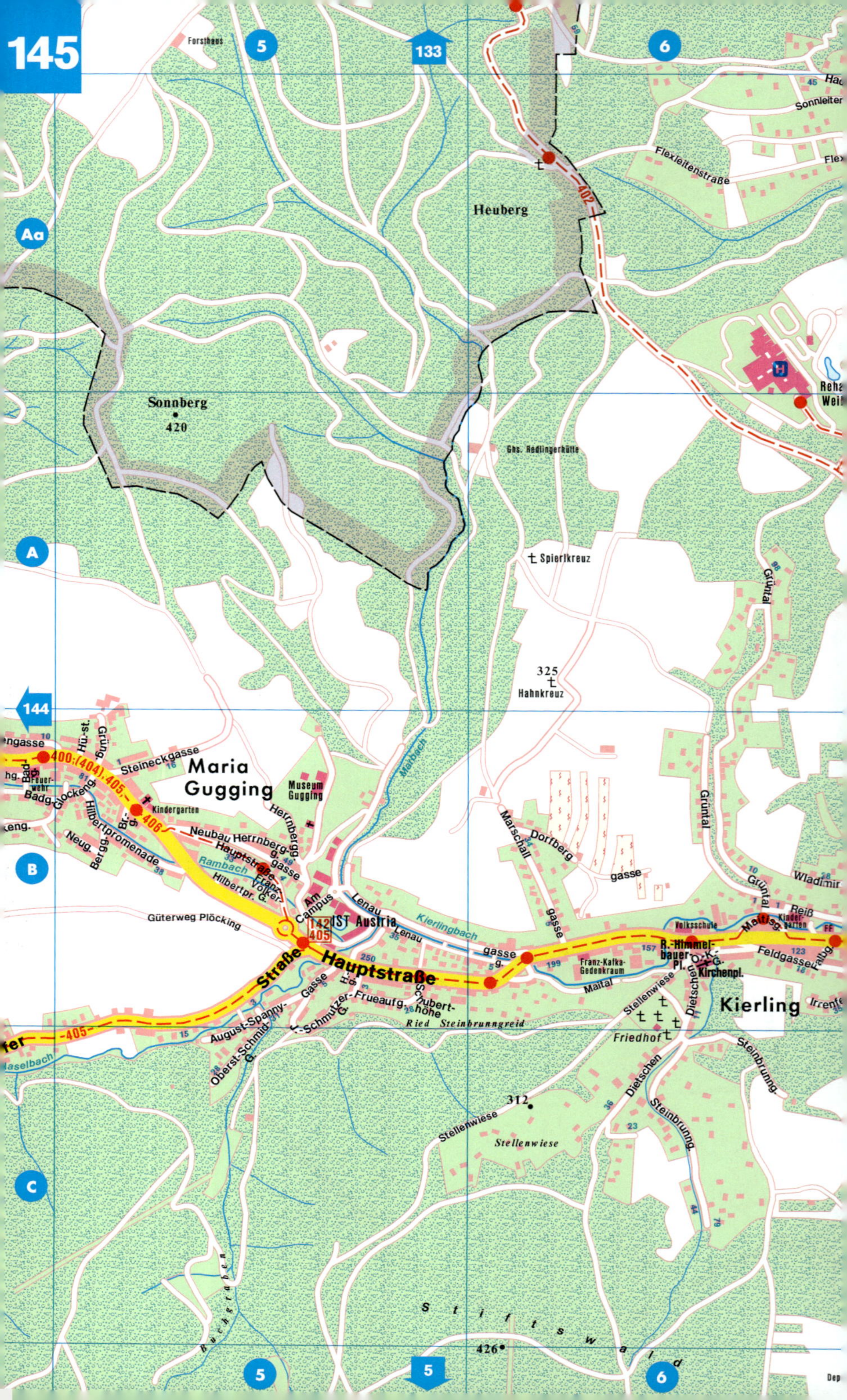
Forsthaus
133
Heuberg
Flexleitenstraße
Sonnleiten
402
Sonnberg
420
Ghs. Redlingerhütte
Rehab
Spierlkreuz
325
Hahnkreuz
144
Maria
Gugging
Museum
Gugging
Kindergarten
Steineckgasse
Hilbertpromenade
Neubau
Herrnberggasse
Hauptstraße
Rambach
Hilbertpr. G.
Güterweg Plöcking
Am Campus
IST Austria
142
405
Lenau
Kierlingbach
Maibach
Marschall
Dorfberg
gasse
Grüntal
Wladimir
Reiß
Kindergarten
Volksschule
R.-Himmelbauer-Pl.
Kirchenpl.
Feldgasse
Franz-Kafka-Gedenkraum
Maital
Hauptstraße
Straße
405
Stellenwiese
Friedhof
Kierling
Steinbrunng.
Dietschen
Steinbrunng.
312
Stellenwiese
Ried Steinbrunngreid
Schubert-höhe
Frueaufg.
J.-Schmutzer-G.
August-Spanny-Gasse
Oberst-Schmid-G.
Haselbach
Buchgraben
Stiftswald
426
5
6

Kritzendorf
Kritzendorfer Hauptstr.
Martinstraße
Unter Kritzendorf
Franz-Joseph-Bahn
Friedhof
Vituspl.
Kindergarten
Private Volksschule
Altenheim
Barmherzige Brüder
Durchstich
Klosterneuburger
Aa
A
B
C
Waldandacht
Freiberg
392
Freibergsiedlung
Holzgasse
Käferkreuzgasse
Türkenschanzgasse
Israelitischer Friedhof
Ried Sommerau
Karl-Inführ-Pl.
Hauptstraße
Kierlinger Straße
Österreichische Akademie für Arbeitsmedizin
Buchberg
363
Kerblkreuz
336
351
338
Lange Gasse
Dünne Geiß
Meynert-kreuz
Schelhammerg.
Kierlinger G.
Keppergasse
Leander-Köhler-Weg
Ludwig-Jüngling-G.
Weißenhofer
Flexleitenstraße
Steigerg.
Am Ölberg
Max-Kahrer-
Franz-Horst-G.
Ernst-Wagner-G.
Leopoldsgraben
Adalbert-Stifter-
Feilergraben
Beindelg.
Ziegelofengasse
Ochsnerprom.
Rolandsberg
Schießstattgraben
Reißergraben
Haschhofstr.
134
147
6
7
8
14

Schiffstation Korneuburg
135
9
10
Kläranlage
Kraftwerk
Ungerbreite
Am Kraftwerk
KORNEUBURG OST
EXIT 16
Roll- fähre
Am Hechtfang
Tuttendörfl
Golf- platz
Golfplatz
Mitterweg
Tuttenhof
Tuttenhofstraße
Aa
dorf
Rollfährestraße
Nibelungenweg
Neuweg
Ludwigweg
Kleingartenanlage Rollfähre
Rudolfweg
Schillweg
Dammweg
D O N A U
Klosterneuburger Durchstich
A
Am Donaugrab
Bisamb
164
Pioniertraverse
Pionier- insel
Durchschlagweg
Kleingartenverein Schwarze Au
Martinstraße
146
Albrechtstr.
St. Martin
Martin- schlössl
B
Hölzig
Kindergarten
Volksschule
Neue Mittelschule
Langstögerg.
Martinstr.
Rollfährestraße
Schützenhaus
In der Au
2,400,401,402,403,404,406
Klosterneuburg-Kierling
Happyland
Niedermarkt
Stadtplatz
Wiener Straße
Kierlinger Str.
406
Krankenhaus
Hundskehle
190 Stift
Stiftsplatz
Welfenpl.
Rathauspl.
Mühlen
Stolpeckg.
Babenberger
Buchbergg.
Wisentg.
Gymnasium
Kardinal-Piffl-Platz
Hermannstr.
Leopoldstr.
Roman-Scholz-Platz
Bezirksgericht
Göppinger Platz
Agnesstr.
Tauchner-g.
Höhere Bundeslehranstalt u. Bundesamt f. Wein- u. Obstbau
Leopoldstr.
Strandbad Klosterneuburg
Hauptplatz
Strandbadsiedlung
Strandbad
In der Au
Rund str.
Haussiedlung
Am Durchstich
Wasserstr.
Donaustraße
Ehemalige Magdeburgkaserne
Schömerhaus
Donaustraße
Klosterneuburg-Weidling
Meynertg.
C
Friedhof
Sudetendeutscher Pl.
Lange Gasse
Weinberg
Albert-Böhm-G.
Schömerg.
Berchtesgadnerhofg.
Wiener Straße
An den Mühlen
Einlaufb
281
Göbling
Leimgstätten
Schwarzes Kreuz 217
7
Prägarten
Magdeburg
ÖAMTC

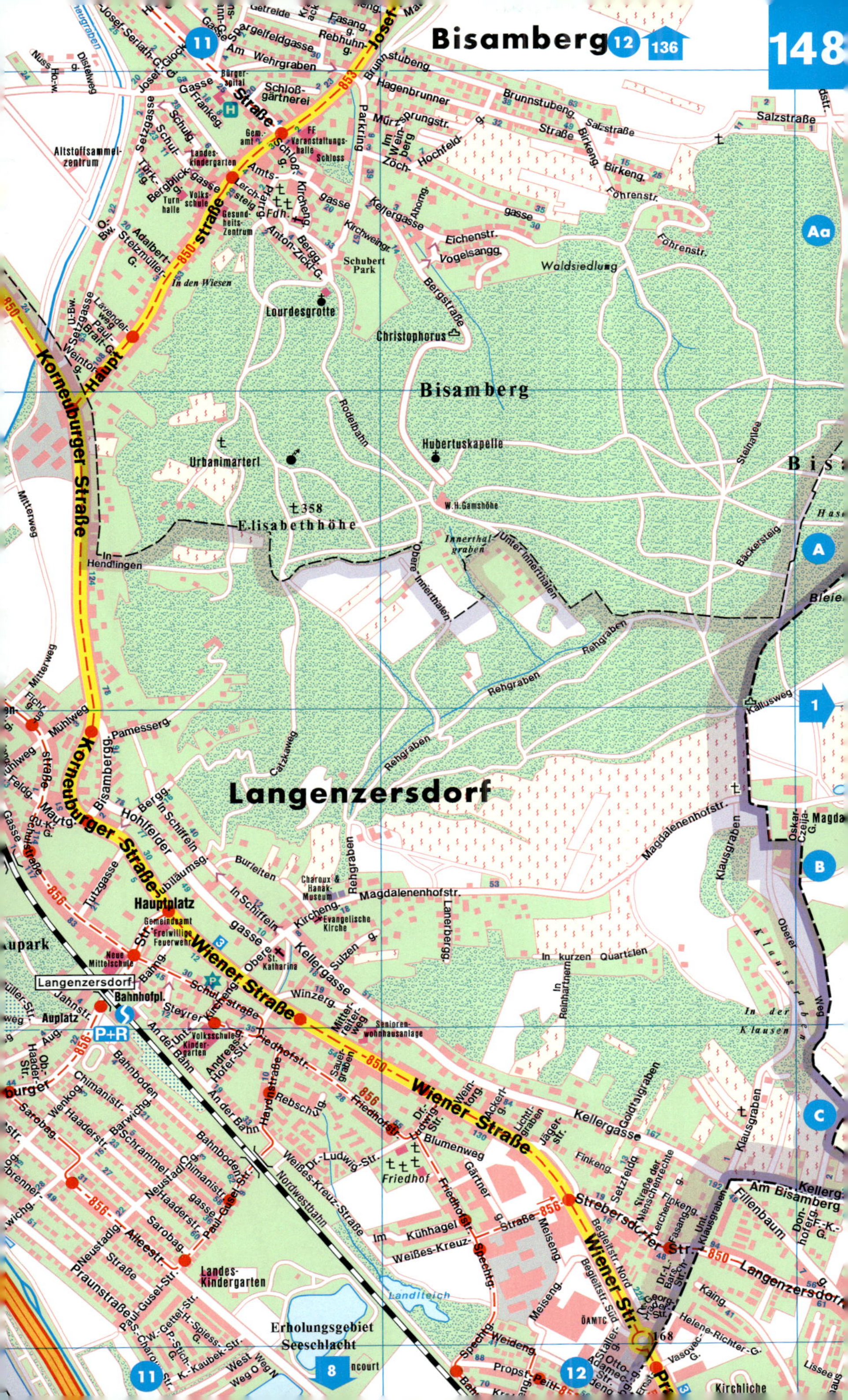
Bisamberg
12
136
Langenzersdorf
Bisamberg
Korneuburger Straße
Wiener Straße
Hauptstraße
Hauptplatz
Lourdesgrotte
Christophorus
Hubertuskapelle
Urbanimarterl
Elisabethhöhe
358
W.H.Gamshöhe
Waldsiedlung
Schubert Park
Schloss
Kellergasse
Rehgraben
Magdalenenhofstr.
Klausgraben
Friedhof
Landlteich
Erholungsgebiet Seeschlacht
Landes-Kindergarten
Bahnhofpl.
Langenzersdorf
P+R
Aupark
Nordwestbahn
Strebersdorfer Str.
Langenzersdorfer Str.
Am Bisamberg
Kirchliche
168
Aa
A
B
C
1
11
8
850
856
853

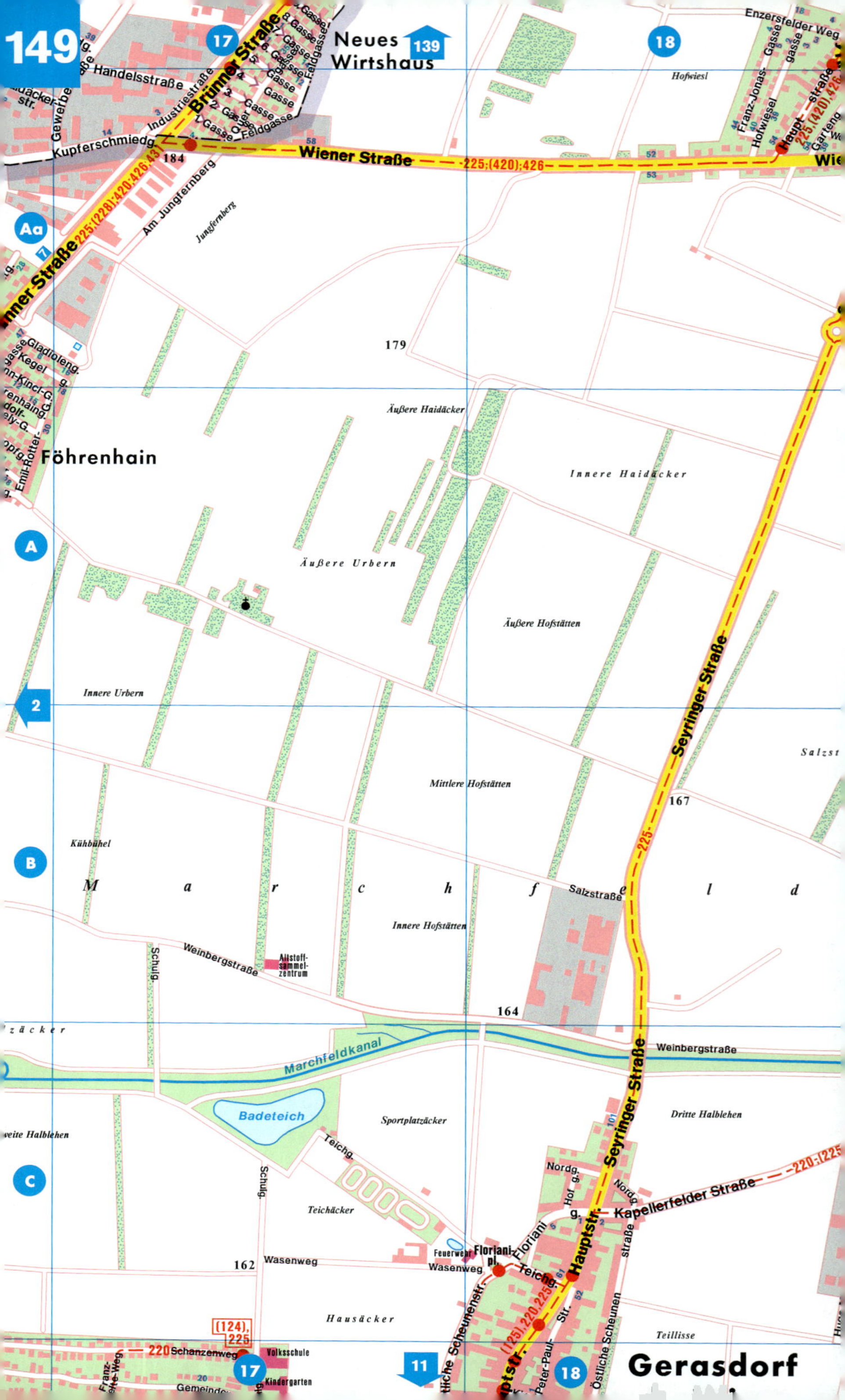

17
Neues Wirtshaus
139
18
Brünner Straße
Handelsstraße
Industriestraße
Kupferschmiedg.
Feldgasse
Enzersfelder Weg
Hofwiesl
Franz-Jonas-Gasse
Hofwiesel
Hauptstraße
Wiener Straße
225;(420);426
225;(228);420;426;43
184
Am Jungfernberg
Jungfernberg
Aa
7
Gladioleng.
Kegelg.
Emil-Rotter-G.
Föhrenhain
179
Äußere Haidäcker
Innere Haidäcker
A
Äußere Urbern
Äußere Hofstätten
Innere Urbern
2
Seyringer Straße
Salzst
Mittlere Hofstätten
167
Kühbühel
225
B
M a r c h f e l d
Salzstraße
Innere Hofstätten
Schulg.
Weinbergstraße
Altstoff-sammel-zentrum
164
Marchfeldkanal
Weinbergstraße
Badeteich
Sportplatzäcker
Dritte Halblehen
Zweite Halblehen
Teichg.
C
Nordg.
Hofg.
Kapellerfelder Straße
220;(225
Teichäcker
Floriani
Floriani-pl.
Feuerwehr
Wasenweg
162
Wasenweg
Teichg.
Hauptstr.
Hausäcker
Scheunenstr.
Peter-Paul-Str.
Östliche Scheunen
Teillisse
(124), 225
220
Schanzenweg
Volksschule
Kindergarten
17
11
(125),220,225
18
Gerasdorf
Gemeindeg.

Seyring
Kapellerfeld West
Kapellerfeld Ost
Kapellerfeld
Seyring
Obersdorfer Str.
Bahnstraße
Helmaw.
Mittelstraße
Halbg.
Dorfstr.
Feldg.
Kulturzentrum
Friedhof
Waldweg
Industriestr.
Fasangasse
Fuchsgasse
Flugfeldstraße
Schießstatt
Startbahn
Veilchen-g.
Malven-g.
Leheng.
Marg.
Zürgelg.
Escheng.
Ahorng.
Abzugsgraben
Wiesenjoch
SEYRING EXIT 40
S1
Oberes Ried
Flugfeldäcker
Karl-Gerber-Straße
Westgasse
Eigner-g.
Künzlg.
Gasse
Proftung-G.
Nelkeng.
Tulpeng.
Friedensg.
Bachg.
Wieseng.
Sonnwendg.
Anton-Bruckner-
Berta-von-Suttner-Gasse
Lenaug.
Blüteng.
Blumeng.
Jupiterg.
Rosen g.
Korng.
Feldgasse
Föhreng.
Halbg.
Waldg.
Mittelg.
Brunneng.
Garteng.
Schillerg.
Roseng.
Vereinsg.
Kantg.
Haydng.
Kindergarten
Volksschule
Volksheim
Wiener Straße
Kapellerfelder Straße
Ostbahng.
Weingartenäcker
Haidäcker
Im Felde
Am Wassergraben
Raststation Deutsch Wagram
Wolfsgrube
Weinberg str.
Breite Joch
Lange Joch
Ostbahn (nördl. Linie)
Schmidg.
Sparkasseng.
Im langen Feld
M a
165
164
161
140
151
19
20
12
Aa
A
B
C
220
225

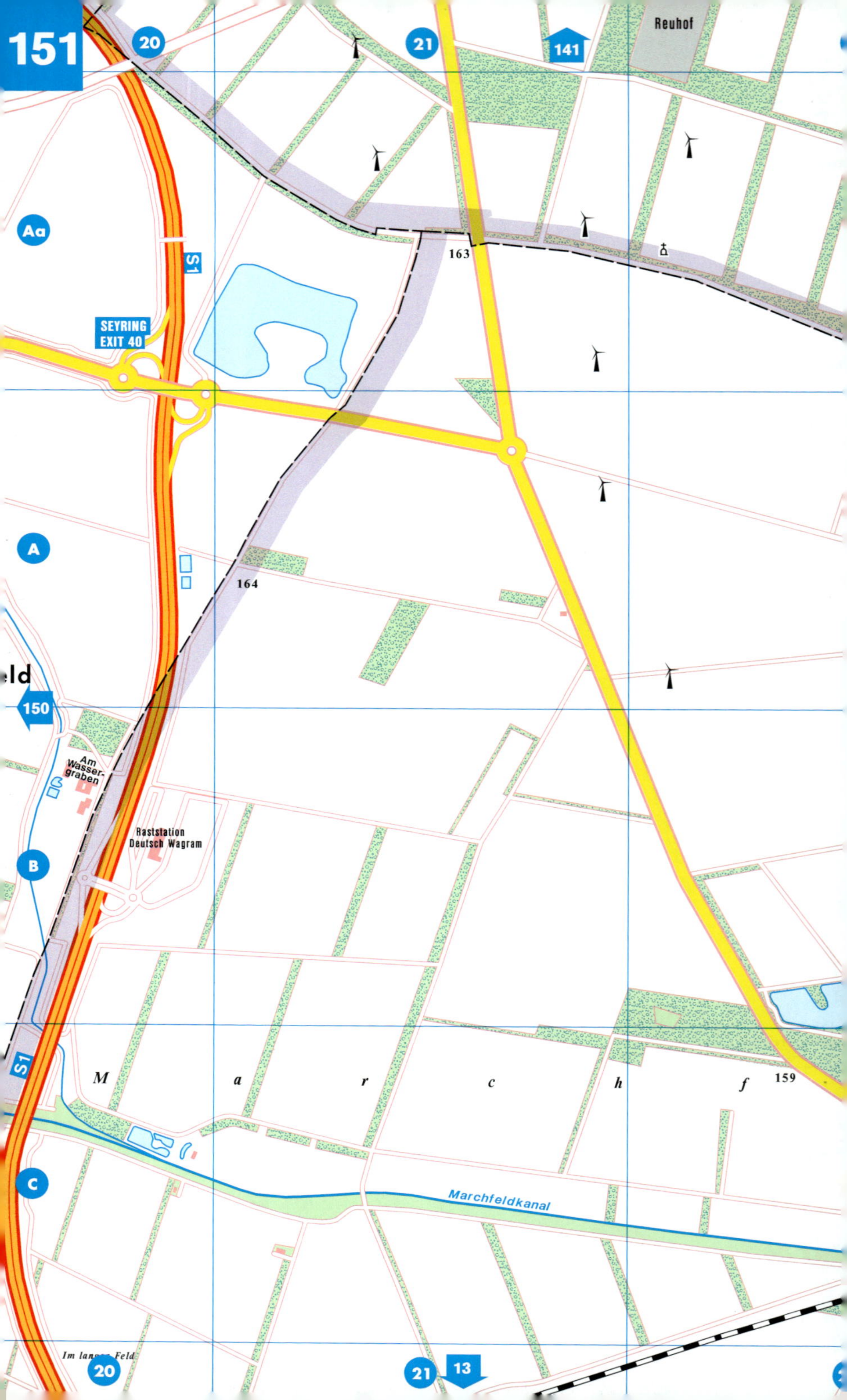
20
21
141
Reuhof
Aa
S1
163
SEYRING
EXIT 40
A
164
eld
150
Am
Wasser-
graben
Raststation
Deutsch Wagram
B
S1
M a r c h f
159
C
Marchfeldkanal
Im langen Feld
20
21
13

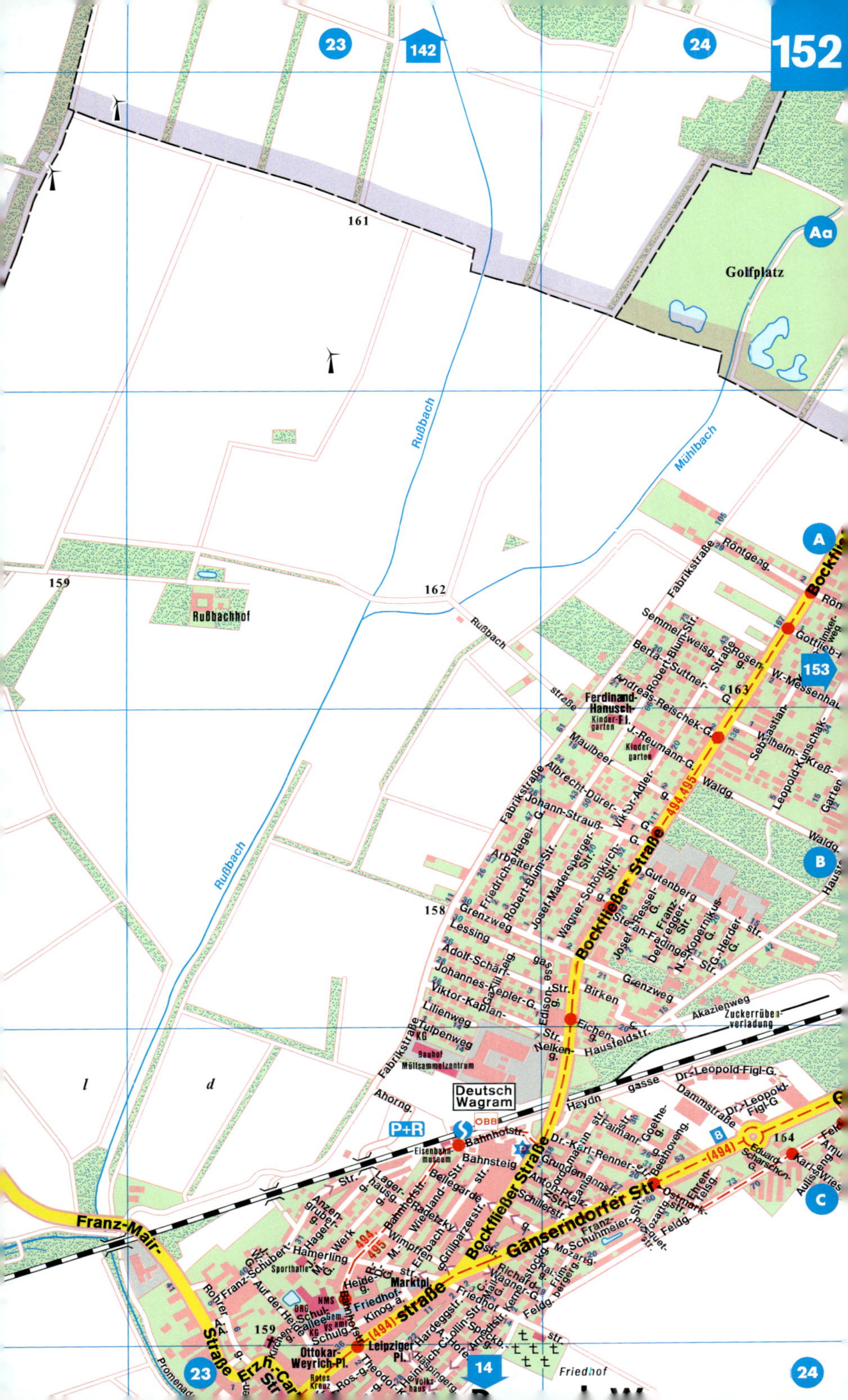
23
142
24
161
Golfplatz
Aa
Rußbach
Mühlbach
159
162
Rußbachhof
Rußbach
A
Röntgeng.
Fabrikstraße
Bockfließer Straße
Semmelweisg.
Robert-Blum-Str.
Berta-Suttner-G.
Andreas-Reischek-G.
Ferdinand-Hanusch-Pl.
Kindergarten
J.-Reumann-G.
Maulbeer
Albrecht-Dürer-
Johann-Strauß-
Viktor-Adler-
153
163
W.-Messenhauser
Sebastian-
Wilhelm-Kreß-
Leopold-Kunschak-
Waldg.
494,495
B
Arbeiter-
Friedrich-Hegel-G.
Josef-Madersperger-Str.
Wagner-Schönkirch-Str.
Gutenberg
Josef-Ressel-G.
Franz-Defregger-Str.
Stefan-Fadinger-
N.-Kopernikus-G.
J.-G.-Herder-Str.
158
Grenzweg
Lessing
Adolf-Schärf-
Johannes-Kepler-G.
Viktor-Kaplan-
Lilienweg
Tulpenweg
Edison-Str.
Birken
Eichen-g.
Nelken-g.
Hausfeldstr.
Akazienweg
Zuckerrübenverladung
KG
Bauhof
Müllsammelzentrum
Deutsch Wagram
Ahorng.
P+R
ÖBB
Bahnhofstr.
Eisenbahnmuseum
Bahnsteig
Haydngasse
Dr.-Leopold-Figl-G.
Dammstraße
164
C
Dr.-Karl-Renner-Str.
Gänserndorfer Str.
Beethoveng.
Goethe-g.
Ostmark-
Franz-Mair-Straße
Franz-Schubert-
Hamerling
Sporthalle
Schulallee
Marktpl.
Friedhof
Leipziger Pl.
Ottokar-Weyrich-Pl.
Rotes Kreuz
Volkshaus
Erzh.-Carl-Str.
14
Friedhof
24
l
d

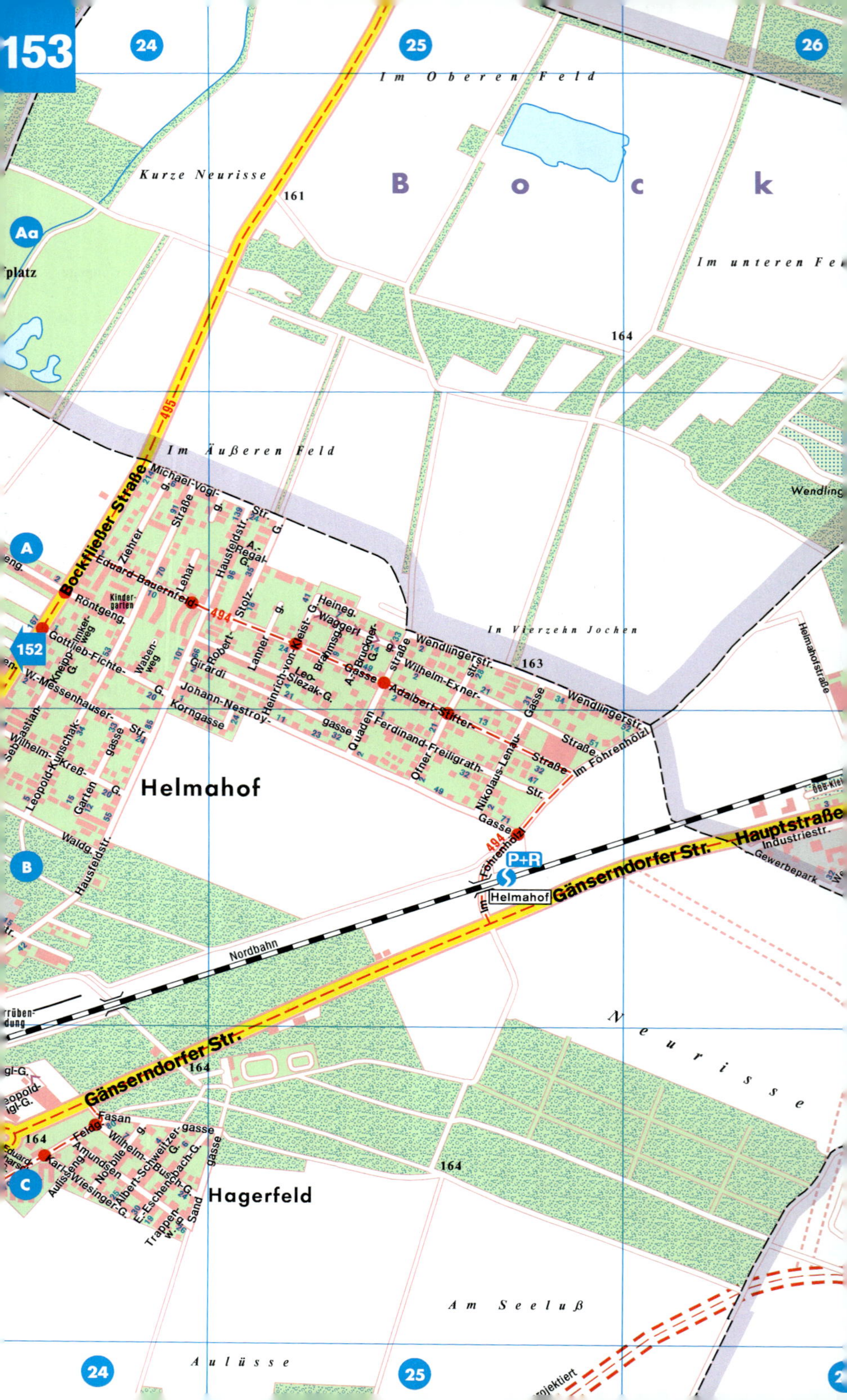

24
25
26
Im Oberen Feld
Kurze Neurisse
161
B o c k
Aa
Im unteren Fe
164
495
Im Äußeren Feld
Wendling
Michael-Vogl-g.
Straße
Str.
G.
Bockfließer Straße
A
Ziehrer
Eduard-Bauernfeld-
Lehar
Hausfeldstr.
A.-Regal-G.
Kindergarten
Röntgeng.
Stolz-
494
Heineg.
Waggerl
Gottlieb-Fichte-
152
Kneipp-
Imker-weg
Waben-weg
Robert-
Girardi
Lanner
g.
Heinrich-von-Kleist-G.
Leo-Slezak-G.
Brahmsg.
A.-Bruckner-G.
Gasse
straße
Wendlingerstr.
In Vierzehn Jochen
163
Wilhelm-Exner-
str.
Adalbert-Stifter-
Gasse
Wendlingerstr.
Helmahofstraße
W.-Messenhauser-
Johann-Nestroy-
Korngasse
gasse
Quaden
Ferdinand-Freiligrath-
Straße
Im Föhrenhölzl
Sebastian-
Kunschak-
Str.
Wilhelm-Kreß-
Leopold-
gasse
Garten
G.
Helmahof
Otner
Nikolaus-Lenau-Gasse
Str.
ÖBB-Klei
Hauptstraße
Industriestr.
Gewerbepark
P+R
Helmahof
Gänserndorfer Str.
Waldg.
Hausfeldstr.
B
Im Föhrenhölzl
Nordbahn
Neurisse
Gänserndorfer Str.
164
Fasan
Feld
Wilhelm-Busch-G.
Schweitzer-gasse
Eschenbach-G.
Amundsen
Nobile
Albert-Schweitzer-G.
Karlseng.
Wiesinger-G.
E.-Eschenbach-G.
Trappen-weg
Sand-gasse
Aulisseng.
C
Hagerfeld
164
Am Seeluß
Aulüsse
24
25
projektiert

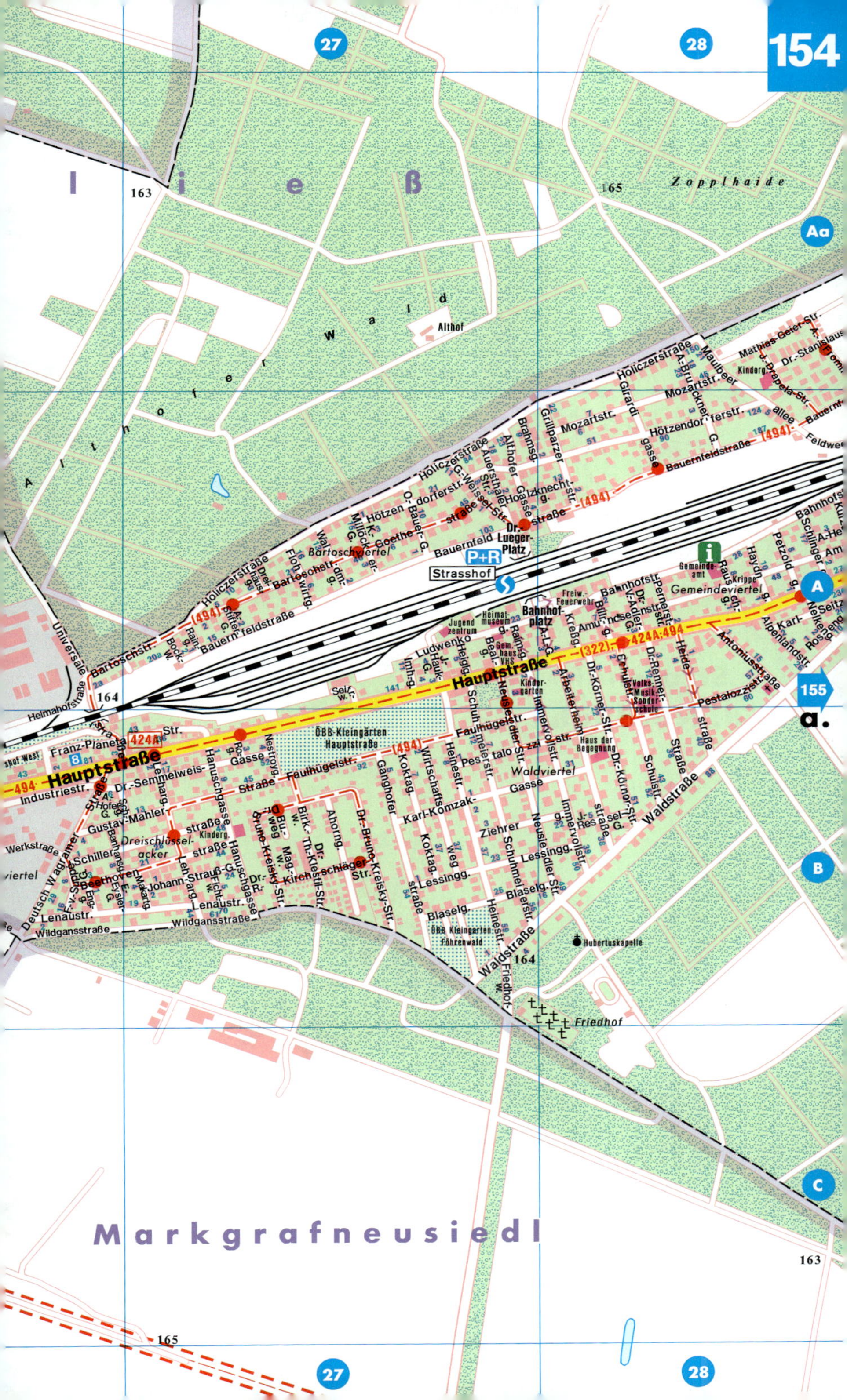

27
28
Ließ
Zopplhaide
Altenhofer Wald
Althof
Holiczerstraße
Mozartstr.
Hötzendorferstr.
Bauernfeldstraße
Grillparzer
Brahmsg.
Girardi gasse
Mathias-Geier-Str.
Dr.-Stanislaus
Kinderg.
J.-Drapela-Str.
Feldweg
Hötzendorferstr.
Goethe
Bartoschviertel
Bartoschstr.
Bauernfeld
Dr. Lueger-Platz
P+R
Strasshof
Gemeindeamt
Krippe
Gemeindeviertel
Bahnhofstr.
Petzold
Haydn
Bahnhofs
Schlinger
Freiw. Feuerwehr
Jugendzentrum
Heimatmuseum
Bahnhofplatz
Gem. haus VHS
Ludwenko
Hauptstraße
Kindergarten
Arbeiterheim
Dr.-Körner-Str.
Immervollstr.
Volksschule Musikschule Sonderschule
Pestalozzistr.
Antoniusstraße
Alpenlandstr.
Heide-
Seif
Heimahofstraße
Universale
Franz-Planeta
424A
494
(322)
424A;494
Hauptstraße
Industriestr.
Dr.-Semmelweis-Gasse
ÖBB-Kleingärten Hauptstraße
Faulhügelstr.
Hanuschgasse
Nestroyg.
Ganghofer
Koktag.
Wirtschaftsweg
Heinestr.
Pestalozzistr.
Waldviertel
Haus der Begegnung
Schulstr.
Waldstraße
Gustav-Mahler-straße
Dreischlüsselacker
Kinderg.
Schiller
Beethoven
Johann-Strauß-G.
Lenaustr.
Wildgansstraße
Werkstraße
Deutsch Wagramer Straße
Bruno-Kreisky-Str.
Kirchschläger Str.
Dr.-Bruno-Kreisky-Str.
Karl-Komzak-Gasse
Ziehrer
Lessingg.
Blaselg.
ÖBB Kleingarten Föhrenwald
Neusiedler Str.
Schuhmeierstr.
Friedhofw.
Hubertuskapelle
Friedhof
155
a.
Aa
A
B
C
163
164
165
Markgrafneusiedl

Strasshof
a. d. Nordbahn
154
28
29
30
Aa
A
B
C
Hauptstr. Silberwald
Hauptstraße
Hauptstr.
Schönkirchner Straße
Feldweg
Mathias-Geier-Str.
Dr.-Stanislaus-Nigl-Str.
Bauernfeldstr.
Bauernfeldstraße
Museum
Heizhaus
Europa-
mittel-
schule
Evang.
Kirche
Kindergarten
Kieslingviertel
Albert-Sever-
Dr.-Josef-Leisser-
Dr.-Schärf-Str.
Silberwald I
Silberwald II
Sillerstraße
Silberwaldstraße
Lassallestraße
Feldstraße
Flugfeldstraße
Josef-Sirowy-
Siehdichfür
Waldstraße
Gartenstr.
Schubertg.
Josef-Schwarz-
Ludo-Hartmann-
Strasserfelder G.
Flugfeld-
viertel
Promenadestr.
Roseggerstraße
Dr.-Lothar-Scholz-G.
Grenzstraße
Aigenstraße
Siehdichfürstraße
Kloster-
viertel
Hans-Sachs-
Rembrandt
Antoniusstraße
Hochwaldstraße
Getreidegasse
Forstgasse
Blumengasse
Jasmingasse
Innere Jochenstr.
Äußere Jochenstraße
Hamsterweg
Kneippg.
Tannengasse
Tiefental
Heid
(322)
424A;494
(494)
494
164
165
163

Silberwald
Nordbahn
Israel. Friedhof
ARBÖ
Hofstetten
Neusiedler Straße
Umfahrung geplant
H o f s t e t t e n
H e i d l ü s s e
494
393;494;(593)
157
Aa
B r e i t e s F e l d
Resselgasse
Werndlgasse
Ghegagasse
W a t z e k w a l d l
Strasshofer Straße
164
166
A
s e r n d o r f
Gänserndorf-Süd
Silberwaldstraße
Heidegasse
Wildganseweg
Am Haidacker
Aigenstraße
Heidekindergarten
Waldkindergarten
Kindergarten
Emmauskirche
162
Fuchsenwaldstraße
Amselgasse
Sandgrubenweg
Holunder
Neurißweg
Föhrenweg
Zebragasse
Sperling
Waldheimstraße
Nestroy
Rehgasse
Siehdichfürweg
Habicht w.
Siebenbrunner Straße
Umfahrung geplant
B
Finken
Löwen
Hasen
Eulen
Eschen
Jäger
Fichtenstraße
Waldweg
Bärenweg
Drossel weg
Tiger
(494)
153
Oed Aigenstraße
Gut Aiderbichl Affenrefugium
Erlebnispark Gänserndorf
C
393; (593)
Siehdichfürstraße
Schottergrube
157
Siehdichfür
Obersiebenbrunn
31
32
Straße

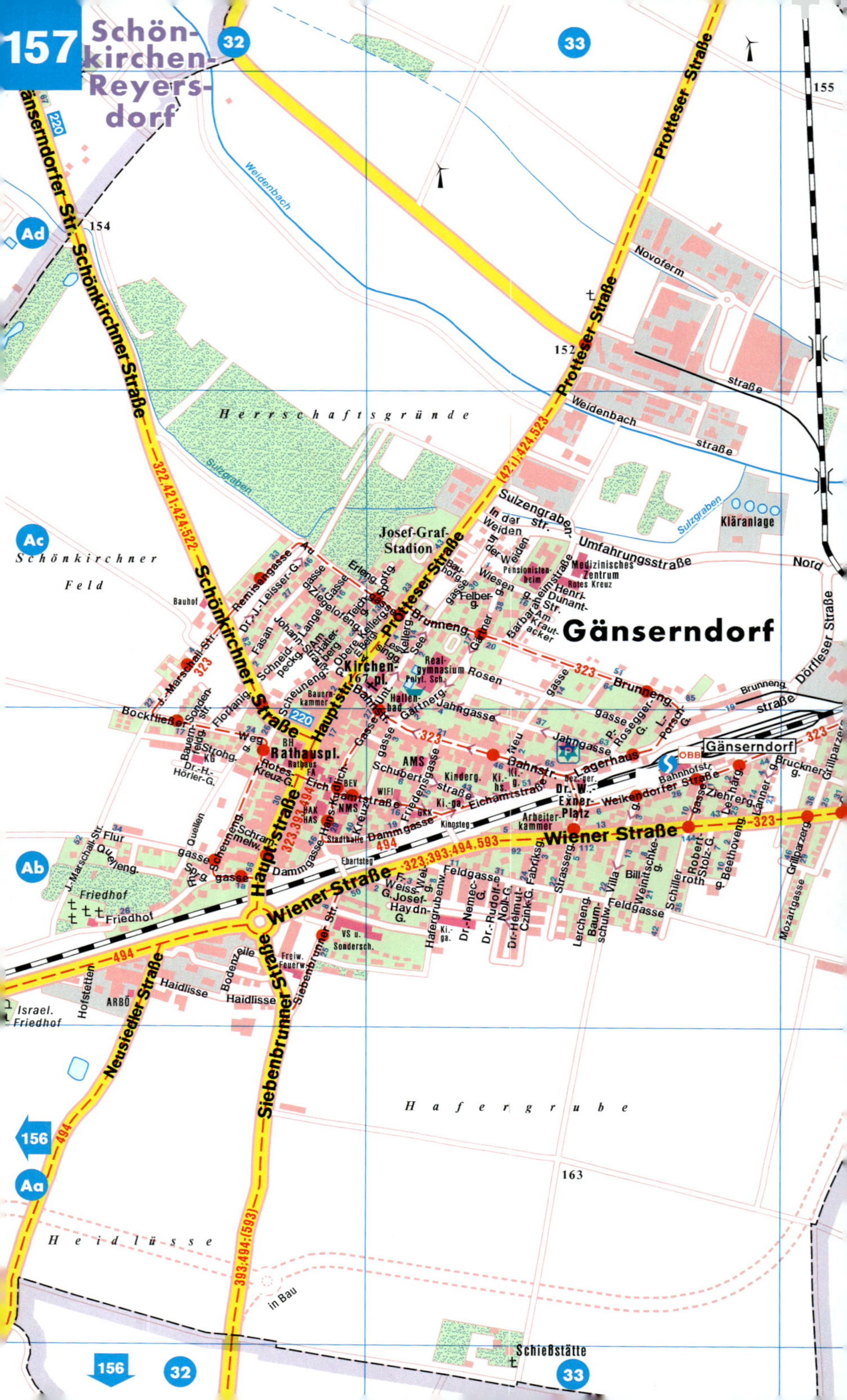

32
33
155
154
152
163
Ad
Ac
Ab
Aa
156
Gänserndorfer Str.
Schönkirchner Straße
Protteser Straße
Weidenbach
Novoferm
Weidenbachstraße
Herrschaftsgründe
Sulzgraben
Kläranlage
Josef-Graf-Stadion
Schönkirchner Feld
Umfahrungsstraße Nord
Dörfleser Straße
Medizinisches Zentrum
Rotes Kreuz
Gänserndorf
Brunneng.
Kirchenpl.
Hauptstr.
Hauptstraße
Rathauspl.
Jahngasse
Bahnstr.
Lagerhaus
Dr.-W.-Exner-Platz
Weikendorfer Straße
Bahnhofstr.
Wiener Straße
Feldgasse
Dammgasse
Friedhof
Israel. Friedhof
Neusiedler Straße
Siebenbrunner Straße
Haidlisse
Hafergrube
Heidlüsse
in Bau
Schießstätte
Stadthalle
Arbeiterkammer
Realgymnasium
Hallenbad

Wirtshausfeld
Bachfeld
Dörfles
Veitsbaumfeld
Weikendorf
Steingrube
Hinter der Zeil
Feilbach
Weidenbach
Schulweg
Freiw. Feuerwehr
Rennbahnweg
(494)
Dörfleser Str.
Lindenw.
Am Feldrain
Birkengasse
Kirchensteig
Lerchenweg
Pirolweg
Weikendorf-Dörfles
ÖBB
Nordbahn
Nordbahngasse
Waldgasse
Erlenweg
Eichenweg
Fasanw.
Kirchensteig
Baumgartenweg
Wörth
Wiesenweg
Tallesbrunner Weg
Freiw. Feuerw.
Floriani-pl.
Hintausweg
Rathauspl.
Rathaus
Gem.amt
Forsthausw.
Franz-Grien-Weg
Kirchenplatz
Marktstr.
Franz-Mair-Weg
Kindergarten
Schule
Tischlerg.
Mühlbach
Am Mühlbach
Mühlg.
Hauptstraße
Untere Hauptstraße
Obere Hauptstraße
Feilbach
Kastanienallee
Unterort
Neuriss
Garten
Blumenweg
Friedhof
Kurzer W.
Heiderstr.
Fichteng.
Kolomang.
Elisabethg.
Oberweidener Straße
Unt. Bachw.
Am Weidenbach
Ob. Bachweg
Lagerhausweg
Weikendorfer Straße
8a
494-498
498
494
8
Alte Str.
Dammg.
Figurweg
Bahnstr.
Weideng.
Schreinerweg
Hintere Bahnstr.
Brünneng.
Kellerg.
Sonnenweg
Weikendorf
Wiener Straße
Umfahrung in Bau
152
153
155
156
161
34
35
Ad
Ac
Ab
Aa

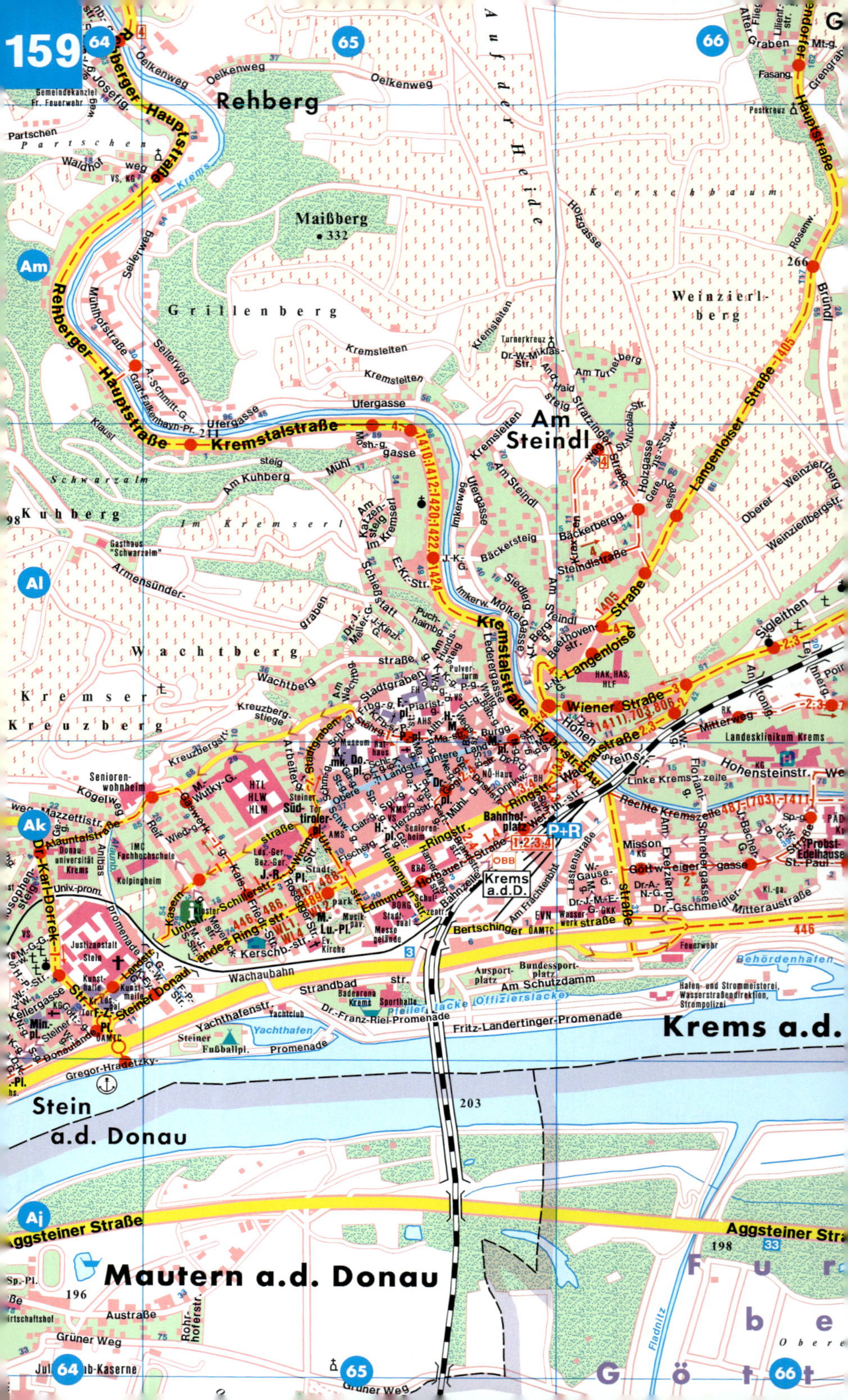
Rehberg
Rehberger Hauptstraße
Oelkenweg
Auf der Heide
Kerschbaum
Hauptstraße
Maißberg
332
Grillenberg
Weinzierlberg
Kremsleiten
Ufergasse
Kremstalstraße
Am Steindl
Langenloiser Straße
Am Kuhberg
Kuhberg
Im Kremserl
Schwarzalm
Wachtberg
Kremser Kreuzberg
Wiener Straße
Wachaustraße
Ringstraße
Bahnhofplatz
Krems a.d.D.
Landesklinikum Krems
Hohensteinstr.
Mitterweg
Rechte Kremszeile
Linke Kremszeile
Donau-universität Krems
IMC Fachhochschule
Justizanstalt Stein
Steiner Donaulände
Bertschinger Straße
Am Schutzdamm
Strandbad
Yachthafen
Fritz-Landertinger-Promenade
Dr.-Franz-Riel-Promenade
Behördenhafen
Krems a.d.
Stein a.d. Donau
203
Aggsteiner Straße
Mautern a.d. Donau
Austraße
Grüner Weg
Fladnitz
198
196
446

67
68
Auf der Heide
Saubühel
Marthal
Gebling
Rohrendorfer Gebling
Großer Geblingweg
211
Rohrendorf bei Krems
Am
Geblingweg
In der Leithen
Im Äußeren - Talland
Neubauerstraße
Braitenrain
Kleiner
F.-Moser-Str.
Leiser
Dr.-Reiß-Str.
Mitterweg
Friedhof
An der Bahn
Obere Wiener Straße
Wiener Straße
Pumpwerk
Talland
Tierheim
Franziskusstraße
W.-Roder-Str.
J.-H.-Str.
Straßenmeisterei
KREMS NORD
Israel. Friedhof
Teilland
Landersdorf
Tegelgasse
Teillandg.
Lößgasse
Sch.-g.
Landersdorfer Str.
Rumpelmaierw.
Obere Hauptstraße
Oberer Webergasse
Bäcker-g.
Schule
Al
Ober-rohrendorf bei Krems
J.-Holzer-Str.
Auweg
Josef-Oser-Str.
Weinzierl
Mittergries
Volksschule
Kindergarten
Hadresgasse
Reitenhaslacher
Hafenstraße
Rottenmanner
G.-Bamb.-Str.
Kindergarten
K.-Wall-Str.
Wasendorfer Straße
Gabelhoferpl.
Admonter Straße
1411
Lerchenfeld
Lerchenfelder Hauptpl.
Hoffrat-Erben-Str.
Symalenstraße
Schmidh.-Str.
Magnesitstr.
Wihering
An der Schütt
Rechte Kremszeile
Städtischer Bauhof
193
Ak
Brennaustraße
Altweidlingstraße
Fernmeldedienstgebäude
KREMS MITTE
KREMS LANDERSDORF
Hafenstraße
Am Hafen
Dr.-Franz-Wilhelm-Straße
K.-Mierka-Straße
HAFEN/INDUSTRIEZONE
Kremser Hafen
Krems
An der Schütt
197
37
446
Donau
192
Aj
KREMS SÜD
67
68

69
70
71
C
D
E
F
G
Ederding
254
Wiesing
Wielandsthal
229
(487)
Im Sand
272
Neuberg
Lamping
Kellergasse
Krenntal
Rottersdorfer Str.
Kremser Str.
480, 487
Traismauerstr.
HERZOG
Herzogenburg
Am Hainer Berg
Hainer Straße
487
238
Jubiläums
Herzogenburg-Wielandsthal
ÖBB
Friedhof
Prandtauer ring
Kirchenplatz
Stift
Rathausplatz
Wiener Straße
Schillerring
Bahnhofplatz
Herzogenburg
P+R
Oberndorf i.d.Ebene
236
St. Pöltner Straße
Michael-Vollrath-
Industriestraße
Brunnenfeldweg
Rosenberger-kreuz
Kurzer Hainberg
Langer Hainberg
Tullner Bahn
Mühlbach
S33
Traisen
HERZOGENBURG-SÜD
Herzog Stadt
Dr.-Theodor-Körner-Siedlung
Oberndorfer Ortsstraße
Molkereigasse
Rosegger
Jugendamt
Auring
Kapitelgarten
Gericht
Kindergarten
Mozartg.
Beethoven gasse
Kalkofeng.
Bachg.
Mittelg.
Volksheim
Jahnstr.
Arbeiter gasse
Dr.-Werneck-G.
Auf d. Widem
Bauhof
Feldg.
Kölblingg.
Roseng.
Rettung
Wieseng.
Riefthalgasse
Grünlandg.
Tiroler Str.
Handelsstr.

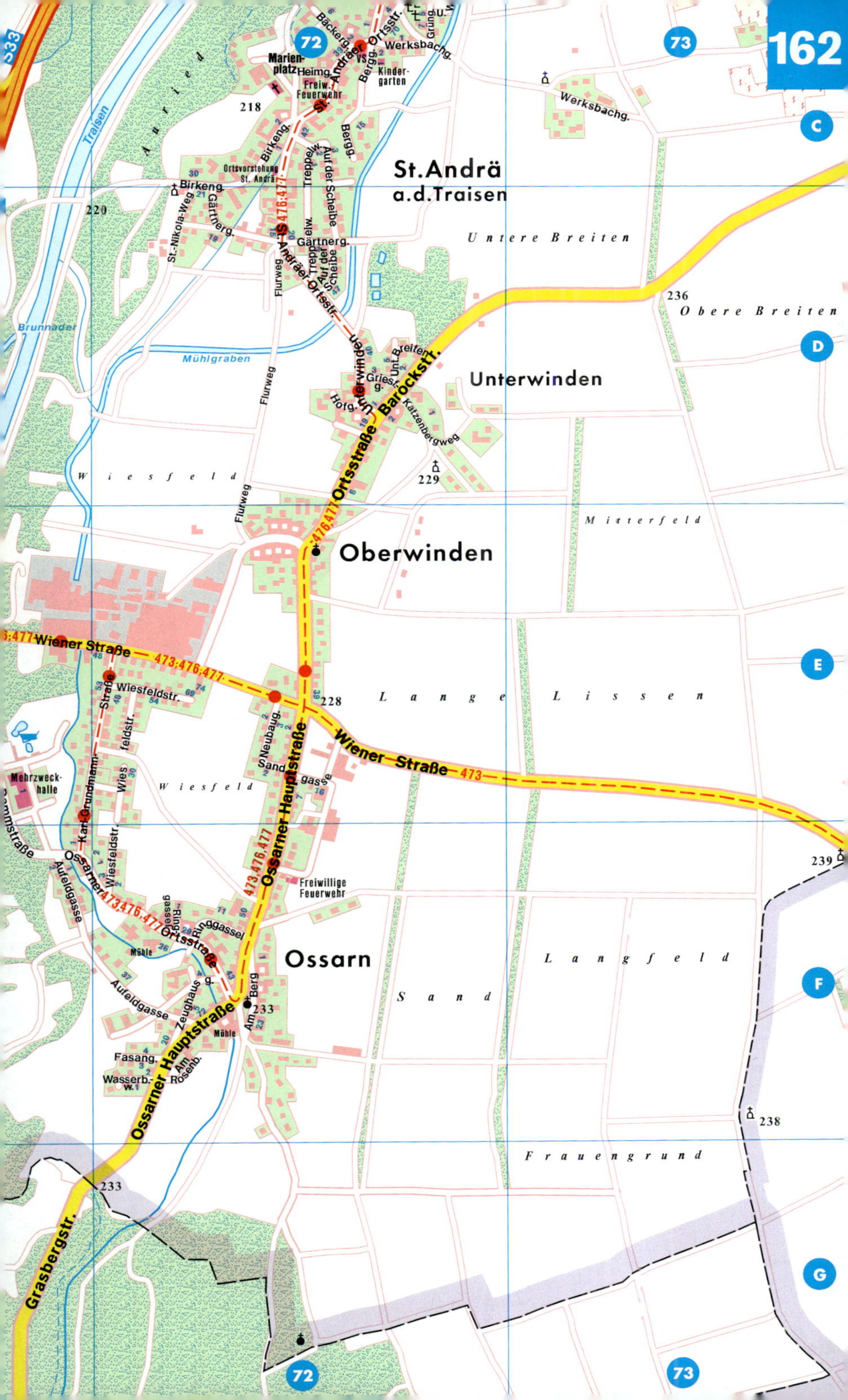
St. Andrä
a.d.Traisen
Unterwinden
Oberwinden
Ossarn
Marienplatz
Heimg.
Freiw. Feuerwehr
Bäckerg.
St. Andräer Ortsstr.
Bergg.
VS
Kindergarten
Werksbachg.
Grüng.
Birkeng.
Ortsvorstehung St. Andrä
Treppelw.
Auf der Scheibe
St.-Nikola-Weg
Gärtnerg.
Flurweg
Traisen
Auried
Brunnader
Mühlgraben
Untere Breiten
Obere Breiten
Unterwinden
Unt. Breiten
Griesg.
Hofg.
Barockstr.
Ortsstraße
Katzenbergweg
Wiesfeld
Mitterfeld
Wiener Straße
Wiesfeldstr.
Karl-Grundmann-Straße
Wiesfeldstr.
Mehrzweckhalle
Lange Lissen
Neubaug.
Sandgasse
Ossarner Hauptstraße
Freiwillige Feuerwehr
Ossarner Ortsstraße
Ringgassel
Aufeldgasse
Mühle
Zeughausg.
Am Berg
Fasang.
Wasserb.-w.
Am Rosenb.
Langfeld
Sand
Frauengrund
Grasbergstr.
218
220
229
228
233
236
238
239
72
73
C
D
E
F
G
473
473;476;477
476;477
S33

St. Pölten
Weitern
Waitzendorf
Kupferbrunn
Kolbing
343
Schottenau
Fuchsenwald
Waitzendorf Siedlung
Eisbergsiedlung
Städtischer Friedhof
Russenfriedhof
Stadtwald
Karlstettner Straße
Weiterner Straße
Goldegger Straße
Mamauer Kellerweg
Kremser Landstr.
Praterstraße
Propst-Führer-Str.
Waldstraße
Linzer Straße
Schießstatt ring
Schulring
Goethestraße
Kunrathstraße
Lackenbauerstraße
Koloniestraße
Kornfeldweg
Schwerdfegerstraße
Hötzendorfstraße
Heßstraße
Hauptbhf.
Frachtenbahnhof Zollamt
Westbahn
Mariazeller Bahn
Windkraftanlage
Städt. Wirtschaftshof
Aussichtsturm
Landesklinikum
NÖ-Militärkommando
Bundesschulzentrum HAK - HTL
Landeskriminalamt
Straßenmeisterei West
Straßenbauabteilung 5
Umspannwerk
Europaplatz
Rathauspl.
Dompl.
Klosterg.
P+R
13:481;482;1455
13;483;484
4,6
13
65
66
165
K
L
M
N
O

164
67
68
69
K
L
M
N
O
Austinstraße
Kremser Landstraße
Schloßberg
Schloss Viehofen
Marienpl.
Viehofen
Bhf. Viehofen
Spitzenfabrik-str.
Schaupgasse
Baumgartnerstr.
Wellensteinstr.
Haubtmannsbergergasse
Jindrastr.
Aussichtsturm
Naherholungsgebiet St. Pöltner 'Seen Erlebnis'
Viehofener Seen
Traisen
Ratzersdorfer See
Seepark
Freizeitzentrum Ratzersdorf
Traisenpark
Johannesplatz
Zentrum Traisenpark
Eishalle
Dr.-A.-Schärf-Str.
Dr.-Adolf-Schärf-Straße
P+R
ÖBB
Traisenpark
Kuefsteinstr.
Ortweing.
K.-Ludwig-Str.
Taverngasse
Mühlweg
Doderer-Str.
Kirchschl.-Str.
Franklstr.
Bundesschülerheim
Tennisarena
Landessportschule
Bimbo-Binder-Promenade
NV-Arena
Liese-Prokop-Allee
Viktor-Pongratz-Allee
Megaplex
Ratzersdorfer Hauptstraße
Hubert-Schnofl-Siedlung
Buchbergerstr.
Hintermeier Straße
Jägerweg
Gwanteng.
Sportplatz
Herzogenburger Str.
Austraße
Lorenzgasse
Thomasgasse
Traisenpromenade
Corvinus-Str.
Wiener Straße
Semmelweisg.
Dr.-Sauerbruch-Gasse
Altmanngasse
Mühlbach
Schindlerstraße
Ferdinand-Straßer-Weg
An der Westbahn
Unterwagram
Böheimkirchner Straße
Im Dörfl
Westbahnpark
Michaelpl.
Unterwagramer Str.
Kudlichstraße
Ottokar-Kernstock-Str.
Mitterer
August-Novy-Str.
Zum Steg
Westbahnallee
Rennbahnstr.
Gruber-Str.
Wiener Str.
Purkersdorfer Straße
Oberwagram
Landhaus viertel
Landhauspl.
Hauptstraße
Dr.-Bruno-Kreisky-Str.
Salzerstraße
Dr.-O.-Schadek-Str.
Hubertusstr.
Arbeiter
Listengasse
Josef-Bösbauer-Gasse
Scheicher
ANSCHLUSSSTELLE ST. PÖLTEN-OST
Österreichring
166
293
253
272
287

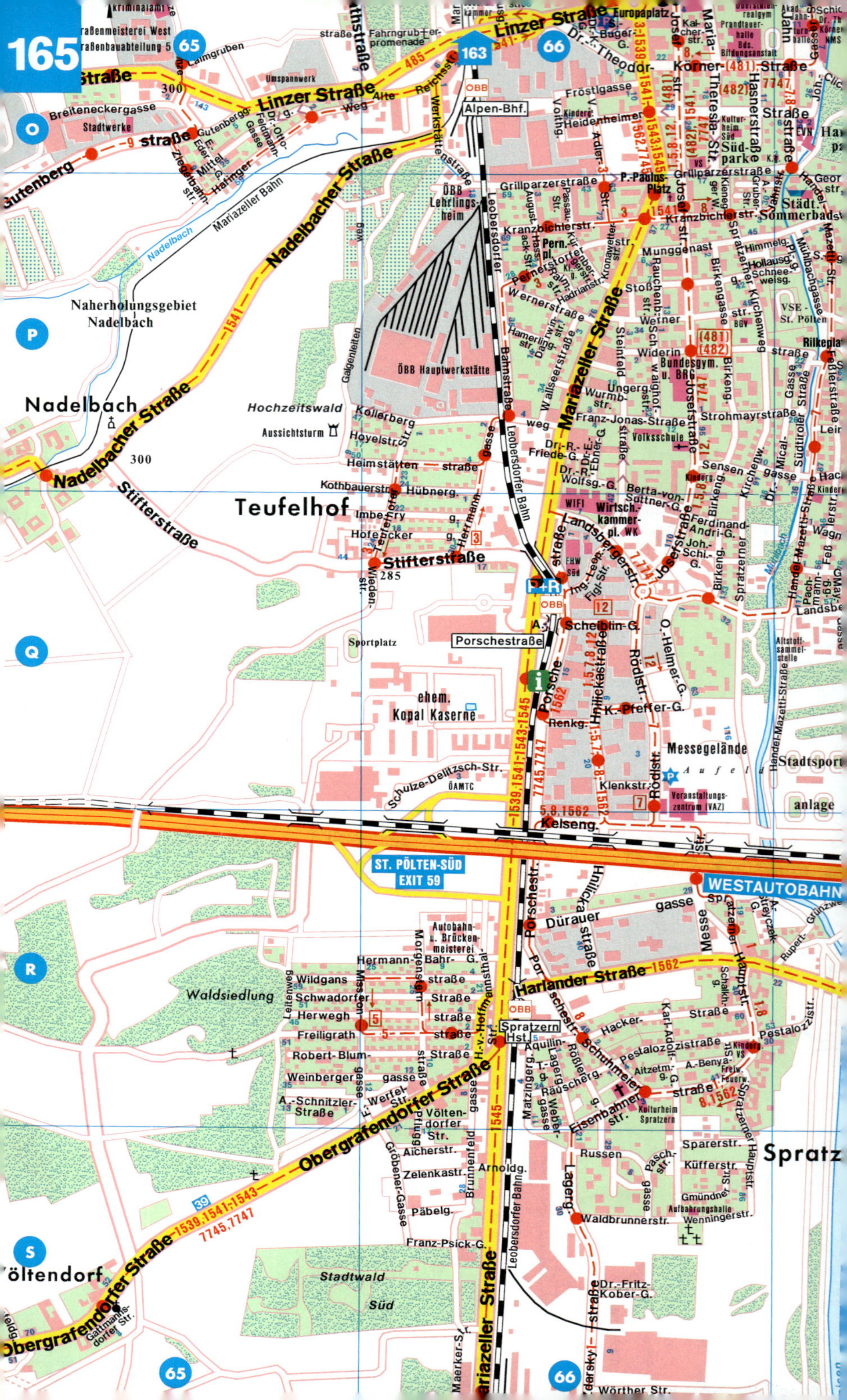

Linzer Straße
Europaplatz
Dr.-Th.-Körner-Straße
Alpen-Bhf.
ÖBB
Umspannwerk
Laimgruben
Breiteneckergasse
Stadtwerke
Gutenbergstraße
Mariazeller Bahn
Nadelbach
Nadelbacher Straße
Naherholungsgebiet Nadelbach
Werkstättenstraße
ÖBB Lehrlingsheim
ÖBB Hauptwerkstätte
Hochzeitswald
Aussichtsturm
Kollerberg
Hoyelstr.
Heimstättenstraße
Kothbauerstr.
Hübnerg.
Teufelhof
Stifterstraße
Sportplatz
Porschestraße
ehem. Kopal Kaserne
Schulze-Delitzsch-Str.
ÖAMTC
Grillparzerstraße
P.-Paulus-Platz
Kranzbichlerstr.
Pern. pl.
Wernerstraße
Hamerlingstr.
Mariazeller Straße
Leobersdorfer Bahn
Bahnstraße
Franz-Jonas-Straße
Volksschule
Bundesgym. u. BRG
Josefstraße
Strohmayrstraße
Sensengasse
Berta-von-Suttner-G.
Ferdinand-Andri-G.
WIFI
Wirtsch.-kammer-pl. WK
Landsbergerstr.
Scheiblin-G.
Rödlstr.
O.-Helmer-G.
K.-Pfeffer-G.
Renkg.
Hnilickastraße
Klenkstr.
Messegelände
Aufeld
Veranstaltungszentrum (VAZ)
Stadtsportanlage
Kelseng.
Städt. Sommerbad
Südpark
Rilkeplatz
Handel-Mazzetti-Straße
Mühlbach
Altstoffsammelstelle
ST. PÖLTEN-SÜD EXIT 59
WESTAUTOBAHN
Dürauer gasse
Harlander Straße
Autobahn- u. Brückenmeisterei
Hermann-Bahr-G.
Wildgans straße
Schwadorfer Straße
Herwegh straße
Freiligrath straße
Robert-Blum-Straße
Weinberger gasse
A.-Schnitzler-Straße
Waldsiedlung
Obergrafendorfer Straße
Völtendorfer Str.
Aicherstr.
Zelenkastr.
Päbelg.
Franz-Psick-G.
Arnoldg.
Spratzern Hst.
Hackerstraße
Pestalozzistraße
Schuhmeierstraße
Eisenbahnerstr.
Kulturheim Spratzern
Spratzerner Hauptstr.
Sparerstr.
Kücfferstr.
Waldbrunnerstr.
Russen
Aufbahrungshalle
Weningerstr.
Dr.-Fritz-Kober-G.
Spratz
Stadtwald Süd
Völtendorf
Mariazeller Straße
Wörther Str.
Messe

ANSCHLUSSSTELLE ST. PÖLTEN-OST
KNOTEN ST. PÖLTEN
164
67
68
69
O
P
Q
R
S
Landhauspl.
Rainer-Weg
Südsteg
W.-v.-Siemens-Str.
Julius Raab-
Landesakad.
Hauptstr.
Kastelicgasse
Willy-Brandt-Straße
Arbeiter-
Josef-Bösbauer-Gasse
Scheicher-
Eglseer
Straße
Untere
Listengasse
Brückl
Österreichring
Traisen
Franz-Josef-Promenade
Stattersdorfer
Stattersdorfer Hauptstraße
Lilienhof
Mühlbach
275
287
Raststätte
Friedhof
Kirchhofgasse
Alte Landstraße
Mandlerlagasse
Karl-Maisel-Str.
Pressig.
Schlössl-pk.
Hanusch-platz
Alois-Schuster-Gasse
Stattersdorf
Kinderg.
Volksschule
Freiw. Feuerwehr
Buchner-g.
J.-Klapper-Str.
Alter Schulweg
Egon-Schiele-Str.
Bruckmühlg.
Pilzg.
Schiffmannstraße
Peschekg.
Otto-Bauer-Straße
Stattersdorfer Hauptstr.
Zapletalg.
Valkastraße
Distelgasse
Klosegasse
Rustg.
Reutgasse
Poschgasse
Fichtenw.
Allround
Sport- u. Freizeitanl.
Putzgasse
Spratzerner Weg
Neurathg.
Rietenschlagg.
Traisen Wasserverband
Güterzugumfahrung
S33
A1
Bodeaäcker
Mathilde-
Beyerknecht-Straße
Salcherstraße
Schosulanstraße
Walter-Sachs-Str.
Demusgasse
F.-Fröbel-Gasse
Fasangasse
Klaus-Sandler-G.
Harlander Straße
Pumpwerk
298
288
Pyhrastraße
Brunn
Sport-platz
Salcherstr.
Zwirngasse
Mühlbach
Harland

Raipoltenbach
Kindergarten
Hauptstraße
Grundweg
229
Ruine
Freiw. Feuerwehr
Vorstadt
Maria-Schab-schneider-Str.
Feldg.
Hauptstraße
Herbstgrabenstraße
Troodhof
Raipoltenbach
Inprugg
Freiw. Feuerwehr
219
461
Untereichen
Marienweg
227
(461)
Neulengbach
Klosterberg
442,461
Untereich.
EVN-Umspannwerk
Große Tulln
Emmersdorfer Straße
Kleinraßberg
Seebach
Seefeld
Postverteilerzentrum
Altstoff- u. Grünschnitt-sammelzentrum
Bauhof
(461);462
Umseer Straße
Matzelsdorf
Industriestr.
227
Tullner Straße
Schulgasse
Uferstraße
Heide-weg
Kirchfeldstr.
Kirchfeldstr.
Straßen-meisterei
Almersberg
Bilkogasse
Weinbergstraße
Matzelsdorfer weg
Bahnhofstraße
KiBe
Posch g.
Ziegel-g.
Holub g.
Bahnhofstraße
Körner g.
Hohlweg
Florianig.
Seeb.-g.
Wasserg.
Schulgasse
Marktfeldstr.
Pfarrk. "Zur hl. Dreifaltigkeit"
Kirchenpl.
Gemeindeamt
Kummergasse
Rehaugasse
Figl weg
Gebauerg.
Haaghofg.
462
ÖBB
Neulengbach
Wimmergasse
Gayms.-g.
442,461-462
Uferstraße
Kollergasse
EVN
Schulzentrum
Windm.-g.
Marktfeld
(456),(457),460, 461,462
Ulmenhof
Kinderg.-w.
Hauptplatz
Bezirks-gericht
442,456, 457
Burg Neulengbach
Schuster g.
Weinbergstraße
Kinder-garten
Viaduktweg
Haus der Begegnung
Ebersberger
Steinriedl
Bahn
44
Rathauspl.
Altes Rathaus
Schloßbergg.
Park & Ride
Weinh.-str.
Volks-schule
Beethoven-g.
Akademiestr.
Groß
Laaer Weg
Ebersberg
Engländergasse
Deix-Sie dlung
Am Hang
Langst.-Weg
Tausendblumeng.
(456),(460)
BORG
Bauhof
Neulengbach-Stadt
ÖBB
Wiener Straße
Fries-str.
Kinderg.
Jonas gasse
Ackergasse
Straße
Tausendblum
Bachgasse
Wienerwald-stadion
Sindelar
Danckelmannallee
Liegl weg
Schubertstraße
Haydn
Friedhof
St. Pöltner Straße
462
Straß
Tullner Straße
Danckelmannallee
Öllerer-g.
Kreßgasse
Villers-g.
Lehár-g.
456,457,460,462
Hainfelder Straße
Khuenstraße
Bergmann-g.
Mozart
Khuenstr.
Kohlreithstraße
Liechtensteinstraße
Stocketer Str.
234
St. Pöltner Straße
460,462
Wakonigg.
Stocketer Str.
Stocket
Buchgr.-g.
Schöne Aussicht
Edelbr.-str.
Straße
Bad
Rotes Kreuz
Haager
Vischerstraße
J.-Raab-G.
Szabog.
Dreiföhren
Reuenthalstr.
Sport- u. Erholungs-zentrum
Süßg.
Meissl.
Sem.g.
Dunantg.
Edis.g.
Darnaut-straße
Haag bei Neulengbach
Hainfelder Straße
Stifterstraße
Mühlfeldstr.
Sutt.-g.
Schedl g.
Marc.-g.
Garnison
Frauenhof
Kloster Frauenhof
460,462
St. Christophener Straße
Berggasse
Cottage straße
Novarragasse
Pflegeheim Beer
Kinderheim
Kohlreithstraße
Tannenhofstraße
Unterdam-bach
Mühlenstraße
Eichwald
Laabenbach
Altlengbach
304
Dreiföhrenkapelle
Vogel-W.
Amg.
R.-
462
240
82
83
456,457
M
N
O
P
Q

Markersdorf
Haag bei Markersdorf
St.Laurenzi
307
Asperhofen
Buchberg
469
Emmersdorf
Wildeggersteig
Almersberg
Burgstall
Johannesbergstraße
Eichbergstraße
Burgstallerhof
Windmühlweg
Buchbergstraße
Buchberggasse
Almersbergstraße
Kirschnerwaldstraße
Lotusg.
Madersp.-g.
Mazzettig.
Schöffelstraße
Heitzinger Straße
Johannesbergstraße
Am Gschwendtweg
308
Ziegelofengasse
Gschwendt
Gut Aichhof
Höhenstraße
Tulpengasse
Rosengasse
Jasmingasse
Liliengasse
Birkengasse
Lindengasse
Maria Anzbach
Ferd.-Raimund-G.
Haitzing
Holzwieseng.
Großraßbergstr.
Waldhof
Groß-Raßberg
Heitzerhof
Reitsportzentr. Hofstatt
Hofstatt am Anzbach
Erlengasse
Eichengasse
Fichtengasse
Schmiedgasse
Herbert-Hamersky-Str.
A.-Stifter-Str.
Heitzinger Straße
Sportplatzg.
Sportzentrum
Bahnhof
Franzosenweg
Schönbeckmühle Veranstaltungszentrum
Pfarrgasse
Marktpl.
Marienpl.
245
Hauptstraße
460
Großraßbergstraße
A.-Bruckner-Str.
Haydng.
F.-Lehar-G.
Johann-Strauß-G.
Rob.-Stolz-G.
Freiwillige Feuerwehr
Anzbach
Kloster Meierhöfen Alten- u.Pflegeheim St.Louise
241
Friedhof
Ludovikaweg
Specht g.
Finkeng.
Amselg.
Fasang.
Westbahn
Karolinengasse
Viehhof
Rehgarten
Grabenbauer
Tannenhofstraße
Tannenhof
Kleinweinbergstraße
Schöffelg.
Krones
Wienerwaldgasse
Lughof
Schwabstraße
O.-Kok.-G.
ÖBB
Maria Anzbach
Maierhöfen
Habsburgerg.
Babenbergerg.
Schärf-Ring
Wiedervereinigungsgasse
Hauptstraße
44
326
Klein Weinberg
84
85
86
M
N
O
P
Q

Oberer Saubichl
504
92
93
94
P
Q
R
S
T
Weidlingbach
415
Unterer
Saubichl
Sumer-
siedlung
Weidlingbachstraße
Weidlingbach
408/454
Weidling
Genee-
straße
Haitzawinkel
Haitzawinkelstraße
Haitzawinkel
Kirchenweg
Hollensteinstr.
Josef-Schöffel-Gasse
Dr.-Götzinger-Str.
Guggenberger-Str.
Haitzawinkelstraße
394
Othmar-Mayer-
Karriegelstr.
Karriegel
Johann-Winter-G.
Klagsthofer-str.
Pressbaum
Klostergasse
Sacre-Coeur
Schulzentrum
u. Kindergarten
408 (454)
457,458,
460
460
Westbahn
Dr.-Niedermayr-Straße
Josef-Kremslehner-Gasse
Froschauerstr.
Krumpöckg.
Krumpöckg.
Hauptstraße
Pressbaum
Siedlungsstraße
Viehhoferin
Seicherw.
ÖBB
Funkhgasse
An der Wien
NMS u. HLW
Evang. Kirche
Fünkhgasse
Otto-Hartmann-
Rechte Bahnstraße
Rechte Bahnstraße
Linke Bahnstraße
408
458
408,454,457,458,
Kindergarten
Rathaus
R.-Anday-Str.
Klaus-Kittag-G.
Rosette-Anday-
Dürrwien
Friedhof-str.
341
341
Dürre Wien
Ludwig-Kaiser-Str.
Freiwillige Feuerwehr
Taborskystr.
315
Heimat-museum
Volks-schule
Gugerell-G.
Hauptstraße
454,457,460
44
Dürrwienstr.
Kaiserkrone
Kaiserkr.
J.-Nemecek-Straße
Schöffel-gedenkstein
Weidew.
454
Bihaberg
WESTAUTOBAHN
A1
PRESSBAUM
EXIT 23
Pfalzauer Straße
2. Wiener Hochquellenleitung
482
Bauhof
Franz-Pfudl-G.
Kleiner Pfalzberg
441
Vorderer-
Nikodem-g.
Adlerhorg.
Großer
Pfalzberg
504
Pfalzbergstraße
Sattel
493
Straße
Pfalzau
C.-C.-Str.
Conte-Corti-
454
Hinterer-
R.-Pleban-Str.
454
Kaiserbrunnstraße
343
Kalte Wien
Engelkreuz
454
Pfalzauer Straße

Tullnerbach
Tullnerbach-Lawies
Unter-Tullnerbach
Landw. Fachschule Norbertinum und VS
Wienerwald-gymnasium
Schubert-siedlung
Egererstraße
Knabstraße
Lawieserstraße
Kressgasse
Hauptstraße
Seestraße
Wien
Gemeinde-amt
Kleiner Wienerberg
Friedhof
Fr. Feuerwehr
Wilhelm-Kress-Promenade
An der Stadlhütte
Wienerwaldsee
Brentenmaisstraße
Bartberg
Frauenwart
Bihaberg
Julien gasse
Terrassen gasse
Beerwart
Brenten-mais
Güterweg Popenreiter
Sattelberggasse
Wallner
Engelkreuzstraße
Siedlungsstr.
Liesinger Str.
Freiw. Feuerw.
Landes-kindergarten
Wehrerstr.
Dohr-Str.
Leopold-Mitterstöger-Str.
Brandberg
Wolfsgraben
Tabor
Pater-Effenberger-Str.
Sportplatzstr.
Linser-straße
Käferleitenberg
Irenental
390
317
307
345
458
292
289
352
428
323
95
96
173
175
177
P
Q
R
S
T

96
97
Hochleistungsbahn Wienerwaldtunnel
Hirschgartenstraße
449
308
420
Rauchbuchberg
H
Hohleiche
Teufelswiese
J
Tulbinger Forst
Taglesberg
342
Gablitzbach
Unterer Langleithen-weg
Linzer Straße
447:(451)
311
Mauerbachstraße
458
298
Forstg.
Sportplatzstraße
(451)
447
Gablitzbach
Allhang
Linzer Straße
Mitterauen
Mitterauen
K
Schmiedwiese
Höbersbachberg
Schamanng.
Obermüllergasse
Ober-müllerg.
Wirtschaftshof
Seminarzentrum
Höbersbachstraße
447:(451):458
Höbersbach
Höbersbach
305
Höbersbachstraße
Höbersbach
Gablitzbach
Ram
Gablitz
L
Peilerstein
Parzgraben
442
Hauersteig
Schikanederg.
Hauersteigstr.
Grillparzer
Stachig.
Klosterw.
Drei Föhren Park
95
96
173
97

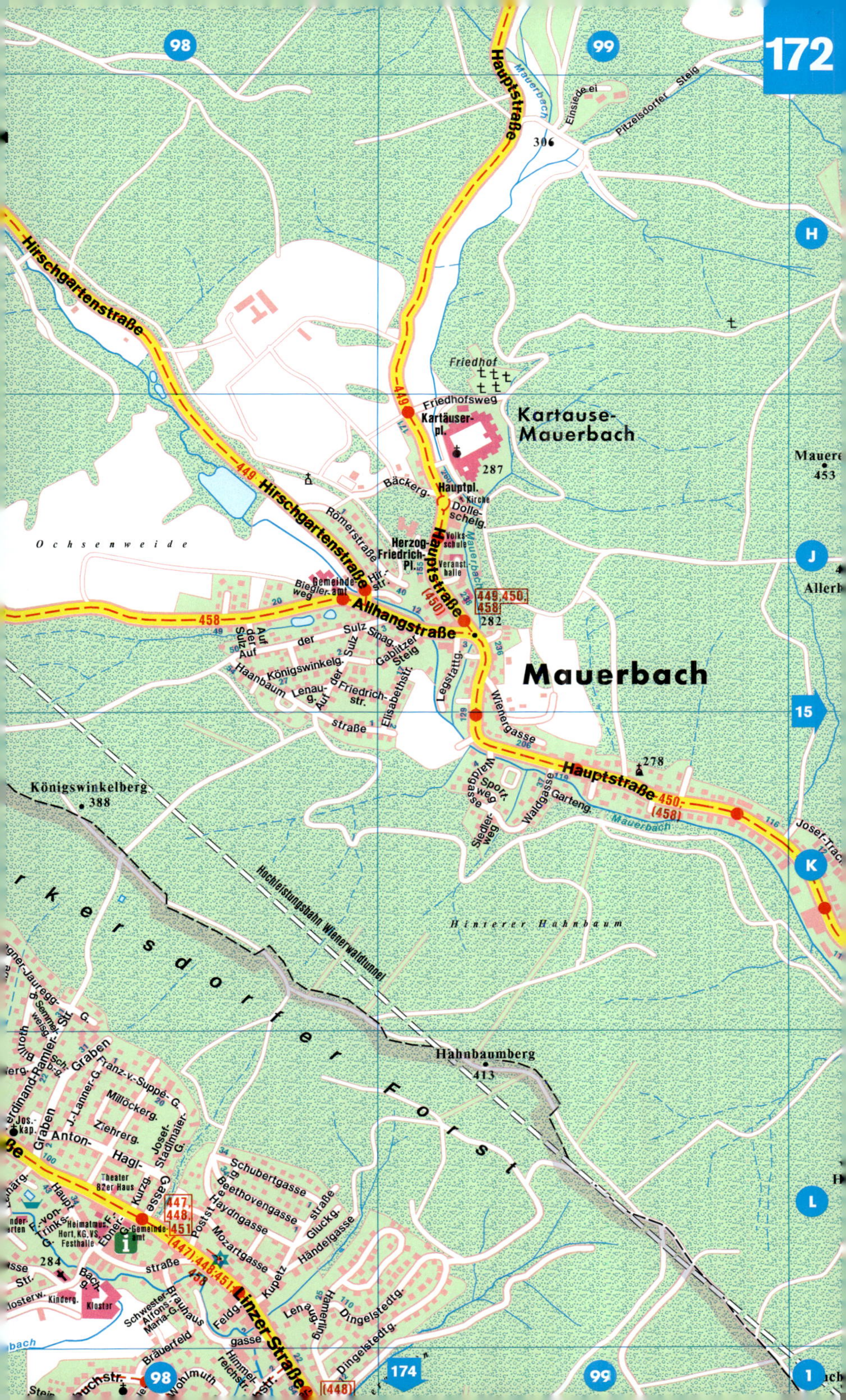

98
99
Hauptstraße
Mauerbach
Einsiedelei
Pitzelsdorfer Steig
306
H
Hirschgartenstraße
Friedhof
Friedhofsweg
449
Kartäuser-pl.
Kartause-
Mauerbach
287
Mauera
453
Bäckerg.
Hauptpl.
Kirche
Dolle-schelg.
Römerstraße
Herzog-Friedrich-Pl.
Volks-schule
Veranst.-halle
Ochsenweide
Gemeinde-amt
Biegler-weg
Hir-str.
(450)
449,450,
458
J
Allerb
Allhangstraße
282
458
Auf der Sulz
Sulz
Smag.
Gabitzer Steig
Königswinkelg.
Haanbaum
Lenau-g.
Auf der Friedrich-str.
Elisabethstr.
Legstattg.
straße
Mauerbach
Wienergasse
15
278
Hauptstraße
450
(458)
Waldgasse
Sportweg
Waldgasse
Garteng.
Siedlerweg
Josef-Trac
K
Königswinkelberg
388
Hochleistungsbahn Wienerwaldtunnel
Hinterer Hahnbaum
rkersdorfer Forst
Hahnbaumberg
413
Franz-v.-Suppé-G.
Graben
J.-Lanner-G.
Millöckerg.
Ziehrerg.
Anton-Hagl-Gasse
Josef-Stadlmaier-G.
Jos.-Kap.
Theater
82er Haus
Kurzg.
447
448
451
Schubertgasse
Beethovengasse
Haydngasse
Mozartgasse
Poststraße
Gluckg.
Händelgasse
Heimatmus.
Hort, KG, VS
Festhalle
Gemeinde-amt
(447),448,451
Linzer-Straße
284
Bach-g.
Kinderg.
Kloster
Schwester-Alfons-Maria-G.
Brauhaus
Kupetz
Feldgasse
Hamerling
Dingelstedtg.
Bräuerfeld
Himmelreichstr.
Wohmuth
98
174
99
(448)
L
1

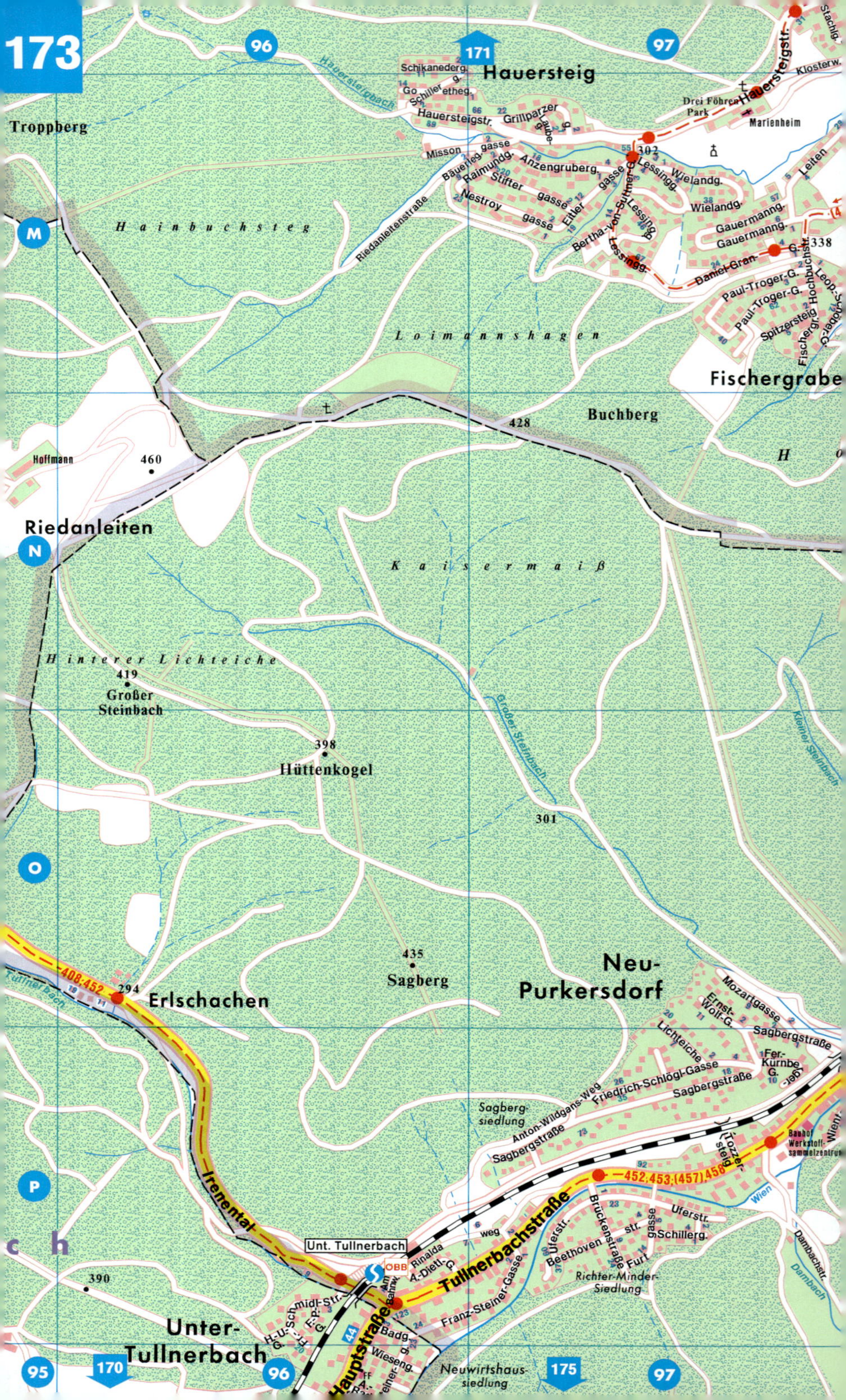
171
96
97
Hauersteig
Troppberg
Hauersteigstr.
Grillparzer
Drei Föhren Park
Marienheim
Klosterw.
Mission
Anzengruber
Lessingg.
Wielandg.
Raimundg.
Stifter gasse
Nestroy gasse
Eitler
Bertha-von-Suttner-G.
Gauermanng.
Daniel-Gran-G.
338
302
Leiten
Paul-Troger-G.
Spitzersteig
Fischergr.
Hochbuchstr.
Riedanleitenstraße
H a i n b u c h s t e g
L o i m a n n s h a g e n
Fischergrabe
Buchberg
428
Hoffmann
460
Riedanleiten
K a i s e r m a i ß
H i n t e r e r L i c h t e i c h e
419
Großer Steinbach
398
Hüttenkogel
Großer Steinbach
Kleiner Steinbach
301
435
Sagberg
Neu-Purkersdorf
Mozartgasse
Ernst-Wolf-G.
Lichteiche
Sagbergstraße
Friedrich-Schlögl-Gasse
Anton-Wildgans-Weg
Sagberg-siedlung
294
Erlschachen
408;452
Tullner bach
Irenental
Unt. Tullnerbach
ÖBB
Tullnerbachstraße
452,453,(457),456
Bahnhof Werkstoff-sammelzentrum
Wien
Uferstr.
Schillerg.
Beethovenstr.
Bruckenstraße
Furt
Richter-Minder-Siedlung
Franz-Steiner-Gasse
Dambachstr.
Dambach
390
Unter-Tullnerbach
Hauptstraße
Wieseng.
Neuwirtshaus-siedlung
95
170
96
175
97
M
N
O
P

Gablitz
Hochbuch
Hochbuchstr.
Klosterw.
Kloster
Kinderg.
Schwester-Alfons-Maria-G.
Brauhaus
Bräuerfeld
Wohlmuth
Dürerg.
Waldmüllerg.
engraben
Linzer Straße
Feldg.
gasse
Lene
Hamerling
Dingelstedtg.
Himmelreichstr.
Wagnerg.
Madlgraben
Schöffel
Berg
Himmelreichstr.
Süßfeld
Gablitzbach
Rehgraben
W.H.Hochramalpe
Purkersdorf Eichberg
420
Süßfeld
Karl-Gruber-G.
Hardt-Stremayr-Gasse
Robert-Hamerling-G.
Konstantin-Walz-Gasse
Gasse
straße
Florian-Trautenberger-
Wolfsgraben
Weinheber-Dkm.
Prof.-Josef-Humplik-G.
Dr.-Hild-
Kindergarten
Bad Säckingen Str.
Evangelische Pfarre
Wintergasse
Pfarrhofg.
Herreng.
AHS
Neug.
Bachg.
Rathaus
Hauptpl.
Wiener Str.
Bahnhof
27
Purkersdorf Zentrum
Freiw. F. u. Sama.
Purkersdorf
410
Kranawetter
Berggasse
Schöffel
Pummer
Fürstenberg
Tullnerbachstraße
ÖBB
Kellerwiese
Wienerwaldbad
Kaiser-Josef-Str.
Luisenstr.
Marterbauer-Rochusg.
Rochusg.
Ziegelfeld
Rotes Kreuz
Deutschwaldallee
Lehrpfad
Westbahn
Reichenfeld
Wien
Kindergarten
Sportanlage Speichberg
Karli-Schäfer-G.
Am Feuerstein
Speichberg Siedlung
Postsiedlung
Deutschwaldstr.
Deutschwaldbach
Grillparzerg.
Naturpark
Schöffelstein
431
Sandstein-
Wienerwald
Deutschwald
Hyrtlg.
R.-Hanke-G.
Helmgarten
Robert-Hohenwarter-G.
Speichberg
487
98
99
172
176
M
N
O
P
Q

Unter-
Tullnerbach
Neuwirtshaus-
siedlung
Glaskogel
Kleiner
Wienerberg
Friedhof
Wiental-
wasser-
werk
Fr. Feuerwehr
289
Promenade
Wilhelm-Kress-
Wienerwaldsee
Seestraße
Barbergstr.
Frauenwart
474
Frauenwart
345
Brandstadl
Heimbautalstr.
Franz-Schondorfer-Str.
Serpentinenstr.
Glücksallee
Himmelallee
Sonnenstr.
An der Stadlhütte
Hauptstraße
Franz-Steiner-G.
Wieseng.
Badg.
Am See
Friedhofstr.
453,458
253;453;458
292
Langseitenstraße
Franz-
Lechner-
Str.
J.-Schöffel-
Str.
Liesingerstr.
Liesinger Str.
(254)
Brentenmaisstraße
Freiw.
Feuerw.
Landes-
kindergarten
Wehrerstr.
E.-Dohr-Str.
Leopold-Mitterstöger-Str.
Heinz-Tippel-Str.
Josef-Hutterer-Str.
Dr.-L.-Gruber-G.
Taborstr.
Pater-Effenberger-Str.
Brandberg
Brandberg
434
Hangseiten
253
Liesinger Str.
graben
253
323
Friedhof
Friedhofstraße
Gemeinde-
amt
Sportplatzstr.
Linser-
Edi-
Straße
Forsthausstr.
(254),453,458
Weidengraben
Kienriegel
96
97
173
170
177
95
Q
R
S
T
390
rwart

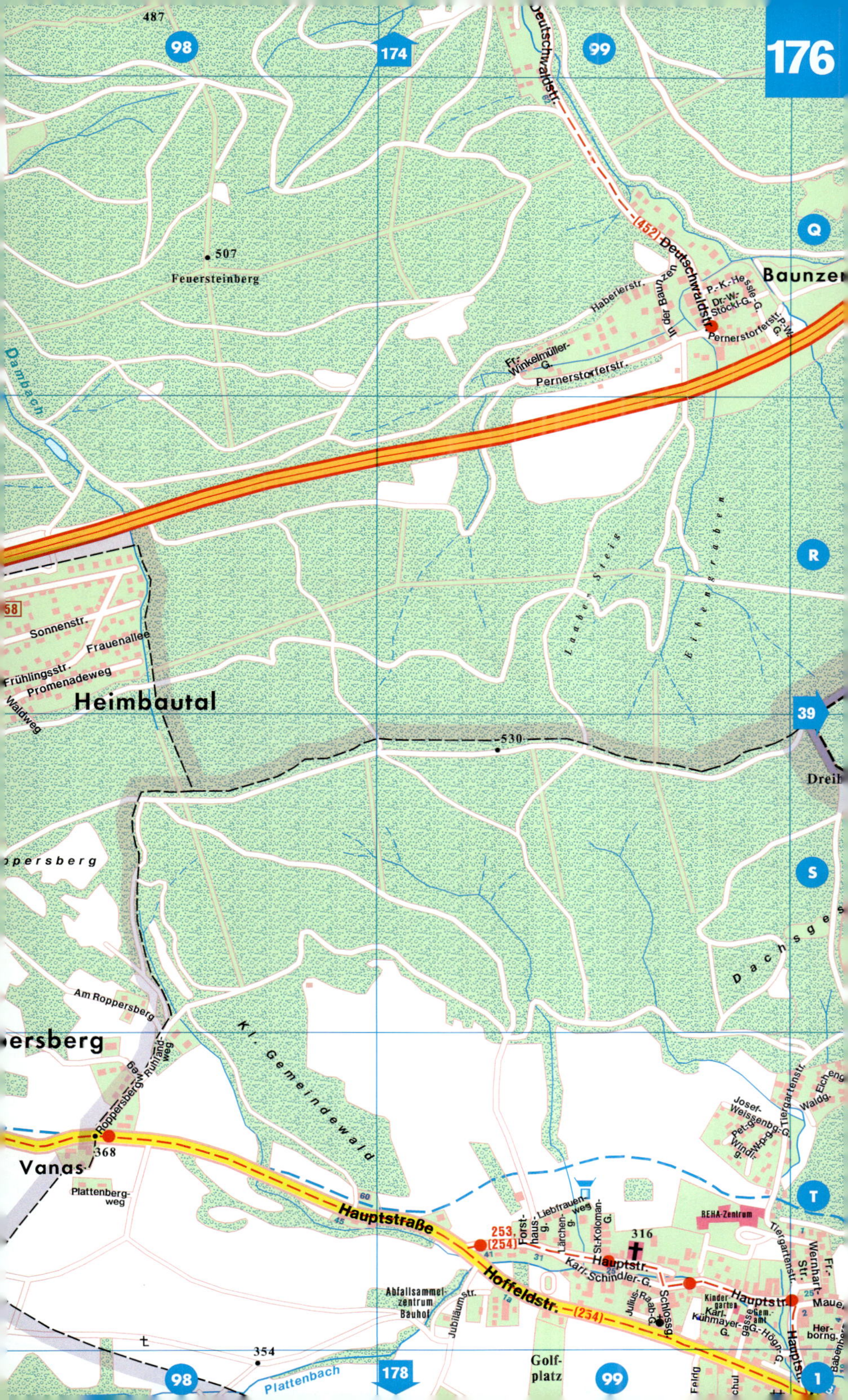

487
98
174
99
Deutschwaldstr.
Q
Baunzen
(452) Deutschwaldstr.
P.-K.-Hessle-G.
Dr.-W.-Stöckl-G.
Haberlerstr.
In der Baunzen
Pernerstorferstr.
Fr.-Winkelmüller-G.
Pernerstorferstr.
507
Feuersteinberg
Dambach
R
Laaber Steig
Eichengraben
58
Sonnenstr.
Frauenallee
Frühlingsstr.
Promenadeweg
Waldweg
Heimbautal
39
530
Dreil
S
Dachsges
Am Roppersberg
ersberg
Roppersberg
Ruhlandweg
Kl. Gemeindewald
368
Vanas
Plattenbergweg
Hauptstraße
60
Hoffeldstr.
253, (254)
(254)
Forsthaus-g.
Liebfrauenweg
Lärchen-g.
St.-Koloman-G.
316
Hauptstr.
Karl-Schindler-G.
Julius-Raab-G.
Schlossg.
REHA-Zentrum
Josef-Weissenbg.-G.
Tiergartenstr.
Waldg.
Eicheng.
T
Hauptstr.
Kindergarten
Karl-Kühmayer-G.
Gem.-amt
Hogl-G.
Fr.-Wernhart-Str.
Maue.
Herborng.
Babenberg
Hauptstr.
Abfallsammelzentrum Bauhof
Jubiläumstr.
Golfplatz
354
Plattenbach
98
178
99
1

175
96
97
Forsthausstr.
Kalmriegel
Weidengraben
473
Hochstöckl
453
Kleiner - Semmering
Franz-Eichert-G.
Habicht-g.
Leopold-Granner-G.
Annagasse
Hochstöcklg.
463
Wolfsgrabenstr.
Am Grossboden
373
Wolfsgrabenbach
Glashütte
Breitenfurt - West
Hammerlwiese
Auf der
Lienhardt-Hochleuttner-Str.
Stelzerbergstr.
Kindergarten
254
Türken-g.
Schloßallee
379
Kard.-Piffl-Pl.
Gregor-Kirchner-Str.
Raphael-Donner-G.
Joh.-Dungl-G.
A.-Schill-hammer-G.
Blasteig
Altomonteg.
Anzengruberg.
Fr.-Österr.-G.
Joh.-Sammer-G.
Siedlung Emmaus
Heiligenkreuzer Str.
Wassergrabenweg
Rechter Graben
Alter Engelmannssteig
365
Hochroterd
Dorfrichter-g.
Hochrotherdstr.
528
Sulzer Straße
Hochleiten
Brenneralm
528
494
Vorderer Wöglerberg
Steingraben
Wöglerin
Eichberg
558
U
V
W
X
95
96
97

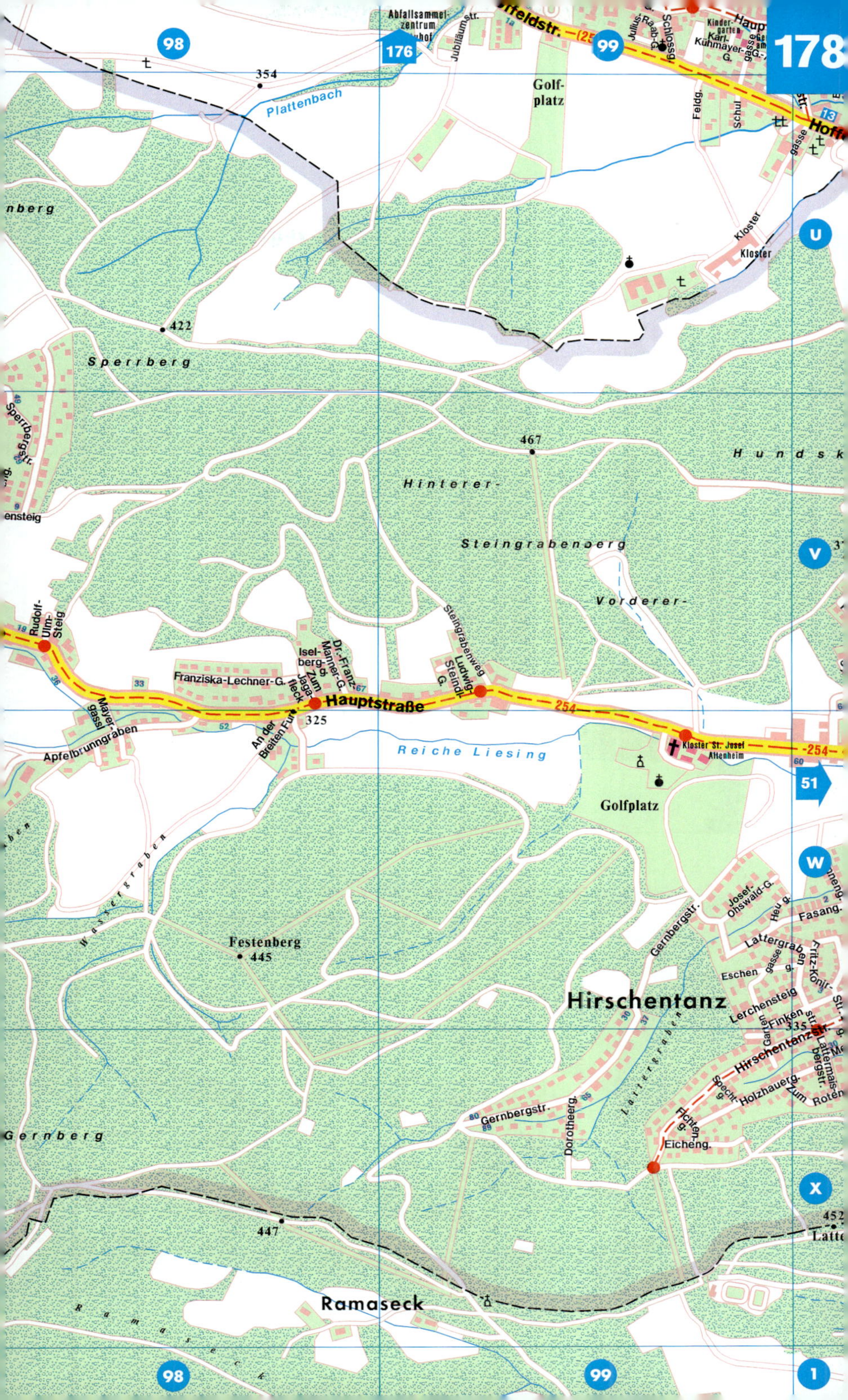

98
176
99
Abfallsammelzentrum
Jubiläumstr.
Golfplatz
Julius-Raab-G.
Schlossg.
Kindergarten
Karl-Kühmayer-G.
Feldg.
Schulg.
Klostergasse
Kloster
Plattenbach
354
nberg
422
Sperrberg
Sperrbergstr.
ensteig
467
Hundsk
Hinterer-
Steingrabenberg
Vorderer-
Rudolf-Ulm-Steig
Isel-berg-g.
Dr.-Franz-Manner-G.
Zum Jagafleck
Franziska-Lechner-G.
Steingrabenweg
Ludwig-Steindl-G.
Hauptstraße
254
325
Mayer-gassl
Apfelbrunngraben
An der Breiten Furt
Reiche Liesing
Kloster St. Josef Altenheim
Golfplatz
51
U
V
W
X
Wassergraben
Festenberg
445
Gernbergstr.
Josef-Ohswald-G.
Heug.
Fasang.
Lattergraben
Fritz-Konir-Str.
Eschengasse
Hirschentanz
Lerchensteig
Finkeng.
Gartenstr.
335
Hirschentanzstr.
Lattermaisbergstr.
Spechtg.
Holzhauerg.
Zum Roten
Fichteng.
Eicheng.
Dorotheerg.
Lattergraben
Gernberg
447
452
Ramaseck
1

FOTO: A. SCHLOSS SCHÖNBRUNN | A. KARNHOLZ | ADOBE STOCK

ERLÄUTERUNG ZUM STRASSENVERZEICHNIS WIEN

Das alphabetisch geordnete Straßenverzeichnis enthält die Namen der Straßen, Gassen, Wege und Plätze aller 23 Wiener Gemeindebezirke. Hinter dem Namen steht die Zahl des Gemeindebezirks (oder der Gemeindebezirke). Die fettgedruckten Zahlen geben die Nummer des Kartenblattes an, ihr folgen die Suchnetzbezeichnungen:

Aignerstr. 20, **20** J 12
Altmannsdorfer Str. 12, 23, **43** R 8, S/T 9, **55** U/V 9

Bei Platzmangel sind im Plan die Namen abgekürzt eingetragen, aber im Straßenverzeichnis sowohl in dieser Abkürzung als auch mit vollem Namen gebracht:

Abg.-g. = Arenbergg. 3, **33** P 13
Arenbergg. (Abg.-g.) 3, **33** P 13

EXPLANATIONS TO THE STREET-INDEX VIENNA

The alphabetical index includes the names of streets and squares in all of Vienna's 23 urban districts. The numbers after street names show the districts. The bold figures are the map page numbers and are followed by grid references:

Aignerstr. 20, **20** J 12
Altmannsdorfer Str. 12, 23, **43** R 8, S/T 9, **55** U/V 9

On the map, some names have had to be abbreviated for reasons of space. In these cases the index shows both the full name and the abbreviation used on the map:

Abg.-g. = Arenbergg. 3, **33** P 13
Arenbergg. (Abg.-g.) 3, **33** P 13

A

A

Angelig. 10, **44** R 11, S 11/12
Angelo-Soliman-Weg (A.-S.-W.) 3, **33** N 13, **01** N1 13a
Angerer Str. 21, **21** H 14
Angerg. 17, **18** K 7
Angermayerg. 13, **41** Q 6
Anglerweg 22, **22** K 15
Angoraweg 22, **35** O/P 18
Angyalföldstr. 21, **21/22** H 14/15
Anichweg 21, **9** F 13
Aniling. (A.-g.) 6, **32** P 11
Anisg. 22, **23** H 18
Anna-Bastel-G. (A.-B.-G.) 22, **24** L 20
Anna-Boschek-Pl. 21, **10** G 15
Anna (A.)-Figl-W. 18, **18** K 8
Anna-Frauer-G. (A.-F.-G.) 18, **19** L 10
Annag. 1, **32** O 12, **01** O1 12a
Anna-Hand-Weg (A.-H.-W.) 3, **33** P 13
Anna-Müller-Str. 22, **36** M 19/20
Anna-Plischke-Pl. 22, **24** L 20
Anna-Strauss-Pl. (A.-S.-Pl.) 13, **42** Q 7/8
Anne-Frank-G. 3, **45** Q 14
Annie-Rosar-Weg 22, **35** M 18
Anningerweg 10, **44** T 12
Anni-Haider-Weg 22, **24** K 19
Anny(A.)-Angel(A.)-Katan-Weg 10, **57** V 13
Anreiterg. 23, **55** U 9
Ansch.-g. = Anschlußg. 14, **28** O 4
Anschlußg. (Ansch.-g.) 14, **28** O 4
Anschützg. 15, **43** P/Q 9
Antaeusg. 14, **30** O 7
Antelweg 19, **19** K 9
Anton (A.)-Anderer-Pl. 21, **9** G 13
Anton-Balzer-Weg 10, **43** T/U 10
Anton-Baumgartner-Str. 23, **54/55** U 8–10
Anton-Böck-G. 21, **9** C/D 13
Anton-Bosch-G. 21, **9** F/G 13
Anton-Burg-G. (A.B.G.) 4, **32** P 11
Anton (A.)-Dengler-G. 21, **9** G 13
Anton (A.)-Frank-G. 18, **19** L 10
Anton-Freunschlag-G. 23, **55** V/W 9
Anton-Geiger-Weg 16, **30** N/O 8
Anton-Haberzeth-G. 21, **1** C/D 13
Anton-Haidl-G. 17, **18** K 7/8
Anton (A.)-Heger-Pl. 23, **54** V 7
Antonia (A.)-Bruha-Weg 22, **24** L 20
Antonia-Weiss-Weg 22, **24** J/K 19
Antonie-Alt-G. 10, **44** Q/R 12
Antonie (Ant.)-Platzer-G. 14, **28** N 4
Antonig. 17, **18**, **31** L 9, M 10
Anton-Karas-Pl. 19, **19** J 9
Anton-Kolig-G. 21, **10** E 15
Anton-Krieger-G. 23, **53** U 5, V 5/6
Anton-Kuh-W. 3, **33** P 14
Anton-Langer-G. 13, **42** R/S 7
Anton-Mayer-G. 11, **46** T 16
Anton-Ochsenhofer-G. (A.-Ochs.-G.) 23, **55** U 10
Anton-Sattler-G. 22, **22** H/J 16, K 15
Anton-Schall-G. 21, **10** D 15
Anton-Scharff-G. (A.-Sch.-G.) 12, **43** Q 10
Anton-Schmid-Prom. 20, **20** H–K 12, K/L 11, L 12
Antonspl. 10, **44** R/S 12
Anton-Steinböck-G. 11, **46** T 15
Anton (A.)-Stilling-Pl. 11, **46** S 15
Anton-Störck-G. 21, **9** G 13
Anton-Strutzenberger-Weg 23, **41** T 5/6
Anton-von-Webern-Pl. 3, **33** O 13, **01** O2 13a
An.-wg. = Anemonenweg 22, **35** M 17/18
Anzbachg. 14, **28/29** N/O 4/5
Anzengruberg. 5, **44** Q 11/12
Anzengruberstr. 14, **28** N 3/4

A.-Ochs.-G. = Anton-Ochsenhofer-G. 23, **55** U 10
Apfelg. (Ap.-g.) 4, **32** P 12, **01** P1 12a
Apfel-G., Kurt- 19, **20** K 11
Apfelrosenweg (Apfelr.-wg.) 14, **28** N/O 4
Apfelr.-wg. = Apfelrosenweg 14, **28** N/O 4
Ap.-g. = Apfelg. 4, **32** P 12
A.-pl. = Armenierpl. 3, **33** N 13
Apollog. 7, **31** O/P 10
Apostelg. 3, **33** O/P 13
Appel-Str., Carl- 10, **43** S 10
A.-P.-W. = Alfred-Polzer-Weg 22, **35** O 17/18
Aquäduktg., Obere 23, **53** V/W 6
Aquäduktg., Untere 23, **53** V/W 6
Arabellag. 23, **53** V 5
Arakawastr. 22, **22** J 15
Arbeiterg. 5, **43/44** Q 10/11
Arbeiterstrandbadstr. 21, **22**, **21/22** J 13/14, K 15
Arbesbachg. 19, **19** J 10
Arenbergg. (Abg.-g.) 3, **33** P 13, **01** P1 13a/13b
Arendt-Pl., Hannah- 22, **36** M 19/20
A.-R.-G. = Adolf-Raupenstrauch-G. 19, **20** J 12
Argauerg. (Arg.-g.) 18, **19** L 10
Argentinierstr. 4, **32**, **44** O–Q 12, **01** P1 12a
Arg.-g. = Argauerg. 18, **19** L 10
Argonautenstr. 22, **22** K 15/16
Aribog. 22, **35** L/M 17
Ari-Rath-Pl. 9, **32** M 11
Aristides-de-Sousa-Mendes-Promenade 22, **21** K/L 14
Arlethg. 19, **20** H 11
Arltg. 16, **31** N/O 9
Arlt-Str., Ilse- 22, **24** L 19/20, **36** M 19
Armbrusterg. 19, **20** H 11
Armenierpl. (A.-pl.) 3, **33** N 13, **01** N2 13a
Arminenstr. 22, **22** K/L 16
Arndtstr. 12, **43** Q 9/10
Arnethg. 16, **30/31** N 8/9
Arnezhoferstr. 2, **33** M 13
Arnikaweg 22, **23** J/K 18
Arnimg. 21, **8** D/E 12
Arnoldg. 21, **21** H 13
Arnold (A.)-Holm-G. 10, **57** U 13
Arnsburgg. (A.-g.) 12, **43** R 9
Arnsteing. 15, **31**, **43** P/Q 9
A.-Ro.-b. = Am Rosenberg 13, **23**, **42** T 7
Arsenalstr. 3, 10, **45** Q 12/13, R 13
Artariastr. 17, **18** K 7
Arthaberpl. 10, **44** R 12
Artholdg. 10, **45** R 13
Arthur-Schnitzler-Pl. (A.-Sch.-Pl.) 7, **01** O1 11a
Artilleriepl. 11, **47** S 18
Artmanng. 11, **46** T 15
Arup-G., Christian (Chr.)-von- 14, **28** N 4
Arzbergerg. (A.-g.) 17, **30** M 9
Arztg. 22, **36** N 19/20
Asad-Pl., Muhammad- (M.-A.-Pl.) 22, **22** L 15
Aschbachg. 23, **41** T 5
Aschenbrenner-G., Karl (K.-Asch.-G.) 21, **21** H 13
Ascherg. 13, **41** S/T 6
A.-Sch.-G. = Adolf-Schmidl-G. 20, **20** L 12
A.-Sch.-G. = Anton-Scharff-G. 12, **43** Q 10
A.-Sch.-Pl. = Arthur-Schnitzler-Pl. 7, **01** O1 11a
Asenbauer-G., Franz- 23, **41** T 5/6
A.-S.-G. = Angela-Stadtherr-G. 11, **45** R 15

Askin-Pl., Leon- 14, **29** O 6
Aslang. 19, **19** H/J 10
Aspangstr. 3, **33** P 13
Asparagusweg 22, **25** K 21
Aspernallee 2, **34** P 16
Aspernbrückeng. (Asp.-g.) 2, **32** N 13, **01** N1 13a
Asperner Friedhofweg (A. Fhf.-wg.) 22, **35** M 18
Asperner Heldenpl. 22, **35/36** M 18/19
Aspernstr. 22, 23, **35** L/ M 18
Asp.-g. = Aspernbrückeng. 2, **32** N 13, **01** N1 13a
A.-S.-Pl. = Anna-Strauss-Pl. 13, **42** Q 7/8
Aßmayerg. 12, **43** Q/R 10
Astg. 14, **30** P 7
A.-S.-W. = Angelo-Soliman-Weg 3, **33** N 13, **01** N1 13a
Atelierg. (At.-g.) 22, **22** K 15
At.-g. = Atelierg. 22, **22** K 15
Attemsg. 22, **22** J 16
Atzgersdorfer Pl. 23, **54** U 7
Atzgersdorfer Str. 12, 13, 23, **42** S/T 7, **54** U 7
Atzlerg. 23, **55** W 9
Au, An der 23, **53** V/W 5
Auböck-Prom., Carl- 22, **21** K/L 14
Aubry-Weg, Blanche- 19, **19** J 9
Auckenthalerg. (Auck.-g.) 21, **2** C 14/15
Auck.-g. = Auckenthalerg. 21, **1/2** C 14/15
Audorfg. 21, **8** F/G 12
Auenbruggerg. (Au.-g.) 3, **32** O/P 12, **01** P1 12b
Auerhahng. (Au.-g.) 21, **8** F 12
Auernheimerg. 22, **37** O 20/21
Auerspergstr. (Auer.-str.) 1, **8**, **32** N/O 11, **01** N2/O1 11a
Auer.-str. = Auerspergstr. 1, **8**, **32** N/O 11, **01** N2/O1 11a
Auer-Welsbach-Str. 23, **42** T 8/9, U 8
Auf der Haide (A.d.H.) 22, **12** F 19
Auf der Schanz 23, **54** X 8
Auf der Schmelz 15, **31** O 9
Auf der Schottenwiese 16, **30** M/N 7
Aug. 9, **20** L 11
Aug. 13, **41** T 6
Au.-g. = Auenbruggerg. 3, **32** O/P 12, **01** P1 12b
Au.-g. = Auerhahng. 21, **8** F 12
Augartenspitz, Am 2, **32** M 12
Augartenstr., Obere 2, **32** L/M 12, **01** M2 12b
Augartenstr., Untere 2, **32** M 12
Äugelg. 21, **9** H 13
Augentrostg. 22, **35** N 17
Augrundweg 22, **22/34** M 16
August (A.)-Forel-G. 10, **44** S 11
August-Greiml-Weg 23, **41** T 5/6
Augustinerbastei (Augustinerb.) 1, **01** O1 12a
Augustinerstr. 1, **32** O 12, **01** O1 12a
Augustinpl. 7, **32** O 11, **01** O1 11a
August (A.)-Kronberger-G. 10, **57** V 14
August-Kronberger-Weg (A.-K.-W.) 10, **57** V 14
August (A.)-Reuss-G. 13, **42** R 7
August-Sigl-Str. 10, **43/44** T 10/11
Auhirschenweg 22, **35** O 17/18
Auhofstr. 13, **29** O/P 5, P 6, **41/42** P/Q 6/7
Aumannpl. 18, **19** L 10
Aumühlstr. 23, **53** V 6
Auparkweg (A.-wg.) 22, **23** L 17
Aurel-Str., Marc (M.)- 1, **32** N 12, **01** N1 12a
Aurikelweg 22, **36** L/M 19
Ausjagdweg 14, **28** M 4
Auspitzg. 22, **36** N 19/20

A

Aussichtsweg 19, **20** J 11
Ausstellungsstr. 2, **33** M 13/14
Austerlitzg. 22, **23** H 17
Autofabrikstr. 23, **54** V 7
Autokaderstr. 21, **8/9** E 12/13, F 12
Auwald, Am 2, **33** N 14
Auwinkel 1, **01** N2 12b
Avedikstr. 15, **31** P 9
Aviano-G., Marco-D' (M.-A.-G.) 1, **32** O 12, **01** O1 12a
Awarenstr. 11, **59** U 17
A.-wg. = Auparkweg 22, **23** L 17
A.-W.-W. = Adele-Worm-Weg 22, **22** K 16
Axel-Corti-G. (A.-C.-G.) 21, **10** G 15
Ayrenhoffg. 9, **20** L 11
Azaleeng. 22, **24** G/H 19, H 20
A.-Z.-Wg. = Anders-Zorn-Weg 10, **44** T/U 12

B

Baaderwiesenweg 19, **18** H/J 8
Babenbergerstr. 1, **32** O 11, **01** O1/O2 11b
Babitschg. 21, **9** E 14
Bacherpl. 5, **44** Q 11
Bachg. 16, **31** N 9
Bachmann-Pl., Ingeborg (I.)- 22, **22** H 16
Bachofeng. 19, **20** H 12
Bachrachg. (Brch.-g.) 22, **22** K 16
Bach-Weg, Emilie- 22, **23/24** J/K 18/19
Bachzeile 17, **17** H 6
Bäckenbrünnlg. 18, **19** L 9
Bäckerstr. 1, **32** N 12, **01** N2 12b
Badfeld, Am 23, **53** V 5
Badg. 9, **20** L 11
Badg. 14, **28** N 3
Badhausg. 7, **31** O 10
Bahndammweg 21, **21** J 13/14
Bahnfeldweg 22, **23/24** K/L 18/19
Bahng., Linke 3, **33** O/P 13, **01** O1/P1 13a
Bahng. Obere 3, **33** P 13, **01** O1-P1 13a
Bahn-G., Raaber 10, **44** Q/R 12
Bahng., Rechte 3, **33** O/P 13, **01** O2 13a
Bahnhof, Am 22, **35** M 17
Bahnhofpl. 21, **2** C 15
Bahnhofstr. 14, **29** O 5
Bahnlände 10, **57** U/V 13
Bahnlände, Untere 10, **57** V 14
Bahnstegg. 21, **9** G 13/14
Bahnstr. 14, **28** N 3
Bahntrasse, Alte 21, **2** A/B 15
Bahnweg 14, **28** N/O 4
Bahr-Str., Hermann (H.)- 21, **21** H 13
Baldassg. 21, **10** G 16/17
Balderichg. 17, **30** M 8/9
Baldiag. 16, **31** N 9
Balgavyweg 21, **8** D 12
Ballg. 1, **32** O 12, **01** O1 12a
Ballhauspl. 1, **32** N 11, **01** N2 11b
Balsamineng. 14, **29** M 5
Balser-G., Ewald- 23, **55** V 10
Balzen-G., Hartwig- 21, **10** E 16
Balzer-Weg, Anton- 10, **43** T/U 10
Bambergerg. 22, **36** N/O 20
Bandg. 7, **31** O 10
Bankg. 1, **32** N 11, **01** N2 11b
Barakg. 23, **53** V 5
Baranyg. 22, **36** M/N 19
Barawitzkag. 19, **20** J 11
Barbarag. (B.-g.) 1, **32** N 12, **01** N2 12b
Barbara-Prammer-Allee 22, **24** L 20
Barbenweg 22, **34** M/N 16
Barchetti-G., Laurenz- 22, **22** H 16
Bardi-Pl., Lina-Bo- 22, **24** L 20
Bäreng. 5, **43/44** Q 10/11
Bärenhart-G., Rudolf- 17, **18** L 7
Bärenmühldurchgang (B.-D.) 4, **32** O 12
Barichg. 3, **33** P 13, **01** P1 13a/13b
Barilits-G., Dr.- 23, **53** U 6
Barmherzigeng. 3, **33** P 13
Barnabiteng. (Barn.-g.) 6, **32** O/P 11, **01** O2/P1 11a
Barn.-g. = Barnabiteng. 6, **32** O/P 11, **01** O2/P1 11a
Barnen-Pl., Rädda- 10, **56** U 12
Baron-Karl-G. 10, **44** T 11
Bartensteing. 1, **32** N 11, **01** N2 11a
Barthg. 3, **33** P 14
Bartholomäus-Pl., St. (St.-Barthm.-Pl.) 17, **31** M 9/10
Bartschweg (B.-wg.) 12, **43** T 9
Barwig-Weg, Franz- 18, **18** K 8
Baschg. 22, **11/12** E 18/19
Bastel-G., Anna- (A.-B.-G.) 22, **24** L 20
Basler G. 23, **54/55** W 8/9
Bastieng. 18, **18/19** K 8/9, L 9
Batkag. 18, **18** K 8
Batscheg. 23, **54** V 7
Battigg. 10, **45** S 14
Baudißg. 11, **59** U 17
Bauer-G., Otto- 6, **31/32** P 10/11
Bäuerleg. 20, **20** L 12
Bauernfeldg. 19, **20** K 11
Bauernfeldpl. 9, **32** M 11
Bauernmarkt 1, **32** N 12, **01** N2 12a
Bauernweg 18, **18** K/L 8
Bauer-Pl., Helene- (H.-B.-Pl.) 6, **32** O 11, **01** O2 11b
Bauer-Promenade, Bloch- 10, **45** Q/R 13
Bauma-G., Herma- 3, **33** P 14
Baumann-G., Josef- (J.)- 21, **22**, **22** G/H 16, H/J 15
Baumannstr. 3, **33** O 13, **01** O1 13a
Baumbergg. (Bb.-g.) 21, **21** H 14
Baumeisterg. 16, **30** M 7/8
Baumerg. 21, **9** E/F 14
Baumgartenstr. 14, **29/30** P 6/7
Baumgartner Höhe 14, **29/30** O 6/7
Baumgartner-Str., Anton- 23, **54/55** U 8–10
Baumg. 3, **33** P 13/14, Q 14
Baumhaselweg (B.-w.) 12, **42** T 7
Baum-Pl., Vicki- (V.-B.-Pl.) 4, **32** P 12
Bayerng. 3, **32** O 12/13, **01** O2 12b
Bayer-Pl., Lorenz (L.)- 16, **17**, **31** N 9
Bb.-g. = Baumbergg. 21, **21** M 14
B.-D. = Bärenmühldurchgang 4, **32** O 12
Beatrixg. 3, **33** O 12/13, **01** O1/O2 12b/13a
Beatrix-Kempf-G. (B.-K.-G.) 22, **24** M 20
Beauvoir-Pl., Simon-de- (S.-de-B.-Pl.) 22, **24** L/M 20
Bechardg. 3, **33** N/O 13, **01** N2/O1 13a
Becherg. 10, **44** T 12
Beckg. 13, **42** Q 7
Beck-G., Karl- 22, **25** L 20/21
Beckmanng. 14, **15**, **30** P 8
Beck-Pl., Walter- 9, **31** M 10
Bednarik-G., Karl- 22, **24** J 19
Beduzziweg 23, **42** T 8
Beer-Hofmann-G. 21, **9** D 13
Beer-Hofmann-Weg 21, **9** D 13
Beethovengang 19, **20** H 11
Beethoveng. 9, **32** M 11, **01** M2 11a
Beethovenpl. (Beeth.-pl.) 1, **32** O 12, **01** O2 12b
Beeth.-pl. = Beethovenpl. 1, **32** O 12, **01** O2 12b
Beethovenstr. 23, **53** W 5
Begonienweg (Beg.-wg.) 22, **23** L 17
Beg.-wg. = Begonienweg 22, **23** L 17
Beheimg. 17, **31** M 9/10
Behr-Str., Alois (A.)- 14, **28** N/O 4
Behring-Weg, Emil- 12, **23**, **42** T 7
Behselg. 15, **30** O 8
Beichlg. 10, **23**, **56** V 12
Bei den Meierhöfen 13, **42** S 7
Beim Eisenbahnerberg 21, **9** E 13
Being. 15, **31** O 9/10, P 10
Bekehrty-Str., Karl- 14, **16** K/L 4, **28** M 4/5
Bela-Laszky-G. (B.-L.-G.) 22, **12** F 19
Belghoferg. 12, **42/43** S 8/9
Belvedere, Am (A. Be.) 10, **44** Q 12
Belgradpl. 10, **44** R 11
Bellariastr. 1, **32** O 11, **01** O1 11b
Bellegardeg. 22, **22** L 15
Bellevuestr. 19, **19** H/J 9
Bellg. 21, **9** G 13, H 12/13
Bellinig. 22, **22** J 15
Belvedereallee 2, **34** P 15/16
Belvedereg. 4, **32** P 12
Benatzkyg. 22, **22** L 16
Benc-G., Josef (J.)- 23, **55** V 9
Bendag. 23, **53** U 6
Bendlg. 12, **43** Q/R 10
Benedik-Pl., Otto- 21, **21** J 14
Benedikt-Schellinger-G. 15, **31** O/P 9
Benes-G., Jara- 21, **9** D 13
Benischkeg. 10, **57** U 13
Benjowskig. 22, **36** M/N 19
Benkg. (B.-g.) 13, **42** S 7
Benndorfg. 22, **24** K 19
Bennog. 8, **31** N 10
Bennopl. 8, **31** N 10
Bensasteig 14, **29** O 6
Bentheimstr. (Be.-str.) 21, **21** H 14
Benyastr. 12, **42** T 7/8
Benz-Weg, Karl- 21, **9/10** E 14/15
Berchtoldg. 22, **34** M 15
Bergeng. 22, **35** N 18
Bergenstammg. 13, **29** P 6
Berger-G., Julius (J.-B.-G.) 17, **18** K 7
Berger-Pl., Johann (J.)- Nepomuk (N.)- 16, **17**, **31** N 9
Bergg. 9, **32** M 11/12, **01** M2 11b/12a
Bergheideng. 13, **42** S 7
Bergl, Am 22, **24** J 19
Berglerg. 21, **9** E 13
Bergmann-G., Ernst- 14, **29** O 6
Bergmillerg. 14, **29** O 5
Bergner-Weg, Elisabeth (E.) 23, **55** U 9
Bergsteigg. 17, **31** M/N 10
Bergtaidingweg 10, **57** U 13
Berg-Weg, Alban (A.)- 13, **42** R 7
Bergzeile 17, **17** H/J 6
Beringg. 16, **17**, **30** M 8
Berlag. 21, **9** D/E 13
Berlepschg. 10, **56/57** V 12/13
Bernadotteg. 10, **56** U 12
Bernardg. 7, **31** O 10
Bernatzikg. 19, **20** H 11
Berndl-G., Florian- 22, **22** K 15, L 16, **34** L/M 16
Berner-Str. Peter- 21, **10** D 15
Bernhard (B.)-Billes-G. 23, **54** X 8
Bernhard-Bolzano-G. 21, **2** C 15
Bernhard-G., Michael (M.-B.-G.) 12, **43** Q 10
Bernhardtstalg. 10, **44** R/S 11
Bernoullistr. 22, **22** K 16
Bernreiterpl. 21, **9** E 14
Bernstein-Str., Leonard- 22, **21/22** K 14/15
Berresg. 22, **23/24** K 18/19
Berry-Weg, Walter (W.-B.-W.)- 19, **20** H 11
Berta-Karlik-G. (B.-K.-G.) 13, **41** Q 5

Bert-Brecht-Pl. 3, **45** Q 13
Bertég. 23, **42** T 7
Bert.-g. = Bertolig. 16, **31** N 9/10
Bertha-Eckstein-Str. (B.-E.-Str.) 3, **33** Q 13
Bertha-Löwi-Weg (B.-L.-W.) 9, **20/32** L/M 11
Bertha-von-Suttner-G. 22, **23** H/J 17
Bertha-Zuckerkandl-Weg 9, **20** K/L 11
Berthold-Viertel-G. 10, **44** T/U 11
Bertlg. 21, **21** H 14
Bertl-Hayde-G. (B.-H.-G.) 11, **58** V 16
Bertoldusg. 23, **55** U 9
Bertolig. (Bert.-g.) 16, **31** N 9/10
Berzeliusg. 21, **9** E/F 14
Berzeliuspl. 21, **9** F 14
Bessemerstr. 21, **21** H 14
Be.-str. = Bentheimstr. 21, **21** H 14
B.-E.-Str. = Bertha-Eckstein-Str. 3, **33** Q 13
Bethleng. 12, **42** S 8
Bettauer-Pl., Hugo (H.-B.-Pl.)- 8, **32** N 11, **01** N2 11a
Bettelheimstr. 22, **11/12** E 18/19
Betty-Fischer-Weg 17, **18** L 7
Betty-Roose-Weg (B.-R.-Weg) 12, **43** R 9
Betz-G., Adam- 22, **37** M/N 22
Beyfusg. 23, **55** U 10
Beyschlag-G., Otto (O.-B.-G.) 21, **10** F 16
Bfd.-g. = Bienefeldg. 22, **36** M 19
B.-g. = Barbarag. 1, **32** N 12, **01** N2 12b
B.-g. = Benkg. 13, **42** S 7
B.-g. = Biblg. 23, **56** V 11
B.-g. = Billerg. 19, **8** F 11
B.-g. = Bischofg. 10, **57** V 13
B.-g. = Böhmg. 21, **21** H 14
B.-g. = Bottolig. 21, **9** F 13
B.-g. = Brandg. 2, **33** O 14
B.-g. = Bureschg. 22, **36** M 19
B.-H.-G. = Bertl-Hayde-G. 11, **58** V 16
Biberhaufenweg 22, **35** M–O 18, P 17/18
Bibernellweg 22, **23** J 18
Biberstr. 1, **32** N 12, **01** N2 12b
Biblg. (B.-g.) 23, **56** V 11
Bickellg. 12, **43** S 9
Bickg. 23, **54** V 7
Biederg. 19, **20** K 10/11
Biedermanng. 12, **42** S 8/9
Biedermann-G., Karl- 21, **10** E 15
Bien, An der 22, **35** O 18
Bienefeldg. (Bfd.-g.) 22, **36** M 19
Bieneng. 6, **32** O 11,**01** O2 11b
Bienenweg 17, **18** H/J 7
Bien, In der 22, **36** O 19
Bienweg 22, **35** N 18
Biererlg. 10, **57** V 14
Bierhäuselbergg. 14, **28** N/O 4
Bilgeri-Str., Georg- 22, **22** K 16
Bilger-G., Biljan- 22, **24** J 19
Biljan-Bilger-G. 22, **24** J 19
Billerg. (B.-g.) 19, **8** F 11
Billes-G., Bernhard (B.)- 23, **54** X 8
Billg. 22, **35** M 18
Billrothstr. 19, **19/20** J 10, K/L 11
Billy-Wilder-Str. 3, **33** Q 13
Binag. 23, **53** U/V 6
Bindel-Pl., Jakob- 22, **23** J 18
Binderg. 9, **20** L 11
Binder-Pl., Ignaz (I.-B.-Pl.)- 14, **28** O 4
Bindingweg (B.-wg.) 14, **29** O 6
Bindtner-G., Josef- 18, **18** K 7
Binsenweg 22, **35** N 17
Biocenter, Campus-Vienna- 3, **45** P/Q 14
Biotopweg 22, **24** H 19
Biraghig. 13, **41** R/S 6
Birkenhof 10, **43** S 10
Birkenstockg. 11, **46** Q/R 15
Birkenweg 22, **35** N 17
Birnbaumg. 10, **44** T 11
Birneckerg. 21, **21** J/K 14
Birnersteig 21, **21** J 14
Biróstr. 23, **56** V 11
Bisamberg, Am 21, **1** C 12–14
Bischof-Faber-Pl. 18, **19** K/L 9
Bischoffg. 12, **43** Q 9
Bischofg. (B.-g.) 10, **57** V 13
Bischofpl. 10, **57** V 13
Bischof-W., Felix- 22, **21/22** L 14/15
Bitterlichstr. 10, **45** S 14, T 13/14
Bittmann-Promenade, Rubin- 3, **33** P 13
Björnsong. 13, **42** S 7
B.-K.-G. = Beatrix-Kempf-G. 22, **24** M 20
B.-K.-G. = Berta-Karlik-G. 13, **41** Q 5
Blaasstr. 19, **19** K/L 10
Blamauer-G., Adolf (A.)- 3, **33** P/Q 13
Blanche-Aubry-Weg 19, **19** J 9
Blaschkag. 10, **57** V 14
Blaselg. 18, **18** K/L 8
Blattg. 3, **33** N/O 13, **01** N2/O1 13b
Blau-G., Marietta- 22, **23** J/K 17
Blau-Promenade, Freda-Meissner- 1, **01** M2 12a, N1 12a, N1 12b
Blau-Weg, Tina (T.)- 14, **29** O 6
Blbdr.-g. = Blumenbinderg. 22, **22** J 15
Blebanng. (Bleb.-g.) 13, **41** Q 6
Bleb.-g. = Blebanng. 13, **41** Q 6
Blechschmidtg. 21, **8** F 12
Blechturmg. 4, **5**, **44** Q 11/12
Bleibtreustr. 11, **46** R 16
Bleicherg. 9, **32** M 11
Bleichsteinerstr. 10, **45** T 14
Bleig. 10, **44** T 11
Blériotg. 11, **46** R/S 15
Bl.-g. = Blümelg. 6, **32** P 11
B.-L.-G. = Bela-Laszky-G. 22, **12** F 19
Blindeng. 8, **31** N 10
Blobner-G., Johann (J.)- 12, **42** R 8
Bloch-Bauer-Promenade 10, **45** Q/R 13
Bloschg. 19, **8** F 11
Blst. = Blumenstockg. 1, **01** O1 12a
Blumauerg. 2, **33** M 12/13
Blumbergg. 16, **31** N 9
Blümelg. (Bl.-g.) 6, **32** P 11, (Blüm.-g.), **01** P1 11a
Blümelhuberg. 16, **30** N/O 8
Blumenbinderg. (Blbdr.-g.) 22, **22** J 15
Blumeng. 17, **18**, **31** M 9/10
Blumenstockg. (Blstg.) 1, **01** O1 12a
Blumentalg. 23, **41** T 5
Blum-G., Klara- 22, **37** N 21
Blum-G., Robert- 20, **20** J 12
Bluntschli-Str., Mylius- 11, **58** U/V 15/16
Blüteng. 3, **33** N 13, **01** N2 13b
Blutg. 1, **32** N/O 12, **01** N2 12a/12b
B.-L.-W. = Bertha-Löwi-Weg 9, **20/32** L/M 11
B.-Neum.-Pl. = Brigitte-Neumeister-Pl. 10, **57** V 13
Bobiesg. 23, **55** V 9
Bockbergerg. 11, **47** T 17
Böck-G., Anton- 21, **9** C/D 13
Böckhg. 12, **43** Q/R 10
Böckingstr. 22, **36** M 19
Bockkellerstr. (Bockk.-str.) 19, **20** H 11
Böcklinstr. 2, **33** N 13, O 13/14
Bodenstedtg. 21, **21** H 13/14
Bodenwieser-G., Gertrude- (G.-B.-G.) 22, **24** L/M 20
Bodmerg. 22, **23** L/M 18
Boeckl-Weg, Herbert (H.)- 22, **22** H 16
Boehringer-G., Dr.- 12, **43** S 9
Boërg. 12, **42** S 8
Boerhaaveg. 3, **33** P 13, **01** P1 13b
Bo.-g. = Boschettig. 23, **56** V 11
Bognerg. 1, **32** N 12, **01** N2 12a
Bohatta-Pl., Ida- (I.-B.-Pl.) 3, **33** O 13, **01** O2 13b
Bohattaweg (B.-wg.) 23, **52** V 3
Böheimg. 23, **55** V 9
Böhler-G., Lorenz (L.)- 20, **20** J 12
Böhmerle-G.,Karl-von (K.-v.-B.-G.) 14, **28** N 4
Böhmg. (B.-g.) 21, **21** H 14
Böhm-G., Herbert- 11, **46** R/S 16
Böhm-G., Max- 22, **34** M 16
Böhmmühlg. 19, **20** J 11
Böhm-Pl., Johann- 2, **34** O 15
Böhm-Str., Leopold- 3, **45** Q 14
Bohr-G., Dr.- 3, **33** P/Q 14
Bojanusg. 22, **37** N 21/22
Boltensterng. 22, **37** M 21
Boltzmanng. 9, **32** M 11
Bolzano-G., Bernhard- 21, **2** C 15
Bombekg. 12, **42** T 8
Bondy-Pl., Otto- 12, **43** S 9
Bondy-Promenade, Ottillie (O.)- 21, **9** F 13
Bonitzg. 21, **8** D/E 12
Bonsaig. 22, **22** J 15
Bonyg. 12, **43** R 9/10
Boos-G., Franz (F.)- 13, **29** P 6
Borkowskig. 19, **19** K 9
Bormann-G., Eugen (E.-B.-G.) 22, **22** J 16
Börnerg. 19, **19** J/K 9
Börnsteing. 21, **9** E 13
Born-Weg., Ignaz (Ig.)- 13, **41** R 5
Borromäus-Pl., Karl (K.)- 3, **33** O 13, **01**, O2 13a
Borschkeg. 9, **31** M 10
Börseg. 1, **32** N 12, **01** M2/N1 12a
Börsepl. 1, **32** N 12, **01** N1 12a
Boschek-Pl., Anna- 21, **10** G 15
Boschettig. (Bo.-g.) 23, **56** V 11
Bosch-G., Anton- 21, **9** F/G 13
Boschstr. 19, **20** H 12, J 11
Bösendorferstr. 1, **32** O 12, **01** O2 12a
Bosques-Prom., Gilberto- 22, **21** K 14
Bossig. 13, **41/42** P 7, Q 6/7
Böttgerweg 19, **19** K 9
Bottolig. (B.-g.) 21, **9** F 13
Bowitschg. 13, **41** Q 5
B.-P.-W. = Bruno-Pezzey-Weg 22, **23** J 17
Brabbéeg. 22, **22** H 16
Brachellig. 22, **22** K 15
Brachseng. (Br.-g.) 21, **8** F 12
Brachtlg. 23, **52** V 3
Brahepl. 10, **44** T 12
Brahmspl. 4, **32** P 12
Brailleg. 14, **30** O 7
Brambillag. 11, **46** S 15
Brammerg. 13, **41** S/T 6
Brandg. (B.-g.) 2, **33** O 14
Brandmayerg. 5, **43/44** Q 10/11
Brandstätte 1, **32** N 12, **01** N2 12a
Brändströmg. 23, **43** T 9
Brantingg. 10, **56** U 12
Brauerg. (Brau.-g.) 6, **32** P 11
Brau.-g. = Brauerg. 6, **32** P 11
Bräuhausg. (Br.-g.) 5, **43/44** P 11, Q 10/11
Braumüllerg. 17, **18** L 8
Bräunerstr. 1, **32** N/O 12, **01** N2/O1 12a
Braung. 17, **18** L 7/8, M 8
Braun-G., Felix (F.-Br.-G.) 19, **20** J 11
Braunhirscheng. 15, **43** P/Q 9
Braunhuberg. 11, **45/46** R 15, S 14/15
Braun-Pl., Victor- 3, **33** P 13

B

C

D

C D

E

Eckstein-Str., Bertha- (B.-E.-Str.) 3, **33** Q 13
Economog. 10, **45** T 13
Eddag. 10, **56** U 12
Edelhofg. 18, **19** L 10
Edelsinnstr. 12, **42** R/S 8, **43** R 9
Edelsteing. (E.-g.) 21, **10** G 15
Edelweißweg (E.-wg.) 22, **25** H 22
Edenstr. 14, **28** N 4
Ederg. 21, **9** F 14
Eder-Weg, Franz- 11, **46** R 15/16
Eder-Weg, Hubert- 19, **18** H 8
Edi-Finger-Str. 21, **9** D 14
Edisonstr. 21, **9** G 13
Edith-Kramer-Weg 22, **23** J/K 18
Edith-Piaf-Str. 22, **36** M 20
Edlmoserg. (E.-g.) 23, **54** U 7
Edmund-Hawranek-Pl. 21, **9** D 13
Edmund-Reim-G. 12, **42** T 8
Edmund-Weber-Weg (E.-W.-W.) 22, **22** L 16
Edmund-Weiß-G. 18, **19** L 10
Eduard-Brückner-G. (E.-B.-G.) 20, **20** K 12
Eduardg. 18, **31** M 10
Eduard-Gaertner-G. 22, **24** J 19
Eduard (E.)-Hanslick-G. 16, **30** N 7
Eduard (E.)-Jaeger-G 13, **42** R 7
Eduard-Kittenberger-G. 23, **54** U/V 8
Eduard (Ed.)-Klein-G. 13, **42** Q 8
Eduard-Lang-Weg 2, **33** M/N 13/14
Eduard (E.)-Pötzl-G. 19, **20** J 11
Eduard-Reyer-G. (E.-R.-G.) 19, **20** H 11
Eduard (Ed.)-Sueß-G. 15, **31** P 9
Efeuweg 22, **23** L 18
Effenbergpl. 22, **34** N 16
Effingerg. 16, **31** M 8/9
E.-Fl.-W. = Emilie-Flöge-Weg 10, **45** Q 13
E.-g. = Edelsteing. 21, **10** G 15
E.-g. = Edlmoserg. 23, **54** U 7
E.-g. = Enzingerg. 7, **31** N 10
E.-g. = Essigg. 1, **32** N 12, **01** N2 12b
E.-g. = Eyblerg. 19, **18** J 8
Egermaier-Weg, Franz- **23**, **42** T 7
Egger-Lienz-G. (E.-L.-G.) 12, **43** R 9
Eggerthg. (Eggth.-g.) 6, **32** P 11, **01** P1 11a
Eggth.-g. = Eggerthg. 6, **32** P 11
Eglseeg. 12, **42** S 8
Egon-Friedell-G. 21, **10** F/G 16
Egon-Haug-G. 22, **24** J 19
Egon (E.)-Schiele-G. 13, **41** R 6
Ehamg. 11, **45** R/S 14
Ehng. 23, **54** W 7
Ehre, Habe-die- 22, **36** N 20
Ehrenfelsg. 12, **43** Q 9
Ehrenhaft-Steindler-Pl. (E.-St.-Pl.) 9, **32** M 11
Ehrenpreisg. 22, **35** M 17
Ehrensteing. 22, **36** M 19
Ehrlich-G., Paul (P.)-19, **19** H/J 10
Ehrlich-Weg, Georg (G.)- 22, **22** G/H 16
Eibeng. 22, **35** M 18
Eibesbrunnerg. 10, 12, **43** R/S 10, S/T 9
Eibesbrunnerweg 12, **43** S 10
Eibischweg 22, **23** J 18
Eichbachg. 14, **28** M 4
Eichelhofstr. 19, **8** F/G 11
Eichelhofweg 19, **7/8** G 10/11
Eichendorffg. 19, **19** K 10
Eichenstr. 12, **43** R 10
Eichenweg 14, **29** N 5/6
Eichert-Weg, Franz (Fr.)- 16, **30** N 7
Eichfelderg. 21, **9** D 13
Eidechseng. 22, **24** K 20
Eigelg. 23, **55** W 9
Eigenheimweg 17, **17** H 6
Eileen-Gray-G. 22, **24** L 20
Einem-Pl., Gottfried (G.)-von (v.)- 1, **01** N2 13a
Einfahrtstr. 14, **28** M/N 4
Einsiedeleig.13, **41** Q 5/6
Einsiedlerg. 5, **43/44** Q 10/11
Einsiedlerpl. 5, **44** Q 11
Einsleg. 22, **22** H 16
Einwangg. 14, **30** P/Q 8
Einzingerg. 21, **8** E 12, **9** E 13
Eipeldauer Str. 21, 22, **22** G/H 16
Eisenbachg. 13, **41** S/T 6
Eisenbahnerberg, Beim 21, **9** E 13
Eisenbahnstr. 19, **20** H 12, J 11/12
Eisenberggg. 23, **53** V 5
Eisenheldg. (Eis.-heldg.) 21, **1** C 14
Eisenhutg. (Eish.-g.) 22, **35/36** M 18/19
Eisenmengerg. 10, **44** T/U 11
Eisenstadtpl. 10, **44** S 13
Eisernenhandg. 19, **7/8** F 10/11
Eish.-g. = Eisenhutg. 22, **35/36** M 18/19
Eisingerg. 21, **9** F 13
Eisnerg. 16, **31** N 9
Eisstoßg. 22, **34** M 16
Eisteichen, An den 12, **43** S/T 9
Eisteichstr. 11, **45/46** Q 14, R 14/15
Eisvogelg. 6, **31** P/Q 10
Eiswerkstr. 22, **22** K/L 15
Eitelbergerg. 13, **42** Q 7
Eitnerg. 23, **54** V 8
E.-J.-Wg. = Eugen-Jettel-Weg 13, **41** R 6
E.-K.-G. = Emil-Kralik-G. 5, **43** Q 10
Elderschpl. 2, **33** M 14
Elfingerweg 22, **11/12** D 18/19
E.-L.-G. = Egger-Lienz-G. 12, **43** R 9
Elidag. 22, **22** K 16
Elisabethallee 12, 13, **42** R 7/8, S 8
Elisabeth (E.)-Bergner-Weg 23, **55** U 9
Elisabeth-Freundlich-Weg 22, **23** J/K 17
Elisabeth (E.)-Petznek-G. 14, **29** N/O 5
Elisabeth-Pl., St.- 4, **32** P 12
Elisabethstr. 1, **32** O 11/12, **01** O1/O2 11b/12a
Elisenstr. 23, **53** V 5/6, W 6
Elise-Richter-Weg 21, **9** F 13
Ella-Lingens-Str. 22, **36** M 20
Ellen-Key-G. 10, **56** U 12
Ellmingerg. 23, **55** V 9
Elmarg. 19, **20** J 11
Elsbeerg. 14, **29** M 5
Elsa (E.)-Plainacher-G. 22, **36** N 19
Else-Feldmann-Promenade 21, **10** F 16
Elsnigg. 12, **43** S 9
Elßlerg. 13, **42** Q 7
Elsterweg 14, **29** M 5
Elterleinpl. 17, **31** M 9/10
Emanuel-Str., Max- 18, **19** K 9/10
Embelg. 5, **43/44** Q 10/11
Emerich-G., Franz (F.-E.-G.) 12, **43** Q 9
Emichg. 22, **23** K/L 18
Emil-Behring-Weg 12, **23**, **42** T 7
Emil (E.)-Fucik-G. 10, **45** S 13
Emil-Hertzka-Pl. 10, **44** T 11
Emilie-Bach-Weg 22, **23/24** J/K 18/19
Emilie-Flöge-Weg (E.-Fl.-W.) 10, **45** Q 13
Emil-Kralik-G. (E.-K.-G.) 5, **43** Q 10
Emil-Maurer-Pl. 7, **31** O 10
Emil-Ottenthal-G. (E.-O.-G.) 10, **45** T 13
Emmerich-Fasching-G. 22, **22** J 15
Emmerich-Teuber-Pl. (E.-T.-Pl.) 3, **33** P 13
Emmi-Freundlich-G. 21, **2** C 15
Emmi-Pikler-Str. 22, **24** L 20
E.-M.-M.-Pl. = Eva-Maria-Mazzucco-Pl. 22, **24** L 20
Empergerg. 21, **9/10** E 14/15
Endemanng. 23, **42** T/U 7
Enderg. 12, **42** S 7/8
Endlicherg. 10, **45** T 13
Endlweber-G., Josef- 23, **54** W 8
Endresstr. 23, **53/54** U 5–7
Enenkelstr. 16, **30** N 8
Engelbrechtweg (Eng.-wg.) 13, **41** R 6
Engelhartg. 13, **41** R 6
Engelhorng. 21, **21** H 14
Engelmanng. 17, **18** K 7
Engelmann-Weg, Paul (P.-En.-W.) 22, **37** M 21
Engelsberggg. (Ebg.-g.) 3, **33** O/P 13, **01** O2/P1 13a
Engelsburgg. 23, **53** U 5
Engelshofeng. 23, **41** T 6
Engels-Pl., Friedrich- 20, **20** J 12
Enge Lucken 10, **44** S 11
Engerthstr. 2, **20**, **21** J/K 12, K/L 13, **33/34** M 14, N 14/15
Enghaus-Weg, Christine- 14, **29** O 5
Engilg. 16, **30** M/N 7
Englisch-Feld-G. 22, **37** N 22, O 21/22
Eng.-wg. = Engelbrechtweg 13, **41** R 6
Enkpl. 11, **45** R 14
Ennemoserg. 22, **37** M 21
Ennsg. 2, **33** M 14
Enslein-Pl.,Josef- 10, **56** U 12
Entensteig 21, **8** F 12
Entersweg 22, **22** L 16
Enzelsbergerg. 17, **18** L 7
Enzianweg 22, **36** L/M 19
Enzingerg. (E.-g.) 7, **31** N 10
E.-O.-G. = Emil-Ottenthal-G. 10, **46** T 13
E.-Fusch.-G. = Erwin Puschmann-G. 14, **29** P 6
Erbacherweg (Erb.-wg.) 14, **30** O 7
Erben-G., Wilhelm- 23, **43** T 9
Erbpostg. 21, **2** B/C 15
Erbsenbachg. 19, **19** J 9
Erb.-wg. = Erbacherweg 14, **30** O 7
Erdberger Lände 3, **33/34** O 13/14, P 14/15, **46** Q 15
Erdberger Mais, Im 3, **33** P 14
Erdbergstr. 3, 11, **33/34** O 13, P 14, **46** P/Q 15, **01** O2 13b
Erdbrustg. 16, **30** N 7/8
Erdburgweg 14, **28** N 3
Erden, In der goldenen 21, **2** C 15
Erdenweg 14, **28** O 4
Erdglöckchenweg (Erd.-w.) 22, **21** K 14
Erd.-w. = Erdglöckchenweg 22, **21** K 14
E.-R.-G. = Eduard-Reyer-G. 19, **20** H 11
Erhardg. 23, **41** T 6
Erich (E.)-Fried-Weg 22, **35** M 16/17
Erich-Sokol-G. 10, **45** S 13
Erika (E.)-Mitterer-Weg 13, **41** R 5
Erlaaweg 23, **55** U 9
Erlaaer Pl. 23, **54** U 8
Erlaaer Schleife 23, **55** U 9
Erlaaer Str. 23, **54/55** U 8, V 8/9
Erlachg. 10, **44/45** R 11–13
Erlachpl. 10, **44** R 12
Erlafstr. 2, **33** M 14
Erlenweg 22, **35** O 18
Erlg. 12, **43** R 9
Erna-Musik-G. 21, **22** H 15
Ernanig. 23, **56** V 11
Erndtg. 18, **19** K/L 9
Erne-Seder-G. 3, **33** P 14
Ernst-Bergmann-G. 14, **29** O 6
Ernst (E.)-Burger-G. 14, **27/28** N/O 2/3
Ernst-G. Leopold- 17, **18**, **31** M 9/10
Ernst-Heiss-G. 11, **47** T 17
Ernst-Hinterberger-G. 22, **23** J 17

Ernst-Jandl-Weg 22, **23** H 17
Ernst-Karl (E.-K.)-Winter-Weg 19, **19** J 9
Ernst-Kein-G. 21, **11** F 17
Ernst-Krenek-G. 23, **55** V/W 10
Ernst (E.)-Ludwig-G. 10, **44** S 11
Ernst-Melchior-G. 2, **33** L/M 13
Ernst-Renz-G. 2, **33** M 13, **01** M2 13a
Ernst-Sadil-Pl. 22, **22** L 15
Ernst-Track-Weg 22, **23** K 18
Ernst-Vasovec-G. 21, **8** C/D 12
Eroicag. 19, **20** H 11
Ertlg. 1, **01** N2 12a
Erwin-Puschmann-G. (E.-Pusch.-G.) 14, **29** P 6
Erzbischofg. 13, **29** P 5, Q 5/6
Erzherzog-Johann-Pl. 4, **32** P 12, **01** P1 12a
Erzherzog-Karl-Str. 22, **22** K 15/16, L 16, **23** L 17, **35** M 18
Eschenallee 10, **43/44** S 10/11
Eschenbachg. 1, **32** O 11, **01** 01/02 11b
Eschenkogelg. 10, **44** S 11
Escherichg. 19, **19** K 9
E.-Sch.-W. = Eugenie-Schwarzwald-Weg 22, **22** J 16
Esders-Pl., Stefan- 19, **19** H 9/10
Eselstiege 17, **30** M 7
Eslarng. 3, **33** P 13
Eslarn-G., Niklas- 22, **36/37** L 20/21, M 21/22
Esparsette-Weg 12, **43** T 9
Espenweg 22, **35** N/O 17
Essigg. (E.-g.) 1, **32** N 12, **01** N2 12b
Eßlinger Furt 22, **37** O 21
EßlingerHauptstr. 22, **37** N 20–22
Eßlingg. 1, **32** N 12, **01** N1 12a
Estepl. 3, **33** O 13, **01** 01 13a
Esterházyg. 6, **31/32** P 10/11, **01** P1 11a
E.-St.-Pl. = Ehrenhaft-Steindler-Pl. 9, **32** M 11
E.-T.-Pl. = Emmerich-Teuber-Pl. 3, **33** P 13
Etrichstr. 11, **47** T 17/18, **59** U 17
Etschnerweg (Et.-wg.) 14, **30** O 7
Ettenreichg. 10, **44** R/S 12
Etthsn.-g. = Ettingshauseng. 19, **19** H 10
Ettingshauseng. (Etthsn.-g.) 19, **19** H 10
Et.-wg. = Etschnerweg 14, **30** O 7
Eugen-Bormann-G. (E.-B.-G.) 22, **22** J 16
Eugenie (E.)-Fink-G. 10, **57** U 13
Eugenie-Schwarzwald-Weg (E.-Sch.-W.) 22, **22** J 16
Eugen-Jettel-Weg (E.-J.-Wg.) 13, **41** R 6
Europapl. 7, **15**, **31** P 10
Europl., Am 12, **43** S 10
Eustachiusweg (E.-wg.) 13, **41** S 5
Eva-Maria-Mazzucco-Pl. (E.-M.-M.-Pl.) 22, **24** L 20
Eva-Popper-G. 2, **21** L 13
Eva-Zilcher-G. (E.-Zi.-G.) 10, **45** R 13
Ewald-Balser-G. 23, **55** V 10
Ewaldg. 11, **46** S 15
E.-wg. = Edelweißweg 22, **25** H 22
E.-wg. = Eustachiusweg 13, **41** S 5
E.-W.-W. = Edmund-Weber-Weg 22, **22** L 16
Exelbergstr. 17, **17** J 5/6, K 5/6
Exenbergerweg 11, **45/46** R 14/15
Exner-G., Wilhelm (W.)- 9, **32** M 11
Eyblerg. (E.-g.) 19, **18** J 8
Eyblweg 21, **22** H 16
Eyermann-Weg, Alois (A.)- 22, **22** L 16
Eyslerg. 13, **41** S 6.
Eyzingg. 11, **46** Q/R 15
E.-Zi.-G. = Eva-Zilcher-G. 10, **45** R 13

F

Fabela-Promenade, Isidro- 22, **21** L 14
Faberg. 23, **53** V 6
Faber-Pl., Bischof- 18, **19** K/L 9
Fabianistr. 11, **47** T 18/19
Fabiganstr. 11, **46** T 15
Fabriksg. 12, **43** Q 9
Fadinger-Pl., Stefan- 10, **44** S 11
Fa.-g. = Fahneng. 1, **32** N 12, **01** N2 12a
Fä.-g. = Färberg. 1, **32** N 12, **01** N1 12a
Fa.-g. = Faschingg. 22, **35** M 18
Fahneng. (Fa.-g.) 1, **32** N 12, **01** N2 12a
Fahng. 22, **35** M 16/17
Fahrbachg. 21, **21** H 14
Faistauerg. 13, **41** R 6
Falcog. 22, **23** H 17
Falcostiege 5, **32** P 11, **01** P1 11a/11b
Falkestr. (F.-str.) 1, **32** N 12, **01** N2 12b
Fallg. 6, **31** P 10
Fallmerayerweg 21, **10** E 16
Fall-Weg, Leo- 13, **42** R 7
Familienpl. 16, **31** N 9
Fännerg. 21, **21** H 13
Fanny-Mintz-G. 2, **21** L/M 13/14
Faradayg. 3, **45** R 13
Färberg. (Fä.-g.) 1, **32** N 12, **01** N1/N2 12a
Färbermühlg. 23, **54** W 7
Farkas-G., Karl- 3, **33** P/Q 14
Farng. 22, **23** K 18
Fasangarten, Am 12, 13, **42** R/S 8
Fasangarteng. 12, 13, **42** R 7/8, S 8
Fasang. 3, **33** P/Q 13
Fasanpl. 3, **33** P 13
Faschingg. (Fa.-g.) 22, **35** M 18
Fasching-G., Emmerich- 22, **22** J 15
Fas.-g. = Fasholdg. 13, **42** Q 8
Fasholdg. (Fas.-g.) 13, **42** Q 8
Fassbenderg. (F.-g.) 13, **29** Q 6
Faß.-g. = Faßzieherg. 7, **32** O 11, **01** 01 11a
Faßzieherg. (Faß.-g.) 7, **32** O 11, **01** 01 11a
Fast-G, Franziska (F.)- 22, **36** N 19
Fatinitzaweg (Fat.-wg.) 10, **56** V 12
Fatty (F.)-George-G 22, **37** N 21
Fat.-wg. = Fatinitzaweg 10, **56** V 12
Faulmanng. (Fm.-g.) 4, **32** O 11/12, **01** 02 11b/12a
Favoritenstr. 4, 10, **32** P 12, **44** Q–S 12, T 12/13, **56** U 12/13, **01** P1 12a
Favoritner Gewerbering 10, **44** S 12
Fbch.-str. = Feuerbachstr. 2, **33** M 14
Fb.-g. = Ferchenbauerg. 21, **21** H 13
F.-Br.-G. = Felix-Braun-G. 19, **20** J 11
12. Februar-Platz 19, **20** J 11
Fechterg. 9, **20** L 11
F.-E.-G. = Franz-Emerich-G. 12, **43** Q 9
Fehlingerg. 13, **42** S 7
Fehring-Promenade, Johannes- 21, **9** F/G 13
Feigl-Weg, Fritz- 22, **23** K 18
Feilerg. 19, **19** H 10
Feilpl. 14, **30** O 8
Feistlg. 21, **10** F 16
Feistmantelstr. 18, **19** K 10
Feistritzg. 21, **11** E/F 17
Feits.-g. = Feitsingerg. 22, **35** M 18
Feitsingerg. (Feits.-g.) 22, **35** M 18
Felberstr. 15, **31** P 9/10
Felbigerg. 14, **29/30** P 6–8
Felde, Am langen 22, **22/23** J 16/17
Felderstr. 1, **32** N 11, **01** N1/N2 11a/11b
Feldg. 8, **31** N 10
Feldg. 23, **53** V/W 5
Feld-G. Englisch- 22, **37** N 22, O 21/22
Feldkellerg. 13, **42** S 7
Feldlercheng. 21, **8** F 12
Feldmann-Promenade, Else- 21, **10** F 16
Feldmausg. 21, **8** F 12
Feldmühlg. 13, **42** Q 7
Felix-Bischof-W. 22, **21/22** L 14/15
Felix-Braun-G. (F.-Br.-G.) 19, **20** J 11
Felix-Dahn-Str. 18, 19, **19** K 9
Felixg. 13, **41** T 5/6
Felix-Grafe-G. 10, **57** U 13
Felix-Mottl-Str. 19, **19** K/L 10
Felix-Slavik-Str. 21, **9** D 14
Felleis-G., Roman- 21, **2** C 15
Fellnerg. 22, **37** N 22
Fellner-G., Franz- 22, **23** K 17
Fellner-G., Sepp- 14, **30** O 7
Felmayerg. 21, **10** F 15/16
Felsg. 11, **45** R 14
Fenchelweg 14, **29** M/N 5
Fendig. 5, **44** Q 11
Fenzlg. 14, 15, **30/31** P 8/9
Ferchenbauerg. (Fb.-g.) 21, **21** H 13
Fercherg. 17, **31** M 9
Ferdinand-Frey-Weg 14, **28** N 3
Ferdinand-Käs-G. 21, **9** E 13/14
Ferdinand (Ferd.)-Kaufmann-Pl. 21, **21** J 13
Ferdinand (F.)-Löwe-Str. 10, **45** S 13
Ferdinand-Piatnik-Weg 14, **30** O 7
Ferdinand-Platzer-G. 21, **10** G 15
Ferdinand (F.)-Pölz-G. 21, **21** H 14
Ferdinandstr. 2, **33** N 12/13, **01** N1 12b/13a
Ferdinand-Stransky-Weg 22, **23** H 17
Fernkorng. 10, **44** R/S 11
Ferrog. 18, **19** L 9
Ferstelg. 9, **32** N 11, **01** M2 11a/11b
Ferstl-G., Leopold (L.)- 21, **21** H 13
Feßlerg. 10, **57** V 13
Feßtg. 16, **31** N 9
Feuchterslebeng. 10, **45** R/S 13
Feuerbachstr. (Fbch.-str.) 2, **33** M 14
Feuersteing. 23, **53** U 5
Feuerwehrweg 22, **23** K 17
F.-g. = Fassbenderg. 13, **29** Q 6
F.-g. = Fischerg. 2, **32** N 12, **01** N 1 12b
F.-g. = Fuhryg. 11, **46** S 15
F.-g. = Funkg. 21, **9** E 14
F.-Grünb.-Pl. = Fritz-Grünbaum-Pl. 6, **32** P 11, **01** P1 11a
F.-Ha.-G. = Fritz-Hahn-G. 10, **45** Q 13
F.-H.-Pl. = Franz-Hauer-Pl. 3, **33** O 13, **01** 02 13a
F.-H.-Pl. = Friedensreich-Hundertwasser-Pl. 15, **31** O 9
F.-H.-Str. = Friedrich-Hillegeist-Str. 2, **21** L 13
Fiakerpl. 3, **33** P 14
Fichteg. 1, **32** O 12, **01** 01/02 12a/12b
Fichtnerg. 13, **42** Q 7
Ficker-Str., Julius- 21, **10/11** G 16/17
Fickertg. 19, **20** L 11
Fickeysstr. 11, **46** S 15
Fidelis-Breier-Weg 21, **9** D 13
Fiebrichg. 22, **22** J 15

Fi.-g. = Fischerg. (F.-g.) 2, **32** N12, **01** N1 12b
Figl-G., Leopold (L.-F.-G.) 1, **32** N 11/12, **01** N2 11b
Figl-W., Anna (A.) 18, **18** K 8
Fi.-h. = Fischhof 1, **01** N2 12a
Fillenbaumg. 21, **1** C 12/13
Fillgraderg. 6, **32** O 11, **01** O2 11a/11b
Filmteichstr. 10, **57** U 13/14
Fimb.-g. = Fimbingerg. 23, **54** V 7
Fimbingerg. (Fimb.-g.) 23, **54** V 7
Fingerg. 10, **44** T 12
Fingerhutweg 22, **25** H 21/22
Finger-Str., Edi- 21, **9** D 14
Finkenweg 22, **22** L 16
Fink-G., Eugenie (E.)- 10, **57** U 13
Fink-Pl., Jodok- 8, **32** N 11, **01** N2 11a
Finsterbuschstr. 22, **48** R 19
Finstererg. 22, **22** H/J 15/16
Firmiang. 13, **29** P/Q 6
Firnbergpl. 22, **22** K 16
Firnberg-Str., Hertha- 10, **43** S 10
Fischerg. (F.-g, Fi.-g.) 2, **32** N 12, **01** N1 12b
Fischerg. 23, **53** U 6
Fischer-G., Rosa- 11, **46** Q 15
Fischer-G., Ottokar- 10, **43/44** S 10/11
Fischerstiege 1, **01** N1 12a
Fischerstrand 22, **22** K/L 15
Fischerweg 22, **22** K 15
Fischer-Weg, Betty- 17, **18** L 7
Fischhof (Fi.-h.) 1, **01** N2 12a
Fischhofg.10, **45** T 13
Fischingerg. 23, **42** T 8
Fischotterg. 21, **8** E/F 12
Fitzweg 22, **22** L 16
F.-K.-G. = Friedericke-Klauner-G. 21, **1** C 13
F.-K.-W. = Friedrich-Kostelnik-Weg 13, **41** S 5
Flachg.14, **15**, **30** O/P 8
Flachsweg 22, **35** N 17/18
Flammweg 11, **47** T/U 18
Flandorferweg 21, **10** G 16, **22** H 15/16
Flandorfer-Str., Josef- 21, **1/2** C 14/15
Fleischer-G., Max (M.)- 10, **57** U 13
Fleischhackerg. 23, **42** T 7
Fleischmanng. 4, **32** P 11/12
Fleischmann-G., Trude- (T.-F.-G.) 22, **24** L/M 20
Fleischmarkt 1, **32** N 12, **01** N2 12b
Flemmingg. 19, **19** J 9
Fleschg. 13, **42** P/Q 7
Fliederhof 10, **43** S 10
Fliederweg 22, **23** L 17
Fliegerweg 22, **35** O 18
Flöge-Weg, Emilie- (E.-Fl.-W.) 10, **45** Q 3
Florag. 4, **32** P 12
Florian-Berndl-G. 22, **22** K 15, L 16, **34** L/M 16
Florian (Fl.)-Geyer-G. 10, **45** T 13
Florian (Fl.)-Hedorfer-Str. 11, **46** S 15
Florianig. 8, **31** N 10/11, **01** N1/N2 11a
Florian-Ott-G. 21, **9** E/F 13/14
Floridsdorfer Hauptstr. 21, **21** H/J 13
Floridsdorfer Markt 21, **21** G/H 14
Floridusg. 21, **21** J 14
Floristenweg 22, **22** J 15
Floßg. 2, **32** M 12, **01** M2/N1 12b
Flotowg. 19, **19** J/K 10
Flötzersteig 14, 16, **29/30** N 7/8, O 6/7
Fluchtg. 9, **32** M 11
Flugfeldstr. 22, **36** N/O 20
Flurg. 13, **41** Q 6
Flur-G., Liesinger 23, **54** V/W 8
Flurschützstr. 12, **43** Q/R 10
Fm.-g. = Faulmanng. 4, **32** O 11/12, **01** O2 11b/12a
Fockyg. 12, **43** Q/R 10
Föderlweg (F-wg.) 17, **18** L 8
Föhreng. 23, **53** U 5
Fonovitspl. 13, **42** R 7
Fontanastr. 10, **57** V 14
Forchheimerg. 23, **54** V 8
Forel-G., August (A.)- 10, **44** S 11
Forestg. 22, **37** N 21
Formanekg. 19, **19/20** J 10/11
Försterg. 2, **32** M 12
Förster-Weg, Uzzi (U.)- 22, **34** N 16
Forsthausg. 20, **20** J 12
Forsthausweg (F.-w.) 17, **17** J 6
Forstmeisterg. 14, **28** M 4
Forstnerg. 22, **23** J 17
Forstschulstr. 14, **28** M/N 4
Forst-Weg, Willi- 19, **19** J 9
Fournierg. 13, **41** R/S 6
Frankenbergg. 4, **32** P 12, **01** P1 12a
Frankg. 9, **32** N 11, **01** N1 11a/11b
Frank-G., Anne- 3, **45** Q 14
Frank-G., Anton (A.)- 18, **19** L 10
Frank-G., Josef- 22, **36** M 19
Frankhpl. 8, 9, **32** N 11, **01** N1 11a
Franklinstr. 21, **21** H 14
Frank-Weg, Steinberg- 22, **22** L 16
Franz-Asenbauer-G. 23, **41** T 5/6
Franz-Barwig-Weg 18, **18** K 8
Franz (F.)-Boos-G. 13, **29** P 6
Franz-Eder-Weg 11, **46** R 15/16
Franz-Eduard-Matras-G. 22, **22** H 16/17
Franz-Egermaier-Weg 23, **42** T 7
Franz (Fr.)-Eichert-Weg 16, **30** N 7
Franz-Emerich-G. (F.-E.-G.) 12, **43** Q 9
Franzensbrückenstr. 2, **33** M/N 13, **01** M2/N1 13a/13b
Franzensg. 5, **32** P 11, **01** P1 11b
Franz-Fellner-G. 22, **23** K 17
Franz-Glaser-G. 17, **18** L/M 7
Franz-Graßler-G. 23, **53/54** T 6, U 6/7
Franz-Grill-Str. 3, **45** Q/R 13
Franz (F.)-Haas-Pl. 11, **46** R 15
Franz-Hauer-Pl. (F.-H.-Pl.) 3, **33** O 13, **01** O2 13a
Franz (Fr.)-Heider-G. 23, **54** W 7
Franz (Fr.)-Hochedlinger-G. 2, **32** M 12, **01** M2 12a/12b
Franziska (F.)-Fast-G. 22, **36** N 19
Franziskanerpl. 1, **32** O 12, **01** O1 12a/12b
Franziska (F.)-Seidl-Str. 22, **24** L 20
Franz-Jachym-Pl. 10, **57** U 13
Franz-Jonas-Pl. 21, **21** H 13/14
Franz-Josefs-Kai 1, **32** M/N 12, **01** M2/N2 12a/12b
Franz (Fr.)-Klein-G. 19, **19/20** K/L 10/11
Franz-Koci-Str. 10, **57** U 13
Franz-Loidl-Str. 22, **22** K 15
Franz-Mika-Weg 10, **57** V 13
Franzosengraben 3, **45/46** Q 14
Franzosenweg 10, **57** V 13
Franz (Fr.)-Parsche-G. 23, **54** W 7
Franz-Peska-G. 11, **46** T 16
Franz (F.)-Petter-G. 13, **41** R 6
Franz- (F.)-Peyerl-G. 16, **30** M 8
Franz-Pixner-Weg 22, **23** K/L 17
Franz-Pletersky-Weg 22, **35** N 17
Franz (F.)-Prinke-G. 11, **46** S 15
Franz-Reitlinger-G. (F.-R.-G.) 22, **11** G 18
Franz-Salmhofer-Pl. (F.-S.-Pl.) 9, **32** M 11
Franz (F.)-Schalk-Pl. 13, **42** Q 7
Franz (Fr.)-Schreker-G. 10, **44** T/U 11
Franz-Schubert-Str. 14, **28** M/N 3
Franz-Schubert-Weg (Fr.-Schu.-Wg.) 18, **18** K 8
Franz (F.)-Schuh-G. 10, **44** R/S 11
Franz (Fr.)-Schuhmeier-G. 23, **54** V 7
Franz-Schuster-G. 22, **34** N 16
Franz-Sebek-Str. 21, **10** G 15
Franz (Fr.)-Siller-G. 22, **37** M 21
Franz-Siller-Weg 12, **43** S 9
Franz-Wels-G. 22, **23** L/M 18
Franz (Fr.)-Zahalka-Weg 11, **47** S/T 18
Frauenfelderstr. 17, **18** L/M 8
Fraueng. 17, **31** N 9
Frauenheimg. (Frnh.-g.) 12, **43** Q 9
Frauenhoferg. 21, **9** G 13
Frauenschuhg. 21, **2** C 15
Frauenstiftg. 21, **9** F 14
Frauer-G., Anna (A.-F.-G.) 18, **19** L 10
Fraungruberg. 12, **43** R 9
Fr.-B.-G. = Frenkel-Brunswik-G. 22, **36** M 20
Freda-Meissner-Blau-Promenade 1, **01** M2 12a, N1 12a, N1 12b
Frederick-Loewe-Weg 22, **23** K 18
Fred-Liewehr-G. 13, **42** S 7
Fred-Raymond-G. 22, **35** N 18
Fred-Zinnemann-Pl. 3, **33**, **45** P/Q 13
Freesienweg 14, **28** O 4
Freiheitspl. 21, **1/2** C 14/15
Freihof, Am 22, **22** J 16/17
Freihofg. 19, **20** H 12
Freiligrathpl. 21, **21** J 14
Freis.-g. = Freisingerg. 1, **01** N 2 12a
Freisingerg. (Freis.-g.) 1, **01** N2 12a
Freißleben-G., Georg (G.)- 14, **28** M 4
Frenkel-Brunswik-G. (Fr.-B.-G.) 22, **36** M 20
Freudenauer Hafenstr. 2, **47** Q 17/18, R 18
Freudpl. 2, **33** N 14
Freumbichlerweg (F.-wg.) 14, **29** O 6
Freundg. 4, **32** P 11
Freundlich-G., Emmi- 21, **2** C 15
Freundlich-Weg, Elisabeth- 22, **23** J/K 17
Freunschlag-G., Anton- 23, **55** V/W 9
Freyenthurmg. 14, **29** O 5
Freytagg. 21, **21** H 13/14
Freyung 1, **32** N 11/12, **01** N1/N2 11b
Frey-Weg, Ferdinand- 14, **28** N 3
F.-R.-G. = Franz-Reitlinger-G. 22, **11** G 18
Fr.-g. = Friesg. 10, **31** P 10
Fr.-g. = Fruchtg. 2, **33** N 13
Fr.-H.-G. = Fritz-Henkel-G. 3, **33** O 13
Friedell-G., Egon- 21, **10** F/G 16
Friedensg. 2, **33** O 14
Friedenshöheg. 13, **41** T 6
Friedensreich-Hundertwasser-Pl. (F.-H.-Pl.) 15, **31** O 9
Friedensstadtg. 13, **41** S 5/6
Friedensstr. 23, **53/54** T 6, U 6/7
Friedenszeile 13, **41** S 5/6
Friedericke-Klauner-G. (F.-K.-G.) 21, **1** C 13
Friedhof, Am 22, **23** K 18
Friedhofstr. 10, **57** V 14
Friedhofstr. 14, **28** N 4
Friedhofweg 21, **1** C 13
Friedhofweg 22, **12** F/G 19/20
Friedhofweg, Asperner (A. Fhf.-wg.) 22, **35** M 18
Friedjungg. 11, **46** S 15
Friedlg. 19, **19** J/K 10
Friedl-G., Johann (J.)- 10, **57** V/W 14
Friedl-Stiege, Rudolf- (R.-F.-S.) 19, **8** F 11
Friedlweg 14, **29** N 6

F

G

Georg (G.)-Ehrlich-Weg 22, **22** G/H 16
George-G., Fatty (F.)- 22, **37** N 21
Georg (G.)-Freißleben-G. 14, **28** M 4
Georginenpl. 22, **35** N 17
Georgine-Steininger-Weg (G.-St.-W.) 22, **24** L 19
Georgistr. 21, **8** F/G 12
Georg-Pl., St. (St.-G.-Pl.) 19, **8** F 11
Georg-Prentl-G. 10, **57** W 14
Georg-Schicht-Pl. 21, **22** H 15
Georgsg. 23, **53** U 5
Georg (G.)-Sigl-G. 9, **32** M 11/12
Georg-(G.)-Wiesmayer-G. 10, **57** W 14
Georg-Wilhelm-Pabst-G. (G.-W.-P.-G.) 10, **44** S 11
Gerambg. 22, **22** L 16
Geranienweg (G.-wg.) 22, **24** H 19
Gerasdorfer Str. 21, **9/10** E 14–16
Gerberg. 23, **54** U 7/8
Gereute, Im 23, **41** T 5
Ger.-g. = Gernotg. 15, **31** O 9
Gerhard-Bronner-Str. 10, **44** Q 12
Gerhard (G.)-Büchl-Weg 22, **24** J/K 19
Gerhard-Fritsch-G. 17, **18** K/L 8
Gerhard-Hanappi-Pl. 14, **29** P 6
Gerhardusg. 20, **20** L 11/12
Gerhard (G.)-Wolff-Weg 19, **18** J 7
Gerichtsg. 21, **9** G/H 13
Geringerg. 11, **46** S 15
Gerlg. 3, **33** P 13
Gerlichg. 22, **36** O 20
Gerlospl. 21, **11** E 17
Gernerg. 21, **1** C 14
Gernotg. (Ger.-g.) 15, **31** O 9
Gernotg. 22, **37** M 21/22
Gerög. 23, **55** U 9
Geroldg. 17, 18, **18** K 7
Gerold-G., Markgraf (Mgf.-G.-G.) 22, **35** M 17
Gersperg. 21, **10** G/H 16
Gersthofer Str. 18, **19** K/L 9
Gerstlg. 21, **9** G 13
Gerstmayerweg 22, **23/24** K 18/19
Gerstnerstr. (Ger.-str.) 15, **31** P 10
Ger.-str. = Gerstnerstr. 15, **31** P 10
Gersunyg. 19, **19** J 10
Gertrude-Bodenwieser-G. (G.-B.-G.) 22, **24** L/M 20
Gertrude (G.)-Fröhlich-Sandner-Str. 10, **44** Q 12
Gertrude-Wondrack-Pl. (G.-Wo.-Pl.) 12, **43** S 9
Gertrudpl. 18, **19** L 10
Gerungg. 16, **30** M/N 7
Geßlg. 23, **53** U 6
Geßmann-G., Dr.-Albert- 21, **9** D 13
Gessner-G., Adrienne- 21, **22** H 15
Gestade, Am (A.-Gest.) 1, **32** N 12, **01** N1 12a
Gestetteng. 3, **33** P 14
Gestockert, Im 22, **36** N/O 20
Getreidemarkt 1, 6, **32** O 11, **01** O2 11b
Geusaug. 3, **33** O 13, **01** O1 13a/13b
Gewerbeparkstr. 22, **23** J 17
Gewerbering, Favoritner 10, **44** S 12
Geweyg. 19, **20** J 11
Geyerg. 18, **19** K 8/9
Geyer-G., Florian (Fl.)- 10, **45** T 13
Geylingg. 13, **29** P/Q 6, **41** Q 6
Geymüllerg. 18, **18** K 8
Geyschlägerg. (Geyschl.-g.) 15, **31** O 10
Geyschl.-g. = Geyschlägerg. 15, **31** O 10
Geystr. 11, **45** R 14
Gfrornerg. 6, **31** P 10
G.-g. = Gabelsbergerg. 2, **33** M 13
G.-g. = Gabillong. 16, **30** M 7
G.-g. = Gardeg. 7, **32** O 11, **01** O1 11a
G.-g. = Garteng. 14, **28** N 3
G.-g. = Geigering. 19, **8** F 11
G.-g. = Gemeindeg. 22, **36** M 19
G.-g. = Güntherg. 9, **32** M 11, **01** M2/N1 11b
Ghegastr. 3, **45** Q 13
Gheleng. 13, **41** Q/R 5
Gh.-g. = Gaulhoferg. 20, **20** K 11/12
Giefingg. 21, **10** G 15
Giersterg. 12, **43** Q 10
Giese-Pl., Cornelia (C.-G.-Pl.) 14, **30** P 7
Gießaufg. 5, **43/44** Q 10/11
Gießerg. 9, **32** M 11
Giffingerg. 23, **54** V 8
Gigerg. 3, **33** N/O 13, **01** N2/O1 13a
Gilberto-Bosques-Prom. 22, **21** K 14
Gilgeg. 9, **31** M 10
Gillingerweg (Gi.-weg) 18, **19** L 9
Gilmag. 2, **34** O 16
Gilmg. 17, **31** M 9
Gimniggg. 10, **44** T 11
Ginkgoweg 22, **34** M 16
Ginsterweg 22, **24** H 19
Girardig. 6, **32** O 11, **01** O2 11b
Girlitzweg (Girl.-wg.) 14, **29** N 5
Girl.-wg. = Girlitzweg 14, **29** N 5
Girzenbergg. 13, **41** Q 5/6
Giselag. (Gis.-g.) 14, **28** N 4
Gisela (G.)-Legath-G. 22, **36** M 19
Giselherg. (Gis.-g.) 15, **31** O 9
Giseviusg. (Gis.-g.) 21, **10** E/F 15
Gis.-g. = Giselag. 14, **28** N 4
Gis.-g. = Giselherg. 15, **31** O 9
Gis.-g. = Giseviusg. 21, **10** E/F 15
Gitlbauerg. 21, **10** F 16/17
Gi.-weg = Gillingerweg 18, **19** L 9
Gladiolenweg 22, **23** K 18
Glang. 21, **11** E/F 17
Glanzingg. 19, **19** J 8/9, K 9
Glasauerg. 13, **29** P/Q 6
Glaserg. 9, **32** M 11/12
Glaser-G., Franz- 17, **18** L/M 7
Glatzg. (Gl.-g.) 19, **20** L 11
Glawatschweg 13, **41** S 6
Gleichentheilg. 23, **55** V 9
Gleichg. 22, **37** N 21
Gleichsaustr. 21, **2** C 15
Gl.-g. = Glatzg. 19, **20** L 11
Gl.-g. = Gluckg. 1, **32** O 12, **01** O1 12a
Glöckel-Weg, Leopoldine- 12, **43** T 9
Glöckel-Weg, Otto- 22, **35** N 18
Glockenblumeng. 22, **35** N 17
Glockeng. 2, **32** M 12/13, **01** M2 12b/13a
Glorietteg. 13, **42** Q 7
Glossystr. 14, **28** M/N 4
Gluckg. (Gl.-g.) 1, **32** O 12, **01** O1 12a
Gmarchhaufenstr. (Gmarchh.-str.) 22, **22** K 15/16
Gmarchh.-str. = Gmarchhaufenstr. 22, **22** K 15/16
Gm.-g. = Gauermanng. 1, **32** O 11, **01** O2 11b
G.-M.-Str. = Gratian-Marx-Str. 11, **45** Q 14
Gmündstr. 21, **9** D 13
Gnedg. 13, **41** S/T 6
Goberg. 13, **41** R 6
Gödelg. 10, **43/44** S 10/11
God.-g. = Godowskyg. 23, **55** U 10
Godlewskig. (Godl.-g.) 22, **22** L 16
Godl.-g. = Godlewskig. 22, **22** L 16
Godowskyg. (God.-g.) 23, **55** U 10
Goetheg. 1, **32** O 12, **01** O1 12a
Gö.-g. = Göttweiherg. 1, **01** N2/O1 12a
Go.-g. = Gottslebeng. 12, **43** R 9
Gogolg. 13, **41** Q 6
Goldammerweg 22, **22** L 16
Goldegg. 4, **32** P/Q 12
Goldemundweg 22, **22** H 16
Gold.-g. = Goldschmiedg. 1, **32** N 12, **01** N2 12a
Goldhammerg. 23, **55** V 9
Goldlackg. 22, **35** N 17/18
Goldmarkpl. 13, **41** Q 6
Goldnesselweg 22, **35** N/O 17
Goldregeng. 22, **36** M 19
Goldscheidg. 17, **30** M 8
Goldschlagstr. 14, 15, **30** P 8, **31** O 10, P 9/10
Goldschmiedg. (Gold.-g.) 1, **32** N 12, **01** N2 12a
Goldstern-G., Dr.-Eugenie (E.)- 14, **29** M 5
Gold-Weg, Käthe- (K.-G.-W.) 19, **19** H 10
Göllnerg. 3, **33** O 13/14
Gölsdorfg. 1, **32** N 12, **01** N1 12a
Goltzg. 19, **19** J 10
Gombrichg. (Gom.-g.) 10, **44** Q 12
Gomperzg. 16, **30** M 8
Gonda-G., Dr.- 23, **56** U 11
Gonzagag. 1, **32** M/N 12, **01** M2/N1 12a
Göpfritzg. 21, **9** D 13
Görgeng. 19, **19** J/K 10
Gorskistr. 23, **56** U/V 11
Göschenweg (Gö.-wg.) 22, **35** M 17
Göschlg. 3, **33** P 13
Göteborgg. 10, **56** U 12
Gotenweg 22, **22** L 15
Gotramg. 22, **34** M 16
Gottek-G., Johann- 23, **55** U 9
Gottfried-Alber-G. 14, **30** O 7/8
Gottfried (G.)-Keller-G. 3, **32** O 13, **01** O2 12b/13a
Gottfried-Sennholzer-G. (G.-Senn.-G.) 14, **28** N 3/4
Gottfried (G.)-von (v.)-Einem-Pl. 1, **01** N2 13a
Gotthard-Str., St.- 14, **30** O 8
Gotthelfg. 22, **23** L/M 18
Gott-Pl., Johannes (J.)- von- 2, **32/33** M/N 12/13, **01** N1 12b/13a
Gottschalkg. 11, **45** R 14
Gottslebeng. (Go.-g.) 12, **43** R 9
Göttweiherg. (Gö.-g.) 1, **01** N2/O1 12a
Götzg. 10, **44** R 12
Gö.-wg. = Göschenweg 22, **35** M 17
G.-p. = Gartenbaupromenade 1, **32** O 12, **01** O1 12b
Graben 1, **32** N 12, **01** N2 12a
Grabeng. 17, **18** L 7
Graben, Tiefer 1, **32** N 12, **01** N1/N2 12a
Grabmayrg. 21, **21** H 13
Grabnerg. 6, **31/32** P 10/11
Gradingerg. 21, **10** G 16
Graedenerg. (Graed.-g.) 21, **9** E 13
Graedenerweg 21, **9** E 13
Graed.-g. = Graedenerg. 21, **9** E 13
Grafe-G., Felix- 10, **57** U 13
Gräfferg. 17, **31** M 9
Graffitistr. 12, **43** S 9
Graffg. 10, **44** S 11
Gräfin-Zichy-Str. 23, **53** V 4/5
Graf (Gr.)-Seilern-G. 12, **42** S 8
Graf-Starhemberg-G. 4, **32** P/Q 12, **44** Q 12
Gräfweg 19, **19** J 9/10
Grailichg. 3, **01** O1 13a
Gramm-G., Karl (K.-Gr.-G.) 21, **9** F 13
Grandl-Weg, Alois- 14, **28** N 14
Granerg. 23, **55** V 9
Grang. 15, **31** P 9
Granichstaedteng. 13, **41** S 5/6
Grasbergerg. 3, **45** Q 13/14
Grasg. 17, **18** L 7
Grashofg. 1, **01** N2 12b
Grasmückenweg (Grasm.-wg.) 14, **29** M 5

G

Grasm.-wg. = Grasmückenweg 14, **29** M 5
Grassig. 14, **30** O 8
Graßler-G., Franz- 23, **53/54** T 6, U 6/7
Gräßlpl. 3, 11, **45** R 13
Gratian-Marx-Str. (G.-M.-Str.) 11, **45** Q 14
Gratz-Pl., Leopold- 1, **01** N2/O1 11a/11b
Grauertg. 23, **41** T 5
Graumanng. 15, **43** Q 10
Grawatschg. 23, **55** V 9
Gray-G., Eileen- 22, **24** L 20
Gredlerstr. 2, **32** N 12, **01** N1 12b
Grefe-G., Konrad- 23, **54** X 8
Gregor-Mendel-Str. 18, 19, **19** K/L 10
Gregor-Ulbrich-G. 21, **2** D 14/15
Gregoryg. 23, **42** T 8, **54** U 8
Greifg. 11, **45** R 14
Greilweg (Gr.-wg.) 14, **29** O 5
Greiml-Weg, August- 23, **41** T 5/6
Greinerg. 19, **20** H 11
Greinzg. 22, **37** M 22
Greiseneckerg. 20, **20** L 12
Grellg. 21, **10** E 15/16
Gremdlinger-Str., Jakob (J.)- 14, **28** N 4
Grenadierweg 22, **35** N/O 18
Grengg-G., Maria (M.)- 23, **53** W 5
Grenzackerstr. 10, **44** S/T 12
Grenze, An der (A.-d.-G.) 14, **28** N 4
Grenzg. 13, **41** S 6
Grenzg. 15, **31** P 9
Grenzg., Obere 10, **57** X 13
Grenzstr. 10, **45** T 14/15, **58** U 15
Grenzweg 14, **28** N 4/5
Grenzweg 21, **2** C/D 16, **10** D 16
Greta-Keller-G., 23, **56** W 11
Greta-Kraus-Weg 22, **37** M/N 21
Grete-Zimmer-G. 22, **24** K 19
Gretlg. 21, **10** G 15
Gretl-Schörg-Weg 21, **9** F 13
Greulich-Pl., Hermann (H.)- 22, **35** M 17
Greutbergg. 14, **15** L 2
Greylederg. 23, **42** T 7
Gr.-g. = Griecheng. 1, **32** N 12, **01** N2 12b
Gr.-g. = Gruberg. 16, **31** N 9
Gr.-g. = Grundlg. 9, **20** L 11
Griecheng. (Gr.-g.) 1, **32** N 12, **01** N2 12b
Griegstr. 20, **20** J 12
Griepenkerlg. 13, **42** S 7
Grieshofg. 12, **43** Q 9/10
Griesingerg. 14, **29** O 6
Grießerg. 12, **43** S 9
Grillg. 11, **45** R/S 14
Grillparzerstr. 1, **32** N 11, **01** N1 11a/11b
Grill-Str., Franz- 3, **45** Q/R 13
Grimmelshauseng. 3, **32** O 12, **01** O2/P1 12b
Grimmg. 15, **43** P/Q 9
Grinzinger Allee 19, **19** H/J 10
Grinzinger Steig 19,19 H 10
Grinzinger Str. 19, **19/20** H 10–12
Grissemann-Str., Oskar- 21, 22, **10** G 16
Grobeckerg. 13, **41** T 6
Grohg. 5, **32** P 11
Grohmannstr. 22, **36** O 19/20
Grohnerg. 10, **43** T 10
Gröretg. 11, **46/47** S 16/17
Großbauerstr. 21, **9/10** E 14/15
Grossberg-G., Mimi- 22, **36** M 19
Große Bucht-Str. 22, **34** M 16
Große Mohreng. 2, **32** M 13, N 12/13, **01** N1 12b
Große Neug. 4, **32** P 11
Groß-Enzersdorfer Allee 2, **34** P 16
Groß-Enzersdorfer Str. 22, **36** M 19, N 19/20
Große Pfarrg. 2, **32** M 12, **01** M2 12b
Großer Ring 13, **41** S 6
Grosserweg 22, **37** N 21
Große Schiffg. 2, **32** M/N 12
Große Sperlg. 2, **32** M 12, **01** M2 12b
Große Stadtgutg. 2, **33** M 12/13, **01** M2 13a
Großfeldstr. 21, **10** G 16
Grossmannstr. 22, **37** N 21
Großmarktstr. 23, **56** U 12, V 11/12
Großschopfpl. 21, **10** E 15
Gruberg. (Gr.-g.) 16, **31** N 9
Gruber-Weg, Dolfi- 22, **22** K 16
Gruber-Weg, Ludwig (L.)- 19, **18** J 7
Grübl-Weg, Karl (K.-Gr.-Wg.) 22, **35** M 17
Gruen-G., Victor- 10, **45** T 14
Grüllemeierg. 16, **31** N 9
Grünangerg. 1, **32** N/O 12, **01** N2/O1 12b
Grünbaumg. 22, **12** E 19
Grünbaum-Pl., Fritz (F.-Grünb.-Pl.) 6, **32** P 11, **01** P1 11a
Grünbeckweg 17, **18** L 8
Grünbergstr. 12, 13, **43** Q 9, R 8/9
Grundäckerg. 10, **57** V 13
Grundemanng. 22, **12** E 19
Grundlg. (Gr.-g.) 9, **20** L 11
Gründorfg. 14, **30** O/P 8
Grundsteing. 16, **31** N 9/10
Gründungsweg 22, **35** O 17/18
grünen Prater, Am 2, **33** N 14
Grünentorg. 9, **32** M 11/12
Grüne Stube 14, **29** O 6
Grünfeld-G., Alfred (A.-G.-G.) 9, **32** M/N 11, **01** M2/N1 11a
Grüng. 4, 5, **32** P 11
Grün-G., Anastasius- 18, **19/20** L 10/11
Grünlandg. 2, **34** O 15
Grünlandweg 14, **29** N/O 5
Grün-Pl., Lili- 2, **32** M 12
Gruntzelstr. 22, **37** M/N 22
Grünwaldg. 5, **44** Q 11
Gruschapl. 14, **30** P 7
Gr.-wg. = Greilweg 14, **29** O 5
Gschwandnerg. 17, **31** M/N 9
Gschweidlg. 21, **9** D 14
Gsellhoferg. 23, **43** T 9
G.-S.-G. = Gustav-Seidel-G. 13, **29** P 5
G.-Senn.-G. = Gottfried-Sennholzer-G. 14, **28** N 3/4
Gspöttgraben 19, **6** G/H 8
Gstaltmeyrg. 15, **31** P 9
Gst.-g. = Gasteigerg. 20, **20** L 12
Gstöttner-G., Adolf (A.)- 20, **20** L 12
G.-St.-W. = Georgine-Steininger-Weg 22, **24** L 19
Gsur-G., Hubert (H.)- 10, **57** U 13
Gudent-Weg, Seckendorff- 13, **42** R 8
Gudrunstr. 3, 10, **44/45** R 11–13
Gugitzg. 19, **19** J 9
Guglg. 3, 11, **45/46** Q 14/15
Gugliag. 22, **24** K 19
Guido (G.)-Lammer-G. 22, **23/24** L 18/19
Guldeng. 14, **29** P 6
Gulzg. 21, **9** D 14
Gumpendorfer Gürtel 6, **31** P/Q 10
Gumpendorfer Str. 6, **31/32** O 11, P 10/11, **01** O2 11a/11b, P1 11a
Gumplowiczstr. 22, **22** L 16
Gundackerg. 22, **37** M 20/21
Gundacker-G., Johann (J.-Gund.-G.)- 14, **29** P 6
Gunertweg 22, **23** J 18
Guneschg. 19, **20** K 11
Gunoldstr. 19, **20** J 11/12
Gunsam-G., Karl (K.)- 11, **45** R 14
Günselg. 14, **29** M/N 5
Güntherg. (G.-g.) 9, **32** M 11, **01** M2/N1 11b
Gunther-G., Stüber- (St.-G.-G.) 12, **43** S 9
Guntherstr. 15, **31** O 9
Guntherstr. 22, **37** M/N 22
Günther-Weg, Mizzi (M.-G.-W.)- 21, **10** F 15
Güpferlingstr. 17, **30** L/M 8
Gurkg. 14, **30** O/P 8
Guschelbauerg. 21, **9** F 13
Guseng. 21, **11** E 17
Gusenleithnerg. 14, **30** P 7
Gus.-g. = Gusindeg. 13, **41** Q 5
Gusindeg. (Gus.-g.) 13, **41** Q 5
Gussenbauerg. (Guss-g.) 9, **20** L 11
Guss.-g. = Gussenbauerg. 9, **20** L 11
Gußhausstr. 4, **32** P 12, **01** P1 12a
Gußriegelstr. 10, **44** R/S 11
Gustav-Brünner-G. (G.-B.-G.) 13, **41** T 6
Gustav (G.)-Holzmann-Pl. 23, **54** U 7
Gustav-Pick-G. 19, **19** J/K 9
Gustav-Seidel-G. (G.-S.-G.) 13, **29** P 5
Gustav-Tschermak-G., 18, 19, **19** K/L 10
Gustererg. 14, **30** O 7
Gütenbachstr. 23, **52** U 3/4, V 4
Gutenbergg. 7, **32** O 11, **01** O1 11a
Güterslohg. 22, **24** J 19
Gutheil-Schoder-G. 10, 12, 23, **43** S 10, T 9/10, U 9
Gutraterpl. 16, **30** N/O 8
Gutzkowpl. 13, **41** Q 6
G.-wg. = Geranienweg 22, **24** H 19
G.-Wo.-Pl. = Gertrude-Wondrack-Pl. 12, **43** S 9
G.-W.-P.-G. = Georg-Wilhelm-Pabst-G. 10, **44** S 11
Gymnasiumstr. 18, 19, **19** K/L 10
Gyrowetzg. 14, **42** P/Q 8

H

Haarhof (H.-h.) 1, **32** N 12, **01** N2 12a
Haasg. 2, **32** M 12
Haas-G., Josef- 11, **59** U 17
Haas-Pl., Franz (F.)- 11, **46** R 15
Habe-die-Ehre-G. 22, **36** N 20
Haberditzlg. (H.-g.) 21, **11** F/G 17
Habererg. 22, **22** H/J 16
Haberlandtg. 22, **35/36** M 18/19
Haberlg. 16, **31** N/O 9
Haberzeth-G., Anton- 21, **1** C/D 13
Habicherg. 16, **31** N/O 9
Habitzlg. 21, **9** E 14
Haböckg. 23, **56** U/V 11
Habsburgerg. 1, **32** N 12, **01** N2 12a
Hackenbergg. 19, **19** J 9
Hackenbergweg 19, **18/19** J 8/9
Hackeng. 15, **31** O/P 10
Hackerg. 10, **44** Q/R 12
Hackhoferg. 19, **8** G/H 11
Hackinger Kai 13, **29** P 5
Hackinger Str. 14, **29/30** P 6/7
Hadatschg (Had.-g.) 11, **46** R 15
Hadersbergensteig 23, **53** V 5
Had.-g. = Hadatschg. 11, **46** R 15
Hadad-Pl., Zahid- 22, **24** L 20
Hadikg. 14, **28** O 4, **29/30** O 5, P 5–7, Q 8
Hadrawag. 22, **37** N 22
Haeberg. 12, **43** Q 10
Haeckelstr. 23, **53** V/W 6
Haeng. 22, **36** N 20
Haeussermannwg. 3, **33** P 14
Hafeng. 3, **33** P 13

H

Heubergerg. 13, **41** T 6
Heuberggg. 17, **18** L 7
Heuberggstättenstr. 10, **44** T 12
Heudörfelg. 23, **41** T 5/6, U 5
Heumarkt, Am 3, **32** O 12/13,
01 O1/O2 12b/13a
Heumühlg. 4, **32** P 11, **01** P1 11b
Heuschreckeng. 21, **8** F 12
Heustadelg. 22, **36** N 19/20
Hevesig. 13, **42** R 8
Heyse-G., Paul- 11, **59** U 17/18
Hf.-g. = Hafnerg. 2, **32** M 12
H.-g. = Haberditzlg. 21, **11** F/G 17
H.-g. = Haidschüttg. 21, **21** H 13
H.-g. = Halmg. 2, **33** O 13/14
H.-g. = Hansalg. 3, **33** N/O 13
H.-g. = Hanuschg. 1, **32** O 12,
01 O1 12a
H.-g. = Hatschekg. 22, **37** N 21
H.-g. = Hausgrabeng. 23, **54** W 7
H.-g. = Hebrag. 9, **31** N 10
H.-g. = Herbortg. 11, **45** R/S 14
H.-g. = Hinaysg. 21, **21** H 14
H.-g. = Hochstetterg. 2, **33** M 13
H.-g. = Hölzelg. 23, **55** U 9
H.-h. = Haarhof 1, **32** N 12,
01 N2 12a
H.-H.-G. = Hilde-Hannak-G. 22,
23 J/K 17
H.-Hole.-Pl. = Heinz-Holecek-Pl. 18,
18 J 8
Hh.-g. = Holzhauserg. 2, **33** M 13
Hhsr.-g. = Harthauserg. 12,
43 Q 10
Hibiskusweg 22, **23** L 17/18
Hickelg. 14, **30** O/P 8
Hiden-G., Rudi (R.)- 22, **23** J 17
Hießg. 3, **33** O 13
Hietzinger Hauptst.13, **41/42** Q 6–8
Hietzinger Kai 13,
29/30 P 6/7, Q 7/8
Hilda-Geiringer-G. 10,
43/44 S 10/11
Hildebrandg. 17, 18, **31** M 10
Hildegard-Teuschl-Weg 13, **41** R 6
Hilde-Hannak-G. (H.-H.-G.) 22,
23 J/K 17
Hilde-Spiel-G. (H.-S.-G.) 23, **54** V 7
Hilferdingweg 21, **9** E 14
Hillegeist-Str., Friedrich (F.-H.-Str.)
2, **21** L 13
Hillerstr. 2, **33** M 14
Hilscherg. 12, **43** R 9/10
Hiltlweg 13, **41** S 5
Himberger Str. 10,
57 U/V 12/13, X 13
Himmelbaurg. 13, **42** R/S 7
Himmelhofg. 13, **29** P/Q 5
Himmelmutterweg 17, **18** L 7/8
Himmelpfortg. 1, **32** O 12,
01 O1 12a/12b
Himmelpfortstiege (Hpf.-stge) 9,
20 L 11
Himmelschlüsselweg (Hschl.-wg.)
16, **30** M 7
Himmelstr. 19, **7** G/H 8/9,
19 H 9/10
Hinaysg. (H.-g.) 21, **21** H 14
Hindels-G., Josef- (J.-H.-G.) 19,
20 J 11
Hinterberger-G., Ernst- 22, **23** J 17
Hintere Liesingbachstr. 10, **57** V 13
Hintere Zollamtsstr. 3, **33** N 13,
01 N1/N2 13a
Hintergärteng. 19, **20** H/J 11
Hintpergg. 11, **47** T 18
Hintschigg. 10, **43** T 10
Hintzerstr. 3, **33** O 13,
01 O2 13a/13b
Hippg. 16, **31** N/O 10
Hirscheng. 6, **31** P 10
Hirschensteig (H.-stg.) 13, **41** S 5
Hirschfeldweg 13, **42** R 7
Hirschler-Weg, Maria (M.)- 22,
23 K 17
Hirsch-Pl., Albin (A.)- 11, **46** S 15
Hirsch-Pl., Ludwig (L.-H.-Pl.)- 2,
32 M 12, **01** M2 12b
Hirschstettner Pl. 22, **23** K/L 18
Hirschstettner Str. 22,
23 J 17, K 17, L 18
Hirschvogelg. 20, **20** L 11
Hirseweg 22, **35** N 17
H.-l. = Halterlacken 11, **47** T 17
H.-Kr.-W. = Hans-Kraus-Weg 2,
33 N 14
H.-Ku.-G. = Hans-Kutra-G. 21,
1 C 13
Hlavacekweg (Hlav.-wg.) 14,
29 O 6
Hlav.-wg. = Hlavacekweg 14,
29 O 6
Hlawkag. 10, **45** R 12/13
H.-La.-W. = Hedy-Lamarr-Weg 12,
43 S 9
H.-L.-W. = Herrmann-Lanske-Weg
13, **41** R 5
H.-L.-W. = Heinz-Lazek-Weg 22,
22 K 16
H.-L.-W. = Hermann-Leopoldi-Weg
12, **42** T 8
H.-M.-W. = Helly-Möslein-Weg 12,
42 T 8
Höbarthg. 21, **10** F 16
Hochbahng. 21, **10** F 15
Hochedlinger-G., Franz (Fr.)- 2,
32 M 12, **01** M2 12a/12b
Hochenaistg. 14, **28** M 4
Hochenegg. 19, **19** H 10
Hochfeldstr. 21, **2** C 15
Hochheimg. 13, **42** R 7
Hochmaisg. 13, **41** S 6
Hochmuthg. 22, **23** H 17
Hochsatzeng. 14, **29** O/P 6
Höchsmannweg (Höchs.-wg.) 22,
35 M 17
Höchstädtpl. 20, **20** K 12
Hochstetterg. (H.-g.) 2, **33** M 13
Hochstr. 14, **28** N 4
Hochstr. 23, **53** W/X 5
Höchs.-wg. = Höchsmannweg 22,
35 M 17
Hochwaldweg 22, **22** K 15/16
Hochwasserg. 23, **56** U 11
Hochweg 17, **17/18** K 6/7, L 6/7
Hochwiesenweg 13, **41** R 5
Hockeg. 18, **18** K 8/9, **19** K 9
Hödlg. 23, **54** U 7
Hoechleg. 22, **36** N 19
Hoefftg. 11, **47** T 18
Hof, Am 1, **32** N 12, **01** N2 12a
Hofbauerg. (Hofb.-g.) 12, **43** Q 10
Hofbauer-Weg, Sebastian (S.-H.-W.)
21, **22** H 15/16
Hofb.-g. = Hofbauerg. 12, **43** Q 10
Hofbauer-Pl., Clemens (Cl.)- 17,
31 M 9
Hofenederg. (Ho.-g.) 2, **33** N 13,
01 N1 13a
Höferg. 9, **32** M 11, **01** M2/N1 11a
Hofer-Str., Andreas (A.)- 21,
21 H 14
Hoferstiege 23, **53** V 6
Hofferpl. 16, **31** N 10
Hoffingerg. 12, **43** S 9
Hoffmann-Pl., Johann- 12, **43** S 9
Hoffmeisterg. (Hoffm.-g.) 12,
43 R 10
Hoffm.-g. = Hoffmeisterg. 12,
43 R 10
Hofg. 5, **32** P 11
Hofgartel, Am 11, **47** T 17
Hofherrg. 10, **45** R 13
Hofherr-Schrantz-G. (Hofh.-Schr.-G.)
21, **8** E 12
Hofh.-Schr.-G. = Hofherr-Schrantz-G.
21, **8** E 12
Hofjagdstr. 13, **28/29** O 4/5
Hofjägerstr. 13, 14, **27** N/O 2
Höfler-G., Alois (A.-H.-G.) 11,
46 S 15
Hofmanng. (Hofm.-g.) 18, **31** M 10
Hofmannsthalg. 3, **45** Q 13/14
Hofm.-g. = Hofmanng. 18, **31** M 10
Hofm.-g. = Hofmoklg. 15, **43** Q 9
Hofmoklg. (Hofm.-g.) 15, **43** Q 9
Hofmühlg. 6, **32** P 11
Hof, Roter 8, **32** O 11
Hofstädteng. 19, **18** H 7
Hofstättenweg 22, **11** E/F 17/18
Hofstattg. 18, **19** L 10
Hofwieseng. 13, **42** R/S 7
Hofzeile 19, **20** K 11
Hofzinserg. 16, **30** N 8
H.-O.-G. = Helene-Odilon-G. 14,
29 O 5
Ho.-g. = Hofenederg. 2, **33** N 13
Ho.-g. = Holteig. 21, **10** E 15
Hö.-g. = Höritzerg. 14, **30** P 7
Ho.-g. = Hoyosg. 4, **32** P 12,
01 P1 12a
Högelmüllerg. 5, **44** Q 11
Hohenauerg. 19, **19** J 10
Hohenbergstr. 12, **43** R 9
Hohenfeldg. 22, **23** L 17
Hohenfelspl. 12, **43** R 9
Hohenstaufeng. 1, **32** N 11/12,
01 N1 11b/12a
Höhenstr. 17, 18, 19, **6** G 7/8,
7 F/G 9, E/ F 10,
17/18 H 6/7, J 6/7
Hohenwarteweg 18, **19** K 9
Höhenweg 17, **17** H 6
Hoher Markt 1, **32** N 12, **01** N2 12a
Hohe-Wand-G. 14, **15** L 2
Hohe Warte 19, **20** H/J 11
Hohlwegg. 3, **33** P/Q 13
Hönnel-G., Ludwig-v.- 10, **45** T 13
Höhneg. 18, **19** K/L 9
Holaubek-Pl., Josef- 9, **20** L 11
Holbeing. 10, **44** S 11
Holecek-Pl., Heinz (H.-Hol.-Pl.)- 18,
18 J 8
Holetschekg. 21, **10** E 15
Holeypl. 10, **44** T 12
Hollandstr. 2, **32** M/N 12,
01 M2/N1 12b
Hölle, An der 10, **57** V 13
Hollerg. 15, **43** Q 9
Hollg. 5, **44** Q 11
Hollitzerg. 10, **44** S 12
Holm-G., Arnold (A.)- 10, **57** U 13
Holocherg. 15, **31** O/P 9
Holowatyjpl. (Holow.-pl.) 13, **41** R 6
Holow.-pl. = Holowatyjpl. 13,
41 R 6
Holteig. (Ho.-g.) 21, **10** E 15
Holubstr. 2, **21** L 13
Holunderweg (H.-wg.) 22, **35** M 17
Hölzelg. (H.-g.) 23, **55** U 9
Holzerg. 11, **46** R 15
Holzg. 19, **20** J 12
Holzhausenpl. 14, **28** O 3
Holzhauserg. (Hh.-g.) 2, **33** M 13
Holzknechtstr. 10, **45** T/U 13
Holzmanng. 21, **11** G 17
Holzmann-Pl., Gustav (G.)- 23,
54 U 7
Holzmannweg 21, **11** G 17
Holzmeisterg. (Holzm.-g.) 21,
21 H 14
Holzmeister-G., Judith- 23, **54** V 8
Holzmeister-Str., Clemens (C.)- 10,
43 S 10
Holzm.-g. = Holzmeisterg. 21,
21 H 14
Hopfeng. 21, **9** F/G 13
Höpflerg. 23, **54** V 7
Hopfner-G., Paul- 21, **1** C 14
Hopfnerweg 11, **47** T 18
Hopsag. 20, **20** J 12
Hörbiger-G. Johann- 23,
41/42 T 7, U 6/7
Hörbiger-Weg, Paul- 13, **41** R 5
Horeischyg. 13, **41** Q 6
Höritzerg. (Hö.-g.) 14, **30** P 7
Hörlg. 9, **32** M/N 11,
01 M2/N1 11b

H

Hormayrg. 17, **31** M 9/10
Hornb.-g.. = Hornbostelg. 6, **31** P/Q 10
Hornbostelg. (Hornb.-g.) 6, **31** P/Q 10
Hörndlwaldg. 13, **41** S 5
Horneckg. 17, **31** M/N 9
Hörnesg. 3, **33** O 13
Hornigweg 19, **19** H 10
Hornspergsteig 19, **19** J 9/10
Horrpl. 10, **45** T 13
Horst-Winter-Promenade 21, **9** F/G 13
Horteng. 22, **35** M 18
Hörteng. 11, **48/47** S 16/17
Hortensienweg (Ht.-wg.) 22, **35** M 17
Horvathg. 16, **30** O 8
Höschg. 21, **9** F 13
Hosnedlg. 22, **23** H 17
Hoßpl. 21, **21** H 14
Hötzl-Weg, Otto- 16, **30** M 7
Hovenweg 22, **22** K 16
Hoyosg. (Ho.-g.) 4, **32** P 12, **01** P1 12a
Hpf.-stge = Himmefpfortstiege 9, **20** L 11
H.-P.-G. = Hammer-Purgstall-G. 2, **32** N 12, **01** N1 12b
H.-P.-G. = Hermann-Pacher-G. 18, 19, **19** K 9
H.-P.-W. = Hans-Pemmer-Weg 2, **33** M 13
H.-P.-W. = Helene-Potetz-Weg 12, **43** S 9
Hschl.-wg. = Himmelschlüsselweg 16, **30** M 7
H.-S.-G = Hilde-Spiel-G. 23, **54** V 7
H.-Sp.-G. = Hans-Spitzy-G. 21, **10** E 15
H.-Sp.-Pl. = Humbert-Spitzer-Pl. 2, **32/33** M 12
H.-st. = Hasensteig 14, **28** O 4
H.-stg. = Hafnersteig 1, **32** N 12, **01** N2 12b
H.-stg. = Hirschensteig 13, **41** S 5
H.-str. = Hansenstr. 1, **32** O 11, **01** O1 11b
H.-str. = Haulerstr. 9, **32** N 11, **01** N1 11a
Ht.-wg. = Hortensienweg 22, **35** M 17
Huberg. 16, **31** N 10
Hubermanng. 23, **55** V 9
Hubert-Eder-Weg 19, **18** H 8
Hubert (H.)-Gsur-G. 10, **57** U 13
Hubertusdamm, Am 21, **8** E–G 12
Hubertusg. (Hub.-g.) 21, **21** K 14
Hubertus-G., St. (St.-H.-G.) 13, **41** S 5
Hubertus-Pl., St.- 13, **41** S 5
Hubertusweg (Hub.-wg.) 17, **17** H 6
Huber-Weg, Rudolf- 22, **22** L 15
Hub.-g. = Hubertusg. 21, **21** K 14
Hub.-wg. = Hubertusweg 17, **17** H 6
Huch-Weg, Ricarda- 10, **44** S 12
Hufelandg. 12, **43** Q 9
Hufg. 21, **9/10** G 14/15
Huflattichweg (Hufl.-wg.) 22, **25** J 21
Hufl.-wg. = Huflattichweg 22, **25** J 21
Hügelg 13, **30** P 7
Huger-G., Andreas (A.)- 22, **22** J 16
Huglg. 15, **31** O/P 9
Hugo-Bettauer-Pl. (H.-B.-P.) 8, **32** N 11, **01** N2 11a
Hugog. 11, **46** R/S 15
Hugo (H.)-Kirsch-G. 23, **53** U/V 5
Hugo-Meisl-Weg 10, **43** T 10
Hugo (H.)-Wiener-Pl. 4, **32** P 11
Hugo-Wiener-Weg 22, **23** H 17
Hugo-Wolf-G. (H.-W.-G.) 6, **31** P 10
Hühnersteig 21, **8** F 12
Hühnersteigstr. 14, **15** L 1, **27** M 1
Hülben, An der (A.d.H.) 1, **32** O 12, **01** O1 12b
Huleschg. 19, **20** J 11
Humbert-Spitzer-Pl. (H.-Sp.-Pl.) 2, **32/33** M 12
Humboldtg. 10, **44** Q/R 12
Humboldtpl. 10, **44** R 12
Humenberger-G., Karl- 21, **21** H 15
Hummelg. 13, **41/42** P/Q 6/7, R 6
Hundertwasser-Pl., Friedensreich- (F.-H.-Pl.) 15, **31** O 9
Hundertwasser-Promenade 3, **33** N 13
Hundsturm, Am 5, **43** Q 10
Hungerbergstr. 19, **19** J 10
Hungereckstr. 23, **55** U 9, V 9/10
Huppg. 10, **44** Q 12
Husarenweg 22, **35** N 18, O 17/18
Huschkag. 19, **19** H/J 10
Husterg. 14, **30** P 8
Huth-G., Alfred- 21, **9** E 13
Hüttelbergstr. 14, **29** M–O 5
Hütteldorfer Str. 14, 15, **29/30** O 6, O 8, P 6–8, **31** O 9/10
Hüttenbrennerg. 3, **45** R 13
Hutteng. 14, 16, **30** N/O 8
Huttererg. 11, **45/46** R 14/15
Hütterg. 14, **28** M/N 3
Hutterpl. 21, **9** F 13
Hutweideng. 19, **19** K 9/10
H.-v.-N.-W. = Henriette-von-Nassau-Weg 22, **37** N 21
H.-wg. = Hagebuttenweg 22, **35** N 17
H.-wg. = Hauerweg 19, **18** J 8
H.-wg. = Holunderweg 22, **35** M 17
H.-W.-G. = Hugo-Wolf-G. 6, **31** P 10
H.-w. = Hauerkronenweg 19, **18** J 8
H.-w. = Hechtweg 22, **34** M 16
H.-W.-S.-W. = Heinz-Werner-Schimanko-Weg 19, **7** F 10
Hyazintheng. 22, **23** L 17
Hyeg. 3, **33** P 13/14
Hyrtlg. 16, **31** N/O 9
H.-Z.-W. = Heinrich-Zeder-Weg 10, **57** V 13

I

Ibachstr. 22, **37** N 22
Iberisweg 22, **23** H/J 17
I.-B.-Pl. = Ida-Bohatta-Pl. 3, **33** O 13, **01** O2 13b
I.-B.-Pl. = Ignaz-Binder-Pl. 14, **28** O 4
Ibsenstr. 15, **30** O 8
Ichag. 21, **22** H 15
Ida-Bohatta-Pl. (I.-B.-Pl.) 3, **33** O 13, **01** O2 13b
Ida-Margulies-Pl. (Ida-Ma.-Pl.) 4, **32** P 11
Ida-Ma.-Pl. = Ida-Margulies-Pl. 4, **32** P 11
Ida-Pfeiffer-Weg (I.-Pf.-W.) 3, **33** O 13, **01** O1/O2 13a
Iglaseeg. 19, **19/20** J 10/11
Ignaz (Ig.)-Born-Weg 13, **41** R 5
Ignazg. 12, **43** Q/R 10
Ignaz-Binder-Pl. (I.-B.-Pl.) 14, **28** O 4
Ignaz-Köck-Str. 21, **9** F/G 13/14
Ignaz-Pleyel-G. 10, **44** T 11
Ignaz-Prilisauer-W. 14, **29** O 5
Ignaz-Schreiner-Weg 18, **18** J 8
Ignaz (Ig.)-Seipel-Pl., Dr.- 1, **01** N2 12b
Ignaz-Weigl-G. (I.-W.-G.) 11, **46** R 15
I.-H.-Pl. = Irene-Harand-Pl. 4, **43** P 12
I.-J.-W. = Irene-Jerusalem-Weg 13, **41** S 5
I.-L.-G. = Innocenz-Lang-G. 18, **19** L 9/10
Ilgpl. 2, **33** M 14
Illekg. 15, **31** P 9
Illg. 21, **11** E 16/17
Illnerstr. 22, **37** M/N 21
Ilse-Aichinger-G. 22, **24** L 20
Ilse-Arlt-Str. 22, **24** L 19/20, **36** M 19
Ilse-Buck-Str. 22, **24** L 20
Im Erdberger Mais 3, **33** P 14
Im Gereute 23, **41** T 5
Im Gestockert 22, **36** N/O 20
Immeng. 21, **9** G 13/14
Immergrüng. 22, **35** N 17
Im Werd 2, **32** M 12, **01** M2 12b
In den Gabrissen 21, **1/2** B/C 14, C 15
In den Kräutern 17, **17/18** H/J 6
In den kurzen Wiesthalen 21, **1** B 13
In der Bien 22, **36** O 19
In der Burg 1, **32** N/O 11, **01** N2 11b
In der goldenen Erden 21, **2** C 15
In der Hagenau 13, **41** R 6
In der Klausen 23, **52** V 4
In der Krim 19, **19** K 10
In der Schwarzlackenau 21, **9** F 12/13
In der Wiesen 23, **54/55** U/V 8/9
Indigoweg 10, **56** V 12
Industriestr. 22, **22** K/L 16, **34** M/N 16
Ingeborg (I.)-Bachmann-Pl. 22, **22** H 16
Inge-Konradi-G. 21, **10** D 15
Ingen-Housz-G., (Ing.-G.) 9, **20** L 11
Ing.-G. = Ingen-Housz-G. 9, **20** L 11
Ing.-Körner-G. 17, **18** K 7
Ing.-Sarek-Weg 22, **22** L 16
Innitzer-Platz, Kardinal- 19, **20** K 11
Innocentiag. 13, **29** P 5
Innocenz-Lang-G. (I.-L.-G.) 18, **19** L 9/10
Innovationsstr. 10. 43 S 10
Innstr. 2, 20, **21** L 13
Invalidenstr. 3, **33** O 13, **01** O1 13a
Inwaldweg 21, **21/22** H 14/15
Inzersdorfer Str. 10, **44** R 11/12, S 12
Inzersdorf-Kirchenpl. 23, **55** U 10
I.-Pf.-W. = Ida-Pfeiffer-Weg 3, **33** O 13, **01** O1/O2 13a
Irenäusg. 21, **9** D 13
Irene-Harand-Pl. (I.-H.-Pl.)4, **32** P 12, **01** P1 12a
Irene-Jerusalem-Weg (I.-J.-W.) 13, **41** S 5
Irisg. 1, **01** N2 12a
Isbaryg. 14, **29** O 5
Iselg. 21, **11** E 17
Isidro-Fabela-Promenade 22, **21** L 14
Isoppg. 23, **53** V 6
Isperg. 21, **11** E 17
I.-W.-G. = Ignaz-Weigl-G. 11, **46** R 15

J

Jachym-Pl., Franz- 10, **57** U 13
Jacobi-G., Althoff (A.-J.-G.)- 3, **33** P 14
Jacobi-G., Maria (M.)- 3, **45** Q 14
Jacobsg. 14, **28** O 3
Jacquing. 3, **33** P/Q 13
Jadeng. 15, **31** P 9
Jagdg. 10, **44** Q/R 12
Jagdschloßg 13, **41/42** R 6/7
Jaeger-G., Eduard- (E.)- 13, **42** R 7
Jägerhausg. 12, **42** S/T 8
Jägermaisbogen (Jgm.-bgn.) 22, **36** N 19
Jägermaiszufahrt (Jgm.-zuf.) 22, **36** N 19
Jägerstätterstr. 14, **28** N 3/4
Jägerstr. 20, **20** K/L 12

J

L

Liebhartstalstr. 16, **30** M/N 7
Liebigg. 1, **32** N 11, **01** N1 11a/11b
Liebknechtg. 16, 17, **30** M 8
Liebleitnerg. 21, **1** C 14
Lieblg. 22, **23** H 17
Liechtensteinstr. 9, **20** L 11, **32** M/N 11, **01** M2/N1 11b
Liechtenstein-Str., Fürst- (F.)- 23, **53** V/W 5
Liechtenwerder Pl. 9, 19, **20** L 11
Lieder-Weg, Friedrich (Fr.)- 14, **29** O 6
Lieglerstr. 22, **37** M/N 22
Lieleggweg 21, **9** E 14
Lienfelderg. 16, 17, **31** M 8/9, N 8
Liepoltg. 23, **55** U 9
Lieser-Pl., Helene- 23, **54** U 7
Liesing, An der 23, **53** V 5
Liesingbachstr. 10, **56/57** V 12–14, W 14
Liesingbachstr., Hintere 10, **57** V 13
Liesinger Flur-G. 23, **54** V/W 8
Liesinger Pl. 23, **54** V/W 7
Liesneckg. 21, **9** F 13
Liewehr-G., Fred- 13, **42** S 7
Ligusterweg 18, **18** K 7/8
Lihotzky-Weg, Schütte- 11, **45/46** Q 14/15
Lilienbergg. 13, **29** P 5
Lilienbrunng. 2, **32** N 12, **01** N1 12b
Lilieng. (L.-g.) 1, **32** O 12, **01** N2/O1 12a
Lilienthalg. 3, **45** Q/R 13
Lili-Grün-Pl. 2, **32** M 12
Lilly-Dillenz-Str. 22, **24** K/L 20
Lina-Bo-Bardi-Pl. 22, **24** L 20
Lindauerg. 16, **31** N 9
Lindauerg. 23, **53** U/V 5
Lindenbauerg. 11, **46** R/S 15
Lindenbaum-G.,Walter (W.-L.-G.) 10, **57** U 13
Lindeng. 7, **31/32** O 10/11, **01** O2 11a
Linde-Str., Carl (C.)-von- 3, **46** Q 15
Lind-G.,Jenny- (J.)- 10, **44** T/U 12
Lindgrabeng. 23, **41** T/U 5
Lindheimg. 14, **28** O 4
Lindkogelg. 10, **44** S 11
Lind-Str., Jakov- 2, **33** L/M 13
Lindström-G., Rickard- (R.)-10, **56** U 12
Lingens-Str., Ella- 22, **36** M 20
Linienamtsg. 13, **41** S 6
Linieng. 6, **31** P 10
Linke Bahng. 3, **33** O/P 13, **01** O1/P1 13a
Linke Nordbahng. (L.Nb.-g.) 21, **21** H 13/14
Linke Wasserzeile 23, **53** V 6
Linke Wienzeile 6, 15, **31/32** O 11, P 10/11, Q 10, **43** Q 8/9, **01** O2 11b, P1 11a/11b
Linkweg 13, **41** S 5
Linnépl. 19, **19** K 10
Linsbauerweg 22, **22** H 15/16
Lintl-G., Hannes- 22, **24** J 19
Linzackerg. 13, **41** Q 5
Linzer Str. 14, 15, **28** O 4, **29/30** O 5/6, P 6–8, **31** P 9
Lip.-g. = Lipinerg. 23, **56** U 11
Lipinerg. (Lip.-g.) 23, **56** U 11
Lippmanng. 10, **45** T 13
Lisette-Model-Pl. (L.-M.-Pl.) 8, **31** N 10
Lissag. (L.-g.) 3, **33** P 13
Lißbauerg. (Lißb.-g.) 19, **20** K/L 11
Lißb.-g. = Lißbauerg. 19, **20** K/L 11
Lisseeweg 21, **1** D 12/13
Lister-G., Joseph- 13, **41** R 5/6
Lisztstr. 3, **32** O 12, **01** O2 12b
Litfaßstr. 3, 11, **45** Q 14
Litschauweg 21, **1** D 12/13
Littrowg. 18, **19** L 9/10
Ljuba-Welitsch-Str. (L.-W.-Str.) 3, **45** Q 13
L.-L.-G. = Lella-Lombardi-G. 22, **24** M 20
L.-L.-Pl. = Lotte-Lang-Pl. 3, **33** P 13
L.-L.-W. = Lotte-Lehmann-Weg 22, **23** K 18
L.-Mart.-G. = Ludwig-Martinelli-G. 12, **43** R 9
Lm.-g. = Langmaisg. 15, **31** O 9
L.-M.-Pl. = Leopold-Mistinger-Pl. 15, **31** P 9
L.-M.-Pl. = Lisette-Model-Pl. 8, **31** N 10
L.Nb.-g. = Linke Nordbahng. 21, **21** H 13/14
Lobaug. 22, **36** M–O 19
Lobaustr. 22, **49** Q 22
Lobau-Uferstr., Ölhafen 22, **48/49** S 20/21, T 21
Lobelienweg 22, **35** N 17
Lobenhauerng. 17, **31** M 9
Lobe-Weg, Mira- 22, **23** H 17
Lobgrundstr. 22, **48** R 19/20
Lobkowitzpl. 1, **01** O1 12a
Löblichg. 9, **20** L 11
Löblweg (L.-wg.) 22, **22** K 16
Lobmeyrg. 16, **30** M 8
Lodererweg 23, **52** V 4
Lodrong. 23, **53/54** V 6/7
Loeschenkohlg. 15, **31** O 9
Loewe-Weg, Frederick- 22, **23** K 18
Löfflerg. 13, **41** R 5/6
Lo.-g. = Lortzingg. 14, **30** P 8
Lohengrinstr. 22, **22** K 16
Lohnerg. 21, **8** E 12
Löhnerg. 12, **43** R 9
Löhrg. 15, **31** O 10
Lohsingg. (L.-g.) 22, **24** K 19
Lohwagg. 22, **36** M/N 19
Loiblstr. 16, **29** N 6
Loidl-Str., Franz- 22, **22** K 15
Loidoldg. (L.-g.) 8, **32** N 11, **01** N2 11a
Loimerweg 22, **22** K 16
Loitlsbergerweg (L.-w.) 22, **37** N 21
Lokomotivg. 21, **8** F 13
Lombardi-G., Lella (L.-L.-G.)- 22, **24** M 20
Loosg. 23, **54** V 7
Loos-G., Adolf- 21, **11** F/G 17
Loos-Weg, Adolf- 21, **11** G 17
Loquaipl. 6, **31/32** P 10/11
Lorbeerg. 3, **33** N 13, **01** N2 13a
Lore-Kutschera-Weg 12, **42** T 7
Lorenz- (L.)-Bayer-Pl. 16, 17, **31** N 9
Lorenz-G., Adolf- 13, **42** R 7
Lorenz (L.)-Böhler-G. 20, **20** J 12
Lorenz-Kellner-G. 22, **22** J 16
Lorenz-Mandl-G. 16, **30** N/O 8
Lorenz-Müller-G. 20, **20** J/K 12
Lorenz (L.)-Reiter-Str. 11, **45/46** Q 14/15
Lorenz (L.)-Stein-Str. 14, **27/28** N 2/3
Lorenz (L.)-Weiß-G. 14, **29** O 6
Lorettopl. 21, **9** G 13
Lormweg 21, **8** E/F 12
Loritz-Pl., Urban (U.)- 7, **31** O 10
Lortzingg. (Lo.-g.) 14, **30** P 8
Lorystr. 11, **45/46** R 14, S 14/15, T 15
Loschmidtg. 21, **9/10** E 14, F 14/15
Löschnigg. 22, **35** M 18
Lößlweg 2, **33** M 14
Lössweg 22, **22** H 16
Lostakg. 22, **24** J 19
Lotheißeng. 19, **19** H 10
Lothringerstr. 1, 3, 4, **32** O 12, **01** O2 12a/12b
Lothringer-Str., Karl- 21, **1/2**, **9/10** C/D 14/15
Lotsenweg 22, **36** N 20
Lotte-Hass-Weg (L.-H.-W.) 22, **24** K 19
Lotte-Lang-Pl. (L.-L.-Pl.) 3, **33** P 13
Lotte-Lehmann-Weg (L.-L.-W.) 22, **23** K 18
Lotte (L.)-Lenya-Pl. 14, **30** O/P 8
Lotte-Profohs-Weg 22, **23/24** J/K 18/19
Lottg. 21, **9** G/H 14
Loudonstr. 14, **27/28** N 2/3
Louise-Martini-Weg 3, **33** O 14
Louis-Häfliger-G. 21, **9** F/G 14
Loulag. 21, **9** E 13
Lovaraweg 21, **21** J 14
Lovelace-Str., Ada- 22, **36** M 20
Löwe-G., Karl- (K.)- 12, **43** R 10
Löwelstr. 1, **32** N 11, **01** N2 11b
Löwenburgg. (L.-g.) 8, **31** N 10
Löweng. 3, **33** N/O 13, **01** N1 13a, N2 13a/13b, O1 13a
Löwenherzg. (L.-g.) 3, **33** O 13/14
Löwensteinstr. 22, **36** N/O 20
Löwenthalg. 23, **53** V/W 6
Löwenzahng. 22, **23** L 17/18, M 18
Löwe-Str., Ferdinand- (F.)- 10, **45** S 13
Löwinger-Weg, Cilli- 19, **18** J 7/8
Löwinger-Weg, Sissy- (S.-Lö.-Weg) 10, **45** R 13
Löwi-Weg, Berta- (B.-L.-W.) 9, **20/32** L/M 11
Löwyweg 10, **45** T 14
L.-P.-Str. = Leo-Perutz-Str. 3, **45** Q 13
Lp.-wg. = Lupinenweg 22, **35** M 17
L.-Sch.-Pl. = Leopold-Schwarz-Pl. 13, **29** P 6
L.-S.G. = Lydia-Sicher-G. 22, **24** L 20
L.-S.-Pl. = Ludwig-Sackmauer-Pl. 8, **32** N 11
L.-stg. = Labersteig 14, **30** O 7
Lucasweg (L.-wg.) 12, **43** R 8/9
Luchteng. 17, **18** L 7
Lucken, Enge 10, **44** S 11
Luckenholzg. 21, **1** B/C 14
Luckenschwemmg. 21, **1** C 14
Ludo-Hartmann-Pl. 16, **31** O 10
Ludwig (L.)-Eckardt-G. 14, **30** O 7
Ludwigg. 14, **27** N 2
Ludwigg. 18, **19** K 9
Ludwig-G., Ernst (E.)- 10, **44** S 11
Ludwig (L.-)-Gruber-Weg 19, **18** J 7
Ludwig-Hirsch-Pl. (L.-H.-Pl.) 2, **32** M 12, **01** M2 12b
Ludwig (L.)-Kirschner-G. 23, **54** U 7
Ludwig (L.)-Koeßler-Pl. 3, **33** P 14
Ludwig-Kralik-G. 11, **45/46** S 14/15
Ludwig-Martinelli-G., (L.-Mart.-G.) 12, **43** R 9
Ludwig (L.)-Reindl-G. 22, **23** H/J 17
Ludwig-Sackmauer-Pl. (L.-S.-Pl.) 8, **32** N 11, **01** N2 11a
Ludwig-v.-Höhnel-G. 10, **45** T 13
Lueger-Pl., Dr.-Karl- (K.)- 1, **32** N/O 12, **01** N2 12b
Luftbadg. 6, **32** P 11, **01** P1 11a
Lu.-g. = Lukschg. 2, **33** O 14
Lugeck 1, **32** N 12, **01** N2 12b
Lugmayerplatz 16, **30** N 7
Luickg. 22, **23** K 18
Luise (L.)-Montag-G. 11, **45/46** S 14/15
Luitpold-Stern-G. 22, **35** P 18
Lukschg. (Lu.-g.) 2, **33** O 14
Lundenburger G. 21, **9** F 14
Lundg. 10, **56** U 12
Luntzg. 20, **20** J 12
Lü.-p. = Lüssenpromenade 21, **9** D 14
Lupinenweg (Lp.-wg.) 22, **35** M 17
Lusching. (L.-g.) 21, **8** F 12
Lüssen, An den langen (A.d.lgn.) 19, **19** H 10

L

Lüssenpromenade (Lü.-p.) 21, **9** D 14
Lustg. 3, **33** P 13/14
Lusthausstr. 2, **33/34** O 14/15, P 15
Lustkandlg. 9, **20** L/M 11
Lutherpl. 6, **32** P 10
Lützowg. 14, **30** P 7
Luxemburg-G., Rosa (R.-Lux.-G.) 16, **30** M 8
Luzeg. 11, **47** T 17
L.-wg. = Leuchsweg 21, **8** D/E 12
L.-wg. = Löblweg 22, **22** K 16
L.-wg. = Lucasweg 12, **43** R 8/9
L.-w. = Lachsweg 22, **34** M 16
L.-w. = Loitlsbergerweg 22, **37** N 21
L.-W.-Str. = Ljuba-Welitsch-Str. 3, **45** Q 13
Lydia-Sicher-G. (L.-S.-G.) 22, **24** L 20
Lynkeusg. 13, **41** S 6

M

Maarg. 23, **53** U 6
Maathai-Pl., Wangari (W.)- 22, **24** L/M 20
Macheg. 22, **36** O 20
Macholdastr. 10, **56** T/U 12
Machstr. 2, **33** M 14
Mackg. 23, **52** V 4
Maculang. 22, **11** G/H 17
Maderspergerstr. 16, **30** O 8
Maderstr. (Mad.-str.) 4, **32** O 12, **01** O2 12a
Mader-Weg, Karl- 19, **18** J 7/8
Madjerag. 13, **41** Q 5/6
Mad.-str. = Maderstr. 4, **32** O 12, **01** O2 12a
Ma.-g. = Mantuanig. 23, **56** V 11
M.-A.-G. = Marco-d'Aviano-G. 1, **32** O 12, **01** O1 12a
Ma.-g. = Marsanog. 18, **20** L 11
Ma.-g. = Marschnerg. 16, **30** N 8
Magazing. (Mag.-g.) 3, **33** P 13
Magdalenenstr. 6, **32** P 11, **01** P1 11a
Magdeburgstr. 22, **22** K 16
Mag.-g. = Magazing. 3, **33** P 13
Magnolieng. 22, **23** L 17/18
Magyarweg 22, **24** K 19/20
Mahlerstr. 1, **32** O 12, **01** O1/O2 12a
Maier-Str., Dr.-Heinrich- 18, **18** J 8
Maier-Weg, Rudolf- 21, **9** F 14
Maig. 21, **9/10** G 14/15
Maiglöckchenweg (Maigl.-wg.) 22, **25** H 21/22
Maigl.-wg. = Maiglöckchenweg 22, **25** H 21/22
Maiklg. 10, **44** T 11
Mailerg. 11, **47** T 18
Maillyg. 10, **44** T 11
Maireckerg. 23, **53** V/W 5
Maiselg. 3, **33** P 14
Maisg. 21, **8** F 12
Makeba-G., Miriam- 22, **23** L 17
Makartg. 1, **01** O2 11b/12a
Malborghetg. 10, **44** R/S 11
Malfattig. 12, **43** Q/R 10
Malfattisteig 13, **42** R 7
Mallyg. 21, **8** G 12
Mally-Weg, Trude- 22, **24** L 20
Malmög. 10, **56** U 12
Malveng. 21, **8** F 12
Mälzelpl. 22, **22** J 16
Malzg. 2, **32** M 12, **01** M2 12b
Mandela-Platz, Nelson- 22, **24** L 20
Mandlg. 12, **43** Q/R 10
Mandl-G., Lorenz- 16, **30** N/O 8
Manhart-Str., Friedrich- 21, **2** C 15
Mannabergg. 22, **36** O 20
Mannagettag. 19, **19** H 10
Mannagettasteig 19, **19** H 10
Männertreug. 10, **45** T 14
Manng. 23, **53/54** W 7
Mannhartg. 10, **44** Q 12
Mannsbarthg. (Mb.-g.) 22, **37** M 21
Mannschildg. 10, **45** T 14
Mannswörther Str. 11, **47/48** T 18/19
Manowardag. 23, **53** W 5
Mantlerg. 13, **41** P/Q 6
Mantuanig. (Ma.-g.) 23, **56** V 11
M.-A.-Pl. = Muhammad-Asad-Pl. 22, **22** L 15
Marang. 22, **22** K 16
Marathonweg 2, **34** N/O 15
Marbodg. (Mb.-g.) 22, **22** K/L 16
Marburgg. 22, **37** O 20/21
Marc (M.)-Aurel-Str. 1, **32** N 12, **01** N1 12a
Marcel-Prawy-Promenade 22, **21** L 14
Marchesig. 22, **37** M/N 21
Marchettig. 6, **32** P 10/11
Marchfeldstr. 20, **20** J/K 12
Marco-d'Aviano-G. (M.-A.-G.) 1, **32** O 12, **01** O1 12a
Marconiweg 10, **45** T 14
Marco-Polo-Pl. 21, **10** F 15
Marco-Polo-Promenade 21, **9/10** F 14/15
Marcusg. 14, **30** P 7
Marderweg 22, **35** O 18
Marek-Allee, Bruno- 2, **21/33** L/M 13
Mareschg. 15, **31** O 8/9
Mareschpl. 15, **31** O 8/9
Margareta-Heinrich-Weg (M.-Hei.-W.) 10, **57** V 13
Margaretengürtel 5, **10**,12, **43/44** Q 10–12, R 11
Margaretenpl. (Marg.-pl.) 5, **32** P 11
Margaretenstr. 4, 5, **32** P 11/12, **43/44** Q 10/11, **01** P1 11b/12a
Margarete-Seemann-Weg (M.-S.-W.) 12, **42** S 8
Margaritenstiege (Mar.-stg.) 5, **32** P 11
Margeritenweg 22, **24** L 19
Margetinstr. 11, **47** S 18
Margit-Doppler-G. 22, **24** J 19
Mar.-g. = Marnog. 14, **30** O 8
Marg.-pl. = Margaretenpl. 5, **32** P 11
Margulies-Pl. Ida (Ida-Ma.-Pl.)- 4, **32** P 11
Maria-Andergast-Weg (M.-A.-W.) 22, **23** K 18
Mariabrunner Str. (Mariabr. Str.) 14, **28** N/O 4
Mariabr. Str. = Mariabrunner Str. 14, **28** N/O 4
Maria (M.)-Grengg-G. 23, **53** W 5
Mariahilfer Gürtel 6, 15, **31** P 10
Mariahilfer Str. 6, 7, 14, **15**, **31/32** O 11, P 9–11, **01** O2 11a/11b, P1 11a
Maria (M.)-Hirschler-Weg 22, **23** K 17
Maria (M.)-Jacobi-G. 3, **45** Q 14
Maria-Jeritza-Weg (M.-J.-W.) 22, **23** K 18
Maria-Kuhn-G. 10, **43** S 10
Maria-Lassnig-Str. 10, **45** Q/R 13
Maria-Merian-G. 22, **24** L 20
Marianne (M.)-Hainisch-G. 3, **45** Q 14
Marianneng. 9, **31/32** N 10/11, **01** N1 11a
Marianne (M.)-Pollak-G. 10, **45** R 13
Marianne-Schönauer-G. (M.-Sch.-G.) 19, **19** K 10
Maria-Potesil-G. (M.-P.-G.) 22, **36** M 19/20
Maria-Rekker-G. (M.-R.-G.) 10, **44** S 12/13
Maria-Restituta-Pl. 20, **21** K 13
Maria-Schaumayer-Pl. 19, **19** J 10
Maria (M.)-Schell-Str. 3, **45** Q 13
Maria (Mar.)-Theresien (Theres.)-Pl. 1, **32** O 11, **01** O1 11b
Maria-Theresien-Str. 1, 9, **32** M 11/12, N 11, **01** M2/N1 11b/12a
Maria-Trapp-Pl. 22, **36** M 20
Maria-Treu-G. (Ma.-Tr.-G.) 8, **32** N 11, **01** N2 11a
Maria-Tusch-Str. 22, **36** L 20, M 19/20
Maria-vom-Siege (M.-v.-S.) 15, **31** P 10
Marie-Jahoda-G. 17, **18** L 8
Marie-Lang-Weg (M.-L.-W.) 21, **10** F 15
Marieng. 17, **31** M 9
Mariensteig 13, **41** Q 5
Marienstiege (Ma.-stiege) 1, **01** N1 12a
Marienweg 17, **18** K 7
Marietta-Blau-G. 22, **23** J/K 17
Marie-Weiler-Weg (M.-W.-W.) 21, **9** F 13
Marilaung. (M.-g.) 3, **33** P 13
Marinellig. 2, **33** L/M 13
Marinonig. 21, **2** C 15
Marisa (M.)-Mell-G. 23, **54** U 8
Marischkapromenade 21, **10** F 15
Marizaweg 10, **56** V 12
Markethäufelg. 22, **35** P 18
Mark-G., Herrmann- 10, **56** O 12
Mark-G., Karl- 19, **19** K 10
Markgraf-Gerold-G. (Mgf.-G.-G.) 22, **35** M 17
Markgraf-Rüdiger-Str. 15, **31** O 9
Markhofg. 3, **33** P 14
Markomannenstr. 22, **23** G–J 17
Markowskyg. (M.-g.) 22, **37** N 21
Marksteinerg. 21, **8** E 12
Marktg. 9, **20** L/M 11
Marktgemeindeg. 23, **41/42** T 6/7
Markt, Hoher 1, **32** N 12, **01** N2 12a
Markt, Neuer 1, **32** O 12, **01** O1 12a
Markwardstiege 13, **29** P 5
Markweg 22, **23** K 18
Marnog. (Mar.-g.) 14, **30** O 8
Marokkanerg. 3, **32** O/P 12, **01** O2/P1 12b
Maroltingerg. 14, 16, **30** N/O 8
Marsanog. (Ma.-g.) 18, **20** L 11
Marschallpl. 12, **42** S 8
Marschnerg. (Ma.-g.) 16, **30** N 8
Mar.-stg. = Margaritenstiege 5, **32** P 11
Marte-Harell-G. 23, **54** U 8
Martha (M.)-Rohs-Weg 13, **41** R 5
Martha (M.)-Steffy (St.)-Browne-G. 21, **9** G 14
Marsweg 14, **28** N 4
Martinelli-G., Ludwig (L.-Mart.-G.) 12, **43** R 9
Martin-Gaunersdorfer-G. 21, **10** G/H 16/17
Martini-Weg, Louise- 3, **33** O 14
Martin-Schneider-G. (M.-Sch.-G.) 23, **53** W 6
Martinstr. 18, **19** L/M 10, **31** M 10
Martnig. 22, **12** D 19
Marxerg. 3, **33** N/O 13, **01** N2 13a/13b
Marx-Meidlinger (Meidlgr.)-Str. 12, **43** Q/R 10
Marx-Str., Gratian (G.-M.-Str.) 11, **45** Q 14
Märzstr. 14, 15, **30** P 8, **31** O 9/10, P 9
Maschkang. 21, **1** C 14
Maschlg. 22, **23** K 18
Maßholderg. 22, **25** J 21/22
Ma.-stiege = Marienstiege 1, **01** N1 12a

L
M

Mastnyg. 14, **28** N 3
Masurenweg (M.-wg.) 22, **22** K 16
Maternaweg (Mat.-wg.) 16, **30** O 7
Mat.-g. = Matthäusg. 3, **33** N 13, **01** N2 13a
Mathauser-G., Leo- 23, **55** V/W 9
Matrasg. 13, **41** Q 5
Matras-G., Franz-Eduard- 22, **22** H 16/17
Matr.-g. = Matroseng. 6, **31** P 10
Ma.-Tr.-G. = Maria-Treu-G. 8, **32** N 11, **01** N2 11a
Matroseng. (Matr.-g.) 6, **31** P 10
Matschg. 16, **30** N 7
Matteottipl. 16, **30** M 8
Matthäusg. (Mat.-g.) 3, **33** N 13, **01** N2 13a
Matthäus-Jiszda-Str. (M.-J.-Str.) 21, **21** H 13
Matthias-Ernst-Pista-G. 21, **9** D/E 13
Matthias (M.)-Hau-G. 12, 23, **41** T 6
Matthias (M.)-Schönerer-G. 14, 15, **31** O 9
Matthias-Wagner-G. 21, **2** C 15
Mattiellistr. (Mat.-str.) 4, **32** O/P 12, **01** O2/P1 12a
Matt.-str. = Mattiellistr. 4, **32** O/P 12, **01** O2 12a
Mat.-wg. = Maternaweg 16, **30** O 7
Matz-G., Pfarrer- 21, **1** C 14
Matzig-G., Dr.-Anton- (Dr.-A.-M.-G.) 23, **53** V/W 6
Matzingerstr. 14, **30** O 8
Matzleinsdorfer Pl. 5, **44** Q 11
Matznerg. 14, **30** P 8
Mauerbachstr. 14, **15** L 2, **27/28** M 2/3, N 3
Mauer-G., Otto- 23, **55** U 10
Mauermann-G., Max- (M.) 10, **45** S/T 14
Maulbeerg. 22, **25** G/H 21/22
Maulbertschg. 19, **18** H 7
Maulwurfg. 21, **8** F 12
Maurer Hauptpl. 23, **53** U 6
Maurer Lange G. 23, **53** U 5/6
Maurer-Pl., Emil- 7, **31** O 10
Maurichg. 22, **22** J 16
Mauthausg. (Mhs.-g.) 5, **43** Q 10
Mauthe-Pl., Jörg- (J.) 9, **32** M 11
Mauthnerg. (M.-g.) 9, **31** M/N 10
Mautner-Markhof-G. 11, **46** R/S 15
Mautnerweg 18, **18** J 8
M.-A.-W. = Maria-Andergast-Weg 22, **23** K 18
Max-Böhm-G. 22, **34** M 16
Max (M.)-Brod-G. 17, **18** K 7
Max-Emanuel-Str. 18, **19** K 9/10
Max (M.)-Fleischer-G. 10, **57** U 13
Max (M.)-Hegele-Weg 12, **43** T 9/10
Max-Schmidt-Pl. 18, **18** K 8
Maxie (M.)-Wander-G. 22, **24** L 20
Maximilian-Reich-Weg (M.-R.-W.) 21, **9** D 14
Maximilian (M.)-Schober-G. 17, **18** K 7
Maxingstr. 13, **42** Q 8, R 7/8
Max (M.)-Jellinek-G. 21, **10** F/G 16
Max-Koppe-G. 2, **33** M 14
Max (M.)-Mauermann-G. 10, **45** S/T 14
Max-Patat-Weg 19, **20** J/K 11
Max-Reinhardt-G. (M.-Reinh.-G.) 14, **30** P 8
Max-Weiler-Pl. **01** O2 12a
Maxwellg. 21, **9** G 12/13
Max-Winter-Pl. 2, **33** M 13/14
Mayerg. 2, **33** M/N 13, **01** M2/N1 13a
Mayer-G., Anton- 11, **46** T 16
Mayerhofg. 4, **32** P 12
Mayerweckstr. 21, **8/9** D 12/13
Mayg. 13, **42** S 7
Maynollog. (Mn.-g.) 18, **31** L/M 10
Mayrederg. 22, **24** K 20
Mayr-Pl., Hans- 22, **35** M 17
Maysederg. (M.-g.) 1, **32** O 12, **01** O1 12a
Maysseng. 17, **31** N 9
Mazelleg. 11, **46** T 15
Mazetti-G., Handel- 22, **22** H 15
Mazzucco-Pl., Eva-Marie- (E.-M.-M.-Pl.) 22, **24** L 20
M.-B. = Mölker Bastei 1, **32** N 11, **01** N1 11b
Mb.-g. = Mannsbarthg. 22, **37** M 21
Mb.-g. = Marbodg. 22, **22** K/L 16
Mb.-g. = Mehlbeereng. 22, **24** K 19
M.-B.-G. = Michael-Bernhard-G. 12, **43** Q 10
M.-D.-G. = Michael-Dietmann-G. 21, **21** H 13
Mechelg. 3, **33** P 13
Mech.-g. = Mechitaristeng. 7, **32** O 11, **01** O1 11a
Mechitaristeng. (Mech.-g.) 7, **32** O 11, **01** O1 11a
Medeag. 10, **45** T 13
Meder-G., Josef- 23, **54** W 7
Medlerg. 19, **19** J 10
Medwedweg 11, **45/46** Q 14/15
Meggaug. 23, **53** V 6
Mehlbeereng. (Mb.-g.) 22, **24** K 19
Mehlführerg. 23, **54** U/V 7
Meichlstr. 11, **46** R 15
Meidlg. 11, **46/47** T 16/17
Meidlinger Hauptstr. 12, **43** Q/R 9
Meidlinger (Meidl.) Platzl 12, **43** Q 9
Meidlinger (Meidlgr.)-Str., Marx- 12, **43** Q/R 10
Meiereistr. 2, **34** N/O 15
Meierhöfen, Bei den 13, **42** S 7
Meillerg. 13, **42** S 7
Meinhartsdorfer G. (Mhdfr.G.) 15, **31** P 9
Meinl-G., Julius- 16, 17, **30** M 8
Meinrad-Pl., Josef- 1, **32** N 11, **01** N2 11b
Meischlg. 23, **55** V 9
Meisel-G., Heribert (H.)- 21, **9** D 14
Meiselstr. 14, 15, **30/31** P 8/9
Meisenbühel, Am 13, **41** Q 5
Meisenweg 22, **22** L 16
Meisgeyerg. 23, **54** U/V 7
Meisl-Weg, Hugo- 10, **43** T 10
Meißauerg. 22, **22** J 16
Meißl-Str., Karl (K.)- 20, **20** L 12
Meißnerg. 22, **22** J 16
Meisterg. 21, **11** G 17
Meitnerg. 22, **22** K 16
Meixnerweg (M.-wg.) 12, **43** R 9
Melang. 22, **22** H 16
Mela-Köhler-Str. 22, **24** L 20
Mela-Spira-G. (M.-Sp.-G.) 22, **24** L/M 19
Melchartg. 13, **42** R 7
Meldemannstr. 20, **20** K 12
Melichar-G., Josef- 21, **21** J 13/14
Melchior-G., Ernst- 2, **33** L/M 13
Mellerg. 23, **54** W 7
Mell-G., Alexander (A.-M.-G.) 22, **35** M 17
Mell-G., Marisa (M.) 23, **54** U 8
Melnitzkyg. (M.-g.) 22, **22** J 16/17, K 17
Memlingg. 22, **25** L 21
Mendelssohng. 22, **34** M 15
Mendel-Str., Gregor- 18, 19, **19** K/L 10
Mengerg. 21, **21** H 14
Menschenrechte, Platz der (Pl. d. M.) 7, **32** O 11, **01** O1/O2 11b
Menterg. 7, **31** N/O 10
Menzelg. 16, **31** N 10
Menzelstr. 21, **10** F 15
Meraner Weg (Mer. Wg.) 23, **42** T 7
Meravigliag (M.-g.) 6, **31** P 10
Mer.-g. = Merkelg. 22, **34** M 16
Mergenthalerpl. 22, **22** J/K 16
Meriang. 21, **9** D 12/13
Merian-G., Maria- 22, **24** L 20
Merkelg. (Mer.-g.) 22, **34** M 16
Merktweg 17, **18** L 7
Merkurweg 14, **29** N 5
Mer.-Wg. = Meraner Weg 23, **42** T 7
Messenhauserg. 3, **33** O/P 13
Messepl. 2, **33** M 14
Messerschmidtg. 18, **19** K/L 9
Messestr. 2, **33** N 14
Mestrozig. 19, **19** K 9
Metastasiog. (M.-g.) 1, **32** N 11, **01** N2 11b
Metschl-G., Karl (K.-M.-G.) 16, **30** M 8
Metternichg. 3, **32** P 12/13, **01** P1 12b/13a
Metternich-Promenade, Pauline- 2, **33** N 14
Mexikopl. 2, **33** L/M 14
Meyerbeerg. 21, **8** F 12
Meynertg. (Meyn.-g.) 9, **31** M 10
Meyrinkg. 23, **42** T/U 7
Meytensg. 13, **41** Q 6
M.-g. = Marilaung. 3, **33** P 13
M.-g. = Markowskyg. 22, **37** N 21
M.-g. = Mauthnerg. 9, **31** M/N 10
M.-g. = Maysederg. 1, **32** O 12, **01** O1 12a
M.-g. = Melnitzkyg. 22, **22** J 16/17, K 17
M.-g. = Meravigliag. 6, **31** P 10
M.-g. = Metastasiog. 1, **32** N 11,**01** N2 11b
M.-g. = Missong. 14, **28** N 4
M.-G. = Mölker G. 8, **31/32** N 10/11
M.-g. = Möllerg. 23, **54** V 7
M.-g. = Mosheimerg. 21, **1** C 14
M.-g. = Mrkwickag. 23, **55** V 9
M.-g. = Müchg. 11, **46** S 15
M.-g. = Müglenderg. 17, **31** M 10
M.-g. = Mumbg. 2, **33** M 13
M.-g. = Murmanng. 22, **35** M 18
Mgf.-G.-G. = Markgraf-Gerold-G. 22, **35** M 17
M.-G.-W. = Mizzi-Günther-Weg 21, **10** F 15
Mhdfr. G. = Meinhartsdorfer G. 15, **31** P 9
M.-Hei.-W. = Margareta-Heinrich-Weg 10, **57** V 13
Mhs.-g. = Mauthausg. 5, **43** Q 10
Michael-Bernhard-G. (M.-B.-G.) 12, **43** Q 10
Michael-Dietmann-G. (M.-D.-G.) 21, **21** H 13
Michaelerpl. 1, **32** N 11/12, **01** N2 12a
Michaelerstr. 18, **19/20** L 10/11
Michaelerwaldweg 19, **18** J 7
Michael-G., St.- 21, **10** G 16
Michael (M.)-Neumann-G. 19, **20** J 12
Michael (M.)-Reš-G. 21, **9** D 13
Michalekg. 16, **30** N 7
Michelbeuerng. 9, **32** M 11
Michelfeitg. 23, **54** U 7
Michtnerg. 21, **9** F/G 13
Mickertsweg 22, **22** L 16
Miesbachg. 2, **32** M 12
Migazzipl. 12, **43** Q 10
Migerkastr. 10, **44** S 11/12
Mig.-g. = Migschitzg. 23, **53** U 6
Migschitzg. (Mig.-g.) 23, **53** U 6
Mihatschg. 21, **22** J 15
Mika-Weg, Franz- 10, **57** V 13
Miklosichg. 21, **8** D/E 12
Mikura-Weg, Vera-Ferra- 17, **18** L 8
Milanweg 22, **35** O 18
Milchg. 1, **01** N2 12a
Mildepl. 16, **30** N 8
Millenbergweg 23, **54** U 7
Millerg. 6, **31** P 10

M

Mill.-g. = Millöckerg. 6, **32** O 11, **01** O2 11b
Millöckerg. (Mill.-g.) 6, **32** O 11, **01** O2 11b
Milo-Dor-Weg 21, **10** F 15
Miltnerweg 11, **47** T/U 17
Mimi-Grossberg-G. 22, **36** M 19
Minciostr. 15, **30** O 8
Minorg. 14, **29** O 6
Mintz-G., Fanny- 2, **21** L/M 13/14
Minoritenpl. (Minor.-pl.) 1, **32** N 11, **01** N2 11b
Minor.-pl. = Minoritenpl. 1, **32** N 11, **01** N2 11b
Minzeng. 22, **23** H 18
Mira-Lobe-Weg 22, **23** H 17
Miriam-Makeba-G. 22, **23** L 17
Mispelweg 22, **21** K 14
Missindorfstr. 14, **30** P 8
Missong. (M.-g.) 14, **28** N 4
Mistinger-Pl., Leopold- (L.-M.-Pl.) 15, **31** P 9
Mitisg. 14, **30** P 7
Mitteis-G., Heinrich (H.)- 21, **10** F 16/17
Mittelfeldweg 22, **24** J 19
Mittelg. 6, **31** P 10
Mittelsteig 14, **29** N 6
Mittelstr. 14, **28** M/N 4
Mittelweg 12, **43** S 9
Mitterbergg. 18, **31** L/M 10
Mitterer-Weg, Erika (E.)- 13, **41** R 5
Mitterfeldg. 11, **45** S 14
Mitterhaidenweg 21, **1/2** A/B 14, B 15
Mitterhoferg. 21, **9** F 14
Mittermayerg. (Mitt.-g.) 13, **42** Q 7
Mittersteig 4, 5, **32** P 11
Mitterweg 11, **46** R 16/17, S 15/16
Mitterwurzerg. 19, **18** H/J 8
Mitterwurzerweg 19, **18** J 8
Mitt.-g. = Mittermayerg. 13, **42** Q 7
Mittlere Straße 14, **27** M 1
Mizzi-Günther-Weg (M.-G.-W.) 21, **10** F 15
M.-L.-Pl. = Moshe-Jahoda-Pl. 15, **31** P 9
M.-J.-Str. = Matthäus-Jiszda-Str. 21, **21** H 13
M.-J.-W. = Maria-Jeritza-Weg 22, **23** K 18
M.-L.-Wg. = Marie-Lang-Weg 21, **10** F 15
Mn.-g. = Maynollog. 18, **31** L/M 10
Modecenterstr. 3, 11, **45/46** Q 14/15
Model-Pl., Lisette (L.-M.-Pl.)- 8, **31** N 10
Modenapark, Am 3, **33** O 12/13, **01** O2 12b
Modl-Toman-G. 13, **41** S/T 5
Moeringg. 15, **31** O 10
Mögeleg. 13, **41** S/T 6
Mohnblumenweg 22, **23** L 18
Möhnerg. 18, **19** L 9
Mohreng., Große 2, **32** M 13, N 12/13, **01** N1 12b
Mohreng., Kleine (Kl.-M.-g.) 2, **33** M/N 13
Mohsg. 3, **33** P 13
Moik-Pl., Wilhelmine- (W.) 2, **34** O 15/16
Moissig. 22, **22** L/M 15
Molischg. 14, **29** O/P 6
Molitorg. 11, **45** Q 14
Mölker Bastei (M.B.) 1, **32** N 11, **01** N1 11b
Molkereistr. 2, **33** M 14
Mölker G. (M.G.) 8, **31/32** N 10/11
Mölker Steig (M.Stg.) 1, **32** N 11, **01** N1 11b
Mollardg. 6, **31/32** P 10/11
Möllerg. (M.-g.) 23, **54** V 7
Mollg. 18, **19** L 10
Möllpl. 21, **10** F 16
Möllwaldpl. 4, **32** P 12
Molnarg. 17, 18, **18** K 8
1. Molostr. 11, **48** T 19
2. Molostr. 11, **48** T 19
Mommseng. 4, **32** P/Q 12
Mona-Lisa-Steiner-Weg 12, **42** T 7
Mondscheing. 7, **32** O 11, **01** O2 11a
Mondsteinstr. 21, **10** F/G 15
Mondweg 14, **28/29** O 4/5
Montag-G., Luise (L.)- 11, **45/46** S 14/15
Montecuccolipl. 13, **42** R 7
Montes.-g. = Montessorig. 23, **42** T 8
Montessorig. (Montes.-g.) 23, **42** T 8
Montevideog. (Mont.-g.) 13, **42** R 7
Mont.-g. = Montevideog. 13, **42** R 7
Montig. 17, **18** L 8
Montleartstr. 14, 16, **30** N/O 8
Moosbeerenweg 22, **35** N 17
Moosbr.-g. = Moosbruggerg. 12, **43** R/S 10
Moosbruggerg. (Moosbr.-g.) 12, **43** R/S 10
Moosg. 17, **18** L 7
Mooslackeng. 19, **20** J 12
Mooswieseng. 14, **27** O 2
Morathg. 12, **43** S 10
Moravec-Steig, Fritz- 13, **42** R 7
Morellig. 21, **21** H/J 14
Morettig. 21, **1** C 14
Morgenstern-Pl., Oskar- (O.-Mo.-Pl.) 9, **32** M 12
Mörikeweg 16, **30** N 7
Moritz-Dreger-G. 21, **10** F/G 16
Moritz- (M.)-Seeler-G. 10, **57** U 13
Morizg. 6, **31** P/Q 10
Morseg. 21, **9** G 13
Mortarapl. 20, **21** K/L 13
Mörthg. 21, **8** F 12
Morth-Weg,Andreas- 22, **22** H/J 16
Morus-G.,Thomas- (Th.) 13, **41** R 6
Morzinpl. 1, **32** N 12, **01** N1 12b
Moschingerg. 14, **28** M 4
Moselg. 10, **45** S 13
Mosenthalweg 18, **18** J 8
Moserg. 9, **32** M 11/12
Moser-G., Josef- (J.-M.-G.) 17, **18** L/M 8
Moser-G., Kolo- 22, **22** H 16
Moser-Park, Am-Hans- (A.-H.-Mo.-Pk.) 13, **42** Q 8
Moses-G., Leopold- 2, **33** M 13
Mosetigg. 23, **55** V 9
Mosheimerg. (M.-g.) 21, **1** C 14
Moshe-Jahoda-Pl. (M.-J.-Pl.) 15, **31** P 9
Möslein-Weg, Helly- (H.-M.-W.) 12, **42** T 8
Moßbacherg. 14, **30** P 7
Mostg. 4, **32** P 11/12
Motesiczkyweg 21, **10** F 15
Mottl-Str., Felix- 19, **19** K/L 10
Mozartg. 4, **32** P 12
Mozartpl. 4, **32** P 12
M.-P.-G. = Maria-Potesil-G. 22, **36** M 19/20
Mraz-Weg, Otto- 11, **46** S 15
M.-Reinh.-G. = Max-Reinhardt-G. 14, **30** P 8
M.-R.-G. = Maria-Rekker-G. 10, **44** S 12/13
Mrkwickag (M.-g.) 23, **55** V 9
M.-R.-W. = Maximilian-Reich-Weg 21, **9** D 14
M.-Sch.-G. = Marianne-Schönauer-G. 19, **19** K 10
M.-Sch.-G. = Martin-Schneider-G. 23, **53** W 6
M.-Sp.-G. = Mela-Spira-G. 22, **24** L/M 19
M.Stg. = Mölker Steig 1, **32** N 11, **01** N1 11b
M.-S.-W. = Margarete-Seemann-Weg 12, **42** S 8
Muchag. 19, **18** J 8
Mucha-Wg., Alfons (A.)- 14, **29** O 6
Müchg. (M.-g.) 11, **46** S 15
Muffatg. 12, **42** T 8
Müglenderg. (M.-g.) 17, **31** M 10
Muhammad-Asad-Pl. (M.-A.-Pl.) 22, **22** L 15
Mühlbachg., Untere (U.-M.-g.) 23, **53** V 6
Mühlbacherg. 13, **42** Q 7
Mühlbergstr. 14, **27** N/O 2
Mühlbreiten 23, **54** U 8
Mühlfeldg. 2, **33** M 13
Mühlg. 4, **32** O/P 11, **01** O2/P1 11b
Mühlgrundg. 22, **35** M/N 17
Mühlgrundweg 22, **35** N 17
Mühlhäufelg. 22, **37** N/O 21
Mühlhäufelweg 22, **35** N 18
Mühlhauserg. 22, **35** M 18
Mühlsangerg. 11, **47** T 17/18
Mühlschüttelg. 21, **21** J 14
Mühlstr. 10, **56** V 12
Mühlwanger-Str., Wolfgang- 22, **25** L 21/22
Mühlwasser, Am 22, **35** N 17/18
Mühlwasserpromenade 22, **35/36** N 18, O 18/19
Mühlwasserstr. 22, **34/35** N 16/17
Mühlweg 21, **9** D/E 13
Muhreng. 10, **44** R/S 12
Muhrhoferweg 11, **47** T 18
Muhr-Promenade, Hans- 14, **28** O 4
Mukenthalerweg 19, **7** G 10
Muliarpl. 23, **54** V 8
Müller-Cohen-Pl. 9, **32** M 13
Müller-G., Dr.-Heinrich (H.)- 14, **28** N 3
Müller-G., Lorenz- 20, **20** J/K 12
Müller-Guttenbrunn-Str. 14, **29** O 6
Müller-Str., Anna- 22, **36** M 19/20
Müller-Weg, Heinrich (H.)- 14, **29** O 6
Müllnerg. 9, **32** M 11
Müllnermais, Am 22, **35** N 18
Müllnermaisg. 22, **35** N 18
Mumbg. (M.-g.) 2, **33** M 13
Münchenstr. 12, **42** S 7/8
Munchg. 10, **44** T/U 12
Munchpl. 10, **44** T 11/12
Mundyg. 10, **45** R 13
Münichreiterstr. 13, **42** Q 7
Münnichpl. 11, **47** T 18
Muntheg. 10, **56** T/U 12
Münzer-G., Thomas (Th.)- 10, **44** S 11
Münzg. 3, **33** O 13, **01** O1 13a
Münzwardeing. (Mw.-g.) 6, **32** P 11
Muratweg 22, **35** O 18
Murbang. 10, **56** U 12
Muriel-Gardiner-Buttinger-Pl. 10, **44** T 11
Murlingeng. 12, **43** R 10
Murmanng. (M.-g.) 22, **35** M 18
Murrayg. 22, **23** K/L 18
Murrstr. 22, **22** H 16
Museumspl. 7, **32** O 11, **01** O1 11b
Museumstr. 1, 7, **32** O 11, **01** O1 11a/11b
Musgerg. 22, **22** H 16
Musik-G., Erna- 21, **22** H 15
Musikvereinspl. (Musikv.-pl.) 1, **01** O2 12a
Musikzugpl. 14, **28** N/O 4
Musilpl. 16, **30** N 8
Musketierweg 22, **35** N/O 18
Muthg. 19, **20** H/J 12
Muthsamg. 14, **30** O 8
M.-v.-S. = Maria-vom-Siege 15, **31** P 10
M.-wg. = Masurenweg 22, **22** K 16
M.-wg. = Meixnerweg 12, **43** R 9
Mw.-g. = Münzwardeing. 6, **32** P 11

M

M
N
O

Oberlaaer Pl. 10, **57** V 14
Oberlaaer Str., 10, 23, **56/57** U 11/12, V 12–14
Oberleiteng. 11, **46** R 15
Obermaisserg. (Ob.-g.) 14, **28** N 3
Obermüllnerstr. 2, **33** M 14
Obersteinerg. 19, **19** K 10
Oberwiedenstr. 16, 17, **18** L 7/8, **30** M 7
Oberzellerg. 3, **33** P 13
O.-B.-G. = Otto-Beyschlag-G. 21, **10** F 16
Ob.-g. = Obermaisserg. 14, **28** N 3
Obkircherg. 19, **19** J/K 10
O'Brien-G. 21, **9** G 13
Obstgartenweg 22, **22** K 16
Ob.-wg. = Obeliskenweg 17, **18** K 7
Ochsenhofer-G., Anton (A.-Ochs.-G.) 23, **55** U 10
Ochsenkopfweg 14, **28** M 4
Ocwirkg. 21, **9** D/E 14
Ödenburger Str. 21, **9** E 14, F 13/14
Odeong. 2, **33** M 13
O. d. G. = Ober den Gärten 23, **54** U 8
Odilon-G., Helene- (H.-O.-G.) 14, **29** O 5
Odoakerg. 16, **30** M/N 8
Odwody-G., Käthe- (K.-O.-G.) 10, **45** S 13
Oehlenschlägerg. 12, **43** S/T 9
Oellacherweg (Oe.-wg.) 21, **8** E 12
Oelweing. 15, **43** Q 9
Oerleyg. 11, **45/46** S 14/15
Oeverseestr. 15, **30/31** O 8/9
Oe.-wg. = Oellacherweg 21, **8** E 12
Offenbachg. 2, **33/34** M/N 14/15
O.-F.-G. = Otto-Fürth-G. 22, **37** N 21
Ofnerg. 2, **33** M 14
O.-g. = Opfermanng. 16, **30** O 8
Ogug. 22, **22** J 15
Ohligsg. 11, **45/46** S 14, T 14/15
Ohmanng. 19, **19** K 10
Ohmg. 21, **9** G 13
Ohnsorg-Weg, Kurt- (K.) 22, **22** H 16
Okopenkoweg 21, **9/10** D 14/15
Oktaviang. 23, **53** V 5
Olaus-Petri-G. 10, **56** U 12
Olbrichg. 12, **42** R/S 8
Oldenburgg. 23, **55** U 9
Oleanderg. 22, **24** H/J 19
Olga-Perl-Weg 12, **43** Q 10
Ölhafen Lobau-Uferstr. 22, **48/49** S 20/21, T 21
Olly-Schwarz-G. (O.-S.-G.) 22, **36** O 20
Olmag. 13, **41** T 5
Olympiapl. 2, **34** N 15
Ölzeltg. 3, **32** O 12, **01** O2 12b
Ölzeltg. 23, **53** U 6
O.-Mo.-Pl. = Oskar-Morgenstern-Pl. 9, **32** M 12
Onno-Klopp-G. 14, **30** P 7
Opalg. 21, **22** H 15
Operng. 1, 4, **32** O 12, P 11/12, **01** O1–P1 12a
Opernpassage 1, **01** O2 12a
Opernring 1, **32** O 11/12, **01** O1/O2 11b/12a
Opfermanng. (O.-g.) 16, **30** O 8
Opitzg. 13, **42** R 7
Oppelg. 12, **43** Q 10
Oppenheimg. 10, **45** T 13, U 13/14
Oppenheimweg 10, **45** T 14
Opp.-g. = Oppolzerg. 1, **32** N 11, **01** N1/N2 11b
Öppingerweg (Öpp.-wg.) 14, **30** O 7
Oppolzerg., (Opp.-g.) 1, **32** N 11, **01** N1/N2 11b
Öpp.-wg. = Öppingerweg 14, **30** O 7
Orasteig 21, **1/9** C/D 14
Orchideenweg 22, **25** H/J 22
Orchisg. 22, **35** N 17/18
Ordeng. 10, **44** R 12
Orelg. 21, **9/10** G 14/15
Oriong. 11, **46** R/S 16
Orth-Pl., Johann (J.)- 21, **10** D 15
Orth-Weg, Johann (J.)- 21, **10** D 15
Ortliebg. 17, **31** M/N 9
Ortnerg. 15, **43** Q 9
Oserg. 21, **9** F 14
O.-S.-G. = Olly-Schwarz-G. 22, **36** O 20
Oskar-Czeija-G. 21, **1** B 12/13
Oskar-Grissemann-Str. 21, 22, **10** G 16
Oskar-Jascha-G. 13, **41** T 5/6
Oskar (O.)-Kokoschka-Pl. 1, **32** N 13, **01** N2 12b/13a
Oskar-Morgenstern-Pl. (O.-Mo.-Pl.) 9, **32** M 12
Oskar-Pilzer-Pl. 13, **41** T 6
Oskar-Sima-G. 22, **35** M 18
Oskar (O.)-Simony-Str. 14, **28** N 4
Oskar (O.)-Spiel-G. 19, **20** H 11
Oskar-Werner-Pl. 6, **31** P 10
Oslopl. 22, **35** N 18
Ospelg. 20, **21** K/L 13
Ostbahn, An der 10, **45** S 14
Ostbahnbegleitstr. 22, **24** L 19-21
Ostbahnweg. 22, **23** K 17
Österleing. (Öst.-g.) 15, **31** P 9
Osterleiteng. 19, **20** K 11
Österreicher-G.,Josef- 23, **54** U 8
O.-St.-G. = Otto-Storch-G. 21, **9** F 14
Öst.-g. = Österleing. 15, **31** P 9
Ostmarkg. 21, **21** H 14
Ostrom-Park, Am- 22, **24** L 20
Oswaldg. 12, **43** R/S 9
Oswald-Redlich-Str. 21, **10/11** F 16/17
Oswald-Thomas-Pl. 2, **33** M/N 13
Othellog. 23, **55/56** V 10/11
Othmarg. 20, **20** L 11/12
Otmar-Brix-G. 11, **46** T 16
Ottakringer Pl. 16, **31** N 9
Ottakringer Str. 16, 17, **30/31** N 8–10
Ottenthal-G., Emil (E.-O.-G.) 10, **45** T 13
Otterweg 22, **35** N/O 17
Ott-G., Florian- 21, **9** E/F 13/14
Ottilie (O.)-Bondy-Promenade 21, **9** F 13
Ottillingerpl. 23, **53** U 5
Otto-Bauer-G. 6, **31/32** P 10/11
Otto-Benedik-Pl. 21, **21** J 14
Otto-Beyschlag-G. (O.-B.-G.) 21, **10** F 16
Otto-Bondy-Pl. 12, **43** S 9
Otto-Fürth-G. (O.-F.-G.) 22, **37** N 21
Otto-Futterknecht-Weg 2, **34** O 15/16
Ottog. 3, **33** P 13, **01** P1 13a
Otto-Geißler-Platz 10, **45** S 14
Otto-Glöckel-Weg 22, **35** N 18
Otto-Herschmann-G. 11, **46** Q 15
Otto-Hötzl-Weg 16, **30** M 7
Ottokar-Fischer-G. 10, **43/44** S 10/11
Otto-Mauer-G. 23, **55** U 10
Otto-Mraz-Weg 11, **46** S 15
Otto-Preminger-Str. 3, 33, **45** P/Q 13
Otto-Probst-Pl. 10, **43/44** T/U 10/11
Otto-Probst-Str. 10, **44** T 10/11
Otto-Storch-G. (O.-St.-G.) 21, **9** F 14
Otto-Str., Wilhelm- (W.) 11, **45** Q/R 14
Otto (O.)-Wagner-Pl. 9, **32** N 11, **01** N1 11a
Otto-Weber-G. 22, **35** N/O 17
Otto-Weininger-G. (O.-Wein.-G.) 13, **29** P 6
Otto-Willmann-G. 10, **44** S/T 12
Overbeckg. 13, **41** T 6
O.-Wein.-G. = Otto-Weininger-G. 13, **29** P 6
Oweng. 21, **9** D 14

P

Pabst-G., Georg-Wilhelm- (G.-W.-P.-G.) 10, **44** S 11
Pacassistr. 13, **42** R 7
Pacher-G., Hermann (H.-P.-G.) 18, 19, **19** K 9
Pacher-Weg-, Hermann (H.)- 18, **19** K 9
Pachmanng. 14, **30** P 7
Pachmayerg. (Pachm.-g.) 11, **45** Q 14
Pachm.-g. = Pachmayerg. 11, **45** Q 14
Pachmüllerg. 12, **43** R 9/10
Pachtweg 22, **35** O 18
Packesg. 23, **55** V 9
Padaurek-Str., Leopoldine- 21, **10** G 15
Paffrathg (P.-g.) 2, **33** O 14
Paletzallee 19, **18** J 8
Paletzg. 16, **31** M 8/9
Palffyg. 17, **31** M/N 10
Palisag. 10, **45** T 14
Pallenbergstr. 13, **41** S 5/6
Palmayg. 13, **41** S/T 6
Palme-Pl., Josef (J.)- 14, **27** N 2
Palmg. 15, **31** P 10
Paltaufg. 16, **30** N 8
Paltrampl. 10, **44** S 12
Paminag. 23, **55** U 9
Panethg. 22, **22** H 16
Paniglg. 4, **32** P 12, **01** P1 12a
Panikeng. 16, **31** N/O 9
Pannaschg. 5, **44** Q 11
Pant.-g. = Pantlitschkog. 23, **42** T 7
Pantlitschkog. (Pant.-g.) 23, **42** T 7
Pantucekg. 11, **47** T/U 17
Pantzerg. 19, **20** K/L 11
Paoliweg (P.-wg.) 13, **41** S 6
Papagengog. (Pap.-g.) 6, **32** O 11, **01** O2 11b
Pap.-g. = Papagenog. 6, **32** O 11, **01** O2 11b
Papierg. 23, **55** U 9
Papinweg (P.-wg.) 22, **35** N 18
Pappelstr. 14, **29** M/N 5
Pappelweg 22, **35** N 17
Pappenheimg. 20, **20** K 12, L 11/12
Paracelsusg. (Par.-g.) 3, **33** O 13
Paradeweg 18, **18** K 8
Paradisg. 19, **19/20** J 10/11
Paragonstr. 3, 11, **46** Q 15
Paraselg. (P.-g.) 14, **30** O 7
Par.-g. = Paracelsusg. 3, **33** O 13
Parhamerpl. 17, **31** M/N 9
Pariserg. (P.-g.) 1, **32** N 12, **01** N2 12a
Parkg. 3, **33** O 13
Parkg. 14, **28** N 3
Parkring 1, **32** O 12, **01** O1 12b
Parsche-G., Franz (Fr.)- 23, **54** W 7
Parsch-Pl., Pius (P.)- 21, **21** H 14
Partlg. 23, **55** U 10
Parttartg. 23, **42** T 8
Parzer-Weg, Robert- 22, **24** K 19
Paschingg. 17, **18** L/M 8
Pasecker-G., Pfarrer- 21, **1** C 13
Pasettistr. 2, 20, **20/21** J 12, K 12/13, L 13
Passauer Pl. (Pass. Pl.) 1, **32** N 12, **01** N1 12a
Passinig. 10, **57** V/W 13
Pass.Pl. = Passauer Pl. 1, **32** N 12, **01** N1 12a
Pasteurg. 9, **32** M 11
Pastinakweg 22, **23** J/K 18
Pastorstr. 21, **10** F/G 16
Patat-Weg, Max- 19, **20** J/K 11
Pater-Schwartz-G. (P.-Sch.-G.) 15, **31** P 10
Pater-Zeininger-Pl. 19, **19** K 10
Patrizig. 21, **21** H 14
Patrubang. 10, **44** S 12/13

P

Plenerg. 18, **19** L 10
Pletersky-Weg, Franz- 22, **35** N 17
Pleyel-G., Ignaz- 10, **44** T 11
Pl.-g. = Plankeng. 1, **32** O 12, **01** O1 12a
Plischke-Pl., Anna- 22, **24** L 20
Pliwag. 6, **31** P/Q 10
Plößlg. 4, **32** P 12
Plunkerg. 15, **31** O 9
Pöch-G., Rudolf- 14, **30** O 7/8
Pöchlarnstr. 20, **21** L 13
Poch-Pl., Alexander (A.)- 2, **32** M 12
Podhagskyg. 22, **24** K 19
Podh.-g. = Podhorezkyg. 23, **54** U 8
Podhorezkyg. (Podh.-g.) 23, **54** U 8
Podlahag. 22, **37** M 22, N 21/22
Poes.-g. = Poestiong. 10, **56** V 12
Poestiong. (Poes.-g.) 10, **56** V 12
Pogrelzstr. 22, **23** J/K I7
Pogrelzstr., An der 22, **23** K 17
Pohlg. 12, **43** R 9
Pointeng. 17, **18** L 7
Pokornyg. 19, **20** K 11
Polgarstr. 22, **23** K 17, L 16
Polkorabpl. 11, **45** R 14
Pollakg. 23, **54** W 8
Pollak-G., Marianne (M.)- 10, **45** R 13
Pollak-Weg, Hans- 22, **22** J 16
Pölleritzerg. 23, **54** U 7
Polletstr. 22, **22** J 16/17
Pollitzerg. 16, **30** M 8
Polo-Pl., Marco- 21, **10** F 15
Polo-Promenade, Marco- 21, **9/10** F 14/15
Pölzer-G., Johann- 10, **57** U 13
Polzer-Weg, Alfred- (A.-P.-W.) 22, **35** O 17/18
Pölz-G., Ferdinand (F.)- 21, **21** H 14
Pombergerweg 22, **22** L 16
Pommer-G., Josef- 13, **41** Q 5
Pongratzg. 23, **56** U 11
Pönningerweg 16, **30** N 7
Popovweg 10, **45** T 14
Poppenwimmerg. 21, **9** F 13
Popper-G., Eva- 2, **21** L 13
Popper-Str., Karl- 10, **44** Q 12
Popp-G., Adelheid- 22, **23** L 17
Porschestr. 23, **54** W 8
Portheimg. 22, **24** K 19
Portnerg. 22, **22** J/K 16
Porzellang. 9, **32** M 11, **01** M2 11b
Poschg. 14, **30** O 8
Possannerg. 13, **41** R 5
Possingerg. 15, 16, **31** N/O 9
Postg. 1, **32** N 12, **01** N2 12b
Postg. 14, **28** N 3
Posthorng. (Psth.-g.) 3, **33** O 13, **01** O2 13a
Potesil-G., Maria (M.-P.-G.)- 22, **36** M 19/20
Potetz-Weg, Helene- (H.-P.-W.) 12, **43** S 9
Pottendorfer Str. 12, **43** R/S 9
Pottendorfer Weg 12, **43** S 9
Pötzleinsdorfer Höhe 18, **18** J 8
Pötzleinsdorfer Str. 18, **18/19** K 7–9
Pötzl-G., Eduard (E.)- 19, **20** J 11
Pouthong. 15, **31** O/P 9
Powolnyg. 22, **22** L 16
Praet.-g. = Praetoriusg. 3, **33** P 13
Praetoriusg. (Praet.-g.) 3, **33** P 13
Prager Str. 21, **8/9** D 12, E–G 13, **21** H 13
Pramerg. 9, **32** M 11/12
Prammer-Allee, Barbara- 22, **24** L 20
Prandaug. 22, **22** J 15/16
Praschnikerweg 21, **8** E 12
Praterspitzstr. 2, **47** Q 17, Q/R 18
Praterstern 2, **33** M 13, **01** M2 13a/13b
Praterstr. 2, **33** M 13, N 12/13, **01** M2 13a/13b, N1 12b/13a
Praunweg 22, **22** J 16
Präuscherpl. 2, **33** M 14
Prausg. 23, **54** U 8
Prawy-Promenade-Marcel- 22, **21** L 14
Prechtlg. 9, **32** M 11
Predigerg. (Pr.-g.) 1, **32** N 12, **01** N2 12b
Predigstuhl, Am 16, **30** M 7
Pregarteng. (Preg.-g.) 21, **9** G 13
Preg.-g. = Pregarteng. 21, **9** G 13
Pregl-G., Fritz (F.)- 10, **44** S 11
Prehauserg. 13, **41** Q 5
Preindlg. 13, **29** P 6, **41** Q 6
Preleuthnersteig (Prel.-stg.) 13, **42** R 7
Prel.-stg. = Preleuthnersteig 13, **42** R 7
Premg. 23, **55** V 9
Preminger-Str., Otto- 3, 33, **45** P/Q 13
Premlechnerg. 12, **42** S 8
Premreinerg. 13, **41** Q 6
Prentl-G., Georg- 10, **57** W 14
Preradovicg. 14, **29** O 5
Preßburger G. 21, **9** F 14
Preßg. 4, **32** P 11, **01** P1 11b
Pretschg. 11, **46** T 15
Pretschgog. 17, **30** M 8
Preyerg. 13, **42** R 7
Preysingg. 15, **31** O/P 9
Preyweg 22, **24** K 20
Pr.-g. = Predigerg. 1, **32** N 12, **01** N2 12b
Pr.-g. = Proschkog. 6, **32** P 11
Prießnitzg. 21, **21** H/J 14
Prilisauer-Weg, Ignaz- 14, **29** O 5
Primavesig. 22, **35** P 17
Primelweg (Pr.-wg) 14, **28** O 4
Primocic-G., Agnes (A.)- 22, **24** L 20
Prinke-G., Franz (F.)- 11, **46** S 15
Prinz-Eugen-Str. 3, 4, **32** P 12, **01** O2/P1 12b
Prinzg. 22, **23** K 18
Prixg. 22, **22** K 15
Probst-Pl., Otto- 10, **43/44** T/U 10/11
Probst-Str., Otto- 10, **44** T 11
Probusg. 19, **20** H 11
Prochstr. 14, **30** P 7/8
Profohs-Weg, Lotte- 22, **23/24** J/K 18/19
Proft-Weg, Gabriele- 22, **35/36** N 18/19
Pro.-g. = Pronayg. 12, **42** S 8
Prohaska-Pl., Carl- 10, **44** T 11
Prokop-Str., Josef (J.)- 14, **28** N 3
Pröllg. 13, **29** P 5
Promenade 13, **29** P 5
Promenadeg. 17, **18** L 7
Promenadenstr. (Pr.-str.) 14, **28** O 4
Promenadestr. 22, **22** K 15/16, L 16
Promenadeweg 17, **17** H/J 6
Promenadeweg 23, **52/53** V/W 4/5
Pronayg. (Pro.-g.) 12, **42** S 8
Pröpstlg. 22, **12** E 19
Proschkog. (Pr.-g.) 6, **32** P 11
Pr.-str. = Promenadenstr. 14, **28** O 4
Prückelmayrg. 23, **54** U/V 7
Prunng. 22, **12** E 19
Pr.-wg. = Primelweg 14, **28** O 4
P.-Sch.-G. = Pater-Schwartz-G. 15, **31** P 10
Pschorng. 16, **30** M 7
Psth.-g. = Posthorng. 3, **33** O 13, **01** O2 13a
Puccinig. 23, **42** T 8
Puchg. 22, **11** G/H 17
Püchlg. 19, **20** J 11
Puchsbaumg. 10, **45** R 12/13
Puchsbaumpl. 10, **45** R 13
Pufferg. 21, **21** H 13
Puggl-Weg, Jakob (J.)- 14, **28** M 4/5
Pühringerg. 23, **55** U 9
Pulkaug. 21, **11** E/F 17
Pülslg. 23, **53** V/W 6
Pulverturmg. 9, **20** L 11
Pumg. 23, **53** V/W 6
Puntigamg. 13, **42** S 7
Pupovacweg (P.-wg.) 22, **35** M 18
Purchmannweg 22, **22** K 16
Purkytg. 23, **55** U 9/10
Puschking. (P.-g.) 21, **8** E/F 12
Puschmanng. 21, **11** F 17
Puschmann-G., Erwin- (E.-Pusch.G.) 14, **29** P 6
Püttl.-g. = Püttlingeng. 1, **42** R 7
Püttlingeng. (Püttl.-g.) 13, **42** R 7
Putzendoplerg. 23, **55** U 9
P.-wg. = Paoliweg 13, **41** S 6
P.-wg. = Papinweg 22, **35** N 18
P.-wg. = Pupovacweg 22, **35** M 18
Pyrkerg. 19, **20** K 11
Pytty-G., Nikolaus (Nik.)- 14, **28** M 4

Q

Quadenstr. 22, **23/24** K 18/19
Qualtinger (Qualt.)-G., Helmut- 3, **45** Q 14
Quaring. 10, **44** R/S 11
Quarzweg 21, **21** H 14
Quellenpl. 10, **44** R 12
Quellenstr. 10, **44/45** R 11–13
Quellenweg 17, **18** H/J 7
Quittenweg (Qu.-wg.) 22, **35** M 17
Qu.-wg. = Quittenweg 22, **35** M 17

R

Raaber-Bahn-G. 10, **44** Q/R 12
Raab-G., Wilhelm (W.-R.-G.) 21, **21** H 14
Raab-Pl., Julius- (J.) 1, **32** N 12/13, **01** N2 12b/13a
Rabbiner-Friedmann-Pl. (R.-F.-Pl.) 2, **33** M 13, **01** M2 13a
Rabbiner (R.)-Schneerson-Pl. 2, **20** L 12
Rabeng. 3, **33** P 13/14
Rabenlechnerweg 22, **22** L 16
Rabensburger Str. 2, **21** L 13
Rabensteig (R.-stg.) 1, **32** N 12, **01** N1/N2 12b
Rabensteinerg. (Rabenst.-g.) 23, **53** W 6
Rabnitzweg 21, **11** E 17
Rädda-Barnen-Pl. 10, **56** U 12
Radeckg. 4, **44** Q 12
Radelmayerg. 19, **20** K 11
Radetzkypl. 3, **33** N 13, **01** N2 13a
Radetzkystr. 3, **33** N 13, **01** N1 13a/13b, N2 13a
Radingerstr. 2, **33** M 14
Radnitzkyg. 10, **57** W 13
Rädtnerg. 16, **29** N 6
Raffaelg. 20, **20** K/L 12
Raffelspergerg. 19, **19** J 8/9
Raffenstätterg. 22, **23** J 17
Raffineriestr. 22, **35** O 16/17, P 17/18, **47/48** Q 18/19, R 19
Ra.-g. = Ratzenhoferg. 21, **10** E 15
Ragwurzg. 21, **2** C 15
Rahlg. 6, **32** O 11, **01** O2 11b
Raiffeisen-Pl., Friedrich-Wilhelm- 2, **01** N1 12b
Raimannstr. 14, **29/30** O 6/7
Raimundg. (R.-g.) 2, **32** M 12, **01** M2 12b
Raimundhoffpassage 6, **01** O2 11a
Raimund-Zoder-G. 19, **19** J/K 9
Rain, Am 22, **24** H 19
Rainerg. 4, 5, **44** P 12, Q 11/12
Rainer-Pl., Roland- 15, **31** O 10

P

Q

R

Rallenweg 22, **35** N/O 17
Rampeng. 19, **20** K 11
Ramperstorfferg. 5, **44** P/Q 11
Ramsayg. 10, **45** T 13
Ramwiesenweg (Ram.-wg.) 14, **28** M 4
Ramw.-wg. = Ramwiesenweg 14, **28** M 4
Randg. 23, **53** V/W 5
Randhartingerg. 10, **45** R 13
Randstr., Nördliche 14, **28** M 3
Ranftlg. 17, 18, **31** M 10
Rankg. 16, **30** N 8
Ranningerg. 23, **54** U 8
Ranzenhoferg. (Ranz.-g.) 13, **41** R 6
Ranz.-g. = Ranzenhoferg. 13, **41** R 6
Ranzonig. 10, **57** V 13
Raphael-Donner-Allee 22, **37** N/O 21
Rappachg. 11, **46** R 15
Rappg. 21, **9** G 13
Rapsweg (R.-wg.) 22, **35** M 17
Raschg. 13, **29** P 5
Raschke-G., Rudolf- 21, **9** E 13/14
Rasm.-g. = Rasmusseng. 21, **9** F 13
Rasmusseng. (Rasm.-g.) 21, **9** F 13
Rasumofskyg. 3, **33** O 13, **01** O1 13b
Rathauspl. 1, **32** N 11, **01** N2 11b
Rathausstr. 1, **32** N 11, **01** N1/N2 11a
Rathmayerg. 21, **10** G 16
Rath-Pl., Ari- 9, **32** M 11
Rathstr. 19, **18** J 8
Ratmannsdorfg. 13, **41** R 6
Ratschkyg. 12, **43** R 9
Ratzenhoferg. (Ra.-g.) 21, **10** E 15
Rauchfangkehrerg. 15, **43** Q 9
Rauchg. 12, **43** R 9/10
Rauhensteing. (Rauhst.-g.) 1, **32** O 12, **01** O1 12a
Rauhst.-g. = Rauhensteing. 1, **32** O 12, **01** O1 12a
Raupenstrauch-G., Adolf (A.-R.-G) 19, **20** J 12
Rauscher-Pl., Kardinal- 15, **31** P 9
Rauscherstr. 2, 20, **20** L 12
Rautenkranzg. 21, **21** J 14
Rautenstrauchg. 11, **45** R 14
Rautenweg 22, **11** G 17, H 18, **23/24** G 17, H 18–20
Ravelinstr. 11, **46** R 15
Raxstr. 10, **44** S 11/12
Raymond-G., Fred- 22, **35** N 18
Rbg.-g. = Reiterbergg. 23, **54** U 7
R.-B.-G. = Ruth-Brinkmann-G. 21, **10** D 15
Rebenweg (R.-wg.) 17, **18** L 8
Rebhanng. 20, **21** L 13
Rechbergg. 10, **44** S 12
Recheis-G., Käthe- 22, **24** L 20
Rechte Bahng. 3, **33** O/P 13, **01** O1–P1 13a
Rechte Nordbahng. 21, **21** H 14
Rechte Wasserzeile 23, **53** V 6
Rechte Wienzeile 1, 4, 5, 12, **32** O/P 11, **43** Q 9, **01** O2 11b/12a, P1 11a
Reclamg. 22, **35** M 17/18
Redeng. 22, **12** E 19
Rederg. (R.-g.) 5, **32** P 11
Redl-G., Josef- 17, 18, **18** K 7/8
Redlich-Str., Oswald- 21, **10/11** F 16/17
Redlweg 21, **21/22** H 14/15
Redtenbacherg. 16, 17, **31** M 9, N 8/9
Regattaweg (R.-wg.) 22, **22** J 15
Reglerg. 22, **36** M 19
Regnerweg 21, **10** D 15
Rehgaßl 19, **19** H 9
Rehg. 21, **21** J/K 14
Rehlackenweg 22, **22** K 15/16
Reiberg. 23, **42** T 7
Reichenbachg. 10, **44** S 12
Reichert-G., Carl (C.)- 17, **18** L 7/8
Reichl-G., Josef (J.)- 12, **43** T 9/10
Reichmanng. 16, **30** N/O 7
Reichsapfelg. 15, **43** P/Q 9
Reichsratsstr. 1, **32** N 11, **01** N1/N2 11b
Reich-Weg, Maximilian- (M.-R.-W.) 21, **9** D 14
Reifentalg. 10, **44** T 11/12
Reiffensteing. 23, **43** T 9
Rei.-g. = Reischerg. 13, **41** R 5
Reiherweg 22, **35** O 18
Reimann-G., Hanns- 22, **37** O 21
Reimersg. 19, **20** J 11
Reim-G., Edmund- 12, **42** T 8
Reimmichlg. 11, **59** U 17
Reindl-G., Ludwig (L.)- 22, **23** H/J 17
Reindorfg. 15, **31** P/Q 9
Reinhardt-G., Max (M.-Reinh.-G.) 14, **30** P 8
Reinholdg. 22, **37** O 20/21
Reiningerweg (Rein.-wg.) 14, **30** O 7
Reinischg. 19, **19** H 9
Reinlg. 14, **30** O/P 8
Reinprechtsdorfer Str. 5, **44** P/Q 11
Rein.-wg. = Reiningerweg 14, **30** O 7
Reisbergg. 23, **53** V 5
Reischachstr. (R.-str.) 1, **33** N 13, **01** N2 13a
Reischekg. 11, **46** T 15
Reischerg. (Rei.-g.) 13, **41** R 5
Reisenbergweg, Oberer 19, **7** G 9, **19** H 9/10
Reisenbergweg, Unterer 19, **19** H 9/10
Reisg. 21, **9** F 14
Reisingerg. 10, **44** Q 12
Reisnerstr. 3, **32** O 12/13, P 13, **01** O2 12b/13a, P1 13a
Reiterbergg. (Rbg.-g.) 23, **54** U 7
Reiter-Str., Lorenz (L.)- 11, **45/46** Q 14/15
Reithleg. 19, **20** K 11
Reithofferpl. 15, **31** O/P 9
Reitlinger-G., Franz- (F.-R.-G.) 22, **11** G 18
Reitschulg. 1, **01** N2/O1 12a
Reizenpfenningg. 14, 16, **30** N 7
Rekker-G., Maria- (M.-R.-G.) 10, **44** S 12/13
Reklewskig. 23, **54** U/V 7/8
Rembrandtstr. 2, **32** M 12
Remystr. 10, **57** V 12/13
Rennbahnstr. 2, **34** P 16, **46** Q 16
Rennbahnweg 22, **22/23** H 16/17
Renner-Ring, Dr.-Karl- 1, **32** N/O 11, **01** N2/O1 11b
Renng. 1, **32** N 12, **01** N1 12a
Rennweg 3, **32** P 12/13, **45** Q 14, **01** O2 12b, P1 12b/13a
Rennweg, Pelzer 16, **29** M 5/6
Renz-G., Ernst- 2, **33** M 13, **01** M2 13a
Reschg. 12, **43** Q/R 9/10
Resch-Pl., Dr.-Josef (J.)- 17, **18** L/M 8/9
Resedaweg 22, **24** L 19
Reš-G., Michael (M.)- 21, **9** D 13
Resselg. 4, **32** O 12, **01** O2 12a
Ressel-Str., Josef (J.)- 14, **28** N 3/4
Restituta-Pl., Maria 20, **21** K 13
Rettichg. 14, **29** O 5
Reuenthalg. (Rth.-g.) 15, **31** O 9
Reulingweg 23, **53** V 6
Reumannpl. 10, **44** R 12
Reumannstr. 19, **18** J 8
Reuss-G., August (A.)- 13, **42** R 7
Reyer-G., Eduard (E.-R.-G.) 19, **20** H 11
Reznicekg. 9, **20** L 11
R.-F.-Pl = Rabbiner-Friedmann-Pl. 2, **33** M 13
R.-F.-S. = Rudolf-Friedl-Stiege 19, **8** F 11
R.-g. = Raimundg. 2, **32** M 12
R.-g. = Rederg. 5, **32** P 11
R.-g. = Robertg. 2, **33** N 13, (Rob.-g.), **01** N1 13a
R.-g. = Rösnerg. 12, **43** Q 10
R.-g. = Rummelhardtg. 9, **32** M 11
Rhgl.-g. = Rudolfshügelg. 10, **44** S 11
Rhigasg. 17, **31** M 9
Rhh.-wg. = Rohrerhüttenweg 17, **17** J 5
Ribarzg. 16, **30** N 8
Ricarda-Huch-Weg 10, **44** S 12
Richard (R.)-Kralik-Pl. 18, 19, **19** L 10
Richard-Kuhn-Weg 14, **28** O 3
Richard-Neutra-G. 21, **10** F/G 15
Richard-Strauss-Str. 23, **55** U/V 10
Richard-Tauber-G. 23, **56** W 11
Richard (R.)-Wagner-Pl. 16, **31** N 9
Richterg. 7, **31/32** O 10/11
Richter-G., Hans (H.)- 19, **19** K 10
Richter-G., Helene- (H.-R.-G.) 21, **8** C/D 12
Richter-Weg, Elise- 21, **9** F 13
Richthausenstr. 17, **31** M 9
Rickard (R.)-Lindström-G. 10, **56** U 12
Riedelg. 13, **41/42** S/T 6/7
Riedstr. 14, **28** N 4
Riegermühle 23, **54** U 8
Rieglg. 21, **11** F/G 17
Rielg. 23, **41** T/U 5
Riemenschneiderg. 22, **22** J 16/17
Riemerg. 1, **32** N/O 12, **01** N2/O1 12b
Rienößlg. 4, **32** P 11/12
Rieplstr. 10, **44** Q 12
Ries, Am 22, **23** L 17/18
Riese-G., Wolfgang- 21, **22** H 15
Riesenradpl. 2, **33** M 13
Riesg. 3, **33** O/P 13, **01** O2/P1 13a
Riglerg. 18, **19** L 10
Rigolettog. 23, **56** V 11
Rinosekg. 21, **9** F 13
Rinkepl. 4, **32** P 12, **01** P1 12a
Rimplerg. 18, **19** K 9
Rindt-Str., Jochen- 23, **56** U/V 11
Ringelseeg. 21, **21** H/J 14
Ring, Großer 13, **41** S 6
Ring, Kleiner 13, **41** S 5
Ringofenweg 10, **43** T 10
Ringweg 17, **17** J 6
Ringweg 19, **19** H 10
Rinnböckstr. 3, 11, **45** Q/R 14
Rispenweg 22, **23** H 17
Rissawegg. (Riss.-g.) 10, **44** S 12
Riss.-g. = Rissawegg. 10, **44** S 12
Rister-G., Leopold (L.)- 5, **44** Q 11
Ritterg. 4, **32** P 11
Rittersporng. 22, **23** L 17/18, **35** M 18
Rittingerg. 21, **10** D/E 15
Rittlerg. 23, **53** U 6
Rittnerg. 22, **37** N 21/22
Rizyg. 12, **43** R 10
Rk.-g. = Rothkirchg. 12, **43** R 10
R.-K.-Pl. = Rudolf-Kirchschlager-Pl. 17, **18** L 7
R.-Lux.-G. = Rosa-Luxemburg-G. 16, **30** M 8
Rm.-g. = Rottmayrg. 12, **43** R 10
Röbbelingg. 22, **25** K 21/22
Robert-Blum-G. 20, **20** J 12
Robert (R.)- Dienst-G. 21, **21** H 14
Robert-Fuchs-G. 14, **28** N 4
Robertg. (R.-g.) 2, **33** N 13, (Rob.-g.), **01** N1 13a
Robert-Hamerling-G. 15, **31** P 10
Robert-Lach-G. 21, **10** F 16
Robert-Parzer-Weg 22, **24** K 19
Robertsonweg 22, **35** M 18
Robert (R.)-Stolz-Pl. 1, **32** O 11/12, **01** O1/O2 11b/12a

R

S

Sadil-Pl., Ernst- 22, **22** L 15
Safarg. 3, 33, **45** P/Q 14
Sagederg. 12, **43** S 8, T 8/9
Sahulkastr. 10, **44** S 11/12
Saikog. 22, **22** H/J 16
Sailerackerg. 19, **19** K 9/10
Salamanderg. (Salam.-g.) 21, **8** F 12
Salam.-g. = Salamanderg. 21, **8** F 12
Salbeig. 22, **23** L 17/18
Salesianerg. 3, **32** O/P 12, **01** O2/P1 12b
Salierig. 18, **19** L 9
Saligerg. 10, **44** T 12
Salisstr. 14, **30** O/P 7
Salle-G., Johannes (Joh.)-, de-la 21, **1** C 13
Sallinger-Pl., Rudolf- 3, **32** O 12, **01** O2 12b
Salmannsdorfer Höhe 19, **18** H 7/8
Salmannsdorfer Str. 19, **18** H 7
Salmg. 3, **33** O 13, **01** O1 13a/13b
Salmhofer-Pl., Franz- (F.-S.-Pl.) 9, **32** M 11
Salmhoferstr. 23, **56** U/V 11
Salomong. 21, **10** D/E 15
Saltenstr. 22, **36** M–P 19
Salusg. 22, **37** M 21
Salvatorg. (Salv.-g.) 1, **32** N 12, **01** N1/N2 12a
Salvatorianerpl. 10, **44** S 12
Salv.-g. = Salvatorg. 1, **32** N 12, **01** N1/N2 12a
Salvig. 21, **10** D 15/16
Salzachstr. 20, **21** K/L 13
Salzerg. 9, **20** L 11
Salzg. 1, **01** N1 12a
Salzgries 1, **32** N 12, **01** N1 12a
Salztorg. 1, **32** N 12, **01** N1 12a
Salzwieseng. 14, **28** M 3
Sambeckg. 14, **30** O 7
Samhaberpl. 14, **29** O 5
Sampog. 14, **30** O 8
Samptwandnerg. (Samptw.-g.) 14, **28** O 4
Samptw.-g. = Samptwandnerg. 14, **28** O 4
Samtblumenweg (Sbl.-wg.) 22, **35** N 17
Sanatoriumstr. 14, **29/30** O 6/7
Sandauerg. 21, **11** G 17
Sanddorng. 22, **35** M/N 17
Sandefjordg. 22, **35** M 18
Sandg. 19, **19/20** H 10/11
Sandleiteng. 16, 17, **30** M/N 8
Sandner-Str., Gertrude (G.)-Fröhlich- 10, **44** Q 12
Sandrockg. 21, **21** J 13/14
Sandthalenstr. 21, **2** C 15
Sandtnerg. 21, **2** C 15
Sandwirtg. 6, **32** P 11
Sanettystr. (Sa.-str.) 8, **31** N 10
Sängerg. 11, **47** T/U 18
St.-Bartholomäus-Pl. (St.-Barthm.-Pl.) 17, **31** M 9/10
St.-Barthm.-Pl. = St.-Bartholomäus-Pl. 17, **31** M 9/10
St.-Elisabeth-Pl. 4, **32** P 12
St.-Georg-Pl. (St.-G.-Pl.) 19, **8** F 11
St.-Gotthard-Str. 14, **30** O 8
St.-G.-Pl. = St.-Georg-Pl. 19, **8** F 11
St.-H.-G. = St.-Hubertus-G. 13, **41** S 5
St.-Hubertus-G. (St.-H.-G.) 13, **41** S 5
St.-Hubertus-Pl. 13, **41** S 5
St.-Johann (Joh.)-G. 5, **43** Q 10
St.-Michael-G. 21, **10** G 16
St.-Nikolaus-Pl. 3, **33** P 13/14
St.-Peter-G. 17, **18** K/L 7
St.-Ulrichs-Pl. 7, **32** O 11, **01** O1 11a
St.-Veit-G. 13, **42** P/Q 7
St.-Wendelin-G. (St.-W.-G.) 22, **22** J 16
St.-Wendelin-Pl. 22, **22** J 16
Santifallerstr. 22, **22** G/H 16
Sanzing. 10, **44** T 11
Sapphog. 10, **45** T 13
Sarastroweg (Sar.-wg.) 19, **19** K 9
Sarek-Weg, Ing.- 22, **22** L 16
Sarg-G., Karl (K.)- 23, **54** V/W 7
Sar.-wg. = Sarastroweg 19, **19** K 9
Saßmanng. 10, **57** V 13
Sa.-str. = Sanettystr. 8, **31** N 10
Satg. 13, **41** S 6
Sattler-G., Anton- 22, **22** H/J 16, K 15
Saturnweg 14, **29** N 5
Satzberggg. 14, **29** O 5
Sätzen, Untere 21, **1** C 13
Satzingerweg 21, **21/22** H 14–16
Sauerburgg. 19, **19** J 10
Sauerg. 14, **29** P 6
Saulackenweg (Saul.-wg.) 13, **41** S 5
Säuleng. 9, **20** L 11
Saul.-wg. = Saulackenweg 13, **41** S 5
Sauraug. 13, **41** R 6
Sauterg. 16, 17, **31** M 8/9
Savoyenstr. 16, 17, **29/30** M 6/7
Sbl.-wg. = Samtblumenweg 22, **35** N 17
Scalag. (Sc.-g.) 5, **44** Q 11
Scariaweg 16, **30** N/O 7
Scalag. = Sc.-g. 5, **44** Q 11
Schablerg. (Sch.-g.) 19, **8** F 11
Schachnerstr. 22, **22** K 16
Schadekg. 6, **32** P 11, **01** P1 11a
Schadinag. 17, **31** M 9
Schafbergg. 18, **18** K 8
Schäfer-Str., Karl- 21, **9** G 14
Schäfferg. 4, **32** P 11
Schafflerhofstr. 22, **25** J–L 22, **37** M 21/22, N 21
Schafgarbenweg 22, **25** J 21/22
Schafhauser-Weg, Karl (K.)- 23, **53** V 6
Schalkg. 18, **19** L 9
Schalk-Pl., Franz (F.)- 13, **42** Q 7
Schallautzerstr. 1, **33** N 13, **01** N2 13a
Schallerg. 12, **43** Q 10
Schall-G., Anton- 21, **10** D 15
Schallhas-G., Karl- (K.-Sch.-G.) 13, **41** Q 5
Schaludekg. (Sch.-g.) 11, **47** T 17
Schamb.-g. = Schamborg. 14, **30** O 7
Schamborg. (Schamb.-g.) 14, **30** O 7
Schamsg. (S.-g.) 22, **23** K/L 18
Schanz, Auf der 23, **54** X 8
Schanze, An der 21, **21/22** J 14/15
Schanzstr. 14, 15, **30/31** O 8/9
Schärf-Pl., Dr.-Adolf (A.)- 22, **22** J/K 15/16
Scharff-G., Anton (A.-Sch.-G.) 12, **43** Q 10
Schartlg. 23, **53/54** V 6/7
Schattenfrohg. 22, **11/12** D 18/19, E 18
Schätzg. (Sch.-g.) 19, **20** H 11
Schatzlsteig 19, **19** J 9
Schauflerg. 1, **32** N 11, **01** N2 11b
Schaukalg. 17, **18** K 7
Schaumayerpl. 19, **19** J 10
Schaumburgerg. 4, **32** P 12
Schaurhoferg. 4, **01** O2/P1 12a
Schautag. 10, **45** T 13/14
Schb.-g. = Scherffenbergg. 18, **19** K 9
Schedifkapl. 12, **43** R 9
Scheedg. 22, **24** K 19
Scheffelstr. 21, **21** H/J 14
Scheffeneggerg. 23, **42** T 8
Schegarg. 19, **19/20** K 10/11
Scheibelreiterg. 19, **19** H 10
Scheibenbergstr. 18, **19** K/L 9
Scheibeng. 19, **20** J 11
Scheibenwiese, An der (A. d. Schw.) 16, **30** N 7
Scheiber-G., Karl- 23, **54** U 8
Scheiblinweg 14, **28** N 4/5
Scheichg. 22, **12** E 19
Scheidlstr. 18, **19** L 9
Scheimpflugg. 19, **19** K 9
Scheiter-G. Katharina- 21, **10** E 15/16
Schelleing. 4, **44** Q 12
Schellenhofg. 23, **54** W/X 8
Schellenseeg. 23, **54** W/X 8
Schellhammerg. 16, 17, **31** N 10
Schellinger-G., Benedikt- 15, **31** O/P 9
Schellingg. 1, **32** O 12, **01** O1 12a/12b
Schell-Str., Maria (M.)- 3, **45** Q 13
Schemberg. 23, **54** U 7
Schemmerlstr. 11, **45/46** S 14/15, T 15, **58** U 15
Schenk-Danzinger (Danz.)-G. 22, 24, **36** L/M 19/20
Schenkendorfg. 21, **21** H 14
Schenkenstr. (Sch.-str.) 1, **32** N 11, **01** N2 11b
Schenk-von-Ried-Stiege, Wernhard- (W.-Stg.) 14, **29** O 5
Schenkweg 14, **29** O 6
Scherbang. 23, **54** U 7
Schererstr. 21, **10/11** F 16/17
Scherffenbergg. (Schb.-g.) 18, **19** K 9
Scherfweg 14, **30** O 7
Scheringg. 14, **28** O 3
Scherlandg. 17, **18** L 8
Scherpeg. 19, **19** J/K 10
Scherrg. 11, **46** R 15
Scherzerg. 2, **21** M 12/13
Schettl-G.,Joachim (J.)- 14, **28** M 4
Scheug. 10, **44** Q/R 12
Scheunenstr. 10, **57** W 14
Scheydg. 21, **8** E 12/13
Sch.-g. = Schablerg. 19, **8** F 11
Sch.-g. = Schaludekg. 11, **47** T 17
Sch.-g. = Schätzg. 19, **20** H 11
Sch.-g. = Schilcherg. 14, **29** O 6
Sch.-g. = Schirnböckg. 13, **41** R 6
Sch.-g. = Schmiedg. 21, **1/2** C 14/15
Sch.-g. = Schmutzerg. 15, **31** O 9
Sch.-g. = Schönwieseg. 23, **55** V 9
Sch.-g. = Schrottgießerg. 2, **33** N 13, **01** N1 13a
Sch.-g. = Schultheßg. 17, **31** M 9
Sch.-g. = Schußwallg. 5, **44** Q 11
Sch.-g. = Schwarzingerg. 2, **32** M 12, **01** M2 12b
Sch.-g. = Schwendenweing. 18, **19** K 9
Schicht-Pl., Georg- 21, **22** H 15
Schichtweg 21, **22** H 15
Schicketanzg. 21, **10** F 15
Schickg. 22, **35** M 17
Schiele-G., Egon (E.)- 13, **41** R 6
Schierg. 22, **37** N 21
Schierlinggrund, Am 22, **35** N/O 17
Schiffamtsg. 2, **32** M 12, **01** M2 12a/12b
Schiffg., Große 2, **32** M/N 12, **01** M2/N1 12b
Schiffmühlenstr. 22, **22** L 15, **34** M 15
Schifterg. 21, **10** D 16
Schikanederg. 4, **32** P 11, **01** P1 11b
Schilcherg. (Sch.-g.) 14, **29** O 6
Schilder-Pl., Hans- 21, **22** H 15
Schildg. 11, **47** T 18
Schilfweg 22, **35** N 17/18, O 18
Schillerpl. 1, **32** O 11/12, **01** O2 11b
Schillerpromenade 23, **53** W 5
Schillg. 21, **9** G 13
Schillingerg. 23, **53** U 5
Schillingstr. 22, **23** H 18

S

Schubert-Weg, Franz- (Fr.-Schu.-Wg.) 18, **18** K 8
Schuchardtstr. 21, **2** C 15
Schu-.g = Schulterg. 1, **01** N2 12a
Schuhbrecherg. 14, **28** M 4
Schuhfabrikg. 23, **42** T 8
Schuh.-G., Franz (Fr.)- 10, **44** S 11
Schuhmeier-G., Franz (Fr.)- 23, **54** V 7
Schuhmeierpl. 16, **31** N 9
Schuhmeierstr. 14, **27** N 2
Schukowitzg. 22, **24** H 20–K 19
Schulerstr. 1, **32** N 12, **01** N2 12b
Schulg. 18, **19** L/M 10
Schulhof 1, **01** N2 12a
Schulsteig 19, **19** J 9
Schulterg. (Schu-.g) 1, **01** N2 12a
Schultheßg. (Sch.-g.) 17, **31** M 9
Schulweg, Am 11, **47** T 17
Schulzg. 21, **9** G/H 13
Schulzg. 23, **55** U 9
Schulz-Straßnitzki-G. (Sch.-Straß.-G.) 9, **2** M 11/12
Schumanng. 17, 18, **31** L 9, M 9/10
Schumpeterweg 21, **9** D 14
Schuppeng. 23, **55** U 9
Schurzg. 12, **42** S 7
Schuselkag. (Schus.-g.) 15, **31** O 9
Schus.-g. = Schuselkag. 15, **31** O 9
Schußlinie 11, **46** R 16
Schußwallg. (Sch.-g.) 5, **44** Q 11
Schuster-G., Franz- 22, **34** N 16
Schuster-G.,Josef (J.)- 13, **41** R 6
Schüttaupl. 22, **22** L 15
Schüttaustr. 22, **22** L/M 15
Schüttau, Wiener 19, **7** D/E 10
Schütte-Lihotzky-Weg 11, **45/46** Q 14/15
Schüttelstr. 2, **33/34** N 13–Q 15, **01** N1 13b
Schützeng. 3, **33** P 13
Schützensteig (Sch.-stg.) 14, **28** O 4
Schutzhausweg 12, **43** S 9/10
Schützpl. 14, **30** O 8
S.-Ch.-W. = Siegfried-Charoux-Weg 14, **29** O 6
Schwagerg. 23, **55** U 10
Schwaigerg. 21, **21** H 13
Schwalbeng. (Schw.-g.) 3, **33** O 13
Schwalbenweg 17, **18** H/J 7
Schwanng. 21, **10** E/F 15
Schwanzer-G., Karl- (K.-Sch.-G.) 10, **43** S 10
Schwartz-G., Pater (P.-Sch.-G.) 15, **31** P 10
Schwarzacher-G., Walter- 21, **10** F/G 16
Schwarzenauweg 21, **9** D 13
Schwarzenbergallee 17, **17** K 6
Schwarzenbergpl. 1, 3, 4, **32** O 12, **01** O2 12a/12b
Schwarzenbergstr. 1, **32** O 12, **01** O1/O2 12a
Schwarzenhaidestr. 23, **55** U 9
Schwarzenstockallee 2, **34** P 16
Schwarzer Weg 21, **21** H 13
Schwarz-G., Josef- 5, **43** Q 10
Schwarz-G., Olly (O.-S.-G.)- 22, **36** O 20
Schwarz-G., Vera 23, **55** V/W 10
Schwarzgruberg. 10, **45** T 14
Schwarzhorng. (Schwh.-g.) 5, **44** Q 11
Schwarzingerg. (Sch.-g.) 2, **32** M 12, **01** M2 12b
Schwarzlackenau, In der 21, **9** F 12/13
Schwarz-Pl., Leopold (L.-Sch.-Pl.)- 13, **29** P 6
Schwarzspanierstr. 9, **32** M/N 11, **01** M2/N1 11a/11b
Schwarzwaldg. 23, **53** U/V 6
Schwarzwald-Weg, Eugenie (E.-Sch.-W.)- 22, **22** J 16
Schwedenpl. 1, **32** N 12, **01** N2 12b
Schwed.-G., Karl- 23, **41** T 6, **53** U 6
Schweglerstr. 15, **31** O/P 9
Schweidlg. 2, **21** L 13
Schweighofer-G., Karl- (K.) 7, **32** O 11, **01** O2 11a/11b
Schweitzer-G., Albert (A.)- 14, **28** N/O 3
Schweizer Garten-Str. (Schw.-Gtn.-Str.) 3, **45** Q 13
Schweizertalstr. 13, **41** Q 5
Schwemmäckerg. 21, **9** E/F 14
Schwemmg. (S.-g.) 2, **33** N 13, (Schw.-g.), **01** N1 13a
Schwemmingerg. 23, **55/56** U 10/11
Schwendenweing. (Sch.-g.) 18, **19** K 9
Schwenderg. 15, **31** P 9
Schwenkg. 12, **43** R 9
Schwertg. (Schw.-g.) 1, **01** N1 12a
Schwetzweg 12, **42** R 8
Schw.-g. = Schwalbeng. 3, **33** O 13
Schw.-g. = Schwertg. 1, **01** N1 12a
Sch.-wg. = Schotterfeldweg 21, **10** E 15
Sch.-wg. = Schroederweg 12, **43** R 9
Schw.-Gtn.-Str. = Schweizer Garten-Str. 3, **45** Q 13
Schwh.-g. = Schwarzhorng. 5, **44** Q 11
Schwindg. 4, **32** P 12, **01** P1 12a/12b
Schwinglg. 23, **53** V 5
Scottg. 21, **9/10** F 14/15
S.-de-B.-Pl. = Simone-de-Beauvoir-Pl. 22, **24** L/M 20
Sebaldg. 21, 22, **22** G/H 16
Sebastian-Brunner-G. (Seb.-Brunn.-G.) 13, **42** R 7
Sebastian-Hofbauer-Weg (S.-H.-W.) 21, **22** H 15/16
Sebastian (S.)-Kelch-G. 14, **30** O/P 8
Sebastian-Kneipp-G. (S.-Kn.-G.) 2, **33** M 14
Sebastian-Kohl-G. 21, **21** H 14
Sebastianpl. 3, **33** O 13, **01** O2 13a
Seb.-Brunn.-G. = Sebastian-Brunner-G. 13, **42** R 7
Sebek-Str., Franz- 21, **10** G 15
Sechshauser Gürtel 15, **43** P/Q 10
Sechshauser Str. 15, **43** P 10, Q 9/10
Sechskrügelg. 3, **33** O 13, **01** O2 13a
Sechsschimmelg. 9, **20** L 11
Sechterg. 12, **43** R 9/10
Seckendorfstr. 14, **30** O/P 7
Seckendorff-Gudent-Weg 13, **42** R 8
Seder-G., Erne- 3, **33** P 14
Sedlacekweg 10, **43** T 10
Sedlitzkyg. 11, **45** R 14
Seeadlerweg 22, **35** N/O 17
Seeböckg. 16, **30/31** M 8/9
Seefelderg. 22, **37** N/O 21
Seeg. 9, **32** M 11/12
Seeler-G., Moritz (M.)- 10, **57** U 13
Seelosg. 13, **41** R 6
Seemann-Weg, Margarete (M.-S.-W.) 12, **42** S 8
Seemüllerg. 17, **18** L 7/8
Seerosenweg 22, **22** K 15/16
Seeschlachtweg 11, **46/47** S 15–17
Seestadtpromenade 22, **24** L 20
Seestadtstr. 22, **36** M/N 20
Segengrundg. 22, **34** M 16
Seglerweg 14, **29** M 5
Segnerstr. 10, **57** V 14
Seidelbastg. 22, **35** N 18
Seidel-G., Gustav (G.-S.-G.) 13, **29** P 5
Seidel-Weg, Amalia (A.)- 12, **43** S 9
Seideng. 7, **31** O 10
Seidler-Weg, Alma- 23, **54** U 8
Seidlg. 3, **33** N/O 13, **01** N2 13a/13b, O 13a
Seidl-Str., Franziska (F.)- 22, **24** L 20
Seifertstr. 13, **41** Q 5
Seilerg. 1, **32** N/O 12, **01** N2/O1 12a
Seilern-G., Graf (G.)- 12, **42** S 8
Seilerstätte 1, **32** O 12, **01** O1 12a/12b
Seipel-Pl., Dr.-Iganz- 1, **01** N2 12b
Seippg. (S.-g.) 3, **45** Q 14
Seiseneggerg. 22, **25** K/L 21
Seisg. 4, **44** Q 12
Seitenbergg. 16, 17, **30** M 8/9, N 8
Seitenhafenstr. 2, **47** Q/R 17
Seitenstetteng. (Seit.-g.) 1, **32** N 12, **01** N2 12a/12b
Seit.-g. = Seitenstetteng. 1, **32** N 12, **01** N2 12a/12b
Seitzerg. (Seitz.-g.) 1, **32** N 12, **01** N2 12a
Seitz.-g. = Seitzerg. 1, **32** N 12, **01** N2 12a
Seitz-Pl., Karl- 21, **9** G 13
Sekowitschweg 22, **35** M 17
Seleskowitschg. (S.-g.) 19, **20** J/K 11
Seligmanng. 23, **55** U/V 10
Sellenyg. (Sell.-g.) 2, **33** N 13
Sell.-g. = Sellenyg. 2, **33** N 13
Sellingerg. 11, **47** T 18
Selma-Lagerlöf-G. 10, **56** T/U 12
Selma-Steinmetz (Steinm.)-G. 21, **10** G 15
Selzerg. 15, **31** O/P 9
Semmelweisg. 21, **9** F 14
Semperstr. 18, **19/20** L 10/11, M 10
Senderstr. 21, **1** B 13/14
Sendnerg. 11, **48** T 19
Senefelderg. 10, **44** R/S 12
Senekowitschg. 22, **23** H/J 17
Senfg. 10, **45** T 14
Senng. 3, 11, **45** R 13/14
Sennholzer-G., Gottfried (G.-Senn.-G.) 14, **28** N 3/4
Senseng. 9, **32** M 11, **01** M2 11a
Sepp-Fellner-G. 14, **30** O 7
Sepp-Jahn-Promenade 3, **33** O 13
Serpenting. 21, **10** G 15
Serravag. 14, **30** P 8
Servaesg. 10, **44** T 11
Serviteng. 9, **32** M 11, **01** M2 11b
Seumeg. 12, **43** Q 10
Seutterg. 13, **29** P 5
Sevcikg. 23, **55** W 8/9
Severing. 9, **32** M 11
Severin (Sev.)-Schreiber-G. 18, **19** L 9
Sever-Str., Albert (A.)- 21, **2** A 15/16
Seybelg. 23, **54** V 7
Seyringer Str. 21, **11** E–G 17
S.-g. = Schamsg. 22, **23** K/L 18
S.-g. = Schwemmg. 2, **33** N 13, (Schw.-g.), **01** N1 13a
S.-g. = Seippg. 3, **45** Q 14
S.-g. = Seleskowitschg. 19, **20** J/K 11
S.-g. = Siegelg. 3, **33** O 13
S.-g. = Silvingg. 13, **41** P 6
S.-g. = Sonnenhofg. 5, **32** P 11
Shuttleworthstr. 21, **9** F 14
S.-H.-W. = Sebastian-Hofbauer-Weg 21, **22** H 15/16
Sibeliusstr. 10, **44** T 11
Siccardsburgg. 10, **44** Q–S 12
Sicher-G., Lydia(L.-S.-G.)- 22, **24** L 20
Sickel-G., Theodor- 10, **45** T 13

S

S

Stacheg. 12, **42** T 8
Stacherweg 22, **35** M/N 17/18
Stachlg. 13, **41** S/T 5
Stadionallee 2, **33** O/P 14
Stadiong. 1, **32** N 11, **01** N2 11a/11b
Stadlauer Str. 22, **23** K/L 17, **35** M 17
Stadlbreiten 22, **24** J 19/20
Stadlbreitener (Stadlbr.-) Anger 22, **24** K 20
Stadlerg. 13, **42** Q 7
Stadlweg 21, **10** G 16
Stadtgutg. Große 2, **33** M 12/13, **01** M2 13a
Stadtgutg., Kleine 2, **33** M 13, **01** M2 13a
Stadtherr-G., Angela (A.-S.-G.)- 11, **46** R 15
Stadtpark, Am (A. Stpk.) 3, **33** O 13, **01** O1 12b/13a
Sta.-g. = Stampferg. 13, **29** O 5
Staglg. 15, **31** P 10
Stainer-G., Jakob- 13, **41/42** S 6/7
Stallarng. 22, **12** E 19
Stallburgg. 1, **01** N2/O1 12a
Stammersdorfer Kellerg. 21, **1** A–C 14
Stammersdorfer Str. 21, **1/2** C 14/15, D 15/16
Stammg. 3, **33** N/O 13, **01** N2/O1 13b
Stammhausstr. 14, **28** N 4
Stampferg. (Sta.-g.) 13, **29** O 5
Stanislausg. 3, **33** P 13
Starchantg. 16, **30** M/N 7
Starhemberg-G., Graf- 4, **32** P/Q 12, **44** Q 12
Starkeg. 10, **44** T 11
Starkenburgg. 16, **30** M/N 7, M 8
Starkfriedg. 18, 19, **18** J 8, K 8/9
Stastnyweg 22, **12** F 19
Stättermayerg. 15, **31** O/P 9
Staudg. 18, **19** L 9/10, **31** M 10
Staudiglg. 10, **44** S 12
Staudingerg. 20, **20** L 12
Staud-Str., Johann- 16, **29/30** M 6, N 6–8
Staufferg. 14, **30** O 7
Stauraczg. (Staur.-g.) 5, **44** Q 11
Staur.-g. = Stauraczg. 5, **44** Q 11
Stavangerg. 22, **35** N 18
Stbg.-g. = Steinbergg. 23, **54** U 7
Steckhoveng. 13, **42** Q 7
Stefan-Esders-Pl. 19, **19** H 9/10
Stefan-Fadinger-Pl. 10, **44** S 11
Stefan-Koblinger-G. (St.-K.-G.) 22, **22** K 16
Stefan-Zweig-Pl. 17, **18** L 8
Steger-G.,Hans- 22, **23** L/M 17
Stegg. (St.-g.) 5, **32** P 11, **01** P1 11a
Stegmayerg. 12, **43** S 9
Steidlg. 21, **1/2** C 14/15
Steigenteschg. 22, **22** J 16, K 16/17
Stei.-g. = Steindlg. 1, **01** N2 12a
Steinachg. 22, **37** N/O 22
Steinackerg. 12, **43** R 10
Steinamangerg. 21, **9** E 14
Steinbach-G., Fritz (F.)- 23, **52** V 4
Steinbachstr. 14, **15** K/L 1
Steinbatzweg (S.-w.) 21, **1** C 14
Steinbauerg. 12, **43** Q 10
Steinberg-Frank-Weg 22, **22** L 16
Steinbergg. (Stbg.-g.) 23, **54** U 7
Steinböck-G.,Anton- 11, **46** T 15
Steinböckeng. 14, **29** N/O 5
Steinbrecherg. 22, **22** L 16
Steinbruchstr. 14, 16, **30** O 7/8
Steinbüchlweg 19, **20** H 11
Steinbügelweg 21, **1** C 13/14
Steinbühelg. 22, **25** L 22
Steindlg. (Stei.-g.) 1, **01** N2 12a
Steindler-Pl., Ehrenhaft- (E.-St.-Pl.) 9, **32** M 11
Steineicheng. 10, **45** T 14
Steinerg. 17, **31** N 10
Steinerg. 23, **54** U/V 7
Steiner-G., Leopold- 19, **19** H/J 10
Steiner-Weg, Gabor (G.)- 2, **33** M 13
Steiner-Weg, Jenny (J.-St.-W.)- 7, **31** O 10
Steiner-Weg, Mona-Lisa- 12, **42** T 7
Steinfeldern, An den 23, **54** V 7
Steinfeldg. 19, **20** H 11
Steing. 3, **33** P 13
Steinhageg. 12, **43** Q 10
Steinhardtg. (Steinh.-g.) 13, **41** R 6
Steinheilg. 21, **9** G 14/15, H 14
Steinh.-g. = Steinhardtg. 13, **41** R 6
Steiningerg. 12, **42** T 8
Steininger-Weg, Georgine (G.-St.-W.)- 22, **24** L 19
Steinklammerg. (Steinkl.g.) 13, **41** S/T 6
Steinkl.-g. = Steinklammerg. 13, **41** S/T 6
Steinlechnerg. 13, **42** R 7
Steinleg. 16, **30** N 7
Steinmetz (Steinm.)-G., Selma- 21, **10** G 15
Steinmetz-Stiege, Johann- (J.-St.-St.) 17, **18** L/M 7
Steinmüllerg. 16, 17, **30** M 7/8
Steinnelkenweg 22, **24** H 19
Steinschötelg. 10, **45** T 14
Steinseeweg 23, **43** T 9
Steinspornweg 22, **35** O 17/18
Stein-Str., Lorenz (L.)- 14, **27/28** N 2/3
Steinweisweg 12, **43** R 9
Steiskal-G., Theodor- 10, **44** S/T 12
Stella-Kadmon-Weg 10, **57** V 13
Stella-Klein-Löw-Weg 2, **33/34** N 14/15
Stelzhamerg. (Stelzh.-g.) 3, **33** N 13, **01** N2 13a
Stelzh.-g. = Stelzhamerg. 3, **33** N 13, **01** N2 13a
Stemmerallee 2, **34** O/P 16
Stemmer-Weg, Wilhelm (Wilh.) 17, **18** K/L 8
Stemolakg. 22, **24** K 19
Stenografeng. 23, **54** U 7
Stephan-Rudas-Pl. 14, **29** O 6
Stephanspl. 1, **32** N 12, **01** N2 12a
Stephensong. (Steph.-g.) 21, **21** J 14
Steph.-g. = Stephensong. 21, **21** J 14
Sterkg. (St.-g.) 5, **43** Q 10
Sterng. 1, **01** N1/N2 12a
Sterng. 23, **55** U 10
Stern-G., Luitpold- 22, **35** P 18
Sternwartestr. 18, **19** L 9/10
Steudelg. 10, **45** R 13
Steyrerhof (Sth.) 1, **01** N2 12b
St.-g. = Stegg. 5, **32** P 11
St.-g. = Sterkg. 5, **43** Q 10
St.-g. = Stooßg. 21, **8** G 12
St.-g. = Stuschkag. 23, **53** V/W 6
St.-G.-G. = Stüber-Gunther-G. 12, **43** S 9
Sth. = Steyrerhof 1, **01** N2 12b
Stiegeng. 6, **32** O/P 11, **01** O2 11a/11b, P1 11b
Stiegeng. 14, **15** L 1/2
Stiegerg. 15, **43** Q 10
Stieglerg. 23, **42** T 7
Stieglitzweg 22, **22** L 16
St.-i.-Eis.-Pl. = Stock-im-Eisen-Pl. 1, **32** N 12, **01** N2 12a
Stifter-Str., Adalbert- 20, **20** J 12, K 11/12
Stiftg. 7, **32** O 11, **01** O1/O2 11a
Stiglitzg. 13, **41** S/T 5
Stillfriedpl.16, **30** N 8
Stilling-Pl., Anton (A.)- 11, **46** S 15
Stinglg. 14, **28** M/N 3
Stinyg. 10, **44** T 12
Stipcakg. 23, **55** V 9
Stix-Pl., Alfred (A.)- 10, **44** T 11
St.-K.-G. = Stefan-Koblinger-G. 22, **22** K 16
Stöberg. 5, **44** Q 11
Stöberpl. 16, 17, **31** M 9
Stockentenweg 14, **29** N 5
Stockert-Pl., Leopold (L.)- 17, **18** K 7
Stockhammerng. 14, **29** O 5
Stockholmer Pl. 10, **58** U 12
Stock-im-Eisen-Pl. (St.-i.-Eis.-Pl.) 1, **32** N 12, **01** N2 12a
Stock im Weg 13, **41** Q/R 5
Stockwiesenweg 17, **17** J 5
Stoesslg. 13, **42** Q 7
Stoffellag. 2, **33** M/N 13, **01** N1 13a
Stöhrg. 21, **1** D 12
Stojka-Pl., Ceijka- (C.-S.-Pl.) 7, **31** N 10
Stolbergg. 5, **44** Q 11
Stollg. 7, **31** O 10
Stolzenthalerg. 8, **31** N 10
Stolz-Pl., Robert (R.)- 1, **32** O 11/12, **01** O1/O2 11b/12a
Stooßg. (St.-g.) 21, **8** G 12
Storcheng. 15, **43** Q 9/10
Storch-G., Otto (O.-St.-G.) 21, **9** F 14
Störck-G., Anton- 21, **9** G 13
Storkg. 5, **44** Q 11
Storm-Weg, Theodor (Th.)- 16, **30** N 7
Stoß im Himmel 1, **01** N1 12a
Stowasserg. 21, **1** D 12
Stpp.-g. = Stuppöckg. 23, **55** U 10
Stracheg. 11, **46** S 15
Strakaweg 22, **22** K 16/17
Stralehnerg. 22, **35** M 17
Strampferg. (Str.-g.) 13, **41** S 6
Strandg. 21, **21** J/K 14
Stranitzkyg. 12, **43** R 9
Stranskyweg 14, **29** O 6
Stransky-Weg, Ferdinand- 22, **23** H 17
Stranzenbergg. 13, **42** R 7/8, S 7
Straßäckerg. 22, **35** M 17
Straße-der-Menschenrechte 22, **22** J 15
Straße des Ersten Mai 2, **33** M 13, N 13/14
Straße des Achten Mai (Str. d. A. Mai) 9, **32** N 11, **01** N1 11b
Straßerg. 19, **19** H 10
Straßgschwandtnerstr. (Str.-str.) 14, **30** P 8
Straßmeyerg. 22, **22** K 16
Strauchg. (Str.-g.) 1, **01** N2 11b/12a, **32** N 11/12
Strauß-G., Johann- 4, **44** Q 12
Straußeng. 5, **32** P 11
Strauss-Pl., Anna- (A.-S.-Pl.) 13, **42** Q 7/8
Strauss-Str., Richard- 23, **55** U/V 10
Str. d. A. Mai = Straße des Achten Mai 9, **32** N 11, **01** N1 11b
Strebersdorfer Pl. 21, **9** D 13
Strebersdorfer Str. 21, **9** D 13, E 14
Streckerpl. 13, **29** P 6
Streffleurg. (Streffl.-g.) 20, **20** L 12
Streffl.-g. = Streffleurg. 20, **20** L 12
Strehlg. 19, **18** J 8
Streicherg. (Str.-g.) 3, **33** P 13, **01** P1 13a
Streitmanng. 13, **41** T 6
Str.-g. = Strampferg. 13, **41** S 6
Str.-g. = Strauchg. 1, **01** N2 11b/12a, **32** N 11/12
Str.-g. = Streicherg. 3, **33** P 13, **01** P1 13a
Str.-g. = Strindbergg. 11, **45** R 14
Strhck.-g. = Stroheckg. 9, **20** L 11

S

S
T

Tornay-G., Karl- 23, **54/55** W 8/9
Torricellig. 14, **30** 0 7
Toscaninig. 23, **55/56** U 11, V 10/11
Toskaweg 11, **46** R 15
Toßg. 15, **31** P 9
Touaillon-Str., Christine- 22, **36** M 20
Toulag. (T.-g.) 22, **23** K/L 18
Touristenweg 14, **27** M 1
Town-Town-Spange (T.-T.-Spange) 3, **33** P 14
T.-pl. = Tausigpl. 4, **32** P 12
Trabertg. 13, **41** S 6
Trabrennstr. 2, **33** N 14
Track-Weg, Ernst- 22, **23** K 18
Traiseng. 20, **21** K/L 13
Traklg. 19, **19** J 10
Trambauerstr. (Tram.-str.) 10, **44** S 12
Traminerg. (T.-g.) 19, **20** H 11
Tram.-str. = Trambauerstr. 10, **44** S 12
Trappelg. 4, **44** Q 11/12
Trapp-Pl., Maria- 22, **36** M 20
Trappweg 23, **56** V 11
Trattnerhof 1, **01** N2 12a
Traubeng. 23, **53** W 6
Traunerg. (T.-g.) 16, **30** M 7
Traunfelsg. (Tf.-g.) 20, **20** L 12
Traung. 3, **32** 0 12, **01** 02/P1 12b
Trautenaupl. 19, **19** J 10
Trautsong. 8, **32** N/0 11, **01** N2 11a
Trauttmansdorffg. 13, **42** Q 7/8
Trauzlg. 21, **8** E 12
Traviatag. 23, **55/56** V 10/11
Trazerbergg. 13, **41** Q 6
Tree-G., Rosa (R.-T.-G.)- 23, **54** V 7
Treffzg. 13, **41** T 6
Treitlstr. (Tr.-str.) 4, **32** 0 12, **01** 02 12a
Treixler-G., Johann (J.)- 21, **9** F 13
Tremlweg (Tr.-wg.) 23, **54** X 8
Trenkwaldg. 17, **17/18** L 6/7
Trennstr. 14, **28** M/N 4
Trentinig. 23, **43** T 9
Trepetschnigg. 23, **54** U 8
Trepulkag. 11, **47** T 17
Treu-G., Maria (Ma.-Tr.-G.)- 8, **32** N 11, **01** N2 11a
Treumanng. 13, **41** S 5
Treustr. 20, **20** K 11, L 11/12
Tr.-g. = Trogerg. 14, **30** P 8
Tribulzg. 23, **53** U/V 6
Triester Str. 10, 23, **43/44** R 11–T 10, **55** U 10–W 9
Triestingg. 21, **10** E/F 17
Trillerg. 21, **9** F 14
Trimmelg. 17, **18** L 7
Trinkhausstr. 11, **46** R 15
Trisannag. 21, **10** E/F 16
Trogerg. (Tr.-g.) 14, **30** P 8
Trollblumeng. 22, **35** N 17/18
Trondheimg. 22, **35** M/N 18
Troststr. 10, **44** R 11, S 11/12
Trözmüllerg. 22, **11** G 18
Tr.-str. = Treitlstr. 4, **32** 0 12, **01** 02 12a
Tr.-str. = Trunnerstr. 2, **33** L/M 13
Trubelg. 3, **45** Q 13
Trude-Fleischmann-G. (T.-F.-G.) 22, **24** L/M 20
Trude-Krakauer-Weg 22, **23** K 17
Trude-Mally-Weg 22, **24** L 20
Trummelhofg. 19, **19** H 10
Trummer-Weg, Wilhelm- 11, **46** R 15
Trunnerstr. (Tr.-str.) 2, **33** L/M 13
Tr.-wg. = Tremlweg 23, **54** X 8
Tschaikowskyg. 21, **9** F 13
Tschechowg. 21, **8** E 12
Tschermak-G., Gustav- 18, 19, **19** K/L 10
Tschertteg. 12, **43** S/T 9/10
Tschörnerweg 22, **36** N 20
Tschudig. 22, **35** L/M 18
T.-str. = Teuffenbachstr. 2, **33** M 14
T.-str. = Tiergartenstr. 2, **33** 0 13
T.-T.-Spange = Town-Town-Spange 3, **33** P 14
Tuchlauben 1, **32** N 12, **01** N2 12a
Tuchlaubenhof 1, **01** N2 12a
Tuersg. 13, **29** P 6
Tulipanenweg (T.-wg.) 22, **35** 0 17
Tullnertalg. 23, **42** T 7
Tulpeng. 8, **32** N 11, **01** N2 11a
Tulzerg. 21, **9** D 14
Turgenjewg. 13, **41** Q 6
Türkenbundweg (T.-wg.) 21, **2** C 15
Türkenschanzpl. 18, **19** K 9
Türkenschanzstr. 18, **19** L 10
Türkenstr. 9, **32** M 11/12, **01** M2 11b/12a
Türk-G., Josef- 21, **8** F 12
Türkisg. 21, **10** G 15
Turmburgg. 6, **31** P 11
Turnerg. 15, **31** P 10
Tuschlg. 23, **43** T 9
Twarochg. 17, **18** L 8
T.-wg. = Tulipanenweg 22, **35** 0 17
T.-wg. = Türkenbundweg 21, **2** C 15
Tyrnauer G. (Tyr. G.) 10, **44** S 12
Tyr.-G. = Tyrnauer G. 10, **44** S 12
Tyroltg. 12, **43** R 8/9

U

Überfuhrstr. 21, **8** G 12/13
Überreiterweg (Ü.-wg.) 14, **28** M 4
Ubg.-g. = Unterbergerg. 20, **20** L 12
Uchatiusg. (U.-g.) 3, **33** 0 13, **01** 01 13a
Udelweg 11, **46** S 15/16
Uetzg. 10, **45** S 14
Uferweg 19, **18** H 8
U.-g. = Uchatiusg. 3, **33** 0 13
Uhlandg. 10, **44** R 12
Uhligstr. 10, **57** V 13
Uhlirzg. 21, **10** G 16
Uhlpl. 8, **31** N 10
Uhug. 21, **8** F 12
Ulanenweg 22, **35** 0 18
Ulbrich-G., Gregor- 21, **1/2** D 14/15
Ul.-g. = Ulrichg. 2, **33** N 13, **01** N1 13a
Ullmannstr. 15, **43** Q 9/10
Ullreichg. 22, **22** H/J 16
Ulmenhof 12, **43** R/S 10
Ulmenstr. 14, **29** M 5
Ulrichg. (Ul.-g.) 2, **33** N 13, **01** N1 13a
Ulrichs-Pl., St.- 7, **32** 0 11, **01** 01 11a
Ultzmanng. 22, **36/37** 0 20/21
U.-M.-g. = Untere Mühlbachg. 23, **53** V 6
Umlauftg. 17, **18** L/M 8
Underreing. 14, **30** 0 7
Undsetg. 10, **44** T/U 12
Ungarg. 3, **33** 0/P 13, **01** 01–P1 13a
Ungar-Pl., Leopold (L.)- 19, **20** J 12
Unger-G., Adolf (A.)- 10, **57** U 13
Universitätsring 1, **32** N 11, **01** N1/N2 11b
Universitätsstr. 1, 9, **32** N 11, **01** N1 11a/11b
Universumstr. 20, **20** K 12
Unterbergerg. (Ubg.-g.) 20, **20** L 12
Unter der Kirche 11, **46** R/S 15
Untere Aquäduktg. 23, **53** V/W 6
Untere Augartenstr. 2, **32** M 12
Untere Bahnlände 10, **57** V 14
Untere Donaustr. 2, **33** N 12/13, **01** N1 12b/13a
Untere Jungenbergg. 21, **1** B 13/14, C14
Untere Kaistr. 10, **57** V 13/14
Untere Mühlbachg. (U.-M.-g.) 23, **53** V 6
Unteren Alten Donau, An der 22, **22** K 15, L 16, **34** M/N 16
Unterer Reisenbergweg 19, **19** H 9/10
Unterer Schreiberweg 19, **7** G 10, **19/20** H 10/11
Unterer Weisleitenweg 19, **7** F/G 10
Untere Sätzen 21, **1** C 13
Untere Viaduktg. 3, **33** N/0 13, **01** N2/01 13a
Untere Weißgerberstr. 3, **33** N/0 13, **01** N2 13b
Unterfeldg. 11, **46** T 15
Unterfeldweg 22, **23/24** H 19, J 18/19
Unterlaaer Pl. 10, **57** W 14
Unterlaaer Str. 10, **57** V/W 14
Untermeidlinger Str. 10, 12, **43/44** R 10, S 11
Upsalag. 10, **56** U 12
Urach-G., Hedy (H.)- 13, **41** T 6
Uraniastr. (U.-str.) 1, **33** N 13, **01** N2 13a
Uranusweg 14, **29** N 5
Urbang. 17, **30** M 8
Urban (U.)-Loritz-Pl. 7, **31** 0 10
Uridil-G., Josef (J.)- 14, **28** N 4
Urschenböckg. 11, **45** Q 14
Urselbrunneng. 10, **45** S 13
Urtel-Weg, Andreas (A.)- 22, **22** H 16
U.-str. = Uraniastr. 1, **33** N 13, **01** N2 13a
Uterdorfg. 14, **28** 0 4/5
Uthmann-G., Adolf (A.)- 21, **8** E 12
Utopiaweg 18, **18** K 8
Ü.-wg. = Überreiterweg 14, **28** M 4
Uzzi (U.)-Förster-Weg 22, **34** N 16

V

Valenting. 23, **53** U 5/6
Valierg. 11, **47** T 18
Vally-Weigl-G. 10, **44** Q 12
Van-der-Nüll-G. 10, **44** Q–S 12
Van-Swieten-G. 9, **32** M 11, **01** M2 11a
Varnhageng. 22, **23** L 17
Varroneg. 23, **54** X 8
Vascovec-G., Ernst- 21, **8** C/D 12
Vb.-g. = Vogelbeereng. 22, **24** K 19
V.-B.-Pl. = Vicki-Baum-Pl. 4, **32** P 12
V.-B.-W. = Verena-Buben-Weg 9, **32** M 11
Vegag. 19, **19** K 10
Veilchenweg (V.-wg.) 14, **28** 0 4
Veit-G., St.- 13, **42** P/Q 7
Veithg. 3, **32** 0/P 12, **01** 02/P1 12b
Veitingerg. 13, **41/42** Q 5/6, R 6/7
Veitlisseng. 13, **41** Q 5
Veitschiweg 22, **22/34** L/M 16
Veletaweg 17, **17/18** L 6/7
Veltzeg. 19, **19** H 9
Venediger Au 2, **33** M 13
Venusweg 14, **29** N 5
Vera-Ferra-Mikura-Weg 17, **18** L 8
Vera-Schwarz-G. 23, **55** V/W 10
Verbandsweg 22, **35** 0 18
Verbindungsweg (V.-wg.) 17, **17** J 6
Verbindungsweg 21, **21** K 14
Vereinsg. 2, **33** M 13
Vereinsstiege (Ver.-stge) 9, **20** L 11
Vereinte Nationen, Platz der 22, **21/22** L 14/15
Verena-Buben-Weg (V.-B.-W.) 9, **32** M 11
Vergarag. 22, **35** M 18
Vernholzg. 22, **23** L 17
Veronikag. 16, 17, **31** M/N 10

W

V
W

We.-g. = Werkmanng. 19, **20** L 11
Wegelerg. (We.-g.) 18, **18** K 8
Wegener-G., Alfred (A.)- 19, **19** J 10
Wegerichg. 14, **29** M/N 5
Wegmayrg. (Wegm.-g.) 22, **22** J 16
Wegm.-g. = Wegmayrg. 22, **22** J 16
Wehleweg 3, **33** O 14
Wehlistr. 2, 20, **20** J 12, **21** K 13, L 13/14, **33/34** M 14, N 15–O 16
Wehrbrücklstr. 22, **25** L 21/22, **37** M/N 21
Wehrg. 5, **32** P 11, **01** P1 11b
Weibelstr. 22, **36** N 20
Weichselbaumg. 10, **45** T 13
Weichseltalweg 11, **46** T 15
Weichselweg 22, **35** N/O 17
Weidelstr. 10, **57** V 13
Weidenröschenweg (Weid.-weg) 22, **21** K 14
Weidenweg (Wd.-wg.) 22, **35** N 17
Weidingerg. (Weid.-g.) 22, **35** M 17
Weidlichg. 13, **42** Q/R 7
Weidlinger Damm 22, **37** N/O 22
Weidmanng. 17, **31** M 9/10
Weid.-weg = Weidenröschenweg 22, **21** K 14
Wei.-g. = Weinlechnerg. 3, **33** P 13/14
Weigandhof (Weig.-hof) 10, **44** S 11
Weig.-hof = Weigandhof 10, **44** S 11
Weiglg. 15, **43** Q 9
Weigl-G., Ignaz (I.-W.-G.) 11, **46** R 15
Weigl-G., Vally- 10, **44** Q 12
Weihburgg. 1, **32** O 12, **01** O1 12a/12b
Weilandg. 21, **2** C/D 15
Weiler-Pl., Max- 1, **01** O2 12a
Weiler-Weg, Marie- (M.-W.-W.) 21, **9** F 13
Weilg. 19, **20** K 11
Weimarer Str. 18, 19, **19** K/L 10
Weinbauschulweg (W.-w.) 19, **19** H 10
Weinbergerpl. 13, **41** T 6
Weinbergg. 19, **19** J 9/10, K 10
Weindorferg. 13, **41** T 6
Weinfeldweg 14, **29** O 5
Weingartenallee 22, **12** D 20, E 19/20, F 19
Weingebirg, Am 19, **20** H 11
Weinhauser G. (Whsr.-G.) 18, **19** L 9
Weinheber-Pl., Josef- 14, 16, **30** O 8
Weinheimerg. 16, **30** N 8
Weininger-G., Otto (O.-Wein.-G.) 13, **29** P 6
Weinlechnerg. (Wei.-g.) 3, **33** P 13/14
Weinmanng. (W.-g.) 22, **22** K 16
Weinrotherg. 13, **41/42** S 6/7
Weinsteigg. 21, **1** B/C 14
Weintraubeng. 2, **33** M/N 13
Weinweg 12, **43** S 9
Weinwurmweg 22, **22** J 15
Weinzierlg. 14, **30** P 7
Weinzingerg. 19, **19** J 10
Weiskchr.-str. = Weiskirchnerstr. 1, **32** O 12/13, **01** O1 12b
Weiskerng. 16, **30** M 8
Weiskirchnerstr. (Weiskchr.-str.) 1, **32** O 12/13, **01** O1 12b
Weisleitenweg, Unterer 19, **7** F/G 10
Weissauweg 22, **22** L 15
Weißdornweg (Weiß.-wg.) 18, **18** K 8
Weisselg. 21, **21** H 13/14
Weißenböckstr. 11, **46** T 15
Weißenthurng. 12, **43** R 8/9
Weißenwolffg. 21, **8** F/G 12
Weißg. 17, **31** M/N 9
Weiß-G., Edmund- 18, **19** L 10
Weiß-G., Lorenz (L.)- 14, **29** O 6
Weißgerberlände 3, **33** N/O 13
Weißgerberstr.,Obere 3, **33** N 13, **01** N1 13a/13b, N2 13a
Weißgerberstr., Untere 3, **33** N/O 13, **01** N2 13b
Weißingerg. (W.-g.) 21, **10** E 16
Weiss-Weg, Antonia- 22, **24** J/K 19
Weiß-wg. = Weißdornweg 18, **18** K 8
Weitlofg. 18, **19** L 10
Weitmoserg. 10, **44** S 11
Weixelbergerg. 23, **53** U/V 5
Weizeng. 10, **57** X 13
Weizenweg 22, **25** H 22, J 21/22
Weldeng. 10, **44** S 12
Welingerg. 23, **55** V 9
Welitsch.Str., Ljuba- (L.-W.-Str.) 3, **45** Q 13
Welschg. 23, **53** V/W 6
Wels-G., Franz- 22, **23** L/M 18
Welthandelspl. 2, **33** N 14
Welzenbacherg. 22, **22** K 16
Wenckebachg. (Wbch.-g.) 19, **19** H 10
Wendelin-G., St.- (St.-W.-G.) 22, **22** J 16
Wendelin-Pl., St.- 22, **22** J 16
Wendelstattweg 19, **18** H 8
Wendg. (W.-g.) 16, **31** N 9
Wendstattg. 10, **57** U 13
Wenhartg. 21, **9** G 13
Wenzg. 13, **42** Q 7
Werdertorg. 1, **32** N 12, **01** N1 12a
Werd, Im 2, **32** M 12, **01** M2 12b
Werfelstr. 17, **18** K 7/8
Werkmanng. (We.-g.) 19, **20** L 11
Werkstättenweg 3, 11, **45** R 13/14, S 14
Werndlg. 21, **9** G 14
Wernerg. 23, **42** T 7
Werner-Pl., Oskar- 6, **31** P 10
Wernhard-Schenk-von-Ried-Stiege (W.-Stg.) 14, **29** O 5
Wernhardtstr. 16, **30** N 8
Werthenburgg. (Werth.-g.) 12, **42** S 7
Werth.-g. = Werthenburgg. 12, **42** S 7
Weschelstr. 2, **21** L 13
Wessely-Weg, Josefine (J.)- 12, **43** R 8/9
Wessely-Weg, Paula- 19, 7, **19** G/H 9/10
Westbahnstr. 7, **31** O 10
Westermayerg. 14, **29** P 6
Wettengelg. 23, **55** W 9
Wettsteing. 21, **8** F 12
Wexstr. 20, **20** K 12
Weyprechtg. 16, **31** N 10
Weyrg. 3, **33** O 13, **01** O1 13a/13b
Weyringerg. 4, **44** Q 12
W.-g. = Wacquantg. 22, **36** M 19
W.-g. = Waldaug. 19, **20** H 11
W.-g. = Waschhausg. 2, **33** N 13 (Wa.-g.), **01** N1 13a
W.-g. = Wasserburgerg. 9, **20** L 11
W.-g. = Wedlg. 3, **33** P 13/14
W.-g. = Weinmanng. 22, **22** K 16
W.-g. = Weißingerg. 21, **10** E 16
W.-g. = Wendg. 16, **31** N 9
W.-g. = Wiedermanng. 11, **47** T 18
W.-g. = Wiesmühlg. 23, **53** V 5
W.-g. = Wildauerg. 12, **43** R 8/9
W.-g. = Windhaagg. 1, **01** N2 12b
W.-g. = Wolfsaug. 20, **20** L 12
Wg.-g. = Wildgänseg. 21, **21** K 14
Whs.-g. = Wachthausg. 11, **46** R 15
Whsr.-G. = Weinhauser G. 18, **19** L 9
Wichnerg. 22, **37** M 21
Wichtelg. 16, 17, **31** M/N 9
Wickenburgg. 8, **32** N 11, **01** N1/N2 11a
Wickeng. 14, **29** M 5
Wickhoffg. 15, **31** O 8/9
Widerhoferg. 9, **32** M 11
Widerhoferpl. 9, **32** M 11
Widholzg. 11, **47** T 17
Wiedermanng. (W.-g.) 11, **47** T 18
Wiedg. 22, **35** M 17
Wiedner Gürtel 4, **44** Q 12
Wiedner Hauptstr. 4, 5, **32** P 12, **44** Q 11, **01** O2 12a
Wiegelestr. 23, **42** T 7/8, U 7
Wielandg. 10, **44** R 12
Wielandpl. 10, **44** R 12
Wielandweg 22, **12** D/E 19
Wielemansg. 18, **19** L 9
Wienerbergstr. 10, 12, **43** R 9/10, S 10
Wienerfeldg. 10, **44** T 11
Wienerflurg. 23, **55** W 9
Wiener G. 21, **9** G 13
Wiener-Pl., Hugo (H.)- 4, **32** P 11
Wiener Schüttau 19, **7** D/E 10
Wienerwaldg. 14, **28** M/N 4
Wiener Weg, Alter 21, **9/10** G 14/15
Wiener-Weg, Hugo- 22, **23** H 17
Wieng. 14, **27/28** N 2/3
Wieningerpl. 15, **31** P 9
Wientalstr. 13, 14, **27/28** N 2/3, O 3/4, **29** O 5
Wienzeile, Linke 6, 14, 15, **31/32** O 11, P 10/11 Q 10, **43** Q 8/9, **01** O2 11b, P1 11a/11b
Wienzeile, Rechte 1, 4, 5, 12, **32** O/P 11, **43** Q 9, **01** O2 11b/12a, P1 11a
Wiesbergg. 16, **30** N 8
Wieselburger G. (Wies.-G.) 10, **44** S 12
Wieselweg (W.-wg.) 22, **35** O 17
Wieseng. 9, **20** L 11
Wieseng. 14, **28** N 3
Wiesen, In der 23, **54/55** V 8/9
Wiesenthalg. 10, **45** T 13/14
Wiesenthal-G., Simon- 2, **34** O 15
Wiesenweg 14, **15** J/K 1
Wies.-G. = Wieselburger G. 10, **44** S 12
Wiesingerstr. 1, **01** N2 12b
Wiesmayer-G., Georg (G.)- 10, **57** W 14
Wiesmühlg. (W.-g.) 23, **53** V 5
Wiesnerg. 22, **22** H 15/16
Wiesthalen, In den kurzen 21, **1** B 13
Wiethestr. 22, **37** N 20/21, O 21/22
Wi.-g. = Wißgrillg. 14, **30** P 8
Wigandg. 19, **8** F 11
Wilbrandtg. 18, 19, **19** K 9
Wilckensweg 19, **18** J 8
Wilczekg. 10, **45** R 13
Wildag. 23, **54** W 8
Wildauerg. (W.-g.) 12, **43** R 8/9
Wildbadg. 21, **21** J/K 14
Wilder-Str., Billy- 3, **33** Q 13
Wildgänseg. (Wg.-g.) 21, **21** K 14
Wildganspl. 3, **45** Q 13
Wildgartenallee 12, **42** T 7/8
Wildgrubg. 19, **7** F/G 10, **19/20** H 10/11
Wildnerg. 21, **8** F 12
Wildpretmarkt 1, **01** N2 12a
Wildpretstr. 11, **46/47** R 16/17
Wildweg (W.-wg.) 17, **18** K/L 7
Wilhelm (W.)-Busch-G. 19, **19** J 9
Wilhelm-Dachauer-Str. 22, **37** N/O 21
Wilhelm-Erben-G. 23, **43** T 9
Wilhelm (W.)-Exner-G. 9, **32** M 11
Wilhelminenstr. 16, 17, **30/31** M 7–9, N 9

BRÜCKENVERZEICHNIS
INDEX OF BRIDGES

DONAUBRÜCKEN
DANUBE BRIDGES

Brigittenauer Brücke 20, 21, **21** K 13
Donaustadtbrücke 2, 22, **34** N 16
Floridsdorfer Brücke 20, 21, **21** J 13
Georg-Danzer-Steg 20, 21, **21** K 13
Nordbahnbrücke 20, 21, **21** J 13
Nordbrücke 20, 21, **20** H 12/13
Praterbrücke 20, 22, **34** N/O 16
Reichsbrücke 2, 22, **21** L 14
Stadlauer Ostbahnbrücke 2, 22, **34** O 16
Steinitzsteg 20, 21, **20** H 12/13

DONAUKANALBRÜCKEN
DANUBE CANAL BRIDGES

Aspernbrücke 1, 2, **33** N 13
Augartenbrücke 2, 9, **32** M 12
Döblinger Steg 19, 20, **20** K 11
Erdberger Brücke 2, 3, **33/34** P 14/15
Erdberger Steg 2, 3, **33** O 14
Franzensbrücke 2, 3, **33** N 13
Freudenauer Hafenbrücke 2, 11, **47** R/S 18
Friedensbrücke 9, 20, **20** L 12
Gürtelbrücke 9, 19, 20, **20** K 11
Gaswerksteg 2, 3, **34** P 15
Heiligenstädter Brücke 19, 20, **20** J 12
Josef-von-Schemerl-Brücke 19, 20, **20** H 12
Marienbrücke 1, 2, **32** N 12
Nußdorfer Schleusenbrücke 20, **20** H 12
Ostbahnbrücke 2, 11, **45** Q 15
Roßauer Brücke 2, 9, **32** M 12
Rotundenbrücke 2, 3, **33** O 13
Salztorbrücke 1, 2, **32** N 12
Schwedenbrücke 1, 2, **32** N 12
Siemens-Nixdorf-Steg 2, 9, **32** M 12
Stadionbrücke 2, 3, **33** P 14
Schrägseilbrücke 2, 11, **47** Q 17

NEUE DONAU BRÜCKEN
NEW DANUBE BRIDGES

Jedleseer Brücke 21, **8** G 12
Kaisermühlenbrücke 22, **34** M 15
Ponte Cagrana 22, **21** L 14 (nicht jederzeit benützbar)
Steinspornbrücke 22, **35** P 17
Walulisobrücke 22, **48** R 19 (nicht jederzeit benützbar)

WIENFLUSSBRÜCKEN
VIENNA RIVER BRIDGES

Alois-Czedik-Steg 14, **27** N 2
Badhaussteg 13, 14, **42** Q 8
Baumgartenbrücke 13, 14, **30** P 7
Braunschweigsteg 13, 14, **30** P 7
Bräuhausbrücke 13, 14, **29** O 5
Doktor-Karl-Lueger-Brücke 14, **28** N 3
Guldenbrücke 13, 14, **29** P 6
Hackinger Steg 13, 14, **29** P 5
Ha-Wei-Brücke 14, **28** N 3
Hütteldorfer Brücke 13, 14, **29** P 5
Kennedybrücke 13, 14, **42** Q 8
Kielmannseggbrücke 14, **27** N 2/3
Kleine Marxerbrücke 1, 3, **01** N 13
Kleine Ungarbrücke 1, 3, **01** O 12
Lobkowitzbrücke (Fabriksbrücke) 12, 15, **43** Q 9
Margaretengürtelbrücke 5, 6, **43** Q 10
Nevillebrücke 5, 6, **31, 43** P/Q 10
Nikolaibrücke 14, **29** O 4/5
Nikolaihangbrücke 14, **29** O 5
Nikolaisteg 14, **29** O 5
Paul-Amann-Brücke 13, 14, **30** P 7
Penzinger Steg 13, 14, **30** P 7
Pilgrambrücke 5, 6, **32** O 5
Preindlsteg 13, 14, **29** P 6
Radetzkybrücke 1, 3, **01** N 13
Reinprechtsdorfer Brücke 5, 6, **32** P 11
Sankt Veiter Brücke 13 14, **29** P 6
Schloßbrücke 13, 14, **42** Q 8
Schönbrunner Brücke 12, 13, 14, 15, **43** Q 9
Stadtparksteg 1, 3, **01** O 12
Stiegerbrücke 12, 15, **43** Q 10
Storchensteg 12, 15, **43** Q 10
Stubenbrücke 1, 3, **01** O 12/13
Wackenroderbrücke 5, 6, **43** Q 10
Wolf-in-der-Au-Brücke 13, 14, **28** O 4
Zollamtssteg 1, 3, **01** N 13
Zufferbrücke 13, 14, **29** P 6

STADTPOLIZEIKOMMANDEN
POLICE HEADQUARTERS OF THE URBAN DISTRICTS

Telefon: 313 10-0

1, **Innere Stadt,** Deutschmeisterpl. 3, **32** M 12
3, **Landstraße,** Juchg. 19, **33** P 13
5, **Margareten** (für den 4., 5. und 6. Bezirk), Viktor-Christ-G.19, **44** Q 11
8, **Josefstadt** (für den 7., 8. und 9. Bezirk), Fuhrmannsg. 5, **31** N 10
10, **Favoriten,** Van-der-Nüll-G. 11, **44** R 12
11, **Simmering,** Enkpl. 3, **45** R 14
12, **Meidling** (für den 12. und 13. Bezirk), Hohenbergstr. 1, **43** R 9
15, **Fünfhaus** (für den 14. und 15. Bezirk), Tanneng. 8–10, **31** P 10
16, **Ottakring** (für den 16. und 17. Bezirk), Wattg. 15, **31** N 9
19, **Döbling** (für den 18. und 19. Bezirk), Hohe Warte 32, **20** J 11
20, **Brigittenau** (für den 2. und 20. Bezirk), Pappenheimg. 33, **20** L 12
21, **Floridsdorf,** Hermann-Bahr-Str. 3, **21** H 13
22, **Donaustadt,** Wagramer Str. 89, **22** K 16
23, **Liesing,** Lehmanng. 3a, **53** V/W 6

WICHTIGE BAHNHÖFE
MAIN RAILWAY STATIONS

Franz-Josefs-Bahnhof, 9, Julius-Tandler-Pl. 3, **20** L 11
Hauptbahnhof, 10, Südtiroler Platz, **44** Q 12
Westbahnhof, 15, Europapl. 1, **31** P 10
Wien Mitte, 3, Landstraßer Hauptstr. 1c, **33** O 13
Wien Nord, 2, Praterstern, **33** M 13

KRANKENHÄUSER
HOSPITALS

Allgemeines Krankenhaus - Medizinscher Universitätscampus, 9, Währinger Gürtel 18-20, **31/32** M 10/11
Anton-Proksch-Institut, Stiftung Genesungsheim Kalksburg, 23, Gräfin-Zichy-Str. 6, **54** V 4

Barmherzigen Brüder, Krankenhaus der, 2, Johannes-von-Gott-Pl. 1, **32** N 12
Barmherzigen Schwestern, Krankenhaus der, 6, Stumperg. 13, **31** P 10
Baumgartner Höhe - Otto-Wagner-Spital SMZ und Pflegezentrum, 14, Baumgartner Höhe 1, **29/30** N/O 6/7

Confraternität - Privatklinik Josefstadt, 8, Skodag. 32, **31** N 10

Evangelisches Krankenhaus Wien, 18, Hans-Sachs-G. 10-12, **19, 31** M 10

Floridsdorf, SMZ Krankenhaus und Geriatriezentrum 21, Hinaysg. 1, **21** H 14
Franziskus Spital Landstraße, 3, Landstraßer Hauptstr. 4a, **33** O 13
Franziskus Spital Margareten, 5, Nikolsdorferg. 26-36, **44** Q 11

Goldenes Kreuz, Privatklinik, 9, Lazarettg. 16-18, **31** M 10
Göttlicher Heiland, Krankenhaus, 17, Dornbacher Str. 20-28, **18** L 8

Hanusch-Krankenhaus der Wr. Gebietskrankenkasse, 14, Heinrich-Collin-Str. 30, **30** O 7
Haus der Barmherzigkeit, 16, Seeböckg. 30a, **30** M 8
22, Tokiostr. 4, **22** J 15
Heeresspital Wien, 21, Brünner Str. 238, 2, **2, 10 D** 15
Hera, Sanatorium, 9, Löblichg. 14, **20** L 11
Herz-Jesu-Krankenhaus, 3 Baumg. 20a, **33** P 13
Hietzing, Krankenhaus mit Neurologischem Zentrum Rosenhügel, 13, Wolkersbergenstr. 1, **41** S 6

Kaiser-Franz-Joseph-Spital mit Gottfried von Preyer'schem Kinderspital, SMZ Süd Geriatriezentrum Favoriten, 10, Kundratstr. 3, **44** R 11
Neurologisches Zentrum Rosenhügel, 13, Riedelg. 5, **41/42** T 6I7

Orthopädisches Krankenhaus Gersthof, 18, Wielemansg. 28, **19** L 9
Orthopädisches Spital Speising, 13, Speisinger Str. 109, **41/42** S 6/7

Privatklinik Döbling, 19, Heiligenstädter Str. 57-63, **20** K 11
Pulmologisches Zentrum Wien, 14, Sanatoriumstr. 2, **29 N/0** 6

Rehabilitationszentrum Meidling, 12, Köglerg. 2a 43 R 10
Rudolfinerhaus, 19, Billrothstr. 78, **19** J 10
Rudolfstiftung, Krankenanstalt, inkl. Standort Semmelweis-Frauenklinik 3, Juchg. 25, **33** P 13

Sanatorium Liebhartstal, 16, Kollburgg. 6-10, **30** M 8
St.-Anna-Kinderspital, 9, Kinderspitalg. 6, **31** N 10
St.-Josef Krankenhaus, 13, Auhofstr. 189, **29** P 5
Sozialmedizinisches Zentrum Ost, Donauspital, 22, Langobardenstr. 122, **35** M 17/18
Standort der Semmelweis-Frauenklinik, Krankenhaus Rudolfstiftung, 18, Bastieng. 36-38, **19** K 9
SVA Gesundheitszentrum, 5, Hartmanng. 2b, **32** Q 11

Unfallkrankenhaus Lorenz Böhler, 20, Donaueschingenstr. 13, **21** K 13
Unfallkrankenhaus Meidling, 12, Kundratstr. 37, **43** R 10

Wiener Privatklinik, 9, Pelikang. 15, **31** M 10
Wilhelminenspital der Stadt Wien, 16, Montleartstr. 37, **30** N 8

FRIEDHÖFE
CEMETERIES

Albern, 11, Friedhof der Namenlosen, **48** T 20
Altmannsdorf, 12, Stüber-Gunther-G. 1, **43** S 9
Aspern, 22, Langobardenstr. 180, **35** M/N 18
Atzgersdorf, 23, Reklewskig. 25, **54** V 8

Baumgarten, 14, Waidhausenstr. 52, **29/30** O 6/7
Breitenlee, 22, Breitenleer Str., **24** H/J 19

Döbling, 19, Hartäckerstr. 65, **19** K 9
Dornbach, 17, Alszeile 28, **18** L 8

Erlaa, 23, Erlaaer Str. 86, **54** V 8
Eßling, 22, Schafflerhofstr. 368, **37** N 21
Evangelischer Friedhof, 10, Triester Str. 1, **44** R 11; 11, Zentralfriedhof, 4. Tor, **58** U 16/17

Gersthof, 18, Möhnerg. 1, **19** L 9
Grinzing, 19, An den langen Lüssen 33, **19** H 10
Groß-Jedlersdorf, 21, Strebersdorfer Str. 4, **9** E 14

Hadersdorf-Weidlingau, 14, Friedhofstr. 12, **28** N/O 4
Heiligenstadt, 19, Wildgrubg. 20, **19** H 10
Hernals, 17, Leopold-Kunschak-Pl. 7, **18/19** L 8/9
Hetzendorf, 12, Elisabethallee 2, **42** S 8
Hietzing, 13, Maxingstr. 15, **42** R 8
Hirschstetten, 22, Quadenstr. 11, **23** K 18
Hütteldorf, 14, Samptwandnerg. 6, **28** O 4

Inzersdorf, 23, Kolbeg. 34, **55/56** U/V 10/11
Islamischer Friedhof, 23, Laxenburger Str., **56** U 11
Jedlesee, 21, Liesneckg. 246, **8/9** F 12/13
Jüdischer Friedhof, 11, Zentralfriedhof, 1. Tor, **46** T/U 15
- Neuer, Zentralfriedhof, 5. Tor, **59** U 17

Kagran, 22, Goldemundweg 134, **22/23** H 16/17
Kahlenberg, 19, Kahlenberger Str., **7** F 10
Kahlenbergerdorf, 19, Jungherrnsteig, **7** F 10
Kaiserebersdorf, 11, Thürnlhofstr. 27, **47** T 17
Kalksburg, 23, Zemlinskyg. 26, **53** V 5
Krematorium (Städt. Feuerhalle), 11, Simmeringer Hauptstr. 337, **46** T 16

Lainz, 13, Würzburgg. 28, **42** R 7
Leopoldau, 21, Leopoldauer Pl. 77, **10** G 16
Liesing, 23, Siebenhirtenstr. 16, **54** W 7

Mauer, 23, Friedensstr. 16, **41** T/U 6
Meidling, 12, Haidackerg 6, **43** R 10

Neustift Am Walde, 18, Pötzleinsdorfer Höhe 2, **18** J 7/8
Nußdorf, 19, Nußbergg. 44, **20** G/H11

Oberlaa, 10, Friedhofstr. 33, **57** V 14
Ober-St.-Veit, 13, Gemeindebergg. 26, **41** R 5
Ottakring, 16, Gallitzinstr. 5, **30** N 7/8

Penzing, 14, Einwangg. 55, **30** P 8
Pötzleinsdorf, 18, Starkfriedg. 67, **18** J 8

Rodaun, 23, Leinmüllerg. 20, **53** W 6

St. Marx, 3, Leberstr. 6-8, **45** Q 14
Siebenhirten, 23, Pollakg. 3, **54** W/X 8
Sievering, 19, Nottebohmstr. 51, **19** J 9
Simmering, 11, Unter der Kirche 5, **46** R/S 15
Stadlau, 22, Gemeindeaug. 27, **35** M 17
Stammersdorf-Ort, 21, Zwerchbreitelng., Clessg. 70, **2** C 14
Stammersdorf-Zentralfriedhof, 21, Stammersdorfer Str. 224-260, **2** D 16
Strebersdorf, 21, Anton-Haberzeth-G., 6, **1** C 13
Südwestfriedhof, 12, Hervicusg. 44/Wundtg. 1 a, **42** S/T 7/8
Süßenbrunn, 22, Friedhofweg, **12** F 20

Tierfriedhof Wien, 11, Anton-Mayer-G. 5, **46** T 16

Urnenhain (beim Krematorium), 11, Simmeringer Hauptstr. 337, **46** T 16

Zentralfriedhof, 11, Simmeringer Hauptstr. 234, 2. Tor, **46** T 15/16, **58/59** U 15-17, V 16/17

Das Verzeichnis enthält wichtige Firmen in alphabetischer Reihenfolge, Hotels sind (unter H) als eigene Gruppe angeführt. Die Angaben nach **Firmennamen** (Kurzform), Branche, Adresse und Telefonnummer bedeuten:

fettgedruckte Zahl = Nummer des Kartenblattes
Buchstabe und Ziffer = Suchernetz (Planquadrat)
helle Ziffer im dunklen Kreis = Firmenstandort (Standort-Ziffer) im Planquadrat.
(Wo es der Platz erlaubt zeigt der Plan zusätzlich zur Standort-Ziffer auch den Firmenkurznamen).

BEISPIEL
FREYTAG-BERNDT → Landkarten, Verlag, 23., Brunner Straße 69, Telefon: 01/869 90 90-0, **54** V 8 ❶
Das heißt, Sie finden Freytag-Berndt auf Blatt **54**, im Planquadrat V 8 unter der Standort-Ziffer ❶.

ACHTUNG
Firmenstandorte im Bereich Wien-Innen (1. Bezirk sowie angrenzende Teile der Bezirke 2, 3, 4, 6, 7, 8 und 9) werden auf dem Kartenblatt 01 (vergrößerter Ausschnitt aus Blatt 32) gezeigt.

Firmenregister-Eintragungen: Redaktion und Verwaltung
FREYTAG-BERNDT u. ARTARIA KG
Kartographische Anstalt I A-1230 Wien I Brunner Straße 69 I Telefon: +43-(0)1-869 90 90-14 I
Fax: +43-(0)1-869 90 90-72 I E-Mail: schmidt@freytagberndt.at I Internet: www.freytagberndt.at

APOTHEKEN

1. BEZIRK

APOTHEKE „ZUM GOLDENEN REICHSAPFEL“
Mag. pharm. Dietmar Kowarik e. U.
Singerstraße 15
Telefon: 512 41 44, Fax: 512 13 32,
E-Mail: ko@reichsapfel-apotheke.at
Internet: www.reichsapfel-apotheke.at
01 01 12b

INTERNATIONALE APOTHEKE
Kärntner Ring 17
Telefon: 512 28 25, Fax: DW 9,
E-Mail: intapo@intapo.at,
Internet: www.internationale-apotheke.at
01 02 12a

OPERN APOTHEKE
Hermann Gebauer KG
Kärntner Straße 55
Telefon: 512 68 64, Fax: 513 11 21,
E-Mail: opernapotheke@gmx.at,
Internet: www.opernapotheke.at
01 01/02 12a

2. BEZIRK

FRANZENSBRÜCKEN-APOTHEKE
Franzensbrückenstraße 17
Telefon: 214 31 91, Fax: DW 14
Internet: www.franzensbruecken-apotheke.at
33 N 13

3. BEZIRK

PETRUS APOTHEKE
Dr. Kutiak KG
Erdbergstraße 6
Telefon: 713 44 73
33 O 13

10. BEZIRK

APOTHEKE AM WIENERFELD
Laxenburger Straße 203
Telefon: 615 02 81
44 T 11

PER ALBIN HANSSON APOTHEKE
Mag.pharm. Gertrude Scherr KG
Hansson-Zentrum, Favoritenstraße 239/1A
Telefon: 688 23 57, Fax: DW 44,
E-Mail: office@hansson-apotheke.at,
Internet: www.hansson-apotheke.at
57/44 U 13

11. BEZIRK

LUDWIGS-APOTHEKE
Simmeringer Hauptstraße 128
Telefon: 767 51 34
46 S 15

12. BEZIRK

ST. ANNA APOTHEKE
Meidlinger Hauptstraße 86
Telefon: 813 10 62
E-Mail: info@apotheke-st-anna.at
Internet: www.apotheke-st-anna.at
43 R 9

16. BEZIRK

APOTHEKE ZUM PAPST SEIT 1777
Neulerchenfelderstraße 4
Telefon: 406 24 25, Fax: 406 24 259,
E-Mail: info@apozumpapst.at,
Internet: www.apozumpapst.at
31 N 10

FALKEN-APOTHEKE
Mag. Robert Belohlavy K. G.
Wilhelminenstraße 76
Telefon: 486 31 60
30 M 8

18. BEZIRK

ADLER APOTHEKE
Mag. Hans Jakesz
Währinger Straße 149
Telefon: 01/479 33 20
19 L 10

21. BEZIRK

GROSSFELD APOTHEKE
Mag. pharm. Walter Janku e. U.
Adolf-Loos-Gasse 9
Telefon: 259 56 20, Fax: DW 18,
E-Mail: grossfeldapo@chello.at,
Internet: www.grossfeldapo.at, www.apokauf.at
11 G 17

22. BEZIRK

ALPHA APOTHEKE
Mag. H. Burggasser und Mag. A. Mutzek-Plattner
Quadenstraße 124
Telefon: 280 02 22
Internet: www.alpha-apotheke.at
23 K 18

23. BEZIRK

APOTHEKE ATZGERSDORF
Konz. Mag. pharm. Marianne Pollak
Levasseurgasse 2
Telefon: 869 03 98, Fax: 865 19 21,
E-Mail: office@apotheke-atzgersdorf.at
54 U 7

ÄRZTEZENTRALE
1., Helferstorferstraße 2
Telefon: 01/531 16, Fax: DW 66,
E-Mail: service@aerztezentrale.co.at
01 N1 11b ❷

FAUSTENHAMMER GMBH
→ Herstellung Technischer Federn
21., Richard-Neutra-Gasse 12
Telefon: 270 78 80, Fax: 270 78 80-80
E-Mail: office@faustenhammer.at,
Internet: www.faustenhammer.at
10 F 15 ❶

FREYTAG-BERNDT U. ARTARIA KG
→ Landkarten, Verlag
23., Brunner Straße 69
Telefon: 01/869 90 90, Fax: DW -72,
E-Mail: office@freytagberndt.at,
Internet: www.freytagberndt.com
54 V 8 ❶

FREYTAG-BERNDT U. ARTARIA KG
→ Spezialbuchhandlung für Touristik,
Nautic, Freizeit und Reisen
1., Wallnerstraße 3
Telefon: 01/533 86 85, Fax: 01/533 86 85-86,
E-Mail: office@freytagberndt.at,
Internet: www.freytagberndt.com
01 N2 12a ❺

LABOR DR. DOSTAL
→ Med.-Diag. Labor
19., Saarplatz 9
Telefon: 368 24 72, Fax: 369 12 69,
E-Mail: office@labor-dostal.at,
Internet: www.labor-dostal.at
20 J 11 ❶

MOHR MORAWA BUCHVERTRIEB GESMBH
23., Sulzengasse 2
Postadr.: 1101 Wien, Pf. 260
Telefon: 680 14-0, Fax: 688 71 30, 689 68 00,
E-Mail: momo@mohrmorawa.at,
Internet: www.mohrmorawa.at
56 U 12 ❺

MORAWA BUCHHANDLUNG
→ Buchhandel
1., Wollzeile 11
Telefon: 513 7 513-450,
Internet: www.morawa-buch.at
01 N2 12b ❶

VERSICHERUNGSBÜRO
23., Brunner Straße 69/Objekt 2
Telefon: 01/804 54 34, 0660/804 54 34,
E-Mail: Herbert.Pettermann@utanet.at
54 V 8 ❷

A

ERLÄUTERUNG ZU DEN STRASSENVERZEICHNISSEN AUßERHALB WIENS

Die alphabetisch geordneten Verzeichnisse enthalten die Namen der Straßen, Gassen, Wege und Plätze derjenigen Gemeinden außerhalb Wiens, die ganz oder teilweise im Kartenteil 1:20 000 dargestellt werden. Bei jenen Gemeinden, die nur teilweise aufscheinen, werden ausschließlich jene Verkehrsflächen im Verzeichnis angeführt, die tatsächlich im Kartenteil enthalten sind.
Die fettgedruckten Zahlen geben die Nummer des Kartenblattes an, ihr folgen die Suchernetzbezeichnungen.

Angorag. **2** A 16
Anzengruberweg **11** D 17

Die bei Platzmangel im Plan abgekürzten Namen werden im Straßenverzeichnis sowohl in dieser Abkürzung als auch im vollen Wortlaut angegeben:

A.-Br.-G. = Anton-Bruckner-G. **7** D 9
Anton-Bruckner-G. (A.-Br.-G.) **7** D 9

EXPLANATIONS TO THE STREET-INDICES OUTSIDE VIENNA

The alphabetic index includes the names of all streets, roads and places of those communities outside Vienna, which are completely or partly included in the map 1:20 000. Concerning the communities partly shown in the map, only the names included in the map are listed in the street-index. The number in the heavy type designates the map section number, it is followed by letter (s) and number (s) marking the map square (s) in which the name can be found:

Angorag. **2** A 16
Anzengruberweg **11** D 17

Where there is not enough space available on the plan, some names had to be abbreviated. In these cases the index shows both, full name and abbreviation, so that A cross-reference is possible:

A.-Br.-G. = Anton-Bruckner-G. **7** D 9
Anton-Bruckner-G. (A.-Br.-G.) **7** D 9

ACHAU

ADERKLAA

ALMERSBERG

SIEHE NEULENGBACH

ALTENBERG

SIEHE ST. ANDRÄ-WÖRDERN

ALTLENGBACH

Brühmühlstr. (Br.-str.) **167** Q 82
Br.-str. = Brühmühlstr. **167** Q 82
Eichwaldstr. **167** Q 82
Mühlenstr. **167** Q 82

BADEN

Adolfine-Malcher-G. **79/83** Zk 4
Akademieprom. = Akademiepromenade **84** Zk/Zl 5
Akademiepromenade (Akademieprom.) **84** Zk/Zl 5
Albrechtsg. **83** Zl/Zm 3
Allandg. **83** Zl 4
Alth.-g. = Althofg. **84** Zl 4/5
Althofg. (Alth.-g.) **84** Zl 4/5
Am Fischertor **83** Zl 4
Am Flachhard **83** Zm 3
Am Gänsehäufl **84** Zl 5
Am Haidhofteich **84** Zo 6
Am Hang **83** Zm 3
Am Heigiteich **84** Zo 6
Am Lorenzteich **84** Zo 5
Am Mühlbach **84** Zl 5
Andreas (A.)-Hofer-Zeile **79** Zk 3
Annag. **83** Zl 4
Antonsg. **79/83** Zk 4
Anzengruberstr. (Anzeng.-str.) **83** Zm 3
Anzeng.-str. = Anzengruberstr. **83** Zm 3
Arenastr. **79/83** Zk 4
Auf der Heide **84** Zn 5
Aug. **84** Zl 4
Augustinerg. **84** Zl/Zm 5
Aurachstr. **80** Zk 5

Babenbergerstr. **83** Zm 3
Bachg. **84** Zl 5
Bahng. **83** Zl 4
Beeth.-g. = Beethoveng. **83** Zl 4
Beethoveng. (Beeth.-g.) **83** Z 4
Beethovenpl. (Beeth.-pl.) **83** Zl 4
Beim Spritzerriegel **84** Zm 5
Bergsteigg. **79/83** Zk 2/3
Biondekg. **79/80** Zk 4/5
Boldrinig. **79/83** Zk 4
Braitnerstr. **83/84** Zl 4, Zm 4/5
Brandlg. **83** Zm 3
Braunstr. **80/84** Zk/Zl 5
Breinschmid-Str., Leopold- **83** Zm 3/4
Brenekg. **80/84** Zk 4/5
Breyerstr. **83** Zl 4
Brunnenweg (Br.-wg.) **84** Zl 5
Brusattipl. **83** Zl 3
Br.-wg. = Brunnenweg **84** Zl 5
Brzezowskyweg **79** Zj 3

Callianog. **79** Zk 4
Carl-Zeller-Weg **79/83** Zk 3
Christalnigg. **83** Zl 4
Conrad-v.-Hötzendorf-Pl. **83** Zl 4

Dammg. **83/84** Zk-Zm 4/5
Doblhoffg. **83** Zl 3
Dörflerg. **83** Zl 2, Zm 3
Dr.-Emil (E.)-Raab-Str. **83** Zm 3/4
Dr.-Julius-Hahn-Str. **84** Zl/Zm 5
Dr.-Rudolf-Klafsky-Str. **79** Zk 3
Dumbag. **83** Zl 2/3

Eichwaldg. **83** Zl/Zm 4
Elisabethstr. **83** Zl 3/4
Emil-Kraft-G. **80/84** Zk 5
Erzherzog-Rainer-Ring **83** Zl 4
Erzherzog-Wilhelm-Ring **83** Zk/Zl 4
Erzherzogin-Isabella-Str. **83** Zl/Zm 2
Eugeng. **83** Zl 3, Zm 2

Fabriksg. **84** Zl 4
Felder-Weg, Schöne- **80** Zk 5
Ferdinand (F.)-Pichler-G. **83** Zl 4
Fischertor, Am **83** Zl 4
Flachhard, Am **83** Zm 3
Flamminigg. **79/83** Zk/Zl 4
Flugfeldweg **84** Zn/Zo 5
Franz-Gehrer-Str. **83/84** Zm 4/5
Franz-Joseph-Ring, Kaiser- **83** Zl 4
Franz-Ring, Kaiser- **79/83** Zk 4
Franz-Schwabl-G. **80** Zk 5
Fraueng. **83** Zl 4
Friedhofstr. **83** Zm 4
Friedrich-Schiller-Pl. **83** Zl 3
Friedrichstr. **83** Zl 3, Zm 2/3
Frim-Str., Karl- **83** Zm 3

Gaadener Weg **79** Zj 3
Gabelsbergerstr. **80/84** Zl 5
Gaisbühelg. **83** Zm 4
Gallstr. **83** Zm 3/4
Gaminger Str. **79** Zk 3
Gaminger Weg **79** Zk 3
Gänsehäufl, Am **84** Zl 5
Garteng. **83** Zl 4
Gehrer-Str., Franz- **83/84** Zm 4/5
Genée-Str., Richard- **79** Zk 3
Germerg. **79/80** Zk 4/5
Gewerbestr. **84**/85 Zo 6
Gleichweit-Str., Karl- **84** Zm 5
Goetheg. **80** Zk 5
Göschlg. **84** Zl 5
Grabeng. **83** Zl 4
Grillparzerstr. **79/83** Zk 4
Grundauerweg **84** Zm 5
Gutenbr.-str. = Gutenbrunnerstr. **83** Zl 3
Gutenbrunnerstr. (Gutenbr.-str.) **83** Zl 3
Gymnasiumstr. **80/84** Zk 4

Habsburgerstr. **83** Zl 3
Hahn-Str., Dr.-Julius- **84** Zl/Zm 5
Haidhofstr. **84** Zm/Zn 5, Zo 6
Haidhofteich, Am **84** Zo 6
Hainisch-G., Marianne (M.-H.-G.) **84** Zl 5
Halsriegelstr. **83/84** Zm 3-5
Hang, Am **83** Zm 3
Hanny-Str., Johann- **83** Zm 3
Hansyg. **80/84** Zk 5
Harterg. **84** Zm 4
Haueisg. **80/84** Zl 4
Hauptpl. **83** Zl 4
Haydnstr. **80** Zk 4/5
Heide, Auf der **84** Zn 5
Heigiteich, Am **84** Zo 6
Heiligenkreuzer G. (Heilig. G.) **83** Zl 3/4
Heilig. G. = Heiligenkreuzer G. **83** Zl 3/4
Heinrich (H.)-Strecker-G. **79/83** Zk 2/3
Helenenstr. **83** Zl 2/3
Helferstorferg. (H.-g.) **83** Zl 4
Herrnkircheng. **84** Zm 4
H.-g. = Helferstorferg. **83** Zl 4
Hildegardg. **83** Zl 4
Hochstr. **79** Zk 3
Hofackerg. **84** Zl 5
Hofer-Zeile, Andreas (A.)- **79** Zk 3
Höfle-G., Josef- **84** Zl 4/5
Horag. **79/83** Zk 3
Hötzendorf-Pl., Conrad-v.- **83** Zl 4
Hu.-g. = Huppmanng. **83** Zl 4
Huppmanng. (Hu.-g.) **83** Zl 4
Hutweide, Zur **83** Zm 3

Ignazweg **79** Zk 3/4
Isabella-Str., Erzherzogin- **83** Zl/Zm 2
Isidor-Trauzl-Str. **83** Zm 4

Jägerhausg. **83** Zl 2/3
Johannesg. **83** Zl 3
Johann-Hanny-Str. **83** Zm 3
Johann-Klerr-Str. **83** Zm 3
Johann-Strauß-G. **79/83** Zk 3
Johann-Wagenhofer-Str. **79** Zk 3
Josef-Höfle-G. **84** Zl 4/5
Josefiweg **79** Zk 3/4
Josef-Koch-Str. **83** Zl 3
Josef-Kollmann-Str. **84** Zl 5
Josef-Müller-Str. **79/83** Zk 3
Josephspl. **79** Zl 4

Kaiser-Franz-Joseph-Ring **83** Zl 4
Kaiser-Franz-Ring **79/83** Zk 4
Kanalg. **84** Zl 5
Karl-Frim-Str. **83** Zm 3
Karl-Gleichweit-Str. **84** Zm 5
Karlsg. **83** Zl 2/3
Kartäuserweg (Kart.-weg) **79** Zk 3
Kart.-weg = Kartäuserweg **79** Zk 3
Kastnerweg **84** Zl 5
Kiebitzmühlg. **84** Zo 6
Klafsky-Str., Dr.-Rudolf- **79** Zk 3
Kleingartenweg **84** Zl 5
Klerr-Str., Johann- **83** Zm 3
Klesheimstr. **83** Zl/Zm 4
Koch-Str., Josef- **83** Zl 3
Kollmann-Str., Josef- **84** Zl 5
Komzakg. **79** Zk 4
Kornhäuselstr. **83** Zl 3
Kraft-G., Emil- **80/84** Zk 5
Kreuzb.-g. = Kreuzbühelg. **83** Zm 4
Kreuzbühelg. (Kreuzb.-g.) **83** Zm 4
Kropfwieseng. **84** Zo 5

Lambrechtg. **84** Zl 4
Längenfelderg. **83** Zm 4
Lbg.-str. = Leitzenbergerstr. **83/84** Zl 4
Lechnerg. **84** Zl 4
Leesdorfer Hauptstr. **83/84** Zl 4/5
Leitzenbergerstr. (Lbg.-str.) **83/84** Zl 4
Leopold-Breinschmid-Str. **83** Zm 3/4
Lokalbahnzeile **84** Zl 5
Lorenzteich, Am **84** Zo 5

Mackg. **80** Zk 5
Malcher-G., Adolfine- **79/83** Zk 4
Marcellinenweg **79** Zk 3/4
Marchetstr. **79/83** Zk/Zl 3
Marianne-Hainisch-G. (M.-H.-G.) **84** Zl 5
Marieng. **79/83** Zk 4
Marienhofg. **83** Zm 3
Marika-Rökk-Str. **79** Zk 3
Markhof-Str., Mautner-von- **79** Zk 4
Martin-Mayer-G. **79** Zk 4
Mautner-von-Markhof-Str. **79** Zk 4
Max-Schönherr-G. (M.-S.-G.) **79** Zk 3
Mayer-G., Martin- **79** Zk 4
Maynolog. **83** Zm 3/4
Maz-Str., Udo- **83** Zm 4
Meiereig. **84** Zl 5
Melker G. **84** Zl 5
M.-H.-G. = Marianne-Hainisch-G. **84** Zl 5

B

BAD FISCHAU-BRUNN

→ BAD FISCHAU-BRUNN

Obere Burgg. **97** Yf 97

Pappelg. **98** Yf 99
Paulinerg. **97** Yd/Ye 99
Pfarrgrundg. **98** Ye 99
Pointeng. **97** Ye/Yf 98
Poppeng. **98** Yf 99

Raab-Str., Ing.-Julius- **98** Ye 1
Prossetg. **97** Yf 98
Rainerg. **98** Ye 99
Raxg. **98** Yf 99
Redeng. **97** Yf 97
Robert-Stolz-Str. **97** Yf 98
Roseng. **97** Yf 98
Rydel-G., Dr.-Bruno- **97** Yf 98

Saatzen, Am **98** Ye 99
Schafflerweg **97** Yf 98
Schloßpl. **97** Yf 98
Schloßweg **97** Yf 98
Schneebergg. **98** Yf 99
Schulg. **97** Ye/Yf 98/99
Sonnwendg. **98** Ye 99
Steinaebeng. **98** Yd/Ye 99
Steinfeldg. **98** Ye 1
Steurer-G., Karl- **97** Yf 97
Stolz-Str., Robert- **97** Yf 98

Teichpl. **97** Yf 98
Theodor-Wichmann-G. **97** Ye 98

Ungarfeldg. **98** Yf 99

Viaduktstr. **97** Yf 97/98

Waldstr. **97** Ye 98
Wasserleitung, An der **97** Ye/Yf 98
Weikersdorfer Str. **97** Yf/Yg 98
Weingartenstr. **97** Yf 97
Wichmann-G., Theodor- **97** Ye 98
Wienerinstr. **97** Ye 98
Wiener Neustädter Str. **98** Ye/Yf 99
Wiener Str. **98** Ye 99
Wiesfeldg. **98** Ye 99
Windbachg. **97/98** Ye/Yf 99
Windisch-Str., Alois-
  99 Ye/Yf 98/99
Winzendorfer G. **97** Yf 98
Winzerweg **98** Ye 99

BAD SAUERBRUNN

Am Rederberg **102** Ym 9
Aug. **102** Yl 9
Bahng. **102** Yl 9
Bahnhofspl. **102** Ym 9
Bergg. **102** Ym 9
Buchinger-Weg, Matthias
  (M.-Buch.-Weg) **102** Yl 9
Eicheng. **102** Yl 9
Elurg. **102** Yl 9
Ernst-Löger-G. **102** Ym 9
Feldg. **102** Yl 9
Föhreng. **102** Yl/Ym 9
Garteng. **102** Yl 9
Hallischeng. **102** Yl 9
Hartigg. **102** Ym 9
Hauptpl. **102** Ym 9
Haydng. **102** Yl 9
Hirteng. **102** Ym 9
Kannlerweg **102** Yl 9
Kircheng. **102** Ym 9
Lenau-G., Nikolaus **102** Ym 9
Löger-G., Ernst- **102** Ym 9
M.-Buch.-Weg = Matthias-
  Buchinger-Weg **102** Yl 9
Mattersburger Str. **102** Yl/Ym 9
Matthias-Buchinger-Weg
  (M.-Buch.-Weg) **102** Yl 9
Nikolaus-Lenau-G. 102 Ym 9
Postg. **102** Yl/Ym 9
Promenade **102** Yl/Ym 9
Rederberg, Am **102** Ym 9
Reichlg. **102** Yl 9
Satzg. **102** Yl 9
Schubertallee **102** Yl 9
Schulstr. **102** Yl/Ym 9
Stiegeng. **102** Yl/Ym 9
Waldg. **102** Yl 9
Weinbergg. **102** Yl 9
Wetterkreuz, Zum **102** Yl 9
Wiener Neustädter Str.
  102 Yl/Ym 9
Wiesener Str. **102** Ym 9
Zehentstr. **102** Yl 9
Zum Wetterkreuz **102** Yl 9

BAD VÖSLAU

Abg.-g. = Altenbergg. **90** Zp 4
Alleeg. **89/90** Zp 3
Altenbergg. (Abg.-g.) **90** Zp 4
Am Felde **89** Zq 2
Am Viertelgraben **89** Zq 3
Am Weinfr. = Am Weinfried
  89 Zp 2
Am Weinfried (Weinfr.) **89** Zp 2
An-der-Remise **90** Zp 3
Anton-Bauer-Str. **89** Zo 2
Anzengruberstr. **89** Zp 2
Anzengruberweg **89** Zo 2
August-Schneider-G. **90** Zp 3

Bachg. **89** Zq 2
Badner Str. **83/89** Zo 3, Zp 2
Badpl. **89** Zp 2
Bahnstr. **89** Zp 3
Bahnzeile **83/90** Zo/Zp 3
Bauer-Str., Anton- **89** Zo 2
Beethovenstr. **90** Zp 4, Zq 3
Bergg. **89** Zq 1/2
Bouég. **89** Zq 2
Breiteg. **89** Zq 2
Bremeng. **83** Zo 2/3
Breyerg. **89** Zp 3
Bröthaler-Weg, Johann- **90** Zp 3
Bru.-g. = Bruckneg. **90** Zp 4
Brückl-G., Josef- **89** Zq 2
Brucknerg. (Bru.-g.) **90** Zp 4
Brümmerstr. **89/90** Zq 3
Brunng. **89** Zq 1/2
Buchart-G., Rudolf (R.)- **89** Zq 2/3

Castellig. **89/90** Zp 3

Dammg. **90** Zp 3
Dr.-Mayer-Gunthof-Str. **89** Zp 3
Dr. Robert-Schlumberger-Weg
  83/89 Zo/Zp 2
Dr.-Sigmund (Sigm.)-Stransky-Str.
  89 Zp 2
Dr.-Walter-Gebhardt-G. **89** Zq 2
Druckhausstr. **83/89** Zo 3

Edgar-Penzig-Franz-Str. **89** Zp/Zq 3
Erl-G., Josef- **89** Zp 3
Ernst-Wutzel-G. (E.-W.-G.)
  89 Zp/Zq 2
E.-W.-G. = Ernst-Wutzel-G.
  89 Zp/Zq 2

Falkstr. **89** Zo/Zp 3
Faltorg. **89** Zq 2
Färberstr. **89** Zp 3
Fasang. **90** Zp 3/4
Felde, Am **89** Zq 2
Feldg. **90** Zq 3
Ferdinand (F.)-Kienzl-Weg **89** Zp 2
Feuerwehrpl. **89** Zq 1
F.-g. = Forstschulg. **89** Zq 2
Florastr. **89** Zp 2
Flugfeldstr. **90** Zp 3/4
Forstnerg. **89** Zq 1
Forstschulg. (F.-g.) **89** Zq 2
F.-Pren.-Str. = Franz-Prendinger-Str.
  89 Zq 3
Franz-Pexa-G. **89** Zp 3
Franz-Prendinger-Str. (F.-Pren.-Str.)
  89 Zq 3
Franz-v.-Suppé-Weg (F.-v.-S.-Weg)
  89 Zp 2
Franz-Wippel-G. (F.-W.-G.) **90** Zp 4
Friedhofg. **89** Zq 1
Friedrich-Kheck-Str.
  90 Zp 3/4, Zq 3
Friesstr. **89/90** Zp/Zq 3
Fuchsenzeile **89** Zo 2/3
F.-v.-S.-Wg. = Franz-v.-Suppé-Weg
  89 Zp 2
F.-W.-G. = Franz-Wippel-G. **90** Zp 4

Garteng. **90** Zq 3/4
Gärtnerg. **89** Zq 2
Gebhardt-G., Dr.-Walter- **89** Zq 2
Gerichtsweg **89** Zq 2/3
Gewerbeg. **89** Zo 3
Geymüllerstr. **89** Zp 3
Ghegag. **89/90** Zp 3
Gmöslweg **89** Zq 1
Gottfried-G., Pater- **89** Zq 2
Goetheg. **89** Zq 1
Goldeckg. **89** Zo/Zp 2/3
Grafg. **89** Zq 2
Graf-G., Ignaz- **90** Zq 3/4
Grenzg. **89** Zq 3
Griesenäckerstr. **83** Zo 3
Grillparzerg. **89** Zp 2
Großauer Str. **89** Zq 1
Gunthof-Str., Dr.-Mayer- **89** Zp 3
Gürtelg. **83/89** Zo 2
Gutmannstr. **89** Zp 3

Haderer-G., Hans- **89** Zo 2
Hamerlingg. **89** Zq 2
Hanseng. (H.-g.) **83/89** Zo 3
Hans-Haderer-G. **89** Zo 2
Hans-Herzog-G. **89/90** Zp 3
Hanuschg. **89** Zp 3
Harzbergstr. **89** Zp 2
Hauptstr. **89** Zq 1/2

BERNDORF

Ernst (E.)-Höger (H.)-Str. **87** Zr 94/95
Escherstr. **87** Zs 95
Essenther-Str., Ing.-Eugen (E.)- **87** Zs/Zt 95

Feldg. **88** Zr 97
Ferdinand (Ferd.)-Raimund-Str. **87** Zr/Zs 94/95
Ferdinand-Pölzl-Str. (F.-Pöl.-Str.) **88** Zt 98
F.-Grillp.-Str. = Franz-Grillparzer-Str. **87** Zs 94/95
Figl-Str., Leopold (Leop.)- **87** Zr/Zs 94
Florianig. (Flor.-g.) **88** Zs/Zt 98
Föhrenweg **88** Zs/Zt 97
F.-Pöl.-Str. = Ferdinand-Pölzl-Str. **88** Zt 98
Franz (F.)-Karl (K.)-Ginzkey-Str. **87** Zs 95
Franz (Fr.)-Schubert-Str. **87** Zs 95
Franz-Grillparzer-Str. (F.-Grillp.-Str.) **87** Zs 94/95
Franz-Petter-Str. **87** Zr/Zs 94

Galavics-G., Mag.- **87** Zs 94
Garteng. **87** Zr. 95
Giebelg. (Gieb.-g.) **87** Zs 95
Ginzkey-Str., Franz (F.)-Karl (K.)- **87** Zs 95
Griesfeldstr. **87** Zs 94/95
Grillenberger Feldweg **87** Zt 94
Grillparzer (Grillp.)-Str., Franz (F.)- **87** Zs 94/95
Großauer Str. **88** Zs 98

Hainfelder Str. **87** Zr 95
Hans-Czettel-Str. **87** Zs 94
Harllestr. **87** Zs 94/95
Hauptpl. **88** Zs 98
Hauptstr. **88** Zs/Zt 97/98
Hauswiesenweg **87** Zs/Zt 95
Helga-Raith-Str. **88** Zs 98
Hermannspl. **87** Zs 95
Hermienenstr. **87** Zr 95
Hernsteiner Str. **87** Zs/Zt 94/95
Herrenhausweg **87** Zt 95
Hir.-Str. = Hirtenberger-Str. **88** Zs 98
Hirtenberger-Str. (Hir.-Str.) **88** Zs 98
Hochstr. **87** Zr/Zs 95
Hofw. **88** Zr 97
Höger (H.)-Str., Ernst (E.)- **87** Zr 94/95
Holzmarkt **88** Zs 98
Hötzendorf-Str., Conrad-von (v.)- **87** Zr/Zs 94/95
Hügelg. **87** Zs 95

Idag. **87** Zs 95
Ignaz-Nefischer-G. (Ign.-Nefi.-G.) **88** Zs 98
Ign.-Nefi.-G. = Ignaz-Nefischer-G. **88** Zs 98
Ingeborg (Ing.)-Bachmann (Bachm.)-G. **87** Zr 95
Ing.-Eugen (E.)-Essenther-Str. **87** Zs/Zt 95

Johannesg. **88** Zs 97/98
John (J.)-Fitzgerald (F.)-Kennedy-Pl. **87** Zs 95
Josef (Jos.)-Kolar-G. **88** Zs 97/98
Josef-Lechner-Str. **88** Zs/Zt 97
Josef-Moc-G. **87** Zr/Zs 94

Karl (K.)-Marx-Str. **87** Zs 94/95
Karl-Johann (J.)-Mayer-Str. **87** Zr 95
Karlstr. **87** Zs 95
Kennedy-Pl., John (J.)-Fitzgerald (F.)- **87** Zs 95
Kernstock-Str., Dr.-Ottokar- **87** Zs 95
Kielmanseggstr. **87** Zs 95
Ki.-g = Kircheng. **88** Zs 98
Kircheng. (Ki.-g.) **88** Zs 98
Kislinger-Pl. **87** Zs 95
Kleinfelderstr. **87** Zt 95
Kleingartenstr. **87** Zr 95
Klostermanng. **87** Zs 95
Köhlerweg **88** Zt 97
Kolar-G., Josef (Jos.)- **88** Zs 97/98
Krupp-Pl., Arthur (A.)- **87** Zs 95
Kruppstr. **87** Zs 95
Ku.-G. = Kurze Gasse **87** Zs 95
Kuhlmannstr. **87** Zs 94
Kurze Gasse (Ku.-G.) **87** Zs 95

Lechner-Str., Josef- **88** Zs/Zt 97
Leobersdorfer Str. **87/88** Zs/Zt 95–98
Leopold (Leop.)-Figl-Str. **87** Zr/Zs 94
Lindenweg (Lind.-w.) **87** Zs 94
Ludwig-Baumann-Str. **87** Zs 94/95
Ludwigstr. **87** Zr. 95

Mag.-Galavics-G. **87** Zs 94
Margaretenpl. **87** Zs 95
Margaretenstr. **87** Zr/Zs 94/95
Marienpromenade (Marienprom.) **87** Zr/Zs 95
Marx-Str., Karl (K.)- **87** Zs 94/95
Mayer-Str., Karl-Johann (J.)- **87** Zr 95
Mitlöhnerstr. (Mitl.-str.) **87** Zs 95
Moc-G., Josef- **87** Zr/Zs 94
Mödlaglg. **87** Zs 94
Morgenrot **88** Zs 96/97
Mühlg. **87** Zr. 95
Mühlg. **87** Zt 95
Mühlpl. **87** Zs 95

Nefischer (Nefi.)-G., Ignaz (Ign.)- **88** Zs 98
Neufeldweg **88** Zs/Zt 97/98
Neug. **87** Zs 95
Nickelg. **87** Zs 95
Niederfeldg. (Niederfe.-g.) **87/88** Zs 96

Obere (Ob.) Ödlitzer Str. **88** Zr/Zs 96/97
Ödlitzer Str., Obere (Ob.) **88** Zr/Zs 96/97
Ödlitzer Str., Untere (Unt.) **88** Zs 97/98
Ohasamapl. **87** Zs 94/95
Oserg. **87** Zs 95

Peter (P.)-Rosegger-Str. **87** Zr 95
Petter-Str., Franz- **87** Zr/Zs 94
Pfarrhofstr. **87** Zs 95
Pölzl (Pöl.)-Str., Ferdinand (F.)- **88** Zt 98
Pottensteiner Str. **87** Zr. 95
Prendingerstr. (Prend.-str.) **87** Zt 95
Prennerstr. **87** Zs 94/95

Quelleng. **87** Zs 95

Raimund-Str., Ferdinand (Ferd.)- **87** Zr/Zs 94/95
Rauchfangkehrerg. (Rauchf.-g.) **87** Zs 95
Raith-Str., Helga- **88** Zs 98
Renner-Str., Dr.-Karl (K.)- **87** Zr 95
Rodelw. **87** Zs 94
Rohrböckg. (Rohrbö.-g.) **88** Zs/Zt 98
Rosalienbergg. **88** Zs 97
Rosegger-Str., Peter (P.)- **87** Zr 95
Rosenstr. **88** Zr 97
Rotterg. **87** Zs 95

Satoryg. **88** Zt 97/98
Schl.-g. = Schlosserg. **88** Zs 98
Schlosserg. (Schl.-g.) **88** Zs 98
Schönerg. **88** Zs 97/98
Schubert-Str., Franz (Fr.)- **87** Zs 95
Sechshauserstr. (Sechshs.-str.) **87** Zs 95
Seilbahnstr. **87** Zt 95
Semmelweis (Semm.)-Str., Dr.-Ignaz (I.)- **87** Zr 94
Simoner-G., Dr.-Hubert- (Dr.-H.-S.-G.) **88** Zs/Zt 98
Sonneng. (Sonn.-g.) **87** Zs 94
Spitalg. **87** Zr 94/95
Sportpromenade **87** Zr. 95
Steinbruchweg (Steinbr.-w.) **87** Zr/Zs 95/96
Steinhofstr. **87** Zt 94/95

Untere (Unt.) Ödlitzer Str. **88** Zs 97/98
Urhausweg (Urha.-w.) **88** Zt 97

Vierhausstr. **87** Zr/Zs 95
Vöslauerstr. **87/88** Zq-Zs 95-98

Waldsiedlung **88** Zt 97
Waldweg **88** Zr 97
Wankeng. **88** Zs 98
Wasserturmweg **87** Zs 94/95
Weinbergweg **87** Zs 94
Weingartenstr. 8 Zs 97
Wieseng. **87** Zs 95
Wildgans (W.)-Str., Anton (A.)- **87** Zr/Zs 95
Wohlschlager-G., Dr.-Hans (H.)- **88** Zs 98

BIEDERMANNSDORF

Achauer Str. **68** Zb 11
Ahornstr. **67/68** Zb 10/11
Am Mödlingbach 78 Zc 11

Bachg. **78** Zc 11
Bauer-Str., Josef- **67** Zb 10
Bergfeldstr. **68** Zb 11
Birkenweg (B.-wg.) **67/68** Zb 10
Borromäumstr. **67** Zb 10
Buchenweg **67/68** Zb 10
B.-weg = Birkenweg
67/68 Zb 10

Dorfweg **68** Zb 11

Eichinger-Ring, Leo- **67** Zb 10
Enziang. **68** Zb 11
Erlenweg (E.-wg.) **67** Zb 10
Escheng. **67** Zb 10
E.-wg. = Erlenweg **67** Zb 10

Fasanstr. **68** Zb 11
Finkenstr. **68** Zb 11
Fliederwg. (F.-wg.) **68** Zb 11
Friedhofsweg **67** Zc 10/11
F.-wg. = Fliederweg **68** Zb 11

Garteng. **67/68** Zb 10
Georg-Humbhandl-G. **68** Zb 11

Haidweg **67** Zb 10
Hofer-Str., Laurenz- **67** Zb 10
Holzgruber-G., Leopold- **67** Zb 10
Humbhandl-G., Georg- **68** Zb 11

Johanna-Kaltner-Pl. **67** Zb 10
Johann (J.)-Korntheuer-Pl.
67 Zb 10
Johann (Joh.)-Weghuber-Str.
68 Zb 11
Josef-Bauer-Str. **67/68** Zb 10
Josef-Ressel-Str. **68** Zb 11

Kaltner-Pl., Johanna- **67** Zb 10
Kapellenwg. **67** Zb 10
Kaplan-Str., Viktor- **68** Zb 11
Karl-Schrattenholzer-Weg
(K.-S.-W.) **68** Zb/Zc 11
Karl-Stiglbauer-Str. **67** Zb 10
Kastanienweg (K.-wg.)
67/68 Zb 10/11
Kirschenweg **68** Zb 11
Klosterstr. **67** Zb 10
Korntheuer-Pl., Johann (J.)-
67 Zb 10
K.-S.-W. = Karl-Schrattenholzer-
Weg **68** Zb/Zc 11
K.-wg. = Kastanienweg
67/68 Zb 10/11

Laurenz-Hofer-Str. **67** Zb 10
Laxenburger Str. **78** Zb/Zc 11
Leo-Eichinger-Ring **67** Zb 10
Leopold-Holzgruber-G. **67** Zb 10
Lercheng. **68** Zb/Zc 11
Lieben-Str., Robert (R.)-v.-
68 Zb 11
Lindenstr. **68** Zb 11
Ludwig-Pl., Siegfried- **77** Zb 10

Maderspergerstr. **68** Zb 11
Marcus-G., Siegfried (S.)-
68 Zb 11
Martin-Wlaschitz-Pl. **68** Za/Zb 11
Mödlingbach, Am **78** Zc 11
Mühleng. **67** Zb 10

Ortsstr. **67/68** Zb 10/11

Parkstr. **68** Zb 11
Perlasg. **67** Za/Zb 10

Ressel-Str., Josef- **68** Zb 11
Rheinboldtstr. **68** Zb 11
Robert (R.)-v.-Lieben-Str.
68 Zb 11

Schöffelg. (Schö.-g.) **78** Zc 11
Schö.-g. = Schöffelg. **78** Zc 11
Schönbrunner Allee
67/68 Za/Zb 10/11
Schulweg **67** Zb/Zc 10
Siegfried-Ludwig-Pl. **77** Zb 10
Siegfried (S.)-Marcus-G.
68 Zb 11
Stiglbauer-Str., Karl- **67** Zb 10
Straße 1 **77** Zc 10
Straße 3 **77** Zd 9/10
Straße 14 **77** Zc/Zd 10

Thurg. **67** Zb 10

Ulmenweg **67/68** Zb 10/11

Viktor-Kaplan-Str. **68** Zb 11

Weghuber-Str., Johann (Joh.)-
68 Zb 11
Weideng. **78** Zc 11
W.-g. = Wieseng. **78** Zc 11
Wiener Str. **68** Zb 11
Wieseng. (W.-g.) **78** Zc 11
Wlaschitz-Pl., Martin-
68 Za/Zb 11

BISAMBERG

BISAMBERG I KLEIN ENGERSDORF

Adalbert-Stelzmüller-G. **148** Aa 11
Ahorng. **148** Aa 12
Am Donaugraben **136** Ab 11
Amtsg. **148** Aa 11
Am Wehrgraben **136** Aa/Ab 11
Anton-Zickl-G. **148** Aa 11

Bäckersteig **148** A 12
Badg. **135** Ab 10
Bergblickg. **148** Aa 11
Bergg. **148** Aa 11
Bergstr. **148** Aa 12
Berndlweg **135** Ab 10
Biberweg, Oberer (O.-Bw.)
148 Aa 11
Biberweg, Unterer (U.-Bw.)
148 Aa 11
Birkeng. **148** Aa 12
Blaha-Str., Franz- **136/137** Ac 11
Blankenfeldg. (Blankenf.-g.)
137 Ab 13
Brait-G., Paul- **148** Aa 11
Bründlg. (Brün.-g.) **137** Ab 13
Brunnstubeng. **148** Aa/Ab 11
Bundesstr. **135** Ab 10,
136 Aa 10/11

Dabsch-Str., Josef-
136 Aa 11, Ab 11/12
Distelweg **148** Aa/Ab 11
Donaugraben, Am **136** Ab 11

Eichenstr. **148** Aa 12

Fasang. **136** Ab 11
Flandorferstr. **136** Ac 12
Flandorfer Weg **137** Ab 13
Flurweg **136** Ab 12
Fober-Str., Ludwig (Lud.)-
136 Ab 12
Föhrenstr. **148** Aa 12
Frankeg. **148** Aa 11
Franz-Blaha-Str. **135/136** Ac 11
Franz-Hrabalek-G. **136** Ab 11
Franz-Weymann-G.
147/148 Aa 10/11
Franz-Zeiller-G. **136** Ab 11
Fuhs-Str., Josef (J.)-
136 Ac 12

Georg (G.)-Franz (F.)-Koller-Str.
136 Ab 11
Getreideg. **136** Ab 11
Gewerbestr. **136** Ac 12
Glock-G., Josef- **136** Aa/Ab 11

Hagenbrunner Str. **148** Aa 12
Hans-Widermann-G. **136** Ab 11
Hauptstr. **148** Aa 11
Hauptstr., Kl.-Engersdorfer
136 Ab 11/12, **137** Ab 13
Hausweingärten **137** Ab 12/13
Hochfeldg. **148** Aa 12
Hofrat-Hugo-Steiner-G.
(Hr.-H.-Steiner-G.)
147 Aa/Ab 10
Hollunderweg (Ho.-w.)
148 Aa 11
Hrabalek-G., Franz- **136** Aa 11
Hr.-H.-Steiner-G. = Hofrat-Hugo-
Steiner-G. **136** Aa/Ab 10

Im Linzgrund **136** Ab 12
Im Mühlfeld **136** Ab 12
Im Sandhübeln **136** Ab/Ac 12
Im Weinberg **148** Aa 12

J.-M.-G. = Josef-Mohr-G.
136 Ab 11
Josef-Dabsch-Str.
136 Aa 11, Ab 11/12
Josef (J.)-Fuhs-Str.
136 Ac 12
Josef-Glock-G. **136** Aa/Ab 11
Josef-Mohr-G. (J.-M.-G.)
136 Ab 11
Josef-Serlath-G. **136** Ab 11

Kaiserallee **135** Ab 10
Kellerg. (Bisamberg)
148 Aa 11/12
Kellerg. (Klein Engersdorf)
136 Ab 12
Kircheng. **148** Aa 11
Kirchenfeldg. **137** Ab 12/13
Kirchenweg **137** Ab 13
Kirchweingraben (Kirchweingr.)
148 Aa 11
Kleeg. **136** Ab 11
Klein (Kl.)-Engersdorfer-Hauptstr.
136 Ab 11/12, **137** Ab 13
Klein Engersdorfer Str.
135 Ab 10, **136** Ac 10/11
Koller-G., Georg (G.)-Franz (F.)-
136 Ab 11
Korneuburger Str.
135/136 Aa 11, Ab 10/11
Kornfeldg. **136** Ab 11/12
Krautackerlg. **136** Ab 11
Kreuzg. **137** Ab 13

Lavendelweg **148** Aa 11
Lercheng. **136** Ab 11/12
Lerchsteig **148** Aa 11
Linzgrund, Im **136** Ab 12

Ludwig (Lud.)-Fober-Str. **136** Ab 12

Matzenauerg. **136** Ab 12
Mohr-G., Josef- (J.-M.-G.) **136** Ab 11
Mohnfeld, Oberes **136** Ab 11
Mohnfeld, Unteres **136** Ab 11
Mühlfeld, Im **136** Ab 12
Mühlweg, Oberer **135** Ac/Ad 10
Mühlweg, Unterer **135** Ab/Ac 10
Mürzsprungstr., **148** Aa 11/12

Nussg. **148** Ab 11

Oberer Biberweg (O.-Bw.) **148** Aa 11
Oberer Mühlweg **135** Ac/Ad 10
Oberes Mohnfeld **136** Ab 11
O.-Bw. = Oberer Biberweg **148** Aa 11
Otto-Traun-G. **136** Ab 11

Parkring **148** Aa 11
Paul-Brait-G. **148** Aa 11
Pfarrg. **148** Aa 11

Rebhuhng. **136** Ab 11
Roseng. **135** Ab 10
Rothg. **147** Aa 10

Salzstr. **148** Aa 12
Sandgrubeng. **136** Ab 11/12
Sandhübeln, Im **136** Ab/Ac 12
St.-Veit-G. **136** Ab 12
Schießbergweg **136** Ab 12
Schloßg. **148** Aa 11
Schloßgärtnerei **148** Aa 11
Schottbreite **136** Ab 12
Schulg. **148** Aa 11
Serlath-G., Josef- **136** Ab 11
Setzg. **148** Aa 11
Spargelfeldg. **136** Ab 11
Steinallee **148** A 12
Steiner-G., Hofrat-Hugo (Hr.-H.-Steiner-G.) **147** Aa/Ab 10
Stelzmüller-G., Adalbert- **148** Aa 11
Stettner Weg **135/136** Ad 10/11

Teichg. **135** Ad 10
Traun-G., Otto- **136** Ab 11

Türkenbundg. (Türk.-g.) **148** Aa 11
Türk.-g. = Türkenbundg. **148** Aa 11

U.-Bw. = Unterer Biberweg **148** Aa 11
Unterer Biberweg (U.-Bw.) **148** Aa 11
Unterer Mühlweg **135** Ab/Ac 10
Unteres Mohnfeld **136** Ab 11

Veiglbergweg **137** Ab 13
Veit-G., St.- **136** Ab 12
Vogelsangg. **148** Aa 12

Waldstr. **136** Aa 13, Ab 12/13
Wehrgraben, Am **136** Aa/Ab 11
Weinberg, Im **148** Aa 12
Weintorg. **148** Aa 11
Weymann-G., Franz- **147/148** Aa 10/11
Widermann-G., Hans- **136** Ab 11

Zeiller-G., Franz- **136** Ab 11
Zickl-G., Anton- **148** Aa 11
Zöchg. **148** Aa 11/12

BREITENFURT BEI WIEN

Akeleig. **51** V 1
Alter Engelmannsteig **177** W 97
Altomonteg. **177** V 97
Am Grossboden **177** V 96
Amselg. **51** W 2
An der Breiten Furt **178** W 98
Annag. **177** U/V 96
Anton-Nirschl-G. **51** V 1
Anton (A.)-Schillhammer-G. **177** V 97
Anzengruberg. **177** V 97
Apfelbrunngraben **178** W 98
Auf der Hammerlwiese **177** V 97
Auf der Hundskehle **51** V 1
Auweg **51** W 1

Berggassl (Berg.-g.) **51** W 2
Berg.-g. = Berggassl **51** W 2
Birkeng. **51** W 1/2
Blasiussteig (Bla.-steig) **177** V 97
Bonifaziusg. **51** W 1/2
Breiten Furt, An der **178** W 98
Bucheng. **51** W 2

Donner-G., Raphael- **177** V 97
Dorfrichterg. **177** W 96
Dorotheerg. **178** X 99
Dr.-Franz-Manner-G. **178** V 98
Dr.-Kasimir (Kas.)-Graff-G. **51** W 1/2
Drosselweg **51** W 2
Dungl-G., Johann (Joh.)- **177** V 97

Edlinger-G., Josef (J.)- **51** V 2
Eicheng. **178** X 99
Eichert-G., Franz- **177** U 96
Engelmannsteig, Alter **177** W 97
Enzmanng. **51** W 1/2
Erlenwg. **51** V 1
Escheng. **51** W 99

Fasang. **51** W 1
Fiakerg. **51** W 2
Fichteng. **178** X 99
Finkeng. **51** W 99/1, **178** W 99
Fliederweg **51** V 1
Föhreng. **178** V 98
Franz-Eichert-G. **177** U 96
Franziska-Lechner-G. **178** V 98
Franz-Lehár-G. **51** V/W 2
Franz-Österreicher-G. (Fr.-Österr.-G.) **177** V 97
Franz-Schubert-Str. **51** V 1/2
Frauenwaldg. (Frauenw.-g.) **51** W 1
Frauenw.-g. = Frauenwaldg. **51** W 1
Fritz-Konir-Str. **51** W 1
Fuchsweg **51** V 1

Garteng. **51** W/X 99
Georg-Sigl-Str. **51** V 1
Gernbergstr. **51** W 99/1, **178** W/X 99
Graben, Linker **177/178** W 97/98
Graben, Rechter **177/178** W 97/98
Graff-G., Dr.-Kasimir (Kas.)-, **51** W 1/2
Grahner-G., Leopold- **177** U 96
Gregor-Kirchner-Str. **177** V 96/97
Grenzg. **52** V 3
Grossboden, Am **177** V 96

Habichtg. **177** U 96
Hammerlwiese, Auf der **177** V 97
Haseng. **51** V 1
Hauptstr. **51/52** V/W 1, V 2/3, **177** V 97, **178** V/W 98/99
Heiligenkreuzer Str. **177** V 96, W 95/96
Heug. **51** W 99
Hirschentanzstr. **51** V-X 99/1, **178** X 99
Hochleuttner-Str., Lienhardt- **177** V 97
Hochmaystr. **51** V 1/2
Hochrotherdstr. **177** W 95/96
Hochstöcklg. **177** U/V 96
Hofmannsthal-Weg, Hugo (H.)-v.- **51** W 3
Holzhauerg. **51** X 99/1, **178** X 99
Huber-G., Josef (J.)- **52** V 3
Hugo (H.)-v.-Hofmannsthal-Weg **51** W 3
Hundskehle, Auf der **51** V 1
Hutweide **178** V 98

Irisg. **51** W 1
Iselbergg. **178** V 98

Jagafleck, Zum **178** V 98
Jägersteig **51** X 1
Johann (Joh.)-Dungl-G. **177** V 97
Johann (Joh.)-Sammer-G. **177** V 97
Josef (J.)-Edlinger-G. **51** V 2
Josef (J.)-Huber-G. **52** V 3
Josef-Ohswald-G. **178** W 99
Josef-Schöffel-Str. **51** W/X 1

Kardinal (Kard.)-Piffl-Pl. **177** V 97
Kellerwaldg. (Kellerwd.-g.) **51** W 1
Kellerwd.-g. = Kellerwaldg. **51** W 1
Kirchner-Str., Gregor- **177** V 96/97
Königsbühelstr. **51** V 1
Konir-Str., Fritz- **51** W 1
Kornblumenweg **51** V 1
Kreuzwiesensteig **177/178** V 97/98
Kuckuckssteig **51** W 1/2

Laaber Str. **51** V 1/2
Lattergrabenstr. **51** W 99/1
Lattermaisberstr. **51** X 1
Lechner-G., Franziska- **178** V 98
Lehár-G., Franz- **51** V/W 2
Leopold-Grahner-G. **177** U 96
Leopold (L.)-Stich-G. **51** V 2
Lerchensteig **51** W 99/1
Lienhardt-Hochleuttner-Str. **177** V 97
Liesingtalstr. **51/52** V 2/3, W 1/2
Linker Graben **177/178** W 97/98
Ludwig-Steindl-G. **178** V 99

Manner-G., Dr.-Franz- **178** V 98
Margaritenweg **51** V 1
Mayergassl **178** V/W 98
Meisenweg **51** W/X 1
Mondg. **51** V 1

Nachtigallwg. **51** V 1
Neubaug. **51** V 2
Nirschl-G., Anton- **51** V 1

Ohswald-G., Josef- **178** W 99
Ostendeweg **52** V 3
Österreicher-G., Franz (Fr.-Österr.-G.)- **177** V 97

Paul-Peters-G. **51** W 1
Peters-G., Paul- **51** W 1
Piffl-Pl., Kardinal (Kard.)- **177** V 97
Pilzweg **51** W 1
Primelweg **51** V 1
Promenadeweg **51** V 2

Quellenweg **51** V 1

Raphael-Donner-G. **177** V 97
Rechter Graben
177/178 W 97/98
Rehsteig **51** V 1
Römerweg **51** V 1
Roseng. (Ro.-g.) **177** V 97
Roten Kreuz, Zum **51** X 1
Rudolf-Steiner-Str. **51** V/W 1
Rudolf-Ulm-Steig **178** V 98

Sammer-G., Johann (Joh.)-
177 V 97
Schillhammer-G., Anton (A.)-
177 V 97
Schlossallee **177** V 97
Schneeglöckchenweg
(Schneegl.-wg.) **51** W 2
Schneegl.-wg =
Schneeglöckchenweg **51** W 2
Schöffel-Str., Josef- **51** W/X 1
Schrammelg. **51** V 2
Schubert-Str., Franz- **51** V 1/2
Schulg. **51** W 1
Schwalbeng. (Schw.-g.)
51 V/W 2
Schw.-g. = Schwalbeng.
51 V/W 2
Sigl-Str., Georg- **51** V 1
Sonneng. **51** V 1
Sparkassenweg (Spark.-wg)
51 X 1
Spark.-wg. = Sparkassenweg
51 X 1
Spechtg. **178** X 99
Sperlingg. **51** V 2
Sperrbergstr.
177/178 V 97/98
Steiner-Str., Rudolf-
51 V/W 1
Steindl-G., Ludwig- **178** V 99
Steingrabenweg **178** V 99
Stelzerbergstr. **177** V 97
Sternenweg **51** W 1/2
Stich-G., Leopold (L.)-
51 V 2
Sulzer Str. **177** W 95/96

Tanneng. **51** W 1
Tell-G., Wilhelm (W.)- **51** W 1
Türkeng. **177** V 97

Ulmenweg **51** V 1

Veilcheng. **51** V 1

Waldstr. **51** V/W 2
Wambacherweg (Wamb.-wg.)
51 X 1
Wamb.-wg. = Wambacherweg
51 X 1
Wassergrabenweg **177** V 96
Weidenweg **51** V 1/2
Wiesengrund **51** V 1I2
Wilhelm (W.)-Tell-G. **51** W 1
Wolfsgrabenstr. **177** V 96

Zum Jagafleck **178** V 98
Zum Roten Kreuz **51** X 1
Zyklameng. (Zykl.-g.) **51** W/X 1
Zykl.-g. = Zyklameng. **51** W/X 1

BRUCK AN DER LEITHA

BRUCK AN DER LEITHA I PRUGG SCHLOß I WILFLEINSDORF

Adalbert (A.)-Stifter-G. **109** Zh 36
Alexander-Sögner-Str.
110 Zg/Zh 36
Alte Wiener Str. **109** Zj 36
Alter Hainburger Weg
110 Zh 36/37, Zg 37
Altstadt **109/110** Zj 35/36
Am Hochfeld **109** Zj 36
Am Stadtgut **110** Zh 36
Andreas (A.)-Wieger-G.
110 Zh 36
Anna-Kundl-Str. **109** Zj 36
Anzengruber-G., Ludwig-
(L.-Anz.-G.) **110** Zh 36
Arbeiterg. **109** Zh/Zj 36
Auwiese **109** Zk 35

Bachg. **110** Zh 36
Badg. **110** Zh 36
Bahnweg **110** Zh 36
Bauer-G., Carl (C.)-
109/110 Zh 36
Biberweg **109** Zh 35/36
Binner-G., Heinrich (H.)-
110 Zh 36/37
Bischof (B.)-Dr.-Streidt (Stre.)-G.
109 Zh/Zj 36
Böhm-G., Johann (J.)- **109** Zh 36
Burgenlandstr. **110** Zj 36

Carl (C.)-Bauer-G. **109/110** Zh 36
Carl-Klose-G. **109** Zh/Zj 35
Carl-Michael-Ziehrer-G.
(C.-M.-Z.-G.) **109** Zh 36
Christelbauerg. (Christ.-g.)
109 Zh/Zj 36
Christ.-g. = Christelbauerg.
109 Zh/Zj 36
C.-M.-Z.-G. = Carl-Michael-
Ziehrer-G. **109** Zh 36
Czettel-G., Hans- **109** Zj 35

Dalhammerg. **110** Zg 36
Deutsche Sätzen **110** Zh 36
Dr.-H.-Kretschmayer-Str.
110 Zg 36
Dr.-Otto-Tschadek-Str.
109 Zh 36
Dr.-Theodor (Th.)-Körner-Pl.
110 Zj 36
Dr.-Wilhelm (W.)-Kramer-Str.,
110 Zg 37
Dürndorfer G. **109** Zj 36

Eckel-Pl., Maria- **109** Zj 35
Eco Plus Park 1. Straße
110 Zh 37
Eco Plus Park 2. Straße
110 Zg/Zh 38
Eco Plus Park 3. Straße
110 Zh 37/38
Eco Plus Park 4. Straße
110 Zg 38
Eco Plus Park 5. Straße
110 Zh 37/38, Zg 38
Eco Plus Park 6. Straße
110 Zg 37/38
Eco Plus Park 7. Straße
110 Zg 37/38
Ederer-Str., Robert- **109** Zj 35
Eisteichg. **109** Zj 35/36
Ernest (E.)-Pfiehl-G. **109** Zh 36
Europag. **110** Zh 36

Färberstr. **110** Zh 37
Feiler-G., Leopold (Leo.)-
109 Zj 36
Feldg. **109** Zj 35/36
Ferdinand (F.)-Raimund-G.
109/110 Zh 36
Figl-Str., Leopold-
109 Zh/Zj 35
Fin.-g. = Finstererg. **109** Zh 36
Finstererg. (Fin.-g.) **109** Zh 36
Fischamender Str.
109/110 Zg/Zh 35, Zh 36
Florianistr. **110** Zh 36/37
Franz (F.)-Grillparzer-Str.
109/110 Zh 36
Franz (Fr.)-Liszt-G. **109** Zh 36
Franz-Lengenfelder (Lengenfe.)-G.
110 Zh 36
Franz-Löffler-G. (Fr.-Lö.-G.)
109 Zh 35/36
Friedrich (F.)-Gauermann-Weg
110 Zg 37
Fr.-Lö.-G. = Franz-Löffler-G.
109 Zh 35/36

Gauermann-Weg, Friedrich (F.)-
110 Zg 37
Georg-Khirmair-G. (G. Khir.-G.)
110 Zh 36
G.-Khir.-G. = Georg-Khirmair-G.
110 Zh 36
Goetheg. **109** Zh 36
Grabeng. **110** Zh 36
Graf-G., Ludwig (Lud.)-
109 Zh/Zj 36
Grillparzer-Str., Franz (F.)-
109/110 Zh 36
Gymnasiumweg **109/110** Zh 36

Hainburger Str. **110** Zh/Zj 36
Halter-G., Leopold- (Leo.-Halt.-G.)
109 Zh 36
Hans-Czettel-G. **109** Zj 35
Hanuschstr. **110** Zh 36
Harzhauserg. **109** Zh 36
Hauptpl. **110** Zj 36
Haydng. **110** Zj 36
Heidenbergweg **110** Zg 36
Heimstr. **110** Zg/Zh 36
Heinrich (H.)-Binner-G.
110 Zh 36/37
He.-g. = Heßg. **110** Zj 36
Helmer-Str., Oskar-
109/110 Zh 36
Heßg. (He.-g.) **110** Zj 36
Hochfeld, Am **109** Zj 36
Höfleiner Str.
110 Zf/Zg 37, Zg/Zh 36

Industriegelände West
109 Zj 34/35
Industriering Ost **110** Zg/Zh 37
Industriestr.
110 Zg/Zh 37, Zh 36
Ingeborg-Schmidt-G. (I.-Sch.-G.)
110 Zh 36
Invalideng. **110** Zg/Zh 36
I.-Sch.-G. = Ingeborg-Schmidt-G.
110 Zh 36
Isonzog. **110** Zg 36

Johann (J.)-Böhm-G. **109** Zh 36
Johann (J.)-Nepomuk (Nep.)-
Kral-G. **109** Zh 35
Johann (J.)-Strauß-G. **109** Zh 36
Johann-Leutner-G. **109** Zh/Zj 35
Johng. **110** Zh/Zj 36
Josef (J.)-Jülly-G. **109** Zh 36
Josef (J.)-König-Str.
110 Zg 36/37
Josef (J.)-Mayer-G. **109** Zh 36
Josef-Lanner-G. (Jos.-Lann.-G.)
110 Zh 36
Jos.-Lann.-G. = Josef-Lanner-G.
110 Zh 36
Jülly-G., Josef (J.)- **109** Zh 36

E

EDERDING

SIEHE HERZOGENBURG

EGGENDORF

EGGENDORF I SIEDLUNG MARIA-THERESIA

EIBESBRUNN

SIEHE GROßEBERSDORF

E

→ EISENSTADT

Unterb.-str. = Unterbergstr. **117** Yd 20/21
Uranusg. **118** Yc 22/23

Varits-G., Karl (K.)- **117** Yd 20
Viced. = Vicedom **118** Yd 21
Vicedom (Viced.) **118** Yd 21
Viehtrift **118** Yc 21, Yb 23
Vierhapstr. **117** Ye 20/21
Viktor-Kaplan-G. **118** Yf 21
Villaweg **118** Yc 23
Vogl-Weg, Adolf- **118** Yd 21

Waldhofweg **118** Yb 21
Waldweg **117** Yc 20
Waschstattg. (Waschst.-g.) **118** Yc 21
Weigl-G., Josef (J.-We.-G.) **117** Yd 21
Weinbergg. **117** Yd 20
Weingartenstr. **117** Yc/Yd 20
Weißpriach-Str., Johann- (Joh.-Weißp.-Str.) **117** Yd 21
Werfel-G., Franz (F.)- **118** Yd/Ye 21
Werner-Str., Georg (G.)-Josef (J.)- **117** Yc/Yd 20
Werth.-g. = Wertheimerg. **117** Yd 20
Wertheimerg. (Werth.-g.) **117** Yd 20
Wiener-Str. **117** Yd/Ye 19/20
Wiesenstr. **117** Ye 21
Winzerweg **117** Ye 20/21
Wirtschaftsstr. **118** Yf 21/22
Wolf-G., Alexander- (A.-W.-G.) **117** Yd 21
Wolfgang (W.)-Köpp-G. **118** Yd 21
Wolfgarten **117** Yc 20
Wormserstr. **118** Yd 21

Xaveriweg **118** Yb/Yc 23

Ziegelofeng. **118** Ye 21

E

EMMERSDORF

SIEHE NEULENGBACH

ENZERSDORF AN DER FISCHA

Fischamender Str. **108** Za/Zb 26
Heideweg. **108** Za 26

ENZERSFELD

KÖNIGSBRUNN I ENZERSFELD

Ableidingerstr. (Ableid.-str.) **138** Ae 15
Abt-Benno-Str. **138** Ad 15
Abt-Bonifaz-Str. **138** Ae 15
Am Hofkeller **138** Ae 15
Am Kirchberg **137** Ac 14
Aukeller **138** Ae 15

Bahnstr. **138** Ad 15/16, Ac 16
Benno-Str., Abt- **138** Ad 15
Birkenweg **137** Ab/A 14
Bonifaz-Str., Abt- **138** Ae 15
Brennleitenstr. **137** Ab/Ac 14

Chimanistr. **138** Ae 15

Dietersdorfer G. **138** Ac/Ad 16

Enzersfelder Str. **137/138** Ad 14/15

Feldg. **138** Ae 15
Florianig. **138** Ad/Ae 15
Flurg. **137** Ad 14
Fürstenbergkeller **138** Af 15

Garteng. **138** Ad 15
Gartenweg **137** Ac 14
Graben, Langer **138** Ae 15
Grießleitenweg **138** Ad 16
Großebersdorfer Str. **138** Ae 15/16
Grundackerg. **137** Ac 14
Grundg. **138** Ad/Ae 15

Hagenbrunner Str. **137** Ab/Ac 14
Hauptstr. **138** Ad/Ae 15
Hofg. **138** Ad 15
Hofkeller, Am **138** Ae 15
Holleraug. **137** Ac 14

Im Leebühel **138** Ae 15
In den Nußern **137** Ab/Ac 14

Kasinopl. **138** Ae 15
Kirchberg, Am **137** Ac 14
Kirchenfeldg. (Kirch.-g.) **138** Ae 15
Kircheng. **138** Ae 15
Kirchenpl. **138** Ae 15
Kirch.-g. = Kirchenfeldg. **138** Ae 15
Königsbrunner Str. **138** Ad/Ae 15
Korneuburger Str. **137** Ad/Ae 14, **138** Ac 15

Langer Graben **138** Ae 15
Leebühel, Im **138** Ae 15
Lehbergg. **137** Ad 14
Lourd-Weg, Maria- **138** Ae 15

Manhartsbrunner Str. **138** Ae 15
Maria-Lourd-Weg **138** Ae 15
Mühleng. **138** Ae 15

Neustiftg. **138** Ae 15
Neustiftkeller **138** Af 15
Nußern, In den **137** Ab/Ac 14

Ortsstr. **137** Ac 14

Pfarrg. **138** Ad/Ae 15

Quellenstr. **137** Ac 14

Rosenbergweg **137** Ac 14
Roßhaidg. **137** Ac 14

Satzg. **138** Ae 15
Satzkeller **138** Ae 15/16
Scheunenstr. (Sch.-str.) **138** Ae 15
Sch.-str. = Scheunenstr. **138** Ae 15
Schulg. **138** Ad 15
Schüllerkeller **138** Ae/Af 15
Schwemmäckerg. **138** Ae 15
Sonnenweg **137** Ab 14
Sparterlkeller **138** Ae 15
Sportplatzg. **137** Ac 14
Steigg. **137** Ad 14
Stettener Str. **137** Ac/Ad 14
Stögerg. **138** Ad 15

Tradenbergstr. **137** Ac 13/14

Waldweg **137** Ac 14
Weinb.-g. = Weinbergg. **137** Ac 14
Weinbergg. (Weinb.-g.) **137** Ac 14
Wiesenfeldstr. **137/138** Ac 14/15
Wieseng. **138** Ae 14

FELIXDORF

Adalbert (A.)-Stifter-G. **93** Zz 3/4
Alleeg. **94** Zz 3/4
Am Russendamm **94** Ya 4
Arbeiterg. **94** Zy 4
Am alten Sportpl. **94** Zz 4
Badg. **93** Zz 3
Bahnhofpl. **94** Zy 4
Bahnstr. **93/94** Zz 3, Zy/Zz 4
Bahnzeile **94** Zy 4
Baug. **94** Zy 4
Beethoveng. **94** Zz 4
Bräunlichg. **94** Zy/Zz 4
Brucknerg. **94** Zz 4
Carl (C.)-Auer-von Welsbach-G. **93** Zz 3
Dammg. **94** Zz 4
Dr.-Mauksch-G. **94** Zz 4
F
Engelg. **94** Zz/Ya 4
Etrich-G., Hugo- **93** Zz 3
Fabrikg. **94** Zy 4
Feldg. **94** Zz 4
Ferdinand (Ferd.)-Porsche-G. **93** Zz 3
Ferdinand (F.)-Raimund-G. **93/94** Zz 4
Franz-Liszt-G. **94** Zz 4
Franz (F.)-Werfel-G. **93/94** Zz 4
Garteng. **94** Zz 4
Gewerbestr. **94** Zz 4/5
Ghega-G., Karl (K.)-von- **93** Zz 3
Grenzg. **94** Zz/Ya 4
Grillparzerg **94** Zz 4
Hauptpl. **94** Zz 4
Hauptstr. **93/94** Zy/Zz 3/4
Haydng. **94** Zz 4
Hugo-Etrich-G. **93** Zz 3
Johann (J.)-Nestroy-G. **93** Zz 3/4
Johann (J.)-Strauß-G. **94** Zz 4
Josef (J.)-Ressel-G. **93** Zz 3/4
Kaplang. **93** Zz 3
Karl (K.)-Heinrich (H.)-Waggerl-G. **93/94** Zz 4
Karl (K.)-von-Ghega-G. **93** Zz 3
Kirchhoffg. **94** Zy 4
Komzakg. **94** Zz 4
Kurze G. **94** Zz 4
Lange G. **94** Zz/Ya 4
Lehárg. **94** Zz 4
Liszt-G., Franz- **94** Zz 4
Maderspergerg. **93/94** Zz 3/4
Marcus-G., Siegfried (S.-M.-G.) **93** Zz 3
Mauksch-G., Dr.- **94** Zz 4
Mayrg. **93** Zz 3
Mießlg. **94** Zz 4
Mitterhofer-G., Peter- **93** Zz 3
Mittlere G. **94** Zz 4
Mohrstr. **94** Zz 4
Mozart-G., Wolfgang (W.)-Amadeus (A.)- **94** Zz 4
Mühlstr. **94** Zy 4
Negrellig. **93/94** Zz 4
Nestroy-G., Johann (J.)- **93** Zz 3/4
Neubaug. **94** Zz/Ya 4
Neug. **94** Zy/Zz 4
Parkg. **93** Zz 3/4
Peter-Mitterhofer-G. **93** Zz 3
Petzoldg. **94** Zz 4
Porsche-G., Ferdinand (Ferd.)- **93** Zz 3
Pulverweg **94** Zz 4
Querg. **94** Zy 4
Raimund-G., Ferdinand (F.)- **93/94** Zz 4
Ressel-G., Josef (J.)- **93** Zz 3/4
Roseggerg. **93** Zz 3
Russendamm, Am **94** Ya 4
Sackg. **94** Zz 4
Sandg. **94** Zz 4
Sandg. A **94** Zz 4
Schubertg. **94** Zz 4
Schulstr. **94** Zz/Ya 4
Sedlmayerg. **94** Zz/Ya 4
Siedlerg. **94** Zz/Ya 4
Siegfried-Marcus-G. (S.-M.-G.) **93** Zz 3
S.-M.-G. = Siegfried-Marcus-G. **93** Zz 3
Spinnereig. **94** Zy 4
Spitalg. **94** Zz 4
Stadiong. **94** Zz 4
Stampfg. **93** Zz 3
Steinfeldg. **94** Zz 4
Stefan (St.)-Zweig-G. **93** Zz 4
Stifter-G., Adalbert (A.)- **93** Zz 3/4
Strauß-G., Johann (J.)- **94** Zz 4
Waggerl-G., Karl (K.)-Heinrich (H.)- **93/94** Zz 4
Waldzeile **94** Zz 4
Welsbach-G., Carl (C.)-Auer-von- **93** Zz 3
Werfel-G., Franz (F.)- **93/94** Zz 4
W.-g. = Wieseng. **93** Zz 3
Wieseng. (W.-g.) **93** Zz 3
Wildgansg. (Wg.-g.) **94** Zz 4
Wolfgang (W.)-Amadeus (A.)-Mozart-G. **94** Zz 4
Zellerg. **93/94** Ya 3/4
Ziehrerg. **93/94** Zz/Ya 4
Zweig-G., Stefan (St.)- **93** Zz 4

FISCHAMEND

Airportstr. **107** X 25
Am Damm **107/108** X 26–28
Am Grund **107** X 26
Arbeiterg. **107/108** Y 26
Bahnstr. **107** X 26
Bahnhofstr. (B.-str.) **108** X 26
Bergg. **108** X/Y 27
Blaschkeweg **108** Y/Z 26
Brucker Str. **108** X 26/27, Y 27
Cunog. **107** X 26
Damm, Am **107/108** X 26-28
Donauarmstr. **107/108** W 27, X 26/27
Donaustr. **108** X 26
Dr.-B.-W. = Dr.-Blitz-Weg **107** X 26
Dr.-Blitz-Weg (Dr.-B.-W.) **107** X 26
Dr.-Karl-Renner-Str. **108** Y 26
Dr.-Wenger-Weg **108** X 26
Dr.-Winter-Weg **107** X 25
Enzersdorfer Str. **108** Y-Za 26
Fehrg. **107** X/Y 26
Feldg. **107** X 26
Fischag. **107/108** X 26
Florenzg. (Flor.-g.) **108** Y 26
Flösserstätte **108** X 27
Flugfeldstr. **108** Y 26/27
(F.-prom.) **107** X 26
Getreidepl. **108** X 26
Gregerstr. **107/108** Y 26
Grimmg. **108** Y 26
Grund, Am **107** X 26
Gürtlg. **107** X 26
Hainburger Str. **108** X 26/27, Y 27/28
Hanuschg. **107/108** Y 26
Haselriederstr. (Haselr.-str.) **108** Y 26
Hauptpl. **108** X 26
Haydng. **107** X 26
Industriewerkg. (Ind.-werkg.) **108** Y 26
Karyg. **108** Y 26
Kindergartenweg (Kinderg.-weg) **108** Y 26
Kirchenpl. **107/108** X 26
Kirchenweg **107** X 26
Kleine Au **107** Y 26
Kleinneusiedler Str. **107** X-Z 26
Körtingstr. **108** Y 27
Leopold-Ruckteschel (Ruckt.)-Str. **108** Y 26
Molfenterstr. **108** Y 26
M.-str. = Münnichreiterstr. **108** Y 26/27
Mühlweg **107/108** Y 26
Münnichreiterstr. (M.-str.) **108** Y 26/27
Neug. **107** X 25
Olbrichstr. **108** Y 26/27
Parsevalstr. **108** Y 26/27
Pfarrweg **108** Y 27
Politzerg. **108** Y 26
Reichsstr. **107** X 25
Renner-Str., Dr.-Karl- **108** Y 26
Rösslg. **107** X 26
Ruckteschel (Ruckt.)-Str., Leopold- **108** Y 26
Schiestlg. **108** Y 26
Schindlerweg (Sch.-weg) **107** X 26
Schneiderweg **107** X 26
Schulg. **107** X 26
Schützweg **108** Y/Z 26
Sch.-weg = Schindlerweg **107** X 26
Smolekstr. **108** Y 26/27
Springholzg. **107/108** Y 26
Weselstr. **107** Y 26
Wiener Str. **107** W 24/25, X 25/26
Wüsterg. (Wü.-g.) **108** Y 26
Zeppelinstr. **107** X 25

FLANDORF

SIEHE HAGENBRUNN

FRAUENHOFEN

SIEHE TULLN AN DER DONAU

GABLITZ

Alfons-Maria-G., Schwester-
172 L 98
Anton-Hagl-G. **172** L 98
Anzengruberg. **173** M 97

Bachg. **172** L 98
Bäuerleg. **173** M 96/97
Beethoveng. **172** L 98
Bergg. **174** M 98/99
Bertha-von-Suttner-G. **173** M 97
Bichlerg. **172** L 98
Billrothg. **172** K/L 98
Bräuerfeld **172** L/M 98
Brauhausg. **172** L/M 98
Buchgrabeng. **174** M 98

Daniel-Gran-G. **173** M 97
Denkg. **171/172** K 97/98
Dingelstedtg. **172** L 98/99, M 98
Dürerg. **174** M 98

Ebner-G., Ferdinand (F.)- **172** L 98
Eitlerg. **173** M 97

Feldg. **172** L 98
Ferdinand (F.)-Ebner-G. **172** L 98
Ferdinand-Ramler-Str. **172** K/L 98
Ferdinand (F.)-von-Trinks-G.
172 L 98
Fischergraben **173** M 97
Forstg. **171** K 97
Franz-von (v.)-Suppé-G. **172** L 98

Gauermanng. **173** M 97
Gluckg. **172** L 98
Goetheg. **171** M 96/97
Graben **172** L 98
Gran-G., Daniel- **173** M 97
Grillparzerg. **171** M 97

Hagl-G., Anton- **172** L 98
Hamerlingg. **172** L/M 98
Händelg. **172** L 98
Hauersteigstr. **171** L 97, M 96/97,
172 L 98
Hauptstr. **172** L 98

Haydng. **172** L 98
Himmelreichstr. **172/174** M 98/99
Höbersbachstr. **171** K 96/97, L 96
Hochbuchstr. **173/174** M 97/98

Johann (J.)-Wanderer-Str.
171/172 L 97/98
Josef (J.)-Lanner-G. **172** L 98
Josef-Stadlmaier-G. **172** L 98

Kernstockg. **171** L 97
Kircheng. **171/172** L 97/98
Klimtg. **174** M 98
Klosterw. **171/172** L/M 97/98
Kochg. **172** L 98
Kupetzstr. (Kup.-str.) **172** L 98
Kup.-str. = Kupetzstr. **172** L 98
Kurzg. **172** L 98

Langleithenweg, Unterer
171 J 96
Lanner-G., Josef (J.)- **172** L 98
Laubeg. **171/173** M 97
Lefnärg. **172** L 98
Leiten **173** M 97
Lenaug. **172** L 98
Leopold (Leop.)-Schöber-G.
173 M 97
Lessingg. **173** M 97
Linzer Str. **171** J 95/96,
K 96/97, L 97, **172** L/M 98
174 M 98/99

Mauerbachstr. **171** J/K 97
Millöckerg. **172** L 98
Missong. **173** M 96/97
Mitterauen **171** K 97
Mozartg. **172** L 98

Nestroyg. **173** M 96/97

Obermüllerg. **171** K 97

Paracelsusstr.
171/172 K 98, L 97/98
Paul-Troger-G. **173** M 97

Pöckelau **171** K 97
Poststeig **172** L 98

Raimundg. **173** M 96/97
Ramler-Str., Ferdinand- **172** K/L 98
Riedanleitenstr. **173** M 96
Roseggerg. **172** L 98

Schamanng. **171** K 96
Sch.-g. = Schönbauerg.**172** L 98
Schieleg. **172/174** M 98
Schikanederg. **171** L 96
Schillerg. **171** M 96
Schöber-G., Leopold (Leop.)-
173 M 97
Schöffelg. **174** M 98
Schönbauerg. (Sch.-g.) **172** L 98
Schubertg. **172** L 98
Schwester-Alfons-Maria-G. **172** L 98
Schwindg. **173/174** M 97/98
Semmelweisg. **172** K/L 98
Spitzersteig **173** M 97
Sportplatzstr. **171** K 96
Stachlg. **171** L 97
Stadlmaier-G., Josef- **172** L 98
Steinbruchg. **172** M 98
Stifterg. **173** M 97
Suppé-G., Franz-von (v.)- **172** L 98
Suttner-G., Bertha-von- **173** M 97

Trinks-G., Ferdinand (F.)-von-
172 L 98
Troger-G., Paul- **173** M 97

Unterer Langleithenweg **171** J 96

Wagnerg. **172** M 98
Wagner-Jauregg-G. **172** K 98
Waldmüllerg. **174** M 98
Wanderer-Str., Johann (J.)-
171/172 L 97/98
Wielandg. **173** M 97
Wohlmuthg. **172** M 98

Ziehrerg. **172** L 98

F

G

GAINFARN

SIEHE BAD VÖSLAU

GÄNSERNDORF

GÄNSERNDORF-STADT I GÄNSERNDORF-SÜD

Ahornweg **155** A 30
Akazienweg **155** C 30
Am Bergl **157** Ac 32/33
Am Haidacker **156** B 30/31
Am Halterberg **157** Ac 32
Am Krautacker **157** Ac 33
Amselg. **156** B/C 31
Arbeiterheimg. (Arbeiterh.-g.)
155 C 30
Aug. **157** Ac 32/33
Äußere Jochenstr.
155 C/D 29, C 30

Bahnhofstr. **157** Ab 33
Bahnstr. **157** Ab/Ac 32/33
Barbaraheimstr. **157** Ac 33
Bärenweg **156** C 32
Bauernfeldg. **157** Ab 32
Bauhofg. **157** Ac 33
Baumschulweg **157** Ab 33
Beethoveng. **157** Ab 33
Bergl, Am **157** Ac 32/33
Billrothg. **157** Ab 33
Birkenweg **156** B 32
Blumeng. **155** B/C 30

Bockfließer Weg **157** Ab 32
Bodenzeile **157** Ab 32
Brucknerg. **157** Ab 33/34
Brunneng. **157** Ac 33/34
Bucheng. **155** B/C 30

Czink-G., Dr.-Helmut (H.)-
157 Ab 33

Daimlerg. (Daiml.-g.) **156** A 31
Dammg. **157** Ab 32/33
Dr. Hans (H.)-Hörler-G. **157** Ab 32

A.-Hir.-G. = Alexander-Hirschl-G. **11** E 18
Ahorng. **150** Aa 19
Albert (A.)-Sever-Str. **2** A 15/16
Albert-Schweitzer-G. **2** A 16
Alexander-Hirschl (A.-Hir.-G.) **11** E 18
Alfred-Fröhlich-Str. **139** Ab 17/18
Ambros (A.)-Bauernfeind-G. **150** Aa 19
Am Jungfernberg **149** Aa 17
Am Wassergraben **150** B 20
Am Weichselgarten **139** Ac 18
Anderlik-G., Josef- **2** A 16
Andreas (A.)-Hofer-Weg **11** D/E 17
Angorag. **2** A 16
Anton-Bruckner-G. **150** A 19
Anzengruberweg **11** D 17
Auerbachweg **10** D 16

Bachg. **150** A 19/20
Bäckersteig (Bäck.-st.) **150** Aa 19
Bahnstr. (Seyring) **150** Aa 19
Bahnstr. (Gerasdorf) **11** D 18
Bauernfeind-G., Ambros (A.)- **150** Aa 19
Beerenweg **10** D 16
Beethovenweg **10** D 16/17
Berta-von-Suttner-G. **150** A 19
Blumeng. **150** A 19/20
Blumenweg **11** D 17
Blüteng. **150** A 19/20
Böck-G., Josef- **11** D 18
Böhm-G., Johann- **11** D 18
Brahmsweg **10** D 16
Brehmweg **10** D 16
Brötzenbergerg. **2** A 16
Bruckner-G., Anton- **150** A 19
Brunneng. **150** A/B 19
Brünner Str. **2** Aa/A 16, **139** Ab/Aa 17, Ac/Ab 18

Campingplatzweg **11** F 18

Dr.-Bruno-Simlinger-G. (Dr.-B.-S.-G.) **11** D 17
Dr.-B.-S.-G. = Dr.-Bruno-Simlinger-G. **11** D 17
Dr.-Erwin (E.)-Ringel-Pl. **11** D 17
Dr.-Josef (J.)-Piringer-G. **11** D 17
Dr.-Karl-Renner-G. (Dr.-K.-R.-G.) **11** D 18
Dr.-K.-R.-G. = Dr.-Karl-Renner-G. **11** D 18
Dr.-Peschl-Str. **140** Ab/Aa 19
Dr.-Theodor (T.)-Körner-G. **11** D 17
Dorfstr., Linke **139/140** Aa 19, Ab 18/19
Dorfstr., Rechte **139/140** Aa 19, Ab 18/19
Dungler-G.- Josef (Jos.)- **2** A 16

Eignerg. **150** A 19
Enzersfelder Str. **2** Aa 16
Enzersfelder Weg **139** Ab 18
Emil-Rotter-G. **2** A 16
Ernst (E.)-Theumer-Str. **2** A 16
Ernst-Winkler-G. **11** D 18
Escheng. **150** Aa 19
Expopl. **139** Ab 17

Fabriksg. **150** C 19
Fasang. **150** Aa 19
Feldg. (Seyring) **140** Ab 18/19
Feldg. (Kapellerfeld) **150** A 20, B 19/20
Felix-Göschl-G. **11** D 18
Florianig. **149** C 18
Florianipl. **149** C 18
Flugfeldstr. **150** Aa 19
Föhreng. **150** A/B 19
Föhrenhaing. **2** A/Aa 16
Franz-Jonas-G. **149** Ab/Aa 18
Franz-Wallner-G. **11** D 17
Franz-Welte-Weg **11** D 17
Freudg. **11** D 17/18
Friedensg. **150** A 19/20
Friedhofsg. **11** D 18
Friedhofweg **150** Aa 19
Fröhlich-Str., Alfred- **139** Ab 17/18
Fuchsg. **150** Aa 19
Fuhrg. **139** Ab 17/18
Führich-Weg, Gustav- **10** D 16

Garteng. (Seyring) **149** Aa 18
Garteng. (Kapellerfeld) **150** A/B 19
Gemeindeweg **10** D 16/17
Georg-Schilk-G. (G.-Sch.-G.) **11** D 18
Gerasdorfer Str. **11** D 17
Gerber-Str., Karl- **149** Aa 18, **150** Aa/A 19
Girardiweg (Gir.-wg.) **11** E 16/17, D 17
Gir.-wg. = Girardiweg **11** E 16/17, D 17
Gladioleng. **2** Aa 16/17
Glaser-G., Michael- **11** D 18
Goetheweg **11** D 17
Göschl-G., Felix- **11** D 18
Grenzweg **2** C 16, **10** D 16, E 16/17
Grillparzerweg (Grillp.-wg.) **11** D/E 17
Grillp.-wg. = Grillparzerweg **11** D/E 17
Großschopfg. **2** A 16
G.-Sch.-G. = Georg-Schilk-G. **11** D 18
Guido-Rütgers-Str. **11** D 18
Gustav-Führich-Weg **10** D 16

Hadrigan-G., Thomas (T.)- **11** D 17
Hagenbrunner Str. **2** Aa 15/16, A 16
Haidfeldg. **139** Ab 18
Halbg. (Seyring) **150** Ab/Aa 19
Halbg. (Kapellerfeld) **150** A/B 19
Halbleheng. **11** D 18
Handelsstr. **139** Ab 17
Hanuschg. **2** A 16
Hauptstr. (Seyring) **149** Aa 18
Hauptstr. (Gerasdorf) **11** C/D 18
Haydng. **150** B 19/20
Haydnweg **11** D 16/17
Heis.-g. = Heisingerg. **150** Aa 19
Heisingerg. (Heis.-g.) **150** Aa 19
Heldenweg **11** D 17
Helmaweg **150** Aa 19
Hirschl-G., Alexander- (A.-Hir.-G.) **11** E 18
Hofer-Weg, Andreas (A.)- **11** D/E 17
Hofg. **149** C 18
Hoffmannweg **11** D 17
Hofstättenweg **11** E/F 17/18
Hofstr. **149/150** Aa 18/19
Hofweiselg. **149** Aa/Ab 18
Holz-Steiner-Str. **139** Ab 17
Hornbach-Str., Wilhelm- **139** Ac/Ab 17
Hugo-Mischek-G. **149** C 18
Hugo-Schuran-Weg **11** D/E 18

Im Felde **150** B 20
Illg. **11** E 16/17
Industriestr. (Seyring) **150** Aa 19
Industriestr. (Gerasdorf) **11** E 18

Jägerweg **11** D/E 17
J.-N.-G. = Johann-Neumayr-G. **11** D 18
Joachimsthalerg. **2** A 16
Johann-Böhm-G. **11** D 18
Johann-Neumayr-G. (J.-N.-G.) **11** D 18
Johann (J.)-Kaller-G. **11** D 17
Johann-Kincl-G. **2** Aa/A 16
Johann (J.)-Kruder-Weg **10** D 16
Johann (J.)-Scheider (Scheid.)-G. **150** Aa 19
Jonas-G., Franz- **149** Ab/Aa 18
Josef-Böck-G. **11** D 18
Josef (Jos.)-Dungler-G. **2** A 16
Jungfernberg, Am **149** Aa 17
Jupiterg. **150** A 19/20

Kaller-G., Johann (J.)- **11** D 17
Kantg. **150** B 19
Kantweg **10** D 16
Kapellerfelder Str. **149** C 18, **150** B/C 19
Kaplan-Str., Viktor- **11** F 18
Karl-Gerber-Str. **149** Aa 18, **140** Aa/A 19
Karl (K.)-Seitz-Str. **2** A 16
Karl-Praunseys-Str. **2** A 16
Karl (K.)-Prottung-G. **150** A 19
Karl-Suschitz-G. (K.-Susch.-G.) **11** D 18
Katzengruberg. **11** D 18
Kegelg. **2** Aa 16/17
Kincl-G., Johann- **2** Aa/A 16
Kircheng. **11** D 18
Kirchenlucken **11** E 18
Konrad (K.)-Prantl-G. **11** D 18
Körner-G., Dr.-Theodor (T.)- **11** D 17
Korng. **150** A 20
Kraus-G., Raimund- **11** D 18
Kronfeldg. **2** A 16
Kruder-Weg, Johann (J.)- **10** D 16
K.-Susch.-G. = Karl-Suschitz-G. **11** D 18
Kuhng. **11** D 17/18
Kunschak-G., Leopold- (L.-Kun.-G.) **11** D 18
Künzlg. **150** A 19

Lange Theileg. **139** Ab 17
Lannerweg **10** D 16
Leharweg **11** D 17
Leheng. **150** Aa 19
Lenaug. **150** A 19/20
Lenauweg **11** D 17
Leopoldauer Str. **11** D 17/18, E 17
Leopold-Kunschak-G. (L.-Kun.-G.) **11** D 18
Leopold-Pichler-Weg **11** E 18
Leopold-Schlederer-G. (L.-Schle.-G.) **11** D 18
Liebknechtg. **2** Aa 16
Lindenweg **11** D 16/17
Linke Dorfstr. **139/140** Aa 19, Ab 18/19
L.-Kun.-G. = Leopold-Kunschak-G. **11** D 18
Lorenz-Steiner-G. **11** D 18
Lorenzg. **11** D 18
Löschniggweg **10** D 16
L.-Schle.-G. = Leopold-Schlederer-G. **11** D 18
Ludmillag. **2** Aa/A 16
Lux-G., Raimund (R.)- **150** Aa 19

Maderspergerstr. **11** F 18
Malveng. **150** Aa 19
Marcusstr. **11** F 18
Margeriteng. (Marg.-g.) **150** Aa 19
Michael-Glaser-G. **11** D 18
Michael-Rathmeyer-G. (M.-R.-G.) **2** A 16
Mischek-G., Hugo- **149** C 18
Mittelg. (Kapellerfeld) **150** B 19/20
Mittelstr. (Seyring) **150** Aa 19
Mozartweg **11** D 16/17
M.-R.-G. = Michael-Rathmeyer-G. **2** A 16

Nelkeng. **150** A 19
Nestroyweg **10** D 16
Neumayr-G., Johann- (J.-N.-G.) **11** D 18
Nordg. **149** C 18
Nordostbahnstr. (No.-str.) **11** E/F 18
No.-str. = Nordostbahnstr. **11** E/F 18

G

GIESSHÜBL

GRAFENBACH-ST. VALENTIN

GRAFENBACH | OBERDANEGG | PENK | ST. VALENTIN-LANDSCHACH

GREIFENSTEIN

SIEHE ST. ANDRÄ-WÖRDERN

GROSSEBERSDORF

EIBESBRUNN I GROßEBERSDORF I MANHARTSBRUNN I PUTZING

G

GROSSENGERSDORF

GROSS-ENZERSDORF

GROSS-RASSBERG

SIEHE MARIA-ANZBACH

GROSSWEINBERG

SIEHE NEULENGBACH

GUMPOLDSKIRCHEN

GÜNSELSDORF

GUNTRAMSDORF

HAAG

SIEHE NEULENGBACH

HADERSFELD

SIEHE ST. ANDRÄ-WÖRDERN

HAGENBRUNN

FLANDORF I HAGENBRUNN

Aichleitenweg **1** Aa 14
Aignerstr. **139** Ab/Ac 17
Amerlingstr. **137** Ab 13
Am Heuweg **139** Ab 17
Am Kronawett
137 Ab/Ac 13, Ab 14
Anzengruberstr. (Anzengr.-str.)
137 Ab 13

Bahnstr. **1/2** Aa 14/15
Bergstr. **137** Ab 13/14
Birkenweg (Birk.-w.) **137** Ab 13
Brunneng. **137** Ab 14
Brünner Str. **139** Aa/Ab 17

Dietersdorferstr. **139** Ab 17

Energieweg **136** Ac 12

Feldg. **149** Aa/Ab 17
Flurg. **136** Ac 12
Föhrenweg (Föhr.-w.)
137 Ab 13
1. Gasse **149** Aa 17
2. Gasse **149** Aa 17
3. Gasse **149** Aa 17
4. Gasse **149** Aa 17
5. Gasse **139** Aa/Ab 17
6. Gasse **139** Aa/Ab 17
7. Gasse **139** Ab 17
8. Gasse **139** Ab 17
9. Gasse **139** Ab 17

Gewerbestr. **139** Aa/Ab 17
Großebersdorfer Str. **139** Ab/Ac 17

Handelsstr. **139** Aa 17
Hauptstr. (Flandorf) **136** Ac 12/13
Hauptstr. (Hagenbrunn)
137 Aa 14, Ab 13/14
Hausweingärten, In den
136 Ac 12/13
Heidäckerstr. **149** Aa 16
Heuweg, Am **139** Ab 17
Hochfeld, Im **137** Ac 12/13
Hofmauer, In der **1** Aa 14
Hubertusg. **139** Ab 17

Im Hochfeld **137** Ac 12/13
In den Hausweingärten
136 Ac 12/13
In der Hofmauer **1** Aa 14
Industriestr. **139** Aa/Ab 17
In Mühlraidern **1** Aa 13/14

Kirchenweg **1** Aa/Ab 13
Kellerg. **1** Aa 14
Königsbrunner Str. **137** Ab 14
Kreuzweg **136** Ac 12
Kronawett, Am **137** Ab/Ac 13, Ab14
Kupferschmiedg.
149 Aa/Ab 16/17, **139** Ab 17

Landesstr. **136** Ac 12

Makartstr. **137** Ab 13
Mühlbergg. **1** Aa 14
Mühlraidern, In **1** Aa 13/14
Mühlweg **136** Ac 12

Querg. **149** Aa/Ab 17

Raimundstr. **137** Ab 13

Salzstr. **137** Ab 14
Sandgrubenfeldstr. **136** Ac 12
Schloßg. **1** Aa 14
Schokoladenweg **139** Ab 17
Schulg. **1** Aa 14
Schulstr. **136** Ac 12
Stammersdorfer Str. **1** A/Aa 14

Veiglbergstr. **137** Ab 13

Waldmüllerstr. **137** Ab 13
Waldstr. **137** Ab 13
Weinbergg. **137** Ab 14
Wirtschaftsstr. **139** Ab/Ac 17
Wolfsbergen **1** A 13/14

HELMAHOF

SIEHE DEUTSCH-WAGRAM

HENNERSDORF

Achauer Str. **68** Y/Z 12
Am Teich **68** Y/Z 12
Bachg. **68** Y 11/12
Bahnzeile **68** Y 11
B.-g. = Blattg. **68** Y 12
Blattg. (B.-g.) **68** Y 12
Böhler-G., Dr.- **68** Z 12
Dr.-Böhler-G. **68** Z 12
Dr.-Koch-G. **68** Z 12
Dr.-Koralevsky-G. **68** Y 11
Flemingstr. **68** Z 12
Florianipl. **68** Y 11
Friedhofspl. **68** Y 11
Garteng. **68** Y 11/12
Grillparzerstr. **68** Y/Z 12
Hauptpl. **68** Y 11
Hauptstr. **68** Y 11/12
Höbelg. **68** Y 11
Johann-Wiesmayer-G. **68** Y 11/12
Josef-Postl-G. **68** Y 12
Karl-Heinrich-Waggerl-G. **68** Y 12
Keplerg. **68** Z 12
Kirchenpl. **68** Y 11
Koch-G., Dr.- **68** Z 12
Koralevsky-G., Dr. **68** Y 11
Nestroyg. **68** Y 12
Neuweilerg. **68** Y 12
Osterle-G., Rudolf- **68** Y 11
Pestalozzig. **68** Z 12
Postl-G., Josef- **68** Y 12
Raimundg. **68** Y 12
Roseggerg. **68** Y 12
Rothneusiedler Str. **68** Y 11
Rudolf-Osterle-G. **68** Y 11
Stifterg. **68** Y 12
Teich, Am **68** Y/Z 12
Teichfeldg. **68** Y 11/12
Waggerl-G., Karl-Heinrich- **68** Y 12
Wasserturmweg **68** Y 11
Werksstr. **68** Y 11
Wildgansg. **68** Y 12
Wiesmayer-G., Johann- **68** Y 11/12
Zehetnerg. (Z.-g.) **68** Y 12
Z.-g. = Zehetnerg. **68** Y 12

HIMBERG

GUTENHOF I HIMBERG I PELLENDORF I VELM

Achauer Str. **70** Zb 15
Alois (A.)-Lehr-G. **70** Zb 16
Am alten Markt **70** Zb 15/16
Am Kellerberg **71** Za 17
Am Neubach **70** Zb 15/16
Am Sportpl. **71** Za 17
Andre-Str., Franz- **71** Z/Za 17
Anningerg. **70** Zb 15
Anton (A.)-Diettrich-G. **70** Zb/Zc 16
Anton (A.)-Stidl-G. **70** Zb 15
Anton-Dreher-G. **70** Zb/Zc 16
Arbeiterg. **70** Zb 15
Bachg. **70** Z 16
Bahnhofpl (Bahnh.-pl.) **70** Zb 16
Bahnstr. **70** Zb 16
Binderweg **71** Za 17
Brauhausg. **70** Zb 16
Dammg. **70** Zb 15
Diettrich-G., Anton (A.)- **70** Zb/Zc 16
Dreher-G., Anton- **70** Zb/Zc 16
Erberpromenade **70** Zb 16
F.-Stichlb.-G = Ferri-Stichlberger-G. **70** Za/Z 16
Falkenhofg. (Falkenh.-g.) **70** Zb 16
Feldg. **70** Zc 16
Ferri-Stichlberger-G. (F.-Stichlb.-G.) **70** Za/Z 16
Flurstr. **70** Zb 15
Fr.-Zillb.-Str. = Franz-Zillbauer-Str. **70** Z 16
Franz (F.)-Klein-G. **70** Zb 16
Franz (F.)-Sailer-G. **70** Zb/Zc 16
Franz (F.)-Throner-G. **70** Zb/Zc 16
Franz (Fr.)-Schubert-G. **70** Zb 15
Franz-Andre-Str. **71** Z/Za 17
Franz-Lehn-G. **70** Zb 16
Franz-Zillbauer-Str. (Fr.-Zillb.-Str.) **70** Z 16
Friedrich (F.)-Lux-Str. **70** Zb 15
Gärtnerweg **70** Z/Za 16
Grabeng. **71** Z 16/17
Grenzackerstr. **70** Zb 16
Haidäckerstr. **70** Zb 16
Hans (H.)-Stubner-G. **70** Zb 16
Hans-Hruschka-G. **70** Zb/Zc 16
Hauptpl. **70** Zb 16
Hauptstr. **70** Zb/Zc 16
Hauslussg. (Hausl.-g.) **70** Zb 15
Haydng. **70** Zb 15
Hintere Ortsstr. **70** Zb/Zc 16
Hruschka-G., Hans- **70** Zb/Zc 16
Industriestr. **70** Zb/Zc 16/17
Institutg. **70** Za/Zb 16
Jägerweg **70** Z 16
Josef-Kainz-G. **70** Zb 16
Jubiläumsstr. **70** Zb 15/16
Kainz-G., Josef- **70** Zb 16
Kellerberg, Am **71** Za 17
Kindlweg **70** Zc 16
Kirchpl. **70** Zb/Zc 16
Klein-G., Franz (F.)- **70** Zb 16
Lanzendorfer Str. **70** Z 16, **71** Za 16/17
Lehn-G., Franz- **70** Zb 16
Lehr-G., Alois (A.)- **70** Zb 16
Leonhardg. **71** Za 16
Leopold (Leop.)-Rupp-G. **70** Zb 15/16
Lorenz (L.)-Tröger-G. **70** Zb 16
Lux-Str., Friedrich (F.)- **70** Zb 15
Markt, Am alten **70** Zb 15/16
Mühlg. **70** Zb 16
Neubach, Am **70** Zb 15/16
Neubachg. **70** Zb 16
Neue Waldg. **70** Zb 16
Neurissg. **70** Zb 15
Ortsstr., Hintere **70** Zb/Zc 16
Ostbahnstr. **70** Zb 16
Panzerstr. **71** Za 17
Pellendorfer Str. **70** Za/Zb 16
Philippg. **70** Zb 15
Rauchenwarther Str. **70** Zb 16/17
Rirsch-G., Rudolf- **70** Zb 16
Rudolf-Rirsch-G. **70** Zb 16
Rudolf-Wieser-G. **70** Zb 15
Rupp-G., Leopold (Leop.)- **70** Zb 15/16
Sailer-G., Franz (F.)- **70** Zb/Zc 16
Schubert-G., Franz (Fr.)- **70** Zb 15
Schulallee **70** Zc 16
Schwechater Str. **71** Z/Za 17
Spannheide (Sp.h.) **71** Za 17
Sp.h. = Spannheide **71** Za 17
Sportpl., Am **71** Za 17
Stichlberger-G., Ferri (F.-Stichlb.-G.)- **70** Za/Z 16
Stidl-G., Anton (A.)- **70** Zb 15
Stubner-G., Hans (H.)- **70** Zb 16
Tannhäuserring **70** Zb 15
Teichg. **71** Z 16/17
Throner-G., Franz (F.)- **70** Zb/Zc 16
Tröger-G., Lorenz (L.)- **70** Zb 16
Waldg. **70** Zb 16
Westermayerstr. (Westerm.-str.) **70** Zb 16
Wiener Str. **70** Zb 15/16
Wieser-G., Rudolf **70** Zb 15
Zillbauer-Str., Franz (Fr.-Zillb.-Str.) **70** Z 16

H

HINTERBRÜHL

HINTERBRÜHL I SPARBACH I WEISSENBACH BEI MÖDLING

A. d. H. = An der Hortigstr. **64** Za 4
Alfred-Schmidt-Weg (A.-Sch.-Wg.) **65** Zb 5
Alt-Weg, Rudolf-von (R.-v.-A.-Wg.) **65** Zb 5
Am Eichberg **64** Zb 3
Am Grillenbühel **65** Zb 5
An der Hortigstr. (A.-d.-H.) **64** Za 4
Anningerstr. **64** Zb 4
Anningerweg **65** Zb 5
A.-Sch.-Wg. = Alfred-Schmidt-Weg **65** Zb 5
Bachg., Obere (O.)- **64** Zb 4
Bachg., Untere (U.)- **65** Zb 5
Badg. **65** Za/Zb 5
Bahnpl. **64/65** Zb 4/5
Bärenkogelweg **64/65** Za 4/5
Bechadeweg **65** Za 5
Beethoveng. (B.-g.) **64** Zb 4
B.-g. = Beethoveng. **64** Zb 4
Braumüllerstiege (Br.-stg.) **65** Zb 5
Br.-stg. = Braumüllerstiege **65** Zb 5
Brühlegg. **64** Zb 4
Corraweg (C.-w.) **65** Zb 5
C.-w. = Corraweg **65** Zb 5
Dreisteinstr. **65** Za 5
Eichberg, Am **64** Zb 3
Eichbergstr. **64** Zb 3/4
Ferdinand (Ferd.)-Raimund-Promenade **64** Zb/Zc 4
Forstweg (F.-wg.) **64** Zb 4
Forellensteig **64** Zb 4
Föhrenallee **64** Zb 4
Franz-Liszt-Str. **64** Za 4
Franz (Fr.)-Schubert-Str. **64** Zb/Zc 4
Fürstenweg **65** Za 5
F.-wg. = Forstweg **64** Zb 4
Gaadner Str. **64/65** Zb 4/5
Garteng. **65** Zb 5
Gemeindeweg (G.-wg.) **64** Zb 4
Gießhübler Str. **64/65** Za 4/5, Zb 5
Gmeiner-G., Hermann (H.)- **64** Zb 4
Graf-Mailath-G. **65** Zb 5
Grillenbühel, Am **65** Zb 5
Grillparzerpromenade **65** Zb 5
Grutschg. **65** Zb 5
G.-wg. = Gemeindeweg **64** Zb 4
Hauptstr. **64/65** Zb 4/5
Helmstreitg. **65** Zb 5
Hermann (H.)-Gmeiner-G. **64** Zb 4
Hochstr. **64** Zb 4
Hohlg. **64** Zb 4
Höldrichsmühlweg **64** Zb 4
Hortigstr. **64/65** Za/Zb 4, Za 5
Hortigstr., An der (A.-d.-H.) **64** Za 4
Hundskogelweg **64** Za 4
Johannesstr. **65** Za/Zb 4
Kientalg. **64** Zb 4
Kornhäuselweg **65** Zb 5
Kröpfelsteigstr. **64** Zb 4
Lieben-Promenade, Robert- **64** Zb 4
Liszt-Str., Franz- **64** Za 4
Mailath-G., Graf- **65** Zb 5
Mannlicherg. **65** Zb 5/6
Nestroyweg **65** Zb 5
Neug. **65** Zb 5
Obere (O.) Bachg. **64** Zb 4
Parkstr. **64/65** Zb 4/5
Postweg **65** Zb 5
Promenadenweg **65** Zb 5
Raimund-Promenade, Ferdinand (Ferd.)- **64** Zb/Zc 4
Regenhartstr. (Rht.-str.) **65** Zb 5
Rht.-str. = Regenhartstr. **65** Zb 5
Reitweg **64** Za 4
Robert-Lieben-Promenade **64** Zb 4
Römerwandweg **64/65** Zb 4/5
Roseggersteig **64** Zb 4
Rudolf-Schmidt-Steig **64** Zb 4
Rudolf-Schmidt-Weg **64** Zb 4
Rudolf-Schwarz-Promenade **64** Zb 4
Rudolf-von-Alt-Weg (R.-v.-A.-Wg.) **65** Zb 5
R.-v.-A.-Wg. = Rudolf-von-Alt-Weg **65** Zb 5
Schmidt-Steig, Rudolf- **64** Zb 4
Schmidt-Weg, Alfred (A.-Sch.-Wg.) **65** Zb 5
Schmidt-Weg, Rudolf- **64** Zb 4
Schöffelweg **64** Zb 4
Schubert-Str., Franz (Fr.)- **64** Zb/Zc 4
Schuhmacherg. **64** Zb 3/4
Schwarzlackenweg **65** Za 5
Schwarz-Promenade, Rudolf- **64** Zb 4
Sonnleiten **64** Za/Zb 4
Sportweg (Sp.-wg.) **65** Zb 5
Sp.-wg. = Sportweg **65** Zb 5
Stefanieweg **64** Zb 4
Untere (U.) Bachg. **65** Zb 5
Vereinsweg (V.-wg.) **65** Za 5
V.-wg. = Vereinsweg **65** Za 5
Wagnerstr. **65** Zb 5
Waldg. **64/65** Zb 4/5
Waldmüllersteig **65** Za 5
Weissenbacher Str. **64** Zc 3
Weißes Kreuz-Weg (W. K.-Wg) **64** Zb 4
Wieseng. **65** Za 5
Winzersteig (Wi.-stg.) **64** Zb 4
Wi.-stg. = Winzersteig **64** Zb 4
W. K.-Wg. = Weißes Kreuz-Weg **64** Zb 4

HINTERSDORF

SIEHE ST. ANDRÄ-WÖRDERN

HÖFLEIN AN DER DONAU

SIEHE KLOSTERNEUBURG

HOLLABRUNN

ALTENMARKT IM THALE I ASPERSDORF I BREITENWAIDA I DIETERSDORF I EGGENDORF IM THALE ENZERSDORF IM THALE I GAISBERG I GROß I HOLLABRUNN I KLEEDORF I KLEINKADOLZ I KLEINSTELZENDORF KLEINSTETTELDORF I MAGERSDORF I MARIATHAL I OBERFELLABRUNN I PUCH I RASCHALA I SCHORBER SONNBERG I SUTTENBRUNN I WEYERBURG I WIESELSFELD I WOLFSBRUNN

H

Aignerg. **121** Ba 94
Alleestr. **122** Bb 94/95
Alte Poststr. **122** Az 94
Am Berg **121** Ba 93/94
Amashauferweg **121** Bc 93
Am Sandgraben **12** Az 92
Amtsg. **121** Bb 94
Angererstr. **121/122** Bb 94
Anton-Ehrenfried-Str. **121** Bb/Ba 92/93
Aspersdorfer Str. **121/122** Bd/Bc 94
Aumühlg. **121** Bb/Ba 93/94
Außer Ort (Wieselsfeld) **122** Bc 96
Außer Ort Nord **121** Bd 93
Ausstellungsstr. **121** Bb/Ba 93

Babog. **121** Bb 94
Bachpromenade **121** Ba/Bb 93
Badhausg. **121** Bb 93/94
Bahnhofspl. **121** Bb 93
Bahnstr. **121** Bb 93/94
Bayer-G., Dr.- **121** Ba/Az 94
Berg, Am **121** Ba 93/94
Billrothg. **122** Bb 94
Birkenweg **122** Ba 94
Bonteg. **121** Bc 93
Brandström-Str., Elsa- **121/122** Bb 94
Brosig-G., Ernest- **121** Bb 93
Brünnlfeld, Im **122** Bb 95
Brünnlg. **122** Bb 94
Brunnthalg. **121** Bb 93/94
Buchenweg **122** Ba 94

Castellig. **121** Bc/Bb 93
Christophorusstr. **121** Bc 94

Dechant-Pfeifer-G. **122** Bb 95
Dechant-Pfeifer-Str. **121** Bb 93
Dietrichsteing. **121** Ba/Az 94
Dr.-Bayer-G. **121** Ba/Az 94
Dr.-Jachym-G. **122** Bb 94
Dr.-Kutscher-G. **121** Ba/Az 94
Dr.-Ritter-Str. **122** Bb 94
Dr.-Viktor (V.)-Zeidler-Pl. **121** Ba 94

Ederg. **121** Bc 94
Eduard-Müller-G. **121** Bb 94
Ehrenfried-Str., Anton- **121** Bb/Ba 92/93
Eichenweg **122** Ba 94
Elsa-Brandström-Str. **121/122** Bb 94
Emmy-Stradal-Str. **121** Ba/Az 94
Enge **121** Bb 94
Ernest-Brosig-G. **121** Bb 93
Eugen-Markus-Pl. **121** Bb 93/94

Färberg. **121** Bb 94
Fellabrunner Str. **121** Bb/Ba 92/93
Föhrenweg **122** Bb/Ba 94
Forstnerg. **122** Bb 94
Forstweg **121** Ba/Az 94
Frank-Weg, Josef- **122** Az 94
Franzosenweg **122** Bb 94
Friedhofstr. **121/122** Bb/Ba 94/95
Friedhofsweg **121** Az 92
Friedhofsweg **122** Bb/Ba 94

Gaisbergg. **122** Bb/Ba 95
Galg. **121** Bb 93
Gärtnerg. **121** Bb 94
Gassl, Im **122** Az 94
Gassnerg. **121** Bb 94
Gerichtsbergg. **121** Bc 93
Gerichtsbergkellerg. **121** Bc 93
Gerichtsbergkellerpl. **121** Bc 93
Gewerbering **121** Bd/Bc 93
Gilleisstr. **121** Ba/Az 94
Gschmeidlerstr. **121** Bc/Bb 93
Gymnasiumg. **121** Bb 94

Hadmarg. **121** Az 94
Hallstattweg **122** Bb 94/95
Hasenweg **121/122** Ba 94
Hauenschildg. **121** Ba 94
Hauptpl. **121** Bb 93/94
Hauptplatz (Sonnberg) **121** Az 92
Hauptstr. (Magersdorf) **122** Bb 95
Hauptstr. (Raschala) **121/122** Az 94/95
Heiligstr. **122** Bc/Bb 94
Henz-G., Rudolf- **122** Bb 94
Hildebrandweg **122** Bd 95/96
Hofmühlg. **121** Bc 93
Hohenbruckg. **121/122** Bc 94
Höheng. **122** Bb 95
Hohenloheg. **121/122** Bc 94
Hollabrunner Str. **121** Ba 92/93, Az 92
Hölzlg. **121** Bb/Ba 94
Hoysg. **121/122** Bb 94
Hubertusweg **121/122** Ba/Az 94

Im Brünnlfeld **122** Bb 95
Im Gassl **122** Az 94
Im Weinberg **121** Bb/Ba 94
Industriestr. **121** Bc 93/94

Jachym-G., Dr.- **122** Bb 94
Jagdsteig (Jagdst.) **121/122** Ba 94
Jägerberg **122** Az 94
Jahnstr. **121** Ba/Az 94
Johannesg. **121** Ba 94
Jordang. **121** Bc 93
Josef (J.)-Misson-G. **121** Bb 94
Josef-Frank-Weg **122** Az 94
Josef-Weislein-Str. **121** Bb/Ba 93

Kapellenfeldweg **121** Bc/Bd 93/94
Kapellenweg (Kap.-w.) **122** Bc 96
Kaplanstr. **121** Bc 93/94
Kapuzinerstr. **122** Bb 94/95
Kap.-w. = Kapellenweg **122** Bc 96
Kard.-König-G. **121/122** Bb 94
Karl (K.)-Leisch-G. **122** Bb/Ba 95
Kellerg. **121/122** Ba 96
Kellerg., Satzer **121** Bc/Bb 92/93
Kellerg., Sitzendorfer **121** Bb 92/93
Keltenweg **122** Bb 94
Kirchenfeldg. **122** Bb 94
Kircheng. **121** Bb 94
Kircheng. **122** Bb 95
Kirchenpl. **121** Bb 94
Kirchenwaldg. **122** Ba 94
Kirchthalg. **122** Az 94
Kleefeldg. **121** Bc/Bb 93
Kleinfeldg. **121** Az 94
Klosterg. **121** Bb 94
Knyg. **121** Ba 94
Koliskopl. **121** Bb 94
König-G., Kard.- **121/122** Bb 94
Körner-G. **121** Bb 93/94
Kornherg. **121** Bb 93
Kudlichweg **121** Bc 93
Kühschelmg. **121** Bb 94
Kutscher-G., Dr.- **121** Ba/Az 94

Lärchenweg **122** Ba 94
Lastenstr. **121** Bb 93
Lehner-G., Prof.- **121** Bc/Bb 93
Leisch-G., Karl (K.)- **122** Bb/Ba 95
Löffler-Str., Robert- **122** Bb 94
Lothringerpl. **121** Bc/Bb 93/94
Luschang. **121** Ba/Az 94
Lutzg. **121** Ba 94

Machartsteig **122** Bb/Ba 94
Marichtalerweg **122** Bc/Bb 94/95
Markus-Pl., Eugen- **121** Bb 93/94
Mausfall **122** Bb 94/95
Mayg. **121** Ba 94
Meixnerg. **121** Bb 94
Misson-G., Josef (J.)- **121** Bb 94
Mitteg. **122** Bb 95
Mitterhauserg. **122** Bb 94
Mitterweg **121** Bc/Bb 93
Mühlbacher Str. **122** Bc 95/96
Mühlenring **121** Bc/Bb 93/94
Mühlg. **121/122** Bc/Bb 94-96
Müller-G., Eduard- **121** Bb 94
Mühlbergkellerg. **121** Az 92
Mühlweg **121** Az 92

Museumg. **121** Bc 94

Neug. **121/122** Bb 94
Neumayrg. **121** Bb 93

Oberort (Mariathal) **122** Bc 96
Oberort (Wiselsfeld) **122** Bd 96
Otmarg. **121** Bc/Bb 93

Pareisweg **121/122** Ba 94
Parkg. **121** Bb 93
Pfarrg. **121** Bb 93/94
Pfeifer-G., Dechant- **122** Bb 95
Pfeifer-Str., Dechant- **121** Bb 93
Platzl **122** Az 94
Pollandg. **122** Bb 95
Porrauer Str. **122** Bb/Ba 95/96
Poststr., Alte **122** Az 94
Prof.-Lehner-G. **121** Bc/Bb 93
Pröllpl. **121** Ba 94

Quelleng. **121** Ba 94
Querweg **122** Bb 95

Rapfstr. **121** Bc/Bb 93
Raschalaer Str. **121** Az 92/93
Resselg. **121** Bc 94
Reucklstr. **121** Bb/Ba 94
Ring **121** Az 92
Ritter-Str., Dr.- **122** Bb 94
Robert-Löffler-Str. **122** Bb 94
Romanovskyg. **122** Ba 94
Rudolf-Henz-G. **122** Bb 94
Rupprechtg. **122** Bb 94

Sandg. **122** Bb/Ba 95
Sandgraben, Am **121** Az 92
Sapanovg. **121** Ba 94
Satzer Kellerg. **121** Bc/Bb 92/93
Schabelg. **121** Ba 93/94
Scheuneng. **121** Bc/Bb 93
Schifferlg. **121** Bc 94
Schirnböckg. **121** Ba 94
Schlossallee **121** Az 92
Schmiedg. **121** Ba/Az 92/93
Schmiedg. **121** Bb/Ba 93/94
Schrimpfg. **121** Bb 94
Schulg. **121** Bb 94
Schützeng. **121** Ba 94
Schwedenstr. **122** Bb 94/95
Schweizerstr. **122** Bb/Ba 94/95
Seiberlg. **122** Ba 94
Sennitzerg. **121** Ba 93/94
Siedlung Nord **121** Az 92
Siedlungsweg **121** Az 92
Sitzendorfer Kellerg. **121** Bb 92/93
Sobieskig. **121/122** Bc 94
Sonnbergerstr. **121** Az 93/94
Sonnleitenweg **121** Bc 93
Spaltingerweg **121** Bc 93
Sparkasseg. **121** Bb 94
Spitalg. **122** Bb 94
Steinfeldg. **121** Ba/Az 93/94
Stenzlg. **122** Bb 94
Stradal-Str., Emmy- **121** Ba/Az 94
Str. der Sudetendeutschen
121 Az 94
Straussg. **121** Bb 94

Tannenweg **122** Ba 94
Therner Str. 121 Ba 92/93

Übelbacherg. **121** Ba 94
Ulrichg. **121** Az 94
Unterort **122** Bc 95/96
Urbanusg. **121** Bc 93

Veiglg. **122** Ba 94
Viktor (V.)-Zeidler-Pl., Dr.-
121 Ba 94
Vogelschutzallee **122** Bb/Ba 94/95
Vohburgg. **121** Az 94

Waberg. **121/122** Ba 94
Wagnerg. **122** Ba 94
Waldstr. **121** Ba/Az 94
Waldweg **121/122** Bb/Ba 94
Wasserweg **122** Bb 94
Weinberg, Im **121** Bb/Ba 94
Weislein-Str., Josef- **121** Bb/Ba 93
Wickg. **121** Bc 93
Wiedlweg **121** Bc 93
Wiener Str. **121** Bb/Az 93/94
Wimmerg. **121** Ba 94
Winiwarterstr. **121** Bb 94
Winzerweg **121** Bb 92/93
Wöhsg. **121** Bb 94
Wolfsbrunnerstr. **121** Az 92

Zehetplatz **121** Bb 92
Zeidler-Pl., Dr.-Viktor (V.)-
121 Ba 94
Zellerg. **121** Ba 94
Ziegelofenweg **121** Bb 93
Znaimer Str. **121** Bd/Bc 93/94
Zuberg. **121** Az 92

HÜTTENDORF

SIEHE MISTELBACH

INPRUGG

SIEHE NEULENGBACH

KALTENLEUTGEBEN

Annag. **63** Y 1
Bachg. **63** Y 1
Bahng. **51** X 2
Bergg. **51** X 2
Doktorbergstr. **51** X 1/2
Dreifaltigkeitspl. **51** X 2
Eiswiese **63** Y 2
Flösselg. **51** X 2
Fürst-Steig, Ludwig- **63** Y 1
Gaisbergstr. **63** Y 1/2
Gerng. **51/52** X 2/3
Hauptstr.
51/52 X 2/3, **63** Y 1
Höheng. **51** X 2
Kaisersteig **63** Y 1/2
Karlsg. **51** X 1
Ludwig-Fürst-Steig **63** Y 1
Marienweg **51** X 1
Martinsklause **63** Y 1
Pfarrg. **63** Y 1/2
Promenadeg. **51** X 2, **63** Y 1/2
Quelleng. **63** Y 99
Stollwiese **51/52** X 2/3
Stefanieg. **51** X 2
Teichg. **63** Y 1
Waldg. **63** Y 1
Waldmühlg. **51** X 2
Wienergrabenstr. **52** X 3
Wilhelmstr. (Wilh.-str.) **51** X 2
Wilh.-str. = Wilhelmstr. **51** X 2
Winternitzg. **51** X 2

KAPELLERFELD

SIEHE GERASDORF BEI WIEN

KATZELSDORF

KIERLING

SIEHE KLOSTERNEUBURG

KIRCHBACH

SIEHE ST. ANDRÄ-WÖRDERN

KLEDERING

SIEHE SCHWECHAT

KLEIN ENGERSDORF

SIEHE BISAMBERG

KLEINHÖFLEIN IM BURGENLAND

SIEHE EISENSTADT

KLEIN-NEUSIEDL

Abel-Str., Pater **147** C 9
A.-Br.-G. = Anton-Bruckner-G. **7** D 9
Adalbert-Stifter-G. **146** B 7/8
Adam-Müller-Guttenbrunn-Str. (A.-M.-Gutt.-Str.) **6** D 8
Adolf-Robl-Weg **5** D 6
Agnesstr. **147** C 9
Albert (A.)-Böhm-G. **147** C 9
Albr.-bg.-g. = Albrechtsbergerg. **147** C 9
Albrechtsbergerg. (Albr.-bg.-g.) **147** C 9
Albrechtstr. **147** A 8, B 8/9
Alfred-Schmid-G. (A.-S.-G.) **146** Aa 8
Alleestr. **7** D 9/10
Alleiten **146** A 8
Allmayerg. **144** A 4
Alte Badstr. **134** Ab 8
Altenhofg. **134** Ab 7
Altsiedlerg. **6** E 8
Am Campus **145** B 5
Am Durchstich (Klosterneuburg) **147** C 10
Am Durchstich (Kritzendorf) **134** Ab 7/8, Ac 7
Am Eichberg **133** Ac 6
A.-M.-Gutt.-Str. = Adam-Müller-Guttenbrunn-Str. **6** D 8
Am Halserl **146** A/B 8
Am Haserlberg **133/134** Ac 6/7
Am Holzpl. **147** A 9
Am Klosterbruch **134** Ac 7
Am Ölberg **146** B 7/8
Am (A.) Renninger **147** C 9
Am Rosenbühel **146** A 8
An der Donau Au **147** C 9/10
Andreas-Hofer-Str. **7** D 9/10
Anton-Bruckner-G. (A.-B.-G.) **7** D 9
Anton-Schattner-Steig (A.-Sch.-Stg.) **146** A 8
Anton (A.)-Schurz-G., **6** D 7
Anton-Wallner-G. 4 F/G 4
Anzengruberg. (Klosterneuburg) **7** D 10
Anzengruberg. (Kierling) **146** C 7
Anzengruber-G., Ludwig (Ludw.)- **134** Ab 7
Artilleriestr. **16** J 4
A.-Sch.-Stg. = Anton Schattner-Stg. **146** A 8
A.-S.-G. = Alfred-Schmid-G. **146** Aa 8
Aufeldg. **7** D 10, **147** C 10
August-Spanny-G. **145** B/C 5
Augustinerg. **146** A 8
Au, In der **147** B 9/10, C 10
Austr. **134** Ab 8
Auweg **134** Ac 7

Babenbergerg. **147** C 8/9
Babog. **7** D 9
Bachg. (B.-g.) **147** B 9
Bäckerg. **146** A 8
Bäckerkreuzg. **146** B 8
Backovsky-G., Ferdinand (F.) **146** C 7
Badg. (Maria Gugging) **144** B 4/5
Badg. (Kritzendorf) **134** Ab 7/8
Badstr. **134** Ab 8
Badstr. Alte **134** Ab 8
Badstr., Neue **134** Ab 8
Bahng. **146** Aa/A 8
Bahnhofspl. **134** Ab 7/8
Bahnstr. **133** Ac 6
Bahnweg (Höflein) **133** Ac 6
Bahnweg (Kritzendorf) **134** Ac 7
Beeth.-g. = Beethoveng. **134** Ab 7
Beethoveng. (Beeth.-g.) **134** Ab 7
Beindelg. **146** B 8
Beneschg. **146** A/B 8
Berchtesgadnerhofg. **147** C 9
Bergg. (Maria Gugging) **145** B 5
Bergg. (Kritzendorf) **134** Ab 7
Bertholdg. **7** D 10
Billrothweg 4 G 3
Binder-G., Christof (Ch.)- **133** Ac 6
Biragog. **147** C 10
Birgfellner-Weg, Ingrid- (I.-B.-W.) **147** B 9
Birkenallee **147** C 10
Birkenweg **134** Ab 8
Böhler-Weg, Prof. (P.)-Lorenz (L.)- **146** C 7
Böhm-G., Albert (A.)- **147** C 9
Bormann-G., Dr.-Eugen- (Dr.-E.-Borm.-G.) **147** C 9
Brahmsg. **146** Aa 8
Brandmayerstr. **6** D 8, 7 D 9
Bremeng. **146** Aa 8
Brenner-Str., Josef (J.)- **147** B 8/9
Br.-g. = Brunneng. **145** B 5
Brückenstr. **133** Ac 6
Bruckner-G., Anton (A.-Br.-G.) **7** D 9
Brunneng. (Br.-g.) **145** B 5
Brunnenweg **134** Ab 8
Brunner-Weg, Thomas- **134** Ab 7
Brunngrabeng. **146** B/C 7
Brunnleiten **146** A 8
Brunnstubenweg **6** D 8
Buchberggg. **147** C 9
Bucheng. **3** G 2
Buchkammerl **146** A 8
Burgstr. **147** C 9

Campus, Am **145** B 5
Christof (Ch.)-Binder-G. **133** Ac 6

Dammweg **147** A 10
Danubiastr. **7** D/E 9, E 8
Dehmg. **6** E 7/8
Dettenbrunng. **146** B 7
Dietrichsteing. **147** B 9
Dietschen **145** B/C 6
Dr.-Andreas (A.)-Weißenbäck-G. **146** Aa 8
Dr.-E.-Borm.-G. = Dr.-Eugen-Bormann-G. **147** C 9
Dr.-Eugen-Bormann-G. (Dr.-E.-Borm.-G.) **147** C 9
Dr.-Holzknecht-G. **147** C 9
Dr.-S.-P. = Dr.-Strebl-Promenade **147** B 9
Dr.-Strebl-Promenade (Dr.-S.-P.) **147** B 9
Dr.-Teichmann-G. **146** B 7/8
Dr.-Vogl-G. **146** B 8/9
Dr.-Weiss-G. **147** B 9
Dr.-Wellner-G. **146** B 8
Domani-G., Karl (K.)- **147** B/C 9
Donau Au, An der **147** C 9/10
Donaulände **134** Ac 6/7, Ab 8
Donauring **133/134** Ac 6/7
Donaustr. (Klosterneuburg) **7** D 10, **147** C 10
Donaustr. (Höflein) **133** Ac 6
Donner-G., Raphael- **147** C 9
Doppelng. **146** C 7
Doppelngraben **146** C 7
Dorfbergg. **145** B 6
Döry-G., Nikolaus (N.)- **146** C 7
Dreiföhrenweg **134** Ab/Ac 8
Durchschlag, Oberer **134** Ab/Ac 8
Durchschlag, Unterer **134** Ab 8
Durchschlagweg **147** B 9
Durchstich, Am (Klosterneuburg) **147** C 10
Durchstich, Am (Kritzendorf) **134** Ab 7/8, Ac 7
Durchstichstr. **134** Aa/Ab 8

Ecklebeng. (Eckl.-g.) **133** Ac 6
Eckl.-g. = Ecklebeng. **133** Ac 6
Egon-Schiele-G. **146** A/B 7
Eichberg, Am **133** Ac 6
Eichbergg. **146** B 7
Eichweg **7** D/E 9
Eigelsberg **7** D 9
Eisenhütte **146** B 7
Elisabethg. (Klosterneuburg) **146** C 8
Elisabethg. (Weidling) **6** D 7
Erlenweg **134** Ab 8
Ernst-Wagner-G. **146** B 7
Erzherzog (E.)-Rainer-G. **7** D 10

Fabian-G., Johann (J.)- **146** C 7
Falbg. **145** B 6
Fasanenweg **134** Ab/Ac 8
Federlweg **147** C 9
Feiertag-G., Karl- (K.-F.-G.) **146** A 7
Feldweg (Klosterneuburg) **147** C 10
Feldweg (F.-wg.) (Weidling) **6** D 8
Felderg. **6/7** D 8/9
Feldg. **145** B 6, **146** B/C 7
Feldstr. **134** Aa/Ab 7/8
Fellergraben **146** B 8
Fellersteig **146** B 8
Ferdinand (F.)-Backovsky-G. **146** C 7
F.-g. = Fliederg. **6** E 8
Fi.-g. = Fischerg. 147 B 9
Finkenweg (F.-w.) (Kritzendorf) **134** Ab 8
Finkenweg (Weidling) **7** E 8/9
Fischerg. (Fi.-g.) **147** B 9
Fischer-Steig, Gustav- **5** G 6
Flexleitenstr. **145/146** Aa 6/7, Ab 7
Fliederg. (F.-g.) **6** E 8
Fliederweg **147** B 9
Fograben **6** D 7
Föhreng. **146** C 7
Frankeng. **147** B 9
Frankg. **6** D 8
Franz-Horst-G. **146** B 7
Franz-Kober-Weg **7** D 9
Franz (F.)-Moißl-G. **147** B 8/9
Franz-Rumpler-Str. **147** C 9
Franz-Schubert-G. **146** Aa 7/8
Franz-Völker-G. **145** B 5
Freibergg. (Freibg.-g.) **146** A 7
Freibg.-g. = Freibergg. **146** A 7
Freisinger G. **146** A/B 8
Freyeng. **144** B 4/5
Frey-G., Max- **146** A 7
Friedhofg. **147** C 9
Friedr.-g. = Friedrichg. **6** D 8
Friedrichg. (Friedr.-g.) **6** D 8
Friedrich (F.)-Sacher-G. **146** B 7/8
Frueaufg. **145** B 5
Fuchsg. **146** Aa 7/8
F.-w. = Finkenweg **134** Ab 8
F.-wg. = Feldweg **6** D 8

Gadesg. **147** C 9
Gallanzerg. **3/4** G 2/3
Gallerg. **6** D 8
Garnisonstr. **7** D 10
Gartenlände **134** Ab 8
Gärt.-g. = Gärtnerg. **7** D 9
Gärtnerg. (Gärt.-g.) **7** D 9
G.-g. = Goetheg. **146** C 8
Ginsterg. **3** G 2
Glockeng. **145** B 4/5
Goetheg. (G.-g.) **146** C 8
Goldfuchsg. **146** A 8
Golerg. **146** B 8
Göppinger Pl. **147** C 9
Graben **147** C 10
Graben, Schmaerl (Schm. Gr.) **6** D 7
Grabmandlg. **7** D 9/10
Grillparzerg. (Grillp-g.) **146** C 7
Grillp.-g. = Grillparzerg. **146** C 7
Grünberger-Weg, Karl- **6** E 8
Grüng. **145** B 5
Grüntal **145** A/B 6
Gschwendt **7** D/E 9
Gugl, In der **146** B 8/9
Gustav-Fischer-Steig **5** G 6
Gutenbergg. **147** C 9
Güterweg-Plöcking **144/145** B 4/5

Haderg. **146** Aa 8
Hadersfelder Str. **145/146** Aa 6/7, Ab 7
Hafenweg **7** D 10

K

K

Walter-v.-d.-Vogelweide-G.
146/147 B 8/9
Wasserg. (W.-g.) **6** D 8
Wasserstr. **147** C 10
Wasserweg **134** Ab 8
Wasserzeile **147** B 9
Weidenweg (W.-wg.)
134 Ab 8
Weidlingbachg. **6** D/E 8
Weidlinger Str. **7** D 9/10
Weinbergg. **7** C/D 9
Weingrabeng. **6** D 8
Weinmayerstr. **7** D 9
Weißd.-g. = Weißdorng.
3 G 2
Weißdorng. (Weißd.-g.) **3** G 2
Weißenbäck-G., Dr.-Andreas (A.)-
146 Aa 8
Weißenhofer Str.
146 Aa 6/7, Ab 7
Weiss-G., Dr.- **147** B 9
Weiss-G., Sepp- **6** D 7
Welfenpl. **147** C 9
Wellner-G., Dr.- **146** B 8
Werner-G., Karl (K.)-Rudolf (R.)-
146/147 B 8/9
W.-g. = Wasserg. **6** D 8
W.-g. = Wildbrandtg. **147** C 9
Widmanng. **147** C/D 9
Wiener Str.
7 B 9, D/E 10, C 9/10
Wigandg. **146** A 8
Wikingerweg **134** Ab 8
Wilbrandtg. (W.-g.) **147** C 9
Wilhelm (W.)-Lebsaft-G. **147** C 9
Wilhelm (W.)-Prem-G. **147** B 9
Winterg. **6** E 7
Wisentg. 146/**147** B/C 9
Wladimir-Kolda-G. **145** B 6/7
Wochenendg. **134** Ac 7
Wolfsgraben **7** D/E 9
Wosakg. **146** A 8
Wunderlg. **146** B 7
W.-wg. = Weidenweg **134** Ab 8

Zeinerng. **146** Aa 8
Ziegelofeng. (Kritzendorf)
134 Aa/Ab 7
Ziegelofeng. (Klosterneuburg)
146 B 8/9
Ziegelofenlacke **134** Ab 8
Ziehrerg. **7** D 10
Zwergjoch **7** E 10

KÖNIGSBRUNN

K

SIEHE ENZERSFELD

KORNEUBURG

A.-D.-G. = Albrecht-Dürer-G.
135 Aa 10
Akazienweg (A.-w.) **135** Ab 9
Albrecht-Dürer-G. (A.-D.-G.)
135 Aa 10
Albrechtsg. **135** Ac 9/10
Alexander-G., Rudolf (R.)-
135 Ac/Ad 9
Alten Str., An (A.) der (d.)
135 Ad 9
Alte Schießstattg. **135** Ab 9
Altmann-Str., Otto- (O.-A.-Str.)
135 Ad 10
Am Hafen **135** Ab 9
Am Neubau **135** Ac 9
An (A.) der (d.) alten Str.
135 Ad 9
An der Landesbahn **135** Ad 9
An der Windmühle **135** Ac 10
Ankerstr. **135** Ac 9
Anton (A.)-Jordan-G. **135** Ac 9
Anton-Lorenz-Str. **135** Ad 9
Anton-Wladar-Str. (A.-W.-Str.)
135 Ad 10
Atzersdorferstr. **134** Ad/Ae 8
Augustinergarten, Im **135** Ac 10
Austr. **135** Ab 9
Austr., Obere **135** Ab 9
A.-w. = Akazienweg **135** Ab 9
A.-W.-Str. = Anton-Wladar-Str.
135 Ad 10

Bahnhofpl. **135** Ac 9
Bankmannring **135** Ac 10
Beim Mauthaus **135** Ac/Ad 10
Bernhard-Str., Propst (Pr.)-
135 Ac 10
Bertha- (B.) von-Suttner-Str.
135 Ad 9
Bisamberger Str. **135** Ab/Ac 10
Bodingbauer-Str., Karl- **135** Ad 9
Brückenstr. **135** Ab/Ac 9
Burckhard-Ring, Dr.-Max-
135 Ab 9/10, Ac 9

Chimanig. **135** Ac 9/10
Czech-G., Rosalia (R.)- **135** Ab 10

Dabsch-Str., Josef- (J.-D.-Str.)
135 Ad 9/ 10
Dammstr. **135** Ab 9
Deutschmeister-Str.
(Deutschm.-Str.) **135** Ac 9/10
Deutschm.-Str = Deutschmeister-
Str. **135** Ac 9/10
Diessner-Str., Reinhold-
(R.-D.-Str.) **135** Ad 10
Dock 1 **135** Ab 9
Dr.-Albert-Schweitzer-Str.
(Dr.-A.-Sch.-Str.) **134** Ad 8/9
Dr.-A.-Sch.-Str. = Dr.-Albert-
Schweitzer-Str. **134** Ad 8/9
Dr.-Jesch-Str. **135** Ad 9
Dr.-Kainz-Weg **135** Ac 10
Dr.-Krammer-Str. **135** Ac 9/10
Dr.-Ludwig-Str. **135** Ad 9
Dr.-Max-Burckhard-Ring
135 Ab 9/10, Ac 9
Dr.-Neugebauer-Str. **135** Ad 9
Dr.-Rudolf (R.)-Finz-Str.
135 Ad 10
Dr.-Starzer-Str. **135** Ad 9
Donaulände **135** Aa/Ab 9
Donaustr. **135** Ab 9/10, Ac 10
Dostal-Str., Nico (N.)- **135** Ad 10
Dürer-G., Albrecht- (A.-D.-G.)
135 Aa 10

Eberleg. **135** Ac 9
Eichendorffweg **135** Ac 10
Eisenbahng. (Eisenb.-g.) **135** Ac 9
Eisenbahnpioniere, Platz der
135 Ad 9
Englingshauserstr. (E.-str.)
135 Ad 10
Eisenb.-g. = Eisenbahng.
135 Ac 9
Erwin-Schrödinger-Str.
135 Ad/Ac 9
Eschenbachstr. **135** Ab/Ac 10
E.-str. = Englingshauserstr.
135 Ad 10
Europapl. **135** Ab/Ac 9
Exerzierplatz, Zum **135** Ab/Ac 9

Fasang. **135** Ab 10
Faßzieherg. **135** Ab 10
Feldg. **135** Ab/Ac 10
Ferdinand (F.)-Kottek-Str.
135 Ac 10
Fetty-G., Konrad (K.)- **135** Ac 10
Finz-Str., Dr.-Rudolf (R.)-
135 Ad 10
Fischerzeile, In der **135** Ab 9
Flötzersteig (Fl.-stg.)
135 Ab 9/10
Fl.-stg. = Flötzersteig
135 Ab 9/10
Flurg. **135** Ac 10
Frankl-Str., Vera- **135** Ab/Ac 10
Franz (F)-Guggenberger-Str.
135 Ad 10
Franz-Thalinger-Str. (F.-Thal.-Str.)
135 Ad10
Franz (F.)-Wirer (W.)-v.-
Rettenbach-Str. **135** Ad 9
Franz (F.)-Zeissl-Str. **134** Ad 8
Frauental, Im **135** Ad 9
Friedrich (F.)-Koth-Str. **135** Ad 10
Fritsche-Str., Josef- (J.-Fri.-Str.)
135 Ad 9
F.-Thal.-Str. = Franz-Thalinger-Str.
135 Ad 10

Garo-Str., Maria- **135** Ad 10
Gärtnerg. **135** Ab 10
Generationenweg (Gen.-weg)
135 Ac 10
Gen.-weg = Generationenweg
135 Ac 10
Girakstr. **135** Ae/Ad 9
Grete-Mellion-Str. **135** Ac 10
Gruber-G., Hans- **135** Ac/Ad 9

K

KRITZENDORF

SIEHE KLOSTERNEUBURG

KRONBERG

SIEHE ULRICHSKIRCHEN-SCHLEINBACH

LAAB IM WALDE

LANDEGG

SIEHE POTTENDORF

LANDERSDORF

SIEHE KREMS AN DER DONAU

LANZENDORF

A.-Janau.-G. = Anton-Janauschek-G. **70** Y 16
Alfred (A.)-Leiner-Str. **70** Y 16/17
Andreas (A.)-Radlinger-Str. **70** Z 16
Anningerstr. **70** Z 15
Anton-Janauschek-G. (A.-Janau.-G.) **70** Y 16

Breszler-G., Ernst (E.-Bres.-G.)- **70** Y 16/17
Bucheng. **70** Y 16

E.-Bres.-G. = Ernst-Breszler-G. **70** Y 16/17
Eichenstr. **70** Y 16
Elnrieder-G., Johann (J.-Elnr.-G.)- **70** Y 16
Ernst-Breszler-G. (E.-Bres.-G.) **70** Y 16/17

Fabricius-Str., Prof.-Josef (J.)- **70** Y/Z 16
Feldg. **70** Z 16
Forster-G., Karl- **70** Y/Z 16
Franz-Ziegler-Str. **70** Y 16
Friedhofstr. **70** Z 15

Georg (G.)-Issowitsch-G. **70** Y 16

Hasenberggg. **70** Y 16
Hauptstr., Obere **70** Z 15/16
Hauptstr., Untere **70** Y 16/17
Industriestr. **70** Z 15
Ing.-Karl-Strycek-Str. **70** Y 16

Issowitsch-G., Georg (G.)- **70** Y 16

Janauschek-G., Anton (A.-Janau.-G.)- **70** Y 16
J.-Elnr.-G. = Johann-Elnrieder-G. **70** Y 16
Johann-Elnrieder-G. (J.-Elnr.-G.) **70** Y 16
Josef (J.)-Walter-G. **70** Y 16

Kalkofeng. **70** Y 16
Karl-Forster-G. **70** Y/Z 16
Karl-Thaller-G. (K.-T.-G.) **70** Y 16
Kellerg. **70** Y 16
Klement-G., Walter (W.-Kl.-G.)- **70** Y 16/17
K.-T.-G. = Karl-Thaller-G. **70** Y 16

Leiner-Str., Alfred (A.)- **70** Y 16/17
Lindeng. **70** Y 16

Mühlg. **70** Y 16

Nell-G., Rudolf (R.)- **70** Y 16
Neubaug. **70** Z 15

Obere Hauptstr. **70** Z 15/16

Pellendorfer Str. **70** Z 16
Prof.-Josef (J.)-Fabricius-Str. **70** Y/Z 16

Radlinger-Str., Andreas (A.)- **70** Z 16
Raiffeisenstr. **70** Y 16
Reintalstr. **70** Y/Z 16
Römerstr. **70** Y 16
Rudolf (R.)-Nell-G. **70** Y 16

Schulg. **70** Z 15
Soukupg. (Souk.-g.) **70** Y 16
Strycek-Str., Ing.-Karl- **70** Y 16
Südtiroler Str. **70** Y/Z 16

Thaller-G., Karl (K.-T.-G.)- **70** Y 16

Untere Hauptstr. **70** Y 16/17

Walter-G., Josef (J.)- **70** Y 16
Walter-Klement-G. (W.-Kl.-G.) **70** Y 16/17
W.-Kl.-G. = Walter-Klement-G. **70** Y 16/17

Ziegler-Str., Franz- **70** Y 16

LAXENBURG

Achauer Str. **78** Zc/Zd 11
Am Kanal **78** Zc/Zd 10/11
Am Wassersprung **78** Zc 11
Andreas (A.)-Toifl-G. **77/78** Zd 10/11
Anselmg. **77/78** Zd 10/11
Aspangbahnstr. **78** Zc 11

Beckeg. (B.-g.) **78** Zc 11
B.-g. = Beckeg. **78** Zc 11
Berger-G., Johann- **77** Zd 10
Berl-G., Franz- **77/78** Zd 11

Degenhartg. **78** Zd 11
Dintner-G., Monsignore (M.)-Karl-(K.) **77** Zd 10

Ebner-G., Martin (M.)- **78** Zd 11
Eduard-Hartmann-Pl. **78** Zd 11
Elisabeth-Mosser-G. **78** Zc/Zd 11

Falkenierg. (Falk.-g.) **78** Zd 11
Falk.-g. = Falkenierg. **78** Zd 11
Figl-Str., Leopold- **78** Zc 11
F.-K.-Str. = Fürst-Kaunitz-Str. **78** Zd 11
Foist-G., Johann (J.)- **77** Zd 10
Franz-Berl-G. **77/78** Zd 11
Franz (Fr.)-Josephs-Pl. **78** Zd 11
Friedhofg. **78** Zc/Zd 11
Friedrich-Rauch-G. **78** Zd 11
Friedrich-Stöckler-Pl. **78** Zd 11
Fürst-Kaunitz-Str. (F.-K.-Str.) **78** Zd 11

Guntramsdorfer Str. **78** Zd/Ze 11
Gustav (G.)-Schütt-G. **78** Zd 11
Gusindeg. **78** Zc 11

Hahnenwiesenweg **78** Zd 11
Haidbrunnenweg **78** Zd 11
Hartmann-Pl., Eduard- **78** Zd 11
Has-G., Paul- **77/78** Zd 10/11
H.-A.-Str. = Herzog-Albrecht-Str. **78** Zd 11
Heinrich-Ott-G. **77/78** Zd 11
Herbert (H.)-Rauch-G. **78** Zc 11
Herzog-Albrecht-Str. (H.-A.-Str.) **78** Zd 11
Hofackerg. **78** Zd 11
Hofstr. **78** Zd 11

Industriestr. **77/78** Zd/Ze 10/11

Jägerg. **78** Zd 11
Johann-Berger-G. **77** Zd 10
Johann (J.)-Foist-G. **77** Zd 10
Johann-Siegmayer-G. (J.-S.-G.) **78** Zd 11
Johannespl. **78** Zd 11
Josef-Rendl-G. **78** Zd 11
Josef-Vas-G. **78** Zd 11
J.-S.-G. = Johann-Siegmayer-G. **78** Zd 11

Kanal, Am **78** Zc/Zd 10/11
Kappelleng. **78** Zd 11
Karl-Schreiweis-G. (K.-Sch.-G.) **78** Zd 11
Kaunitz-Str., Fürst (F.-K.-Str.) **78** Zd 11
Klosterstr. **78** Zd 11
Kommunalweg (Komm.-w.) **78** Zd 11
K.-Sch.-G. = Karl-Schreiweis-G. **78** Zd 11

Leopold-Figl-Str. **78** Zc 11
Leopold-Rauch-Pl. **78** Zd 11

Martin (M.)-Ebner-G. **78** Zd 11
Maximilian (M.)-Neuwirt-G. **77/78** Zd 10/11
Monsignore (M.)-Karl (K.)-Dintner-G. **77** Zd 10
Münchendorfer Str. **78** Zd/Ze 11

Na.-g. = Nattererg. **78** Zc 11
Nattererg. (Na.-g.) **78** Zc 11
Neudorfer Str. **78** Zd 11
Neuwirt-G., Maximilian (M.)- **77/78** Zd 10/11
Niklas-Steuber-G. **78** Zc/Zd 11

Ott-G., Heinrich- **77/78** Zc 11

Parapluiwiese **78** Ze 11
Paul-Has-G. **77/78** Zd 10/11
Postg. **78** Zd 11

Rauch-G., Friedrich- **78** Zd 11
Rauch-G., Herbert (H.)- **78** Zc 11
Rauch-Pl., Leopold- **78** Zd 11
Rendl-G., Josef **78** Zd 11
Riedl-G., Schloßhauptm. (Sch.-R.-G.) **78** Zd 11

Schloßhauptm.-Riedl-G. (Sch.-R.-G.) **78** Zd 11
Schloßpl. **78** Zd 11
Schreiweis-G., Karl (K.-Sch.-G.) **78** Zd 11
Sch.-R.-G. = Schloßhauptm.-Riedl-G. **78** Zd 11
Schütt-G., Gustav (G.)- **78** Zd 11
Siegmayer-G., Johann (J.-S.-G.) **78** Zd 11
Steuber-G., Niklas- **78** Zc/Zd 11
Stöckler-Pl., Friedrich- **78** Zd 1
Straße 7 **77** Zd 9/10
Straße 10 **77** Zd 9
Straße 13 **77** Zd 9
Straße 14 **77** Ze 10
Straße 15 **77** Ze 9/10
Straße 16 **77** Ze 10

Toifl-G., Andreas (A.)- **77/78** Zd 10/11

Vas-G., Josef- **78** Zd 11

Wassersprung, Am **78** Zc 11
Wiener Str. **78** Zc/Zd 11

L

LEOBENDORF

LEOBENDORF I OBERROHRBACH I TRESDORF I UNTERROHRBACH

Atzendorfer Str. **134** Ae 8
Bahng. **134** Ae 8
Donau Bundesstr.
134 Af 7/8, Ae 8
Dorian-Gray-Str. **134** Ae 8
Flagastr. **136** Ae/Ad 11
Franz-Haas-Str. **134** Ae 8
Gewerbepark I **136** Ac 11
Gewerbepark II **136** Ac 11
Gewerbering **136** Ae 11
GLS-Europastr. **136** Ac 11

Gray-Str., Dorian- **134** Ae 8
Haas-Str., Franz- **134** Ae 8
Hammerschmiedstr. **134** Ad 8
Hetzelsbergg. (Hetzelsb.-g.)
134 Ae 8
Hiesinger-Str., Karl- **136** Ac 11
Industriezeile **134** Ae 8
Karl-Hiesinger-Str. **136** Ac 11
Korneuburger Str. **135** Ae/Af 9
Kreuzensteiner Weg
134 Ae/Af 8, A 9

Kwizdaallee **136** Ac 11
Leheng. (Le.-g.) **134** Af 8
Lindeng. **134** Ae/Af 8
Miniweg **134** Ae 9
Rudolf-Str., Walter (W.)- **134** Ae 8
Satzeng. **134** Ae/Af 8
Schliefbergstr. **134** Ae/Af 8
Senefelder (Senef.) Str. **134** Ae 8
Stockerauer Str. **134** Ae/Af 8
Walter (W.)-Rudolf-Str. **134** Ae 8
Zaglerstr. **136** Ac 11

LEOBERSDORF

Alleeg. **91** Zu 3
Anton (A.)-Bruckner-G. **91** Zu 3
Anton-Sonntag-G. (A.-S.-G.)
91 Zt 3
Arbeiterg. **91** Zt 3
Aredstr. **91** Zu 1/2
A.-S.-G. = Anton-Sonntag-G.
91 Zt 3
Aumühlweg **91** Zu 2
Auweg **90** Zs 4

Badener Str. **91** Zt 3
Beethoveng. **91** Zt 3
Bruckner-G., Anton (A.)- **91** Zu 3

Dammstr. **91** Zt 1
Dr.-Theodor-Körner-Str. **91** Zt 3
Dornauer Str. **91** Zt 3

Eitzenbergerstr. **91** Zu 2
Enzesfelder Str. **91** Zt 2/3
Europastr. **91** Zt/Zu 2

Färberg. **91** Zt/Zu 3
Feldg. **91** Zt 2/3
Franz-Geißler-G. **91** Zt 3
Franz-Lehár-G. **91** Zu 3
Franz-Maier-G. **91** Zu 3
Franz-Wenger-G. **91** Zu 3
Freiherr-v.-Wittmann-G. **91** Zu 3
Friedhofstr. **91** Zu 3

Garteng. **91** Zu 3
Geißler-G., Franz- **91** Zt 3
G.-g. = Grabeng. **91** Zt 3
Goetheg. **91** Zt 2
Grabeng. (G.-g.) **91** Zt 3
Grabeng., Obere **91** Zt 2/3
Günselsdorfer Str. **92** Zs 4

Hauptschulplatz **91** Zt 3
Hauptstr. **91** Zt/Zu 2/3
Haydn-G., Josef- **91** Zt/Zu 2
Heimg. (H.-g.) **91** Zt 3
Heinrich-Herold-G. **91** Zu 3
Herold-G., Heinrich- **91** Zu 3
Heug. **91** Zu 3
H.-g. = Heimg. **91** Zt 3
Hirtenberger Str. **91** Zt 2/3

Hörbinger-Str., Leopold-
91 Zt 2/3
Hurtzg. **91** Zu 3

In den Wiesen **91** Zt 2
Ing. Viktor Kaplan-G. **91** Zu 3

Johann (Joh.)-Strauß-G. **91** Zt 3
Josef-Haydn-G. **91** Zt/Zu 2

Kaplan-G., Ing. Viktor- **91** Zu 3
Kirchenpl. **91** Zt 3
Körner-Str., Dr.-Theodor- **91** Zt 3
Kottingbrunner Weg **91** Zt 2/3
Kreativtechnikg. **91** Zt 3
Kurze G. **91** Zu 2

Lehár-G., Franz- **91** Zu 3
Leopold-Hörbinger-Str. **91** Zt 2/3
Leopold-Schiffer-G. (L.-Sch.-G.)
91 Zu 3
Lindenbergg. **91** Zt 2
Lisztg. **91** Zu 2
L.-Sch.-G. = Leopold-Schiffer-G.
91 Zu 3

Maier-G., Franz- **91** Zu 3
Mariazeller G. **91** Zt/Zu 2
Marktpl. **91** Zu 3
Marktrichterg. **91** Zu 3
Mozartg. **91** Zu 3
Mühlg. **91** Zu 2

Notthaftstr. **91** Zu 3

Oberg. **91** Zu2
Obere Grabeng. **91** Zt 2/3
Obere Setzg. **91** Zu 2

Parkg. **91** Zu 3
Pfadfinderweg **91** Zu 3

Querg. **91** Zu 3

Rabenwaldg. **91** Zu 3
Raiffeiseng. **91** Zu 3
Rathauspl. **91** Zt 3
Reimerweg (Rei.-w.) **91** Zu 3
Rei.-w. = Reimerweg **91** Zu 3

Robert (R.)-Stolz-G. **91** Zt 3
Robert-Tittelbach-G. **91** Zu 3
Roseggerg. **91** Zt 2
Rosenweg (R.-wg.) **91** Zu 3
Rozporka-G., Walter- **91** Zt 3
R.-wg. = Rosenweg **91** Zu 3

Schärtlingg. **91** Zu 3
Sch.-g. = Schillerg. **91** Zt 2
Schiffer-G., Leopold (L.-Sch.-G.)
91 Zu 3
Schillerg. (Sch.-g.) **91** Zt 2
Schubertg. **91** Zu 3
Schulg. **91** Zt 2/3
Setzg., Obere **91** Zu 2
Sonntag-G., Anton (A.-S.-G.)
91 Zt 3
Spenglerweg **91** Zu 89
Spitalg. **91** Zu 3
Sportplatzg. **91** Zt 3
Stenzelg. **91** Zt 3
Stolz-G., Robert (R.)- **91** Zt 3
Strauß-G., Johann (Joh.)- **91** Zt 3
Südbahnstr. **91** Zt 3

Tittelbach-G., Robert- **91** Zu 3
Triestingg. **91** Zu 3

Umlauffg. **91** Zt/Zu 2

Volksschulweg **91** Zt 3

Walter-Rozporka-G. **91** Zt 3
Wasserg. **91** Zu 2/3
Wenger-G., Franz- **91** Zu 3
W.-H. = Wittmannsdorfer Hof
91 Zu 3
Wiener Neustädter Str.
91 Zu/Zv 2
Wieseng. **91** Zu 2
Wiesen, In den **91** Zt 2
Wittmann-G., Freiherr-v.- **91** Zu 3
Wittmannsdorfer Hof (W.-H.)
91 Zu 3
Wittmannsdorfer Str. **91** Zu 2

Ziegelofeng. **91** Zu 3

LEOPOLDSDORF

Achauer Str.
57 X 13, **69** Y/Z 13
Ahorng. **69** Y 13
Akazienweg **69** Y 13
Am Wiesenwerk **69** Z 13
Arbeiterg. **69** Z 14
Artinger-G., Franz (F.-Art.-G.)-
59 X 13

Badg. **57** X 13
Baumg. **69** Y 13
Birkeng. **57** X 13, **69** Y 13
Bucheng. **57** X 13

Dieselg. **69** Y/Z 14

Egristr. **69** Y/Z 14

Eibeng. **69** Y 13
Eicheng. **69** Y 13
Escheng. **69** Y 13

Fasang. **69** Y 13
Felberg. **57** X 13
Feldg. **69** Y 13
Feuerwehrstr. **69** Y 13

LERCHENFELD

SIEHE KREMS AN DER DONAU

MAGERSDORF

SIEHE HOLLABRUNN

MANNSWÖRTH

SIEHE SCHWECHAT

MARIA ANZBACH

MARIA ENZERSDORF

MARIA ENZERSDORF I SÜDSTADT

M

→ MARIA ENZERSDORF

Schöffel-G., Josef (J.-Sch.-G.) **65** Za 5
Schulpl. **65** Za 6
Schwarzer Turm Weg **65** Zb 6
Seidel-G., Anton- **65** Z 5
Sepp-Hubatsch-G. **65** Za 5
Siedlungsstr. **65** Za 5
Sonnbergstr. **65** Z/Za 6
Steinböck-Str., Johann (J.)- **66** Za 8
Steinfeld, Am **66** Za 7
Steinriegel, Am **65** Za 6
Stojanstr. **65** Za 5/6
Stolz-G., Robert (R.)- **65** Za 6
Südtiroler Str. **65** Za 5/6

Theißpl **66** Za 8
Thurnbergstr. **66** Za 8
Toni-Weg, Graml- **65** Zb 6
Turm-Weg, Schwarzer **65** Zb 6

Urlaubskreuzstr. **65** Za 5

Vaduzer Weg **65** Za 6
Viktor-Müllner-Weg **66** Z/Za 8

Waggerl-Weg, Karl (K.)-Heinrich (H.)- **65** Za 6
Waldg. **65** Za 6
Waldmüller-Str., Ferdinand (F.)-Georg (G.)- **65** Za 5
Weigel-G., Hans- **66** Z/Za 7
Weinheber-G., Josef (J.)- **65** Za 5
Werner-G., Zacharias- **65** Za 5/6
Wienerbruck-Str. **66** Za 8
Wiener Str. **66** Zb 8
Wiener Weg, Alter **66** Za 7

Zacharias-Werner-G. **65** Za 5/6
Zipsg. **66** Za 7
Zwetschkenallee **65** Za 6

MARIA GUGGING

SIEHE KLOSTERNEUBURG

MARIA LANZENDORF

Achauer Str. **69/70** Za 14/15
Alois-Stummer-G. (A.-S.-G.) **70** Z 15
Am Ufer **70** Za 15
Arthur-Schmid-G. **70** Za 15
A.-S.-G. = Alois-Stummer-G. **70** Z 15

Bachg. **70** Za 15
Badg. **70** Z 15
Bahnstr. **70** Z 15
Bahnzeile **70** Za 15
Bausbackg. (Bausb.-g.) **70** Z/Za 15
Bausb.-g. = Bausbackg. **70** Z/Za 15

Dr. Franz (F.)-Hasenöhrl-Str. **70** Za 15

Europastr. **70** Z 15

Fasang. **70** Za 15
Faßlerg. **69** Za 14
Feldg. **69/70** Z 14/15
Felix-Nierling-G. **69** Z 14
Florianig. **69/70** Za 14/15
Franz (F.)-Jänkl-G. **70** Za 15
Frauerg. **69** Za 14
Friedrich-Melzer-Str. **69** Za 14

Garteng. **70** Z/Za 15

Hafnerg. (H.-g.) **69** Za 14
Hasenöhrl-Pl., Paul (P.)- **70** Z 15
Hasenöhrl-Str., Dr.-Franz (F.)- **70** Za 15
Hauptstr. **70** Z/Za 15
Havala-G., Rudolf (R.-Hav.-G.) **70** Z 15
H.-g. = Hafnerg. **69** Za 14
Himberger Str. **70** Za 15

Jänkl-G., Franz (F.)- **70** Za 15
Johann-Rottmayr-G. (J.-R.-G.) **70** Z/Za 15
Johann-Vollnhofer-Str. **70** Za 15
J.-R.-G. = Johann-Rottmayr-G. **70** Z/Za 15

Leopoldsdorter Str. **69/70** Z 14, Za 14/15

Melzer-Str., Friedrich- **69** Za 14

Nierling-G., Felix- **69** Z 14
Nußbaumg. **70** Za 15

Parkg. **70** Z/Za 15
Paul (P.)-Hasenöhrl-Pl. **70** Z 15
Pinggerag. **70** Z 15

Raiffeisenstr. **70** Za 15
Regerg. **70** Z 15
R.-Hav.-G. = Rudolf-Havala-G. **70** Z 15
Rosalieng. **70** Z/Za 15
Roserg. **70** Z 15
Rottmayr-G., Johann- (J.-R.-G.) **70** Z/Za 15
Rudolf-Havala-G. (R.-Hav.-G.) **70** Z 15

Schmid-G., Arthur- **70** Za 15
Stummer-G., Alois- **70** Z 15
Südtiroler Zeile **70** Z 15

Ufer, Am **70** Za 15

Vollnhofer-Str., Johann- **70** Za 15

Wiener Str. **69** Z/Za 15
Wöhrerg. (Wöhr.-g.) **70** Z 15

M

MARIATHAL

SIEHE HOLLABRUNN

MARZ

Ambrosius (A.)-Salzer-Pl. **120** Ys 15
Arbeiterg. **120** Yt 14
Bachstr. **120** Ys 15
Bäckerg. **120** Ys 15
Bahnstr. **120** Ys 15
Bergg. **120** Ys/Yt 14
Blumeng. **120** Yr 15
Bründlweg **120** Yt 14
Dr.-Georg (G.)-Fuchs-G. **120** Ys 15
Eduard (E.)-Suess-Str. **120** Ys 15
Erleng. **120** Ys 14
Feldg. **120** Yr/Ys 15
Flurg. **120** Yr 14/15
Forchtensteinweg **120** Ys 14
Föhreng. **120** Yt 14
Franz-Liszt-G. 120 Ys 14
Friedhofg. **120** Ys 14/15
Fuchs.G., Dr.-Georg (G.)- **120** Ys 15
Garteng. **120** Yr 15
Getreideg. **120** Yr 15
Gundian-Str., Zacharias (Zach.)- **120** Yr 14, Ys 14/15
Hauptstr. **120** Ys 14/15
Haydn-G., Josef(J.)- **120** Ys 14
Heiligenbrunneng. (Hl.-brunneng.) **120** Ys 15
Hl.-brunneng. = Heiligenbrunneng. **120** Ys 15
Hotterweg **120** Ys/Yt 15
Industriestr. **120** Yr 14
Johann-Strauß-G. (J.-Str.-G.) **120** Ys 14
Josef-Haydn-G. **120** Ys 14
Kaiserbrunneng. (Kaiserbr.-g.) **120** Ys 15
Kirchenäcker **120** Ys 14
Kogelstr. **120** Yr/Ys 15
Kreitg. **120** Ys 14
Kurze G. **120** Ys 14
Leberg. **120** Ys/Yt 14
Leharg. **120** Ys 14
Lindeng. **120** Yr 15
Lissg. **120** Yr 14/15
Liszt-G., Franz- **120** Ys 14
Mittere G. **120** Ys 15
Mozartg. **120** Ys 14
Mühlenweg **120** Yr/Ys 15
Neug. **120** Ys 15
Querg. **120** Ys 15
Robert (R.)-Stolz (St.)-G. **120** Ys 14
Roseng. **120** Ys/Yt 14
R.-St.-G. = Robert-Stolz-G. **120** Ys 14
Ruymantelg. **120** Yt 14
Salzer-Pl., Ambrosius (A.)- **120** Ys 15
Schlosserstr. **120** Yr 14
Schubertg. **120** Ys 14
Schulstr. **120** Ys 14/15
Sonnenweg **120** Yt 14
Sportplatzg. **120** Yr/Ys 14
Strauß-G,. Johann- (J.-Str.-G.) **120** Ys 14
Stolz (St.)-G., Robert (R.)- **120** Ys 14
Suess-Str., Eduard (E.)- **120** Ys 15
Triftg. **120** Yt 14
Verbindungsg. (Verb.-g.) **120** Yr 14/15
Walbersdorfer Str. **120** Yr/Ys 15
Waldstr. **120** Ys/Yt 14
Wieseng. **120** Yt 14
Wolfstaudeng. (Wolfst.-g.) **120** Yt 14
Zacharias (Zach.)-Gundian-Str. **120** Yr 14, Ys 14/15

MATTERSBURG

MATTERSBURG I WALBERSDORF

Akazienweg **119** Yq/Yr 13
Am Anger **120** Yq 14/15
Am Bahndamm **120** Yp 14
Am Viehmarkt **119** Yp 13
Angerg. **119** Yp 13/14, Yq 13
Anton-Steiger-G. **119/120** Yp 13/14
Anton-Wessely-Str. **119** Yq/Yr 13
Arbeiterg. (Arb.-g.) **120** Yp 14
Arenaplatz **120** Yp 15
Auwinkel **119/120** Yq 14
A.-Schreiner-G. **120** Yp 15

Bachg. **119** Yq 13
Bahndamm, Am **120** Yp 14
Bahnstr. **119/120** Yq 14
Bahnstr. (Walbersdorf) **120** Yq 14/15
Bauweltstr. **120** Yq 14
Berczeller-G., Dr.-Richard (R.)- **119** Yq 13
Berger-Str., Johann-Nepomuk (N.)- **120** Yq/Yr 14
Bergg. **120** Yp 15
Bergstr. **119/120** Yq 13/14, Yr 13
Birkeng. (Bir.-g.) **119** Yq 13
Blumeng. **119** Yq 13
Breitenweg **119/120** Yq 14, Yr 13/14
Bründlweg **119** Yq 13
Brunneng. **120** Yp 15
Brunnenpl. **119/120** Yq 14
Bucheng. (Buch.-g.) **119** Yq 13
Burgenlandstr. **120** Yq 14

DDr.-St.-L.-G. = DDr.-Stefan-Laszlo-G. **119** Yr 13
DDr.-Stefan-Laszlo-G. (DDr.-St.-L.-G.) **119** Yr 13
Degen-G., Gustav (G.)- **119** Yq 13/14
Donnerweg **119** Yq 13
Dr.-Adolf-Schärf-G. **119** Yq 13
Dr.-B.-K.-Str. = Dr.-Bruno-Kreisky-Str. **119** Yq 12/13
Dr.-Bruno-Kreisky-Str. (Dr.-B.-K.-Str.) **119** Yq 12/13
Dr.-Fred-Sinowatz-Str. **119** Yp 12/13, Yq 12
Dr.-Hans-Paul-G. (Dr.-H.-P.-G.) **120** Yp 14
Dr.-H.-P.-G. = Dr.-Hans-Paul-G. **120** Yp 14
Dr.-J.-K.-G. = Dr.-Josef-Klaus-G. **119** Yq 13
Dr.-Josef-Klaus-G. (Dr.-J.-K.-G.) **119** Yq 13
Dr.-Karl-Renner-Pl. **120** Yq 14
Dr.-Ludwig (L.)Leser-Str. **120** Yp 14
Dr.-Richard (R.)-Berczeller-G. **119** Yq 13
Dr.-R.-K.-Str. = Dr.-Rudolf-Kirchschläger-Str. **119** Yq 13
Dr.-Rudolf-Kirchschläger-Str. (Dr.-R.-K.-Str.) **119** Yq 13
Druckweg **120** Yq 14

Eckg. **119** Yr 13
Edererg. **119** Yq 13
Eicheng. (Eich.-g.) **119** Yq 13
Eisenstädter Str. **120** Yp 14
Ermes (Er.)-G., Franz (Fr.)- **120** Yp 14

Fasang. **119** Yq 13
Feldg. **120** Yp 14
Feldg. (Walbersdorf) **120** Yp 15
Felixstr. **120** Yq 14
Figl-Str., Ing.-Leopold- **119** Yq 13
Flurg. **119** Yq 13
Forchtenauer Str. **119** Yq/Yr 13
Franz (F.)-Jonas-Str. **119** Yp 13
Franz (F.)-Stocker-G. **119** Yr 13
Franz (Fr.)-Ermes (Er.)-G. **120** Yp 14
Franz-Liszt-G. **119** Yp 13/14
Franz-Schubert-Str. **119** Yq 13
Friedensg. **120** Yq 14
Friedhofg. **120** Yq 14

Garteng. **119** Yq 13
Garteng. (Walbersdorf) **120** Yp 15
Gerichtsbergg. **119** Yp 13
Glöckl-G., Otto (O.)- **120** Yp 14
Gustav (G.)-Degen-G. **119** Yq 13/14

Hangg. **119** Yr 13
Hans (H.)-Suchard-G. **120** Yp 14
Hauptpl. **119** Yq 13/14
Hauptstr. **119** Yq 13
Hauptstr. (Walbersdorf) **120** Yp 14/15
Haydng. **119** Yq 13
Heimg. **119** Yq 13
Hertha (H.)-Kräftner-G. **119/120** Yp 14
Hi.-g.-w. = Hintergartenweg **119** Yp 13
Hinterg. **119** Yq 13
Hinterg. (Walbersdorf) **120** Yp 15
Hintergartenweg (Hi.-g.-w.) **119** Yp 13
Hirschkreitg. **119** Yq/Yr 13
Hirteng. **119/120** Yp/Yq 13/14, Yp 14
Hochstr. **119** Yq 13/14
Höhenweg **119** Yp 13
Hotterweg **120** Yp 14
Hyrtl-G., Josef (J.)- **120** Yp 14

Industriestr. **120** Yq 14
Ing.-J.-R.-Str. = Ing.-Julius-Raab-Str. **119** Yp/Yq 13
Ing.-Julius-Raab-Str. (Ing.-J.-R.-Str.) **119** Yp/Yq 13
Ing.-Leopold-Figl-Str. **119** Yq 13

Jakob-Wittmann-G. (J.-W.-G.) **120** Yq 14
Johann (J.)-Morawitz-G. **120** Yq 14
Johann-Nepomuk (N.)-Berger-Str. **120** Yq/Yr 14
Johann-Strauß-G. **119** Yq 13/14
Jonas-Str., Franz (F.)- **119** Yp13
Josef (J.)-Hyrtl-G. **120** Yp 14
Josef (J.)-Meidl-Weg **120** Yp 14

M

MATZENDORF-HÖLLES

MAUERBACH

MAUTERN AN DER DONAU

BAUMGARTEN I MAUTERN I MAUTERNBACH

MISTELBACH

EBENDORF I HÜTTENDORF I LANZENDORF I PAASDORF

MÖDLING

Reitererg. **66** Zb 7
Redl-G., Professor-Walter- (P.-W.-R.-G.) **76** Zd 7
Restituta-G., Schwester (Sr.)-Maria (M.)- **66** Zb 7
R.-g. = Rathausg. **66** Zb 7
R.-g. = Rupprechtg. **76** Zc 7
Richard (R.)-Wagner-G. **65** Za/Zb 6
Rieger-Str., Dr.-Ludwig- **76** Zc 7
Robert-Koch-G. **76** Zc 8
Roseggerweg **65** Zb 6
Rudolf (R.)-Schwarzrock-Pl. **76** Zc 7
Rupprechtg. (R.-g.) **76** Zc 7

Salurner G. **76** Zc/Zd 8
Sätz-Steig, Gretel- **66** Zb 7, **76** Zc 7
Schefferg. **76** Zc 7
Scheff-Weg, Dr.-Otto- **66** Za/Zb 7
Schicht-G., Dr.-Franz-Josef (F.-J.) **76** Zc 7
Schießstättenweg **75/76** Zc 6/7
Schiller-Str., Friedrich- **66** Zb 8
Schleussner-Str., Josef- **66** Zb 8
Schöffelpl. **66** Zb 8
Sch.-pl. = Schrannenpl. **66** Zb 7
Schrannenpl. (Sch.-pl.) **66** Zb 7
Schürff-G., Dr.-Hanns- **66** Zb 7
Schubert-G., Franz- **76** Zc 7
Schulweg **66** Zb 8
Schwarzrock-Pl. Rudolf (R.)- **76** Zc 7
Schwester (Sr.)-Maria (M.)-Restituta-G. **66** Zb 7
Sebastian-Kneipp-G. (S.-K.-G.) **66** Zb 7
Siedlerg. **66** Zb 8, **76** Zc 8
S.-K.-G. = Sebastian-Kneipp-G. **66** Zb 7
Skribany-G., Franz (F.-Skr.-G.) **66** Zb 7
Spechtg. **66** Zb 7, **76** Zc 7
Spitalmühlg. **65/66** Zb 6/7
Sprongl-G., Norbert (N.)- **66** Zb 7
Stefan-Milow-G. (St.-M.-G.) **66** Zb 7
Stefanieg. (St.-g.) **66** Zb 8
Steinbruchweg **75** Zc 6
Steinfelder G. **76** Zc 7
Sterzinger G. **76** Zc 7/8
St.-g. = Stefanieg. **66** Zb 8
Stingl-Pl., Karl- **76** Zc 7
St.-M.-G. = Stefan-Milow-G. **66** Zb 7
Stöhr-G., Dr.-Friedrich (Dr.-F.-St.-G.) **66** Za/Zb 8
Strauß-G., Johann- **66** Za 7
Südtiroler G. **76** Zc 7/8

Tamussino-Str., Thomas (Th.)- **66** Zb 7
Technikerstr. **66** Zc 7
Templerg. **66** Zb 8
Theresien-G., Maria- **66** Zb 8
Thoma-Str., Jakob- **66** Za/Zb 7
Thomas (Th.)-Tamussino-Str. **66** Zb 7
Toni-Berg-Promenade **66** Zb 7
Türkeng. **66** Zb 8

Ungarg. **66** Zb 8
Untere (U.)- Bachg. **66** Zb 8

Viehtlg. **66** Zb 7

Wagner-Durchgang, Pepi- (P.-W.-D.) **66** Zb 7
Wagner-G. Richard (R.)- **65** Za/Zb 6
Wehrg. (W.-g.) **66** Zb 7
Weinheber-G., Josef- **66** Za 7
Weißes-Kreuz-G. **66** Zb 7, **76** Zc 7
Weyprechtg. **66** Zb 8
W.-g. = Wehrg. **66** Zb 7
Wiener Str. **66** Zb 7/8
Wieseng. **76** Zc 7
Wildgans-Weg, Anton- **65** Zb 6
Windtalg. **75** Zc/Zd 7
Winzerg. **66** Za 7

Zwilling-G., Carl- **76** Zc 7

MÖLLERSDORF

SIEHE TRAISKIRCHEN

NATSCHBACH-LOIPERSBACH

Ah.-g. = Ahorng. **104** Ys 96
Ahorng. (Ah.-g.) **104** Ys 96
Aigner Pl. **104** Ys 96
Ameisbachg. **104** Ys 95
Am Natschbach **104** Yt 94/95
Am Steig **104** Ys/Yt 94
An.-g. = Angerg. **104** Ys 96
Angerg. (An.-g.) **104** Ys 96
Aufeldg. **104** Ys 95
Aug. **104** Ys 95/96

Bachg. **104** Ys 95
Bi.-g. = Birkeng. **104** Yt 94
Bi.-g. = Birneng. **104** Ys 96
Birkeng. (Bi.-g.) **104** Yt 94
Birneng. (Bi.-g.) **104** Ys 96
Brandstatt **104** Yt 94

Cornudag. **104** Yt 95

Dorfpl. **104** Yt 95
Dr.-Willibald-Nagl-G. **104** Ys 94/95
Drechslerg. **104** Ys 96
Drudenweg **104** Ys/Yt 95

Eicheng. **104** Ys 94

Fasang. **104** Ys 96
Feldg. **104** Ys 96
Florianipl. (F.-pl.) **104** Yz 95
Flurg. **104** Ys 95
Föhreng. **104** Ys 95
F.-pl. = Florianipl. **104** Yz 95
Friedhofstr. **103/104** Ys/Yt 94
Fürtweg **104** Ys 96

Ga.-g. = Gahnsg. **104** Ys 95
Gahnsg. (Ga.-g.) **104** Ys 95
Garteng. **104** Yt 94
Guntramser Str. **104** Ys 96

Hadelfeldg. **103/104** Yt 94
Heckeng. (He.-g.) **104** Ys 95
He.-g. = Heckeng. **104** Ys 95
Heug. **104** Ys 95
Hochleitnerg. (Ho.-g.) **104** Ys 96
Ho.-g. = Hochleitnerg. **104** Ys 96
Hohe Wandg. **104** Ys 96
Holzg. **104** Ys 96

Im Moos **104** Yt 95
Industriestr. **104** Ys 96

Johann-Rasner-G. **104** Ys 96
Josef-Kneiss-G. **104** Yt 94
Josef-Weinheber-G. (Jo.-Weinh.-G.) **103** Ys 94
Jo.-Weinh.-G. = Josef-Weinheber-G **103** Ys 94

Kapelleng. **104** Ys 96
Kastanieng. **104** Ys 95
Kneiss-G., Josef- **104** Yt 94
Korng. **104** Ys 95
Kreuzg. **104** Ys 95

Lindeng. **103/104** Yt 94
Lindgruberstr. **104** Yt/Yu 95
Loipersbacher Str. **104** Yt 95/96, Yu 96

Moos, Im **104** Yt 95
Mühlg. **104** Ys/Yt 94/95

Nagl-G., Dr.-Willibald- **104** Ys 94/95
Natschbach, Am **104** Yt 94/95
Natschbacher Str. **104** Ys/Yt 95
Neunkirchner Str. **103/104** Ys/Yt 94
Nordg. **104** Ys 95

Ortsstr. **104** Ys 95/96

Paarlandg. **104** Ys/Yt 95
Peischinger Str. **104** Ys 96

Rasner-G., Johann- **104** Ys 96
Roseggerg. **103** Ys 94
Rudolf (Rud.)-Wallner-G. **104** Ys 95

Schneeberggg. **104** Ys 96
Stegg. **104** Ys 96
Steig, Am **104** Ys/Yt 94
Steinbühelg. **104** Yt 95
Steing. **104** Ys 95
Storchenweg **104** Ys/Yt 95

Tieffelg. **103** Yt 94

Uferstr. **104** Ys 95/96
Ulmeng. **103/104** Yt 94

Waldg. **104** Ys 95
Wallner-G., Rudolf (Rud.)- **104** Ys 95
Weiderg. **104** Ys 95
Weinheberg-G., Josef- (Jo.-Weinh.-G.) **103** Ys 94
Weizeng. **103/104** Yt 94
Wieseng. **104** Ys 95
Wul.-g. = Wulkag. **103** Yt 94
Wulkag. (Wul.-g.) **103** Yt 94

Zwischeng. (Zwis.-g.) **104** Ys 96
Zwis.-g. = Zwischeng. **104** Ys 96

NEUDÖRFL

Am Brunnenfeld **101** Yj 6
Am Hohenbrand **102** Yj 8
Am Kanal **101** Yh/Yj 6/7
Am Mühlbach **101** Yh 7
Anton-Proksch-Sdlg. **102** Yj 8
Aug. **101** Yh/Yj 6

Bauhof, Zum **102** Yh 8
Bickfordstr. **101/102** Yj/Yk 7
Braunstorfer-G., Leopold- **102** Yh 8
Brunnenfeld, Am **101** Yj 6
Bürgermeister (Bgm.)-Eitzenberger-G. **102** Yh/Yj 7/8

Dammweg **101** Yh 6
Dr.-Semmelweis-G. **102** Yj 7
Dr.-Ludwig (L.)-Leser-G. **102** Yj 8

Eitzenberger-G., Bürgermeister (Bgm.)- **102** Yh/Yj 7/8

Feldg. **101** Yj 7
Figl-G., Leopold- **102** Yj 8
Franz-Liszt-G. **102** Yj 8

Garteng. **101/102** Yj 7
Gfangg. **102** Yk 7
Gimpelinsel, Zur **101** Yh 6/7, Yj 6

Hauptstr. **101/102** Yj 6/7
Haydn-G., Josef- **101** Yj 7
Hohenbrand, Am **102** Yj 8
Homogensdlg. **102** Yj/Yk 7/8

Johann-Reiter-G. **102** Yj 8
Josef-Haydn-G. **101** Yj 7

Kanal, Am **101** Yh/Yj 6/7
Kanalg. **101** Yh/Yj 6
Kiesweg **101** Yh 6
Kirchenpl. **102** Yj 7
Kollwentz-Str., Matthias- **102** Yj 7/8
Kommerzialrat-Karl-Markon-Str. **101** Yj 6/7
Konsumg. **101/102** Yj 7
Körner-G., Theodor (Th.)- **102** Yj 7
Kranawettg. **101/102** Yj 7
Krautäckerried **102** Yj 8
Kurzeg. **102** Yj 8

Lehárg. **101/102** Yj 7
Leithamühle, Zur **101** Yh 6
Leithaweg **101** Yh 6
Leopold-Braunstorfer-G. **102** Yh 8
Leopold-Figl-G. **102** Yj 8
Leser-G., Dr.-Ludwig (L.)- **102** Yj 8
Liszt-G., Franz- **102** Yj 8
Logenweg **101** Yj 7

Markon-Str., Kommerzialrat-Karl- **101** Yj 6/7
Martinsg. **102** Yj 7/8
Matthias-Kollwentz-Str. **102** Yj 7/8
Mitterweg **101/102** Yj 7/8
Mozart-G., Wolfgang (W.)-Amadeus (A.)- **102** Yj 8
Mühlbach, Am **101** Yh 7

Neugebäu **102** Yj 8
Nikolaus-G., St. **101** Yh 7

Parkweg **101** Yj 7
Passage 66 **101** Yj 7
Pöttschinger Str. **101/102** Yh/Yj 7/8
Proksch-Sdlg., Anton- **102** Yj 8

Raiffeiseng. **102** Yj 7
Raiffeisenpl. **101** Yj 7
Rebenweg **102** Yj 8
Reiter-G., Johann- **102** Yj 8
Renner-Siedlung **101** Yh/Yj 7
Rosenweg **102** Yh 8
Rudolf-Steiner-G. **102** Yj 7

Sackg. **101** Yj 7
St.-Nikolaus-G. **101** Yh 7
Sauerbrunner Str. **102** Yj/Yk 8
Seestr. **101** Yh/Yj 6
Schreing. **101** Yj 7
Schönbergerweg **101** Yj 7
Schulg. **102** Yj 8
Semmelweis-G., Dr.- **102** Yj 7
Siedlerg. **101** Yj 7
Steiner-G., Rudolf- **102** Yj 7
Straße 1 **101** Yh 6
Straße 2 **101** Yh 6
Straße 3 **101** Yh 6
Straße 4 **101** Yh 6
Straße 5 **101** Yh 6
Straße 6 **101** Yh 6

Theodor (Th.)-Körner- **102** Yj 7

Uferstr. **101** Yh 6/7

Waldg. **102** Yj 8
Waldherrweg **101** Yh/Yj 7
Wehrg. **101** Yj 7
Weichselgartenweg **101** Yj 7
Weinbergstr. **102** Yj 8
Wieseng. **102** Yj 7/8
Wolfgang (W.)-Amadeus (A.)-Mozart-G. **102** Yj 8

Zollikofenpl. **101** Yj 7
Zum Bauhof **102** Yh 8
Zur Gimpelinsel **101** Yh 6/7, Yj 6
Zur Leithamühle **101** Yh 6

NEULENGBACH

ALMERSBERG I EMMERSBERG I GROSSWEINBERG I HAAG I INPRUGG I RAIPOLTENBACH

Ackerg. **167** P 82
Akademiestr. **167** P 83/84
Almersbergstr. **167/168** N/O 84
Amadeusg. (Am.-g.) **167** Q 82
Am Hang **167** P 83
Anzbachg. (Anzb.-g.) **167** O 84
Apothekenweg (A.-w.) **167** P 83
Au, In der **167/168** O 84
Audeng. **168** O 84
Aussicht, Schöne **167** P 82
Austr. **167/168** O 84
A.-w. = Apothekenweg **167** P 83

Bachg. **167** P 83
Bachmanng. (Bachm.-g.) **167/168** O 84
Badstr. **167** P 83
Bahnhofstr. **167** O 82/83
Bahnstr. **167** O/P 83
Beethoveng. **167** O/P 84
Bergg. **167** Q 83
Bergmanng. **167** P 83
Bilkog. **167** O 84
Buchbergg. **168** N 84
Buchgrabeng. (Buchgr.-g.) **167** P 82

Castellig. (C.-g.) **167** P 83
C.-g. = Castellig. **167** P 83
Cottage **167** Q 82/83

Dambacher Str. **167** Q 82
Danckelmannallee **167** P 83
Darnautg. **167** P 83
Deix-Siedlung **167** P 82
Dreiföhrenstr. **167** P 83
Dunantg. **167** P 83

Ebersberger Str. **167** O/P 82
Edelbreitenstr. (Edelbr.-str.) **167** P 82
Edelbr.-str. = Edelbreitenstr. **167** P 82
Edersteig **167** P 83
Edisong. (Edis.-g.) **167** P/Q 83
Egon-Schiele-Str. **167/168** O 84
Eislerbergweg (Eis.w.) **167** O/P 83
Eis.w. = Eislerbergweg **167** O/P 83
Emmersdorfer Str. **167** N/O 84, O 83
Engländerg. **167** P 82
Eschenbachg. **167/168** O 94

Feiertag-G., J.- **167** M 82
Feldg. **167** M/N 82
Figl-G., Leopold- **168** P 84
Figlweg **167** O 82
Florianig. **167** O 83
Franziskanersteig (Franz.-steig) **167** O 83
Freudstr. **168** O 84/85
Friesstr. **167** P 83/84

Galgenhügelstr. **168** O 84
Gangelbergerg. (Gangelb.-g.) **168** O 84
Garnisonstr. **167** P/Q 83
Gaymühleng. (Gaym.-g.) **167** O 83
Gebauerg. **167** O 83
Grillenhofstr. **168** O 84
Grillparzerg. (Grillp.-g.) **168** O 84
Grundweg **167** M 82

Haager Str. **167** P 83
Haaghofg. **167** O 83
Habeckg. **168** O 84
Hainfelder Str. **167** P/Q 83, Q 82
Hang, Am **167** P 83
Hauptpl. **167** O/P 83
Hauptstr. **167** M/N 82
Haydng. **167** P 83
Heideweg **167** O 83
Heitzerhoferweg **167/168** P 84
Herbstgrabenstr. **167** M 82/83
Hochfeldg. **168** N 84
Höhenstr. **168** O 84/85
Hohlwegg. **167** O 83
Holubg. **167** O 82/83

In der Au **167/168** O 84
Industriestr. **167** O 82

Jahnstr. **167** P 83
Jonasg. **167** P 82
Julius (J.)-Raab-G. **167** P 83
J.-Feiertag-G. **167** M 82

Khuenstr. **167** P 83
Kindergartenweg (Kinderg.-w.) **167** O 83
Kirchenpl. **167** O 83
Kirchfeldstr. **167** O 83
Kirschnerwaldstr. **168** O 84
Klärnfeldstr. **168** N 84

NEUNKIRCHEN

N

N

NEUSIEDL AM SEE

Alte Badg. 111 Zr/Zs 40
Altenburgstr. 111 Zo/Zp 40
Am Anger 111 Zr 40
Am Hausberg 111 Zq/Zr 40
Am Kalvarienberg 112 Zs 41
Am Tabor 111 Zr 40
Am Wagram 111 Zq 40
Anger, Am 111 Zr 40
Aug. 111 Zs 40
Äußeres Hirschfeld 111 Zp 39/40

Bachweg 111 Zq/Zr 39
Badg., Alte 111 Zr/Zs 40
Bahnstr. 111 Zq 39
Bergg. 111 Zq 39/40, Zr 40
Boltzmann-Str., Ludwig- 111 Zo/Zp 40
Bühlgründe 111 Zr 39
Bundesschulstr. 111 Zs 40

Eisenstädter Str. 111 Zq/Zr 39, Zr 40
Esterhazystr. 111 Zr 40

Feldg. 111 Zr 40
Floridan-G., Peter (P.)- 111 Zr 40
Flurg. 111 Zr 40
Franz-Liszt-G. 111 Zr 40
Friedhofg. 111 Zr 40

Gartensiedlung 111 Zr/Zs 40
Gartenweg 111 Zr/Zs 40
Gärtnersiedlung 112 Zs 41
Gerichtsg. 111/112 Zr 40/41
Gladiolenweg 112 Zr 41
Goldbergg. 111 Zq 39/40
Grenzg. 112 Zs 41

Hauptpl. 111 Zr 40
Hauptstr., Obere 111 Zr 40
Hauptstr., Untere 111 Zr/Zs 40, 112 Zs 41
Hausberg, Am 111 Zq/Zr 40
Hausbergsiedlung 111 Zq 40
Haydn-G., Josef- 112 Zr/Zs 41
Heideg. 112 Zr 41
Herbergg. 111 Zq 39/40
Hirschfeld, Äußeres 111 Zp 39/40
Holunderweg 111 Zr 40
Hyrtl-G., Josef (J.)- 112 Zs 41

Johann-Lex-Str. 111 Zs 40
Johann-Tulner-Str. 111 Zr/Zs 40
Josef (J.)-Hyrtl-G. 112 Zs 41
Josef-Haydn-G. 112 Zr/Zs 41
Josef-Reichl-G. 111 Zs 40

Kalvarienbergsiedlung 112 Zs 41
Kalvarienbergstr. 111/112 Zs 40/41
Kardinal (Kard.)-Franz (F.)-König-Pl. 111 Zs 40
Kaserng. 112 Zs 41
Kellerg. 111 Zr 40
Kettenweg 111 Zq 39
Kardinal (Kard.)-Franz (F.)-König-Pl. 111 Zs 40
Kirchberg, Mittlerer 111 Zq/Zr 40
Kirchberg, Oberer 111 Zq/Zr 40
Kirchbergweg 111 Zq/Zr
Kircheng. 111 Zr 40
Kirschblütenweg 112 Zr 41
Kräftenweg 111 Zq/Zr 40
Kreuz-G., Rot- 111 Zp 39/40
König, Kardinal-Franz- (K.-F.-König-Pl.) 111 Zs 40

Lehmgstetten 112 Zr 41
Lenauweg 112 Zs 41
Lex-Str., Johann- 111 Zs 40
Lindenpl. 111 Zr 40
Listz-G., Franz- 111 Zr 40
Ludwig-Boltzmann-Str. 111 Zo/Zp 40

Maria-Theresien-Str. 111 Zr/Zs 40
Mexikosiedlung 112 Zs 41
Mittlerer (Mittl.) Sauerbrunn 111 Zq 39
Mittlerer Kirchberg 111 Zq/Zr 40

Neubergstr. 111 Zq 39

Obere Hauptstr. 111 Zr 40
Obere Wiesen 111 Zr 39
Oberer Kirchberg 111 Zq/Zr 40
Oberer Satzweg 111/112 Zr 40/41
Oberer Sauerbrunn 111 Zq 39

Pappelweg 111 Zs 40
Paulinerweg (Paul.-w.) 111 Zr 40
Paul-Schmückl-Pl. 112 Zs 41
Peter (P.)-Floridan-G. 111 Zr 40

Reichl-G., Josef- 111 Zs 40
Reitschacherstr. 111 Zq 40
Reitweg 112 Zs 41
Rochusstr. 111 Zr 40
Römerweg 111 Zq 39
Rosenweg 112 Zr 41
Rot-Kreuz-G. 111 Zp 39/40

Saliterhof 111 Zr 39/40
Satzg. 111/112 Zr 40/41, Zs 41
Satzweg, Oberer 111/112 Zr 40/41
Sauerbrunn, Mittlerer (Mittl.) 111 Zq 39
Sauerbrunn, Oberer 111 Zq 39
Sauerbrunnweg 111 Zq 39
Schlachthausg. (Schlachth.-g.) 112 Zs 41
Schmückl-Pl., Paul- 112 Zs 41
Schottenaug. 111/112 Zs 40
Seefeldg. 111 Zr 39
Seestr. 111 Zs 40
Semmelweisg. (Semmelw.-g.) 112 Zs 41
Sonnenweg 112 Zr 41

Tabor, Am 111 Zr 40
Taborsiedlung 111 Zr 40
Taborstiege 111 Zr 40
Taborweg 111 Zr 40
Teichbachweg 112 Zr 41
Tulner-Str., Johann- 111 Zr/Zs 40
Teichg. 111 Zr 39/40
Triftg. 112 Zs 41

Untere Hauptstr. 111 Zr/Zs 40, 112 Zs 41

Weichselfeldg. 112 Zr/Zs 41
Weinerlaufg. 112 Zs 41
Weinerlaufsiedlung 112 Zs 41
Weinbergstr. 111/112 Zr 40/41
Wiener Str. 111 Zp-Zr 40
Wiesen, Obere 111 Zr 39

Ziegelofenweg (Ziegelof.-w.) 111 Zq 39

OBERNDORF IN DER EBENE

SIEHE HERZOGENBURG

OBERROHRENDORF

SIEHE ROHRENDORF BEI KREMS

OBERSDORF

SIEHE WOLKERSDORF IM WEINVIERTEL

OBERWALTERSDORF

OBERWINDEN

SIEHE HERZOGENBURG

OEYNHAUSEN

SIEHE TRAISKIRCHEN

OSSARN

SIEHE HERZOGENBURG

PAASDORF

SIEHE MISTELBACH

PEISCHING

SIEHE NEUNKIRCHEN

PELLENDORF

SIEHE HIMBERG

PERCHTOLDSDORF

Adam (A.)-Strenninger-G. **53** X 6
Adolf (A.)-Holzer-G., **53** X 6
A.d.H. = An den Höfeln **53** X 6
A. d. St. = Auf den Steineckeln **53** X 5
A.-D.-Str. = Alexander-Daum-Str. **53** X 6
A. d. T. = Auf den Tetern **65** Y 5
Ahornweg (A.-wg.) **64** Z 4
Alexander-Daum-Str. (A.-D.-Str.) **53** X 6
Alfred-Feierfeil-Str. **54** X 7
Alfred-Merz-G. **54** W/X 7
Alois-Reisinger-Str. **65** Y 5
Alpenlandstr. **54** X 7
Alphons-Petzold-G. **54** W 7
Alt-Str., Jakob- **65/66** Y 7
Ambros-Rieder-G. **53** X 5/6
Am Goldbiegelberg **65** Y 5
Am Rain **65** Y 6
Am Sossenhügel **53** W 6
Am Wallgraben **53** X 5
An den Höfeln (A. d. H.) **53** X 6
Angerersteig **53** X 5
Anton (A.)-Bruckner-G. **54** X 7
Anton (A.)-Preiß-G. **54** X 7
Anton-Schachinger-G. **65** Y 5
Anton-Teschko-Str. (A.-T.-G.) **65** Y 6
Anton-Wildgans-G. **54** W/X 7
Anzengruberg. **53** W 6
Arenstetteng. **53** X 5
Arthur-Schuricht-Str. (A.-Sch.-Str.) **53** X 6
A.-Sch.-Str. = Arthur-Schuricht-Str. **53** X 6
Aspetteng. **53** W/X 6/7
Aspettenstr. **53** W/X 7
A.-T.-G. = Anton-Teschko-Str. **65** Y 6
Aubachstr. **54** W 7
Auf den Steineckeln (A. d. St.) **53** X 5
Auf den Tetern (A. d. T.) **65** Y 5
Auf den Zuckermanteln **66** Y 7
A.-wg. = Ahornweg **64** Z 4

Babb.-g. = Babenbergerg. **53** W 6
Babenbergerg. (Babbg.-g.) **53** W 6
Bachackerg. **54** X 7
Bachinger-G., Rudolf (R.-Bach.-G.) **53** X 5
Bahng. **53** W 5
Bahnzeile **53** W/X 6
Balthasar-Kleinschroth-Str. (B.-K.-Str.) **53** W 5
Balthasar-Krauß-G. **53** W 6
Barbachg. **53** X 5, **65** Y 5
Bär-Str., Engelbert- **54** W 7
Beatrixg. **53** X 5/6
Beethovenstr. **53** W 5/6
Begr.-g. = Begrischg. **53** X 5
Begrischg. (Begr.-g.) **53** X 5
Bergg. **53** X 5
Bernhard (B.)-Weiß-G. **53** X 6
Bertha (B.)-von (v.)-Suttner-G. **54** W/X 7
Birkenweg **64** Z 4
Bizisteg. **54** X 7
B.-K.-Str. = Balthasar-Kleinschroth-Str. **53** W 5
Blankenfeldg. **54** X 7
Böckl-Weg, Herbert (H.-B.-Wg.) **53** W 6
Braun-G., Wilhelm- (W.-B.-G.) **65** Y 5
Breitenecker-G., Franz (Fr.)- **53** X 6
Brennerg. **54** X 7
Brosch-G., Franz- **54** W/X 7
Bruckner-G., Anton (A.)- **54** X 7
Brunnerbergstr. **65** Y 5
Brunner Feldstr. **54** W/X 7
Brunner G. **65** Y 6
Buchenweg **64** Z 4

Christoph (Ch.)-Gluck-G. **53** X 6
Corneliusg. **53/54** X 6/7

Dahlienweg (D.-wg.) **64** Z 4
Daum-Str., Alexander (A.-D.-Str.) **53** X 6
Dechant-Zeiner-G. **53** X 5
Deyl-G., Josef- **53** W/X 6
Distlg. **65** Y 6
Donauwörther Str. **53** W 5–X 6
Dr.-Alois (A.)-Sonnleitner-G. **54** W 7
Dr.-Anton (A.)-Haßelwanter-Pl. **64** Z 4
Dr.-G.-Neum.-G. = Dr.-Gustav-Neumann-G. **65** Y 5
Dr.-Gorlitzer-G. **53** W 5
Dr.-Gustav-Neumann-G. (Dr.-G.-Neum.-G.) **65** Y 5
Dr.-Heinrich (H.)-Werner-G. **53** X 6
Dr.-Moritz (M.)-Zander-G. **53** X 6
Dr.-Natzler-G. **53** X 6
Dr.-Ottokar (O.)-Janetschek-G. **53** W 6
Dr.-Ottokar (O.)-Kernstock-G. **53** X 6
Dr.-Pirquet-Str. **53** W 5
Dr.-Schreber-G. **54** X 7
D.-wg. = Dahlienweg **64** Z 4

Ebendorfer-Str., Thomas (Th.-E.-Str.) **53** W 5
Eichendorffg. **54** X 7
Eichenweg **64** Z 4
Eichertg. **66** Y 7
Eigenheimstr. **53** X 6
Eisenhüttelg. **53** X 6, **65/66** Y 6/7
Elisabethstr. **65** Y 5/6
Elsner-G., Otto (O.-E.-G.) **65** Y 5
Engelbert-Bär-Str. **54** W 7
Erlenweg **64** Z 4
Eschenweg **64** Z 4

Fehnerweg **65** Y 5
Feierfeil-Str. Alfred- **54** X 7
Feldg. **53** W/X 6
Feldstr., Brunner **54** W/X 7
Felix (F.)-Petyrek-G. **54** W 7
Ferdinand (Ferd.)-Gussenbauer-G. **65** Y 5
Ferdinand-Schirnböck-G. (Fr.-Schirnb.-G.) **53** X 6
F.-g. = Fuggergassl **53** X 6
Fichtenweg **64** Z 4
Figl-Promenade, Leopold **53** W 6
Flick-G., Johannes (J.)- **54** X 7
Fliederweg (Fl.-wg.) **64** Z 4
Fl.-wg. = Fliederweg **64** Z 4
Föhren-G., Siebzehn- **53** X 5
Frank-G., Steinberg- **53** W 6
Franz (Fr.)-Breitenecker-G. **53** X 6
Franz-Brosch-G. **54** W/X 7
Franz (Fr.)-Garnhaft-G. **53** W 6
Franz-Kamtner-Weg **65** Y 6
Franz-Josef-Str. **53** X 6
Franz (F.)-Lehár-G. **54** W 7
Franz-Liszt-G. **53/54** X 6/7
Franz-Mähring-Pl. **53** W 6
Franz-Piperger-G. **65** Y 6
Franz (Fr.)-Schmidt-G. **54** X 7
Franz-Siegel-G. **53** W 6
Franz (Fr.)-Vesely-G. **53** W/X 6
Frey-G., Wenzel (W.)- **53** X 6
Freytag-G., Gustav (G.-F.-G.) **65** Y 5
Friedhofg. **65** Y 6
Friedrich-Löffelmann-Str. **54** W 7
Friedrich-Rückert-G. **54** W 7
Fröhlichg. **53** X 5
Fronius-Str., Hans- **54** X 7
Fr.-Schirnb.-G. = Ferdinand-Schirnböck-G. **53** X 6
Fuggergassl (F.-g.) **53** X 6

Garnhaft-G., Franz (Fr.)- **53** W 6
Gauguschg. **53** W/X 6
Georg (G.)-Teibler-G. **54** W 7
G.-F.-G. = Gustav-Freytag-G. **65** Y 5
Gluck-G.,Christoph (Ch.)- **53** X 6
Goethestr. **53** W 6
Goldbiegelberg, Am **65** Y 5
Goldbiegelg. **65** Y 5
Gorlitzer-G., Dr.- **53** W 5
Gottschallg. **53** X 5
Greiner-Str., Karl- **53** X 6
Grengg-G., Maria (M.-G.-G.) **54** X 7
Grienauerg. **53** X 6
Grillparzerstr. **53** W 6
Guggenbergerg. **53** X 5
Gustav-Freytag-G. (G.-F.-G.) **65** Y 5
Gussenbauer-G., Ferdinand (Ferd.)- **65** Y 5

Hableg. **53** X 5
Hagenauer Str. **65** Y 5
Hamerling-G., Robert (R.)- **54** W 7
Hans-Fronius-Str. **54** X 7
Hans (H.)-Sewera-G. **53** X 6
Harberger-Str., Karl- (K.-Harb.-Str.) **65** Y 5
Haßelwanter-Pl., Dr.-Anton (A.)- **64** Z 4
Haydng. **53** W 5
H.-B.-Wg. = Herbert-Böckl-Weg **53** W 6
Heinrich (H.)-Waßmuth-Str. **53** X 6
Herbert-Böckl-Weg (H.-B.-Wg.) **53** W 6
Herzogbergstr. **64/65** Y 5/6, Z 4/5
Hochbergstr. **65** Y 5
Hochmayer-G., Rudolf (R.)- **53/54** W 6/7
Hochstr. **53** W/X 5
Hofmannsthalg. **53/54** X 6/7
Höhenstr. **52** X 4
Höhenstr. **65** Y 5
Höfeln, An den (A. d. H.) **53** X 6
Höller-Str., Josef (J.)- **65** Y 6
Höllriegelstr. **53** W 5
Holzer-G., Adolf (A.)- **53** X 6
H.-Strecker-G. (H.-Str.-G.) **53** X 6
H.-Str.-G. = H.-Strecker-G. **53** X 6
Huber-G.,Pfarrer- **53/54** X 6/7
Hugo-Wolf-G. **65** Y 6
Hyrtlallee **53** X 5
Hyrtlg. **53** X 5/6

Iglseeg. **53** W 6
Industriestr. **54** X 7

Jakob-Alt-Str. **65/66** Y 7
Jakob (J.)-Regenhart-G. **53** X 6
Jakob (J.)-Trinksgeld-G. **53** W 5/6
Janetschek-G., Dr.-Ottokar (O.)- **53** W 6
Janko-Str., Rudolf (R.)- **65** Y 6
J.-K.-G. = Josef-Kainz-G. **54** X 7

Johannes (J.)-Flick-G. **54** X 7
Johann (J.)-Trampler-G. **53** X 5
Johann-Wurth-Str. (J.-W.-Str.) **64** Y 5
Josef-Deyl-G. **53** W/X 6
Josef (J.)-Höller-Str. **65** Y 6
Josef-Kainz-G. (J.-K.-G.) **54** X 7
Josef (J.)-Kollmann-G. **53** X 6
Josef (J.)-Weissenecker-G. **53** W 7
Jüttner-G., Karl (K.)- **53** X 6
J.-W.-Str. = Johann-Wurth-Str. **64** Y 5

Kainz-G., Josef (J.-K.-G.) **54** X 7
Kaisersteig **53** W 6
Kaltenleutgebner Str. **53** W 5
Kamtner-Weg, Franz- **65** Y 6
Karl-Greiner-Str. **53** X 6
Karl-Hans-Strobl-G. (K.-H.-Str.-G.) **53** X 6
Karl-Harberger-Str. (K.-Harb.-Str.) **65** Y 5
K.-Harb.-Str. = Karl-Harberger-Str. **65** Y 5
Karl (K.)-Jüttner-G. **53** X 6
Katzberger-Pl., Paul (P.)- **53** X 5
Kautzg. **53** X 5
Kernstock-G., Dr.-Ottokar (O.)- **53** X 6
Ketzerg. **53/54** W 6/7
Kl.-g. = Kleistg. **53** W/X 6
K.-H.-Str.-G. = Karl-Hans-Strobl-G. **53** X 6
Kindermanng. **53** W 5/6
Kleinschroth-Str., Balthasar (B.-K.-Str.) **53** W 5
Kleistg. (Kl.-g.) **53** W/X 6
Klieber-G., Meister- **53** W 6
Kneipp-G., Sebastian (Seb.)- **53** W/X 6
Koholzerg. **53** X 6
Kollmann-G., Josef (J.)- **53** X 6
Kolonieg. **53** W 6
Körner-G., Theodor (Th.)- **53** X 6
Krauß-G., Balthasar- **53** W 6
Krautg. **53** X 5/6
Kriegsherrg. (Kriegsh.-g.) **53** X 5
Kriegsh.-g. = Kriegsherrg. **53** X 5
Kunigundbergstr. **65** Y 5/6
Kunschak-G., Leopold (L.)- **65** Y 6

Lärchenweg **64** Z 4
Langäckerstr **65/66** Y 7
Lang-G., Mathias (Math.)- **53** X 6
Latschkag. **65** Y 6
Leeb-G., Wolfgang- **53/54** W 6/7
Lehár-G., Franz (F.)- **54** W 7
Lenaug. **53/54** X 6/7
Leonhardibergg. (Leonhbg.-g.) **53** X 5
Leonhbg.-g. = Leonhardibergg. **53** X 5
Leopold-Figl-Promenade **53** W 6
Leopold (L.)-Kunschak-G. **65** Y 6
Leopold (L.)-Schäftner-G. **53** X 5
Liechtensteinpromenade **65** Y 5
Liechtensteinstr. **65** Y/Z 5
Lilienweg (L.-wg.) **64** Z 4
Lindbergg. **65** Y 5
Lindenweg **64** Z 4
Liszt-G., Franz- **53** X 6/7
Löffelmann-Str., Friedrich **54** W 7
Lohnsteinstr. **53** W/X 5
L.-wg. = Lilienweg **64** Z 4

Mähring-Pl., Franz- **53** W 6
Malata-G., Oskar (O.)- **66** Y 7
Margules-Weg, Max (M.)- **53** W 6
Maria-Grengg-G. (M.-G.-G.) **54** X 7
Marienpl. (Mar.-pl.) **53** X 6
Markfeldg. **54** W/X 7
Marktpl. **53** X 6
Mar.-pl. = Marienpl. **53** X 6
Marzg. **53** X 5
Mathias (Math.)-Lang-G. **53** X 6
Max (M.)-Margules-Weg **53** W 6
Meister-Klieber-G. **53** W 6
Merz-G., Alfred- **54** W/X 7
M.-G.-G. = Maria-Grengg-G. **54** X 7
Michael-Wenger-G. (M.-W.-G.) **53** W 5
Mozartg. **53/54** X 6/7
Mühlg. **53/54** X 6/7
M.-W.-G. = Michael-Wenger-G. **53** W 5

Natzler-G., Dr.- **53** X 6
Nelkenweg **64** Z 4
Neuber-G., Wilhelm (W.)- **53/54** X 6/7
Neumann-G., Dr.-Gustav (Dr.-G.-Neum.-G.) **65** Y 5
Neustiftg. **53** X 6

O.-E.-G. = Otto-Elsner-G. **65** Y 5
Oskar (O.)-Malata-G. **66** Y 7
Otto-Elsner-G. (O.-E.-G.) **65** Y 5
Ottog. **53** X 5
Otto-Zimmermann-Str. **65** X/Y 5

Paul (P.)- Katzberger-Pl., **53** X 5
Petersbachstr. **54** W 7
Petyrek-G., Felix (F.)- **54** W 7
Petzold-G., Alphons- **54** W 7
Pfarrer-Huber-G. **53/54** X 6/7
Pfarrer-Karl (K.)-Seemann-Promenade **53** X 5
Piperger-G., Franz- **65** Y 6
Pirquet-Str., Dr.- **53** W 5
Plättenstr. **53** X 6
Pop.-g. = Popovicg. **53** W 6
Popovicg. (Pop.-g.) **53** W 6
Preiß-G., Anton (A.)- **54** X 7

Querg. **53** X 5

Rabensteinerg. (Rabenst.-g.) **53** W 6
Rablg. **53** X 6
Rain, Am **65** Y 6
R.-Bach.-G. = Rudolf-Bachinger-G. **53** X 5
Regenhart-G., Jakob (J.)- **53** X 6
Reicherg. **53** X 5
Reisinger-Str., Alois- **65** Y 5
Rembrandtg. **54** W/X 7
Richard-Wagner-G. (R.-W.-G.) **53** X 6
Rieder-G., Ambros- **53** X 6
Robert (R.)-Hamerling-G. **54** W 7
Robert-Schumann-G. **54** X 7, 66 Y7
Römerfeldg. **53/54** X 6/7
Roseggerg. **53** X 5
Rosenthalg. **53/54** W 6/7
Rosenweg **64** Z 4
Rudolf-Bachinger-G. (R.-Bach.-G.) **53** X 5
Rudolf (R.)-Hochmayer-G. **53/54** W 6/7
Rudolf (R.)-Janko-Str. **65** Y 6
Rudolfg. **65** Y 5
Rückert-G., Friedrich- **54** W 7
R.-W.-G. = Richard-Wagner-G. **53** X 6

Saliterg. **53/54** X 6/7
Schachinger-G., Anton- **65** Y 5
Schäftner-G., Leopold (L.)- **53** X 5
Sch.-g. = Schönererg. **53** W 7
Schießgrabensteig **65** Y 5
Schillerpromenade **53** W 5
Schirgenwaldallee (Schwld.-allee) **64** Z 4
Schirnböck-G., Ferdinand (Fr.-Schirnb.-G.) **53** X 6
Schmidt-G., Franz (Fr.)- **54** X 7
Schöffelstr. **65** Y 5
Scholaug. **53** W 5
Schönererg. (Sch.-g.) **53** W 7
Schreber-G., Dr.- **54** X 7
Schreckg. (Schr.-g.) **54** X 7
Schremsg. **65** Y 6
Schr.-g. = Schreckg. **54** X 7
Schubertg. **53** W 6
Schumann-G., Robert- **54** X 7, **66** Y 7
Schuricht-Str., Arthur (A.-Sch.-Str.) **53** X 6
Schutzhausstr. 52/**53** X–Y 3
Schwedenweg **65** Y 6
Schweglerg. **53** W/X 6
Schwld.-allee = Schirgenwaldallee **64** Z 4
Sebastian (Seb.)-Kneipp-G. **53** W/X 6
Seemann-Promenade, Pfarrer-Karl (K.)- **53** X 5
Semlerg. (Seml.-g.) **53** X 5
Seml.-g. = Semlerg. **53** X 5
Sewera-G., Hans (H.)- **53** X 6
Siebzehn-Föhren-G. **53** X 5
Siegel-G., Franz- **53** W 6
Sonnbergstr. **53** W/X 5
Sonnleitner-G., Dr.-Alois (A.)- **54** W 7
Sossenhügel, Am **53** W 6
Sossenstr. **53** W 5/6
Speichmühlg. **54** W/X 7
Sph.-g. = Spiegelhoferg. **54** X 7
Spiegelhoferg (Sph.-g.) **54** X 7
Steinberg-Frank-G. **53** W 6
Steineckeln, Auf den (A. d. St.) **53** X 5
Stephan-Str., W.- **54** W/X 7
Strecker-G., H. (H.-Str.-G.) **53** X 6
Strenninger-G., Adam (A.)- **53** X 6
Strobl-G., Karl-Hans (K.-H.-Str.-G.) **53** X 6
Stücklweg **65** Y 5
Stuttgarter Str. **53** X 6
Suttner-G., Bertha (B.)-von (v.)- **54** W/X 7

Talg. **53** W 5
Tannenweg **64** Z 4
Teibler-G., Georg (G.)- **54** W 7
Teschko-Str., Anton (A.-T.-G.) **65** Y 6
Tetern, Auf den (A. d. T.) **66** Y 5
T.-g. = Türkeng. **53** X 6
Theodor (Th.)-Körner-G. **53** X 6
Theresieng. **53** X 5
Th.-E.-Str. = Thomas Ebendorfer-Str. **53** W 5
Thomas-Ebendorfer-Str. (Th.-E.-Str.) **53** W 5
Tilgnerg. **53** X 6
Tirolerhofallee **64** Z 4
Trampler-G., Johann (J.)- **53** X 5
Trinksgeld-G., Jakob (J.)- **53** W 5/6
Tröschg. **53** X 5
Tulpenweg **64** Z 4
Türkeng. (T.-g.) **53** X 6

Uhlandg. **66** Y 7
Ulmenweg **64** Z 4

Veilchenweg **64** Z 4
Vesely-G., Franz (Fr.)- **53** W/X 6
Vesperkreuzstr. **65/66** Y 6l7
Vierbatzstr. **65** Y 6/7
Voglsangg. **53** X 6

Wagner-G., Richard (R.-W.-G.) **53** X 6
Waldmühlg. **53** W 4/5
Waldmüllerg. **65** Y 5
Waldstr. **64** Z 4
Wallgraben, Am **53** X 6
Walzeng. **53** X 5
Waßmuth-Str., Heinrich (H.)- **53** X 6
Wb.-g. = Wegbachg. **53/65** X 6
W.-B.-G. = Wilhelm-Braun-G. **65** Y 5

P

→ PERCHTOLDSDORF

Wegbachg. (Wb.-g.) **53/65** X 6
Weing. **53** X 5
Weissenecker-G., Josef (J.)- **54** X 7
Weiß-G., Bernhard (B.)- **53** X 6
Wenger-G., Michael (M.-W.-G.) **53** W 5
Wenzel (W.)-Frey-G. **53** X 6
Werner-G., Dr.-Heinrich (H.)- **53** X 6
W.-g. = Widterg. **66** Y 7
Widterg. (W.-g.) **66** Y 7
Wiener G. **53** W/X 6
Wiesboithstg. **65** Y 6
Wildgans-G., Anton **54** W/X 7
Wilhelm-Braun-G. (W.-B.-G.) **65** Y 5
Wilhelm (W.)-Neuber-G. **53/54** X 6/7
Wolfgang-Leeb-G. **53/54** W 6/7
Wolf-G., Hugo- **65** Y 6
W.-Stephan-Str. **54** W/X 7
Wurth-Str., Johann (J.-W.-Str.) **65** Y 5
Wüstenrotstr. **64** Z 4

Zander-G., Dr.-Moritz (M.)- **53** X 6
Zechmeisterg. **53** X 5
Zeiner-G., Dechant- **53** X 5
Zimmermann-Str., Otto- **65** X/Y 5
Zuckermanteln, Auf den **66** Y 7
Zwingenstr. **54** X 7

PFAFFSTÄTTEN

A.-B.-G. = Adolf-Breyer-G. **80** Zj 5
Adolf-Breyer-G. (A.-B.-G.) **80** Zj 5
A.-H.-G. = Anton-Hofmann-G. **80** Zk 6
A.-K.-G. = Anton-Knopf-G. **80** Zk 6
Albrechtsstr. **80** Zj/Zk 5
Alzenauer Pl. **80** Zk 6
Am Steinfeld **80** Zk 5
An der Schleuse **80** Zk 6
Anton-Hofmann-G. (A.-H.-G.) **80** Zk 6
Anton-Knopf-G. (A.-K.-G.) **80** Zk 6
Badener Str. **80** Zk 6
Bahng. **80** Zk 5
Billrothg. **84** Zl 5/6
Breyer-G., Adolf- (A.-B.-G.) **80** Zj 5
Dolp-Str., Dr.-Josef- **80** Zj/Zk
Dr.-Josef-Dolp-Str. **80** Zj/Zk 6
Einödstr. **80** Zj 5
Elred-Lippmann-G., **80** Zk 5
Emil-Kögler-G. **80** Zj 5
Ernst-Kolba-Weg **80** Zj 5
Fassbinderweg **80** Zk 6
Feldg. **80/84** Zk 5
Franz (Fr.)-Josef-Str. **80** Zj/Zk
Gartenweg **80** Zj 6, Zk 5
G.-g. = Gmöslg. **80** Zj 5
Glanner-G., Josef- **80** Zk 5
Gmöslg. (G.-g.) **80** Zj 5
Grenzg. **80** Zk 5
Grüll-G., Josef- **80/84** Zk 5
Hauptpl. **80** Zk 5/6
Hauptstr. **80** Zk 5/6
Hausackerstr. **80** Zk 6
Heiligenkreuzer G. (H.-G.) **80** Zk 5
H.-G. = Heiligenkreuzer G. **80** Zk 5
Hofmann-G., Anton- (A.-H.-G.) **80** Zk 6
Hörsteinerg. **80** Zk 5
Hösl-G., Johann- **80** Zk 6
Irblingweg **79/80** Zh 4
Johann-Hösl-G. **80** Zk 6
Josef-Glanner-G. **80** Zk 5
Josef-Grüll-G. **80/84** Zk 5
Josef-Stadlmann-G. **80** Zk 1
Karl-Richter-G. **80** Zk 6
Kaspar-G., Rudolf- **80** Zk 5/6
Kircheng. **80** Zk 5/6
Knopf-G., Anton- (A.-K.-G.) **80** Zk 6
Kögler-G., Emil- **80** Zj 5
Kolba-Weg, Ernst- **80** Zj 5
Lederhasg. **80** Zk 6
Lichteneckerg. **80** Zk 5
Lippmann-G., Elred- **80** Zk 5
Mittelstr. **80** Zk 5
Mozartg. **80/84** Zk 5
Mühlfeldg. **80** Zk 5
Neug. **80** Zk 5
Prechtlg. **80** Zk 5
Preyhsg. **80** Zk 5
Probusg. **80** Zk 5
Rennbahnzeile **80** Zk/Zl 5
Richter-G., Karl- **80** Zk 6
Rohrteichg. **80** Zj 5/6
Rudolf-Kaspar-G. **80** Zk 5/6
Schiestlg. **80** Zk 5
Schleuse, An der **80** Zk 6
Schulg. **80** Zk 5
Seelgerstr. **80/84** Zk/Zl 6
Spitzendorferg. **80** Zj/Zk 5
Stadlmann-G., Josef- **80** Zk 6
Steinfeldg. **74** Zj/Zk 5
Steinfeld, Am **80** Zk 5
Stiftg. **80** Zk 5
Türkeng. **80** Zj 5
Weinbergstr. **80** Zj 5
Wiener Str. **80** Zj/Zk 6
Wüsteg. **80/84** Zk/Zl 5

PFALZAU

SIEHE PRESSBAUM

PILLICHSDORF

Am Anger **142** Ae 22
Am Damm **141** Ae 21
Am Rußbach **141** Ae 21/22
Anger, Am **142** Ae 22
Bachg. **142** Ae 22
Bahnstr. **141** Ae 22
Brunneng. **142** Ae 22
Damm, Am **141** Ae 22
Feldg. **141/142** Ae 22
Feld, Im oberen **141** Ae 21
Flurg. **141** Ae 21
Garteng. **142** Ad/Ae 22
Getreideg. (Getr.g.) **141** Ae 21
Getr.-g. = Getreideg. **141** Ae 21
Hauptpl. **141** Ae 22
Hauptstr. **141/142** Ae 22
Hofwiese **141** Ae 21
Im oberen Feld **141** Ae 21
Kellerg. **141** Ae 22
Kellerg., Untere **142** Ae 22
Kircheng. **141** Ae 22
Kirchenpl. **141** Ae 22
Kornradenweg **141** Ae 21
Mittelstr. **141/142** Ae 22
Mühlg. **141** Ae 22
Neidlg. **142** Ad/Ae 22
Querg. = Qu.-g. **141** Ae 22
Qu.-g. = Querg. **141** Ae 22
Rußbach, Am **141** Ae 21/22
Sätzenweg **141** Ae 22
Scheibeng. **142** Ad/Ae 22
Scheibenweg **141** Ae 22
Sechshauserstr. **141** Ae 22
Untere Kellerg. **141/142** Ae 22
Wiener Str. **141** Ae 21/22
Wolkersdorfer Str. **141** Ae 21

P

POTTENSTEIN

FAHRAFELD I POTTENSTEIN

Alte Spitalstr. (A.-Sp.-str.) **87** Zr 94
Am Schulberg **87** Zq 94
A.-Sp.-str. = Alte Spitalstr. **87** Zr 94
Auweg **87** Zq/Zr 94
Bahnstr. **87** Zq 94
Bergg. **87** Zr 95
Blumentalg. **87** Zq 95
Bundesstr. **87** Zp-Zr 94/95
Energiestr. (Energ.-str.) **87** Zr 94
Fabriksg. **87** Zp 94
Feldg. **87** Zq 94
Feldweg **87** Zq/Zr 94/95
Florianistr. **87** Zp/Zq 94
Friedenssiedlung **87** Zq/Zr 95
Hainfelderstr. **87** Zp/Zq 94
Harzweg **87** Zq 94/95
Hauptpl. **87** Zq 94/95
Hauptstr. **87** Zq/Zr 95
Hausbergweg **87** Zp/Zq 94
Heldenplatz **87** Zq 9
Hochstr. **87** Zq/Zr 94
Josefstr. **87** Zp/Zq
Kahlkopfweg **87** Zq 95
Kircheng. **87** Zq 94
Kremesberg **87** Zr 96
Kremesbergg. **87** Zr 96
Kreuthweg **87** Zq 94
Mühlfeldstr., Obere (Ob.) **87** Zp 94
Neue Gasse **87** Zq 94/95
Obere Marktfeldstr. **87** Zq 94
Obere (Ob.) Mühlfeldstr. **87** Zp 94
Parkstr. **87** Zq 94
Raimundg. **87** Zq 94/95
Schießstattg. **87** Zp/Zq 94
Schlatteng. **87** Zq 94
Schulberg, Am **87** Zq 94
Uferweg **87** Zr 94/95
Urhausweg **87** Zq 94
Urhaussiedlung **87** Zp/Zq 94
Weißgerberg. (Weiß.-g.) **87** Zq 94
Weiß.-g. = Weißgerberg. **87** Zq 94
Wolfgeiststr. **87** Zq/Zp

POTTSCHACH

SIEHE TERNITZ

PRESSBAUM

AU AM KRAKING I PFALZAU I PRESSBAUM I REKAWINKEL

Adlerhofg. **169** S 93
Am Pelzergraben **169** Q 92
Am Wienerwald **170** Q/R 95
An der Viehoferin **169** Q 93
An der Wien **169** Q 94
Anday-Str., Rosette (R.)- **169** Q/R 92/93

Badg. **170** Q 94/95
Bahnstr., Linke **169** Q/R 93
Bahnstr., Rechte **169** Q/R 93
Bartbergstr. **170** Q/R 95
Bergg. **170** Q 95
Bihabergstr. **170** Q/R 94/95
Brahms-G., Johannes (J.)- **170** Q/R 95
Brentenmaisstr. **170** Q-S 95

C.-C.-Str. = Conte-Corti-Str. **169** S 93
Conte-Corti-Str. (C.-C.-Str.) **169** S 93
Corti-Str., Conte- (C.-C.-Str.) **169** S 93

Dr.-Götzinger-Str. **169** Q 92
Dr.-Niedermayr-Str. **169** Q 94
Dr.-Tritremmel-G. **170** Q/R 95
Dürrwienstr. **169** R 92

Engelkreuzstr. **169** T 93/94

Franz (F.)-Gugerel-Str. **169** R 93
Franz-Pfudl-G. **169** R 92
Fröscherstr. **169** Q 94
Fünkhg. **169/170** Q/R 94

Götzinger-Str., Dr.- **169** Q 92
Grenzg. **170** R 95
Gugerel-Str., Franz (F.) **169** R 93
Guggenbergerstr. **169** Q 92
Güterweg Popenreiter **170** S 95

Haitzawinkel **169** Q 92
Haitzawinkelstr. **169** Q/R 92
Hartmann-Str., Otto- **169** Q/R 94
Hauptstr. **169/170** R 92/93, Q 93/94
Himmelsstiege **170** Q 94
Hinnerth-Str., Ludwig (L.)- **169** Q 93
Hollensteinstr. **169** Q 92
Hugo (H.)-Müller-G. **169** Q/R 92

Jagendorfersteg **169** Q 94
Johannes (J.)-Brahms-G. **170** Q/R 95
Johann-Winter-G. **169** Q 93
Josef-Kremslehner-G. **169** Q 94
Josef (J.)-Nemecek-Str. **169** R 93
Josef-Schöffel-G. **169** Q 92
Josef-Weinheber-G. **170** Q/R 95
Julieng. **170** Q 94/95, R 94

Kaindlg. **170** Q/R 95
Kaiserbrunnstr. **169** T 92/93
Kaiserkrone **169** R 93
Kaiser-Str., Ludwig- **169** R 93
Karl (K.)-Heinrich (H.)-Waggerl-G. **170** Q/R 95
Karriegelstr. **169** Q 93
Kirchenweg **169** Q 92/93
Kittag-G., Klaus- **169** R 93
Klaghoferstr. **169** Q 93
Klaus-Kittag-G. **169** R 93
Klosterg. **169** Q 93/94
Kremslehner-G., Josef- **169** Q 94
Kress-G., Wilhelm- **170** R 95
Krumpöckg. **169** Q 94

Linke Bahnstr. **169** Q/R 93
Litschauerweg **170** Q 94
Ludwig (L.)-Hinnerth-Str. **169** Q 93
Ludwig-Kaiser-Str. **169** R 93

Mayer-Str., Othmar- **169** Q 93
Müller-G., Hugo (H.)- **169** Q/R 92

Nemecek-Str., Josef (J.)- **169** R 93
Niedermayr-Str., Dr.- **169** Q 94
Nikodemusg. (Nikodem.-g.) **169** R/S 93

Othmar-Mayer-Str. **169** Q 93
Otto-Hartmann-Str. **169** Q/R 94

Pelzergraben, Am **169** Q 92
Peter-Rosegger-G. (P.-R.-G.) **170** R 95
Pfalzauer Str. **169** R-T 93
Pfalzbergstr. **169** S 93
Pfundl-G., Franz- **169** R 92
Pietteg. **170** Q 95
Pleban-Str., Rudolf (R.)- **169** T 92
Popenreiter, Güterweg **170** S 95
P.-R.-G. = Peter-Rosegger-G. **170** R 95

Querg. **170** R 95

Rainer (R.)-Maria (M.)-Rilke-G. **170** Q 95
Rechte Bahnstr. **169** Q/R 93
Rilke-G., Rainer (R.)-Maria (M.)- **169** Q 95
Rosegger-G., Peter- (P.-R.-G.) **170** R 95
Rosette (R.)-Anday-Str. **169** Q/R 92/93
Rudolf (R.)-Pleban-Str. **169** T 92

Sattelbergg. **170** S 94/95
Schöffel-G., Josef- **169** Q 92
Seestr. **170** Q 95/96, R 96
Seichterweg **169** Q 93
Siedlungsstr. **169** Q/R 93

Taborskystr. **169** R 93
Teichg. **170** R 95
Terrasseng. **170** Q 94/95
Tritremmel-G., Dr.- **170** Q/R 95

Uferzeile **170** Q 94/95

Viehoferin, An der **169** Q 93

Waggerl-G., Karl (K.)-Heinrich (H.)- **170** Q/R 95
Weidenweg **169** R 93
Weidholzstr. **169** Q 92
Weinheber-G., Josef- **170** Q/R 95
Wien, An der **169** Q 94
Wienerwald, Am **170** Q/R 95
Wilhelm-Kress-G. **170** R 95

PURKERSDORF

Alois-Mayer-G. **174** O 99
Am Bahnweg **173** P 96
Am Feuerstein **174** P 98
An der Stadlhütte **166** Q 96
Andreas-Scheu-G. **174** P 98
Anton (A.)-Dietl-G. **173** P 96
Anton (A.)-Gotsch-G. **174** O 98
Anton-Wenzel-Prager-G. **27** O 1
Anton-Wildgans-Weg **173** P 97
Auf (A.) der (d.) Schanze **27** O 1

Bachg. **174** N 99
Bad Säckingen Str. **174** N 99
Bahnhofstr. **27** N 1
Bahnweg, Am **173** P 96
Baunzen, In der **173** Q 99
Beethovenstr. **173** P 97
Bergg. **174** O 99
Brückenstr. **173** P 97
Buchmüller-G., Hans (H.)- **27** O 1

Deutschwaldallee **174** O 99
Deutschwaldstr. **174** O/P 99, **176** Q 99
Dietl-G., Anton (A.)- **173** P 96
Dr.-Eduard (E.)-Weiß-G. **27** N 1
Dr.-Hild-G. **174** N 99
Dr.-Walter (W.)-Stöckl-G. **176** Q 99

Ernst-Wolf-G. **173** O 97

Feuerstein, Am **174** P 98
Ferdinand (Fer.)-Kürnberger-G. **173** P 97
Florian-Trautenberger-G. **174** N 99
Franz (F.)-Guschl-G. **27** N 1
Franz-Ruhm-G. **174** O 98
Franz (F.)-Schubert-G. **174** O 99
Franz-Steiner-G. **173** P 96/97
Friedrich-Schlögl-G. **173** P 97
Friedrich (Fr.)-Winkelmüller-G. **176** Q 99
Fürstenbergg. **174** O 99
Furtg. **173** P 97

Gotsch-G., Anton (A.)- **174** O 98
Grillparzerg. **174** O/P 99
Gruber-G., Karl- **174** N 99
Guschl-G., Franz (F.)- **27** N 1

Haberlerstr. **176** Q 99
Hamerling-G., Robert- **174** N 99
Hanke-G., Rudolf (R.)- **174** P 99
Hans (H.)-Buchmüller-G. **27** O 1
Hardt-Stremayr-G. **174** N 99
Hartelsfurterweg **174** O 98
Hauptpl. **174** N/O 99
Heimgarten **174** P 99
Herreng. **174** N 99
Hessle-G., Pfarrer (P.)-Karl (K.)- **176** Q 99
Hießbergerg. **27** N 1
Hild-G., Dr.- **174** N 99
Hoffmann-G., Josef (J.)- **27** O 2
Hohenwarter-G., Robert- **174** P 99
Humplik-G., Prof.-Josef (J.)- **174** N 99
Hyrtlg. **174** P 99

In der Baunzen **173** Q 99
Irenental **173** P 96

J.-L.-G. = Josef-Lichtenwöhrer-G. **174** N 99
Johann (J.)-Karl-G. **174** P 98
Johann (J.)-Strauß-G. **27** N 1
Josef (J.)- Hoffmann-G. **27** O 2
Josef-Lichtenwöhrer-G. (J.-L.-G.) **174** N 99

Kaiser-Josef-Str. **174** O 99
Karlg. **27** N 1
Karl-G., Johann (J.)- **174** P 98
Karl-Gruber-G. **174** N 99
Karli-Schäfer-G. **174** O/P 98
Karl-Kurz-G. (K.-K.-G.) **174** O 99
Karl (K.)-Stauber-G. **173** P 97
Kellerwiese **174** O 99
Kieslingg. **27** N 1
K.-K.-G. = Karl-Kurz-G. **174** O 99
Konstantin-Walz-G. **174** N 99
Körner-G., Theodor (Th.)- **174** O 99
Kressg. **174** O 99
Kürnberger-G., Ferdinand (Fer.)- **173** P 97
Kurz-G., Karl- (K.-K.-G.) **174** O 99

Leischingg. **27** O 2
Lichteiche **173** O/P 97
Lichtenwöhrer-G., Josef (J.-L.-G.) **174** N 99
Linzer Str. **174** N 99
Luisenstr. **174** O 99

Marterbauerstr. **174** O 99
Mayer-G., Alois- **174** O 99
Mozartg. **173** O 97

Neug. **174** N 99

Paul-Wintersberger-G. (P.-W.-G.) **176** Q 99, Q1
Pernerstorferstr. **176** Q 99
Pfarrer (P.)-Karl (K.)-Hessle-G. **176** Q 99
Pfarrhofg. **174** N 99
Prager-G., Anton-Wenzel- **27** O 1
Prof.-Josef (J.)-Humplik-G. **174** N 99
Pummerg. **174** O 99
P.-W.-G. = Paul-Wintersberger-G. **176** Q 99, Q 1

Rechenfeldstr. **174** O 98/99
Rinaldaweg **173** P 96/97
Robert-Hamerling-G. **174** N 99
Robert-Hohenwarter-G. **174** P 99
Rochusg. **174** O 99
Roseggerg. **174** O 99
Rudolf (R.)-Hanke-G. **174** P 99
Ruhm-G., Franz- **174** O 98

Säckingen Str., Bad **174** N 99
Sagbergstr. **173** O/P 97
Schäfer-G., Karli- **174** O/P 98
Schanze, Auf (A.) der (d.) **27** O 1
Scheu-G., Andreas- **174** P 98
Schillerg. **173** P 97
Schlögl-G., Friedrich- **173** P 97
Schöffelg. **174** O 99
Schubert-G., Franz (Fr.)- **174** O 99
Schuhg. **27** N 1
Schuhmeierstr. **27** N 2
Schwarzhuberg. **174** O 99
Speichbergg. **174** O 98/99
Stauber-G., Karl (K.)- **173** P 97
Steiner-G., Franz- **173** P 96/97
Stöckl-G., Dr.-Walter (W.)- **176** Q 99
Strauß-G., Johann (J.)- **27** N 1
Stremayr-G., Hardt- **174** N 99
Süßfeldstr. **174** M/N 99

Theodor (Th.)-Körner-G. **174** O 99
Tozzersteig **173** P 97
Trautenberger-G., Florian- **174** N 99
Tullnerbachstr. **173/174** O/P 96-99

Uferstr. **173** P 97

Waldg. **27** O 2
Walz-G., Konstantin- **174** N 99
Weiß-G., Dr.-Eduard (E.)- **27** N 1
Wiener Str. **27** O 1/2
Wientalstr. **173/174** P 97/98
Wienzeile **27** O 1
Wildgans-Weg, Anton- **173** P 97
Winkelmüller-G., Friedrich (Fr.)- **176** Q 99
Winterg. **27** N 1
Wintersberger-G., Paul- (P.-W.-G.) **176** Q 99, Q 1
Wolf-G., Ernst- **173** O 97
Wurzbachg. **27** N 2

Ziegelfeldg. **174** O 99

PUTZING

SIEHE GROßEBERSDORF

RAASDORF

A. Bhf. = Am Bahnhof **26** K 24
Aderklaaer Weg **26** J 23
Ahornweg **26** J 24
Altes Dorf **26** J 23
Am Bahnhof (A. Bhf.) **26** K 24

Bahnhof, Am (A. Bhf.) **26** K 24
Bahnstr. **26** J/K 23
Breitenleer Str. **26** J 3
Bucheng. **26** H 23

Die Marchfelder Str. (D.-M.-Str.) **26** K 24
D.-M.-Str. = Die Marchfelder Str. **26** K 24
Dorf, Altes **26** J 23

Eichenweg **26** J 23

Feldg., Kleine **26** J 23
Feldg., Lange **26** J 23/24

→ RAASDORF

Florianipl. **26** J 23
Friedhofweg **26** J 23
Gewerbestr **26** K 24
Glinzendorfer Str. **26** J 24
Groß-Enzersdorfer Str. **26** J/K 23
Großhoferweg **26** J 24
Kleine Feldg. **26** J 23
Lange Feldg. **26** J 23/24
Lindeng. **26** J 24
Marchfelder Str., Die (D.-M.-Str.) **26** K 24
Markgrafneusiedler Str. **26** J 24
Orchideenweg **26** J 24
Pfarrweg **26** J 23/24
Roseng. **26** J 23
Wagramer Str. **26** J 23
Weingartenweg **26** J 23

RAIPOLTENBACH

SIEHE NEULENGBACH

RANNERSDORF

SIEHE SCHWECHAT

RASCHALA

SIEHE HOLLABRUNN

RAUCHENWARTH

Am Angerl **73** Zb 21/22
Angerl, Am **73** Zb 21/22
Figl-G., Leopold (L.-F.-G.)- **73** Zb 21
Himberger Str. **73** Zb 21
Kirchenpl. **73** Zb 21
L.-F.-G. = Leopold-Figl-G. **73** Zb 21
Leopold-Figl-G. (L.-F.-G.) **73** Zb 21
Ortsstr. **73** Zb 21/22, Zc 21
Raiffeisenstr. **73** Zb 21/22
Wiener Str. **73** Zb 21
Wienerherberger Str. (Wienerh. Str.) **73** Zb/Zc 22

REHBERG

SIEHE KREMS AN DER DONAU

R

ROHRBACH AM STEINFELDE

SIEHE TERNITZ

ROHRBACH BEI MATTERSBURG

Antonig. **120** Yt 15
Anton (A.)-Sinowatz-Str. **120** Ys 15
Arbeiterg. **120** Yt 15
Bachzeile **120** Yt 15
Bahnhofpl. **120** Ys 15
Bahnstr. **120** Ys/Yt 15
Blumeng. **120** Yt 15
Florian-Kietaibl-Str. **120** Ys 15
Garteng. **120** Ys/Yt 15
Hauptstr. **120** Ys/Yt 15
Haydng. **120** Yt 15
Hotterweg **120** Ys 15
Kietaibl-Str., Florian- **120** Ys 15
Kircheng. **120** Yt 15
Kreuzg. **120** Yt 15
Kudlichg. **120** Yt 15
Leberg. **120** Yt 15
Markusg. **120** Yt 15
Marzer G. **120** Ys 15
Mühlweg **120** Ys 15
Nikelbergg. **120** Ys/Yt 15
Pulverstampfg. **120** Ys 15
Roseng. **120** Ys 15
Siedlung (Siedl.) **120** Yt 15
Sinowatz-Str., Anton (A.)- **120** Ys 15
Sportplatzg. **120** Yt 15

ROHRENDORF BEI KREMS

NEUSTIFT AN DER DONAU I OBERROHRENDORF I UNTERROHRENDORF

Admonter Str. **160** Al 68
An der Bahn **160** Al/Am 68
Auweg **160** Al 68
Bäckerg. **160** Al 68
Bahn, An der **160** Al/Am 68
Dr.-Reiß-Str. **160** Al/Am 68
Franz (F.)-Moser-Str. **160** Am 68
Franz (F.)-Rosenberger-Str. **160** Al 68
Hauptstr., Obere **160** Al 68
Holzer-Str., Johann (J.)- **160** Al 68
Johann (J.)-Holzer-Str. **160** Al 68
Leiserg. **160** Al/Am 68
Melker Str. **160** Al 68
Mitterweg, Oberer **160** Al/Am 68
Moser-Str., Franz (F.)- **160** Am 68
Neubauerstr. **160** Am 68
Obere Hauptstr. **160** Al 68
Obere Wiener Str. **160** Al/Am 68
Oberer Mitterweg **160** Al/Am 68
Reiß-Str., Dr.- **160** Al/Am 68
Rosenberger-Str., Franz (F.)- **160** Al 68
Weberg. **160** Al 68
Wiener Str., Obere **160** Al/Am 68

ST. ANDRÄ

SIEHE ST. ANDRÄ-WÖRDERN

ST. ANDRÄ AN DER TRAISEN

SIEHE HERZOGENBURG

ST. ANDRÄ-WÖRDERN

ALTENBERG I GREIFENSTEIN I HADERSFELD I HINTERSDORF I KIRCHBACH I ST. ANDRÄ I WÖRDERN

Adolf (A.)-Lorenz-G. **132** Ab 4
Agrarweg **132** Ac 3
Ahorng. **143** A 1
Aigner-G., Alois (A.)- **133** Ab 5
Akazienpl. **143** A 1
A.-K.-W. = Anna-Kneissl-Weg **132** Ac 3
Almweg **3** F 2
Alois (A.)-Aigner-G. **133** Ab 5
Alois (A.)-Gatterer-G. **144** Aa 3
Alten (Alt.) Hafen, Am **132** Ac 2
Altenbergweg **132** Ac 3
Altg. **143** Aa 2
Am Alten (Alt.) Hafen **132** Ac 2
Am Anger **133** Ab 5
Am Badepl. **132** Ac 4
Am Damm **132** Ac 3/4
Am Engelrain **131** Ab 2
Am Felde **132** Ab 3
Am Heuberg **3** E 1
Am Rain **143** Aa 2
Am Schneiderpl. **132** Ac 3
Am Spielpl. **132** Ac 4
Am Sporn **132** Ac 4
Am Steinriegel **3** F 2
Am Waldrand **3** E 2
Am Wasserwerk **143** Ab/Aa 2
Amselg. **144** Aa 3
Amselweg **132** Ab 3
Andreas (A.)-Hofer-G. **132** Ab 3
Anger, Am **133** Ab 5
Anna-Kneissl-Weg (A.-K.-W.) **132** Ac 3
Anton (A.)-Bruckner-G. **143** Aa 2
Anton (A.)-Kneissl-Weg **132** Ab 3
Apfelg. **143** Aa/A 1
Arzgrub **3** D 2
Augraben (Augr.) **132** Ac 4
Auhofstr. **131** Ab/Aa 2
Auweg **132** Ac 3/4

Bachg. **3** D 1
Badepl., Am **132** Ac 4
Bahng. **143** Aa 2
Bahnweg **132** Ac/Ab 4
Baumg. **143** Aa 2
Bergg. (Greifenstein) **132** Ac/Ab 4
Bergg. (St. Andrä) **143/144** A 2/3
Birkeng. (Birk.-g.) **143** A 1
Birneng. **143** Aa 1
Blochweg **133** Ab 5
Blumeng. **132** Ab 3
Blumenweg **143** A 2
Blütenweg **143** Aa 2
Brückenweg **3** E 1
Bruckner-G., Anton (A.)- **143** Aa 2
Brunneng. **143** A 1/2
Bucheng. **143** A 1/2
Burgsteig **132** Ac 4

Casinostr. **3** D 1
Columbusg. (Columb.-g.) **143/144** Aa/A 2/3

Damm, Am **132** Ac 3/4
Dammg. **132** Ab 3
Dammstr. **143** Ab/Aa 2
Dohleng. **144** Aa 3
Donaulände **133** Ac 4, Ad/Ac 5
Donaustr. (Altenberg) **132** Ab 28
Donaustr. (St. Andrä) **131** Ab/Aa 2
Donaustr., Verlängerte (Verl.) **132** Ac/Ab 3
Dr.-Bruno (B.)-Klein-Str. **144** Aa 3
Dr.-Ignaz-Stich-Pl. **143** Aa 2
Dr.-Karl (K.)-Renner-Allee **143** Aa 2
Dr.-Nachmann-G. **3** E 1
Drosselg. **144** Aa 3
Drosselweg (Dro.-w.) **132** Ab 3
Dro.-w. = Drosselweg **132** Ab 3
Dschungelweg (Dsch.-w.) **132** Ac 3

Edmund-Eysler-Str. **131** Ab 2
Eduard-Klinger-Str. **143** Aa 1/2
Eicheng. **143** A 1/2
Eichingerweg (Eich.-w.) **132** Ac 3
Eichleitenweg **132** Ab 4
Engelrain, Am **131** Ab 2
Enziang. (Enz.-w.) **143** Aa 1
Erlenweg **143** C 2
Etzelstr. **131** Ab 2
Eysler-Str., Edmund- **131** Ab 2

Fasang. **131** Ab 2
Felde, Am **132** Ab 3
Feldg. (Altenberg) **132** Ab 3
Feldg. (Hadersfeld) **133** Ab 5/6
Feldg. (Hintersdorf) **144** C 3
Feldg. (St. Andrä) **143** Ab/Aa 2, **132** A 3
Fichteng. **143** A 1
Finkeng. **144** Aa 3
Fischersteig **132** Ac 4
Flachspl. **143** Aa 1
Flössersteig **132** Ab 3/4
Flurg. (Altenberg) **132** Ab 3/4
Flurg. (St. Andrä) **143** Aa 2
Föhreng. **143** A 1
Försterg. **131** Ab/Aa 2
Franz (F.)-Josef-G. **143** Aa 2
Franz (Fr.)-Lehar-G. **143** Aa 2
Franz-Frieberger-G. **143** Aa/A 2
Franz-Shubert-G. **143** Aa 2
Freiheitstr. **131** Ab 2
Freistadtstr. **143** A 2
Frieberger-G., Franz- **143** Aa/A 2
Fritz (F.)-Weigl-G. **143** A 2

Gartenweg **3** D 2
Gärtnerg. **144** Aa 3
Gatterer-G., Alois (A.)- **144** Aa 3
Gebhardt-G., Richard (R.)- **144** Aa 3
Gelsenweg **132** Ac 3
Gemeindeweg **132** Ac/Ab 3
Getreideg. **132** Ab 3
Gloriette **144** Aa 3
Godayweg **132** Ac 4
Grabenweg (Greifenstein) **132** Ac 4
Grabenweg (Hintersdorf) **143/144** C 2/3
Grabenweg (St. Andrä) **143** A 2
Grasweg **143** Aa/A 2
Greifensteiner Str. **143** Aa/A 2, **144** Ab/Aa 3

ST. GEORGEN AM LEITHAGEBIRGE

SIEHE EISENSTADT

ST. JOHANN AM STEINFELDE

SIEHE TERNITZ

ST. PÖLTEN

A.-Br.-G. = Anton-Bruckner-G. **164** M 67
Ackerg. **164** N/O 68
Adalbert (A.)-Jungwirth-G. **164** N 68
Adler-Str., Viktor (V.)- **163/165** O/P 66
Adolf (A.)-Sedlaczek-G. **164** N 67
Adolf (A.)-Tobner (Tobn.)-G. **164** N 68
Adolf-G., Karl- **165** R 66
Aichelburgg. **164** M/N 67
Aicherstr. **165** S 66
Aitzetmüllerg. (Aitzetm.-g.) **165** R 66
Albert-Schweitzer-G. (A.-Schw.-G.) **164/166** O 68
AK-Platz 164 N 67
Alfred (A.)-Brehm-Str. **164** N 68
Alois (A.)-Sindl-Str. **164** M 68
Alois-Schuster-G. **166** Q 67/68
Alte Landstr. **166** P/Q 68
Alte Reichsstr. **163/165** O 66
Alter Schulweg **166** Q 67
Altmanng. **164** M/N 68
Altomonteg. (Alto-m.-g.) **163** M 67
Alumnatsg. (Alum.-g.) **163** O 67
Am Bischofsteich (Bischofst.) **163** N 67
Am Johannisgraben (Johannisg.) **166** P 67
Am Kremserberg **164** L 67
An der Westbahn **164** N 68/69
Anderl-Str., Dietmar- **163** M 66/67
Andreas (A.)-Gruber-Str. **165** P 66
Andreas (A.)-Hofer-Str. **163** N 66
Andri-G., Ferdinand- **165** Q 66
Angerg. **164** M 67
Anton (A.)-Benya-Str. **165** R 66
Anton-Bruckner-G. (A.-Br.-G.) **164** M 67
Anton (A.)-Kleiß-G. **164** L 69
Anton (A.)-Scheiblin-G. **165** Q 66
Anton (A.)-Streyczek-G. **165** R 66
Anton-Schwalb-G. **165/166** Q 67
Anzengruberstr. **164** M/N 68, N 69
Aquilin-Hacker-Str. **165** R 66
Arbeiterg. **164/166** O 68
Arlt-G., Christian (Chr.)- **166** P/Q 67
Arnoldg. **165** S 66
Arthur (A.)-Schnitzler-Str. **165** R 65
Artmanng. **164** M 69
A.-Schw.-G. = Albert-Schweitzer-G. **164/166** O 68
Aslan-G., Raoul- (R.-A.-G.) **164** M/N 68
Asterng. **164** L 69
Auerspergstr. **164** N 68
Aufeldg. **164/166** O 68
August-Hassack-Str. **165** P 66
August-Novy-Str. **164** O 68
Austinstr. **164** L 67/68, K 68/69
Austr. **164** M/N 67

Bachg. **164** M 67
Bahnhofspl. **163** N 66
Bahnstr., Leobersdorfer **165** P 66
Bahnstr., Tullner **164** N 67
Bahr-G., Hermann- **165** R 65/66
Banklstr. **163** N 65
Bauer-Str., Otto- **166** Q 68
Baumgartnerstr. (Baumg.-str.) **164** L 68
Baumgartnerstr. **164** L 68
Benya-Str., Anton (A.)- **165** R 66
Bergstr. **163** N 66
Bernhardstr. **163** N 65
Bernhard-Wicki-Str. (B.-W.-Str.) **163** O 67
Berta-von-Suttner-G. **165** P/Q 66
Beyerknecht-Str., Mathilde- **166** R 67
Bichler-Str., Josef (J.)- **164** L/M 67/68
Bilcik-G., Dr.- **163/164** M 67
Bimbo-Binder-Promenade **164** M 68
Binder-Promenade, Bimbo- **164** M 68
Binder-Str., Franz- **163** M/N 66
Birkeng. **165** P/Q 66
Bischoff (Bisch.)-G., Norbert (N.)- **163** M 66
Bischofsteich (Bischofst.), Am **163** N 67
Blockhausg. **163** M 65
Blumenweg **164** N 67
Blum-Str., Robert- **165** R 65/66
Bodart-Str., Dr.-Felix (F.)- **164** L/M 67
Böheimkirchner Str. **164** N 68/69
Böhler-G., Lorenz (L.)- **165/166** Q 67
Böhmstr. **164** N 68
Bösbauer-G., Josef- **164/166** O 68
Bozener Str. **164** N 68
Brandströmg. **163** N 66
Brandt-Str., Willy- **164/166** O 67
Bräuhausg. (Bräuh.-g.) **163** N 66
Brehm-Str., Alfred (A.)- **164** N 68
Breiteneckerg. **163/165** O 65
Breit-G., Ignatz- **163** M 65
Breitwiesenweg **163** M 65
Bretschneiderg. **164/166** O 68
Bruckmühlg. **166** Q 67
Bruckner-G., Anton- (A.-Br.-G.) **164** M 67
Brühl, Im Unteren (Unt.) **164** N/O 68
Brunnenfeldg. **165** R/S 66
Brünner Str. **163** N 65
Brunnerstr. **164** N 68
Brunng. **163** N 66
Buchbergerstr. **164** M 69
Buchmayrstr. **163/164** M 67
Buchnerg. **166** Q 67
Buger-G., Stephan (S.)- **163/165** O 66
Burgenlandstr. **164** N/O 68
B.-W.-Str. = Bernhard-Wick-Str. **163** O 67

Campusweg **164** N 67
Carl (C.)-Michael (M.)-Ziehrer-G. **163** N 65
Christian (Chr.)-Arlt-G. **166** P/Q 67
Clichystr. **163/164/165/166** O 67
Corvinus-Str., Matthias- **163/164** M 66/67, N 67
Czettel-Str., Hans- **163** M 66

Damaschkestr. **166** R 67
Daniel (D.)-Gran-Str. **163/164** N 66/67
Dannebstr. (Da.-str.) **164** K 68
Darwinstr. **165** P 66
Da.-str. = Dannebstr. **164** K 68
Defreggerstr. **164/166** O 67
Deixg. **164** O 68
Delitzsch-Str., Schulze- **165** Q 66
Demusg. **166** R 67
Dietmar-Anderl-Str. **163** M 66/67
Distelg. **166** Q 67
Doch-G., Dr.- **164** M 67/68
Doderer-Str., Heimito (H.)-von (v.)- **164** M 67
Domes-G., Franz- (F.-D.-G.) **164** K 68
Domg. **163** N 66/67
Dompl. **163** N/O 67
Dörfl, Im **164** N 68
Dr.-Adolf (A.)-Schärf-Str. **164** L/M 67, M 68
Dr.-Alois (A.)-Schrattenholzer (Sch.)-G. **165/166** P 67
Dr.-Bilcik-G. **163/164** M 67
Dr.-Bruno-Kreisky-Str. **164/166** O 67
Dr.-Doch-G. **164** M 67/68
Dr.-Edmund (E.)-Ebner-G. **165** P 66
Dr.-Felix (F.)-Bodart-Str. **164** L/M 67
Dr.-Ferdinand (F.)-Sauerbruch-G. **164** N 68
Dr.-Fritz-Kober-G. **165** S 66
Dr.-Hans (H.)-Hörler-Str. **163** N 65
Dr.-Höfinger-G. **163** N 66/67
Dr.-Julius (J.)-Fischer-G. **163** M 67
Dr.-Karl (K.)-Gutkas (Gutk.)-Str. **163** M 65
Dr.-Karl-Reinthaler-G. **163** M/N 66
Dr.-Karl-Renner-Promenade **163** O 66/67
Dr.-K.-G. = Dr.-Kirchl-G. **163/165** O 66
Dr.-Kirchl-G. (Dr.-K.-G.) **163/165** O 66
Dr.-Klaus-Str. **163** M 66
Dr.-Lustkandl-G. **163** M 65

S

S

S

Norbert (N.)-Bischoff (Bisch.)-G. **163** M 66
Novy-Str., August- **164** O 68
Nowotny-Str., Dr.- **163** M 65

Obergrafendorfer Str. **165** R 66, S 65/66
Oedtlg. **164** L 68
Ofner-G., Dr.- **163** N 67
Oharag. **163** N 66
Olbrichstr. **163** N 65
Orchideeng. **164** L 69
Oriong. **164** N 68
Ortweing. **164** L 67
Oskar (O.)-Helmer-G. **165** Q 66
Ostermaierstr. **164** O 68
Österreicher (Österr.)-G., Karl (K.)- **164** M 67
Ötscherg. **163** N 65
Otto-Bauer-Str. **166** Q 68
Otto (O.)-Glöckel-Str. **163/164** M 67
Ottokar-Kernstock-Str. **164** N/O 68

Päbelg. **165** S 66
Pachmanng. **165** Q 67
Palm-Str., Hans (H.)- **164** N 68
Pamingerstr. **164** O 68
Parkpromenade **163** N 67
Parkstr. **165** P 67
Paschingerstr. (Pasch.-str.) **165** S 66
Passauer Str. **165** P 66
Passyg. **164** N 68
Pater (P.)-Paulus-Pl. **165** O/P 66
Paulus-Pl., Pater (P.)- **165** O/P 66
Peppertstr. **163/164** M 66/67
Peradovićstr.**164** L 67
Pernerstorferpl. (Pern.-pl.) **165** P 66
Pernerstorferstr. **165** P 66
Peschekg. **166** Q 67
Pestalozzistr. **165** R 66/67
Peterseng. **164** L 68
Petzoldstr. **165** P/Q 67
Pfeffer-G., Karl (K.)- **165** Q 66
Pflugg. **165** R/S 66
Pichler-G., Franz- **166** P 67
Pilzg. **166** Q 67
Pittner-G., Franz (F.)- **163/164** M 67
Pl.-g. = Plöchlg. **165** P 67
Plochbergerg. **164** N 67
Plöchlg. (Pl.-g.) **165** P 67
Plöcknerstr. **164** N/O 68
Pongratz-Str., Viktor- **164** M 68
Porschestr. **165** Q/R 66
Portisch-G., Emil (E.)- **164** O 68
Poschg. **166** Q/R 67
Postg. **164** L 67
Prandtauerstr. (P.-str.) **163** O 66
Praterstr. **163** M/N 66
Presslg. **166** P/Q 67
Prischingstr. **163** L 66/67
Prof.-Roland (R.)-Rainer-Weg **164** O 67
Prokop-Allee, Liese- **164** M 68
Prokopstr. **163** M/N 66
Promenade, Franz-Josef- **166** P 67
Propst-Führer-Str. **163** M/N 66, N 67
Psick-G., Franz- **165** S 66
P.-str. = Prandtauerstr. **163** O 66
Pu.-g. = Puppenfeeg. 164 K 68
Pulverturmstr. **163** M 66
Puppenfeeg. (Pu.-g.) **164** K 68
Purkersdorfer Str. **164** O 67/68
Purtscherg. **166** P/Q 67
Putzg. **166** Q 67
Pyhrastr. **166** S 67/68

Raab-Promenade (P.), Julius- **163** N/O 66
Radetzkystr. (R.-str.) **163** N 66
Radiopl. **164/166** O 67
R.-A.-G. = Raoul-Aslan-G. **164** M/N 68
Raidig. **164** M/N 68
Raimundstr. (Raim.-str.) **165** P 66
Rainer-Weg, Prof.-Roland (R.)- **164** O 67
Ranzonig. (Ranz.-g.) **163** N/O 67
Raoul-Aslan-G. (R.-A.-G.) **164** M/N 68
Rathausg. (R.-g.) **163** O 66
Rathauspl. **163** N/O 66
Ratzersdorfer Hauptstr. **164** M 68/69
Ratzersdorferweg **164** M/N 68/69
Rauchenbergerstr. (Rauchenb.-str.) **165** P 66
Räuscherg. **165** R 66
Rehor-G., Grete (G.)- **164** L 68
Regenbogenweg **164** L 67
Reichsstr., Alte **163/165** O 66
Reinhard (R.)-Schneider (Schn.)-G. **164** M 69
Reinkeweg **164/166** O 67
Reinthaler-G., Dr.-Karl- **163** M/N 66
Reisingerstr. **164** L 67
Reither-G., Josef- **164/166** O 68
Renkg. **165** Q 66
Rennbahnstr. **163/164** N/O 67
Renner-Promenade, Dr.-Karl- **163** O 66/67
Reumanng. **164** K/L 68
Reußg. **164** L 68
Reuttg. **166** Q/R 67
R.-g. = Rathausg. **163** O 66
R.-g. = Rohrauerg. **164** L 68
Richter-G., Hermann (H.)- **163** N 66
Riemerpl. (Ri.-pl.) **163** O 66
Rietenschlagg. **166** R 67
Rilkepl. **165** P 67
Ringelnatzg. **163** M 65
Ri.-pl. = Riemerpl. **163** O 66
Robert-Blum-Str. **165** R 65/66
Robinieng. **163/164** L 67
Rödlstr. **165** Q 66
Rohrauerg. (R.-g.) **164** L 68
Roseggerstr. **163** N 66
Roseng. **164** N 67
Rosenthalerstr. **164** N 68
Rößlerg. **165** R 66
Roßmarkt (Roßm.) **163** N/O 66
R.-str. = Radetzkystr. **163** N 66
Rudolf (R.)-Frass-G. **163** O 65
Rudolf (R.)-Tornar-Str. **164/166** O 68
Rudolf (R.)-Wondracek-Str. **164** N 68
Rudolf-Singer-Str. **163** N 66
Rupert-Grünzweig-G. **165** R 67
Russeng. **165** S 66
Rustg. **166** Q 67

Sachs-Str., Walter- **166** R 67
Salcherstr. **166** R/S 67
Salzerstr. **164** O 67/68
Sandler-G., Klaus- **166** R 67
Saßmannstr. **164** L 68
Sauerbruch-G., Dr.-Ferdinand (F.)- **164** N 68
Schalkhammerg. (Schalkh.-g.) **165** R 66
Schanze **163** O 65
Schärf-Str., Dr.-Adolf (A.)- **164** L/M 67, M 68
Schatzg. **163** M 66
Schaupg. **164** L 68
Scheiblin-G., Anton (A.)- **165** Q 66
Scheicherg. **164/166** O 68
Sch.-g. = Schirmeng. **164** N 67
Sch.-g. = Schmiedg. **163** N/O 67
Sch.-g. = Schreinerg. **163** O 66
Schickelgruber (Schickelgr.)-Str., Hans- **163** O 67
Schiele-Str., Egon- **166** Q 67
Schießstattring **163** N/O 66
Schiffmannstr. **166** P/Q 67
Schindele-G., Johann (Joh.-Schi.-G.) **165** Q 66
Schindlerstr. **164** N 68
Schinnerl (Schinn.)-G., Dr.- **165/166** Q 67
Schirmeng. (Sch.-g.) **164** N 67
Schloßbergstr. **164** L 67/68
Schmiedg. (Sch.-g.) **163** N/O 67
Schmutz (Schm.)-G., Johann (J.)- **166** Q 67
Schneckg. **163** O 66/67
Schneeweisg. **165** P 66/67
Schneider (Schn.)-G., Reinhard (R.)- **164** M 69
Schneidmadl-Str., Heinrich (H.)- **164** N 67
Schnitzler-Str., Arthur (A.)- **165** R 65
Schnofl-Pl., Hubert- (H.-Sch.-Pl.) **164** N 68
Schnofl-Str., Hubert- **164** N 68
Schönbergg. **163** M 65
Schöpferstr. **163** N 66
Schönpflugg. **165** S 66
Schosulanstr. **166** R 67
Schrattenholzer (Sch.)-G., Dr.-Alois (A.)- **165/166** P 67
Schreberg. (S.-g.) **165** P 67
Schreinerg. (Sch.-g.) **163** O 66
Schuhmeierstr. **165** R 66
Schulg. **163** O 66
Schulring **163/165** O 66/67
Schulweg, Alter **166** Q 67
Schulze-Delitzsch-Str. **165** Q 66
Schuster-G., Alois- **166** Q 67/68
Schwadorfer Str. **165** R 65/66
Schwaighofstr. (Schwaighof.-str.) **165** P 66
Schwalb-G., Anton- **165/166** Q 67
Schwammelstr. **163/164** M 67
Schwarzg. **165/166** P 67
Schweitzer-G., Albert- (A.-Schw.-G.) **164/166** O 68
Schwerdfegerstr. **163** N 66, O 65/66
Sedlaczek-G., Adolf (A.)- **164** N 67
Seehanng. **164** N 67
Sehnalg. **164** N 67
Seibg. **164** M 67
Seideng. (S.-g.) **164** M 67
Seitzg. **164** K/L 68
Semmelweisg. **164** N 68
Senseng. **165** P 66/67
S.-g. = Schreberg. **165** P 67
S.-g. = Seideng. **164** M 67
Siedlerg. **165** P 67
Siegfried-Ludwig-Pl. (S.-Lud.-Pl.) **163/164** O 67
Siemens-Str., Werner (W.)-von (v.)- **164/166** O 67
Sindl-Str., Alois (A.)- **164** M 68
Singer-Str., Rudolf- **163** N 66
S.-Lud.-Pl. = Siegfried-Ludwig-Pl. **163/164** O 67
Sommerpromenade **163** N/O 66
Sorgg. **165** Q 67
Sparerstr. **165** S 66
Sparkassenpl. (Spark.-pl.) **163** N 66/67
Speiserstr. **164** N 68
Spiegelg. **164** L 68
Spinka-Str., Ing.-Otto- **163** M 65
Spitzenfabrikstr. **164** K/L 68
Spratzerner Hauptstr. **165** R/S 66
Spratzerner Kirchenweg **165** P/Q 66
Spratzerner Weg **166** Q/R 67
Stangler-G., Franz (F.)- **163** M 66
Stattersdorfer Hauptstr. **164/166** O/P 67, Q 67/68, R 67
Staudratg. **164** O 67
Steg, Zum **164** N 67
St.-g. = Stiftsg. **163** N 66
Steinböck (Steinb.)-Str., Johann (J.)- **164** O 68
Steindlstr. **166** Q 67
Steinerg. **163** O 67
Steinfeldstr. **165** P 66
Steingötter-Str., Dr.-Wilhelm- **163/164** L/M 67

S

Steinwenderg. **164** N 68
Stelzhamerstr. **164** M/N 68
Stephan (S.)-Buger-G. **163/165** O 66
Stifterstr. **165** P/Q 65, Q 66
Stiftsg. (St.-g.) **163** N 66
Stöckg. **163** N 65
Stöhr-Str., Ludwig- (L.-St.-Str.) **163** O 66
Stoßg. **165** P 66
Stransky-Str., Ferdinand- **163** K 67
Straßer-Weg, Ferdinand- **164** N 68/69
Strauß-G., Johann (Joh.)- **163** N/O 65
Streycek-G., Anton (A.)- **165** R 66
Strohmayrstr. **165** P 66/67
Südtiroler Str. **165** P 67
Sueß-Weg, Eduard (E.)- **164** N 68
Suttner-G., Berta-von- **165** P/Q 66

Tauscherg. **163/164** L/M 67
Taverng. **164** L 67/68
Teufelhofer Str. **165** P/Q 66
T.-g. = Thymg. **165** R 66
Theresia-Str., Maria- **163/165** O 66
Thomasg. **164** M/N 67
Thymg. (T.-g.) **165** R 66
Tobner (Tobn.)-G., Adolf (A.)- **164** N 68
Tobner-G., Josef- **163** K 66
Tomandl-G., Hans (H.)- **165/166** O/P 67
Tomaschekg. (Tomas.-g.) **164** N 68
Torbergstr. **164** L 68
Tornar-Str., Rudolf (R.)- **164/166** O 68
Tragisanastr. **166** P/Q 67
Traisenpromenade **164** N/O 67, M 68
Traklg. **164** N 68
Trautsonstr. **163** N 66
Trebsche-G., Walter- **163** M 65
Triebl-G., Dr.- **164** N 68
Tschadek-Str., Dr.-Otto (O.)- **164** O 68
Tullner Bahnstr. **164** N 67
Tulpenweg **164** N 67

Ulmenweg **164** L 69
Ungerg. **165** P 66
Untere Listeng. **164/166** O 68
Unterwagramer Str. **164** N/O 68
Urbanstr. **163** M 66
Utsch-G., Franz (F.)- **164** N 67

Vacanopromenade **163** O 66
Valkastr. **166** Q 67
Veilcheng. **164** L 69
Viehofner Str. **163/164** L 67
Viktor (V.)-Adler-Str. **163/165** O/P 66
Viktor-Pongratz-Str. **164** M 68
Vinzenzg. **163** M/N 66
Vogelsangg. **166** S 67
Vogelweiderstr. **163** N 65
Voithg. **163/165** O 66
Völklpl. **163** N/O 66
Völtendorfer Str. **165** R/S 66

Waggerl-G., Karl-Heinrich- (K.-H.-W.-G.) **163** M/N 65
Wagnerg. **165/166** Q 67
Wagner-Jauregg (J.)-G. **164** O 68
Waldbrunnerstr. **165** S 66
Waldstr. **163** N 65/66
Wallseerstr. **165** P 66
Walter-Sachs-Str. **166** R 67
Walter-Trebsche-G. **163** M 65
Wasserg. **164** N/O 67
Weberg. **165** R/S 66
Weinbergerg. **165** R 65/66
Weinheberstr. **163** M/N 65
Weinhoferstr. **166** P/Q 67
Weiterner Kellerweg **163** M 66
Weiterner Str. **163** K-M 66
Wellensteinstr. **164** L 68
Wellesz-G., Egon (E.)- **163** N 66
Welsbachg. **164** N 68
Wenningerg. **165** S 66
Wenzel (W.)-Kaska-Str. **163** N 66
Werfel-Str., Franz (F.)- **165** R 66
Werkstättenstr. **163/165** O/P 66
Werner (W.)-von (v.)-Siemens-Str. **164/166** O 67
Wernersdorfer Str. **163** L 65
Wernerstr. **165** P 66
Westbahn, An der **164** N 68/69
Westbahnallee **164** N 67
Weyprechtstr. **164** N 68
W.-g. = Wieseng. **164** M 67
Wicki-Str., Bernhard (B.-W.-Str.) **163** O 67
Widerinstr. **165** P 66/67
Wiedenstr. **165** Q 66
Wiener Str. **163/164** N 67/68, O 67
Wieseng. (W.-g.) **164** M 67
Wiesnerg. **164** N 68
Wildgansstr. **165** R 65/66
Wilhelm (W.)-Wirtinger-G. **164** N 68
Willy-Brandt-Str. **164/166** O 67
Winarskyg. **164** K 68
Winger-G., Hermann- **163** N 66/67
Wirtinger-G., Wilhelm (W.)- **164** N 68
Wirtschaftskammerpl. (Wirtsch.-kammerplatz) **165** Q 66
Wirtsch.-kammerpl. = Wirtschaftskammerplatz **165** Q 66
Wohlfarterstr. **166** Q 67
Wohlmeyerg. **163/164** M 67
Wolfsgruber (Wolfsg.)-G., Dr.-Richard (R.)- **165** P 66
Wolf-Str., Hugo- **163** N 65
Wondracek-Str., Rudolf (R.)- **164** N 68
Wörther Str. **165** S 66
Wurmbstr. **165** P 66

Zapletalg. **166** Q 68
Zdarskystr. **165** S 66
Zehengruberstr. **163** M 66/67
Zelenkastr. **165** S 66
Ziegelbahnstr. **165** O/P 65
Ziehrer-G., Carl (C.)-Michael (M.)- **163** N 65
Zum Steg **164** N 67
Zwetzbacher-G., Josef (J.)- **164** O 67
Zwirng. **166** S 67

SCHEIBLINGSTEIN

SIEHE KLOSTERNEUBURG

S

SCHLEINBACH

SIEHE ULRICHSKIRCHEN-SCHLEINBACH

SCHÖNAU AN DER TRIESTING

Am Bodenfeld **92** Zt 5
Anton-Wildgans-G. **91** Zt 3
Auerspergstr. **91** Zt 3
Aug. **92** Zt 4
Baumschulstr. **92** Zt 4/5
Blumauer Str. **92** Zt 5
Bodenfeld, Am **92** Zt 5
Braung. **92** Zt 5
Czettel-Str., Hans- **91** Zt/Zu 3
Dr.-Leopold-Figl-Str. **91** Zt 3
Dr.-Theodor-Körner-Str. **91** Zt 3
Dornauer Str. **91** Zt 3
Dornauerweg **92** Zt 4
Feldg. **92** Zt 5
Figl-Str., Dr.-Leopold- **91** Zt 3
Friedhofstr. **92** Zt 5
Garteng. **92** Zt 4/5
Gärten, Hinter den **92** Zt 5
Georg-Nußbaum-G. (G.-N.-G.) **91** Zt 3
G.-N.-G. = Georg-Nußbaum-G. **91** Zt 3
Gögl-G., Zeno- **91** Zt 3
Grabeng. **92** Zt 5

→ SCHÖNAU AN DER TRIESTING

Gruber-Pl., Karl- **92** Zt 5
Hans-Czettel-Str. **91** Zt/Zu 3
Häuser-Str., Robert- **91** Zt 3
Hinter den Gärten **92** Zt 5
Ing.-Carl-Jukel-Str. **92** Zt 5
Johann (J.)-Strauß-G. **92** Zt 5
Jukel-Str., Ing.-Carl- **92** Zt 5
Kardinal-König-Str.
(Kard.-König-Str.)
92 Zt/Zu 90
Karl-Gruber-Pl. **92** Zt 5
Kircheng. **92** Zt 5
König-Str., Kardinal
(Kard.-König-Str.)
92 Zt/Zu 90
Körner-Str. Dr.-Theodor- **91** Zt 3
Liechtensteinstr. **92** Zt 5
Nußbaum-G., Georg (G.-N.-G.)
91 Zt 3
Pacherg. **92** Zt 5
Rebschulg. **91** Zt 3
Rennbahnweg (Rennb.-w.) **90** Zs 4
Robert-Häuser-Str. **91** Zt 3
Robert (R.)-Stolz-G. **91** Zt 3
Siebenhauser Pl. **91** Zt 3
Siebenhauser Str.
(Siebenhsr.Str.) **91** Zt 3
Siebenhsr. Str. =
Siebenhauser Str. **91** Zt 3
Sollenauer Str. **92** Zt/Zu 5
Spitalg. **91** Zt 3
Steinfeldstr. **92** Zt/Zu 5
Stolz-G., Robert (R.)- **91** Zt 3
Strauß-G., Johann (J.)- **92** Zt 5
Südbahnstr. **91** Zt 3
Teichg. **92** Zt/Zu 5
Trauttmansdorffstr. **91** Zt/Zu 3
Weideng. **92** Zt 5
Weingartenstr. **92** Zt/Zu 5
Weißgerberstr. **92** Zt 4
Wildgans-G., Anton- **91** Zt 3
Windischgrätzg. **92** Zt 5
Zeno-Gögl-G. **91** Zt 3

SCHÖNKIRCHEN-REYERSDORF

REYERSDORF I SCHÖNKIRCHEN

Gänserndorfer Str. **157** Ad 32
Grüng. **156** Aa 30
Haselnußg. **155/156** Aa 30
Irisg. **156** Aa 30
Jägerg. **155/156** Aa 30
Lindeng. **156** Aa 30
Mozartg. **156** Aa 30
Roseng. **156** Aa 30
Schnellbahng. **155/156** Aa 30
Schubertg. **156** Aa 30
Straußg. **156** Aa 30
Tanneng. **156** Aa 30
Waldg. **156** Aa 30

SCHRANAWAND

SIEHE EBREICHSDORF

SCHWECHAT

KLEDERING I MANNSWÖRTH I RANNERSDORF I SCHWECHAT

Abflugstr. **62** X 23
Ableidingerg. **59** V 18
Ackerg. **58** W 16
A.-F.-W. = Anton-Figdor-Weg
59 V 18
Ah.-wg. = Ahornweg **59** X 18
Ahornweg (Ah.-wg.) **59** X 18
Aichinger-G., Franz- **60** U 20
Alfred (Al.)-Horn-Str. **59** U 18
Alois-Kellner-Str. **59** X 17
Ailecg. **58/59** V 16/17
Alanovapl. **59** V 18
Altkettenhofer Str. **59** V 18
Am Concorde-Park **60** V 19
Am Grund **59** U 18
Am Waldfriedhof **60** V 19
Andreas (A.)-Hofer-Pl. **59** U 18
Andromedaweg (An.-wg.) **59** X 18
Ankunftsstr. **62** X 23
Anlieferungsstr. **62** X 23/24
Anton-Figdor-Weg (A.-F.-W.)
59 V 18
An.-wg. = Andromedaweg **59** X 18
Arbeiterg. **59** U 18
A.-str. = Ausweichstr. **62** X 23
Auf der Ried 48, **60** T/U 19
Auf der Spannweide 48, **60** T/U 19
Ausfahrtsstr. **62** X 23
Ausweichstr. (A.-str.) **62** X 23
Autobahnweg **61** V 21
Auweg **61** V 21
Aymerg. **60** V 19

Badg. **59** U 18
Bahng. **59** U/V 18
Bahng. Hintere **59** U/V 18
Bahnhofpl. **58** W 16
Baierg. **59** X 17
Baumeisterg. **61** V 21
Beethovenstr. **59** V 18
Beiglg. **59** X 17
Bergzeile **59** V/W 18
Betriebsstr. Ost **62** X 23
Betriebsstr. West **61/62** X 22
Blumenweg **58** W 16
Brauhausstr.
59 V 18, W 17/18, X 17
Brucker Bundesstr. **60** V/W 19
Bruck-Hainburger Str.
59/60 V 18/19
Bucherg. **59** U 18
Bundesstr., Brucker **60** V/W 19
Bundesstr., Hainburger **60** V 19
Burkl-G., Johann (J.)- **59** W 18
Business Park, Tarbuk **60** V 19

Cargo Nord Ring **62** W 22
Concorde-Park, Am **60** V 19

Danubiastr. **60** U/V 20
Deimg. **59** X 17
Delphinweg (D.-wg.) **59** W 18
Dohlenweg **59** W/X 17
Dr.-Fritz (F.)-Heß-G. **59** V 18
Dr.-Josef (J.)-Mayr-G. **58** W 16
Drachenweg (Dr.-wg.) **59** W 18
Dreherstr. **59** U 18
Dr.-wg. = Drachenweg **59** W 18
D.-wg. = Delphinweg **59** W 18

Ehbrusterg. **59** V 18
Ehrenbrunng. **59** V 18
Einfahrtsstr. **62** X 23
Einhorng. **59** W/X 18
Eisteichstr. **59/60** U 18/19
Enfieldg. **59** V 17
Engelg. **59** U 18
Engler-Str., Karl (K.)- **60** U 20
Erlenweg (Er.-wg.) **59** X 18
Er.-wg. = Erlenweg **59** X 18
E-Str. **62** X 23
Europapl. **59** W 17/18
Eyblerg. **59** V 18

Fabriksg. **58** V/W 16
Feldg. **60** U 20
Felmayerg. **59** W 18
Feuerwehrg. (Feuerw.-g.) **58** W 16
Feuerw.-g. = Feuerwehrg. **58** W 16
Fhf.-str. = Friedhofstr. **59** V 18
Figdor-Weg, Anton- (A.-F.-W.)
59 V 18
Finster-G., Franz- **60** U 20
Frachtstr. **62** X 23
Franz-Aichinger-G. **60** U 20
Franz-Finster-G. **60** U 20
Franz-Göpfhart-G. **59** W 18
Franz-Meissl-G. **60** U 20
Franz (Fr.)-Rendl-G. **59** W 18
Franz (Fr.)-Schubert-Str. **59** V 18
Franz-Schuster-Str. **59** W 18
Franz-Wlk-G. **60** U 20
Frauenbachg. **59** X 17
Freyenthurng. **60** U 20
Freyhausg. **61** U 21
Friedhofstr. (Fhf.-str.) **59** V 18
Friesg. **59** X 18
Frühwirt-G., Josef- **58** W 16

SEYRING

SIEHE GERASDORF BEI WIEN

SOLLENAU

SONNBERG

SIEHE HOLLABRUNN

SOOSS

STEIN AN DER DONAU

SIEHE KREMS AN DER DONAU

STETTEN

STOCKERAU

OBERZÖGERSDORF I STOCKERAU I UNTERZÖGERSDORF

S

STRASSHOF AN DER NORDBAHN

SÜDSTADT

SIEHE MARIA ENZERSDORF

TERNITZ

DUNKELSTEIN | FLATZ | HOLZWEG | MAHRERSDORF | POTTSCHACH | PUTZMANNSDORF | RAGLITZ
ROHRBACH AM STEINFELDE | SIEDING | ST. JOHANN AM STEINFELDE | TERNITZ

S T

T

THERESIENFELD

A.-B.-G. = Anton-Benya-G. **85** Zn/Zo 8
Ackerg. **85** Zn 7
Adalbert (A.)-Stifter-Str. **81** Zj 7
Adlerg. **80/84** Zl 6
Adlitzer-Str., Karl- **81** Zj 7/8
Adolf-Weber-G. **85** Zn 7
Afritsch-G., Anton- **84** Zl 6
Ahorng. **85** Zn 7/8
Akazienweg **85** Zn 8
Alban-Berg-G. **81** Zj 8
Albert-Schweitzer-G. **81** Zj 8
Alois-Jirovetz-Str. **81** Zh 8
Alois-Lutter-Str. **81/85** Zk/Zl 7
Alfons-Petzold-Str. **81** Zj 7
Altenberg-G., Peter (P.-A.-G.) **81** Zj 7
Amselg. **81** Zj 7
Andreas-Hofer-Str. **85** Zl 7
Angerg. **84** Zl 6
Anningerstr. **81** Zh/Zj 8
Anton-Afritsch-G. **84** Zl 6
Anton-Benya-G. (A.-B.-G.) **85** Zn/Zo 8
Anton-Heilegger-Str. **81** Zj/Zk 7
Anton-Hermann-Str. **81** Zh/Zj 8
Anton-Probst-Pl. **81** Zk 7
Arkadiaweg **81** Zk 7
Aug. **85** Zl 7

Bachg. **81/85** Zl 7
Bachmann-G., Ingeborg (Ing.)- **81** Zj 7
Badener Str. (Traiskirchen) **80/81** Zh 7, Zj 6/7
Badener Str. (Tribuswinkel) **84** Zl 6
Badg. **81/85** Zk 7/8
Bahng. **81** Zk 7/8
Bahnhofspl. **81** Zk 7
Bahnzeile **84** Zl 6
Bartensteinpl. **84** Zl 6
Bauernstr. **85** Zl 7
Benya-G., Anton- (A.-B.-G.) **85** Zn/Zo 8
Berg-G., Alban- **81** Zj 8
Berghold-Str., Josef- **81** Zh/Zj 8
Bertha-von-Suttner-Str. **81** Zj 7
Betriebsstr., 3. **85** Zn/Zo 6/7
Birkenweg **85** Zn 7
Blum-Str., Robert (R.-Bl.-Str.) **81** Zk 7
Boierweg **81** Zj 7
Bräuhausg. **81** Zk 7
Broschek-Pl., Franz- **81** Zj 8
Broschek-Str., Franz- **85** Zm/Zn 8
Brückeng. **81** Zj 8
Bruna-Str., Josef- **85** Zl 7
Bründelg. **84/85** Zm/Zn 6/7
Bruno (Br.)-Jungfern-G. **81** Zj 7
Buchberger-Str., Martin (M.-B.-Str.) **81** Zk 7
Buschstr. **81** Zj 7

Dahm-Str., Eugen- **81** Zj 7
Dallingerstr. **85** Zn 8
Deitzer-Str., Josef- **81** Zh/Zj 8
Doblhoffg. **84** Zl 6
Dorag. **84** Zk/Zl 6
3. Betriebsstr. **85** Zn/Zo 6/7
Dr.-Adolf-Schärf-Str. 75 Zk 8
Dr.-Bruno-Kreisky-Str. **81** Zk 7
Dr.-Herta-Firnberg-G. (Dr.-H.-F.-G.) **85** Zo 8
Dr.-H.-F.-G. = Dr.-Herta-Firnberg-G. **85** Zo 8
Dr.-Jonas-G. **81** Zj 8
Dr.-Josef-Folk-G. **80** Zj 6
Dr.-Karl (K.)-Renner-Pl. **81** Zk 7
Dr.-Sigmund (S.)-Freud-G. **81** Zk 6/7
Dr.-Stumpf-G. **84** Zl 6
Drosselg. **81** Zj 7

Ebreichsdorfer Str. **85** Zn 7/8
Eckes-Str., Peter- **81** Zj 7
Edelfeldg. **85** Zl 7
Eduard-Meder-G. **81** Zk 7
Eduard-Schwab-G. (E.-Sch.-G.) **81** Zk 7
Egon-Schiele-G. **81** Zj/Zk 7
Eichendorffweg (Eichend.-wg.) **81** Zj 7
Eichend.-wg. = Eichendorffweg **81** Zj 7
Eigenheimstr. **81** Zg 8
Einödstr. **81** Zj/Zk 6/7
Enteng. **81**/82 Zg 8
Erlenweg **84** Zl 6
Elsterng. **81** Zj 7
E.-Sch.-G. = Eduard-Schwab-G. **81** Zk 7
Eugen-Dahm-Str. **81** Zj 7
Europapl. **81** Zj 7

Fabriksg. **81** Zk 7
Falkeng. **81** Zj 7
Färbereig. **81** Zj 8
Fasang. **81** Zg 8
Feldg. **84** Zl 5/6
Felsinger-Str., Richard **85** Zn 7/8
Ferdinand-Raimund-Str. **81** Zj 7
Ferschner-Str., Josef- **81** Zj/Zk 7
Figl-G., Ing.- Leopold- **81** Zj 8
Finkeng. **81** Zj 7
Firnberg-G., Dr.-Herta- (Dr.-H.-F.-G.) **85** Zo 8
Firnbergstr. **85** Zn/Zo 8
Fischerg. **81** Zg 8
Flurg. **85** Zl 7
Foissner-Str., Johann (J.-Foi.-Str.) **81** Zk 7
Folk-G., Dr.-Josef- **80** Zj 6
Franz-Broschek-Pl. **81** Zj 8
Franz-Broschek-Str. **85** Zm/Zn 8
Franz (F.)-Kafka-Str. **81** Zj 7
Franz-Liszt-Str. **81** Zj 7
Franz (F.)-Schubert (Sch.)-Str. **81** Zj 8
Freiheitsstr. **81** Zj/Zk 7
Freud-G., Dr.-Sigmund (S.)- **81** Zk 6/7
Friedhofstr. **85** Zn 7
Friedrich-Schiller-Str. **81** Zj 7
Friedrich-Torberg-G. (F.-To.-G.) **81** Zj 7
F.-Sch.-Str. = Franz-Schubert-Str. **81** Zj 8
F.-To.-G = Friedrich-Torberg-G. **81** Zj 7
Fuchseng. (Fu.-g.) **81** Zg 8
Fu.-g. = Fuchseng. **81** Zg 8
Fuhrmann-G., Leopold- **84** Zk/Zl 6

Ganglbergerstr. **81/85** Zk 7
Gartenstr. **84** Zl 5
Gerberg. **81** Zh 7
Gewerbestr. **85** Zn/Zo 7
Glöckel-Str., Otto- **81** Zk 7
Goethestr. **81** Zj/Zk 7
Grabeng. (Gr.-g.) **81** Zk 7
Gregor-Mendel-Str. **85** Zk/Zl 7
Grenzg. **84** Zl 5/6
Gr.-g. = Grabeng. **81** Zk 7
Grillenweg (Gr.-wg.) **81** Zg 8
Grillparzerstr. **81** Zj 7
Grundwiesenstr. **81** Zh/Zj 7/8
Grüneg. 82 Zj 9
Gr.-wg. = Grillenweg **81** Zg 8
Gumpoldskirchner Str. (Gumpoldsk. Str.) **81** Zh 7/8
Gumpoldsk. Str. = Gumpoldskirchner Str. **81** Zh 7/8
Guntramsdorfer Str. **81** Zg/Zj 8
Gürtelstr. **81** Zk 7
Gustav-Klimt-G. **81** Zk 7
Gustav-Mahler-Str. **81** Zj 8
Gußwerkstr. **81** Zh 8
Gutenbergstr. (Gut.-str.) **81** Zk 7
Gut.-str. = Gutenbergstr. **81** Zk 7

Haberlg. **85** Zn 7
Handelsstr. **85** Zo 6/7
Hans-Sachs-Str. **81** Zj 7
Hanfeldau **84** Zm 5
Hanfeldg. **84** Zm 6
Haseng. **81** Zg 8
Hauptpl. **81** Zk 7
Hauptstr., Wienersdorfer **81/85** Zl 7
Hausbergg. **81** Zh/Zj 7
Haydn-G., Josef- **81** Zj 7/8
Heidestr. **81** Zj 7
Heilegger-Str., Anton- **81** Zj/Zk 7
Helmer-Str., Oskar- **81** Zj 7
Hermann-Str., Anton- **81** Zh/Zj 8
Hilber-Str., Karl- **81** Zj/Zk 7
Hirschäckerg. **85** Zm 8
Hirschhofer-G., Manfred- **85** Zn 7
Hochmühlg. **81** Zj 7/8
Hofer-Str., Andreas- **85** Zl 7
Hoffmann-G., Josef (J.-Hoffm.-G.) **84** Zl 6
Hörmg. **84/85** Zm 6
Houskaweg **81** Zh 7
Hubertusweg **81** Zj 8
Hürdeng. **81**/82 Zg 8

Igelg. **81** Zg 8
Industriestr. **81** Zj 7
Ingeborg (Ing.)-Bachmann-G. **81** Zj 7
Ing.-Leopold-Figl-G. **81** Zj 8

J.-Foi.-Str. = Johann-Foissner-Str. **81** Zk 7
Jirovetz-Str., Alois- **81** Zh 8
Jochäckerg. **85** Zn/Zo 7
Jochmanng. **85** Zn 8
Johann-Foissner-Str. (J.-Foi.-Str.) **81** Zk 7
Johann-Nestroy-Str. **81** Zj 7
Johann-Schuster-G. **81** Zj 7
Johann-Strauß-Str. **81** Zj 8
Jonas-G., Dr.- **81** Zj 8
Josef-Berghold-Str. **81** Zh/Zj 8
Josef-Bruna-Str. **85** Zl 7
Josef-Deitzer-Str. **81** Zh/Zj 8
Josef-Ferschner-Str. **81** Zj/Zk 7
Josef-Folk-G., Dr.- **80** Zj 6
Josef-Haydn-G. **81** Zj 7/8
Josef-Hoffmann-G. (J.-Hoffm.-G.) **84** Zl 6
Josef-Lanner-G. **81** Zj 8
Josef-Lichtenecker-G. **84** Zl 6
Josef-Musser-Str. **85** Zl 7
Josef-Ressel-Str. **81** Zj/Zk 7/8
Josefsthal **80** Zk 6
Josefsthaler Str. **80/84** Zk/Zl 6
Josef-Weinheber-Str. **81** Zj 7
Jungfern-G., Bruno (Br.)- **81** Zj 7

Kafka-Str., Franz (F.)- **81** Zj 7
Kaiser-Franz-Josef-Str. **81/85** Zk 7
Kanalg. **84** Zl 5
Kapelleng. **85** Zl 7
Kaplan-Str., Viktor- **81** Zj/Zk 7/8
Karl-Adlitzer-Str. **81** Zj 7/8
Karl-Hilber-Str. **81** Zj/Zk 7
Karl-Komzak-G. **81** Zj 8
Karl-Luyderer-Str. (K.-Luyd.-Str.) **81** Zk 7
Karl-Theuer-Str. **81** Zk 7
Karl (K.)-Ziehrer-G. **81** Zj 8
Keltenweg **81** Zj 7
Kircheng. **81** Zk 7
Kirchenpl. **84** Zl 6
Kleingartenstr. **81** Zj 7
Klimesch-G., Leopold- **85** Zn 7
Klimt-G., Gustav- **81** Zk 7
Klubg. **80/84** Zk 6
K.-Luyd.-Str. = Karl-Luyderer-Str. **81** Zk 7
Kokoschka-G., Oskar- **81** Zj/Zk 7
Komzak-G., Karl- **81** Zj 8
Konsumg. **84/85** Zm/Zn 6
Körner-Str., Theodor- **81** Zj 8
Kornfeldg. **84** Zn 6
Kräheng. **81** Zg 8

T

Krautgartenweg (Kr.-w.) **81** Zj 7
Kreisky-Str., Dr.-Bruno- **81** Zk 7
Krugg. **85** Zn/Zo 7
Kr.-w. = Krautgartenweg **81** Zj 7
Kugelzipfg. **82** Zj 8/9
Kubernatstr. **85** Zn 7
Kurt-Tucholsky-G. **81** Zj 7

Lammersfeldg. **85** Zn 7
Lanner-G., Josef- **81** Zj 8
Laubenweg (Lau.-wg.) **81** Zj 7
Laurent-G., St.- **85** Zn/Zo 7
Lau.-wg. = Laubenweg **81** Zj 7
Leesdorfer Str. **84/85** Zl 6/7
Lenaug. (L.-g.) **81** Zj 7
Leopold-Fuhrmann-G. **84** Zk/Zl 6
Leopold-Klimesch-G. **85** Zn 7
Leo-Tolstoj-Str. **81** Zj 7
Lercheng. **81** Zj 7
Lessingweg (Les.-wg.) **81** Zj 7
Les.-wg. = Lessingweg **81** Zj 7
L.-g. = Lenaug. **81** Zj 7
Libellenpl. **81** Zg 8
Lichtenecker-G., Josef- **84** Zl 6
Lindeng. **81** Zj/Zk 8
Linke Uferg. **84** Zm 5
Liszt-Str., Franz- **81** Zj 7
Lutter-Str., Alois- **81/85** Zk/Zl 7
Luyderer-Str., Karl (K.-Luyd.-Str.) **81** Zk 7

Mahler-Str., Gustav- **81** Zj 8
Manfred-Hirschhofer-G. **85** Zn 7
Marcus-G., Siegfried- **81** Zk 7/8
Margarethenstr. (Ma.-str.) **81** Zj 7
Martin-Buchberger-Str. (M.-B.-Str.) **81** Zk 7
Martin-Preihs-G. **81/85** Zk 7
Marzek-Str. **81** Zj 8
Ma.-str. = Margarethenstr. **81** Zj 7
Mayerhoferstr. **81** Zh 8
M.-B.-Str. = Martin-Buchberger-Str. **81** Zk 7
Meder-G., Eduard- **81** Zk 7
Meiseng. **81** Zj 7
Melker G. **81** Zk 7/8
Mendel-Str., Gregor- **85** Zk/Zl 7
M.-g. = Mörikeg. **81** Zj 7
M.-g. = Mühlbergg. **81/85** Zk 7
Michael-Willixhofer-Str. (M.-W.-Str.) **81** Zh 8
Mittelg. **84** Zn 6
Mitterweg **80/84** Zk 6
Mörikeg. (M.-g.) **81** Zj 7
Mozart-G., Wolfgang (W.)-Amadeus (A.)- **81** Zh/Zj 8
Mühlbachg. **81** Zk 7
Mühlbergg. (M.-g.) **81/85** Zk 7
Mühlenweg **85** Zl 6/7
Mühlg. **81** Zj 8
Münchendorfer Str. **81/82** Zn 8, Zj 8
Musil-G., Robert- **81** Zj 7
Musser-Str., Josef- **85** Zl 7
M.-W.-Str. = Michael-Willixhofer-Str. **81** Zh 8

Nestroy-Str., Johann- **81** Zj 7
Neubaug. **84** Zl 5/6
Neuburgerg. **85** Zn 7/8
Neug. **80/84** Zl 6
Neurißg. **84** Zn 5/6
Neustädter Str., Wiener (Wr.) **81/85** Zk/Zl 7/8

Oberwaltersdorfer Str. **84/85** Zl 6, Zm 5/6, Zn 6
Oeynhausner Str. **84** Zl 6
Olof-Palme-Pl. **81** Zk 7
ÖLW-Gasse **81** Zj 6
Oskar-Helmer-Str. **81** Zj 7
Oskar-Kokoschka-G. **81** Zj/Zk 7
Otto-Glöckel-Str. **81** Zk 7

P.-A.-G. = Peter-Altenberg-G. **81** Zj 7
Palme-Pl., Olof- **81** Zk 7
Parkstr. **81** Zk 7
Pestalozzig. (Pest.-g.) **81** Zj 8
Pest.-g. = Pestalozzig. **81** Zj 8
Peter-Altenberg-G. (P.-A.-G) **81** Zj 7
Peter-Eckes-Str. **81** Zj 7
Petzold-Str., Alfons- **81** Zj 7
Pfaffstättner Str. **80/81** Zk 6/7
Pfarrg. **84** Zl 6
Postg. **81** Zk 7
Preihs-G., Martin- **81/85** Zk 7
Probst-Pl., Anton- **81** Zk 7
Prof.-Dr.-Erwin (E.)-Ringel-G. **81** Zk 6/7
Prof.-Dr.-Hans-Strotzka-G. **81** Zk 6

Raimund-Str., Ferdinand- **81** Zj 7
Randsiedlungsstr. 82 Zj/Zk 9
R.-Bl.-Str. = Robert-Blum-Str. **81** Zk 7
Rebeng. **85** Zn/Zo 7
Rebhuhng. **81** Zh 8
Rehg. 81 Zg 8
1. Reihenstr. (1. R.-str.) **81** Zk 7
2. Reihenstr. (2. R.-str.) **81** Zj 7
3. Reihenstr. (3. R.-str.) **81** Zj 7
4. Reihenstr. (4. R.-str.) **81** Zj 7
Renner-Pl., Dr.-Karl (K.)- **81** Zk 7
Ressel-Str., Josef- **81** Zj/Zk 7/8
Richard-Felsinger-Str. **85** Zn 7/8
Riedenweg **84** Zl 6
Ringel-G., Prof.-Dr.-Erwin (E.)- **81** Zk 6/7
Ringofeng. **81** Zg/Zh 8
Robert-Blum-Str. (R.-Bl.-Str.) **81** Zk 7
Robert-Musil-G. **81** Zj 7
Rohrg. **84** Zl 5
Römerstr. **81** Zh/Zj 7
Roseggerg. **84/85** Zm/Zn 6
Roseng. **81** Zg 8
1. R.-str. = 1. Reihenstr. **81** Zk 7
2. R.-str. = 2. Reihenstr. **81** Zj 7
3. R.-str. = 3. Reihenstr. **81** Zj 7
4. R.-str. = 4. Reihenstr. **81** Zj 7

Sachersstr. **85** Zn/Zo 8
Sachs-Str., Hans- **81** Zj 7
Sackg. **84** Zl 6
Sagerbachg. **84** Zn 6
Sängerhofg. **84** Zm 6
St.-Laurent-G. **85** Zn/Zo 7
Schaff.-g. = Schafflerhofg. **84** Zm 6
Schafflerhofg. (Schaff.-g.) **84** Zm 6
Schärf-Str., Dr.-Adolf- **81** Zk 8
Schiele-G., Egon- **81** Zj/Zk 7
Schiller-Str., Friedrich- **81** Zj 7
Schleheng. **84** Zm 5
Schloßallee **84** Zl 6
1. Schloßg. **84** Zl 6
2. Schloßg. **84** Zl 6
3. Schloßg. (3.) **84** Zl 6
4. Schloßg. (4.) **84** Zl 6
5. Schloßg. (5.) **84** Zl 6
Schloßseestr. **85** Zm 7/8, Zn 8
Schlüsseläckerg. **84** Zn 6
Schneebergstr. **85** Zl 7
Schöffelstr. **85** Zl 7
Schreberweg (Schr.-wg.) **81** Zj 7
Schr.-wg. = Schreberweg **81** Zj 7
Schubert (Sch.)-Str., Franz (F.)- **81** Zj 8
Schulenburgstr. **85** Zn 7/8
Schulg. **81** Zj 8
Schuster-G., Johann- **81** Zj 7
Schwab-G., Eduard (E.-Sch.-G.) **81** Zk 7
Schwalbeng. **81** Zj 7
Schwanenweg **81** Zj 7
Schwechatstr. **82** Zj 9
Schwechatzeile **85** Zl 7
Schweitzer-G., Albert- **81** Zj 8
Semperitstr. **81** Zk 7
Siedlerg. **84/85** Zm 6
Siegfried-Marcus-G. **81** Zk 7/8
Skrianzpl. **85** Zl 7
Sochorg. **85** Zn 7
Sperlingg. **81** Zj 7
Spinnereig. **81** Zh 8
Sportplatzstr. (Sportpl.-str.) **81** Zj 7
Sportpl.-str. = Sportplatzstr. **81** Zj 7
Stefan-Zweig-G. (St.-Zw.-G.) **81** Zj 7
Steinfeldg. **81** Zk 6/7
St.-Zw.-G. = Stefan-Zweig-G. **81** Zj 7
Stifter-Str., Adalbert (A.)- **81** Zj 7
Strandzeile **81** Zg 8
Strauchg. **85** Zn 7
Strauß-Str., Johann- **81** Zj 8
Strotzka-G., Prof.-Dr.-Hans- **81** Zk 6
Stumpf-G., Dr.- **84** Zl 6
Südbahnweg **81** Zj 6/7, Zk 7
Süddruckg. **85** Zn/Zo 7
Südtiroler Str. **81** Zj 7
Suttner-Str., Bertha-von **81** Zj 7
3. = 3. Schloßg. **84** Zl 6
4. = 4. Schloßg. **84** Zl 6
5. = 5. Schloßg. **84** Zl 6

Tattendorfer G. **84** Zn 6
Tattendorfer Str. **85** Zn/Zo 8
Teichg. **81** Zg 8
Theodor-Körner-Str. **81** Zj 8
Theuer-Str., Karl- **81** Zk 7
Tolstoj-Str., Leo- **81** Zj 7
Torberg-G., Friedrich (F.-To.-G.) **81** Zj 7
Traiskirchner Str. **84** Zl 6
Traubeng. **85** Zo 7
Tribuswinkler Str. **81/85** Zk 7
Triester Str. **85** Zn/Zo 7
Trumauer Str. **85** Zk/Zl 8
Tucholsky-G., Kurt- **81** Zj 7

Uferg., Linke **84** Zm 5
Ulmenweg **84** Zl 6

Viktor-Kaplan-Str. **81** Zj/Zk 7/8
Vinsdorfstr. **85** Zl 7
Vogelweide-Str., Walther-v.-d.- **81** Zj/Zk 7/8
Volvostr. **85** Zn 7

Walther-v.-d.-Vogelweide-Str. **81** Zj/Zk 7/8
Wasserburgg. **81** Zh/Zj 8
Wasserg. (W.-g.) **81** Zk 7
Weber-G., Adolf- **85** Zn 7
Weideng. **84** Zm 5
Weinbergg. **81** Zk 7
Weingartenstr. **85** Zn 7
Weinheber-Str., Josef- **81** Zj 7
Werksg. **85** Zn 7
W.-g. = Wasserg. **81** Zk 7
W.-g. = Wildgansg. **81** Zj 7
Wienerbergstr. **81** Zg 8
Wiener Neustädter Str. **81/85** Zk/Zl 7/8
Wienersdorfer Str. **81/85** Zk/Zl 7
Wiener Str. **81** Zh 8, Zj 7/8, Zk 7
Wiesenfeldstr. **85** Zn/Zo 7/8
Wieserg. (Wies.-g.) **81** Zk 7
Wies.-g. = Wieserg. **81** Zk 7
Wildgansg. (W.-g.) **81** Zj 7
Willixhofer-Str., Michael (M.-W.-Str.) **81** Zh 8
Winzerg. **85** Zl 7
Wohnparkstr. **81** Zj 8
Wolfgang (W.)-Amadeus (A.)-Mozart-G. **81** Zn/Zj 8
Wolfstr. **81** Zh/Zj 8

Ziehrer-G., Karl (K.)- **81** Zj 8
Zinswieseng. **84** Zn 6
Zubringerstr. **84** Zm 5/6
Zweig-G., Stefan (St.-Zw.-G.) **81** Zj 7

T

TRIBUSWINKEL

SIEHE TRAISKIRCHEN

TRUMAU

Anningerstr. **86** Zl/Zm 10
Bachg. **86** Zm/Zn 10
Bahnstr. **86** Zm 10
Bahnweg **86** Zm 10
Bruckner-Str., Robert- **86** Zl/Zm 10
Dr.-Karl-Renner-Str. **86** Zm 10
Dr.-Leopold-Figl-Str. **86** Zm/Zn 10
Dr.-Theodor-Körner-Str. **86** Zm 10
Europastr. **86** Zm 10
Feldg. **86** Zm 10
Ferdinand-Hanusch-G. **86** Zm 10
Figl-Str., Dr.-Leopold- **86** Zm/Zn 10
Fliederg. **86** Zl/Zm 10
Friedrich-Wilhelm-Raiffeisen-Str. (F.-W.-Raiff.-Str.) **86** Zm 10
F.-W.-Raiff.-Str. = Friedrich-Wilhelm-Raiffeisen-Str. **86** Zm 10
Garteng. **86** Zm/Zn 10
Gebösstr. (Geb.-str.) **86** Zm 10
Geb.-str. = Gebösstr. **86** Zm 10
Gmoser-Weg, Pater (P.)-Alois (A.)- **86** Zm 10
Grillparzerstr. **86** Zl 10
Halterzeile **86** Zm 10
Hanusch-G., Ferdinand- **86** Zm 10
Hauptpl. **86** Zm 10
Johann-Kainz-G. **86** Zm 10
Josef-Lanner-Str. **86** Zm 10
Josef-Strauß-G. **86** Zm 10
Kainz-G., Johann- **86** Zm 10
Kircheng. **86** Zm 10
Körner-Str., Dr.-Theodor- **86** Zm 10
Kronepl. **86** Zn 10
Lanner-Str., Josef- **86** Zm 10
Leharstr. **86** Zm 10
Lilieng. **86** Zm 10
Luise-Weber-Str. **86** Zm 10
Moosbrunner Str. **86** Zm 10
Mozartstr. **86** Zl/Zm 10
Mühlg. **86** Zn 10
Nelkeng. **86** Zl/Zm 10
Neug. **86** Zm 10
Nestroyg. **86** Zl 10
Neurißstr. **86** Zm 10
Neustädter Str., Wiener **86** Zn 10
Oberwaltersdorfer Str. **86** Zn 10
Parkstr. **86** Zm 10
Pater (P.)-Alois (A.)-Gmoser-Weg **86** Zm 10
Peter-Rosegger-Str. **86** Zl/Zm 10
Raiffeisen-Str., Friedrich-Wilhelm (F.-W.-Raiff.-Str.) **86** Zm 10
Raimundg. **86** Zl 10
Renner-Str., Dr.-Karl- **86** Zm 10
Robert-Bruckner-Str. **86** Zl/Zm 10
Rosegger-Str., Peter- **86** Zl/Zm 10
Roseng. **86** Zm 10
Scheibenackerstr. **86** Zl 10
Schloßg. **86** Zm 10
Schneeweißstr. **86** Zm 10
Stiftsg. **86** Zm/Zn 10
Strauß-G., Josef- **86** Zm 10
Traiskirchner Str. **86** Zm 9/10
Tulpeng. **86** Zm 10
Ungerg. **86** Zm 10
Volksheimstr. **86** Zm 10/11
Weber-Str., Luise- **86** Zm 10
Westring **86** Zm 10
Wiener Neustädter Str. **86** Zn 10

TULLN AN DER DONAU

FRAUENHOFEN | KLEIN STAASDORF | LANGENLEBARN | MOLLERSDORF
NEUAIGEN | NITZING | STAASDORF | TULLN | TRÜBENSEE

Adolf (A.)-Hurab-G. **126** A 93
A.-g. = Antonsg. **125** Aa 92
Ahorng. **126** A 92
Alban (A.)-Berg-G. **126** A 92
Albrechtsg. **125/126** Aa 92
Alter Ziegelweg **126** A 93
Am Brücklgwendt **126** A 92
Am Grillengraben (Grillengr.) **125** Aa 92
Am Mittergwent **125** A/Aa 92
Am Wasserpark **125** Aa 91
An der Bahn **126** A 93
An der Wehr **126** A 93
Anton-Bruckner-Str. **126** A 93
Antonsg. (A.-g.) **125** Aa 92
Au, In der **126** Ab 92
Aurel-Park, Marc- **126** Aa 92

Babenbergerstr. **126** Aa 93
Bachwiesenstr. **126** A 94
Badhausweg **125** Aa 91
Bahn, An der **126** A 93
Bahnhofstr. **126** Aa 92
Bahnweg **126** Aa 92/93
Beethoven-Str., Ludwig (L.)- v.- **126** A 92
Beim Heisselgarten **126** Aa 92
Beim Mauthaus **126** Aa/Ab 92
Beim Ziegelofen **126** A 94
Berg-G., Alban (A.)- **126** A 92
Bern-G., Dietrich-von- **126** Aa 93
Billroth-Str., Dr.- **126** A 92/93
Birkenweg **125** A 92
Blutg. **126** Aa 92
Bochdansky-Str., Theresia- (Th.-Boch.-Str.) **126** A 93
Böhler-G., Dr.-Lorenz (L.)- **126** A 93
Bonvicinistr. (Bo.-str.) **126** Aa 92
Bo.-str. = Bonvicinistr. **126** Aa 92
Brachmann-Str., Herbert (H.)- **126** Aa 92
Brombeerweg **125** A 92
Brückenstr. **126** Aa/Ab 92
Brücklgwendt, Am **126** A 92
Bruckner-Str., Anton- **126** A 93
Brüderg. **125** Aa 92
Brunhildweg **126** Aa 93
Bucheng. **126** A 92
Buchinger-Str., Rudolf- **125** Aa 91/92

Carl (C.)-Michael (M.)-Ziehrer-G. **126** A 92
Cerny-G., Dir.-Otto- **126** B 93/94
Chorherrenstr. **126** B/C 93/94
Clara-Schumann-G. (C.-Sch.-G.) **126** A 92

Dammweg **125** Aa 91
Dietrich-von-Bern-G. **126** Aa 93
Dir.-Otto-Cerny-G. **126** B 93/94
Donaug. **125** Aa 92
Donaulände **125/126** Aa/Ab 91-93
Dr.-Billroth-Str. **126** A 92/93
Dr.-Karl-Landsteiner-Str. **126** A 93
Dr.-Lorenz (L.)-Böhler-G. **126** A 93
Dr.-Semmelweis-G. (Dr.-S.-G.) **126** A 92/93
Dr.-S.-G. = Dr.-Semmelweis-G. **126** A 92/93
Dr.-Wagner-Jauregg-G. (Dr.-W.-Jaur.-G.) **126** A 92/93
Dr.-W.-Jaur.-G. = Dr.-Wagner-Jauregg-G. **126** A 92/93

Egon-Schiele-G. **126** A/Aa 92/93
Eichenstr. **125** A 92
Ennikelg. **126** Aa 93
Ernst-Krenek-Str. (E.-Kr.-Str.) **126** A 92
Escheng. **126** A 92
Etzelg. **126** Aa 93
Fährstr. **126** Ab 92
Fasanstr. **125/126** A 92
Feldg. **126** Aa 92
Ferdinand (Ferd.)-Goldmann-Str. **126** A 93
F.-g. = Fischerg. **125** Aa/Ab 92
Fischerg. (F.-g.) **125** Aa/Ab 92
Fliederstr. **126** A 92
Florianig. **126** Aa 93
Flurg. **126** Aa 92
Föhreng. **126** A/Aa 93
Forstweg **125** Aa 91
Franz-Josef-Str. **125/126** Aa 92
Franz-Lehar-Str. **126** A 92
Franz (Fr.)-Liszt-G. **126** A 92/93
Franz-Schubert (Schu.)-Str. **125** Aa 92
Franz-Zant-Allee **126** Aa/Ab 92
Frauenhofner Str. **126** A/Aa 92/93
Frauentorg. **126** A/Aa 92
Friedlg. **126** Aa 93
Fuchseng. **125** Aa 92

Gartenfeld **125** A 92
Gartenfeldstr. **125** A/Aa 92
Gärtnerstr. **126** B 94
Gernotweg **126** Aa 93
Getreideg. **125/126** Aa 92
Ginsterweg **126** A 92
Goldmann-Str., Ferdinand (Ferd.)- **126** A 93
Gregor-Mendel-Sr. **126** A 93
Grillengraben (Grillengr.), Am **125** Aa 92
Großmann-Str., Prof.- **126** A 92
Grottenthalg. **126** Aa 93
Grünwaldg. **125** Aa 91/92
Guntherg. **126** A/Aa 93
Gustav (G.)-Mahler-G. **126** A 92
Gutenbergstr. **126** A 93
Gwendtg., Obere **125** Aa 91

T

TULLNERBACH

Adolf (A.)-Radl-G. **170** Q 96
Alois-Rochel-Str. (A.-R.-Str.) **170** Q 94
Am See **170** Q 96
An der Stadlhütte **170** Q 96
A.-R.-Str. = Alois-Rochel-Str. **170** Q 94
Badg. **173** P 96
Bahnhofallee **170** P/Q 94
Baumschulstr. **169** P/Q 94
Benes-Weg, Franz- (F.-B.-W.) **170** P 94
Billrothstr. (Bill.-str.) **170** Q 95
Bolzanistr. **170** Q 95
Carl (C.)-Söldner (Söld.)-Str. **169/170** P/Q 94
Dobrowsky-Str., Prof.- **169/170** P 94
Dorfprozeltenweg **170** Q 95
Egererstr. **169/170** Q 94/95
F.-B.-W. = Franz-Benes-Weg **170** P 94
Ferdinand (F.)-Porsche-Str. **170** P/Q 95
Ferdinand-Waldmüller-Str. (F.-Wald.-Str.) **170** P 95
Fh.-str. = Forsthausstr. **170** Q 94
Forsthausstr. (Fh.-str.) **170** Q 94
F.-P.-G. = Franz-Peydl-G. **170** P 96
Franz (F.)-Ginzkey-Str. **170** Q 95
Franz-Benes-Weg (F.-B.-W.) **170** P 94
Franz-Peydl-G. (F.-P.-G.) **170** P 96
Franz-Schubert-Str. **169/170** Q 94
Friedhofstr. **170** Q 96
Friedrich (Fr.)-Schmidl-Str. **170** P/Q 96
F.-Wald.-Str. = Ferdinand-Waldmüller-Str. **170** P 95
Genéestr. **169** Q 94
Ginzkey-Str., Franz (F.)- **170** Q 95
Goetheweg **170** Q 94
Hans-Knittel-Str. **170** Q 95
Hauptstr. **170** Q 95/96, P 96
Heinrich (Heinr.)-Müller-Weg **170** P/Q 94
Heinrich-Uebell-G. (H.-U.-G.) **170** P 96
H.-U.-G. = Heinrich-Uebell-G. **170** P 96
Irenental. **170** P 96
Josef-Ressel-Str. (J.-Res.-Str.) **170** P/Q 95
Josef-Schöffel-Str. **170** P/Q 95
J.-Res.-Str. = Josef-Ressel-Str. **170** P/Q 95
Kaplan-Str., Viktor- **170** Q 95
Knabstr. **170** Q 94/95
Knittel-Str., Hans- **170** Q 95
Kressg. **170** Q 95
Kress-Promenade, Wilhelm- **170** Q 95/96
Lawieserstr. **170** P/Q 94, Q 95
Müller-Weg, Heinrich (Heinr.)- **170** P/Q 94
Norbertinumstr. **170** P/Q 95
Peydl-G., Franz- (F.-P.-G.) **170** P 96
Porsche-Str., Ferdinand (F.)- **170** P/Q 95
Prebrunnstr. **170** P/Q 94, Q 95
Prof.-Dobrowsky-Str. **169/170** P 94
Radl-G., Adolf (A.)- **170** Q 96
Ressel-Str., Josef- (J.-Res.-Str.) **170** P/Q 95
Rochel-Str., Alois- (A.-R.-Str.) **170** Q 94
Schmidl-Str., Friedrich (Fr.)- **170** P/Q 96
Schöffel-Str., Josef- **170** P/Q 95
Schubert-Str., Franz- **169/170** Q 94
See, Am **170** Q 96
Söldner (Söld.)-Str., Carl (C.)- **169/170** P/Q 94
Stadlhütte, An der **170** Q 96
Steinerg. **173** Q 96
Tunnelweg **170** Q 95
Uebell-G., Heinrich- (H.-U.-G.) **170** P 96
Viktor-Kaplan-Str. **170** Q 95
Waldmüller-Str., Ferdinand- (F.-Wald.-Str.) **170** P 95
Weidlingbachstr. **169/170** P 93/94, Q 94
Wieseng. **173** Q 96
Wilhelm-Kress-Promenade **170** Q 95/96

ULRICHSKIRCHEN-SCHLEINBACH

KRONBERG I SCHLEINBACH I ULRICHSKIRCHEN

Hofgartenstr. **129** Ah 19
Parksdlg. **129** Ah 19
Im See **129** Ah 19
Wiener Str. **129** Ah 19

UNTERWALTERSDORF

SIEHE EBREICHSDORF

UNTERWINDEN

SIEHE HERZOGENBURG

VÖSENDORF

Am Haidegrund **55** V 9
Am Petersbach **55** X 10
Am Teich **68** Y 11
Angerg. **55** X 10
Anningerblick, Zum **68** Z 11
Anton-Benya-Str. **66/67** X/Y S/9
Anton (A.)-Bruckner-G. **66** Y 8
Autoallee **67** Y 9

Bachg. **55** X 10
Badg. **68** Y 11
Baslerg. **55** W 9
Benya-Str., Anton- **66/67** X/Y 8/9
Birkenweg **55** X 10
Böheimg. **55** V 9
Brauneder-G., Stefan (St.)- **55** W 9
Bruckner-G., Anton (A.)- **65** Y 8
Brunner Str. **66** Y 8
Brunner Weg **55** X 9/10

Deutschstr. **55** X 9
Dr.-Karl (K.)-Renner-G. **55** W/X 9
Dr.-Pertich-G. **55** W 9
Dr.-Robert-Firneis-G. **55** W/X 9

Eisgrubeng. **66** Y/Z 8
Europaring **67** Y 9

Fachmarktstr. **55** X 8/9
Firneis-G., Dr.-Robert- **55** W/X 9
Fischerstr. **67/68** Y 10/11
Föhreng. **55** X 10
Franz (Fr.)-Gruber-G. **55** W 9
Franz (Fr.)-Schubert-G. **55** W 9
Franz-Spiegel-G. **55** V/W 9
Freiheitsstr. **55/67** X/Y 9
Friedhofstr. **55** X 10
Fritz-Schmerold-G. **55** V/W 9

T
U
V

WAMPERSDORF

SIEHE POTTENDORF

WEIDLING

SIEHE KLOSTERNEUBURG

WEIKENDORF

ASPACHERFELD | DÖRFLES | STRIPFING | TALLESBRUNN | WEIKENDORF

WEIKERSDORF AM STEINFELDE

WEINZIERL BEI KREMS

SIEHE KREMS AN DER DONAU

WEISSENBACH BEI MÖDLING

SIEHE HINTERBRÜHL

WIELANDSTHAL

SIEHE HERZOGENBURG

WIENER NEUDORF

W

WIESELSFELD

SIEHE HOLLABRUNN

WIMPASSING AN DER LEITHA

WIMPASSING IM SCHWARZATALE

WOLFPASSING

SIEHE ZEISELMAUER-WOLFPASSING

WOLFSGRABEN

Am Roppersberg **176** S 98
Brentenmaisstr. **175** S 95/96
Dohr-Str., Ernst (E.)- **175** S/T 96
Dr.-Luise (L.)-Gruber-G. **175** T 96
Edi-Linser-Str. **175** T 96
Effenberger-Str., Pater- **175** T 95/96
Engelkreuzstr. **170** T 94/95, S 95
Ernst (E.)-Dohr-Str. **175** S/T 96
Forsthausstr. **175** T 96
Franz-Lechner-Str. **175** S 96
Franz-Schöndorfer-Str. **175** R/S 97
Frauenallee **176** R 98
Friedhofstr. **175** T 96
Frühlingsstr. **175/176** R/S 97, R 98
Gartenstr. **175/176** R 98, S 97/98
Glücksallee **175** S 97
Gruber-G., Dr.-Luise (L.)- **175** T 96
Hauptstr. **175** S/T 96
Heimbautalstr. **176** R 98
Heinrich (Heinr.)-Tippel-Str. **175** T 96
Himmelallee **175** S 97
Hutterer-Str., Josef- **175** T 96
Josef-Hutterer-Str. **175** T 96
Josef (J.)-Schöffel-Str. **175** S 96/97
Langseitenstr. **175** S 96
Lechner-Str., Franz- **175** S 96
Leopold-Mitterstöger-Str. **175** S/T 96
Liesinger Str. **175** S 96, S/T 97
Linser-Str., Edi- **175** T 96
Mitterstöger-Str., Leopold- **175** S/T 96
Pater-Effenberger-Str. **175** T 95/96
Promenadeweg **176** R 98
Roppersberg, Am **176** S 98
Schöffel-Str., Josef (J.)- **175** S 96/97
Schöndorfer-Str., Franz- **175** R/S 97
Serpentinenstr. **175** R/S 97
Siedlungsstr. **175** S 95
Sonnenstr. **175/176** R/S 97, R 98
Sportplatzstr. **175** T 96
Taborstr. **175** T 95/96
Tippel-Str., Heinrich (Heinr.)- **175** T 96
Waldweg **176** R/S 98
Wehrerstr. **175** S 96

WOLKERSDORF IM WEINVIERTEL

MÜNICHSTHAL I OBERSDORF I PFÖSING I RIEDENTHAL I WOLKERSDORF

Äcker, Lange **130** Ag 21
Am Gerichtsberg **130** Ah 21
Adlerg. **129/130** Ag 20
Alleeg. **129/130** Ag 18-20
Alter Markt **129** Ag/Ah 20
Am Bach **130** Ag 21
Am Gamauf **129** Ag 18
Am Stiegl **130** Ah 20
Annag. **129** Ag 20
Antoniusg. **130** Af 20/21
Anzengruberzeile **130** Ag 20

Bach, Am **130** Ag 21
Bachg. **130** Ag 21, **129** Ag 18
Badg. **129** Ag 20
Bahnallee **130** Ag 20/21
Berta-von-Suttner-Str. **129/130** Af 20
Bahnstr. **129/130** Af/Ag 20/21
Bittner-Pl., Julius- **130** Ag 20
Boindlfeld **130** Af/Ag 21
Brandfeldg. **130** Af 21
Brünner Str. **130** Ag/Ah 20/21

Curie-Str., Marie- **129** Ae/Af 20

Degen-G., Johann- **130** Ag 21
Deiser-Str. **130** Af 21
Dr.-Joch-Str. **130** Af 20

Ebersdorfer Hohlweg **129** Af/Ag 19/20
Ebersdorfer Weg **130** Af 20/21
Eibesbrunner Str. **130** Ae 20/21
Eichenweg **130** Ag 21
Ernst-Violand-G. (E.-V.-G.) **130** Ah 21
E.-V.-G. = Ernst-Violand-G. **130** Ah 21

Fasang. **130** Af 20/21
Feldg. **130** Ag/Ah 21
Figl-G., Leopold **130** Af 21
Franz-Zeleny-G. (F.-Zel.-G.) **130** Ah 21
Freybergen, In **130** Ag 21
Friedensring **130** Af 21
Friedhofg. (Obersdorf) **130** Af 21
Friedhofsg. (Wolkersdorf) **130** Ag 21
F.-Zel.-G. = Franz-Zelezny-G. **130** Ah 21

Galler-Str., Johann- **129/130** Ae/Af 20
Gamauf, Am **129** Ag 18
Gartenweg **130** Af 21
Gärtnersteg **130** Af/Ag 21
Glaserg. **130** Ag 2021
Gerichtsberg, Am **130** Ah 21
Gerinstr. **129** Ag 20
Goldschmiedg. **130** Ah/Ag 21
Gruben, In **130** Ag 21

Haasg. **130** Ag 20/21
Hauptstr. (Münichsthal) **129** Ag 18
Hauptstr. (Obersdorf) **130** Ae/Ag 20/21
Hauptstr. (Wolke0rsdorf) **130** Ag 20/21
Hausgärten **130** Ag 21
Heide **130** Af 21
Hochleitenstr. **130** Ag 21
Hofgartenstr. **130** Ag 20
Hofgärten, Untere **130** Ag 21
Hohlweg, Ebersdorfer **129** Af/Ag 19/20
Holzfeldg. **130** Ag 21
Holzfeldweg **130** Ag 21
Hubertusweg **130** Ag 21

In Freybergen **130** Ag 21
In Gruben **130** Ag 21
In Kirchbergen **130** Ah 20
Industriestr. **129** Af/Ag 20

Joch-Str., Dr.- **130** Af 20
Johann-Degen-G. **130** Ag 21
Johannesg. **129/130** Ag 20
Johann-Galler-Str. **129/130** Ae/Af 20
Johann-Schramm-G. **130** Af 20
Johann-Schweiger-G. **130** Af/Ag 20
Josef-Schneider-Str. **130** Ah 21
Josef-Str., Kaiser- **130** Ag 20/21
Julius-Bittner-Pl. **130** Ag 20

Kaiser-Josef-Str. **130** Ag 20/21
Kanonikus-Schmid-Str. **129** Ag 20
Kapelleng. **130** Ae 21
Karl-Krexner-Str. **130** Ag/Ah 21
Kellerg. (Münichsthal) **129** Ag 18
Kellerg. (Obersdorf) **130** Ae/Af 21
Kellerg. (Wolkersdorf) **130** Ah 20
Kelsenstr. **129** Ae/Af 2
Kirchbergen, In **130** Ah 20
Kircheng. **130** Ag 21
Kirchenpl. **130** Ag 21
Kirschenallee **130** Af/Ag 21
Klosterg. **129/130** Ag/Ah 20
Kreuzäckerg. **129** Ag 19/20
Kreuzg. **130** Af 21
Krexner-Str., Karl- **130** Ag/Ah 21
Kühltal **130** Af/Ag 20/21

Lange Äcker **130** Ag 21
Leopld-Figl-G. **130** Af 21
Liese-Prokop-Str. (L.-P.-Str.) **130** Ah 21
L.-P.-Str. = Liese-Prokop-Str. **130** Ah 21

Marie-Curie-Str. **129** Ae/Af 20
Marieng. **130** Af 20
Markt, Alter **129** Ag/Ah 20
Mittelstr. **130** Ag 20/21
Mühlg. **129** Ag 20

Neid-Pl., Sebastian- **130** Af 21
Nußg. **130** Af 21

Obersdorfer Str, **130** Ag 20

Panzergraben **130** Ag 21

Resselstr. **129** Ae 20
Roseneck **129/130** Ah 20
Roseng. **130** Ae 21
Rosenhof **129/130** Ag 20
Prokop-Str., Liese (L.-P.-Str.) **130** Ah 21
Rudolfg. (Obersdorf) **129** Af 20/21
Rudolfg. (Wolkersdorf) **130** Ag 21
Rudolf-Traindl-G. **130** Ag 21
Rußbachg. **130** Af 21

Schloßhohlweg **130** Ag 21
Schlossplatz (S.-pl.) **130** Ag 21
Schmid-Str., Kanonikus- **129** Ag 20
Schneider-Str., Josef- **130** Ah 21
Schramm-G., Johann- **130** Af 20
Schustergr. **129** Ag 18
Schweiger-G., Johann- **130** Af/Ag 20
Sebastian-Neid-Pl. **130** Af 21
Seyringer Str. **130** Ae 21
S.-pl. = Schlosspl. **130** Ag 21
Spitalg. **129** Ag 20
Stiegl, Am **130** Ah 20
Suttner-Str., Berta-von- **129/130** Af 20

Traindl-G., Rudolf- **130** Ag 21
Traunstr. **130** Ag 21

Ulrichskirchner Str. **129** Ah 20
Untere Hofgärten **130** Ag 21

Violand-G., Ernst- (E.-V.-G.) **130** Ah 21
Veluxstr. **129** Ae 20

Waldg. **130** Ag 21
Wasserlauf **130** Ae 21
Weinbergstr. **130** Ah 21
Weingartenweg **130** Ag 20

WÖLLERSDORF-STEINABRÜCKL

WÖRDERN

SIEHE ST. ANDRÄ-WÖRDERN

ZEISELMAUER-WOLFPASSING

WOLFPASSING | ZEISELMAUER

Amselweg **71** Y 18
An der Heide **71** Y 17
Andrä-G., Josef (J.)- **71** Y 17/18
Anton-Jäger-Str. **71** Y 18
Auweg **71** Y 17
Bachg. **71** Z 17
Bru.-g. = Brunneng. **71** Z 17
Brunneng. (Bru.-g.) **71** Z 17
Burstynstr. **71** Y 17/18
Dammweg **71** Y 17
Dr.-Karl (K.)-Schreber-Weg **71** Y 17
Drosselweg (Dro.-w.) **71** Y 18
Dro.-w. = Drosselweg **71** Y 18
Feldstr. 59 X 18, **71** Y 18
Friedrich (F.)-Leth-G. **71** Y 17/18
Gärtnerweg **71** Y 17
Gatterburgg. (Gatt.-g.) **71** Z 17
Gatt.-g. = Gatterburgg. **71** Z 17
Gem.-w. = Gemeindeweg **71** Y 17
Gemeindeweg (Gem.-w.) **71** Y 17
Heide, An der **71** Y 17
Himberger Str. **71** Y/Z 17
Holzweg **71** Y 18
J.-W.-G. = Josef-Weiss-G. **71** Y 18
Jäger-Str., Anton- **71** Y 18
Josef (J.)-Andrä-G. **71** Y 17/18
Josef-Weiss-G. (J.-W.-G.) **71** Y 18
Kardinal-König-Str. **71** Y 17
Ki.-g. = Kircheng. **71** Z 17
Kircheng. (Ki.-g.) **71** Z 17
Knoll-Str., Roman- **59** X 18, **71** Y 18
König-Str., Kardinal- **71** Y 17
Leith-G., Friedrich (F.)- **71** Y 17/18
Lenzenhofer-Str., Otto- **71** Y 17
Lerchenweg (Lerch.-w.) **71** Y 18
Lerch.-w. = Lerchenweg **71** Y 18
Meisenweg **71** Y 18
Mühlg. **71** Y 17
Otto-Lenzenhofer-Str. **71** Y 17
Rabeng. **71** Y 17/18
Raiffeisenstr. **71** Y 17/18, Z 17
Roman-Knoll-Str. **59** X 18, **71**Y 18
Rosenweg **71** Y 17
Schneiderweg **71** Y 17
Schreber-Weg, Dr.-Karl (K.)- **71** Y 17
Schwechater Str. **59** X 18, **71** Y 17/18
Stöcklstr. **71** Y 17
Tulpenweg **71** Y 17
Weiss-G., Josef (J.-W.-G.) **71** Y 18